30 Years Evolution of Panyu's Jewellery Industry
Agglomerating and interaction with global jewellery industry

番禺珠宝产业发展30年
——与世界珠宝产业的互动及产业集聚发展

丘志力　主　编

黎志伟　梁伟章　魏巧坤　副主编

·广州·

版权所有　翻印必究

图书在版编目（CIP）数据

番禺珠宝产业发展 30 年：与世界珠宝产业的互动及产业集聚发展/丘志力主编；黎志伟，梁伟章，魏巧坤副主编. —广州：中山大学出版社，2019.11

ISBN 978-7-306-06641-1

Ⅰ. ①番…　Ⅱ. ①丘…②黎…③梁…④魏…　Ⅲ. ①宝石—产业发展—研究—番禺区　Ⅳ. ①F426.89

中国版本图书馆 CIP 数据核字（2019）第 109744 号

PANYU ZHUBAOCHANYE FAZHAN SANSHINIAN

出 版 人：	王天琪
策划编辑：	金继伟
责任编辑：	周明恩
封面设计：	刘　犇
责任校对：	罗梓鸿
责任技编：	何雅涛
出版发行：	中山大学出版社
电　　话：	编辑部 020-84111949，84113349，84111997，84110779
	发行部 020-84111998，84111981，84111160
地　　址：	广州市新港西路 135 号
邮　　编：	510275　传　真：020-84036565
网　　址：	http://www.zsup.com.cn　E-mail：zdcbs@mail.sysu.edu.cn
印 刷 者：	广州家联印刷有限公司
规　　格：	787mm×1092mm　1/16　30.75 印张　886 千字
版次印次：	2019 年 11 月第 1 版　2019 年 11 月第 1 次印刷
定　　价：	238.00 元

如发现本书因印装质量影响阅读，请与出版社发行部联系调换

编 委 会

(按姓氏笔画排序)

学术顾问：王 昶　佘定常　陈 国　袁军平　徐静幽

产业顾问：包文斌　刘 强　李文俊　李建生　吴 威　吴少珊　吴坚平
　　　　　吴宏斌　张光贤　陈元兴　冼 宁　姚文雄　莫伟基　黄云光
　　　　　黄成伟　黄国和　黄建民

编写组成员：于庆瑷　马 瑛　丘志力　李志翔　李榴芬　杨 炯　张钰岩
　　　　　　张跃峰　黄远欣　梁伟章　黎志伟　黎国鹏　魏巧坤

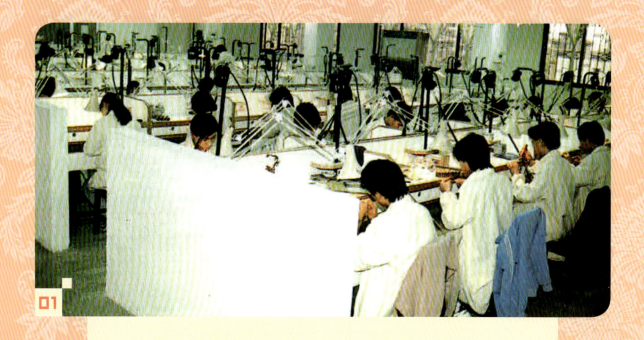

Pan Yu Zhu Bao
番禺珠宝

01. 1987年富龙首饰加工厂加工现场

02. 1987年富龙首饰加工厂工人正在加工首饰

03. 20世纪90年代初番禺首饰加工厂加工现场

（01-03 照片来源：《亚洲珠宝》杂志）

番禺珠宝

01. 番禺钻石厂加工的毛坯钻石
（照片提供：梁伟章）

02. 1997年，地矿部领导参观利成珠宝厂
（照片来源：报刊照片）

03. 1987年富龙首饰加工厂开厂庆典
（照片来源：《亚洲珠宝》杂志）

Pan Yu Zhu Bao
番禺珠宝

01. 宝星行工艺品有限公司旧厂房
（照片提供：宝星珠宝）

02. 番禺明秀钻石厂工人在工作
（照片提供：梁伟章）

03. 番禺明秀钻石厂工人在工作
（照片提供：梁伟章）

Pan Yu Zhu Bao
番禺珠宝

01. 番禺明秀钻石厂工人在工作

02. 番禺明秀钻石厂工人在工作

（01-02 照片提供：梁伟章）

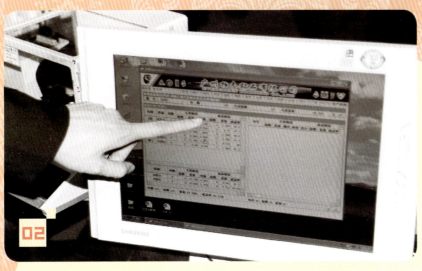

 Pan Yu Zhu Bao
番禺珠宝

01. 早期番禺柏志钻石厂

02. 早期番禺柏志钻石厂

03. 早期番禺柏志钻石厂实行电脑化管理

（01-03 照片提供：梁伟章）

Pan Yu Zhu Bao
番禺珠宝

01. 早期番禺柏志钻石厂

02. 早期番禺真东方钻石厂工人在加工钻石

（01-02 照片提供：梁伟章）

Pan Yu Zhu Bao
番禺珠宝

01. 番禺明秀钻石厂工人在工作
（照片提供：梁伟章）

02. 2003年从香港发往番禺的毛坯钻石，进口中国的第一份金伯利进程证书
（照片提供：黎志伟）

03. 番禺明秀钻石厂工人在工作
（照片提供：梁伟章）

Pan Yu Zhu Bao
番禺珠宝

01. 番禺钻石厂的毛坯钻石自动切磨机

02. 番禺钻石厂技工进行毛坯钻石质量检验

03. 番禺钻石厂技术人员采用自动化设备进行毛坯钻石标记画线

（01-03 照片提供：梁伟章）

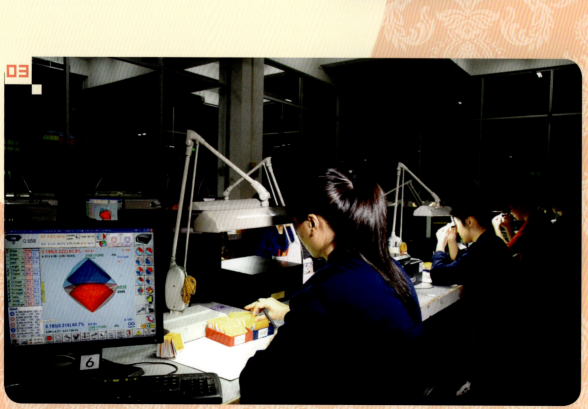

Pan Yu Zhu Bao
番禺珠宝

01. 番禺钻石厂的毛坯钻石自动抛磨机

02. 番禺钻石厂技术工人进行毛坯钻石标记

03. 番禺钻石厂进行毛坯钻石切磨

（01-03 照片提供：梁伟章）

Pan Yu Zhu Bao
番禺珠宝

01. 工人将钻石安装在"子弹头"中固定
（柏志钻石）（照片提供：邓小芹）

02. 番禺钻石厂切磨车间
（照片提供：梁伟章）

Pan Yu Zhu Bao
番禺珠宝

01. 2004年，番禺职业技术学院领导向学校第一位名誉教授黄云光先生颁发聘书
（照片提供：王昶）

02. 2005年，番禺职业技术学院教师与学生于番禺区珠宝厂商会15周年庆典上留影
（照片提供：王昶）

03. 2004年，迪迈珠宝团队留影
（照片提供：迪迈珠宝）

Pan Yu Zhu Bao
番禺珠宝

01. 2005年，番禺职业技术学院珠宝学院揭牌仪式暨理事会成立大会

02. 2005年，番禺职业技术学院院领导与香港珠宝首饰界名流交流

03. 2005年，中国工艺美术大师李博生（右一）访问云光公司（左一为黄云光先生）

（01-03 照片提供：王昶）

番禺珠宝

01. 2005年,《首饰制作工艺学》(第一版)出版
 (照片提供:王昶)

02. 2006年2月,番禺珠宝慈善夜学生表演哑语
 ——爱的奉献
 (照片提供:王昶)

03. 2007年8月10日,国家珠宝玉石质量监督检验中心番禺实验室挂牌现场
 (照片提供:沙湾珠宝产业园)

Pan Yu Zhu Bao
番禺珠宝

01. 番禺大罗塘切割加工的海蓝宝石

02. 番禺大罗塘切割加工的火欧泊宝石

03. 番禺大罗塘通利宝石切割的红色尖晶石

（01-03 照片提供：丘志力）

番禺珠宝

01. 2003年香港亚洲珠宝学院A-139设计及打金班班学员在番禺实习（后排中为莫伟基院长）（照片提供：莫伟基）

02. 2003年香港亚洲珠宝学院A-139设计及打金班学员在番禺实习（照片提供：莫伟基）

03. 2007年，香港亚洲珠宝学院设计及打金班班学员在番禺实习（照片提供：莫伟基）

04. 2007年香港亚洲珠宝学院学员在番禺做珠宝首饰加工培训（照片提供：莫伟基）

Pan Yu Zhu Bao
番禺珠宝

01. 2016年，番禺最早落地的港资企业富龙·莱利珠宝公司成立28周年庆典

02. 番禺区珠宝厂商会1-8届会长李建生先生

（01-02 照片提供：番禺区珠宝厂商会）

番禺珠宝

01. 黄金珠宝艺术珍品——珠宝祈年殿,由番禺云光珠宝公司设计制作
（照片提供：李志翔）

Pan Yu Zhu Bao
番禺珠宝

01. 可开合的珠宝祈年殿,由番禺云光珠宝公司设计制作
（照片提供：李志翔）

Pan Yu Zhu Bao
番禺珠宝

01. 2002年第一届广州（番禺）国际珠宝展
（照片提供：番禺区珠宝厂商会）

02. 2002年10月1日，沙湾珠宝产业园奠基仪式
（照片提供：沙湾珠宝产业园）

03. 2004年10月，广东省委副书记欧广源参观番禺沙湾珠宝产业园
（照片提供：沙湾珠宝产业园）

Pan Yu Zhu Bao
番禺珠宝

01. 2004年，李建生会长参加上海国际珠宝展
（照片提供：番禺区珠宝厂商会）

02. 2005年，俄罗斯联邦萨哈共和国总统率金伯利进程国际核查组到中国核查金伯利进程证书制度实施情况，在番禺检验检疫局金伯利进程办公室查验现场

03. 2007年，原国土部部长孙文盛参观番禺黄云光大师作品——珠宝祈年殿
（照片提供：王昶）

Pan Yu Zhu Bao
番禺珠宝

01. 2004年，番禺沙湾珠宝产业园综合楼启用仪式

02. 2004年，广州市委领导林树森参观番禺沙湾珠宝产业园

03. 2002年，沙湾珠宝产业园奠基仪式

（01-03 照片提供：沙湾珠宝产业园）

Pan Yu Zhu Bao
番禺珠宝

01. 2005年9月，番禺区对外贸易经济合作局兼番禺区贸促会会长黎志伟在介绍钻汇博览中心项目

02. 2005年9月，广州市海关一行考察番禺区钻汇珠宝采购博览中心和沙湾珠宝产业园项目

（**01-02** 照片提供：魏巧坤）

Pan Yu Zhu Bao
番禺珠宝

01. 2005年9月，广州市海关一行考察番禺区钻汇珠宝采购博览中心和沙湾珠宝产业园项目

02. 2005年9月，广州市海关领导一行考察番禺区钻汇珠宝采购博览中心和沙湾珠宝产业园项目

03. 2005年12月，番禺举行"钻光闪耀 汇聚希望"大型系列公益活动新闻发布会

（01-03 照片提供：魏巧坤）

Pan Yu Zhu Bao
番禺珠宝

01. 2005年7月，番禺区对外贸易经济合作局副局长兼中国国际贸易促进委员会番禺区委员会委员黎志伟在印度珠宝展期间推介番禺区的珠宝产业

02. 2006年4月，黎伟棠副区长，贸促会会长黎志伟等与国土资源部珠宝玉石首饰管理中心副主任孙凤民先生、柯捷副主任汇报产业发展状况

03. 2006年4月，中国珠宝玉石首饰特色产业基地建设研讨会现场

（01-03 照片提供：魏巧坤）

番禺珠宝

01. 2006年6月，"钻汇课题组"米琦向课题组介绍安特卫普钻石交易所

02. 2007年7月，番禺区委书记谭应华与英国驻广州馆科技领事博乃觉先生交流

03. 2006年7月，广州市对外贸易经济合作局副局长高耀宗带队考察印度SEEPZ园区

（01-03 照片提供：魏巧坤）

Pan Yu Zhu Bao
番禺珠宝

01. 2016年5月20日，广东省珠宝玉石交易中心联合淘宝网在番禺重磅打造"520购物节"珠宝玉石网上公开竞价交易活动，正式启动实物交易，图为朱永胜董事长在接受媒体采访
（照片提供：广宝中心）

02. 广宝中心、广钻中心正式入驻番禺沙湾珠宝产业园
（照片提供：广宝中心、广钻中心）

03. 2017年6月14日，广州市委常委、宣传部长徐咏虹在番禺区委书记何汝诚，区委常委、宣传部长覃海深，沙湾镇镇长谢国梁，沙湾珠宝产业园董事长陈元兴陪同下调研沙湾珠宝产业园并听取沙湾珠宝小镇规划发展汇报
（照片提供：沙湾珠宝产业园）

番禺珠宝

01. 2005年，俄罗斯联邦萨哈共和国总统率金伯利进程国际核查组到中国核查金伯利进程证书制度实施情况，在番禺检验检疫局金伯利进程办公室查验现场

02. 2005年，俄罗斯联邦萨哈共和国总统率金伯利进程国际核查组到中国核查金伯利进程证书制度实施情况，在番禺考察柏志钻石厂

03. 2005年，印度SEEPZ工业园区的负责人给番禺访问团介绍印度的钻石、珠宝业态
（照片提供：魏巧坤）

（01-02 照片提供：柏志钻石）

Pan Yu Zhu Bao
番禺珠宝

01. 2005年，印度珠宝厂商考察番禺珠宝首饰产业发展情况——参观番禺职业技术学院

02. 2005年，印度珠宝厂商考察番禺珠宝首饰产业发展情况——参观沙湾珠宝产业园

03. 2006年6月，广州市对外贸易经济合作局副局长高耀宗考察比利时安特卫普钻石交易所

（01-03 照片提供：魏巧坤）

Pan Yu Zhu Bao
番禺珠宝

01. 2006年，外国珠宝专家访问沙湾珠宝产业园
（照片提供：沙湾珠宝产业园）

02. 2007年7月，番禺区外经局向到访嘉宾介绍番禺区的经济社会综合发展环境
（照片提供：魏巧坤）

03. 2007年6月7日，欧盟八国参观团参观番禺沙湾珠宝产业园
（照片提供：沙湾珠宝产业园）

Pan Yu Zhu Bao
番禺珠宝

01. 2007年，欧盟八国参观团参观番禺沙湾珠宝产业园
（照片提供：沙湾珠宝产业园）

02. 2004年，番禺沙湾珠宝产业园综合楼启用仪式
（照片提供：沙湾珠宝产业园）

03. 2006年，番禺获中国珠宝玉石首饰特色产业基地称号并挂牌
（照片提供：魏巧坤）

04. 2009年，中山大学团委书记黄山、副书记唐锐，地质系主任郑卓、书记邹和平、副书记荐志强、宝石中心丘志力教授等和番禺区及番禺海关领导参加番禺沙湾产业园由团中央挂牌的中山大学"青年就业创业见习基地"挂牌仪式
（照片提供：魏巧坤）

番禺珠宝

01. 2005年,俄罗斯联邦萨哈共和国总统率金伯利进程国际核查组到中国核查金伯利进程证书制度实施情况,在番禺考察柏志钻石厂
（照片提供：梁伟章）

02. 2007年,中国珠宝玉石首饰行业协会秘书长孙凤民、番禺区委书记谭应华参加2007年番禺珠宝推广周活动

03. 2007年8月10日,国家珠宝玉石监督检验中心挂牌,孙文盛会长、孙凤民秘书长和谭应华书记出席

04. 2007年8月10日,国家珠宝玉石质量监督检验中心挂牌,NGTC柯捷副主任讲话

（**02-04** 照片提供：沙湾珠宝产业园）

番禺珠宝
Pan Yu Zhu Bao

01. 番禺外经贸局副局长黎志伟在比利时与比利时钻石高层议会的产业领袖交换礼物
（照片提供：魏巧坤）

02. 2007年8月10日，国家珠宝玉石质量监督检验中心挂牌
（照片提供：沙湾珠宝产业园）

番禺珠宝

01. 2007年6月,番禺区委书记谭应华带队考察比利时安特卫普钻石中心,并签署《合作备忘录》

02. 谭应华书记向国际彩色宝石协会代表赠送纪念品

(01-02 照片提供:魏巧坤)

Pan Yu Zhu Bao
番禺珠宝

01. 2007年7月，番禺区委书记谭应华向英国贸易投资总署亚太地区总裁阿哈迈德先生赠送纪念品
（照片提供：魏巧坤）

02. 番禺区谭应华书记带队考察国外珠宝产业发展
（01-02 照片提供：魏巧坤）

 Pan Yu Zhu Bao
番禺珠宝

01. 2007年，番禺区与国际彩色宝石协会（ICA）签订合作备忘录

02. 2007年，国外珠宝产业代表参加广州钻汇珠宝交易中心挂牌仪式

03. 2007年，国际彩色宝石协会（ICA）代表大会番禺代表发言安排

（01-03 照片提供：魏巧坤）

番禺珠宝

01. 番禺柏志钻石有限公司
（照片提供：邓小芹）

02. 柏志钻石部分获奖荣誉
（照片提供：柏志钻石）

03. 番禺沙湾珠宝产业园海关及银行进驻监管大楼
（照片提供：丘志力）

Pan Yu Zhu Bao
番禺珠宝

01. 2007年8月26日，番禺区特色产业推动工作领导小组办公室主任黎志伟、沙湾产业园总裁陈元兴代表番禺珠宝产业集聚参加中国黄金报社、广东省黄金协会和中山大学宝玉石研究鉴定中心主办的助推中国有色宝石产业／市场发展恳谈会；中国黄金报社总编于晓燕、广东省黄金协会会长徐静幽、广东省经贸委工业处处长陈茜微以及深圳仙露、汕头潮宏基、花都"石头记"等主要产业集聚彩色宝石公司参会

02. 番禺大罗塘加工的彩宝—碧玺宝石

（**01-02** 照片提供：丘志力）

Pan Yu Zhu Bao
番禺珠宝

01. 2006年，第5届中国国际白银年会在番禺举行

02. 2008年，番禺内销联盟成立

03. 2009年，第13届国际有色宝石协会（番禺）年会闭幕总结发布会

（01-03 照片提供：黄远欣）

Pan Yu Zhu Bao
番禺珠宝

01. 番禺沙湾珠宝产业园总裁陈元兴接待外国来访客人，交换纪念品
（照片提供：魏巧坤）

02. 2006年9月16日，国际钻石交易中心（DTC）客人参观番禺沙湾产业园
（照片提供：沙湾珠宝产业园）

03. 2007年8月26日，中国黄金报社、广东省黄金协会和中山大学宝玉石研究鉴定中心主办现场助推中国有色宝石产业/市场发展恳谈会
（照片提供：魏巧坤）

04. 2009年，团中央"青年就业创业见习基地"挂牌仪式
（照片提供：沙湾珠宝产业园）

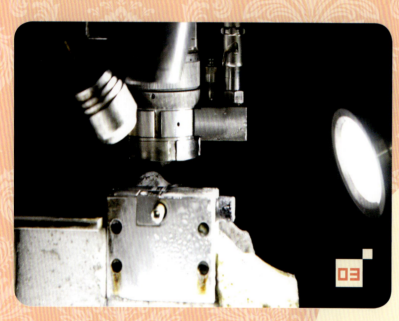

Pan Yu Zhu Bao
番禺珠宝

01. 番禺的钻石厂使用的自动打边机
（照片提供：梁伟章）

02. 番禺的钻石厂使用的GALAXY钻石扫描仪
（照片提供：梁伟章）

03. 番禺的钻石厂使用的激光锯石机
（照片提供：梁伟章）

04. 激光切割钻石设备（柏志钻石）
（照片提供：邓小芹）

Pan Yu Zhu Bao
番禺珠宝

01. 六福珠宝的二期生产新厂房
（照片提供：六福珠宝）

02. 六福珠宝园行政大楼
（照片提供：六福珠宝）

03. 番禺毛坯钻石切割全自动设计标记系统
（照片提供：梁伟章）

04. 番禺钻汇珠宝广场
（照片提供：丘志力）

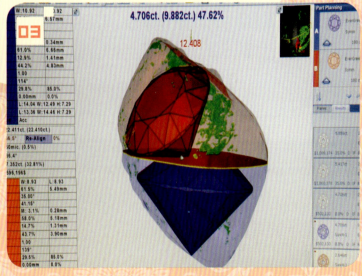

Pan Yu Zhu Bao
番禺珠宝

01. 2009年7月3日，亚洲黄金聚焦2009大会嘉宾参观沙湾珠宝产业园
（照片提供：沙湾珠宝产业园）

02. 香港国际珠宝展番禺内销联盟研讨会
（照片提供：魏巧坤）

03. 2004年8月4日，钻汇珠宝采购博览中心落户百越广场签约仪式
（照片提供：沙湾珠宝产业园）

04. 番禺沙湾珠宝产业园驻园海关
（照片提供：沙湾珠宝产业园）

番禺珠宝

01. 2009年，番禺珠宝内销联盟成立洽谈会，番禺外经贸局副局长黎志伟和厂商会会长李文俊等出席
（照片提供：袁一平）

02. 2009年，团中央"青年就业创业见习基地"牌匾
（照片提供：沙湾珠宝产业园）

03. 2010年，高等教育学的泰斗，厦门大学潘懋元教授莅临番禺职业技术学院指导（右2）
（照片提供：王昶）

04. 2010年，黑龙江东宁县委书记带队到番禺珠宝产业调研时访问中山大学地球科学与工程学院
（照片提供：李榴芬）

Pan Yu Zhu Bao
番禺珠宝

01. 番禺国际钻石金伯利进程办公室
（照片提供：沙湾珠宝产业园）

02. 宝星珠宝工艺品公司新厂房照片
（照片提供：宝星珠宝）

03. 大罗塘的宝石市场
（照片提供：丘志力）

Pan Yu Zhu Bao
番禺珠宝

01. 番禺沙湾珠宝产业园繁忙的交易监管现场

02. 番禺沙湾珠宝产业园附近镇政府规划预留给珠宝产业发展的240多亩环境良好的土地

03. 国际物流公司进驻番禺沙湾珠宝产业园

（01-03 照片提供：丘志力）

Pan Yu Zhu Bao
番禺珠宝

01. NGTC 珠宝实验室进驻番禺沙湾珠宝产业园

02. 番禺沙湾珠宝产业园主路

03. 番禺沙湾珠宝产业园

（01-03 照片提供：丘志力）

番禺珠宝

01.2008年，专家莅临番禺职业技术学院，右8为中科院院士、华南师范大学前校长刘颂豪先生
（照片提供：王昶）

 Pan Yu Zhu Bao
番禺珠宝

01. 2009年第13届国际彩色宝石协会年会在番禺召开

02. 番禺区珠宝厂商会第11、第12届会长包文斌先生

（01-02 照片提供：番禺区珠宝厂商会）

番禺珠宝

广州市钻汇珠宝采购博览中心珍钻汇
（照片提供：梁帆）

番禺珠宝

钻汇珠宝广场
（照片提供：梁帆）

PanYuZhuBao
番禺珠宝

01. 宝石交易中心分布在大罗塘的各种建筑内

02. 番禺大罗珠宝城

03. 大罗塘的珠宝交易商铺

（01~03 照片提供：丘志力）

Pan Yu Zhu Bao
番禺珠宝

01. 2007年6月，欧盟八国参观团在番禺沙湾珠宝产业园进行交流
（照片提供：沙湾珠宝产业园）

02. 2007年5月，中国国际贸易促进委员会番禺区委员会会长黎志伟在迪拜国际彩色宝石年会上申办第13届国际彩色宝石协会年会（番禺）
（照片提供：魏巧坤）

03. 2008年3月，番禺区贸促会会长黎志伟与国际彩色宝石协会副会长Prida Tiasuwan签署关于举办2009年国际彩色宝石协会（番禺）年会合作协议书
（照片提供：魏巧坤）

Pan Yu Zhu Bao
番禺珠宝

01. 2007年，番禺珠宝推广周开幕
    （照片提供：沙湾珠宝产业园）

02. 2008年，番禺区委书记谭应华视察沙湾珠宝产业园
    （照片提供：魏巧坤）

03. 2008年，谭应华书记，黎伟堂副区长参加番禺珠宝产业发展调研
    （照片提供：魏巧坤）

Pan Yu Zhu Bao
番禺珠宝

01. 2007年8月10日，国家珠宝玉石质量监督检验中心挂牌，国土资源部原领导到场祝贺
（照片提供：沙湾珠宝产业园）

02. 2008年，广州番禺职业技术学院黄国和名誉教授受聘暨"皇庭班"开班仪式
（照片提供：王昶）

03. 2008年，番禺区领导、番禺职业技术学院校领导和专业教师、企业兼职教师团队合影
（照片提供：王昶）

番禺珠宝

01. 2009年5月9日，国际ICA大会代表在钻汇珠宝广场合照
（照片提供：沙湾珠宝产业园）

02. 2009年5月9日，国际ICA大会代表在沙湾珠宝产业园参观
（照片提供：沙湾珠宝产业园）

03. 2008年，香港工业贸易署（中央政府授权香港特区负责金伯利进程证书制度的实施机构）到番禺交流金伯利进程证书制度实施情况
（照片提供：番禺区珠宝产业发展中心）

Pan Yu Zhu Bao
番禺珠宝

01. 2009年，番禺外经贸局副局长黎志伟代表番禺珠宝产业和中山大学地质系（现地球科学与工程学院）主任郑卓签署战略合作备忘录
（照片提供：魏巧坤）

02. 2009年，中山大学地学院教师到番禺沙湾珠宝产业园进行交流
（照片提供：沙湾珠宝产业园）

03. 2009年，番禺珠宝学院袁军平作为科技专家入驻企业
（照片提供：王昶）

Pan Yu Zhu Bao
番禺珠宝

01. 2009年，中山大学番禺珠宝产业研究项目组在番禺外经贸局进行中期工作汇报
（照片提供：李榴芬）

02. 2010年，黑龙江东宁番禺珠宝产业调研团在中山大学地球科学与工程学院交流
（照片提供：李榴芬）

03. 2013年，广州南华工贸技工学校（番禺）承办广东省职业技能大赛
（照片提供：吴华洲）

番禺珠宝
Pan Yu Zhu Bao

01. 2009年内销联盟成立大会，李文俊会长（左2）、黄国和董事长（中）出席
（照片提供：袁一平）

02. 2009年内销联盟成立大会，刘强秘书长（左）、黄国和董事长等出席

03. 2010年11月，应黑龙江省邀请，广东及番禺珠宝业代表团访问黑龙江东宁县，在中俄边境合影
（照片提供：梁伟章）

番禺珠宝

01. 2010年11月，应黑龙江省邀请，广东及番禺珠宝业代表团访问黑龙江省，与东宁县珠宝产业对接，黑龙江省副省长孙尧会见代表团并进行交流
（照片提供：梁伟章）

02. 2010年11月，应黑龙江省邀请，广东及番禺珠宝业代表团访问黑龙江
（照片提供：梁伟章）

03. 2010年9月3日，广东省工信委和市经贸委到产业园进行主题为"深圳、番禺广东省黄金及其他贵金属珠宝产业园'十二五'规划调研"的调研活动，珠宝园监管科领导参加了调研座谈会
（照片提供：沙湾珠宝产业园）

Pan Yu Zhu Bao
番禺珠宝

01. 2010年，以色列钻石行业协会（IDI）访问团参观沙湾珠宝产业园

02. 2011年9月21日，印度全国宝石珠宝业联合会在沙湾珠宝产业园进行交流

03. 2009年5月9日，在番禺参加ICA代表大会的部分代表参观沙湾珠宝产业园合影

（01-03 照片提供：沙湾珠宝产业园）

Pan Yu Zhu Bao
番禺珠宝

01. 2011年7月12日，广东省市外经贸局朱泽南副厅长、广州市外经贸局陈泳芳副局长参观产业园，就产业园的布局发展和管理经验进行了沟通交流，为进一步促进珠宝产业发展，推进番禺区招商引资工作奠定了基础

02. 2011年3月7日，广东省经贸厅和广州市经贸委到产业园就申请"国家外贸转型升级专业型示范基地项目"进行调研座谈

03. 2012年2月21日，广州市委宣传部副部长崔颂东及番禺区宣传部部长徐柳参观产业园
（01-03 照片提供：沙湾珠宝产业园）

Pan Yu Zhu Bao
番禺珠宝

01. 2012年2月25日，驻津巴布韦中国大使忻顺康参观沙湾珠宝产业园
（照片提供：广宝中心）

02. 2012年金伯利进程主席（美国）到番禺的柏志钻石厂考察

03. 2012年金伯利进程主席（美国）到番禺的柏志钻石厂考察

（**02-03** 照片提供：番禺柏志钻石厂）

Pan Yu Zhu Bao
番禺珠宝

01. 2012年金伯利进程主席（美国）到番禺的柏志钻石厂考察
（照片提供：番禺柏志钻石厂）

02. 2015年1月，番禺—印度彩宝配对会现场

03. 2015年1月，番禺—印度彩宝配对会现场

（**02-03** 照片提供：李榴芬）

Pan Yu Zhu Bao
番禺珠宝

01. 2012年，金伯利进程（美国）考察团到番禺的柏志钻石厂考察
（图片提供：番禺柏志钻石厂）

02. 2012年，广东高校珠宝首饰工程技术开发中心在我校召开技术委员会成立暨建设方案论证会
（照片提供：王昶）

03. 2012年，金伯利进程（美国）到番禺的柏志钻石厂考察
（照片提供：番禺柏志钻石厂）

04. 广州副市长甘新参观番禺沙湾珠宝产业园
（照片提供：沙湾珠宝产业园）

Pan Yu Zhu Bao
番禺珠宝

01. 2013年5月7日，广东省外经贸厅副厅长马桦到产业园进行调研工作，了解番禺钻石产业发展情况，珠宝物流及监管体系，随后实地参观了国检中心、钻石保税仓及米琦钻石加工厂
（照片提供：沙湾珠宝产业园）

02. 2013年5月7日，广东省外经贸厅副厅长马桦到产业园进行调研工作，随后实地参观了国检中心（NGTC）番禺实验室
（照片提供：沙湾珠宝产业园）

03. 2015年，番禺海关因为优质高效服务受到番禺珠宝厂商的称赞，图为部分获赠的牌匾和锦旗
（照片提供：丘志力）

Pan Yu Zhu Bao
番禺珠宝

01. 2010年1月，番禺区贸促会成立彩宝专委会（简称"彩宝专委会"）

02. 2013年8月20日，美国GIA宝石学院专家到番禺拍摄教学片，Andrew Lucas、Tao Hsu博士、国际彩色宝石协会（ICA）前主席袁健荣先生等与番禺产业朋友合影

03. 2014年12月，大罗塘三期开业

（01-03 照片提供：黄远欣）

番禺珠宝

01. 2013年，番禺职业技术学院王昶等出版的《大型珠宝工艺品制作工艺解析：珠宝祈年殿》（照片提供：王昶）

02. 2013年，广州南华工贸技工学校承办广东省职业技能大赛的专家（照片提供：吴华洲）

03. 2013年，中山大学前校长黄达人莅临珠宝学院指导（中）（照片提供：王昶）

Pan Yu Zhu Bao
番禺珠宝

01. 2013年，广东省职业技能大赛广州选拔赛贵金属首饰手工制作工实操竞赛
（照片提供：吴华洲）

02. 2014年，专家为番禺职业技术学院专业发展出谋献策
（照片提供：王昶）

03. 2014年，广州迪迈珠宝3D设计学院学生深圳国际珠宝展游学
（照片提供：迪迈珠宝）

Pan Yu Zhu Bao
番禺珠宝

01. 第五届亚洲博闻奖学金、助学金颁发仪式在番禺职业技术学院图书馆报告厅隆重举行（照片提供：亚洲博闻）

02. 第五届亚洲博闻奖学金、助学金颁发仪式在番禺职业技术学院图书馆报告厅隆重举行（照片提供：亚洲博闻）

03. 番禺大罗塘加工的彩色宝石坦桑石

04. 番禺大罗塘切割的西瓜碧玺
（03-04照片提供：丘志力）

 Pan Yu Zhu Bao
番禺珠宝

01. 2014年，斯里兰卡珠宝代表团拜会番禺区珠宝厂商会，与广东省珠宝玉石首饰行业协会领导等合影
（照片提供：番禺区珠宝厂商会）

02. 2014年，番禺举办的珠宝宝石原材料配对会来宾代表合影
（照片提供：番禺区珠宝厂商会）

03. 2015年，番禺珠宝厂商展团亮相北京珠宝展
（照片提供：番禺区珠宝厂商会）

Pan Yu Zhu Bao
番禺珠宝

01. 2014年,中国担任金伯利进程主席国,广州番禺长隆召开的国际钻石金伯利进程全体会议现场

02. 2014年11月11日,在番禺长隆国际金伯利进程大会现场广州钻石交易中心揭牌

03. 2017年5月5日,在中国珠宝玉石首饰行业协会的见证和指导下,由广东省珠宝玉石交易中心与广州钻石交易中心共同倡议成立的"粤港澳大湾区珠宝产业联盟"在番禺隆重启动

(01-03 照片提供:番禺区珠宝厂商会)

Pan Yu Zhu Bao
番禺珠宝

01. 博闻公司连续五年在广州番禺职业技术学院设立奖助学金，累计资助人民币近50万元，受惠学子达139人次
（照片提供：亚洲博闻）

02. 2011年9月21日，印度参观考察团在沙湾珠宝产业园合影
（照片提供：沙湾珠宝产业园）

03. 2014年5月15日，亚洲博闻与广州番禺职业技术学院珠宝学院在图书馆报告厅举行了校企合作系列活动之"首饰设计交流会"
（照片提供：亚洲博闻）

04. 2014年11月11日，番禺喜力钻石厂姚文雄先生参加番禺长隆国际钻石金伯利进程大会
（照片提供：梁伟章）

番禺珠宝

01. 2015年，缅甸曼特勒金矿协会到访番禺
（照片提供：番禺区珠宝厂商会）

02. 2015年，第2届广州番禺珠宝文化节开幕仪式
（照片提供：番禺区珠宝厂商会）

03. 2016年，第3届广州番禺珠宝文化节开幕仪式
（照片提供：番禺区珠宝厂商会）

04. 三和珠宝在香港交易所上市
（照片提供：三和珠宝）

Pan Yu Zhu Bao
番禺珠宝

01. 2014年,"南华杯"宝玉石检验员职业技能大赛启动仪式

02. 2014年,南华工贸技工学校"南华杯"宝玉石检验员职业技能竞赛理论考试现场

03. 2014年,南华工贸技工学校"南华杯"宝玉石检验员职业技能大赛实操竞赛现场

(01-03 照片提供:吴华洲)

Pan Yu Zhu Bao
番禺珠宝

01. 2015年，中山大学宝石学团队和番禺厂商会行家参加6月香港珠宝首饰展
    （照片提供：李榴芬）

02. 2014年，广州南华工贸技工学校珠宝加工实训现场
    （照片提供：吴华洲）

03. 2015年，迪迈珠宝学生毕业合影
    （照片提供：迪迈珠宝）

Pan Yu Zhu Bao
番禺珠宝

01. 2015年,韩国珠宝访问团在番禺交流访问

02. 2015年3月,缅甸金矿考察团访问番禺区珠宝厂商会

（01-02 照片提供：沙湾珠宝产业园）

番禺珠宝

01. 2015年，英国宝石学会FGA学员（中大ATC）参观番禺珠宝镶嵌厂
（照片提供：黄远欣）

02. 2015年，英国宝石学会FGA学员（中大ATC）在番禺大罗塘考察
（照片提供：黄远欣）

03. 2015年，广州珠宝首饰工艺及鉴定创新学术团队建设项目结题验收会
（照片提供：王昶）

• 77 •

番禺珠宝

01. 2015年,《首饰制作工艺学》(第二版)出版
（照片提供：王昶）

02. 2016年,《珠宝首饰标准化知识手册》出版
（照片提供：番禺区珠宝厂商会）

03. 2016年，迪迈珠宝14周年校庆大合影
（照片提供：迪迈珠宝）

Pan Yu Zhu Bao
番禺珠宝

01. 2006年第五届中国国际白银年会在番禺举行
   （照片提供：黄远欣）

02. 2009年第13届国际彩色宝石协会（番禺）
   年会闭幕新闻发布会
   （照片提供：黄远欣）

03. 番禺亿钻钻石吊坠
   （照片提供：沙湾珠宝产业园）

番禺珠宝

01. 2014年，广州市番禺区珠宝厂商会第十一届第一次会员代表大会暨理事会就职典礼

02. 2017年3月1日，沙湾国家珠宝旅游特色小镇项目战略合作框架协议签署
（照片提供：沙湾珠宝产业园）

03. 番禺珠宝厂商会第9、10届会长，大罗塘珠宝首饰商会第一届会长李文俊先生

（01、03照片提供：番禺区珠宝厂商会）

番禺珠宝

01. 2018年11月,第五届广州番禺珠宝文化节番禺区珠宝厂商会第十三届理事会就职嘉宾合影
（照片提供：魏巧坤）

番禺珠宝
Pan Yu Zhu Bao

01. 2018年11月26-29日，第五届广州番禺珠宝文化节开幕

02. 2018年11月，第五届广州番禺珠宝文化节番禺区2017年度突出贡献珠宝企业

（01-02 照片提供：魏巧坤）

Pan Yu Zhu Bao
番禺珠宝

01. 番禺珠宝厂商会第13届会长吴威先生
（照片提供：番禺区珠宝厂商会）

02. 2018年，广钻、广宝日本珠宝展观展团受邀出席开幕式
（照片提供：广宝中心、广钻中心）

Pan Yu Zhu Bao
番禺珠宝

01. 2017年，番禺区委书记何汝诚，区长陈德俊指导大罗塘珠宝小镇建设
（照片提供：沙头街）

02. 2016年，番禺钻汇珠宝广场竖立的"世界珠宝 番禺制造"牌示
（照片提供：丘志力）

Pan Yu Zhu Bao
番禺珠宝

01. 2014年，番禺区珠宝文化节开幕
    （照片提供：番禺区珠宝厂商会）

02. 2016年12月，番禺区委书记何汝诚指导大罗塘珠宝小镇建设
    （照片提供：魏巧坤）

03. 2017年，广州威乐珠宝产业园陈元兴董事长向广州市马文田副市长汇报番禺沙湾珠宝产业园发展规划
    （照片提供：沙湾珠宝产业园）

04. 2016年12月2日，第3届沙头街珠宝文化节，区领导与沙头街领导班子参加揭牌仪式
    （照片提供：沙头街）

Pan Yu Zhu Bao
番禺珠宝

01. 2016年12月2日，番禺区委书记何汝诚，区长陈德俊参加第三届沙头街珠宝文化节

02. 2016年12月，番禺区委书记何汝诚，区长陈德俊指导大罗塘珠宝小镇建设

03. 2016年12月，番禺区委书记何汝诚，区长陈德俊指导大罗塘珠宝小镇建设

（01-03 照片提供：沙头街）

Pan Yu Zhu Bao
番禺珠宝

01. 2016年6月,番禺贸促珠宝中心主办珠宝人员职能提升计划——宝玉石检验员(中级四级)培训班

02. 2016年上半年,番禺贸促珠宝中心先后组织企业参加6月香港国际钻石、宝石及珍珠展

(**01-02** 照片提供:黄远欣)

Pan Yu Zhu Bao
番禺珠宝

01. 2015年，广东珠宝玉石中心及番禺珠宝厂家参加广东省金交会

02. 2015年，专家组和沙湾珠宝产业园总裁陈元兴在讨论番禺珠宝交易所的用地规划

03. 2015年，首届广东省金交会上，落户番禺沙湾珠宝产业园的广东省珠宝玉石交易中心和广州钻石交易中心首次亮相

（01-03 照片提供：丘志力）

Pan Yu Zhu Bao
番禺珠宝

01. 2016年，广州珠宝钻石国际年会上，广宝中心、广钻中心与泰国宝石协会、中山大学地球科学与工程学院、新疆和田玉石交易中心中心等机构签署战略合作备忘录
（照片提供：广宝中心、广钻中心）

02. 2017年，卓尔珠宝在深圳上市
（照片提供：卓尔珠宝）

03. 2018年，卓尔珠宝与比利时钻石组织签署战略合作协议
（照片提供：丘志力）

Pan Yu Zhu Bao
番禺珠宝

01. 2016年8月26日，广东省珠宝玉石交易中心在番禺隆重举行了国内首场业务发布会，正式启动会员招募工作，成功吸纳首批十位会员
（照片提供：广宝中心）

02. 2016年11月，华南工贸技工学校成为世界第44届世界技能大赛珠宝加工项目中国集训基地
（照片提供：吴华洲）

03. 2014年7月，省级协同育人平台落户广州番禺职业技术学院珠宝学院
（照片提供：王昶）

04. 2011年9月21日，印度全国宝石珠宝业联合会访问番禺沙湾珠宝产业园
（照片提供：沙湾珠宝产业园）

Pan Yu Zhu Bao
番禺珠宝

01. 2005年，番禺建立番禺区珠宝产业发展中心
（照片提供：黄远欣）

02. 2010年3月10日，以色列钻石行业协会（IDI）访问团参观沙湾珠宝产业园
（照片提供：沙湾珠宝产业园）

03. 2016年12月2日至5日，广东省珠宝玉石交易中心与广州钻石交易中心在番禺联合主办2016年广州珠宝钻石国际年会会场
（照片提供：广宝中心、广钻中心）

04. 2017年2月，广东省珠宝玉石交易中心和广州钻石交易中心联合举办的2017年广州钻石彩宝（春季）看货会在番禺顺利举办
（照片提供：广宝中心、广钻中心）

番禺珠宝
Pan Yu Zhu Bao

01. 2017年，广州钻石交易中心和广东省珠宝玉石交易中心参加北京国际珠宝展
（照片提供：丘志力）

02. 2017年，卓尔珠宝在深圳上市
（照片提供：卓尔珠宝）

03. 2017年，卓尔珠宝在深圳上市
（照片提供：卓尔珠宝）

番禺珠宝 *Pan Yu Zhu Bao*

01. 2016年5月7日，番禺职业技术学院教师参加广东省急需紧缺人才番禺珠宝首饰产业专场洽谈会
（照片提供：王昶）

02. 2016年7月28日，广州钻石交易中心在番禺举办国际交易服务说明会
（照片提供：广钻中心）

Pan Yu Zhu Bao
番禺珠宝

01. 2016年11月，南华工贸技工学校成为第44届世界技能大赛珠宝加工项目中国集训基地
（照片提供：吴华洲）

02. 番禺珠宝产业出版的《珠宝业》DM杂志
（照片提供：魏巧坤）

03. 2017年，百年宝诚"花丝镶嵌工艺班"开班仪式
（照片提供：王昶）

Pan Yu Zhu Bao
番禺珠宝

01. 2017年，广州番禺珠宝组团参加11月北京国际珠宝展
（照片提供：丘志力）

02. 2017年，广州番禺珠宝组团参加11月北京国际珠宝展
（照片提供：丘志力）

03. 2017年，广州市文化局局长参观沙湾珠宝产业园
（照片提供：沙湾珠宝产业园）

Pan Yu Zhu Bao
番禺珠宝

01. 2017年3月8日上午,广州市副市长马文田在广州市城市更新局局长杨承志,番禺区副区长杜锐钊、番禺区城市更新局局长师雁、沙湾镇镇长谢国樑、广州沙湾珠宝产业园董事长陈元兴广东省珠宝玉石交易中心和广州钻石交易中心董事长朱永胜陪同下到沙湾珠宝产业园调研沙湾镇申报国家珠宝文化特色小镇规划、沙湾珠宝文化旅游片区规划
(照片提供:沙湾珠宝产业园)

02. 2017年11月24日,广东省珠宝玉石交易中心联合广州钻石交易中心成功举办"一带一路 携手共赢——时代·钻汇2017年广州珠宝钻石国际年会"
(照片提供:广宝中心、广钻中心)

03. 2017年广州钻石彩宝(春季)看货会现场
(照片提供:广宝中心、广钻中心)

番禺珠宝

01. 2017年3月24日，番禺海关召开支持钻石及珠宝外贸发展座谈会，与广宝中心、广钻中心探讨珠宝外贸新模式
（照片提供：广宝中心、广钻中心）

02. 2017年5月6日，广东省珠宝玉石交易中心在番禺大罗塘珠宝小镇举行"锐意创新·携手前行"业务发布会
（照片提供：广宝中心）

03. 2017年6月5日，番禺珠宝厂商会连续5年组织中国VIP买家团参加美国拉斯维加斯珠宝展
（照片提供：番禺区珠宝厂商会）

04. 2017年6月9日，广东省珠宝玉石交易中心在番禺完成全国首次翡翠毛料保税公盘网络竞价活动，并实现保税转一般贸易进口
（照片提供：广宝中心）

Pan Yu Zhu Bao
番禺珠宝

01. 2017年8月，番禺与山东烟台、威海珠宝厂商对接交流

02. 2017年第四届广州番禺珠宝文化节开幕

03. 2017年11月9—13日，番禺展团继续亮相北京珠宝展

04. 2017年，卓尔珠宝在深圳上市，董事长张光贤（左3）等合影（照片提供：卓尔珠宝）

（01-03照片提供：番禺区珠宝厂商会）

Pan Yu Zhu Bao
番禺珠宝

01. 卓尔珠宝2018年珠宝行业"独角兽"大会暨全国加盟商大会
（照片提供：卓尔珠宝）

02. 迪迈珠宝3D打印共享中心开业，冼宁总经理致辞
（照片提供：冼宁）

03. 迪迈珠宝3D打印共享中心开业，吸引众多国内外业内人士参加活动
（照片提供：冼宁）

04. 广钻中心、广宝中心建立"一带一路"珠宝产业综合服务枢纽
（照片提供：广钻中心、广宝中心）

Pan Yu Zhu Bao
番禺珠宝

01. 2017年7月20日，广州市政协经济委领导在番禺沙湾珠宝产业园调研
（照片提供：沙湾珠宝产业园）

02. 2018年4月，广州钻石交易中心在番禺成功举办毛坯钻石国际交易会
（照片提供：广钻中心）

03. 施华洛世奇2016年潮流新闻发布会在番禺举办
（照片提供：番禺区珠宝厂商会）

04. 2018年，刚果钻石珠宝考察团在番禺金俊汇考察
（照片提供：中国珠宝招商网）

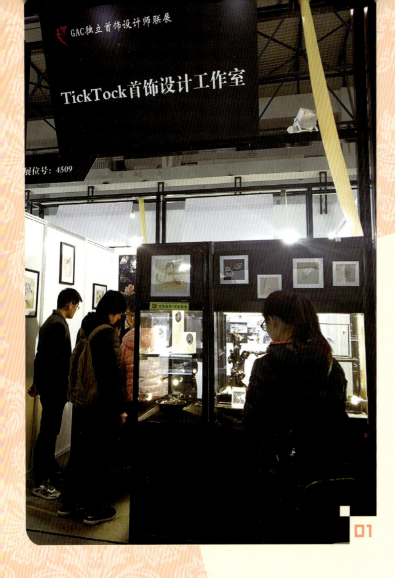

Pan Yu Zhu Bao
番禺珠宝

01. 2017年，番禺独立首饰设计师品牌TickTock参加北京国际珠宝展

02. 2017年，广州番禺珠宝设计工艺专业委员会主席黄建民在北京国际展给记者介绍翡翠设计新系列产品

03. 2017年，广州番禺珠宝组团参加11月北京国际珠宝展，展示新变色宝石——苏坦莱宝石（水铝石）

（01-03 照片提供：丘志力）

Pan Yu Zhu Bao
番禺珠宝

01. 2016年，贵金属首饰制作工竞赛
（照片提供：番禺区珠宝厂商会）

02. 2016年，金猴贺岁，黄金吉祥物
（照片提供：六福珠宝）

03. 2017年，金鸡吉祥物
（照片提供：六福珠宝）

04. 2018年，金狗旺福吉祥物
（照片提供：六福珠宝）

Pan Yu Zhu Bao
番禺珠宝

01. 番禺珠宝产业获批广东省火炬计划特色产业基地

02. 番禺大罗塘加工的彩宝——紫晶及改色的托帕石

03. 番禺大罗塘加工的彩色宝石——海蓝宝石

04. 番禺大罗塘切割的月光石宝石

（01-04 照片提供：丘志力）

Pan Yu Zhu Bao
番禺珠宝

01. 番禺大罗塘切割加工的饱和度极好的蓝色锆石

02. 番禺珠宝设计（照片提供：黄建民）

03. 番禺沙湾珠宝产业园正门标志

（01-03 照片提供：丘志力）

Pan Yu Zhu Bao
番禺珠宝

01. 2015年，首届广东省金交会上展示的番禺珠宝——米莱珠宝
（照片提供：丘志力）

02. 番禺大罗塘切割的素面坦桑石宝石
（照片提供：丘志力）

03. 番禺明将琅设计的珠宝"情毒"
（照片提供：明将琅珠宝）

Pan Yu Zhu Bao
番禺珠宝

01. 番禺明将琅珠宝设计的珠宝"蝉"
    （照片提供：明将琅珠宝）

02. 番禺大罗塘的彩色宝石
    （照片提供：丘志力）

03. 番禺大罗塘切割的素面葡萄石和月光石
    （照片提供：丘志力）

Pan Yu Zhu Bao
番禺珠宝

01. 番禺切割宝石——铬透辉石

02. 番禺切割宝石——海蓝宝石

03. 番禺切割宝石——石榴石

（01-03 照片提供：吴坚平）

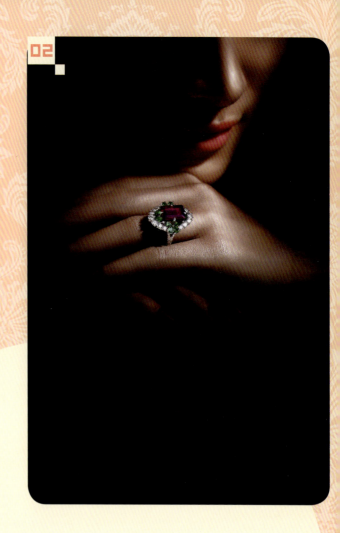

Pan Yu Zhu Bao
番禺珠宝

01. 番禺明将琅珠宝设计的珠宝
（照片提供：明将琅珠宝）

02. 番禺明将琅珠宝设计的珠宝
（照片提供：明将琅珠宝）

03. 番禺加工的彩色宝石——祖母绿
（照片提供：丘志力）

Pan Yu Zhu Bao
番禺珠宝

01. 首届广东省金交会上展示的番禺米莱珠宝的彩色宝石作品
（照片提供：丘志力）

02. 番禺加工的大颗粒钻石毛坯
（照片提供：广钻中心）

Pan Yu Zhu Bao
番禺珠宝

01. 番禺亿钻彩色宝石耳坠

02. 番禺亿钻彩色宝石吊坠

03. 番禺亿钻彩色宝石戒指

04. 番禺亿钻珠宝首饰

（01-04 照片提供：沙湾珠宝产业园）

Pan Yu Zhu Bao
番禺珠宝

01. 番禺亿钻钻石戒指——珍珠系列

02. 番禺亿钻珠宝设计制作的钻石戒指——黄钻

03. 番禺亿钻珠宝设计制作的钻石戒指——黄钻

（01-03 照片提供：沙湾珠宝产业园）

番禺珠宝

01. 番禺亿钻珠宝设计的钻石戒指
（照片提供：沙湾珠宝产业园）

番禺珠宝

01. 番禺亿钻珠宝设计的钻石吊坠
（照片提供：沙湾珠宝产业园）

Pan Yu Zhu Bao
番禺珠宝

01. 六福珠宝 2017 款钻石戒指

02. 六福珠宝 2017 款钻石对戒

03. 六福珠宝 2017 款钻石耳钉

（01-03 照片提供：六福珠宝）

01

Pan Yu Zhu Bao
番禺珠宝

01. 六福珠宝 2017 款钻石戒指

02. 六福珠宝 2017 款钻石吊坠

03. 六福珠宝 2017 款珍珠吊坠

（**01-03** 照片提供：六福珠宝）

02

03

恩缘
EN YUAN

心非心物非物，心高于物，心是心物是物，心合一，心物是一人在应中，不是儿，不在心中，化友儿，世间人，法无定法，然后知非法法也，其发缘生，皆系缘分，偶然的相通，蓦然回首，注定了彼此的一生，只为了眼光交会的刹那。

Pan Yu Zhu Bao
番禺珠宝

01. 番禺明将琅珠宝设计的珠宝"恩缘"
（照片提供：明将琅珠宝）

02. 繁花似锦珠宝狗，广州番禺明将琅当代艺术家江衡合作设计制作的大型宝石镶嵌作品
（照片提供：明将琅珠宝）

03. 番禺珠宝 3D 设计
（照片提供：迪迈珠宝）

Pan Yu Zhu Bao
番禺珠宝

01. 番禺设计的彩色宝石吊坠

02. 番禺设计的彩色宝石项链

03. 番禺设计的彩色宝石胸针

（01-03 照片提供：沙头街道办事处）

Pan Yu Zhu Bao
番禺珠宝

01. 番禺设计的彩色宝石胸针

02. 番禺设计的彩色宝石胸针

03. 番禺设计的彩色宝石胸针

（01-03 照片提供：沙头街道办事处）

Pan Yu Zhu Bao
番禺珠宝

01. 番禺设计的彩色宝石胸针
（照片提供：沙头街道办事处）

02. 番禺设计的彩色宝石胸针
（照片提供：沙头街道办事处）

03. 番禺新锐独立设计工作室设计的作品
（照片提供：丘志力）

01

02

Pan Yu Zhu Bao
番禺珠宝

01. 番禺亿钻彩色宝石戒指 1

02. 番禺亿钻彩色宝石戒指 2

03. 番禺亿钻钻石吊坠

（01~03 照片提供：沙湾珠宝产业园）

03

01

Pan Yu Zhu Bao
番禺珠宝

01. 番禺亿钻钻石戒指

02. 番禺亿钻钻石戒指

03. 番禺亿钻钻石戒指

（01~03 照片提供：沙湾珠宝产业园）

02

03

番禺珠宝

01. 番禺亿钻钻石戒指——黄钻

02. 番禺亿钻钻石戒指——黄钻

03. 番禺亿钻钻石戒指——黄钻

（01~03 照片提供：沙湾珠宝产业园）

Pan Yu Zhu Bao
番禺珠宝

01. 番禺明将琅珠宝设计的珠宝"蜂恋花"（胸针）
    （照片提供：明将琅珠宝）

02. 番禺珠宝设计
    （照片提供：黄建民）

03. 广东省金交会上展示的番禺珠宝制作——湖棠珠宝公司，番禺最大的彩宝生产企业之一
    （照片提供：丘志力）

· 123 ·

Pan Yu Zhu Bao

番禺珠宝

01. 番禺明将琅珠宝设计的珠宝"天鹅"

02. 番禺明将琅珠宝设计的获奖作品"归巢"

03. 番禺明将琅珠宝设计的珠宝"火烈鸟"

04. 番禺明将琅设计的珠宝"荷塘月色"

（01-04 照片提供：明将琅珠宝）

Pan Yu Zhu Bao
番禺珠宝

01. 番禺珠宝公司 2017 年 11 月在北京国际珠宝展展示的新变色宝石——苏坦莱宝石（水铝石）

02. 广州明将琅珠宝设计的"逐浪者"获专业组最佳工艺奖

03. 广州明将琅珠宝设计的钛金首饰

（01-03 照片提供：丘志力）

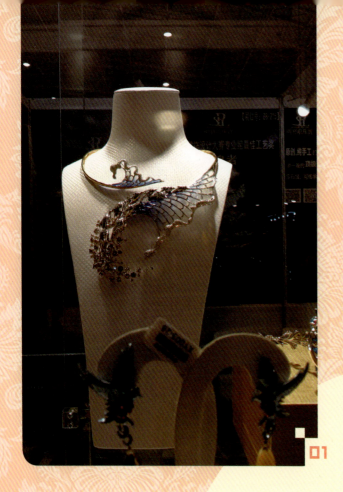

Pan Yu Zhu Bao
番禺珠宝

01. 广州明将琅珠宝设计的"逐浪者"获专业组最佳工艺奖
（照片提供：丘志力）

02. 广州明将琅珠宝设计的作品"守护者"
（照片提供：丘志力）

03. 广州明将琅珠宝设计的作品"企鹅"
（照片提供：明将琅珠宝）

Pan Yu Zhu Bao
番禺珠宝

01. 大罗塘的彩色宝石商铺

02. 大罗塘金俊汇内的番禺 Tick·Tock 首饰设计工作室

03. 番禺 Tick·Tock 首饰设计工作室年轻的设计师们

（01-03 照片提供：丘志力）

Pan Yu Zhu Bao
番禺珠宝

01. 番禺 Tick·Tock 首饰设计工作室的师傅正在工作
（照片提供：丘志力）

02. 番禺柏志钻石厂对钻石毛坯进行切割设计的自动化设备
（照片提供：邓小芹）

03. 番禺柏志钻石厂对钻石毛坯进行切割设计
（照片提供：邓小芹）

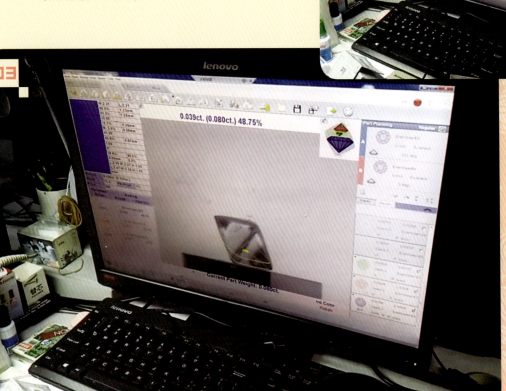

Pan Yu Zhu Bao

番禺珠宝

01. 番禺明将琅珠宝设计的珠宝"欲滴"

02. 番禺明将琅珠宝设计的珠宝"庄周梦蝶"

（01-02 照片提供：明将琅珠宝）

玉楼春

东城渐觉风光好，縠皱波纹迎客棹。
绿杨烟外晓寒轻，红杏枝头春意闹。

〈馈赠〉

Pan Yu Zhu Bao
番禺珠宝

01. 番禺明将琅设计的珠宝"馈赠"
（照片提供：明将琅珠宝）

Pan Yu Zhu Bao
番禺珠宝

01. 2018.11月,第五届广州番禺区珠宝文化节番禺区珠宝厂商会第十三届理事会就职晚宴会场

02. 2018年11月,第五届广州番禺珠宝文化节开幕式会场

（01-02 照片提供：魏巧坤）

Pan Yu Zhu Bao
番禺珠宝

01. 2018年4月10日,广东省珠宝玉石交易中心在番禺举办"不忘初心,合作共赢"分享会,介绍中心成立以来的工作成果

02. 2018年5月17日,泰国宝石学院(GIT)代表团一行赴广东省珠宝玉石交易中心洽谈合作

（01-02 照片提供：广宝中心）

番禺珠宝

01. 2018年第三届广州珠宝钻石国际年会

02. 2018年第三届广州珠宝钻石国际年会安特卫普钻石省省长、广州钻石交易中心领导与合作机构合影

（01-02 照片提供：魏巧坤）

番禺珠宝
Pan Yu Zhu Bao

01. 番禺第五届珠宝文化节同期举办2018年第三届广州珠宝钻石国际年会，Rapaport集团创始人、总裁Martin Rapaport先生演讲
（照片提供：丘志力）

02. 番禺第五届珠宝文化节同期举办2018年第三届广州珠宝钻石国际年会，中山大学宝石学研究团队与国际嘉宾合影
（照片提供：梁伟章）

03. 番禺第五届珠宝文化节同期举办2018年第三届广州珠宝钻石国际年会，中宝协副会长，秘书长毕利君先生到会致辞
（照片提供：丘志力）

番禺珠宝 *Pan Yu Zhu Bao*

01. 2018年3月30日，中山大学地球科学与工程学院王岳军院长（中）等调研广宝中心、广钻中心，三方签署合作协议
（照片提供：广宝中心、广钻中心）

02. 2017年11月，广东省珠宝玉石交易中心共享创新服务平台在番禺揭幕
（照片提供：广宝中心）

03. 2018年，迪迈3D打印共享中心开业庆典
（照片提供：冼宁）

 Pan Yu Zhu Bao
番禺珠宝

01. 卓尔珠宝2018年珠宝行业"独角兽"大会暨全国加盟商大会
（照片提供：丘志力）

序

沐浴改革开放春风，中国珠宝产业从近乎零点重新起步，迅猛成长为全球最大、最重要的珠宝市场之一。据统计，中国已成为黄金、珍珠产销世界第一，白银、铂金、玉石等产品消费市场占世界首位，钻石消费占世界第二，彩色宝石消费世界领先的全球重要珠宝市场，堪称奇迹。这是中国珠宝产业在中国特色社会主义建设中取得重大成就的行业体现，也是珠宝作为特殊产品满足人民对美好生活向往的现实体现。

中国珠宝产业取得今日之功，实为中国珠宝产业在不同区域的特色产业基地协调健康发展之果。其中，番禺珠宝产业砥砺前行30载，是中国珠宝玉石首饰行业首批16家特色产业基地之一，中国珠宝走向世界最重要的"桥头堡"。30年来，一代又一代的番禺珠宝人无畏奋进、厚积薄发，抒写了番禺珠宝产业蓬勃发展的壮美诗篇。

《番禺珠宝产业发展30年——与世界珠宝产业的互动及产业集聚发展》一书，在剖析全球经济和珠宝产业跌宕起伏发展的宏观背景的前提之下，通过文献追踪、实地调研、人物采访，以及对国内外经济发展状况、番禺珠宝产业与国际及国内其他区域珠宝产业发展过程的耦合分析，对番禺珠宝产业发展的主要事件、人物及代表性企业进行了梳理、记述；同时，依据产业集聚及全球价值链理论，探索分析了影响番禺珠宝产业集聚发生、发展及升级的各种要素，提出了富有建设性的专家意见。

本书开启了系统探索和研究中国珠宝产业集聚发展的先河，尤其在如下几个方面取得了重要的进展：

（1）"天时、地利、人和"让番禺珠宝产业从无到有、从小到大，并成长为驰名珠宝特色产业基地。深厚的历史文化底蕴、一衣带水的独特地缘、繁荣的商业经济环境是番禺珠宝产业发展的基础；改革开放、人和政开的时代机遇是番禺珠宝产业发展的契机；承接香港珠宝产业转移形成"前店后厂"的产业分工模式是番禺珠宝产业得以飞速发展的"时代基因"。

（2）研究分析表明，番禺产业属于典型的外向型产业集聚。番禺地方政府一以贯之地支持和引导行业发展，番禺珠宝商协会等产业组织积极推动行业发展，通过"珠宝生产工艺分段化管理""一牌多车间""产业园内一站式通关"等工作创新产业管理模式，是番禺发展成为中国重要珠宝进出口基地和"国家级外贸转型升级专业型示范基地"的关键原因。其中一批兢兢业业，精益求精，具有"工匠"精神的珠宝人为番禺珠宝产业发展做出的重要贡献，是番禺获得"中国工""世界珠宝，番禺制造"美誉的根本保证。

（3）根据全球价值链理论，本书对番禺珠宝产业集聚从外向型集聚向综合内生集聚升级的方向和路径进行了系统深入的分析，指出番禺珠宝产业集聚升级需要走双向模式；提出可以通过设立政府产融发展基金，进行顶层设计，加大和国际金融产业的协作融合；通过建立本地领袖企业品牌，开展产业上中下游的并购合作；通过建立国际独立设计师发展平台，利用独立设计师设计创新盘活番禺珠宝产业集聚原有的精湛镶嵌加工产能和活力；通过强化人才引进机制，积极鼓励高端管理、设计及创新人才落户番禺，推动产业技术研发创新，建立产业创新发展新机制等措施实现产业集聚的升级发展。

产业集聚的形成及发展研究是产业经济学研究的热点之一，我国珠宝产业经过几十年的发展，已经在多个区域形成了规模不一的产业集聚（群），但是相关的专题研究仍然存在较大空间。本书的主编丘志力教授多年来一直关注和潜心研究珠宝产业集聚（集群）的理论及具体实践案例。《番禺珠宝产业发展30年——与世界珠宝产业的互动及产业集聚发展》一书的出版，是对番禺珠宝产业发展的系统性分析和专业性引导，意义重大，为我国珠宝区域产业集聚的研究提供了一种重要的范式。

期待今后我国珠宝产业学术界会有更多的专题研究成果问世，不断推动我国珠宝产业的转型升级和创新发展，为我国珠宝产业做大做强提供理论支持。

是为序。

中宝协常务副会长、秘书长
2018年11月18日

ABSTRACT 摘 要

中国人将60年称为一甲子，这是古代中国人理解的自然界循环一次的时间。按照60年的循环周期计算，30年，正好是半个甲子，可谓"半途"。半途，无论对人还是对一个产业来说，都弥足珍贵。

过去的30年，我们做过什么？经历过哪些？收获几许？未来的30年，我们又将要面对什么？谁会与我们同行？如何才能跨越台阶？如此这般，总会让人忐忑和踌躇。

《番禺珠宝产业发展30年》要记录的，就是过去30年来在番禺珠宝产业集聚形成过程中发生的点点滴滴、风云际会。这点点滴滴发生在中国改革开放翻天覆地的变化之间，发生在20世纪与21世纪交汇的政治、经济的跌宕起伏之中，注定不会是渺小和孤立的。30年的发展，是中国珠宝产业风起云涌的一个缩影，也是中国珠宝产业与世界珠宝产业交流互动的见证。

20世纪后半叶，全球性的产业集聚骤起，成为推动全球经济发展的重要力量。美国哈佛大学教授、产业经济管理研究大师迈克尔·波特（Michael E. Porter）指出，产业集聚是形成产业竞争力的关键所在，产业竞争力是国家竞争力优势的源泉。

本书在实际跟踪中国珠宝产业发展和番禺珠宝产业30年发展的基础上，通过对国内外经济发展状况、国际及国内珠宝产业发展过程的耦合分析，对番禺珠宝产业发展的主要事件、人物及代表性企业进行了梳理，记录了番禺珠宝产业集聚发生、发展及升级的过程。

番禺珠宝产业起源于20世纪80年代中期。其时，部分港澳商人在番禺投资设厂，番禺较早开始将手工制作珠宝全过程分解为不同的工业化流程，开辟了珠宝产业分段加工工业化生产新时代。20世纪80年代末，番禺珠宝产业始创"一牌多车间"挂牌管理生产模式，推动了产业的快速发展。1991年，国内最早的县级珠宝行业组织广州番禺县珠宝厂商会（Guangzhou Panyu Jewelry Manufacturers Association）成立。2000年前后，番禺外向型珠宝产业集聚雏形形成。

新千年开始前10年，经过前面十几年的发展，番禺市桥、沙头（大罗塘、小平）、沙湾、榄核、大岗镇等集中了几百家规模较大的珠宝首饰加工制造企业；番禺沙湾珠宝产业园实现"一站式"通关，成为原材料及半成品生产、物流、交易、仓储、结算的一站式综合服务示范性园区，生产效率大幅度提高，吸引了大量港资及外资企业投资落户番禺，番禺珠宝产业集聚进入发展成熟期。

成熟期的判断依据包括：1）番禺区一个相对集中的区域内分布了2000家以上包含了珠宝业上、中、下游的珠宝企业；2）集聚的企业包括了宝玉石原材料供应、钻石及彩色宝石加工、贵金属首饰加工镶嵌、珠宝钟表制造、珠宝加工机械以及珠宝零售等，其产品涵盖了珠宝首饰几乎所有的类型，企业相互之间存在着明显的竞合关系；3）区内珠宝产业具备相对完整的价值链体系，不同企业之间体现出各自的专业性和价值传递关系，主导产业及其相关企业具有明显的关联；4）区内各种辅助及支撑机构，如番禺区珠宝厂商会、大罗塘珠宝首饰商会、沙湾珠宝产业园、番禺职业技术学院珠宝学院等形成了区域产业平台和网络；与此同时，产业的专业技术人才高度密集、产业形成了一定的创新能力和技术溢出，形成番禺珠宝产业钻石加工"中国工"品牌，并对其他区域珠宝产业产生影响。

在21世纪第2个10年开始（2010—2018），番禺珠宝产业集聚从早期典型的外向型集聚进入到产业集聚的升级发展阶段。主要的标志是：产业集聚开始从来料加工贸易为主的外向型集聚向内外兼顾发展的综合性产业集聚过渡；番禺区沙头街形成约1.75平方千米的大罗塘珠宝首饰集聚区，汇聚了2000多家企业，发展成为主要面向国内市场的新的增长极，其中的米莱珠宝成为国内电商明星，卓尔珠宝成功在新三板上市；广州钻石交易中心和广东省珠宝玉石交易中心两个省级要素平台落户番禺并逐步发挥作用，等等。

至此，番禺汇聚了各类珠宝生产加工、销售经营企业2500多家，加工200多种来自50多个不同国家和地区的宝石原材料以及黄金、白银等贵金属首饰，云集上千名珠宝设计名师。

30年来，作为中国珠宝产业最典型的一个珠宝产业集聚之一，番禺珠宝产业获得了众多荣誉。例如，首批"中国珠宝玉石首饰特色产业基地"、广东省唯一的（当时）"广东省火炬计划珠宝特色产业基地（广州）"，"广东省技术创新专业镇——珠宝"和广东省首批"省级外贸转型升级专业型示范基地"，后升级为"国家级外贸转型升级专业型示范基地"，形成了"世界珠宝，番禺制造"（Panyu Jewellery, Manufactured for the world）的区域品牌形象。

任何产业的发展都具有内在的逻辑性和明显的周期性。根据全球价值链理论，我们对番禺珠宝产业在全球价值链中的地位、治理关系、SWOT模式进行了理论分析，提出了对番禺珠宝产业集聚升级发展方向和路径的思考。

我们认为，番禺从一个典型的外向型制造出口为主的生产型集聚向综合型内生产业集聚的方向升级发展，着重需要在如下几个方面发力和重构：1）政府需要建立将珠宝产业发展成为支柱性产业的决心，争取支持产业发展和融通国际的进出口渠道及税收优惠政策，并形成可持续的发展机制，真正突破产业升级发展的临界点；2）建立政府产融发展基金，进行顶层设计，加大与国际金融产业的协作融合，通过建立本地领袖企业品牌，开展产业上、中、下游的并购合作。3）建立国际独立设计师发展平台，通过独立设计师设计创新盘活番禺珠宝产业集聚原有的精湛镶嵌加工产能和活力，形成新的国际时尚珠宝产业中心；4）强化人才引进机制，推动产业技术研发创新，建立产业创新发展新机制及新的商业发展模式；5）借助互联网技术，进行渠道创新，极大提升番禺珠宝产业集聚对国内市场的开拓和竞合能力。

30年，半个甲子，正是如日中天的时候，世界开始进入充满不确定性的时代。番禺珠宝产业要实现高瞻远瞩，进入新的可持续健康发展的循环，仍然任重道远。

让我们一起共同努力，创造番禺珠宝产业和中国珠宝产业美好的明天，实现世界珠宝，番禺创造（Panyu Jewellery, Innovated for the world）的宏伟愿景。

ABSTRACT
摘 要

In China, a period of 60 years which is called a "Jiazi" is also a cycle of the nature in the understanding of ancient Chinese people. According to the cycle time of 60 years, the period of 30 years is regarded as "half a Jiazi", or "halfway, literally, a half of the travel in life." Hence, halfway means a lot for whether a person or an industry.

What have we accomplished in the past 30 years? What have we experienced? How much have we got? And what will we face in the next 30 years? Who will come with us? How to make it through? Such kinds of things will always make us worry and hesitate.

What *30 Years Evolution of Panyu's Jewellery Industry* to convey is just the ordinary information in the clustering and formation of the jewelry industry in Panyu over the past 30 years, which coincides with the earth-shaking changes during the reform and opening-up drive in China and the ups and downs in the political and economic domains at the transition from the 20th Century to the 21st Century. Therefore, they will never be regarded as trivial or isolated. The constant changes over the past 30 years constitute the epitome of the jewelry industry in China and witness the exchange and interaction between the jewelry industry in China and that of the world.

The second half of the 20th Century has witnessed the clustering and rise of global industries, which have became the important driving force of the global economy. Michael E. Porter, the professor of Harvard University and master of the industrial economic management research, pointed out that industrial clustering is the key to the formation of industrial competitiveness, which is regarded as the source of the national competitive edge.

This book which is on the basis of tracing the development of the Chinese jewelry industry and the development of the jewelry industry in Panyu over the past 30 years sorts out the information of major events, people and representative enterprises in the development of the jewelry industry in Panyu, and records the occurrence, development and upgrading of the industry by conducting a coupling analysis of the domestic and international economic development, as well as the international and domestic jewelry industry.

The jewelry industry in Panyu originated in the middle of the 1980s when many of the Hong Kong and Macao businessmen came to invest in Panyu. Thus, the whole process of hand-made jewelry was broken up into different industrialized processes at that time and ushered in the new era of the industrial production of jewelry featuring segmental processing. At the end of the 1980s, the jewelry industry in Panyu started to adopt the OEM management and production model which featured "workshops operating under one brand", thus boosting the rapid development of the industry. In 1991, Guangzhou Panyu Jewelry Manufacturers Association, the earliest county-level jewelry industrial organization in China, was founded. Around 2000, the export-oriented jewelry industry clustering took shape in Panyu.

In the first ten years of the new millennium, such towns in Panyu as Shiqiao, Daluotang, Xiaoping, Shawan, Lanhe, and Dagang had gathered several hundreds of jewelry enterprises in a certain large scale. The one-stop customs clearance was established at Panyu Shawan Jewelry Industrial Park, making it the one-stop comprehensive service demonstrative park which covers raw materials and semi-products production, logistics, trade, warehousing and settlement. Moreover, the production efficiency had been greatly enhanced, attracting a large number of Hong Kong and foreign enterprises to set up their businesses in Panyu, and enabling the clustering of the jewelry industry in Panyu to enter the mature period.

The period of maturity has been justified by the following bases: 1) More than 2,000 jewelry enterprises, covering the upstream, mid-stream and downstream ones, were located within the comparatively concentrated area in Panyu District; 2) The clustered enterprises included the supply of raw gem and jade materials, diamond and color gem processing, processing and inlaying of precious metal jewelry, manufacturing of jewelry and timepieces, jewelry processing machinery, and jewelry retailing, among others. Their products covered all types of jewelry. There was evident competition and cooperation among different enterprises; 3) There was a comparatively complete value chain system in the jewelry industry in Panyu District, with different enterprises showing different expertise and value relevance, and there was obvious association between the leading industries and their affiliated enterprises; 4) All kinds of auxiliary and supporting institutions in the district, such as Panyu Jewelry Manufacturers Association, Shawan Jewelry Industrial Park and Jewelry Institute of Guangzhou Panyu Polytechnic had formed to provide regional industrial platform and network. Meanwhile, thanks to the high concentration of professional and technical talented people, there formed the innovation capability and technological spillover of a certain level in the industry. The reputation of *China Cut* Diamond in the Panyu jewelry industry had taken shape, and exerted impact on the jewelry industry in other areas.

In the second decade of the 21st Century (2010 – 2018), the jewelry industry clustering in Panyu shifted from the classical export-oriented clustering stage to the upgraded development stage featuring the industrial clustering. The main symbol is that the industrial clustering witnessed the transition from the export-oriented clustering mainly based on processing trade to the comprehensive industry clustering which attached importance to both export-oriented and domestic-oriented development. Daluotang Jewelry Industry Clustering Area, with a land area of about 1.75 square kilometers, was formed at Shatou Street, Panyu, attracting more than 2,000 enterprises, and becoming the new growth pole; among which MYRAY Jewelry had become a star E-commerce enterprise in China, and Jure Jewelry had been successfully listed on the New Three Board. It mainly targeted the domestic market Guangzhou Diamond Exchange and Guangdong Gems & Jade Exchange, two provincial element trading platforms, has settled in Panyu, and gradually played their roles.

Till then, more than 2,500 enterprises which engaged in the jewelry production, processing, sale and operation gathered at Panyu could process more than 200 kinds of raw materials of gems as well as such precious metal jewelry as gold and silver from more than 50 different countries and regions. Around 1,000 jewelry designers were attracted to Panyu.

Over the past 30 years, as one of the most classical jewelry industry clusters in China, the jewelry industry in Panyu has won a lot of honors, for example, it was in the first batch of Chinese Jewelry and Jade Featured Industrial Bases, the sole Torch Plan Jewelry Featured Industry Base (in Guangzhou) of Guangdong Province (at that time), the Professional Town (Jewelry) of Guangdong Province Featuring Technical Innovation, and was in the first batch of Provincial Foreign Trade Transformation and Upgrading Professional Demonstration Bases of Guangdong Province (Jewelry), thus forming the regional brand image of "Panyu Jewelry, Manufactured for the World."

The development of any industries has its intrinsic logic and obvious periodicity. In accordance with the Global Value Chain Theory, we have conducted the theoretical analysis of the status, management relationship and SWOT model of the Panyu jewelry industry in the Global Value Chain, and put forward suggestions for the upgrading and development of the industrial clustering in Panyu.

In our viewpoint, during its upgrading and development from the production-type clustering mainly based on the classical export-oriented manufacturing to the comprehensive endogenous industry clustering, importance shall be attached to the following aspects: 1) The government shall establish a determination to develop the jewelry industry into the pillar industry, striving to get the import and export channels and preferential taxation policies of supporting the industrial development and bridging the world and establishing the sustainable development mechanism, truly breaking the critical point in the industrial upgrading and development. 2) The government fund for the development of both industry and financing shall be established, the top-level design shall be conducted, the cooperation and integration with the international financial industry shall be strengthened, and the merger and acquisitions of the upstream, mid-stream and downstream enterprises in the industry shall be conducted by establishing the brands of local leading enterprises. 3) The industry shall set up the development platform for the international independent designers, and form the new international fashion and jewelry industry center through the innovative designs of the independent designers which will further reactivate the original sophisticated inlaying and processing production capacity and vitality in the clustering of the jewelry industry in Panyu. 4) The industry shall strengthen the mechanism of introducing talented people, boost the R&D and innovation of industrial technologies and establish the new mechanism for industrial innovation and development and the new commercial development model. 5) The industry shall, with the support of the Internet technologies, conduct channel innovation, and thus greatly enhance the ability of the jewelry industry clustering in Panyu to expand and compete in the domestic market.

30 years is half a Jiazi, which means the time of the sun hanging overhead, and the world is under uncertainty. How could we design a far-sighted plan for the future development of the jewelry industry in Panyu, and enable it to enter the new sustainable and healthy development cycle? It is still a heavy load to shoulder, and the road is still far.

Let's make concerted efforts to create a beautiful future for the jewelry industry in Panyu as well as in China, realizing the vision of "Panyu Jewellery, Innovated for the world".

CONTENTS 目 录

上编　番禺珠宝产业发轫

第1章　古老番禺的人文印象 ·················· 3
　　1.1　两千年前的华彩 ·················· 3
　　1.2　番禺的地缘优势与开化 ·················· 5

第2章　番禺开放与香港产业转型 ·················· 8
　　2.1　改革开放初期番禺的律动及变化 ·················· 8
　　2.2　香港经济转型与广东加工贸易产业发展 ·················· 9

第3章　人和政开：番禺的改革开放纪事 ·················· 13

第4章　番禺珠宝产业崛起 ·················· 19
　　4.1　珠宝首饰来料镶嵌加工产业的形成 ·················· 19
　　4.2　番禺珠宝产业早期的钻石加工业 ·················· 23
　　4.3　番禺早期的彩宝加工产业 ·················· 23
　　4.4　番禺珠宝产业辅助行业发展 ·················· 24

第5章　番禺珠宝产业早期代表性人物简介 ·················· 25
　　5.1　陈圣泽 ·················· 25
　　5.2　陈　国 ·················· 25
　　5.3　李建生 ·················· 27
　　5.4　黄云光 ·················· 29
　　5.5　刘　强 ·················· 31

第6章　番禺珠宝产业早期代表性公司记述 ·············· 34

- 6.1　广州市番禺区番华金银珠宝工艺厂/有限公司 ·············· 34
- 6.2　广州东宝（番澳）首饰有限公司 ·············· 35
- 6.3　广州市番禺云光首饰有限公司 ·············· 35
- 6.4　明秀钻石（广州）有限公司 ·············· 36
- 6.5　广州市元艺珠宝有限公司 ·············· 37
- 6.6　宝星首饰厂有限公司 ·············· 38
- 6.7　广州长进珠宝首饰有限公司 ·············· 38
- 6.8　广州湖棠珠宝有限公司 ·············· 39
- 6.9　广州喜利钻石首饰有限公司 ·············· 40
- 6.10　番华立艺珠宝手艺有限公司 ·············· 40
- 6.11　番禺利成珠宝首饰厂 ·············· 42
- 6.12　广州市番禺共同企业加工装配公司 ·············· 42
- 6.13　广州市番禺恒宝饰物有限公司 ·············· 43

中编　世界珠宝，番禺制造

第7章　缘起，大机遇 ·············· 47

- 7.1　中国的经济腾飞：历史发展机遇 ·············· 48
- 7.2　千禧年后十年世界经济格局：机遇及问题 ·············· 52

第8章　世界珠宝与珠宝世界 ·············· 58

- 8.1　世界珠宝 ·············· 58
- 8.2　珠宝世界：新千年开始世界珠宝产业发展格局 ·············· 68
- 8.3　中国珠宝产业发展：30年机遇 ·············· 74
- 8.4　珠宝世界新势力——深圳珠宝产业的崛起 ·············· 84
- 8.5　番禺珠宝产业集聚与深圳珠宝产业（罗湖珠宝集聚）比较 ·············· 93

第9章　番禺珠宝故事——产业发展历程片段 ·············· 99

- 9.1　番禺珠宝产业发展大事记 ·············· 99
- 9.2　番禺政府的产业管理及政策推动 ·············· 106

第10章　世界珠宝，番禺制造 ·············· 120

- 10.1　番禺钻石加工业产业爆发——钻石优质切割工艺"中国工"成型 ·············· 120
- 10.2　享誉全球的番禺珠宝首饰制造 ·············· 124

10.3 番禺彩色宝石切割加工产业 …………………………………………………… 130
  10.4 番禺其他珠宝配套产业及科教产业发展 ……………………………………… 131

第 11 章 番禺珠宝产业发展期代表性人物简介 ………………………………………… 136
  11.1 李文俊 …………………………………………………………………………… 136
  11.2 陈元兴 …………………………………………………………………………… 137
  11.3 王　昶 …………………………………………………………………………… 139
  11.4 包文斌 …………………………………………………………………………… 141
  11.5 黎志伟 …………………………………………………………………………… 142

第 12 章 番禺珠宝产业发展期代表性公司简介 ………………………………………… 145
  12.1 广州利桦珠宝有限公司 ………………………………………………………… 145
  12.2 皇庭珠宝集团 …………………………………………………………………… 146
  12.3 历俊（广州）珠宝有限公司 …………………………………………………… 147
  12.4 广州柏志钻石有限公司 ………………………………………………………… 148
  12.5 广州市启艺金银珠宝有限公司 ………………………………………………… 149
  12.6 六福珠宝集团 …………………………………………………………………… 149
  12.7 广州市亿钻珠宝有限公司 ……………………………………………………… 150
  12.8 雅和（广州）首饰有限公司 …………………………………………………… 151
  12.9 广州市精明珠宝首饰有限公司 ………………………………………………… 153
  12.10 广州市嘉衡珠宝有限公司 …………………………………………………… 153
  12.11 TSL｜谢瑞麟珠宝有限公司 ………………………………………………… 154
  12.12 陈广记（番禺）有限公司 …………………………………………………… 155
  12.13 广州亚琪珠宝有限公司 ……………………………………………………… 155
  12.14 广州利福钻石首饰有限公司 ………………………………………………… 156
  12.15 广州方盈珠宝首饰有限公司 ………………………………………………… 156

下编 番禺珠宝产业升级发展

第 13 章 番禺珠宝产业与世界的互动 ……………………………………………………… 161
  13.1 番禺珠宝产业发展与世界经济及国际珠宝市场环境变化 …………………… 161
  13.2 番禺珠宝产业形成、发展及与国际珠宝产业权威机构的互动 ……………… 162
  13.3 番禺珠宝产业成为国际珠宝产业的重要组成部分 …………………………… 163

第 14 章 新常态下番禺珠宝产业集聚的升级发展 ………………………………………… 165
  14.1 经济新常态与供给侧改革 ……………………………………………………… 165

14.2 供给侧改革和番禺珠宝产业升级 …………………………………………………… 166
14.3 新常态下番禺珠宝产业集聚升级发展的措施 ………………………………… 167

第 15 章 "一带一路"倡议与番禺珠宝产业未来发展思考 …………………………… 170
15.1 "一带一路"倡议 ……………………………………………………………… 170
15.2 "一带一路"框架下番禺珠宝产业未来发展 ………………………………… 172
15.3 世界的不确定性：风险与机会并存 …………………………………………… 174

第 16 章 番禺珠宝产业升级发展产业平台及企业 ……………………………………… 178
16.1 广州市番禺贸促珠宝产业服务中心 …………………………………………… 178
16.2 广州市番禺区珠宝厂商会 ……………………………………………………… 178
16.3 广州市番禺区大罗塘珠宝首饰商会 …………………………………………… 179
16.4 番禺珠宝工艺设计委员会 ……………………………………………………… 181
16.5 广州番禺职业技术学院珠宝学院 ……………………………………………… 182
16.6 番禺沙湾珠宝产业园 …………………………………………………………… 184
16.7 广州市钻汇珠宝采购博览有限公司综合发展平台 …………………………… 185
16.8 金俊汇国际珠宝交易中心 ……………………………………………………… 186
16.9 广州迪迈职业技能培训有限公司 ……………………………………………… 188
16.10 广州市卓尔珠宝股份有限公司 ………………………………………………… 189
16.11 誉宝集团 ………………………………………………………………………… 190
16.12 米莱珠宝 ………………………………………………………………………… 191
16.13 广州明将琅珠宝有限公司 ……………………………………………………… 192
16.14 广州钻石交易中心 ……………………………………………………………… 192
16.15 广东省珠宝玉石交易中心 ……………………………………………………… 194

研究编　番禺珠宝产业集聚形成及升级理论研究

第 17 章 产业集聚/群及其理论研究 ……………………………………………………… 199
17.1 产业集聚/群的概念及其变化 ………………………………………………… 199
17.2 产业集聚/群的理论研究 ……………………………………………………… 201
17.3 产业集聚模式/类型研究 ……………………………………………………… 206
17.4 我国产业集聚/群的部分研究成果 …………………………………………… 207

第 18 章 番禺珠宝产业集聚的形成及其发展 …………………………………………… 213
18.1 番禺珠宝产业集聚形成 ………………………………………………………… 213
18.2 番禺珠宝产业集聚的类型及层次结构 ………………………………………… 218

18.3 番禺珠宝产业集聚SWOT分析 ……………………………………………… 222

第19章　番禺珠宝产业集聚升级发展及存在问题分析 ……………………… 231
  19.1 产业集聚的价值链嵌入及集聚升级理论 …………………………………… 231
  19.2 价值链治理及番禺珠宝产业集聚升级发展路径探索 ……………………… 234
  19.3 番禺珠宝产业集聚升级发展的政策性建议 ………………………………… 252

附　录
  一、番禺珠宝产业发展部分政策文件 ………………………………………… 259
  二、番禺珠宝产业调研代表性采访集录 ……………………………………… 261
  三、番禺部分珠宝设计师简介 ………………………………………………… 306

参考文献 …………………………………………………………………………… 311

后　记 ……………………………………………………………………………… 323

CONTENTS 目 录

Part 1 Formation of jewelry industry in Panyu

Chapter 1 Impression on ancient culture and humanity in Panyu 3
1.1 Glory over the past 2000 years 3
1.2 Geographical advantages and civilization of Panyu 5

Chapter 2 The opening up of Panyu and Industrial transformation of Hongkong 8
2.1 Rythmic development of Panyu at the beginning of the reform and opening up drive 8
2.2 Industrial transformation of Hong Kong and development of industrial development manufacturing trade in Guangdong 9

Chapter 3 Enlightened administation and harmonious People: events of reform and opening up drive in Panyu 13

Chapter 4 Rise of jewelry industry in Panyu at the early stage 19
4.1 Outset of embedding and processing of jewelry with imported materials 19
4.2 Diamond processing industry evolution in Panyu at the early stage 23
4.3 Color gem processing industry in Panyu at the early stage 23
4.4 Evolution of auxiliary sectors for jewelry industry 24

Chapter 5 The representative figures of jewelry industry in Panyu at the early stage 25
5.1 Chen Shengzhe 25
5.2 Chen Guo 25

5.3 Li Jiansheng ··· 27
  5.4 Huang Yunguang ··· 29
  5.5 Liu Qiang ··· 31

Chapter 6 The representative company of jewelry industry in Panyu at the early stage (Omitted Companies List) ····························· 34

Part 2 Panyu Jewellery, Manufactured for the world

Chapter 7 Origin and great chance ·· 47
  7.1 Historic opportunity for development on account of China's economic take-off
    ·· 48
  7.2 Opportunity and challenge of the world economic situation in ten years after the new millennium ··· 52

Chapter 8 World jewelry and the world of jewelry ······································ 58
  8.1 World Jewelry ··· 58
  8.2 The situation and development of world jewelry industry after the new millennium ········· 68
  8.3 The opportunities for Chinese jewelry industry over the past 30 years ················ 74
  8.4 The sharp rise of Shenzhen jewelry industry ······································· 84
  8.5 Comparison between the jewelry industry agglomeration in Shenzhen and that in Panyu ··· 93

Chapter 9 Stories of jewelry in Panyu ·· 99
  9.1 Major events in the evolution of the jewelry industry in Panyu ······················ 99
  9.2 Government industry management and policy promotion in Panyu ················ 106

Chapter 10 Panyu Jewellery, Manufactured for the world ··························· 120
  10.1 Diamond processing industry in Panyu ·· 120
  10.2 World-renowned jewelry manufacturing processing industry in Panyu ············ 124
  10.3 Cutting and processing industry of color gems in Panyu ··························· 130
  10.4 Evolution of auxiliary sectors and science and education sectors for the jewelry industry in Panyu ·· 131

Chapter 11　Brief introduction of the representative figures of jewelry industry agglomeration in Panyu at the development stage ································· 136

11.1　Li Wenjun ·· 136
11.2　Chen Yuanxing ··· 137
11.3　Wang Chang ·· 139
11.4　Bao Wenbin ··· 141
11.5　Li Zhiwei ·· 142

Chapter 12　Brief introduction of the representative companies of jewelry industry agglomeration in Panyu at the development stage （Omitted Companies List） ··· 145

Part 3　Upgrading and evolution of the jewelry industry in Panyu

Chapter 13　Interaction between the jewelry industry in Panyu and that in the world ··· 161

13.1　Evolution of the jewelry industry in Panyu as well as the change of world economy and the world jewelry market environment ················· 161
13.2　The formation and evolution of the jewelry industry in Panyu and close interaction with international authoritative jewelry institutions ············· 162
13.3　Panyu jewelry industry becomes an important element in the world jewelry industry ······ 163

Chapter 14　Upgrading and evolution of the agglomeration of the jewelry industry in Panyu under the new normal ················· 165

14.1　New normal of economy and the supply-side reform ······························· 165
14.2　The supply-side reform and the upgrading of the jewelry industry in Panyu ·············· 166
14.3　Measures and issues of the agglomeration, upgrading and evolution of the jewelry industry in Panyu under the new normal ···························· 167

Chapter 15　The Belt and Road Initiative and the reflection on the future development of the jewelry industry in Panyu ············ 170

15.1　The Belt and Road Initiative ··· 170

15.2　The future development of the jewelry industry in Panyu under the Belt and Road Initiative …………………………………………………………………………… 172

15.3　Uncertainty of the world: Coexistence of risks and opportunities ………………… 174

Chapter 16　The representative organizations and companies of jewelry industry agglomeration in Panyu at the upgrading stage (Omitted Companies List) ………………………………………………… 178

Part 4　Research on the agglomeration, formation and upgrading of the jewelry industry in Panyu

Chapter 17　Research on the industrial agglomeration and its theory …… 199

17.1　The concept and transformation of the industrial agglomeration ………………… 199

17.2　The theories about the industrial agglomeration …………………………………… 201

17.3　The pattern/model of the industrial agglomeration ………………………………… 206

17.4　Part of research results on the industrial agglomeration of domestic industry …… 207

Chapter 18　Analysis on the formation and evolution of the agglomeration of the jewelry industry in Panyu ………………… 213

18.1　The formation of jewelry industry agglomeration in Panyu ……………………… 213

18.2　The types and structure of jewelry industry agglomeration in Panyu …………… 218

18.3　The SWOT analysis on jewelry industry agglomeration in Panyu ………………… 222

Chapter 19　Upgrading and development path of the jewelry industry agglomeration in Panyu and the existing problems ………… 231

19.1　The value chain embedding and industrial cluster upgrading theory of jewelry industry agglomeration in Panyu ……………………………………………………… 231

19.2　The value chain governance and explore the development path of jewelry industry agglomeration upgrading in Panyu ………………………………………………… 234

19.3　The policy suggestions about the upgrading and development of jewelry industry agglomeration in Panyu ………………………………………………………………… 252

Appendices

I. Records of the policies for the jewelry industry evolution in Panyu ·········· 259

II. Special visits collection ·········· 261

III. Brief introduction of part of jewelry designers in Panyu ·········· 306

References ·········· 311

Postscript ·········· 323

番禺珠宝产业发轫

番禺珠宝产业发轫

第1章 古老番禺的人文印象

1.1 两千年前的华彩

番禺，是个神奇的地方。之所以说它神奇，是因为番禺从一开始就不是番禺，至今，关于番禺名称的来源及释义仍然没有定论。

"番禺"，最早是指广州之名出现前在同一地点早已形成的原始城市聚落，后来，该地一直是广州建置和发展的核心区域。对番禺名称的来源和释义，学术界至少有5种不同的理解。

其一，流传较广的，是明末清初时番禺历史名人屈大均认同的二山说。屈大均在《广东新语·山语》中说，"……番禺，治东南一里者曰番山，迤逦而北一里曰禺山，其北曰粤秀……落为禺，又落为番。禺北番南，相引如长城，势至珠江而止"。这个观点最早见于《南越志》，曰"番禺县，有番、禺二山，因以为名"（卷八，三十九岭南道第十一"二山·八桂"条）。但《南越志》一书早已散佚，无全文可以查证，考证来自成书于唐开元初（8世纪初）徐坚等所著的《初学记》。《元和郡县图志》也说"番禺县，本秦旧县，故城在今县西南二里。县有番、禺二山，因以为名"。又说"南海县，本汉番禺县之地也……番山，在县东南三里，禺山，在县西南一里。尉佗葬于此"（卷三十四"广州南海县"条）。其后，历代刊行的县、府、省志以及唐、宋以来全国性的地理图志均采用此说（吴壮达，1981）。

其二，一山说，或者"番山之隅"说。最早出现此说的文献是郦道元的《水经注》："浪水东别迳番禺，《山海经》谓之贲禺者也。交州治中合浦姚文式问云：何以名为番禺？答曰：南海郡昔治在今州城中，与番禺县连接，今入城东南偏，有水坈陵，城倚其上，闻此郡人名之为番山，县名番禺。傥谓番山之禺也。"郦注《水经》成书约在6世纪初，远早于记载二山说8世纪初成书的《元和郡县图志》，或者说，一山说是比二山说来源更早的一种说法。但学者同时指出，郦注文中，姚文式人物身份可能存疑。吴壮达根据传说中的"番"与"禺"二山位置不明；"番禺"之名，分则含义不清，合则词义甚明，以及对屈大均番禺"二山说"的考证，认为，番禺"番山之隅"说较二山说更为可信，其时的番山即为当今的越秀山（粤秀山）。

其三，古音转音说。首先，此说认为番禺县得名于南北朝。但实际上，番禺一名的起源早在战国中后期到汉代初中期成书的《山海经·海内南经》就有，"桂林八树在贲禺东"，认为"贲禺"就是现在的"番禺"。又说，秦代为番禺县，其名却和秦朝统治者平定南越后，将五岭以南的主要都会命名为番禺有关，这番禺的来由和《周礼》的"九州之外，谓之蕃国"有关。因此番禺最初的含义是指蕃国边地或蕃国海隅之地，读音为蕃（潘）禺，是秦朝统治者带有歧视的命名；该说最有力的证明是南越王墓出土的铜鼎上有"蕃禺"的铭文。其次，此说认为番禺实际上应该是"须陵"转音而来。研究者主要依据的是《山海经·海内东经》说："郁水出象郡，而西南注南海，入须陵东南。""须陵"的"须"古读作"班"，"陵"，上古读同"雄"，古雄、融通假。因此，我们认为，屈大均在《广东新语》卷三言，不识"番禺"读作"潘容"，"潘容"读同"班雄"，秦时"须陵""贲隅"都是壮傣语支系越人的地名的近音译写，读作"班雄"，即今日之番禺。

其四，南海神名说。黄鸿光根据《山海经·大荒南经》之说："南海渚中，有神，人面，珥两青蛇，践两赤蛇，曰不廷胡余。"此说认为古无轻唇音，不廷的不，应开口呼读作不，古虽无反切，但记音有详有略，速读"不廷胡余"正是"番禺"；他根据对山海经神话故事及三苗图腾的考据，认为《山海经·海内经》南海神世系所说"帝俊生禺号，禺号生淫梁，淫梁生番禺，是始为舟。番禺生奚仲，奚仲生吉光，吉光是始以木为车"是番禺为南海神的坚证。

其五，盐村说。番禺一说指盐村，"朱余者，越盐官也，越人谓盐曰余"（《越绝书》）。

古番禺（今广州）原是珠江三角洲一个岛丘错落的浅海湾。珠江三角洲总体上大约在距今约4万年前的晚更新世中期以后由西江、北江、东江及其他小江携带泥沙在下游沉淀和堆积形成，但部分岛屿地区很早就发现了人类活动的痕迹。

1995年5月，广州市文物考古研究所的研究人员在番禺市钟村镇附近进行调查时，发现了3处旧石器点；同年六七月间，广东省博物馆组织力量多次到旧石器点集体进行考察，获得一批石制品，并确认了含石制品的地层堆积，从此揭开了番禺早在旧石器时代已有先人生活或从事劳动生产的历史。

发现旧石器遗址的大乌岗在番禺城区西北面8公里，位于钟村镇西南约2公里处，地理坐标为东经113°18′1″，北纬22°57′，位于古珠江的第二级阶地。该地共发现石制品51件，类型包括石器、石核和石片三种，主要为石英岩石和脉石英制作。根据地层证据，考古人员推定旧石器时代的时间距今22万~9万年。

番禺钟村镇大乌岗旧石器遗址的确认是广东旧石器考古的重要发现，不但填补了广州地区旧石器考古的空白，也为在广东河流阶地寻找远古人类的活动遗迹提供了重要线索。同时，大乌岗含石制品的地层及其年代的测定，也是确定广东洞穴旧石器遗存最早年代为距今14万年的重大突破，证明了番禺早在旧石器时代就有了人类的生产活动。

除了钟村镇大乌岗，先秦时期番禺有重要生产活动的例证是2001年南沙鹿颈村先秦遗址的发现。

南沙鹿颈村位于南沙东部大角山下，占地面积3.5平方千米，全村558户。2001年，该地发现了最早相当于中原晚商年代的遗址，距今约3100年文物的发现将番禺当地有高级人类生产活动的历史提早到距今4000年前后。该地除了先秦时期遗址外，还有汉代遗址、唐至宋元时期的遗址，由于人骨保存完整，经复原的头像已被命名为广州"南沙人"。该遗址的发现对建立广州珠江口地区新石器时代晚期到商代考古学文化年代序列，了解当时人们生产、生活的基本面貌、生态环境、动植物分布等具有重要的意义，也说明早在数千年前，番禺已经有丰富的文化生产活动。

实际上，这些发现和① 1958年广东韶关市曲江区马坝镇西南三千米狮子山石灰岩溶洞内发现的距今12.9万年前旧石器时代中期的人类化石；② 1964年、1978年在粤西阳春"独石仔"遗址经过4次挖掘，发掘出土了的1400多件石器、骨器和动物骨化石以及一颗旧石器晚期"智人"牙齿；③ 1973年在广东乐昌发掘的石峡文化遗址，发现大批石器、玉器和陶器；④ 20世纪80年代在封开峒中岩遗址、罗沙岩遗址、黄岩洞出土的绝对年代为14.8万±1.3万年的古人类牙化石和头骨化石；⑤ 1985年、1989年、1997年和2004年，在深圳迭福湾大鹏半岛西岸发掘了距今7000~6000年的咸头岭遗址，获得大量石器及陶器；⑥ 2016年，在英德市青塘镇狮头崖青塘遗址、黄门岩1号洞古人类遗址确认了广东保存最为完整的距今1万多年以前的古人类化石（人体骨架）等发现是相互印证的，说明十几万年前旧石器时代中期开始至新石器时代（晚更新世）广东就有大量的古人类活动，证实了当时广东先人主要的生产活动包括采集和渔猎等，番禺的先人，应该和这些广东古人类有关。

更为重要的是，2016年7—11月，广州市文物考古研究院在增城区墨依山清理发掘出127座先秦—清代晚期遗址，出土了商代代表高规格文化特征的牙璋等玉器9件（套），明确证明了岭南（甚至直接是番禺）在先秦西汉中原大军进入前已具有相当发达的古代文明。

1.2　番禺的地缘优势与开化

现在的番禺区位于广东省南部，在北纬22°25′～23°05′，东经113°4′～113°43′，为珠江三角洲的中心地带。

历史上，在西汉初年的文献中已可见关于古番禺的记述。古番禺实际上指的是古老的广州，所指范围比现在的番禺大，是中国南方的重镇之一；广东区域其时为南海、南土、南州、陆梁的组成部分之一，古文献中又称南交、交趾，泛称百粤或粤东。主要有雕题国、离耳国、北朐国、伯虑国、扶（缚）娄国等传说中的部落杂居。

秦、汉的南海郡下设番禺、四会、博罗、龙川、揭阳5县，郡治曾设在古番禺，其后，番禺曾先后作过交州和广州的州治。南海郡大约成于隋开皇年间，南海郡治被划分为番禺、南海两县，三国永安七年即元兴元年（264年）交（交州）、广二州始正式分治，番禺县治搬到了现在的市桥镇。古番禺早在秦、汉之际，已成为岭南地区的经济中心。

《史记·货殖列传》记载，"番禺亦其一都会也"，是自"九疑、苍梧以南至儋耳者"唯一代表性都会，为"珠玑、犀、瑇瑁、果、布之凑"，显示古代番禺为当时南海海运交易的重要名城，列为全国九大都会之一。当时县境的范围很广，从汉到清，先后直接或间接划分出今珠江三角洲主要县市和香港、澳门地区。

秦始皇二十六年（前221年，庚辰）兼并六国，"又利越之犀角、象齿、翡翠、珠玑，因南征百越之君"。其中，秦军一军塞镡城之岭，一军守九嶷之塞，一军处番禺之都（今广州），一军守南野之界，一军结余干之水。尉屠睢率部进攻岭南西部，诛杀西瓯君长译吁宋。不久，败散的越人重新集结，利用熟悉地形、习于水战等优势，乘秦军屯守空地，旷日持久，士卒劳倦，粮食乏绝，夜袭之，秦军大败，屠睢阵亡。

秦始皇二十八年（前219年，壬午），秦遣监御史禄主持开凿灵渠，沟通湘江与漓水，保证南征秦军军用物资供应，遣任嚣、赵佗等统率楼船水师增援屯戍，三年不解甲弛弩，步步为营，逐渐征服了包括西瓯、骆越在内的各部越人，控制了岭南。

秦始皇三十三年（前214年，丁亥），在岭南推行封建制度，置桂林、象、南海三郡，以郡统县。秦制郡置郡守、郡尉和监御史，分掌郡内行政、军事和监察，县设令或长。南海郡不设郡守，"惟设尉以掌兵"，专制一方，"视他尉为尊，非三十六郡之比"；治番禺，辖番禺、四会、龙川、博罗，均在今广东境内。象郡治临尘（今广西崇左），辖境包括今广东雷州半岛。桂林郡辖境包括今广东肇庆市至茂名市一带。征发曾逋亡（逃亡）之人、赘婿、贾人等共50万戍守五岭，与越杂处。

上述文献，简短记述了秦始皇派遣任嚣、赵佗等征服岭南，设置桂林、象、南海三郡的情况，其时的番禺（广州）实际上可能还不存在，存在的是南海郡，是后人写史时前置了后来的域名。番禺之名，一般认为不会早于战国中后期到汉代初中期成书《山海经·海内南经》的记述，其时番禺尚作"贲禺"。秦汉以后，番禺名字2000多年基本未变，只是不同朝代行政区划的方法不同，广州和番禺的名称含义及区域范围会有所差异。

历史上番禺自秦、汉至民国前期，大都为地方一、二、三级政权所在地。番禺曾为南越、南汉、南明的小朝廷之都，三朝十主，历148年。除了公元前203年（一说前204年），西汉赵佗称帝外，公元917年，刘䶮（yǎn）称帝于番禺（广州），国号大越，后改称汉，史称南汉。隋至宋，番禺曾两度并入南海，共约110年。明代至民国前期，番禺与南海分东西两半管治广州，清代番禺分设沙湾、茭塘、鹿步（禺东）、慕德里（禺北）4司，6都、70堡、12图、569村（见图1-1）。

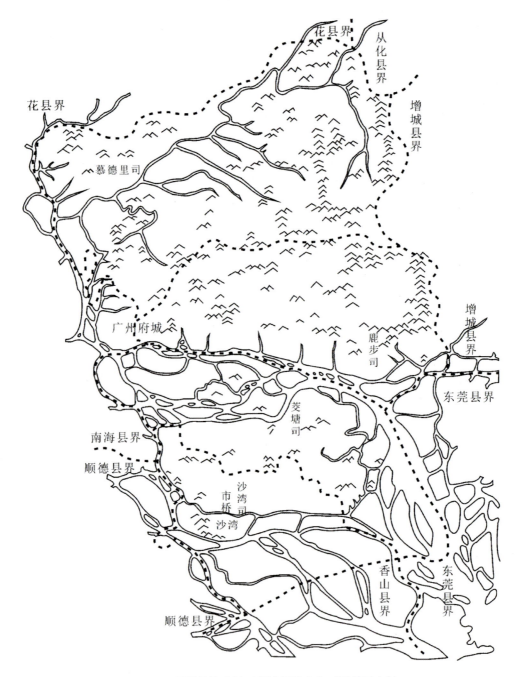

图1-1 番禺县境全图（据清同治十年《番禺县志》）

1921年，广州正式建市。1933年，番禺县署迁至新造。日本侵略沦陷期间，县署四处流徙，1945年迁至市桥。1958年1月，禺东、禺北划为广州市郊区，同年12月，番禺与顺德合并为番顺县。1946年，两县恢复建置，并将中山县属的大岗、万顷沙、南沙、黄阁等划归番禺，即今番禺县境。1975年，番禺由佛山地区属县改为广州市郊县。1991年辖22个镇305个村，县人民政府设在市桥镇。1992年，经国务院批准，番禺撤县设市。2000年，广州市城市发展空间南拓，番禺市撤市设区，番禺成为广州市一个城区。2005年5月3日，广州市新的行政区划调整方案正式公布，南沙区从番禺区正式分离。番禺区的面积从最早约1314平方千米缩小为530平方千米，户籍人口为80多万，外来常住人口超过100万。

番禺古属百越之地，土著民族古越族包括南越、骆越和闽越等族。但从历史发展的视野看，番禺的开发是由土著居民和汉族人共同完成的。秦汉中原人口随军南征，大量进入；东晋南朝以后，"衣冠望族向南而迁，占籍各郡"（清道光《广东通志》），入岭南汉人大增。南雄著名的珠玑巷，唐代曾称为敬宗巷，实为唐代南迁岭南的中心集聚处，唐代其中流贬岭南有史可考者，名流将近300人，降官南迁者也有近200人，包括如刘禹锡、柳宗元、韩愈等名流，宋后著名的如不辞长作岭南人的苏轼；"去国十年老尽、少年心"的黄庭坚。有学者认为，宋代广东粤语、客家语、闽南语（潮州话、福佬话）三大方言区业已形成。至晚宋时，岭南不同文化的碰撞和交融已基本成型。

番禺建县的两千多年间，人文鼎盛，人才辈出。其中，东汉杨孚被认为是粤诗始祖；宋末状元张镇孙，临危受命龙图阁待制、广东制置使兼经略安抚使，为抗击元军入侵壮烈殉国，人民南路的状元坊即为纪念他而设；抗清名将、爱国诗人黎遂球；"岭南三大家"之一的屈大均；清初状元庄有恭；晚清爱国将领邓世昌；广东诗坛领袖张维屏；教育家陈澧；近代则有追随孙中山参加辛亥革命的胡汉民、朱执信、高剑父等，1921年中共广东支部成立时广东早期的共产党员之一罗绮园也是番禺县人。由唐至清的历代科举考试中，广东籍状元、榜眼、探花共17人，其中番禺籍6人。

番禺素为通商口岸，邻近港澳，为较早接触西方科学文化之地，对外交流得风气之先，学者名流群星璀璨。如音乐家冼星海，开创岭南画派之"画坛三杰"高剑父、高奇峰、陈树人，作家陈残云、黄庆云，建筑工程界泰斗罗明燏，早期中国地质学先驱何杰，对动植物病毒研究贡献卓越的彭加木，高分子化学家何炳林，农学家黄继芳，林学家沈鹏飞，中医名宿黄省三，古文字学家商承祚，教育家许崇清和张瑞权等，可谓数不胜数。

第 2 章　番禺开放与香港产业转型

2.1　改革开放初期番禺的律动及变化

改革开放以前，番禺县以农业为经济支柱，主种水稻、糖蔗，兼种水果、蔬菜。20 世纪 60 年代中期起，每年可提供商品粮 13 万吨、食糖 10 万～20 万吨，成为广东商品粮和食糖生产基地县。手工业主要有制糖、织布、制砖瓦、晒染莨布、碾米、锻制禾镰等，1949 年工业总产值为 2520 万元。

番禺地处广东省珠江三角洲腹地。东临狮子洋，与东莞市隔江相望；与南海、顺德、中山三县市相邻；南濒珠江口，外出南海，距香港 38 海里，距澳门 42 海里。市桥镇距广州市区 17 千米。

番禺处于三角洲的河网地带，流经境内及边界经四大口门出海的水系，河网纵横交错，共有干、支流 21 条，总长 351 千米。河流、湖泊纵横交错，全靠船只摆渡过河，是一个经济落后、交通不便、基础设施薄弱的农业县。1978 年，通车公路干线只有 6 条，长 106 千米，有 10 个镇 150 个村庄未通公路，工业与农业产值的比例为 43∶57，由于交通不便，曾被称为"锅底地"。1980 年的工农业总产值也仅有 6.05 亿元，其中农业总产值 2.48 亿元，工业总产值 3.57 亿元。

20 世纪 80 年代初起，番禺市场开放步伐逐步加快，城乡开始出现"万元户"。借助背靠广州、邻近港澳的优势，番禺加快了工业化的发展步伐，制糖、水泥、农药、农机、化肥、家电贸易、轻工、房地产等产业不断发展。镇村企业由少到多，工厂规模由小变大，产品档次由低到高，经济效益不断提高，全县的企业由内向型逐步朝外向型发展。

20 世纪 80 年代中后期，闻名中外、曾是南中国的一个商业地标——易发商场的兴盛是番禺改革开放初期"野蛮生长"的鲜活案例。易发商场早期以经营电器而闻名全国，商业街长 480 米，有过千家大大小小的商铺，大多数是家庭作坊式的个体经营，经营的电器产品五花八门，包括电子计算器、电视机、照相机、录像机、摄像机、音响设备、手机等。据非官方资料统计，当时中国经营电器产品的个体户中有 8 成以上都是从易发商场进货，然后分销到全国各地大大小小的电器商店。20 世纪 80 年代中后期开始的 10 多年时间里，这里被称为"中国富翁的生产线"。番禺易发商场的兴盛是改革开放初期番禺人借助连接广州、深圳、香港、澳门的主要交通枢纽的地缘优势，借助庞大海外关系，在早期市场经济缺乏完善法规体系的情形下，敢为天下先的一个突出的案例。

1991 年，番禺县"三资"企业发展至 300 家，全年外商投资 8487 万美元，实际利用外资 6309 万美元，"三资"企业出口总值 2.26 亿美元。"三来一补"企业 440 多家，收工缴费 3164 万美元。外贸出口收购总值 5.3 亿元。1991 年，番禺县社会总产值 80.7 亿元，国民收入 25.46 亿元。工农业总产值按 1990 年不变价计（下同）为 62.77 亿元，比 1949 年、1978 年分别增长 7 倍、12 倍。

1992 年，番禺的经济有了新的发展。按当年价计，番禺县社会总产值达到了 134.86 亿元，国民收入 41.9 亿元，工农业总产值 104 亿元。逐步建成以县镇工业为主体、个体私营经济成为重要支柱，以外向型经济为导向，以制糖、轻纺、汽车装配、建材、机械、家电、电子、食品加工和旅游等为主干的工业化体系。

2.2 香港经济转型与广东加工贸易产业发展

1841年，香港被英国占领，成为英国对华及远东贸易的据点以及在远东和南亚的贸易中转站，逐步发展成为经济上的自由港，其经济结构从以渔农业为主，跃过第二产业发展阶段，演化为以转口贸易为主。这种单一的以转口贸易为主的经济结构一直延续到1952年朝鲜战争爆发。当时由于美国的封锁，通过香港进入中国内地的贸易大幅减少，转口贸易额直线下降，同时金融、保险、航运业也出现危机，工商企业纷纷倒闭，失业人数剧增，社会动荡，香港整体经济受到巨大冲击。

面对危机，香港业界适时调整，利用新中国成立初期内地迁入香港的大量人力和资金，引进生产设备和生产管理技术并投资于纺织业，从而奠定了香港轻纺工业发展的基础，进入了以轻纺工业为龙头的工业化阶段，香港经济完成从转口贸易向出口加工型的结构转变。这种转变之所以可以顺利完成，与20世纪60年代开始西方国家工业将劳动密集型的产业转移海外，而在本地优先发展技术密集型工业的升级转型直接相关。

经过近20年的发展，到20世纪60年代末，香港已形成了以轻纺工业产品为主体，同时包括服装、塑胶、玩具、钟表、化工、电子产品的加工制造的工业体系。香港产品出口的比重由20世纪50年代初的10%增加到80%左右，香港制造业的产值达到本地生产总值的30%。

20世纪70年代开始，为了适应国际环境的变化，应对国际竞争，香港制造业和服务业都走上了多元化发展的道路，在发展成为国际金融中心的同时，一些高技术部门如电子工业迅速成长，新的高附加值产品不断涌现，并在国际市场上占据重要地位。20世纪70—80年代，香港传统的四大经济支柱为制造业、对外贸易、金融业、旅游业，其中制造业的发展势头逐年减弱，以对外贸易为龙头的服务业加速发展，导致制造业在国民经济中的比重下降，服务产业产值比重上升。

但是，到20世纪80年代初，由于世界性经济衰退的影响和国际上贸易保护主义盛行，香港这个以出口导向型经济为主、依赖外贸支撑的地区又陷入危机，出口的萎缩导致生产的萎缩，生产全面下滑，同时又引发了房地产和金融业的危机。

面对进入工业社会后的第二次危机，香港经济结构开始了第二次转型。从20世纪80年代开始，香港制造业开始大规模北移，"倾泻"式地迁往珠江三角洲、广东省和内地其他省份。香港工业以"三来一补""三资企业"形式大量转移到内地来的同时，又复以各种半制成品及成品转回香港加工包装再出口。这类业务的公司多为总部在香港，老板在香港，生产基地在内地。此类工厂在广东，仅1991年估计就超过2.5万家，是香港工厂数（4.6万多家）的一半以上。

1986—1996年，广东批准设立的属港商投资"三资"企业4.41万家，"三来一补"企业2.19万家，合计6.6万家之多，为港资工厂服务的工人超过300万，是香港企业40余万工人数的7倍多。由此，香港制造业从低成本竞争获得了新的比较优势。香港的这次经济结构转型，无论是由制造业大规模转移中国内地所引发，还是因香港服务业迅速扩张挤压了制造业的发展空间所导致，它非常鲜明的特点就是时间点上和内地的经济改革开放具有明显的一致性。

从内部因素看，香港制造业转型的主要诱因与20世纪80年代开始香港以对外贸易为龙头的服务快速发展，经济体系逐步向以服务业为主的经济体转变有关，服务行业对"蓝领劳工"需求迫切，以高工资、高福利和相对优越的工作环境吸引劳工，造成工作环境艰苦、劳动强度大而工资低的制造业工人大量流失，劳工短缺，生产成本上涨；而外部因素则是以美国为主的西方社会，电子计算机、软件、机器人等及生物技术、新材料技术的出现，使技术密集型产业大量涌现，高新技术工业比重迅速增长，产业的升级转型极大地提高了制造业的劳动生产率，从而推动了金融、贸易、运输、地产、社会和个人服务业的快速发展。香港经济承接了西方不断转移的技术服务业需求，从而进一步导致处于价值链低端的制造业需要寻求更有劳动力成本优势的地区转移。事实上，珠江三角洲加工业，包括番禺珠宝产业，在20世纪80年代中期的兴起与香港经济结构的第二次转型密切相关，内地的制造业，特别是与轻工业有关的来料加工产业通过这次转型获得了极大的发展便利，而与此同时，香港的制造业则通过转移获得了新的产业发展的比较优势，转口贸易持续增长，双方完成了产业交接和升级转换。

1985年，转口贸易与港产品出口值分别为1052亿港元和1299亿港元，二者比例约为45∶55，1988年，香港总出口值中转口贸易达到2754亿港元，超过了港产品出口的2176亿港元，二者之比转变约为56∶44。此后，转口贸易所占比例持续上升，1990年上升到64.7%，1993年达到78.7%，1994年、1995年更上升到84.9%和88.7%，充分显示了内地加工业对香港出口贸易的贡献。20世纪80年代，香港对外贸易年均递增率达到21.50%，其中1987年和1988年增长率分别高达37%和32%，而1987—1992年香港贸易总值实质增长率为21.3%。香港制造业的北移加快了珠江三角洲的工业化步伐，以劳动密集型为主的轻型产品加工生产发展迅速，成为香港最主要的离岸加工生产基地，区域内的第一、第二、第三产业结构的比重直至1994年已转变为8.8∶51.2∶40。在工业结构中，轻工业比重提高，重工业比重相应下降，同期轻、重工业的比重调整为67.6∶32.4。在结构转换过程中，珠江三角洲地区城市化进程加速，成为世界经济发展令人瞩目的奇迹。

20世纪80年代到90年代初，香港从一个轻型产品的加工制造中心，演变为亚太地区举足轻重的商贸服务中心。1985年，香港生产总值按时价计算为2611.95亿港元，人均本地生产总值为47871港元。1996年，香港本地生产总值增加到11950亿港元（开支估计），人均189402港元；人均本地生产总值为24500美元，已超过英国、加拿大及澳大利亚，在亚洲仅次于日本和新加坡，其结构转变之快、规模之大和增长之快，世界罕见。

1978年6月，国家研究制定了对外来料加工装配业务的有关政策，并同意在广东等南方省份开展试点工作；7月，国务院研究制定了对外来料加工装配业务的有关政策。经过一年的实践，在总结各地经验的基础上，1979年9月，国务院正式颁发了关于《开展对外加工装配和中小型补偿贸易办法》，广东省最早开展先行先试，使来料加工业务成为我国利用外资、扩大出口的一种新的贸易形式，在全国范围内逐步展开。

广东东莞开办了中国内地第一家来料加工厂，也是广东最早的来料加工企业，投资者就是一位港商（中国新闻网，2008）。广东省由于毗邻港澳，又有中央赋予的特殊政策和灵活措施，在改革开放中实行先行先试，在改革开放初期就启动了粤港澳合作，自此以后，港澳投资源源不断涌入。其后，在港澳投资者的带动下，世界各地企业纷至沓来，带来中国改革开放急需的资金、技术和先进管理方式，推动内地的开放从沿海到内陆、从东部到西部，从城市到乡村，中国遍地开花。商务部的统计显示，在改革开放初期，港澳资金曾一度占到内地吸收外资（根据中华人民共和国商务部令2018年第6号《外商投资企业设立及变更备案管理暂行办法》第三十三条："香港特别行政区、澳门特别行政区、台湾地区投资者投资不涉及国家规定实施准入特别管理措施的，参照本办法办理。"香港、澳门、台湾地区投资企业不属于外商投资企业，但参照外商投资企业管理。因此，本书中有关对外开放的阐述例如"外商""外资"等，涉及香港、澳门、台湾地区投资的内容，是基于参照外商投资企业的角度来进行表述的）总额的80%以上。

改革开放以来,加工贸易一直是广东省对外贸易的重要组成部分和利用外资的重要方式,成为广东对外经济贸易持续快速发展的主要推动力,自1986年起,广东出口贸易规模连续18年位居全国第一。

1978年,广东省加工贸易出口额只有100万美元,占全部贸易比重的0.83%。1987年,广东加工贸易进出口额已占广东进出口贸易额的64.25%,占了广东对外贸易的半壁江山。1995年占71.28%,1998年占75.43%。1998年,广东进出口贸易总额为1297.98亿美元,是1987年(210.37亿美元)的6倍多。1979年,来料加工业务工缴费收入1385万美元,1985年以后已激增到年均10亿美元以上。

有学者将广东加工贸易的发展历程分为三个不同的阶段:第一阶段,加工贸易以外商提供原材料、加工技术及相关设备的来料加工为主,属于来料加工阶段(1978—1989年)。第二阶段,随着加工能力的提高和资金短缺状况的缓解,加工贸易由来料加工转为进料加工阶段(1990—1993年),进料加工进出口额占加工贸易总值的比重由1987年的20.45%飙升至1990年的48.51%,1993年,进料加工进出口额在加工贸易总值的比重又提高到53.49%,首次超过来料加工进出口额。第三阶段,随着利用外资水平的不断提高,广东加工贸易的结构发生了质的变化,加工贸易产品的高附加值和高技术含量大大增加,加工贸易进入"双高"阶段(1993—2005年)(见表2-1)。

以改革开放初期的"三来一补"为起点,广东作为港澳进入内地市场的桥头堡,在引进外资,特别是港澳资金参与改革开放的过程中发挥了至关重要的作用。20世纪90年代,最早反映珠三角地区外来工生活的电视剧《外来妹》,是反映内地年轻女工前往广东港商企业奋斗打拼的真实故事,形象反映了当时广东沿海投资贸易的蓬勃发展。粤港澳逐渐形成了以广东为加工制造基地、以港澳为购销管理中心的产业跨地域分工格局,港澳和广东以"前店后厂"的独特合作方式,直接促进了三地经济的迅猛发展,逐步促成了珠江三角洲发展为具有世界影响的加工制造业基地。

表2-1 1990—1999年广东省国民经济统计部分指标及贡献率

年份	支出法GDP(亿元)	汇率(百美元)	加工贸易进出口(亿美元)	加工贸易净出口增量(亿元)	贡献度(%)
1990	1541.90	478.38	289.94	—	—
1991	1847.99	532.27	373.87	40.46	14.24
1992	2440.58	551.49	465.43	18.82	4.47
1993	3247.93	576.19	527.82	31.70	14.94
1994	4515.88	861.87	658.83	114.70	32.73
1995	5733.97	835.07	747.73	91.59	28.64
1996	6519.14	830.57	810.58	114.76	58.61
1997	7315.51	828.97	938.54	91.99	27.32
1998	7919.12	827.90	979.69	135.97	36.27
1999	8464.31	827.86	1024.79	-6.87	-1.92

数据来源:张秀环,2006

1985年,番禺的一个集体企业最早开始从事一些金银饰品的加工业务。1986年前后,一些香港的珠宝加工商开始前往番禺寻求合作,以借助内地廉价的成本优势培养珠宝加工人才,他们主要承揽珠宝首饰"来料加工"业务，最初的加工企业只有七八家，生产规模较小，但形成了番禺珠宝首饰业的雏形。到1993年，黄金首饰及零件曾是广东省出口贸易出口额前十位的商品（见表2-2）。

表2-2 1993年广东加工贸易出口额前十的商品

商品	出口额（亿美元）
其他玩具	10.3
其他橡、塑或再生皮革外底、皮革鞋面的鞋靴	10.3
其他无线电收录（放）音组合机	8.8
未列名橡胶或塑料制外底及鞋面的鞋靴	8.4
未列名塑料制品	5.6
塑料或纺织材料做面的提箱、小手袋等	5.0
黄金首饰及零件	4.7
电动仅有机械指示器的手表	4.0
有线电话机	3.5
棉质男裤	2.8

数据来源：钟雁明，2004

20世纪80年代末到90年代初开始，香港珠宝企业纷纷进入番禺，番禺珠宝首饰加工业不断壮大并日趋成熟，番禺珠宝产业从来料加工开始，与广东省其他来料加工贸易产业一起共同发展，逐步集聚成型。1991年6月29日，番禺县珠宝厂商会成立，成为国内第一个以县级外商珠宝业从业者为主体的珠宝行业组织。

第3章 人和政开：番禺的改革开放纪事

1978年12月，党的十一届三中全会召开，中国开始实行对内改革、对外开放政策，广东省的改革开放在全国允许先行一步，实施特殊政策和灵活措施，开办特区，发展外向型经济，推行综合改革，使经济得到快速发展。

番禺作为改革开放的前沿阵地，是率先融入国际化产业转移过程中承接"三来一补"（来料加工、来样加工、来件装配和补偿贸易）等加工业的地区之一，也成为突破旧的体制机制，勃发改革生机的地区之一，为番禺珠宝产业的形成打下了基础。1985年8月21日，广东省外经贸委批准番禺等10个县外贸公司享有外贸出口权。1992年1月8日，国务院批准南沙港为对外通商口岸，同年5月，国务院批准撤销番禺县，设立番禺市（县级），由省直辖，以原番禺县的行政区划为番禺市行政区划。

番禺政府在改革开放过程中，历届党委、政府始终把解放思想、实事求是作为保证国民经济健康发展的关键来抓，努力冲破小农经济和计划经济的旧观念，克服"小进则满、小富则安"的思想，树立"开拓进取、敢为人先"的精神，在多个方面取得了重要的成绩。

《番禺文史资料》（第21期）以《总结30年改革开放经验弘扬人民政协光荣传统》为题，通过总结亲历和直接领导参与改革开放的前任领导的回忆，以众多生动的案例回顾和总结了番禺改革开放过程取得的成绩和经历的阵痛。如下几个方面可以体现番禺在改革开放初期开放包容、务实创新的工作。

一、解放思想，从"以粮为纲"转变为以经济建设为中心，改变番禺原有产业发展结构

改革开放初期，番禺受旧观念的影响，生产方式上坚持"一大二公"，生产方向上搞"以粮为纲"，分配方式上平均主义盛行，严重影响了改革的积极性，制约了人的创造性，阻碍了社会经济的快速发展。后来，县委、县政府经过学习和反思，解放了思想，大胆放宽政策，较早推行家庭联产承包责任制，以农业大发展带动农民致富；随后，在农村大力发展第二产业，壮大集体经济，以工促农搞活经济，实行"四个轮子"一起转，国有、集体、个体和外资一起上，县、镇（公社）、村三级经济一起上。县级办了八大公司，镇（公社）级也办起了370多家企业，村级建立起4000多家大小企业，经过多年的发展和积累，县三级经济实体明显增强，到1991年，番禺在全国人均国民生产总值最多的10个县（含县级市）中位居第五，达到了3863元。

1993年，番禺市委、市政府颁发了《关于加快工业企业发展的决定》的纲领性政策文件，开始大力发展工业企业。其中，第一条是对国有工业企业实行税利承包责任制。其办法是："核定基数，逐年递增，一定三年，超收返还"。由财税部门直接对口独立核算的国有工业企业，以1992年实绩为基数，每年递增10%，从1993年开始执行。凡上级增加番禺市上缴任务时，则相应递增。第二条，加快企业经营机制的转换。工业企业通过清产核资，对全部资产进行评估，界定产权，经主管部门和财政局审核批准，实行企业内部股份合作制。第三条，新办工业（包括"三资"企业）用地，收费一律从优，除国家、广东省、广州市规定收取的耕地占用税、土地出让金外，土地开发基金减半收费。

这些政策极大增强了地方发展工商企业的信心，并予以地方最大力度的支持。

1993年，番禺在全国财政收入超亿元的349个县（市、区）排名第10位。1994年，被评为"中国明星县（市）"。据统计，到2007年，番禺区实现生产总值628.06亿元，是1978年的138倍，年均增长率达17.9%；人均生产总值65330元，是1978年的81.2倍，年均增长率15.8%。2015年，番禺人均GDP达到17600美元，超过全国平均水平两倍以上。

1998年，番禺市人民政府颁布了《关于进一步促进经济发展的若干措施》，支持各镇（区）经济发展，放权让利，减轻企业负担，支持企业改革。

同年，市政府还进一步大力鼓励外商投资，专门出台了《番禺市鼓励引进外资奖励暂行办法》，为提高番禺市利用外资的水平，调动各方面的积极性，加快外向型经济的发展，对在引进项目过程中，发挥中介作用，通过介绍、推荐、沟通协作，促成项目落户番禺市起关键作用的社会团体、中介机构、其他经济组织和个人（以下统称"引荐人"）进行奖励。

1999年，番禺市委、市政府为进一步扩大开放，增创新优势，促进番禺经济持续、稳步发展，提出了在大力改善投资硬环境的同时，必须进一步改善投资软环境，保障外商投资的权益。因此，专门提出要建立规范的行政管理体系，不断提高行政管理水平，发布了《关于进一步促进外商投资的若干规定》的文件。

上述种种，对番禺地方经济的发展无不起到鼓励、引导和保护的作用，激发了本地人的投资创业热情和外商的投资意愿，为番禺从原来的农业结构向工业化迈进，促进经济的大发展提供了政策基础。

二、广泛团结海内外力量，推进海内外番禺乡亲大联合大团结，吸引海外投资落户番禺，促进产业结构的升级

番禺有30万侨胞，如何发挥这些侨胞的作用，是番禺改革开放过程中面临的重要工作，为此，县委、县政府做了大量深入细致的工作。从"三来一补"到"筑巢引凤"，从合作、合资到独资经营，从小商品加工到高科技型企业，再到引进世界500强企业，不拘一格，海纳百川。

1978年年底，何贤先生引荐霍英东先生回番禺寻根问祖，受到时任番禺县委书记苗栓柱，县长黄伟宁及有关部门领导的热烈欢迎和热情接待。

据番禺市政协原主席叶才回忆，1979年，番禺著名侨领何贤、何添和霍英东首次联袂回番禺，同时香港知名人士张耀宗也回乡观光，他们在县委、县政府领导的陪同下，共同筹划捐资兴建番禺宾馆，改善番禺的对外接待能力。1978年11月至1979年9月，由郭华、张耀宗等牵头，旅港番禺乡亲先后4次组团共159人回番禺参观访问，掀起了番禺港商回乡的热潮。

1980年11月18日，应何贤、霍英东、何添的邀请，由县长黄伟宁、副县长何桃、刘檀添、县人大副主任刘云程、县委统战部部长区秋5人组成的番禺党政代表团首次出访了香港和澳门。

1981年5月，应何贤、霍英东、何添先生的邀请，由县委书记苗栓柱、副书记梁伟苏，县委办公室主任叶才、外经贸委主任尹添鸿、计委主任秦富权组成的5人代表团出访了香港和澳门，受到何贤、霍英东、何添、何善衡等的热情接待。代表团先后拜会了旅港番禺会所、旅港番禺工商联谊会，走访了港澳乡亲和工商界知名人士，并参观了霍英东先生创办的有荣船厂。

1981年，由郭华、陈蕃、韩辉南、李发等人在香港注册成立了香港工商联谊会，该会宗旨是联络各界热心乡亲，共同谋划福利，协助番禺家乡进行"四个现代化"建设。1982年12月6日，由何

贤领衔筹建的澳门番禺同乡会也正式成立，番禺县委、县政府派人到会祝贺。

1986年，番禺人何氏家族主要投资的广州东宝（番澳）首饰有限公司成立，是番禺当时5家持牌获金银首饰加工经营权中唯一一家"三资"来料加工企业，可以认为是番禺珠宝产业最早的探路者和推动者。

1988年7月，番禺县委为使镇级领导干部迅速适应改革开放的大环境，由中央人才办下任务，抽调各镇镇长/副镇长共36人，组成番禺赴港培训班，到香港脱产学习半年。在港学习期间，镇干部抓住机遇，发动各镇旅港乡亲组建镇级同乡会。

1992年，美籍番禺人岑元骥在番禺投资了人民币2600万元，建成了广东省当时规模最大的银饰品加工厂——番禺元艺珠宝首饰加工厂，成为番禺珠宝产业早期重要的核心企业之一。

1993年4月，应加拿大多伦多番禺同乡会、加拿大温哥华禺山总公所的邀请，政协统侨党组牵头，以县委副书记梁国维为团长，叶才、鲍关桓、苏耀乾4人组成代表团出访加拿大。出访期间，代表团拜访了温哥华禺山总公所、爱群总社、蚌湖联谊会、域多利禺山公所以及多伦多番禺同乡会，与当地华侨、侨领苏焰才、周协全、曹科、杨金芷和中国驻多伦多使馆官员等会面。

1993年8月，以梁国维为团长，叶才、鲍关桓、苏耀乾为成员的代表团，应邀参加了新加坡番禺会馆成立115周年纪念暨世界番禺旅外乡亲大会，代表团分别拜会了与会马来西亚甲柔、霹雳、庇隆、山打根等地番禺会馆侨领、新加坡番禺会馆、广惠肇碧山亭、绿野亭公会侨领和当地华侨，与巴西、澳大利亚、泰国的番禺旅外侨团组织侨领乡亲欢聚一堂，共商建设家乡番禺事宜。

1994年8月，应旅美华侨方修壮的邀请，第一次由县委领导组团出访美国，梁国维任团长，叶才、鲍关桓、苏耀乾4人代表团先后拜访了番禺海外社团中历史最悠久的旧金山番禺昌后堂、旅美三邑总会馆、洛杉矶番禺昌后堂、美国番禺同乡会以及纽约禺山信局，先后登门拜访了曹棣华和周敏华伉俪、方修壮等爱国爱乡侨领、华侨。

1994年，番禺市政协统侨党组向中共番禺市委建议，召开一次全球番禺旅外乡亲恳亲大会。10月22日，首届旅外乡亲大会在番禺市桥隆重举行，第二批荣誉市民授荣仪式暨六项工程庆典活动同期举行。来自美国、加拿大、秘鲁、法国、新加坡、瑞士、马来西亚、新西兰8个国家和港澳地区共35个社团的旅外乡亲代表700多人出席了盛会。其后，1998年10月15日、2002年11月5日以及2007年11月11日，番禺先后成功举办了3届恳亲大会和番禺海外联谊会换届。1986—2006年，番禺县（市）共给12批373位杰出人士授予荣誉市民称号，这批杰出人士为番禺现代化建设做出了巨大贡献。

1995年5月，应加拿大多伦多番禺同乡会理事长苏焰才邀请，梁国维副书记为团长，率叶才、廖昌、鲍关桓、梁庆材、苏耀乾、梁荣、孙明基等人第二次出访加拿大，出席加拿大多伦多番禺同乡会主办的"美加第三届番禺邑侨恳亲大会暨加拿大多伦多番禺同乡会成立58周年纪念大会"，这次大会有30多个番禺侨团组织的侨领和当地华侨乡亲1000多人出席活动。

1998年，番禺市人民政府在《番禺市鼓励引进外资奖励暂行办法》政策文件中对引进外资在300万美元以上的外商投资企业项目均进行奖励，大力鼓励国外的侨胞回番禺进行投资。

1978—1998年的20年间，番禺接受海外侨胞、港澳台同胞捐赠善款共7亿多港元，港澳两地乡亲为番禺市教育基金捐款达3395万港元，为番禺职业技术学院捐款4500万元。其中，何贤领衔筹建番禺澳门同乡会，他曾在20世纪50年代就捐赠化肥、汽车等物资支援家乡发展生产，捐建番禺华侨中学，捐资助建石楼影剧院、人民医院住院大楼、妇幼保健院（即现在的何贤纪念医院）等，还重修莲花山莲花塔。霍英东成立了"霍英东家乡建设基金会"，先后捐资3000万港元助建沙湾大桥，捐建三善大桥、番禺人民医院"念慈楼"、英东体育场（馆）、英东游泳池及番禺中学等。

番禺的这些对外活动和联谊，极大调动了港澳及海外番禺侨胞参与番禺建设的热情，为番禺工贸产业的快速升级发展提供了重要的资源。

三、从基础建设的发展着手，修路建桥，打破番禺的交通瓶颈制约

1978年的番禺还有10个镇、152个村未通公路，是全省公路交通最落后的县之一。番禺人发扬敢闯敢干的精神，大胆探索，多渠道筹资并借鉴香港的经验，采取过桥收费、以桥养桥的方法，大力建桥筑路，将番禺由"锅底地"变成"四通八达"的投资宝地，推动了番禺经济的全面发展。

这一部分的改革开放，是番禺经济起飞的关键。

以番禺洛溪大桥筹建为例，番禺基础建设在改革开放以来有多项重要的创新。

番禺市原市长何桃在回忆洛溪大桥筹建时说，当初有不少人取笑建桥方案，说两代人才能修好；后来县委、县政府听取了霍英东率先提出的推行收费还贷、以桥养桥的新方法；发扬艰苦奋斗、自力更生的精神，在缺乏技术及投资的情况下，县委书记、县长亲自问计桥梁专家，赴省城、跑北京，呕心沥血，争取政策、立项，通过与设计规划，交通、建设与路桥部门的通力合作，大胆创新，向外招商，与粤海金融控股有限公司、有荣（东南亚）有限公司、德雄集团国际有限公司、陈氏投资有限公司共同签署了合作兴建和经营管理洛溪大桥的意向书，筹集资金，加快筹建番禺大桥。1984年10月14日奠基；1988年8月建成通车；1992年，中央电视台《改革在广东》摄制组到番禺采访并拍摄了第一集《路通财通》节目。

1993年，番禺洛溪大桥获得国家级优秀工程设计奖及优秀工程奖等11项大奖，10月5日入选全国十大公路工程。

1994年12月，番禺又动工兴建了大桥主跨380米（广东省同类型桥梁第一位），斜拉桥面宽度37.7米（国内同类型桥梁第一位），列世界200米跨径以上同类型桥第一位的番禺大桥，并在1998年9月正式通车。番禺大桥的设计达到国际先进水平，工程质量荣获国家质量银质奖。

番禺大桥是连接华南快速干线，直通京珠北高速公路的重要桥梁，是促进番禺经济发展的交通大动脉，促进了番禺工业、房地产业、工商业、服务业和旅游业等第三产业迅猛发展。

1980年至1998年年底，番禺市累计投资49.4亿元建成了大小桥梁243座，桥梁总长度48.8千米，新建、改建公路705千米，公路里程比1978年增加5.2倍。

四、敢为人先，积极推动非公有制经济的健康发展，发挥非公有制经济在经济社会发展中的重要作用

改革开放初期，关于市场经济到底是姓"社"还是姓"资"的争论一直存在，如何看待私营企业在经济发展过程中的作用是考验地方政府改革开放程度的一个试金石。番禺县（市）党委和政府敢为人先，利用国家多种优惠政策和地缘优势，相继出台"大力扶持个体私营企业发展的有关政策规定"，通过工商联和"总商会""贸促会"等组织，将基层镇民间企业家公会发展为私营企业商会，再发展到镇商会和行业协会，积极鼓励非公有制企业发展和做大做强、健康发展；20世纪80年代末到90年代初开始，香港珠宝企业纷纷进入番禺就是县政府大胆引进外资与技术，大力发展贴牌生产和来料加工业务，在番禺率先建立了市场发展机制的背景下实现的。

1994年，番禺市委、市政府又颁发了《关于加快个体和私营经济发展的若干规定》，开始大力推动个体和私营经济的发展。从放宽个体工商户和私营企业的经营范围及经营方式；鼓励个体工商户和私营企业开展横向经济联合，大力开办市场；妥善解决个体和私营企业的生产经营场地及给予报装等费用的优惠；设立个体、私营经济试验区；对个体和私营企业放宽财税政策的信贷政策等9个方面大力鼓励和推动个体及私营经济的发展，极大调动了人们的创业经商积极性，为番禺经济的起飞提供了

政策条件。

1998年，番禺市委又进一步发布了《关于进一步加快个体和私营经济发展的补充规定》，大胆支持个体工商户和私营企业购买、兼并国有和集体企业；对安置下岗、失业人员的个体工商户和私营企业给予优惠。鼓励下岗人员和大、中专毕业生到私营企业工作。甚至对规范前置审批、简化办事程序进行了非常细致的规定。个体工商户和私营企业的前置审批项目，除国家法律、法规和行政规章规定的以外，其他部门的规定都不作为前置审批依据。各审批部门必须公开办事指南、办事条件和审批制度。除必须申办的生产经营许可证或专项审批外，有关部门要在接到申请后的5个工作日内提出审批意见；对手续齐备的申办者，必须在5个工作日内登记发照。

到1998年，番禺市工业企业达4542家，有汽车装配、制冷设备、集装箱、高低压输变电设备、食品加工、精细化工、电子通信器材、珠宝首饰加工、建材、服装、鞋类、玩具等33个大类1万多种产品。1998年全市工业总产值达452.7亿元，比1978年增长172.4倍，全市年工业产值超20亿元的镇（区）有5个，其中超30亿元的镇有3个，超亿元的村有92个。1998年全市个体私营企业有29004家，个体私营企业总产值134.3亿元，交税2.7亿元。

2003年，番禺市有2家会员企业入选广东省百强民营企业；2004年有18家企业入选广州市百强民营企业，4家民营企业获评2006—2007年度广东省百强民营企业；至2007年年底，全区工商注册登记个体、私营企业6.9万户，从业人员25.19万人，注册资金152.25亿元，全区规模以上民营工业总产值216.9亿元，同比增长15.1%，占全区规模以上工业总产值的20.9%，以旅游、房地产、商贸为支柱的第三产业获得迅猛发展，促使非公有制企业成为国民经济发展的重要组成部分。

五、紧跟时代步伐，大力推动科教兴市（区），不断提高番禺科技文化发展水平

20世纪80年代，番禺就开始着重抓普通九年义务教育（简称"普九"），成为全国较早实现"普九"的县（市）之一；进入90年代，大力推进普通高中教育工程（简称"普高"），实现"普高"率92%，大力推进城乡教育均衡发展。1997年1月，番禺市被国家教委评为实施九年义务教育和扫除青壮年文盲工作（简称"两基"工作）的先进县（市），成为广东省首个普通、成人、幼儿教育均获全国先进称号的县（市）。2005年，番禺区成功创建省教育强区，中考和高考成绩多年连续稳居广州市12区（县级市）前列。

番禺区政协原副主席吴志钊，原先是铁道部湖南省株洲电力机车研究所工程师，后来因为一个偶然的机会"流动"到了番禺。他以亲身经历和多个不同人才的案例说明改革开放以来，番禺县（区）领导在人才引进，使用和培养人才，实施的人才战略方面的气度和良苦用心。

20世纪90年代初，番禺区组织和人事部门推出了选拔番禺拔尖人才的措施，出台了多项政策措施，为各类企业引进了大批高质素的人才。

1992年，番禺县委召开七届六次全会（扩大）会议，县委书记梁伟苏就专门作了题为《依靠科技进步，发挥整体优势，不断攀登番禺经济发展的新高峰》的报告。

1995年1月，番禺市召开1994年度发展经济和推进科技进步表彰大会，会议表彰了107个先进单位和3名优秀科技工作者。3月，市召开教育工作会议，研究加快教育改革和发展问题。会议对番禺市《关于贯彻〈中国教育改革和发展纲要〉实施方案（草案）》进行了讨论。

资料显示，1980年番禺大专以上学历有824人，到1991年增加到3910人。至2007年年底，番禺具有高级职称（高级工程师、教授、副教授）的有1848人，中级职称（工程师）的有11726人，初级职称（助理工程师、技术员）的有28140人，在这近30年中，番禺的人才数量增长了50倍。

六、深化涉外经济体制改革，建立外向型经济为主的发展格局

通过大力推进贸易投资便利化进程，把"引进来"与"走出去"有机结合起来，更加积极地参与国际经济技术合作和竞争，番禺成功从农业经济县向工贸经济区跨越，建立了以外向型经济为主导的发展新格局。投资企业从早期单一的港澳企业转变为包括欧洲、美国、日本等的跨国公司和财团，世界著名企业如德国西门子，瑞士汽巴—加基，美国阿姆斯壮、思科（广州），日本日立、松下、三菱等公司，它们纷纷在番禺设厂生产。

1978—1998年，共有"三资企业"2085家，其中，有11家进入中国最大500家外商投资企业行列，有22家企业荣获"全国外商投资双优企业"称号，累计实际利用外资21.6亿美元。外向型经济从来料加工向进料加工及"双高"贸易转换，从"番禺制造"向"番禺创造"转换。

撤县建市、设区后，番禺区委、区政府紧紧抓住广州"南拓"发展的有利时机，利用地铁、火车站、大学城、亚运村等重点项目落户番禺的机遇，大力转变发展方式，重点发展高新技术产业和珠宝首饰加工等特色行业，城市化的水平不断加速，开放型经济全面发展，对外开放的广度和深度达到了一个新的水平，建成了莲花山工业园、跨国企业产业园、节能科技园和珠宝产业园等一批现代化的工业园区，有力提升了番禺外向型经济产业发展水平。

1998年，番禺市政府大胆改革，推出"四允许""六鼓励"等新举措支持个体私营经济发展。"四允许"是：允许个体工商户、私营企业开展综合经营、异地经营和跨行业经营，允许个体工商户、私营企业从事外向型经济、技术交流与合作，允许规模较大、实力较强、条件成熟的私营企业开办分支机构和组建企业集团，允许港澳客商到该市从事个体经营活动。"六鼓励"是：鼓励个体工商户、私营企业从单纯的服务型向生产经营型方向发展，鼓励个体工商户、私营企业由传统的第三产业向信息、高科技等新兴产业发展，鼓励个体私营经济由低层次的小生产经营向管理方面发展，鼓励个体私营由一家一户式的封闭式生产经营向开放型、外向型联合体方向发展，鼓励个体工商户、私营企业与其他经济组织合作组建新型股份制企业，鼓励企业下岗的富余人员从事个体私营活动。

番禺，开始成为广州市新城市南拓新的发展中心。

第4章 番禺珠宝产业崛起

4.1 珠宝首饰来料镶嵌加工产业的形成

4.1.1 发轫：富隆境外接单，国内落地加工

1985年，番禺第一家珠宝合资企业由香港"Florence Jewelers Ltd."（粤语翻译为"富隆珠宝"）和中国工艺品进出口总公司（CNACIEC）广东控股公司［Guangdong（Holdings）Co. of China］合资建立，广东控股公司也就是原来中国工艺品进出口总公司广东分公司，中国工艺品进出口总公司广东分公司是这家合资企业的大股东。富隆珠宝公司总经理Johnathan Cheung在香港有20年珠宝业的经验，他认同时任广东控股公司董事长Zhang Shu的说法，认为在广东地区发展珠宝首饰产业前景光明。

当时一些外资企业想要投资广东珠宝首饰产业或者想把相关原料卖给中国，但感觉要了解中国的法律法规和相关规定非常困难，更愿意依据香港的法律来合作，因此便通过富隆珠宝公司作为中介进行合作和投资。其时，富隆珠宝公司代表合资企业在香港为广东省珠宝产业进行联络，以推动珠宝产业在广东及番禺的投资。

富隆珠宝公司在广东的主营业务是首饰加工及彩宝切割，并且有计划进行钻石切割和抛光工厂的建设。Johnathan Cheung认为，之所以优先选择在某些地点建厂，优先考虑的因素是地方政府能确保公司是该地区唯一经营加工制造珠宝首饰的厂商，这样可以更好地留住技艺精湛的技术工人，以免人才流失。如果当地政府能确保投资厂商在该地区的经营项目受到保护，并且尽量给予税收优惠，同时，当地的收入水平有待提高的话，合资建厂就能赚钱。

公司通过合同提供宝石原材料给番禺工厂进行切割，并给国内的工厂镶嵌为珠宝首饰出口。1985年，富隆珠宝公司在国内开设了两家工厂生产珠宝首饰，产品全部供出口。富隆珠宝公司的第一家国内工厂建在广州市内的广园新村，第二家工厂则设在番禺。第二家工厂的厂房大约有1200平方米，当时有210个工人工作，最大能容纳500个工人同时进行生产，每年的生产量可达12000~20000件，价值超过1000万美元。工厂之所以选择在靠近广州的地方建厂，是因为当时广州的客户更容易理解珠宝首饰，而当时其他地方，甚至可能连称量珠宝的设备都没有。当然，联系和运送以及其他服务方便也是当时要考虑的因素。因从化地区政府给投资厂商的优惠政策力度大，可以免除一定年限的税务，从而确保公司投资具有良好的额外收益，富隆珠宝公司当时还选择在从化建了第三家工厂。

富隆珠宝公司在香港的其中一家名为Big Apple的珠宝生产厂，有55个模具制造商，主营业务为银制模具和失蜡模的铸造，也制造部分成品首饰，产品主要销往美国等地，在美国的客户是47家珠宝生产厂家。富隆珠宝公司在国内工厂制造的全部珠宝首饰主要针对美国终端消费市场，产品是18K、14K和9K的红宝石和蓝宝石首饰，货品的市场零售价格为60~100美元。

4.1.2 分解产业链条，创新模式发展

1985年，内地对珠宝的了解还非常少，在香港运营珠宝厂和在内地完全不同，无法将发达国家使用的现代珠宝制作流程在内地直接使用。Johnathan Cheung认为，由于内地人均收入较低，加工珠宝首饰中涉及的材料价格比较高昂，常常一个工人手上拿着的一颗宝石可能就等价于他这一生的所有积蓄，因此，在内地建珠宝加工厂需要对生产线的每一道关都严格把控，对工人的管理十分严格。这样做会使得生产效率有所降低。但是，珠宝商依然愿意选择在内地投资建厂，这是因为工人的薪资水平较低和有大量的劳动力供应。为此，该公司发明了新的工艺流程，将一般的珠宝生产线分为16道不同的工序。管理者只培训每个工人熟识一道工序，这样培训工人的时间也可以大大降低。

香港培训一个熟练的珠宝技工需要8年时间，而在内地，只需要花6个月的时间就可以培训出一个可以快速完成一道工序的工人。

这种运营创新实际上是将珠宝的生产变成组装流水线，大大提高了生产效率，同时也方便工厂进行货品和人员的管理。每一道工序的工人不熟悉另外其他15道工序的工作，只有表现好的人才会有机会接受训练成为具有全面技能的人，有机会成为真正的技术工匠。当时，富隆珠宝公司在广东地区建厂，花6~9个月就可以完成工厂建设，并且培训出一批零基础的加工技术工人。

上述记述，主要来源于《亚洲珠宝》杂志创始人周美丽女士1988年7月发表在 *Jewellery News Asia* 的一篇英文报道 "Venture develops in China factories"。通过这篇报道，我们可以较为详细地了解当时港商最早在内地，特别是番禺投资设厂的情况及想法。

"敢为天下先，将原先手工业制作的工艺，科学分解为不同的工序，将手工业转变为现代的流水线式的作业，极大提高了当时珠宝镶嵌制作的效率。"时任广东省番禺县轻工局西南铝制品厂党支部副书记、副厂长陈国明确肯定当时这种对珠宝产业运营模式的创新是番禺珠宝产业获得快速发展的关键所在。

番禺珠宝加工创新模式的成功运营，为珠宝来料加工业务提供了切实可行的解决方案，引来了多个具有战略眼光的港商发展业务。

1986年，香港新生珠宝首饰公司是最早进入番禺从事来料加工的港资企业之一。公司以经营珠宝制造、出口及批发业务为主，以银、14K金、18K金、Pt900或Pt950的钻石首饰为主打产品，款式设计新颖，产品主要销往欧美市场。

1989年9月，香港莱利集团有限公司在番禺市沙头镇购置一座工厂大厦，开始其在番禺的珠宝制造及贸易业务。1990年11月，开始从事珠宝首饰生产。1993年5月，莱利与广东省佛山工艺厂签订合作协议，以六四比例设立联营的利达珠宝有限公司，扩大了生产规模，员工增至300多人。这两间工厂其时合计的平均月产量为75000件，月产值为300万美元，出厂价从49~299美元不等。1998年年初，莱利结束了在番禺的珠宝业务。

1991年4月，香港人刘强在番禺成立了利成珠宝首饰厂，工厂以来料加工为主，部分供应内地市场，除专业加工18K镶嵌、Pt900业务之外，还为厂家提供首饰器材、蜡版、磨具和进口配件等。产品行销欧美及东南亚许多国家。

1992年，广东省当时规模最大的银饰品加工厂——番禺元艺珠宝首饰加工厂在番禺落户，今天的广州市元艺珠宝有限公司是岑元骥投资2600万元创办的大型外资珠宝首饰加工企业，企业位于广州市番禺首饰加工中心区番禺区沙头街小平工业区银平路，是当时番禺县榄核镇党委副书记、镇长陈国亲自引进的珠宝企业。

元艺珠宝占地面积约5万平方米，员工最多时近3000人，采用现代化经营管理理念，岑元骥本

人也热心番禺及广州的公益事业，并积极为发展中美贸易往来牵线搭桥。元艺珠宝在番禺珠宝产业的投资达8000万元，产品以手工镶嵌饰品为主，产品主要批发出口美国市场为主，有较高附加值，在美国市场每件售价约100美元，消费群体主要是职业妇女人群。至2000年，元艺珠宝年产值达到1.5亿元，是当时番禺珠宝产业具有重要影响的企业。

1993年，利成首饰厂专门成立了利成珠宝首饰设计中心，根据内地市场行情，针对客户需要，度身定做客户所需的一系列"中国款"流行款式。1997年，利成首饰厂设计人员参加戴比尔斯首饰设计大赛，荣获一、二、三等奖；1998年第一届中国珠宝首饰（潮宏基杯）大奖赛，入围的41件作品中番禺利成首饰厂占了6件。其后，番禺珠宝首饰开始名扬国内市场，并为国内的消费者所熟识。

但是，当时中国的黄金加工审批非常严格，由中国人民银行主管，一般珠宝企业要进行黄金珠宝的加工生产必须持有中国人民银行颁发的黄金加工牌照，而当时的审批手续非常严格，一个省市可以拥有牌照的企业就只有几家国有大企业，如何令大量外资企业合法进行黄金珠宝的加工生产是令人非常头疼和风险非常大的事，番禺政府及珠宝人再次发扬创新精神，创新解决了有限的加工牌照和广泛发展业务的两难问题。

4.1.3 "一牌多车间""前店后厂"模式开花结果

番禺敢为人先，通过创新持牌公司和下属珠宝企业的关系，利用一个法人开设多家分厂的形式解决了当时黄金加工需要持牌的管理难题，从1985年开始到1997年，10多年间，番禺通过5家合法持牌公司，每家持牌公司合作几十家甚至上百家的珠宝加工企业，硬生生在一个基本上没有产业基础的地方发展出全球瞩目的黄金珠宝加工产业，实现产业的规模化聚集发展，开枝散叶。

当时最早持牌的珠宝首饰企业，是广州市番禺区番华金银珠宝工艺厂和广州东宝（番澳）首饰有限公司。

广州市番禺区番华金银珠宝工艺厂是首饰制造、加工集体所有制企业，1986年9月在番禺区工商局注册登记，取得企业法人营业执照。企业是获得经中国人民银行批准，接受中国人民银行监管，具有承接境外金银来料加工资格的企业，2000年，拥有来自国内外客商40家，从业人员达12000多人。1991年2月开始，企业由内向型经济逐步转向以外向型经济为主，试行与境外来料加工客商签订合作协议。番华金银珠宝工艺厂作为甲方法人单位，境外客户作为乙方，乙方在番禺设立工厂并作为甲方的一个加工车间，进行生产加工运作。在管理上，番华金银珠宝工艺厂严格按照"一个牌子"进行运营，只有甲方企业"一个法人"；"一个账户"，银行账户只开设番华金银珠宝工艺厂一个账户；"一个印把子"，乙方企业在国内的经济行为及文件证明、发文统属由番华金银珠宝工艺厂印章管核；"一本账"，由番华金银珠宝工艺厂统一办理税务，按照我国的有关法规，依章纳税。甲方监督乙方遵守我国的劳动用工制度、依时结汇，同时采取统一由本厂办理进出口报关业务，签订料件合同、报关手册等，每月对各车间进出口料件（包括品种、数量、金银折纯、损耗率）实施盘查，确保境外金银来料加工按照"全进全出、依法经营"的方式进行运作。

这种做法起到了直接利用外资，"借鸡生蛋"的作用。通过利用境外先进的管理经验、加工技术和生产设备，带动了地区金银加工业的发展，快速提高了本地区金银首饰加工技术水平，为国内珠宝产业的发展培养了技术人才。同时，增加了社会劳动力就业，促进了番禺第三产业兴起和经济繁荣，增加了国家外汇创收和税收。2000年，番华金银珠宝工艺厂出口创汇5209万港元（加工费），进口总值13.77亿港元，出口总值15.1亿港元；同年，番禺区经中国人民银行批准的加工客商95个，番华金银珠宝工艺厂占了40个，独家占比42%。

广州东宝（番澳）首饰有限公司成立于1986年，是当时5家持牌获金银首饰加工经营权中唯一

番禺珠宝产业发展 30 年

一家"三资"来料加工企业，是集首饰设计、生产、销售的合资大型企业。该持牌企业位于番禺区钟村市广路段，分厂主要分布在番禺区市桥镇禺山大道、光明北路、沙头街银平路等地，分厂数量后期达到近百家。为了扩大生产规模，提升产品质量，番禺东宝公司先后斥资数百万元增加现代化生产设备，同时，率先引入了 ISO 9000：2000 \ ISO 14000 \ SA8000 \ OHSAS 18001 体系，按照 ISO 国际标准化管理体系管理生产，公司内部运营引进了较为先进的 ERP 系统、OA 办公系统、人力资源管理系统，提升生产与办公效率，发展成为珠三角拥有较强规模和实力的首饰制造商之一，公司年生产各类高中档首饰 60 多万件，产品悉数外销欧美等地。

20 世纪 90 年代，番禺新生珠宝首饰厂成为东宝公司旗下的主力厂商。新生珠宝首饰厂法定代表人李建生曾担任多届番禺区珠宝厂商会的会长，他认为，番禺珠宝产业早期的发展与番禺珠宝来料加工企业的创新管理关系密切，"珠宝持牌企业与加工分厂的'二级管理'关系，是加工贸易尤其是珠宝首饰加工业的创新做法"。

20 世纪 90 年代在番禺珠宝产业发展中有较为重要影响的企业之一的云光珠宝公司投资 2000 万元，年产值 8000 万元，从业人员 800 多人，曾经是东南亚最大的铂金加工企业和倒模工厂。

香港原创卓尔珠宝有限公司，1994 年在广州番禺开始珠宝首饰镶嵌制作，以"以客为尊、诚信为本、优质为志、共创双赢"为企业经营宗旨，是一家集设计、制造、营销、传播为一体的现代化珠宝公司，也是较早加入番禺珠宝生产基地的知名品牌企业之一。在国内以"特许加盟"为主要营销模式推广香港"卓尔珠宝"品牌。2017 年 1 月 13 日，广州市卓尔珠宝股份有限公司在全国中小企业股份转让系统中心举办了新三板挂牌上市敲钟仪式，成为广州首家中外合资的珠宝类股份制企业。2018 年，公司的加盟店和直营店已达 600 多家，连续 5 年入选亚洲企业 500 强。

1998 年以后，中国人民银行逐步放开黄金生产的政策，番禺珠宝首饰厂又新增加了 30 多家加工企业，从 1986 年最初的 1 家发展到 1998 年的 80 多家，番禺较大规模的珠宝合资和投资业务迅速发展。

1985—2000 年的 10 多年间，番禺珠宝产业迅猛发展和可以创立产业基地，首先得益于中国人民银行在政策上敢于改革开放。中国人民银行营管部批准番禺区设立了多个法人主体经营金银加工许可证，认真审核商户资格，对各车间加工合同及时审批，仔细、准确地查验，直至最后的核销，都进行了大量创新和细致的工作。其次，当地政府和人民敢喝"头啖汤"，政府在土地资源、投资政策上敢于对新的珠宝加工业态给予大力支持。最后，番禺地处珠江三角洲中心，得天独厚的地理位置，早期政府在交通等基础设施的投资使番禺具有四通八达的交通网络，形成优越的投资环境，国外产业转移，吸引了大批来自中国香港、台湾、澳门地区，日本、美国、法国、德国等国家的金银珠宝首饰加工企业，形成香港珠宝制造商在内地设厂、生产的产品在香港等地销售的"前店后厂"的加工贸易模式，这也是重要的因素。

另外，改革开放初期，北方大量人员南下，形成番禺低廉的劳动力供应充足的局面也是必要条件之一。

除此之外，改革开放初期，番禺区各级职能部门为珠宝产业发展尽心尽力，设立现场审核查验，及时掌握各持牌企业各车间金银进出情况，既方便了客商准时进、出货，也为产业的发展提供了保障。

1997 年，番禺合资工厂共耗用 24 吨黄金、3 吨铂金及 26 吨白银制作首饰。到 1998 年年底，由香港制造商与内地机构建立的合资企业数目已增至 54 家，共雇用 15000 名工人。1997 年，番禺珠宝首饰获戴比尔斯首饰设计大赛一、二、三等奖；1998 年，囊括中国珠宝首饰设计大赛所有一等奖。

1999 年，番禺金银珠宝首饰出口值达到 3.8 亿美元。2000 年，出口值 4.5 亿美元，有 95 家金银首饰加工企业,从业人数超过3.5万,年产值人民币30亿元,出口连续多年稳步增长,珠宝首饰加工出口占全区出口产值的14%,成为广州市来料加工出口的龙头产业之一。

自1985年开始,经过十几年的发展,番禺区初步成为当时中国最大、资源最集中的首饰加工出口中心,同时成为当时中国乃至世界的"金银珠宝首饰加工之城"。

4.2 番禺珠宝产业早期的钻石加工业

广东钻石加工业最早萌芽于20世纪60年代,其时,广东省工艺品进出口公司和广州南方玉雕厂合作,派出首批学员到上海进行为期3个月的钻石加工流程及工艺学习,成立了钻石加工小组。1969年,在广州设立加工车间,开始了广东省早期的钻石加工业务。

1979年,香港商人简先生与广东省工艺进出口公司以补偿贸易和来料加工的方式合作成立广东国营钻石厂,开广东钻石现代加工业先河。1989年,经过10年的发展,广东省钻石加工业进入快速发展期,迅速向国外传递出广东钻石加工产业的信息,产业聚集趋于形成。番禺明秀钻石厂和喜利钻石厂最早的钻石加工业务基本上就是在这个阶段开始成型。

1989年,香港钻石企业经过和广东国营钻石厂近10年的合作,获得很大的成功。他们对改革开放政策充满信心,也对国内的经营环境有了深度的认识,为扩大业务,他们率先在广东投资开办钻石加工厂。1989年,由香港明隆公司、富衡公司和广州越秀集团合资成立的明秀钻石厂正式在番禺投产,早期产值500万～1000万元人民币,工厂人员700多人。明秀钻石厂的部分股份也在1990年转售于香港商人陈圣泽和姚文雄。当时,姚文雄的喜利公司与汕头市进出口公司在潮阳合作开办的钻石厂员工已经将近1000人,主要加工成品重量在0.005～0.05克拉的小钻石,鼎盛时期的月加工量达5000～10000克拉。

1993年,戴比尔斯公司首选广东作为开发中国钻石市场的第一站,在广州花园酒店举办了以"钻石潜力在中国"为主题的活动。这一举动大大激励了原先已在广东进行钻石加工合作的香港企业,他们开始减少甚至停止对内地钻石厂的加工订单,转而自行投资设厂。

1994年,姚文雄开始在番禺大岗镇(现行政区域属南沙区)成立独资喜利(番禺)钻石首饰有限公司,再一次推动了番禺钻石加工产业的快速发展。喜利员工数量从最初的100多人发展到鼎盛时期的1000多人。

到20世纪90年代末,明秀和喜利两间钻石厂的加工贸易额均已过亿元,成为当时广东出口的重要外资企业。

4.3 番禺早期的彩宝加工产业

番禺的彩色宝石加工业正式起步于20世纪90年代中前期,当时有部分从事宝石加工的工人从珠海、东莞、深圳等地的宝石加工企业转移到番禺的出租屋开展宝石加工。这一时期宝石加工多为以家庭为单位的作坊式加工,其订单主要来自极速扩张的港资首饰出口加工厂。

1992年成立,企业注册地位于广东省广州市番禺区市桥街道大平村朝阳上街20号的湖棠珠宝有限公司(Hutang Gems & Jewelry Ltd.)可能是番禺区最早的规模化的彩色宝石切割加工企业。该公司很早就获得了宝石进出口的经营权，专长于天然橄榄石、海蓝宝等宝石的加工贸易。

番禺彩色宝石加工进入正规发展期，是在1997年之后。1997年，湖棠珠宝吴坚平在番禺南村镇河村租了一块地，建起了正规的宝石加工厂房，并招来了很多宝石加工同行开办宝石加工厂，主要加工各种天然宝石。

相比其他小作坊加工，河村宝石大院完全正规化，规划的建厂和管理方式成了当时番禺彩色宝石加工的典范。这一时期加工的宝石主要为广东省工艺品进出口（集团）公司的出口宝石，宝石首饰厂的宝石原料还以香港采购为主，在番禺进行加工。

4.4 番禺珠宝产业辅助行业发展

番禺珠宝产业早期的辅助行业较为薄弱，比较有影响的事件是1991年番禺县成立了国内最早的县市级的广州市番禺区珠宝厂商会（Guangzhou Panyu Jewelry Manufacturers Association），其时的会员主要是在番禺投资设厂的几家香港珠宝厂商。

1993年，番禺利成首饰厂成立了利成珠宝首饰设计中心，利成首饰厂董事长刘强根据公司对中国市场首饰款式的理解，于1997年出版了《首饰设计与制造技术》（岭南美术出版社）一书，在中国当时的珠宝界产生了较大的影响，成为很多珠宝设计和制作人的入门教材。

当时与珠宝培训教育有关的工作主要是在各种港资首饰厂内部进行的。与产业有关联，比较正规的是中山大学1996年和香港亚洲珠宝学院合作在广州中山大学开展的英国宝玉石协会国际珠宝鉴定师（FGA）方面的培训，其后中山大学成为英国宝玉石协会及鉴定所（GAGTL）在国内的联合教学中心（ATC）。

1996年，番禺区珠宝厂商会在秋季广交会期间，在花园酒店举办了一场国际珠宝首饰展，这是广东省首次独立举办珠宝首饰展，也是香港地区及境外其他国家的珠宝公司首次在中国境内展览比较高档次的各种由黄金、铂金制作的珠宝首饰，引起了轰动。但由于海关管制及进出口权等问题，当时实际的成交量并不大。

与番禺珠宝产业早期发展有关联的广东省珠宝行业协会见表4-1。

表4-1　2000年以前成立的广东省珠宝行业协会

序号	名称	成立时间	当时地址
1	广东省宝玉石协会	1989年7月	广州市东风东路739号广东地质大厦
2	广东省工艺美术协会	1989年8月	广州市东风东路840号艺苑大厦
3	深圳市黄金珠宝首饰协会	1990年3月	深圳市罗湖区田贝四路万山工业区2号综合楼7楼
4	广州市番禺区珠宝厂商会	1991年	广州市番禺市桥禺山大道26号丽景阁301
5	广东省黄金协会	1994年7月	广州市东风东路749号
6	广州市金银珠宝商会	1994年	广州市东风东路751-753号省检测中心南梯4楼
7	广东国际钻石商会	1996年3月	广州市麓景路黄田直街1号广信商业中心附楼6楼
8	广东省金银首饰商会	1999年	广州市大德路199号三楼

资料来源：《广东省志（1979—2000）》，2014年

第5章 番禺珠宝产业早期代表性人物简介

5.1 陈圣泽

陈圣泽是最早将钻石加工业引进番禺的香港珠宝实业家。

陈圣泽，1946年出生于广东省江门市潮莲镇，香港珠宝富商，是有"香港珠宝王"之称的企业家。他担任过香港恒和首饰厂有限公司董事长、恒和珠宝有限公司集团主席、香港钻石入口商会会长、香港玉石制品厂商会理事长、香港青年企业家基金会会长、香港贸易发展局中国贸易咨询委员会委员、江门市政协常委等职。

1958年，陈圣泽从江门到香港后，从一间小型的首饰工场的学徒做起。1963年，陈圣泽离开了原来的首饰工场，做起家庭首饰加工业。1968年春，他只身前往美国拜师学技，回到香港之后，他加入了免税店集团，担任首饰制造技师。1975年，陈圣泽离开免税店，用数万元资本开办了恒和珠宝公司，公司最后发展为专门从事珠宝、钻石加工的香港上市公司。香港恒和珠宝集团的主要业务为钻石、珠宝首饰设计、制造、零售及市场推广、高科技生产等。恒和一直是香港钻饰设计生产的行业翘楚，设计的产品多次获得美国、西班牙和香港国际珠宝界奖项。1987年年初，陈圣泽在加拿大设立了珠宝首饰有限公司，在多伦多开展珠宝首饰批发及制造业务。其后，在美国纽约设立了珠宝首饰有限公司，拓展在美国的珠宝首饰制造及批发业务。1988年年初，恒和珠宝首饰厂在广州市开设了一家合资附属公司——恒秀珠宝首饰厂有限公司，成为恒和集团发展史上的一个转折点。

1989年，恒和珠宝首饰厂经改组，成为集贸易、加工、销售为一体的跨国企业集团，并在香港获得股票上市的资格。当年香港的珠宝出口总额近80亿港元，仅恒和珠宝集团有限公司的出口额就占了一大半。陈圣泽对番禺珠宝业的重要贡献是1989年最早在番禺开设了明秀钻石厂（番禺）有限公司，直接推动了番禺珠宝钻石加工产业的形成和发展。

陈圣泽对广东省珠宝产业另外的重要贡献是2002年回乡，在江门市潮连岛投资2400万美元，设立恒和珠宝，推动了恒和钻石项目的发展，直接推动了江门潮连岛珠宝钻石加工、生产基地"钻石岛"的建立。

江门市人大常委会和江门市人民政府为表彰陈圣泽对家乡做出的巨大贡献，分别授予他"江门市荣誉市民"和江门市"特别贡献奖"荣誉称号。

5.2 陈 国

陈国是番禺珠宝产业集聚形成早期最重要的亲历人和领导者之一。

陈国是广东博罗人，曾任中共广州市委常委、市委秘书长、广州市副市长、党组成员。他毕业于

番禺珠宝产业发展 30 年

华南理工大学网络教育学院工商管理专业，大学学历，助理经济师。

珠宝业内，有很多人知道，花都珠宝业的崛起与陈国的推动有直接的关系。《广州文史资料》显示，2000 年 6 月，时任番禺市市长陈国调任花都市委副书记、花都市市长。2001 年，花都区开始把珠宝产业作为该区的特色产业加以重点扶持和发展。5 年后，陈国离任花都区委书记，调任广州市人民政府办公厅党组书记。2006 年 3 月，中华全国工商业联合会金银珠宝业商会授予花都区"中华珠宝之都"称号，花都成为华南地区较有影响力的珠宝生产加工基地。此时的花都，已经有来自美国、泰国、韩国、土耳其、波兰、法国、中国粤港台等地的 86 家珠宝企业落户，其中包括世界十大黄金加工企业之一的土耳其阿塔赛珠宝有限公司、中国仿真饰品行业龙头企业之一的万嘉宝饰品公司、全球最大的国际钻石企业之一的欧陆之星等国内外知名珠宝制造商，总投资额超过 11 亿元，年产值 8 亿元。2005 年，世界珠宝联合会主席加伊塔诺考察花都珠宝产业后感叹道："我每年在全球飞行 100 万千米以上，很难见到一个地区政府对珠宝产业如此重视，并给予珠宝产业真正最需要的支持。我相信花都的珠宝产业一定会与中国经济一样，创造一个令人惊讶的奇迹。"

花都珠宝产业的飞跃式发展确实令人瞩目，花都区发展珠宝产业，成为引进企业带动专业镇发展模式的典型代表。花都珠宝被认为是在白纸上书写传奇，而书写传奇的推手，正是陈国。陈国调任花都，通过大力推动珠宝产业在花都的发展，让珠宝产业在花都落地生根。

但是，很少人知道，陈国最早和珠宝业结缘，其实是在花都创造奇迹的十几年前，这段历史很难在正式的刊物或者网站上找到，是我们向番禺珠宝产业的元老们调研时才了解到的。

1987 年，时任番禺县西南铝制品联合公司经理、党支部书记的陈国受二轻局的委派，带队到香港考察珠宝业，发现当时香港的珠宝业多数都是家族式经营，珠宝首饰企业的核心技术主要掌握在企业老板和制作师傅手中，许多公司的老板同时也是工厂的师傅。因此，当时的珠宝企业都是小规模的手工业。如何才能让珠宝工厂在实现规模化生产的同时，企业的发展不会受制于个别员工，在当时还是非常困扰业界的问题。

陈国带领考察组经过考察，发现可以将珠宝手工制作分为若干环节，每个员工只需要熟识其中的部分环节，就可以像当时现代汽车工业一样，对珠宝首饰进行工业化的生产。这个改变，不但改变了传统珠宝首饰制造的手工业模式，同时还促成了珠宝首饰制造业内人才培养和工厂管理模式的现代化：加快了工人培养的速度，同时个别技术员工的离开也不会对企业造成很大的影响。番禺正是依靠这个突破性的创新，打开了当时正在承接香港珠宝产业转移珠宝业的天窗，一时成为佳话。

两年后，陈国升任番禺县二轻工业集团公司副经理、党委委员。一年后，陈国成为番禺县榄核镇党委副书记、镇长，开始大力推动和引进香港的珠宝商落户番禺，成功引进恒艺等世界级别的珠宝企业，在珠三角建立了最早的珠宝工业园。1995 年 3 月，陈国升任番禺市副市长、党组成员；其后，在担任番禺市副市长、党委副书记、代市长和市长职务的 5 年时间里，他积极推动番禺珠宝业的发展，使番禺成为世界珠宝产业明星。"世界珠宝，番禺制造"，番禺成为中国珠宝产业发展的第一个传奇。

关于陈国对番禺珠宝业的贡献和关爱，有很多的例子，其中，早期曾任番禺区珠宝厂商会多届会长的李建生的一席话或许可以作为一个注解。关于番禺珠宝产业集聚的缘由，李建生以自己企业落户番禺做了一个解释，"当时，其实我们是犹豫落户深圳还是番禺，是陈国区长的一席话，最终让我们下定决心，将番禺作为企业总部所在"。

显然，当年番禺区领导对珠宝产业的支持与关爱，是番禺珠宝产业集聚形成和发展重要的推动力之一，而当时从二轻工业集团出身的陈国区长，发挥了重要的"班长"作用，功不可没。

5.3　李建生

李建生，最早在番禺引进香港外资企业，曾连任早期番禺区珠宝厂商会8届会长，是推动番禺珠宝产业发展最重要的商界领导者之一。

最初，李建生是做象牙生意的，那时的他就经常穿梭于香港、广州、上海、北京等地。1987年，李建生带着一个"蛇皮袋"，包里装着钻石和一张订货单，孤身来到番禺，开设了番禺第一家香港人投资的珠宝加工厂。

李建生说，做珠宝生意的物流成本并不大，因为珠宝这种商品体积小，一个"蛇皮袋"拿着就可运走，而莲花山到香港的水路交通时间，也就一个小时，所以，到东莞还不如到番禺方便。而深圳在20世纪80年代刚开放，通关手续烦琐。又由于行业特殊性，深圳与香港的来往只能通过火车，人多繁杂，会给珠宝运输带来很多安全隐患。而从水路坐船，人流量相对要小，安全得多。

其实，李建生决定转行做珠宝生意后，就决定在内地寻找合作工厂。他跑了广州、上海、北京等多个城市后，最后目光才停留在番禺，没想到这一停留竟让他在番禺扎了根。李建生对番禺产生了感情，这份感情又延伸到整个中国，他最听不得别人说"你们香港人……"，每当这时，李建生都要反驳："我在内地待了这么久早就算是内地人了，干吗要歧视我！"

起初，李建生发现番禺的珠宝加工厂除了工本费较低这一优点以外，管理、工艺、效率等各个方面都让人难以忍受。于是他从香港请来技师对工人进行培训，当时国有企业也有一些首饰加工人员，但是如果用香港技师的标准衡量，几乎没有能够达标的。李建生当时聘请香港技师的举动完全是为了使自己的生意更加兴隆，但是这个不经意的举动却在当时为内地培养了大批首饰加工技术工人，慢慢地这批技术工人也逐渐成为日后各个加工厂的技术骨干。

随着业务量的增加，李建生觉得有自己独立办厂的必要。他又考察了许多地方，最终还是把目光停留在了番禺。对李建生而言，番禺除了有政策和地理优势外，可能还有一种难以割舍的感情吧！当时在内地开办外资性质的工厂需要过一道"政策山"。虽说番禺政府对珠宝加工行业的支持有目共睹，但是办事效率低、拖沓推诿的作风并不是一时半刻就能纠正的。据说当时李建生要接一条电话线竟然花了一个月的时间，更何况开办偌大的一间工厂呢？但李建生并不觉得麻烦，当时李建生在番禺看到的全是光明，他觉得中国珠宝业正在向好的方向发展，中国内地的首饰行业肯定能够赚钱，他还劝说自己的朋友来番禺办厂。

就这样，李建生创办的珠宝首饰公司——"新生珠宝首饰公司"在番禺建立起来了，作为公司的董事长，不仅要操办自己公司的各项业务，同时也努力地推广珠宝行业。其实李建生最为人熟知的身份并不是"李董事长"，而是"李会长"。

1991年，番禺地区已经有好几家港商投资的首饰厂，这其中也有李建生"榜样的力量"。但是有一种现象却让李建生头疼：由于当时国内熟练工人奇缺，每个工厂进入番禺都要投入一定的资金对工人进行培训，但后来的一些企业为了"节约"培训成本，就偷偷地挖墙脚。此风愈演愈烈，于是熟练工人就在企业之间跳来跳去，甚至有些工人在跳槽时还顺手牵羊偷拿首饰。一时间，番禺地区珠宝业陷入暂时的混乱。而此时的李建生，并没有参与挖墙脚，或者只是悲观地观望，而是心中萌生了一个想法。正是这样的一个想法，在之后的实现，为番禺珠宝产业的发展和完善提供了平台。这个想法就是李建生决定成立一个协会，杜绝这种恶性竞争，让整个行业良性发展。这个想法萌生后，李建生立刻和同行交流意见，不久，由8家厂商组成的"广州市番禺区珠宝厂商会"于1991年成立。

番禺珠宝产业发展30年

李建生为厂商会第一届副会长，随后不久即接任会长，设立协会章程，规定会长两年一选，会长完全是义务的，实行无记名投票选举。其时，由于人手少，协会的大部分工作都要李建生亲自负责，以致没什么时间管理自己的企业。就这样，李建生从1991—2007年连任了8届的会长，离职后成为珠宝厂商会"永久荣誉会长"，受到珠宝行业从业者的尊重和爱戴。如果要番禺珠宝圈的人说出几个对番禺珠宝产业影响最大的人物，其中一定会有李建生的名字。可以说，在番禺珠宝飞速发展的十几年里，李建生和他牵头创办的厂商会起到了重要的作用。

厂商会成立初期，虽然在番禺的投资者数量很有限，但是李建生依然强调厂商会是联系厂家和政府的纽带，他多次提到"遵纪守法"和"小心翼翼"。每次政府有什么政策与措施，李建生都要组织协会传达领会。同时还要求各厂商遵守劳动法，带头为员工购买各种社会保险。协会还成立了首饰加工技术培训班，专门培养首饰镶石、执模、打磨等技工。番禺地区众多从业人员中的技工中，许多都是在这里培训出来的。

在中国，可能有许多行业协会，但是番禺地区的厂商会应当是最成功协会中的一个。由于厂商会的参与，番禺地区联系着来自香港、台湾、澳门地区，以及日本、美国、法国、德国等国家的金银珠宝首饰加工客户，近百家香港知名企业都是番禺珠宝首饰加工企业的客户。

打响"番禺珠宝"的品牌是李建生和厂商会第一阶段的战略部署。每年，厂商会都会组织企业参加国内外的各种珠宝展。第一次参展是1997年的瑞士巴塞尔国际珠宝展，是和中国珠宝首饰进出口公司一起以"中国珠宝"的名义参加的。李建生组织厂商会做了大量工作，在珠宝展上派发各种资料宣传番禺珠宝，同时也了解了世界其他国家的需求。这不仅为番禺珠宝厂争取了订单，更大的收获是宣传了中国珠宝，把与世界隔绝多年的中国珠宝真实地展现给全世界。

从此，番禺地区珠宝厂都是以厂商会的名义出现在各个展览会上，也逐渐使番禺珠宝成为享誉世界的品牌。2001年，厂商会取得了意大利"维琴察"国际珠宝展中国馆的协办权，借参加国际上多个大型国际性珠宝展之机，让世界见识了中国珠宝首饰的工艺及文化。厂商会亦带领会员大力开拓国内市场，相继参与主办了"上海国际珠宝展览会"及"北京国际珠宝展览会"，目的是吸引更多的国内外企业及买家前来交流经验，互通商机，共谋发展。

仅仅参加国际展会，无法满足李建生对宣传番禺珠宝的强烈要求。2001年，他开始筹备"第一届广州（番禺）国际珠宝展览会"。除了老搭档中国珠宝首饰进出口公司外，广州市人民政府也作为主办方出现。这次展会经过一年多的筹备，于2002年8月22—25日在百越广场成功举办，400多个展位，有来自美国、日本、韩国、法国、德国、意大利、新加坡、马来西亚、南非、以色列等国家和中国香港、台湾地区以及内地共140多家企业参展。此外还有包括世界黄金协会、日本珠宝业协会、香港珠宝玉石厂商会等世界各地的40多个珠宝行业商会前来参观。

李建生给第一届展会制定的"不求最大，但求最好、最专业"的目标基本达到。展会期间，一条由厂商会搭建的珠宝街也正式营业。珠宝街内设品牌推广中心、高科技珠宝检测中心，它的定位是区内最专业的珠宝首饰零售批发中心。同时在珠宝街旁边的商业大楼还设立了星级珠宝商专业商务中心。可以说，这个由李建生牵头，番禺区自主创办的珠宝展览会，对宣传番禺珠宝起到了极为重要的作用，为今后"世界珠宝，番禺制造"的口碑奠定了坚实的基础。

2003年起，番禺区政府和珠宝厂商会共同策划和实施了"番禺·中国珠宝谷"这一区域品牌战略。每年番禺区珠宝厂商会与中国珠宝首饰进出口公司合作，以"中国珠宝"之名义参加国际性珠宝展。从2004年开始，番禺区政府每年与广州市对外贸易经济合作局、中国黄金协会、博闻中国有限公司等合作举办中国（广州）国际黄金珠宝玉石展览会。2006年，番禺区承办了第5届中国国际白银年会。

当谈到厂商会的作用时,李建生说:"简单而言,我们厂商会的作用就是沟通、协调和开拓。"第一,沟通,即为提升厂商和政府之间的桥梁关系,比如招商引资;第二,协调,即平衡稳定行业的发展,比如制定规则、规范行为;第三,开拓,帮助会员发展业务,寻找市场和商机。在李建生的带领下,厂商会遵循这六字方针,引导番禺珠宝业向着更规范、更团结、更有活力的方向不断进步。

在李建生和厂商会的努力下,番禺珠宝产业驶入产业发展的快车道。2007年5月,"中国珠宝玉石首饰特色产业基地""广东省火炬计划珠宝特色产业基地(广州)"两项桂冠落户番禺挂牌揭幕,番禺珠宝奠定了"领跑"全国珠宝首饰出口加工产业的翘楚地位,并成功获得国土资源部批准建立珠宝检测平台,又与香港生产力促进局(HKPC)合作建立起珠宝技术研发平台,形成比较成熟的珠宝业公共服务体系。

据番禺区珠宝厂商会统计,2007年,番禺已聚集1000多家大小不同的珠宝及宝石加工企业、200多家登记出口贸易企业、1600多家彩色宝石加工厂、10万多从业人员,珠宝首饰出口加工贸易量占香港转口贸易量的60%、全国的50%以上,产品畅销欧盟、北美、东南亚等地区。

2007年7月,李建生卸任连续就任了8届的番禺厂商会会长一职,但他的心却从未离开番禺珠宝界。仍在国际国内的各类会议及展会上为番禺珠宝及中国珠宝做宣传和沟通。此外,李建生心系番禺珠宝产业的未来发展,并敦促每一届新任的厂商会同仁,要以发展番禺珠宝产业为己任。每每谈到番禺珠宝产业的未来,这位在番禺奋斗了30余年的珠宝人依旧豪情满怀、信心十足。李建生在接受采访时说:"番禺的未来一定是立足国内、放眼国际,在进军国内市场的同时,更好地开拓国际市场,打造属于自己的民族珠宝品牌。番禺的明天必将像一颗璀璨的钻石一般,光彩夺目地闪耀。"

5.4 黄云光

黄云光,是珠宝首饰工艺大师,早期番禺珠宝产业港资企业重要的投资人之一,番禺珠宝产业形象、黄金珠宝艺术珍品"珠宝天坛祈年殿"的设计制作人。

黄云光出生于印度尼西亚,从小就生活在动荡之中,曾经历印尼排华事件。黄云光随母亲和妹妹一起从印尼回到中国,落脚点就是广州。

与一般人想象中的商人,尤其是珠宝商人不同,黄云光还是个颇有傲气、性格不羁又很讲人情味的文人。他自言只用手帕不用纸巾。因为纸巾用完就扔了,而手帕可以洗洗再用。他总觉得这个社会应该多一点人情味。人情味可以是一种"包装",它能把人包装得很舒服,把社会包装得很温暖。

黄云光认为,做珠宝这一行,诚信尤为重要,名声坏了,就什么都没有了。周大福、周生生、谢瑞麟这些老一辈的珠宝行家都是用自己的名字作为店铺的名字,实际上是用自己的人格为自己的店铺做担保。沿着这条路,当黄云光有能力设立自己的公司时,他毫不犹豫地就以自己的名字为公司命名。

2003年,仅仅是在广州番禺的云光首饰厂,年生产加工量即可达黄金6吨、铂金500千克、白银1000千克,跻身于世界一流的珠宝加工企业行列。

黄云光坦言,做首饰并不是自己从小的理想,但做一行爱一行、专一行的劲头一直追随着他。他琢磨、学习、研究和系统总结了整个首饰倒模技术规程,创造了"薄壁空心"高难度新工艺和"多层金属"电铸技术专利,并在番禺结识了未来一起在首饰工艺上研讨的朋友——时任番禺职业技术学院珠宝系主任的王昶和袁军平老师。他与王昶和袁军平一起主编的《首饰制作工艺学》一书填补了国内在首饰制作工艺教材上的空白。

番禺珠宝产业发展 30 年

要做出可以代表东方文化的首饰，是黄云光心中的梦想。做了几十年珠宝首饰，黄云光有种说不出来的感受。所有设备、样式都是外国的，他强烈地希望自己能做出一个可代表中国的首饰品牌。十几年来机缘所致，黄云光结识了几十位中国工艺美术大师，也收藏了诸多工艺美术珍品，对与首饰联系较为密切的传统花丝镶嵌工艺尤其感兴趣。

闲时，对着那些工艺精湛、传统却缺乏时代特征的花丝镶嵌作品，黄云光常常陷入沉思：如何才能将这传统的花丝镶嵌工艺与现代的珠宝工艺相结合，既赋予传统工艺美术技艺全新的生命力，又结合现代设计理念和技艺。制作出极富东方韵味又具文化底蕴的作品来，是他的夙愿。

与时任中国珠宝玉石首饰行业协会副秘书长、中国工艺美术学会金属艺术委员会秘书长王永庆的一次交谈，让黄云光灵光闪现。王永庆谈及可以制作一个天坛祈年殿。天坛祈年殿，北京的标志性建筑之一，是明、清两代皇帝向天祈祷五谷丰登的场所，处处展示了中国古代特有的寓意、象征。而这个天坛祈年殿与当世的其他同题材作品不一样的是，它是能被"打开"的。

黄云光决定采纳王永庆的建议，与中国工艺美术大师、花丝镶嵌工艺传承人王树文合作，以天坛祈年殿为载体，制作出一件既具东方传统文化特色，又与现代文明相融合，集传统与现代金银首饰工艺之大成的艺术珍品。

2007 年，历时 4 年，耗白银 100 多千克，钻石、宝石 20 多万粒的珠宝天坛祈年殿，以 1∶50 的比例缩微，璀璨夺目地展现在我们面前。

原建筑中的每一片瓦、每一扇门、每一根柱、每一个部件均按比例一一缩小呈现于作品中。其中的蓝瓦、红柱、红窗、沥粉彩绘和殿基的每一根柱都按其实际原色、原样镶嵌优质的青金石、红宝石、蓝宝石和绿松石。采用现代的机械传动装置打开了的祈年殿还引领观者走进了祈年殿内部，让观者可以欣赏到殿内精美绝伦的花丝与珠宝工艺。

祈年殿宝顶雷公柱采用的是当时最为先进的微镶工艺技术，几厘米高的弧柱由 5693 颗金黄色的蓝宝石镶嵌而成。整件作品，工艺技术含量之高，做工之精细，令人赏心悦目，叹为观止。继珠宝天坛祈年殿的成功，黄云光又相继推出了九龙壁、华表等珠宝结合的中国古典建筑系列作品。

黄云光对中国传统首饰工艺的理解与发扬，让番禺珠宝产业备受瞩目。尤其值得特别书写的是，在他和多位番禺珠宝企业老板的合力推动下，为番禺珠宝产业培养了大量技术人才的广州番禺职业技术学院珠宝学院在校企合作上取得了很多创新性的突破，珠宝专业教育的广度和深度不断拓展，珠宝首饰技术与管理专业先后被评为广州市高职高专示范专业、广东省高职高专示范专业、国家示范性高职院校计划重点建设专业，成为国内规模较大的珠宝首饰类专业教育基地。他也成为学校历史上首位被聘为名誉教授的企业家，为番禺珠宝产业培养人才做出了重要的贡献，推动了番禺地区的珠宝首饰加工技艺 30 年间不断提升和成熟。

说起黄云光的帮助和贡献，身为广州番禺职业技术学院珠宝学院院长的王昶教授肃然起敬，赞誉有加，甚至直言，黄云光先生是其在珠宝学院从事教研事业起步的贵人，参与广州番禺云光首饰有限公司投资、研制大型国宝级珠宝工艺美术珍品"珠宝天坛祈年殿"是其职业生涯最难忘和值得纪念的事件。

黄云光珠宝首饰工艺大师，是推动番禺珠宝产业及珠宝工艺发展重要的贡献者之一，也是促成番禺珠宝首饰加工工艺闻名世界的首饰艺术家和企业家。

5.5 刘 强

刘强，一个热心人，作为番禺珠宝产业早期亲历者和中期发展的推手之一，他是最早将自己企业设计生产经验著书并出版发行的珠宝首饰"中国款"的倡导者。

1954年，刘强出生于广东省海丰县，那是一个近代广东革命最早的地方。1970年高中毕业后，他"上山下乡"去海南岛五指山下琼中县种植橡胶；1976年，他来到香港，先在一家黄金小作坊做学徒，积累经验和资金；1983年，在香港注册了一个规模不大的利成珠宝公司，产品和服务范围包括宝石及半宝石首饰、钻石首饰，主营业务为出口，主要市场是东南亚、韩国、日本、中国台湾和西欧。

1989年，一个特殊的机遇，在朋友的帮助下，刘强转行做黄金贸易，主要业务是把香港的黄金卖给深圳、广州等地的银行机构。1991年，他在番禺的丹山路口开厂，挂靠在番华金银珠宝工艺厂，挂为第三十二车间，工厂地址在广东省广州市番禺区市桥银坪路11号内厂房自编号A座二层后座。企业创建之初，有100多名工人，业务为来料加工，产品销往全国各地（包括香港）以及欧美等市场。其后，借改革开放的先机，他的企业发展不错，在行业中的知名度越来越高，他经常穿梭于广州、深圳等地。

1993年，刘强加入番禺区珠宝厂商会，2007年，成为番禺区珠宝厂商会秘书长，为扩大番禺珠宝产业在国内的影响做了大量的沟通联络和组织管理工作，成为中宝协理事、广东省珠宝玉石协会副会长，很多来番禺参观番禺珠宝产业发展的人都拜会过他，得到过他的接待和帮助。20世纪末，国家人力资源和社会保障部共向22位行业精英颁发资格证书，担任国家职业技能竞赛裁判员的刘强就代表番禺珠宝占了其中的一席。

早期，刘强让中国珠宝产业界印象最深刻的是，在国内珠宝界对于珠宝设计还刚刚开始有"感觉"的时候，他就推出了一本《首饰设计与制造技术》的专门著作，当时很多想了解珠宝产业设计及制作的人如获至宝，该书推动了中国制造及设计产业方向的发展。因此，他的"刘强珠宝"品牌，在业内很早就广为人知。

他的学生，后来成为国内知名珠宝设计师的郑宏曾感慨地记述："在1994年的广东番禺，当时还是属于广州的县级市，我结识了我生命中的最重要的导师——香港利成珠宝公司的刘强先生，他也是我日后迈入珠宝首饰行业的领路人。"

刘强不忘回馈社会，由于很早就关注和推动国内珠宝设计发展，他是早期国内很多珠宝设计大赛的评委或者组织者。广州番禺利成珠宝公司也曾得到国内外很多的设计大奖，例如，作品"走向现代"获得了1998年戴比尔斯（中国）钻饰设计大赛二等奖；2000年，获得潮宏基杯中国第一届首饰设计大赛钻饰二等奖，珍珠组三等奖，有色宝石组二等奖；潮宏基杯中国第二届首饰设计大赛有色宝石组二等奖；等等。

2006年，在中国青少年发展基金会和番禺区人民政府主办、番禺宾馆举行的"闪耀·希望"大型活动之"番禺珠宝慈善夜"珠宝爱心捐赠晚会上，番禺利成珠宝首饰厂第一个积极响应，当场捐出包括第一届中国珠宝首饰设计大赛获三等奖的胸饰"舞"、第二届全国珠宝设计大赛获二等奖的胸针"突破"等独一无二的4件获奖作品，总价值近10万元。

2007年，担任秘书长后，刘强向番禺区珠宝厂商会理事会提出了三个建议：一是商会要正常运作，必须有一个办公场所。由于原办公地方狭小，不适合商会活动等，商会向企业借钱300万元，之

番禺珠宝产业发展 30 年

后买下了 1500 平方米的场地。二是商会必须有经费来源。他认为，应组织企业参加外地的展览会，赚取摊位费的佣金，加入番禺电子商务平台，商会扮演广告代理商。三是理事会要支持秘书长的工作，人员不够就增加，他做秘书长的时候秘书处最多有 10 个工作人员。

作为秘书长，在推动番禺珠宝产业发展中，刘强确实不遗余力地做了大量的工作，包括推动番禺珠宝产业与国内其他产业基地的联络交流，参与推动珠宝行业标准化建设，为番禺珠宝产业建立行业生产标准，参与国内及国际的珠宝展会等。

2007 年 11 月 30 日，广州市番禺区珠宝厂商会与中国珠宝玉石首饰行业协会、深圳市黄金珠宝首饰行业协会、香港珠宝玉石厂商会、香港珠宝制造业厂商会、香港宝石厂商会、香港金银首饰工商总会及澳门金业同业公会在番禺联合签署合作备忘录，这是中国珠宝行业八大商会首次以文件形式结成合作联盟，这次活动彰显了番禺珠宝在中国珠宝产业的地位及番禺区珠宝厂商会的影响力。作为番禺区珠宝厂商会秘书长的刘强会后表示，"这次八大珠宝商会签署合作备忘录，实质上是七大地方行业协会与中宝协建立了一个'7+1'合作模式"。实际上，备忘录的签署，基本确认了中国珠宝产业深圳内贸、番禺外销、香港国际贸易中转产业发展的分工格局，三地是中国珠宝产业发展的三大引擎。

刘强任内，经历了 2008 年国际金融危机对番禺珠宝产业腥风血雨般的洗礼，他在担任厂商会秘书长一职期间做的两项工作，给人留下了难忘的记忆。

其一是面对国际金融危机造成的国际珠宝市场的萧条，不断努力进行番禺珠宝业的转型。

2009 年 3 月，番禺区珠宝厂商会牵头，在区政府的支持下组建了有 50 多家企业入盟的"内销联盟"。这一机构的组建，被认为是番禺珠宝企业实施转型谋略的一个重要举措。但是，组建联盟不等于就一定可以华丽转身。如何组织入盟企业老板研讨转型，如何拓展内销业务，每位企业家都有各自的阅历、思路、主见，如何集思广益，求同存异，联手行动，这都需要大量的协调工作；为了真正能使长期以外销为主战场的番禺厂商克服对国内市场的"水土不服"，番禺"内销联盟"组团到全国各个大中城市进行调研、考察、联络、疏通。

刘强说："我们走出去联络感情，疏通关系，就是要建立起一种鱼水关系。相信番禺珠宝有了各地商家的支持，内销之路就能走通。"然而，路漫漫其修远兮，产业的转型要面对的阵痛难以想象。成立番禺珠宝内销联盟后，厂商会和企业辗转到东北、华东等地寻找采购商，但收效甚微。2009 年 5 月，在上海举办的国际珠宝首饰展览会上，番禺内销联盟组团参加展览，三和、亿钻、百福、卓尔、欧特尔等 20 多家企业租用了 50 个展位，建立了一个番禺馆，以扩大番禺珠宝在国内产业界的影响。

其二是任内协助区政府筹备国际彩色宝石协会年会，推动了 2009 年国际彩色宝石协会年会在番禺成功举办。这是首次在中国举办 ICA 的全球大会，向世界介绍了中国珠宝产业，推广了番禺珠宝品牌。

刘强曾对记者说："从 2009 年 3 月起，我们陪同国际彩色宝石协会的成员到北京的中国宝协参观，4 月与有关方面领导到瑞士推广番禺珠宝业，目的也是要他们的会员更多地参加 2010 年的年会。6 月到美国拉斯维加斯参加珠宝展，推广番禺珠宝业。2010 年 2 月 18 日，到福建莆田参加全国珠宝业秘书长会议，在会上我提出，请各地协会组织更多的企业参加番禺举办的年会。这几次活动，我都是自费参加的。"显然，秘书长的工作不是那么容易做好的，既要有很强的工作能力，也要有很好的奉献精神。

2011 年，为了更好地促进番禺外向型珠宝企业向国内转型、升级，番禺区经贸局与商务部中国国际电子商务中心签署合作协议，共同把番禺打造成"商务部中国国际电子商务专区"。番禺区珠宝厂商会积极跟进，推出了电子商务平台，以期更好地促进番禺外向型珠宝企业向国内转型、升级。

2012年，由番禺区人社局牵头，区职业技术培训中心和番禺区珠宝厂商会又联合主办了番禺区珠宝品牌创立与设计高研班，刘强在开学致辞中指出："目前番禺大部分珠宝设计师设计水平有限，缺乏文化底蕴，短期内难以实现原创产品，因此，企业需要注重校企合作，建立人才培育、人才引进机制，以高素质人才队伍进一步推进产业转型发展……"

对番禺珠宝发展转型，刘强清醒认识到转型运营的三大困难：①番禺珠宝企业很少有内销经营资格；②番禺珠宝企业缺乏熟识国内市场运营的营销团队；③番禺的珠宝首饰设计还不适合大多数的中国的消费者。

刘强认识到，番禺珠宝产业的转型，仍然有漫长的路要走。

一件件事，一次次活动，在番禺珠宝圈奋斗的二十几年中，在全国及省的各种珠宝协会、产业活动会议上，刘强是参与次数最多的番禺珠宝人之一，他不断奔走，为番禺珠宝产业的发展效力。

2011年5月，第七届中国（深圳）国际文化产业博览交易会上，香港利成珠宝首饰公司、广州市西瑶玉池珠宝有限公司、深圳市国中资产管理有限公司共同出资与深圳市宝安区政府正式签约，在深圳宝安筹建了重点扶持的文化产业项目深圳市亚克西和田玉交易中心，建立国内唯一综合性和田玉专业服务商、国内首家会员制和田玉原材料及名家名牌精品电子网络交易平台、华南地区唯一的和田玉文化创意产业园区基地。

如今，卸下秘书长担子的刘强，仍然雄心勃勃，希望依托文化产业项目优势，与旅游、教育、金融、通信、媒体、物流等行业实施深度跨领域合作，以亚克西和田玉中心来整合和田玉上下游产业资源，全面规范和田玉市场，全方位传播和田玉文化，打造中国和田玉产业基金服务、专业交易服务、标准研发、培训、电子竞拍交易和玉文化观光旅游一体化的综合平台。

关于个人的成功与失败，外人很难评说，但在笔者印象中，刘强是个热心、爽直、有想法、肯付出、敢担当的番禺珠宝人。

第6章 番禺珠宝产业早期代表性公司记述

6.1 广州市番禺区番华金银珠宝工艺厂/有限公司

广州市番禺区番华金银珠宝工艺厂的前身是番禺中国人民银行与外商合作组建的番宝金银首饰公司，后改名为番华金银珠宝工艺厂，原地址位于广州市番禺区沙湾镇福龙路999号2座（二层）B9区。主要经营首饰制造、货物进出口、技术进出口业务；分支机构经营"制造、加工首饰、电气机械"项目。

公司于1986年9月11日成立，在番禺区工商局注册登记，性质为集体所有制企业，是当时番禺经中国人民银行批准并接受中国人民银行监管，具有承接境外金银来料加工资格的持牌企业，当时的法定代表人为彭国柱。

番华金银珠宝工艺厂（以下简称"番华"）是番禺当时最早的金银珠宝加工贸易合法持牌企业之一。1991年2月开始，企业由内向型经济逐步转向以外向型经济为主，试行了与境外来料加工客商签订合作协议。

番华的产品种类包括金、银、钻石及其首饰等，产品主要出口至美国、英国、德国、日本等地。20世纪90年代中后期，挂靠在番华名下的珠宝生产车间达112个，从业人员曾达12000多人，是推动番禺珠宝产业发展"一牌多车间"创新生产模式的重要源发单位。

当时，番华按照"一个牌子"，即"番华金银珠宝工艺厂"；"一个法人"即甲方番华为企业法人；"一个账户"，即银行账户只设番华金银珠宝工艺厂一个账户；"一个公章"，即在国内的经济行为及文件证明、发文统属番华金银珠宝工艺厂的印章管核；"一本账"，即统一由番华金银珠宝工艺厂办理税务，并监督乙方按照我国的有关法规，依章纳税，遵守我国的劳动用工制度、依时结汇，对挂靠的"车间"进行全方位管理。每月对各车间进出口料件（包括品种、数量、金银折纯、损耗率）实施盘查，确保境外金银来料加工做到"全进全出、依法经营"。

番华的做法起到了直接利用外资，利用境外先进管理经验，先进的加工技术，以及先进的生产设备，"借鸡生蛋"的作用，带动了番禺地区金银加工业的发展，为吸引社会劳动力就业，促进本地区第三产业兴起和经济繁荣，提高本地区金银首饰加工技术，培养技术人才，增加国家税收、创收外汇，做出了重要贡献。

1990—2012年，番华在经营场所、经营范围、营业期限（有效期限、驻在期限）、投资人（股权）、市场主体类型、注册资本（金）和名称7个方面进行了变更。

其后，更名后的广州市番华金银珠宝有限公司（Guangzhou Panhua Gold & Silver Jewellery Co., Ltd.）（以下简称"广州番华"）在2009年8月25日成立，唯一持股人为彭往来，注册地址为广州市番禺区沙湾镇福涌村福龙公路内沙湾珠宝产业园办公楼。主要经营珠宝首饰及有关物品制造、技术进出口、货物进出口（专营专控商品除外）和其他金属加工机械制造。

2006年4月25日,金羊网《民营经济报》报道,广州番华等番禺知名珠宝企业产品受到市场欢迎。2016年,广州番华在中国对美国出口企业百强榜中排名第47名,同年,广州番华在全国珠宝出口企业100排名中位居季军,表明广州番华在加工贸易出口市场中仍然占据非常重要的市场地位,是番禺珠宝产业中最重要的出口贸易机构之一。

6.2 广州东宝(番澳)首饰有限公司

广州东宝(番澳)首饰有限公司(以下简称"东宝")成立于1988年1月28日,是一家大型的集首饰设计、生产、销售的来自澳门的企业,主要生产经营中、高档天然及人造钻石、宝石、金银首饰及其他工艺首饰和其他工艺制品,代理各类商品和技术的进出口,法定代表人为叶耀楠。

东宝是最早在番禺注册,合法持有金银首饰加工贸易牌照的私营企业。

东宝股份为两公司持有。一方投资企业为番禺市东方钻石珠宝首饰制品厂,占67.61%股份,另一方投资企业为澳门番房发展有限公司,持有32.39%股份。叶耀楠为董事长,梁润棠为副董事长。

1991—2007年,东宝在番禺区共设立了69个珠宝首饰生产车间,2004年和2005年变更了经营范围,公司于2013年1月28日注销。

东宝以"诚信乃兴业之本,质优则兼善天下"为经营理念,以"高品质的产品满足客户的要求"为经营宗旨,用人务求"人尽其才,才尽其用"。

当时,公司年生产各类高中档首饰60多万件,产品全部外销欧美等地。为扩大再生产规模,提升产品质量,公司曾先后斥资数百万元增加现代化生产设备,成为当时珠江三角洲规模和实力最强的首饰制造商之一。为提高自身管理水准,提升公司社会形象,公司逐步引入了 ISO 9000:2000 / ISO 14000 / SA8000 / OHSAS 18001 体系,使公司生产管理更符合国际标准。在公司内部运营流程上,公司引进先进的 ERP 系统、OA 办公系统、人力资源管理系统,生产与办公效率大幅改善和提升。

2001年,中国进出口额最大的500家企业中,东宝位居第270位;2005年一季度全国珠宝首饰出口企业前50位排名,东宝名列第二。

21世纪初期,东宝仍然是番禺最重要的首饰加工贸易企业之一,对番禺早期珠宝来料加工业务的发展产生了重要的影响。

6.3 广州市番禺云光首饰有限公司

1989年3月6日,广州市番禺云光首饰有限公司由母公司香港黄云光珠宝有限公司在番禺投资创办,董事长为黄云光。厂区位于广州市番禺区市桥银平路71号,随后,云光在市桥中心的易发商场旁购地建起了云光大厦,当时被评为"广东省100个名建筑"之一。

1995年,云光再投资2000多万港元建成现在的厂区,占地7200多平方米,拥有6000多平方米的现代化厂房、4000多平方米的宿舍及400平方米的饭堂。2000年,云光首饰有限公司被《中国黄金报》誉为"中国民族珠宝首饰业的一颗灿烂明珠"。

云光首饰有限公司是番禺一家K金、足金生产厂,公司设有失蜡铸造、电铸和机械加工成型3条大型首饰生产线,具备从设计、制版到大批量成品制造的全套生产能力,实行全面计算机化管理,生产各类金银珠宝首饰及工艺品，成功地开发出"珠宝天坛祈年殿""珠宝镶嵌中国佛教四大名山""九龙壁"等一系列金银摆件工艺珍品，产品销往香港、东南亚、日本、欧美等地。

黄云光连续多年任中宝协荣誉副会长、中国工艺美术学会金属工艺委员会副会长。

2018年7月6日上午，在由广州市番禺区人民政府沙头街道办事处主办、番禺区大罗塘珠宝首饰商会承办的第三届大罗塘珠宝节（2018）上，云光首饰有限公司获突出贡献奖。

6.4 明秀钻石（广州）有限公司

明秀钻石（广州）有限公司（以下简称"明秀钻石"）为香港恒和珠宝集团在广州成立的首间钻石切割及打磨工厂，登记机关为广州市番禺区工商行政管理局，成立于1989年5月18日，股东为明秀钻石厂有限公司（香港），法定代表人为陈圣泽，公司位于广州市番禺区石楼镇莲花山保税加工区灵兴工业区。

恒和珠宝集团有限公司由陈圣泽创立，总部位于香港，是一家上市投资控股公司。旗下子公司恒和珠宝首饰厂有限公司向全球客户提供珠宝首饰设计、生产和出口服务。公司的经营范围包括：珠宝首饰及有关物品制造，金属工艺品制造，销售本公司生产的产品（国家法律法规禁止经营的项目除外，涉及许可经营的产品需取得许可证后方可经营）。

明秀钻石是恒和珠宝集团最早在番禺投资钻石加工的港资企业，为上海钻石交易所会员。公司近30年来一直专注于钻石加工生产，是我国具有代表性的钻石加工企业。除了在番禺投资外，陈圣泽在广东江门及四川、河南、浙江、上海、湖北等地还投资了多家钻石加工、珠宝首饰及矿业企业。

明秀钻石曾在广东出口500强企业排名中排第380位，在2005年珠宝首饰出口企业国内50强中排名第9位。

恒和在珠宝界已有超过40年的历史，创始人陈圣泽是业界的创新翘楚，有"香港珠宝王"之称，在香港引入突破性的生产技术，例如脱蜡铸造工艺和大规模生产专用的装配流水线，以优质的产品质量和出色的设计著称，提供一条龙服务，确立了恒和的优势。恒和业务涵盖珠宝首饰从研发到生产的全过程，是享誉世界的珠宝生产商和进出口龙头公司之一，一直以向高端市场推出质量超凡的产品为己任，在香港和中国获颁众多荣誉奖项。恒和珠宝集团的发展历程及所获奖项见表6-1、表6-2。

表6-1 恒和珠宝集团的发展历程

年份	事件
1975	在香港成立恒和珠宝首饰厂有限公司，为珠宝行业带来创新的生产方案，为大规模生产引入革命性的工作流程，例如装配流水线和脱蜡铸造工艺
1978	在香港成立连锁零售店Diamond Creation Ltd.
1988	恒和珠宝集团有限公司成为控股公司，在香港交易所上市
1988	在广州成立合资的珠宝首饰厂
1988	在美国、英国和加拿大设立海外办事处
1989	成立首间钻石切割及打磨工厂——明秀钻石厂（番禺）有限公司
1999	在美国推出品牌——Quattour

(续上表)

年份	事件
2003	在中国江门成立零售旗舰店——恒和钻石
2004	建造顶尖的珠宝生产设施——恒和珠宝（江门）有限公司，整合设于中国的多间工厂，合并珠宝生产和钻石切割业务
2006	在全球推出新品牌——Kissing Diamonds
2009	收购红庄金矿项目，成功进军采矿业
2012	推出新品牌——Lotopia
2015	在上海紫荆广场隆重开业；在香港国际珠宝展设立新设计的展位，庆祝公司成立40周年
2016	推出恒久经典的创新品牌——Continental Collection

表6-2 恒和珠宝所获奖项

年份	所获奖项名称
2017	Loyalty Award for 35 consecutive years support to the Sept HK Jewellery & Gem Fair UBM Asia Limited
2014	PVCBS Business Excellence Awards 2014, The Professional Validation Centre of Hong Kong Business Sector (PVCBS)
2013	Hong Kong Emerging Brand Awards (Lotopia), Hong Kong Brand Development Council and the Chinese Manufacturers' Association of Hong Kong; Merit Award (Open Group), HKTDC the 14th Hong Kong Jewellery Design Competition
2011	10-Year QTS Merchant Recognition, The Hong Kong Tourism Board (HKTB), Merit QTS Merchant Award (Retail Category), The Hong Kong Tourism Board (HKTB)
2007—2009	Merit Awards (Open Group), HKTDC the 9th & 10th Hong Kong Jewellery Design Competition

资料来源：公司介绍，网络公开资讯及调研

6.5 广州市元艺珠宝有限公司

广州市元艺珠宝有限公司（以下简称"元艺珠宝"）最早由美籍华人岑元骥于1992年成立，是一家大型美资珠宝首饰加工企业。

公司位于广州番禺首饰加工中心区——小平工业区，占地面积约5万平方米，高峰期时员工约3000人，中心设有全新玻璃厂房，生产车间配置中央空调，宿舍、食堂卫生整洁，硬件设施一应俱全，被评为花园式工厂，多次接受政府官员和外宾来访参观。

元艺珠宝主要产品类型为半金银镶嵌，主要经营出口业务，曾经为沃尔玛等大型企业提供珠宝货源。

公司引进了当时世界上最先进的铸造工艺设备、器材，直接进口国外精选珠宝首饰原料，产品设计、制作、质控在求变中臻至完美，产品一直畅销欧、美、亚各地。元艺珠宝悉心培育生产技术、管理后备人才，建立高效、科学的现代企业管理模式，多年保持了集团公司在国际市场的竞争优势。其后，公司发生过多次变更。

2014年8月25日，投资人（股权）由 Diamondlite Jewelry Company Limited 变更为 PAJ 澳门离岸商业服务有限公司（100%持股），公司的成立时间变为2008年12月31日，地址位于广州市番禺区沙头街银平路184号（厂房）。

现在公司的经营范围为珠宝首饰及相关物品制造；销售本公司生产的产品（该经营范围为外商投资企业经营项目；涉及许可经营的产品需取得许可证后方可经营）。

元艺珠宝曾经是推动番禺珠宝产业发展最早、最重要的大型外商珠宝投资企业之一。

6.6 宝星首饰厂有限公司

宝星珠宝番禺公司于1991年落地，曾是番禺珠宝产业早期重要的珠宝首饰生产企业之一。

宝星首饰厂有限公司成立于1980年，发展初期主要经营售卖象牙首饰和工艺品。其后欧美各国倡议保护濒临灭绝的大象，纷纷立法禁运象牙，禁运之风愈趋炽热，宝星于1985年循序转型，迈进珠宝首饰行业，另创商机。直至1989年，香港政府全面禁止进出口象牙制成品后，管理层便全力投入发展珠宝业务。由于早著先机，故在发展珠宝业务初期，公司业绩已取得稳健的增长，并成功建立了一个优质及固定的客户网络。

20世纪90年代初，管理层紧抓改革开放带来的机遇，于1991年在广州市番禺区自设第一所生产厂房，大大降低了生产成本及有效地提升了竞争力。同时，公司确立"诚为基，信为道，人为本"的管理哲学，成功与全体员工建立互信机制。配合新落成的厂房，宝星开发了诸多不同类型的新产品，以便更好地迎合市场需要。此外，宝星拥有专业的销售团队，多年来积极地开拓及参加世界各地不同类型的展览会，将宝星产品广销全球，令企业规模不断壮大。

踏入21世纪，随着国内外的竞争日趋激烈，宝星意识到必须进一步提高整体的生产力，提升管理素质。有见及此，宝星于2002年决定兴建一所全新的设备更完善的厂房，该厂房于2004年年底正式投产。宝星于同年更成功取得 ISO 9001 质量管理体系认证，在人性化管理的道路上迈出了一大步。

近年来，随着新兴市场经济的迅速增长，市场对珠宝的需求日渐增加。因此，宝星将把握时机，投放更多资源，努力开拓新市场。当中又以开拓全球焦点所在的中国市场为宝星的主要发展方向，务求在这个庞大的市场中扩大宝星所占的份额。展望未来，宝星将本着"同舟共进"的理念，在全体员工的努力下，继续与客户及供应商携手合作、跨越挑战、再创佳绩。

6.7 广州长进珠宝首饰有限公司

位于番禺的广州长进珠宝首饰有限公司（以下简称"长进珠宝"）是法国 APM 集团最大子公司及生产基地。长进珠宝于1992年成立，地址位于广州市番禺区大罗塘珠宝城银建路32号，生产基地总面积5000多平方米，是区内首屈一指的大型珠宝生产加工基地，是当今番禺珠宝产业的纳税大户，是推动番禺珠宝产业升级发展的新锐和典范。2016年，在全国珠宝出口企业100排名中排第64位。

APM 集团是世界知名珠宝首饰品牌集团，公司总部设在法国，主要生产高级时尚珠宝首饰，品牌遍及 43 个国家和地区，在伦敦、巴黎、悉尼、迈阿密、柏林等各大城市以及新加坡、中国（包括香港、台湾）设有 150 间直营店铺，拥有众多国际国内一线女星消费者，是轻奢领域的佼佼者。APM 最大的市场是法国和中国。

APM Monaco 于 1982 年由创办人 Ariane Prette 女士建立，品牌名是创始人名字和国家首字母缩写，是一个典型的家族式企业。APM Monaco 在 2013 年 10 月全面进入中国。

APM Monaco 的首饰富有当代设计风格并带着法国南部摩纳哥优雅的气息，是一个体现时尚经典潮流的首饰品牌。南法人崇尚优雅而历久弥新的事物，APM Monaco 首饰充分表现法国南部的"乐活"精神。

APM Monaco 的材质大多是人造材料，以银质为主，加立方氧化锆、珍珠等镶嵌装饰，最具优势的地方，是用平价材质设计出具有时尚感的珠宝。品牌风格年轻时尚，拥有具尖端的时尚触觉的设计师。APM 集团拥有一支来自法国、美国、意大利、中国香港等地实践经验丰富的企业管理队伍和一批平均工龄 15 年以上、技术精湛的生产技工。公司秉承以人为本的管理理念，全面整合世界级资源，打造增值服务的经营理念，恪守诚信发展的经营宗旨。

2012 年，Kika Prette 加入品牌，成为第二代接班人，担任创意总监一职，将品牌重新定义为专攻设计纯银首饰的潮流首饰品牌。自家族二代 Kika 接任创意总监后，APM 的产品更新速度加快，每个月可推出一个全新系列，品牌能对市场迅速反应，生产出最能顺应或引导潮流的产品。

6.8　广州湖棠珠宝有限公司

广州湖棠珠宝有限公司（以下简称"湖棠珠宝"）前身为湖棠宝石厂，1992 年在广州市番禺区创立，是一家从事天然有色宝石生产加工，集加工、镶嵌、销售于一体的企业。

2010 年开始兼营珠宝首饰加工业务，践行"产品为王"经营理念。法定代表人吴坚平是广州番禺金俊汇国际珠宝推广中心董事长，广州市番禺区大罗塘珠宝首饰商会法定代表人、商会常务副会长。

湖棠珠宝（自然人独资）注册时间为 2010 年 11 月 11 日，注册地址在广州市番禺区沙头街大平村大榄树自编 102 号。

湖棠珠宝经营范围包括：珠宝首饰及有关物品制造；钻石首饰零售；雕塑工艺品制造；金属工艺品制造；漆器工艺品制造；民间工艺品制造；玻璃工艺品制造；工艺品批发；工艺美术品零售；货物进出口（专营专控商品除外）；技术进出口；钻石饰品批发；黄金制品批发零售；白银制品批发零售；铂金制品批发零售等。

湖棠珠宝自 1992 年创立以来，自主采购宝石原料切割加工，并进行产品集成贸易，在彩宝产业界积累了优质的资源。其后，先后在香港和美国成立业务公司，以国际化视野设计款式新颖的珠宝首饰。

湖棠珠宝发展历程如下：

1992 年，湖棠宝石厂在广州市番禺区创立，经营彩色宝石原料切割加工。

1998 年，在香港成立宝石贸易公司，处理宝石原料采购和出口业务。

2004 年，成为全美在线珠宝购物平台 JTV.COM 供应商，成立湖棠首饰厂。

2010 年，在美国洛杉矶成立海外公司，在当地设立展厅推广工厂宝石和首饰产品。

2014 年，进驻美国 Amazon、eBay，国内天猫、京东等平台开发网上零售业务。

2015 年，与华南理工大学珠宝学院签订"就业与实习基地"协议。

2016 年，广宝中心联合广州金俊汇公司、广州湖棠珠宝开启"彩宝风尚海购会"，上千款精美的彩宝产品全部进入低价销售模式，引发彩色宝石市场热潮。

2018 年，参加第 16 届深圳国际黄金珠宝玉石展览会，成为无人售卖珠宝店的先行企业。

6.9　广州喜利钻石首饰有限公司

广州喜利钻石首饰有限公司于 1994 年 5 月 26 日成立，是香港百利贸易公司属下企业，专门从事大规模的钻石加工和经营业务（包括钻石切割和成品钻的加工和经营），法定代表人为姚文雄。香港百利贸易公司是一家国际性的钻石切割商和进口批发商，1983 年开始在国内开设第一家钻石打磨厂，为上海钻石交易所首批会员。

广州喜利钻石首饰有限公司正式成立前，早就参与广东省及番禺的钻石加工及贸易。成立后，喜利一直是番禺钻石加工最重要的主流钻石企业之一。高峰期，广州喜利钻石首饰有限公司有员工 2000 多人，钻石切割生产能力为 1800 克拉/天，磨钻的生产能力达到 1400 克拉/天。为广东出口 500 强企业第 471 位企业，2016 年，全国珠宝出口企业 100 排名第 61 位。

广州喜利钻石首饰有限公司的专利证书为：CN302991576S，外观设计，2014－11－05 钻石（百变极光），专利人：萧作亮。

喜利钻石无论是生产上还是管理上，均由钻石业内资深的专业人士管理。为了达到最佳的钻石产品质量要求，喜利专门设计了一套严格的质量控制系统，在每一道生产工序，均设专人分析相应工序的质量和成品率，并将信息及时反馈给生产部门。此外，公司还设有经验丰富的高级专业人员在此基础上做质量的抽样检查和专门的指导，从而确保成品质量得到有效控制。

为确保每道工序产品的质量和成品率达到要求，喜利还设计了一套完整有序的培训计划，要求员工需经过严格培训才能正式工作，在每道生产工序均有技术全面且具有管理经验的主管负责。

为了达到有效的钻石存货控制，公司内部设有一套电脑化的生产和钻石安全管理系统，它能及时反映钻石的加工和流量状况，并提供给生产管理部门做定期检查。

同时，广州喜利钻石首饰有限公司机械设备工程还专门生产制造钻石设备及工具，安装及维修各类型切割打磨工具。包括锯钻系列、打边系列、磨钻系列、辘边系列、钻石自动机系列等，如：锯钻机（切割钻石毛坯）、打边机及打边棒（加工钻石毛坯外径）、磨钻机（研磨钻石）、磨钻盘、车石臂等。

6.10　番华立艺珠宝手艺有限公司

番华立艺珠宝手艺有限公司（以下简称"番禺立艺"），大约成立于 1994 年，地址位于广州市番禺区市桥镇沙头捷进二路 18 号，当时挂靠于广州市番禺区番华金银珠宝工艺厂第二十六车间。番禺立艺曾是番禺珠宝产业重要的生产企业之一。

番禺立艺母公司香港立艺珠宝手艺有限公司由何志佳于 1980 年在香港创办。在广东省番禺市和惠州市设有珠宝首饰生产厂房，在泰国设有宝石加工厂，在英国、德国、澳大利亚和美国洛杉矶、纽约设有办事处。香港立艺珠宝手艺有限公司的主打产品为钻石镶嵌首饰，其次为彩色宝石镶嵌首饰，公司的主营产品定位在高端珠宝部分。

立艺珠宝能够在竞争激烈的珠宝行业独占鳌头，主要靠的是高新科技，靠的是不断创新。立艺的老板何志佳入行不久便被业界冠以"梯方皇"之美誉；他注重采用创新科技、创新技术及创新设计来提升产品质量，注重与海内外的专业机构合作进行科研项目及创新技术的开发，寻求持续的创新与突破。

例如，立艺通过引进及采用蜡镶倒模圆钻石技术，不仅减少了耗金率，更极大地提高了生产速度；通过改良蜡镶倒模圆钻石技术，并首创蜡镶倒模梯方钻石技术，成功引进及采用蜡镶无边镶嵌钻石技术，率先在珠宝首饰制造业上采用激光技术；发明"Nelson Set 无边镶嵌技术"等，获得了珠宝业界的尊重；也曾创新以 3 颗公主方形钻石组成"心动"系列的首饰等，为企业赢得大量订单。

2000 年，何志佳投资逾千万港元在公司实施全球顶级、最先进的 SAP-ERP 企业资源管理系统，一鸣惊人。立艺因此成为全球第一家采用此系统的珠宝企业。立艺实施这一系统，大大提升了全线资讯流动能力及透明度，极大地加强了物料控制及物流管理，全面提升了整体的生产力和管理水平。

总公司香港立艺珠宝手艺有限公司设在香港，负责采购、材料检查、产品科研、开发与设计、产品的质量控制和供销服务。2017—2018 年参加了全球各地 40 多个国际珠宝博览会，如意大利的 VICENZAORO 珠宝展、美国的图森 JCK 珠宝展、瑞士的 BASEL 钟表珠宝展，以及中国的展览等。高峰期拥有 3000 多名员工，是一家具有现代化规模的珠宝首饰制造公司，在世界各地都设有销售网点，产品主销美国，次销东南亚、欧洲等国际市场，香港立艺珠宝手艺有限公司发展的历史见表 6-3。

表 6-3　香港立艺珠宝手艺有限公司发展的历史

年份	公司动态
1980	何志佳在香港创办立艺珠宝手艺有限公司（Nelson Jewellery Arts Co.）
1987	拥有第一间约 650 平方米的厂房
1991	拥有约 1114 平方米的厂房；成立了第一家海外办事处
1995	成为第一家应用激光焊接技术的香港珠宝公司
1996	香港第一家获生产力促进局颁发"香港工业奖"的珠宝厂家
1998	厂房扩张到近 3000 平方米； 何志佳获得香港青年工业家奖； 开发注册专利——无形镶嵌技术（the Nelson Set Invisible Setting）
1999	何志佳获"十大创业先锋"
2000	作为第一家公司在珠宝行业实施 SAP-ERP 系统
2001	荣获"香港生产力促进奖"
2003	通过 ISO 9001：2000 的质量管理体系认证
2004	获评香港十佳雇主

(续上表)

年份	公司动态
2006	成为香港第一家获生产力促进局和广东省知识产权局联合颁发"创新知识企业奖"的珠宝厂家
2012	获 JNA 两项大奖：闪亮三十载大奖、年度雇主大奖
2014	改造香港总部
2015	成立全新现代化的展示中心
2016	企业社会责任倡议（BSCI）认证

资讯来源：《文汇报》2004 年报道、网络公开资讯、调研追踪

6.11　番禺利成珠宝首饰厂

番禺利成珠宝首饰厂于 1996 年 11 月 28 日注册成立，位于广州市番禺区市桥捷进路 68 号，公司主营业务为设计、生产、销售工艺品、宝石、首饰（不含金银）。其他信息见本书第 5 章"刘强简介"。

6.12　广州市番禺共同企业加工装配公司

广州市番禺共同企业加工装配公司（Guangzhou Panyu Common Enterprise Foreign Processing Assembly Service Co., Ltd.）（以下简称"番配"）成立于 1998 年 1 月 20 日，后改名为广州市番禺共同企业对外加工装配服务有限公司，法定代表人是邝元乐，任职职位为执行董事，公司注册地在广州市番禺区市桥沙园新村东区 6 街 3 号。

番配的股东发起人之一为广州市番禺外经集团公司，持有 89.66% 的股份；另一个为广州市番禺对外经济贸易公司，持有 10.34% 的股份，番配对外投资广州番禺艺新金银首饰有限公司，后者为广州市新金银首饰厂在番禺注册的企业，是金银加工持牌企业。

番配主要经营范围为租赁和商务服务业、贸易咨询服务、贸易代理、货物进出口（专营专控商品除外）、技术进出口、商品批发贸易（许可审批类商品除外）、会议及展览服务、企业管理服务（涉及许可经营项目的除外）。

据中国对外经济贸易统计学会报道，2010 年，中国对外贸易民营企业前 500 名中，番配排名第 330 位。2013 年，中国对美国出口企业百强榜中，番配排在第 95 位。2016 年，番配在全国珠宝出口企业 100 排名高居第 33 位。

2018 年 7 月 27 日，《番禺日报》有关报道称："7 月 25 日，新版申报系统在广州海关开展试运行，广州市番禺共同企业对外加工装配服务有限公司顺利完成出口珠宝首饰申报，成为广州海关首票关检融合申报报关单位。"此举简化了番禺区外贸进出口企业的报关程序，提高了申报效率，方便了企业运作。

显然，作为外贸代理公司，番配在珠宝首饰出口代理业务中有很强的实力，是番禺珠宝产业集聚中的重要外贸出口企业。

2018年,番配成为广州海关关检融合申报报关单位,成为促进番禺珠宝首饰企业的贸易业务发展的重要成员。

6.13 广州市番禺恒宝饰物有限公司

广州市番禺恒宝饰物有限公司(以下简称"恒宝")法定代表人为邱应杰(董事长),母公司为香港恒艺珠宝(番禺)有限公司(以下简称"HNJ")。1999年1月12日在番禺注册,注册地址位于广州市南沙区榄核镇良地埗工业区(现归属南沙区)。

恒宝在番禺设厂已有20年,主要加工金银珠宝、钻石、钟表装配。产品定位主要为时尚首饰,钻石和彩色石材产品一直是HNJ的专长以及集团最初的起点。番禺恒宝的工厂是一家现代化的先进工厂,每年创造120万件首饰,是中国最大的冲压和宝石制造工厂之一。

番禺恒宝曾是番禺珠宝制造的代表性公司之一。2016年,在全国珠宝出口企业100排名第98位。

HNJ是一家专注于贵金属首饰生产的珠宝集团,恒宝是其主要成员,公司对珠宝和贵金属的所有最新技术创新有深刻理解,珠宝设计可将传统与现代完美融合,为零售商提供无缝的市场机会。HNJ主要通过位于香港九龙的中央分销和服务中心直接或通过美国和英国(欧洲)的两家主要公司服务提供商向零售商提供产品,而HNJ inc USA和HNJ Europe提供涉及供应、分销和营销等所有市场领域现代商业工具。

HNJ致力于追求创新和卓越制造,在冲压和铸造产品类别中拥有丰富的专业知识,一直致力于实施尖端技术,专注于新的激光工艺,成为轻质冲压产品类别中的全球专家,能够提供全系列的个性化礼品定制服务,拥有多元化的客户群,涵盖许多知名零售商和众多行业。

HNJ集团与批发市场直接合作,通过网络平台向消费者提供分销,可以提供包括独家包装在内的个性化设计和产品开发计划,是一家能从概念到零售都可真正垂直整合的公司。

中 编

世界珠宝,番禺制造

第 7 章　缘起，大机遇

"20世纪是一个精彩纷呈的世纪，20世纪也是一个悲喜交加的世纪"，这是中国主流理论报刊《光明日报》对20世纪发生的重大政治经济事件进行总结时的一句评述。

《世界是平的：一部二十一世纪简史》（The World Is Flat: A Brief History of the Twenty-first Century），是美国公认最有影响力的记者、哈佛大学客座教授、《纽约时报》专栏作家、唯一曾三次获得普利策新闻奖的托马斯·弗里德曼写的一本畅销书，也是当时全球影响力最大的一本畅销书之一。作者以大量的个人研究、游历、谈话及沉思展示了全球化过程给每个国家、每个地区和每个人带来的影响。

换言之，这是对美国气象学家爱德华·罗伦兹（Edward Lorenz）于1963年所提出的著名的"蝴蝶效应"（The Butterfly Effect）在政治经济学领域的体现的全面阐述，说明了20世纪人类活动相互影响的程度之广泛和深入。这些现象，甚至使1935年由爱因斯坦（Einstein）、波多尔斯基（Podolsky）和罗森（Rosen）等科学家早年提出的、至今还充满争议、被认为是奇谈怪论的科学理论"量子纠缠"（quantum entanglement）也开始逐渐进入大众的视野。

一只小小的蝴蝶在巴西上空振动翅膀，它扇动起来的小漩涡与其他气流汇合，可能在一个月后引起美国得克萨斯州的一场风暴；我们每一个人的思想甚至行为有可能受到完全不存在空间接触的其他人的影响，不仅仅是因为书籍或者资讯技术的革命，还可能是因为在物质世界存在的某种神秘诡异的"量子纠缠"。

至今，这种和传统牛顿力学完全不同的量子力学理论及科学发现在科学界也仍然存在很大的争议。但2016年12月，中国科学技术大学潘建伟院士及其同事陆朝阳、陈宇翱等在量子信息科研领域获得重大突破，他们通过两种不同的方法制备了综合性能最优的纠缠光子源，首次成功实现"十光子纠缠"，再次刷新了光子纠缠态制备的世界纪录。2017年6月15日，中国量子科学实验卫星"墨子号"获得第一项重大成果，率先成功实现"千公里级"的星地双向量子纠缠分发，打破了此前国际上保持多年的"百公里级"纪录。2018年2月，中国实现星地千公里级量子纠缠和密钥分发及隐形传态，荣获科技部2017年度中国科学十大进展。

实际上，无论是"蝴蝶效应"还是"量子纠缠"，所要说明的事实是，无论我们今天是否可以看到或者理解，这个世界不同事物之间一直都存在广泛而深入的关联和相互影响。

番禺的珠宝产业发轫于我国改革开放正在深入的20世纪80年代中期，其发展必然受到20世纪我国市场经济改革进程的深刻影响，同时，也会受到全球政治经济格局的影响。因此，我们在分析和记述番禺珠宝产业的形成和发展前，先来看看，期间世界经济格局发生了什么变化，哪些事件可能对番禺珠宝产业的发展产生影响以及产生什么影响。

7.1 中国的经济腾飞：历史发展机遇

1949年，中华人民共和国成立。此时的中国是一个经济发展水平很低的农业大国，由于经历了多年的战乱，城市的基础设施及工业遭到极大的破坏，国内的工业化程度非常低，农村人口约占全国总人口的90%，经济基础薄弱。其后的20多年，几多风雨几多愁，虽然在多个领域取得了重要成就，但政治运动频繁，导致国内的工农业生产发展相对缓慢，经济结构严重失衡。1952—1978年，中国人均GDP增长率仅为2.1%，处于22个发展中国家的最低水平，经济发展处于中游，不但落后于哥伦比亚、巴西等拉美早期资本主义国家，而且也落后于印度、菲律宾等亚洲后起的发展中国家。

1978年12月，党的十一届三中全会召开，中国开始实行改革开放政策，中国经济发展进入了一个崭新的时代。1982年农村改革如火如荼，1985年中共中央在长江三角洲、珠江三角洲和厦漳泉三角地区开辟沿海经济开放区，中国城市改革全面展开。1977—1985年，国民经济收入增加了1.58倍。此后，中国经济开始进入稳步发展的阶段，时间之久，增长之快，前所未见。

1986年，国务院发布《关于深化企业改革增强企业活力的若干规定》。《规定》提出全民所有制小型企业可积极试行租赁、承包经营。全民所有制大中型企业实行多种形式的经营责任制。这一规定为中国后来经济结构的改变提供了政策基础，为中国私营企业的出现和大发展提供了动力，多元化企业体系的形成和发展带动了经济的高速增长。

1987年10月25日—11月1日，中国共产党第十三次全国代表大会举行，会议确立了社会主义初级阶段"一个中心、两个基本点"的基本路线，四项基本原则成为立国之本，改革开放后，以经济建设为中心成为社会共识，从此，发展经济成为全国上下的共同目标。1987年，中国的GDP创新高，达到12174.6亿元，GDP增长率更是达到了11.7%。其后，虽然苏联解体、东欧剧变对中国的政治经济改革产生了很大的影响，致使1988年和1990年中国GDP增长明显放缓，但是1991年就开始恢复明显的增长。

1992年，邓小平发表著名的南方谈话，解决了市场经济到底是姓"社"（社会主义）还是姓"资"（资本主义）的认识分歧，他指出，市场经济不是资本主义的专利。谈话统一了党内思想，中国经济改革的活力得到进一步释放。1992年，中国的GDP增长达到了14.2%，为20年来的最高水平。1992—1994年，中国开始逐步建立现代企业制度，进行财税体制改革、外贸体制综合配套改革和医疗住房市场化改革，经济体制从传统的计划经济体制向社会主义市场经济体制转变。

随后的十几年，中国的经济发展迅速，国内生产总值逐年增长，1992—1999年，GDP的平均增长率达到2位数（10.5%）的水平，人均GDP同步增长。1999年，全国人均GDP达到了1000美元以上（7229元），是1980年全国人均GDP 468元的15倍以上，创造了世界经济改革的奇迹（见图7-1）。

1986—1999年，番禺的珠宝产业集聚逐步形成。作为广东省的一部分，番禺的经济增长与国家经济发展同步，并且处于领先水平，究其原因，主要和广州市作为改革开放最前沿的城市，可以优先享受改革开放的红利有关（见图7-2）。

早在1984年，中共中央就决定进一步开放包括广州在内的沿海14个港口城市，使得这些城市成为中国对外开放的前沿地带。其中，广州是执行"对内搞活经济、对外实行开放"总方针的沿海港口城市，是经中央批准、拥有"特殊政策，灵活措施"并且拥有全国最广阔对外开放前沿地带的省份的省会。

第 7 章 缘起，大机遇

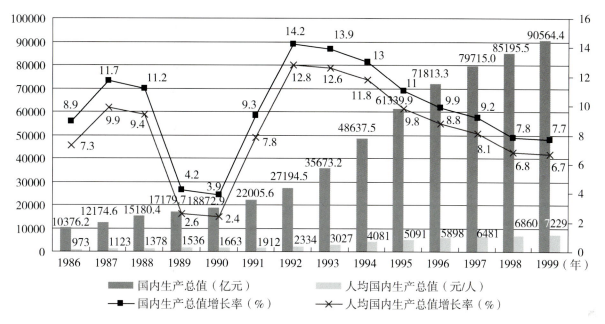

图 7-1　1986—1999 年中国 GDP 统计

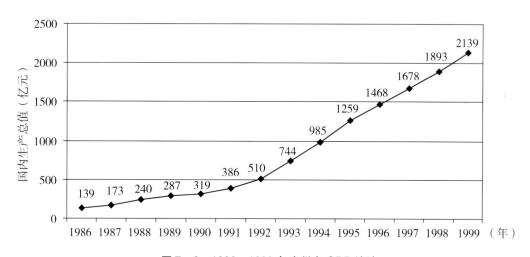

图 7-2　1986—1999 年广州市 GDP 统计

依据广州在全国经济发展总格局中的地位，中央对广州的要求主要有两点：第一，从全国经济发展总的格局和战略部署来说，不论是"东靠西移、南北对流"还是"由沿海向内地滚动式推进"，广州都必须承担起"内组外挤"和"外引内联"的艰巨任务。第二，广州拥有管理经济包括管理对外经济关系的权利，为了创造条件开展对外经济贸易活动，更要按照出口贸易的要求来发展各项产业。从那时开始，广州就延续历史上的开风气之先的传统，成为中国国际贸易最重要的前沿阵地。1986年，广东的外贸出口额达 42.3 亿美元，超过上海和辽宁，跃居全国首位。1986 年，广东外贸出口占全省工农业总产值 14.4%，珠江三角洲一些市、县更高达 30% 以上，而广州的 GDP 则达到了 139 亿元。1986—1999 年，广州的 GDP 一直持续平稳增长（见图 7-2），甚至在全国发生大幅调整的1989—1990 年，广州的 GDP 也基本上没有明显的下挫。进入 20 世纪 90 年代后半期的"九五"时期，广州 GDP 增长速度年均达到 13% 多，比全省同期增长速度多 3 个百分点，显示出广州的经济发

番禺珠宝产业发展 30 年

展能力在全国处于领先水平，为其后跻身"北上广深"四大超级经济体地位奠定了基础。

1989 年 12 月 18 日，时任全国人大常委会副委员长习仲勋在广东省委书记林若、广州市副市长黄伟宁的陪同下到番禺视察时说："番禺地处珠江口，与香港隔江相望，位置得天独厚，又建成了全国第一个县级口岸，今后要利用好这些优势，加快前店（香港）后厂（内地企业）的经济纽带建设。"1992 年，邓小平在珠海做了 40 分钟的南方谈话。他强调，"广东在改革开放中起了龙头的作用，今后还要继续发挥龙头的作用。广东要上几个台阶，争取用 20 年时间赶上亚洲'四小龙'。不仅经济要上去，社会秩序、社会风气也要搞好，两个文明建设都要超过他们，这才是有中国特色的社会主义。抓住机遇，发展自己，关键是发展经济"。

2000 年，广州市 GDP 2383.07 亿元，人均 GDP 3.45 万元，按当年国家平均汇率计算，人均 GDP 突破了 4000 美元。

显然，番禺珠宝"来料加工"业务可以快速发展以及和香港建立"前店后厂"的生产贸易模式，其实根本上是得益于广东最早成为改革开放先行者的机遇。

进入 21 世纪后，中国的经济发展在全球经济低迷的气氛下，始终"一枝独秀"，GDP 总量更是一路攀升，到 2007 年已经赶超德国成为世界第三大经济体。联合国发布的《2007 年世界经济形势与展望》报告指出，受强劲出口和投资增长的驱动，中国经济持续引领亚洲地区的经济增长，拉升平均增长水平并产生积极的外溢效应。报告确认中国经济作为全球经济增长的主要推动力量之一，正日益发挥着仅次于美国经济的重要作用。

2012 年，中国的 GDP 总量超过日本，成为世界第二大经济体。

如此高速的发展，势必带来各种经济过热的问题，特别是由于我国的经济增长模式总体上是粗放型的，注重速度而忽略了质量，存在明显的结构失衡现象。以 2007 年为例，虽然当时我国 GDP 总量已经超过德国，但实际上，德国的人均 GDP 为 40162 美元，是中国 2604 美元的 15.4 倍。德国的 GDP 数据中，第一产业占 0.92%，第二产业占 16.55%，第三产业占 82.53%。而中国的第一产业占 11.1%，第二产业占 48.5%，第三产业占 40.4%。显然，我们不但在人均 GDP 上和发达国家有巨大差异，在经济结构上也处于完全不同的发展阶段，我们大量的 GDP 来源于附加价值很低的生产加工领域，而发达国家则主要来源于与技术创新及服务有关的第三产业。

从 2000 年开始，我国已经认识到经济结构失衡和经济过热对国家经济可持续发展的影响，其后进行了多次的宏观经济调控，其主要目的是实现经济增长与供需平衡、就业充分、物价稳定之间的平衡。而后，由于房地产投资不断升温，在 2004—2007 年国家 GDP 增长率连续 4 年超 10% 的情况下，2008 年，国务院提出了宏观经济"双防"调控目标，即防止经济增长由偏快转向过热，防止价格由结构性上涨演变为明显通货膨胀。

2008 年，美国发生了波及世界的金融危机，我国则发生了雪灾和四川汶川大地震，同时也举办了令世界刮目相看的北京奥运会，多个重大事件叠加，2008 年中国的 GDP 总额仍然接近 32 万亿元，GDP 增长率为 9.7%，2009 年下降为 9.4%，而在 2010 年重新达到了 2004 年开始的两位数高水平增长纪录的 10.6%。

2000 年，番禺撤市设区，并在广州市的整体产业布局中主要承担第二圈层的作用，番禺区成为广州城市区划南拓的重要区域。2001 年全区 GDP 为 332.5 亿元，比 2000 年增长 13.02%，实现了经济增长由速度型向质量效益型转变，经济规模跃上一个新台阶，达到全国经济强县的先进水平。其后 10 年，番禺的 GDP 每年均以两位数的速度增长，2003 年比 2002 年增长 15.6%，达到最高增速，2009 年番禺区 GDP 为 860 亿元，增长 12.2%。农村居民年人均纯收入 12988 元，增长 13%；城镇居民年人均可支配收入 25432 元，增长 10.1%。

第7章 缘起，大机遇

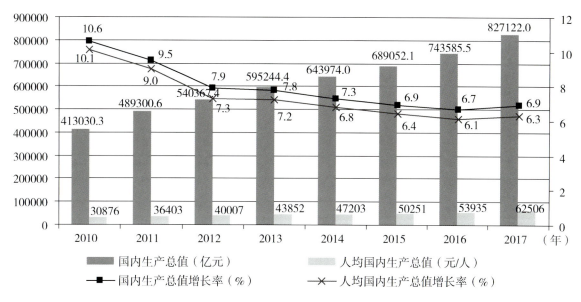

图7-3 中国2010—2017年GDP总量、人均GDP及其变化情况

从2010年开始至2017年，整体上中国的GDP仍然处于稳步增长的状态，但是GDP增长率呈现逐年下降的趋势（见图7-3）。由于受到国内房地产投资过热的影响和挤压，中国实体经济步入一个趋势性的回缓通道，加上国际经济大环境不确定性增加，"消费—内需驱动型模式"未能拉动经济回好。2014年开始，中国宏观经济进入"新常态"，GDP增长率下降到6.8%的水平，是改革开放以来，除了情况特殊的1989年和1990年外30多年来首次低于7.0%的水平。2014年开始进行供给侧的结构性改革，GDP增长率保持在7.0%以下的水平增长。当然，即使是这样的增长水平，仍然是国际经济复苏最重要的贡献者之一。

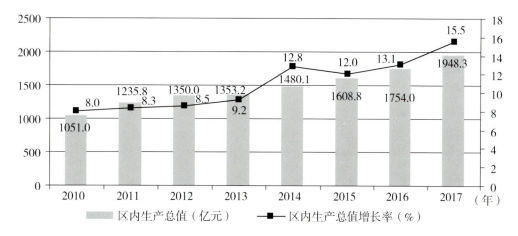

图7-4 番禺区2010—2017年GDP总量及其变化情况

2010年，番禺全区实现生产总值1051.06亿元，增长15.5%，农村居民年人均纯收入14905元，增长14.8%；城镇居民年人均可支配收入28226元，增长11.0%。实现生产总值突破千亿元大关。其后增长速率逐渐下降，变化趋势与国内经济发展趋势基本一致。

2017年，从广州各区GDP数据来看，番禺以总值1948.32亿元排名第4位，增长速度仅次于天河、黄埔与越秀，在中国最具投资潜力百强区中排名第5位，全国综合实力百强区中排名第10位。

虽然番禺区人均GDP已接近10000美元，但这个数值为广州市人均GDP 20000美元的一半，显示番禺的经济发达程度和天河、越秀等城市中心区仍然存在一定的差距。

尽管如此，番禺30年的发展让人刮目相看，珠宝业在整个番禺出口产业中的比重不断增加，为番禺经济发展做出了贡献。2017年一季度，番禺区特色产业——珠宝产业首次进入番禺区工业产业五大行业，实现产值22.2亿元，同比增长41.8%，带动番禺区规模以上产值增长1.6个百分点。

7.2 千禧年后十年世界经济格局：机遇及问题

2000—2009年，是世界政治经济跌宕起伏，变幻莫测的10年。

20世纪的最后一年，世界经济增长创造了10多年来的最高纪录。2000年，世界经济的增长速度可能达到4.1%，世界贸易额比1999年增长了12.3%，首次突破6万亿美元，达到62731亿美元。按实际价格计算，2000年的世界贸易额增长率达到12.7%。东亚经济开始摆脱金融危机肆虐阴影强劲复苏，如俄罗斯经济复苏，此外，拉美经济也全面恢复。美国2000年前两个季度GDP的增长速度分别达到4.8%和5.6%，欧盟的经济增长速度可望达到3.4%，创下自1989年以来的最高纪录。如此这般，2000年，世界经济似乎开始超常发展，世界经济在千禧年迎来了21世纪阳光明媚的开始。

然而，2000年世界石油价格暴涨、欧元持续下跌、美国外贸逆差剧增至4361亿美元，创下当时历史的最高纪录。2000年1月和4月，美国标准普尔和纳斯达克指数分别开始大幅度下跌、大幅震荡，2000年第四季度起，世界主要国家贸易增长率开始趋向下降，等等，研究世界经济的学者似乎隐约看见在21世纪之初世界经济明媚的阳光中高处正迅速集聚的阴云。

这一年，普京当选为俄罗斯第三届总统。5月，欧盟与中国就中国加入世界贸易组织（WTO）进行了最后一轮磋商，达成双边协议。7月，普京对中国进行国事访问，中俄签署《中华人民共和国和俄罗斯联邦北京宣言》（简称《北京宣言》）。9月，联合国在纽约联合国总部举行千年首脑会议，160多个国家的元首或政府首脑出席会议，超过了1995年举行的联合国成立50周年庆典时的人数，会后发表《千年宣言》。10月，中非合作论坛——北京2000年部长级会议在北京隆重举行。11月，亚太经合组织（APEC）第八次领导人非正式会议在文莱首都斯里巴加湾市举行，会议通过《领导人宣言》，就全球化、新经济、亚太地区经济发展、次区域合作、亚太经合组织合作现状及其前景等问题进行了讨论，达成了重要共识。

好景不长，2001年，21世纪开始的明媚阳光被美国"9·11"恐怖袭击事件的阴霾所覆盖，世界经济于2000年刚刚经历10年来最快的增长，于2001年即陷入10年来的首次衰退，以计算机技术和网络技术为代表的"新经济"发展遇到重大挫折，纳斯达克股市大幅下跌，世界范围内经济结构问题日益突出，在全球消费市场中占重要地位的美国市场消费低迷导致全球贸易严重下挫，国际贸易增长率从2001年的12%急降至2%左右，处于近20年来的最低水平，国际直接投资比2000年减少近半，是近30年来的最大降幅，世界经济增长态势发生大的逆转，经济全球化过去10年来高速发展的势头明显放缓。

有学者认为，2001年，是世界经济形势自20世纪90年代以来最为严峻的一年，世界三大经济体同时陷入衰退。联合国贸发布的《世界投资报告》指出，2001年，全球外商直接投资额比2000年下降了51%。美国实行了极为扩张的货币政策，2001年10次降息，银行利率水平从年初的6.5%降到2%，是40年来的最低水平。即便如此，美国企业投资状况恶化，固定资产投资速度下降了11.8%；失业状况严重，2002年前几个月申请失业救济的人数达到了9年以来的最高水平；道琼斯股指和纳斯达克指数大幅下跌,股市资产缩水的总值为5万亿美元,负向的财富效应对美国消费支出造成巨大影响,造成美国消费者改变了消费模式,对住房、汽车等耐用消费品的支出明显上升,这对于以美国为主要货物销售目标市场的企业来说,影响巨大。

欧盟的几大主要经济体如法国和德国,也都面临着巨额的财政赤字,失业严重,消费不振。2001年10月,美军开始打击阿富汗,"反恐"战争开始;2001年11月,世界贸易组织在卡塔尔首都多哈开始了多回合的多边贸易谈判;2001年12月11日,中国加入世界贸易组织,成为WTO的第143个正式成员。

2002年1月1日,经过3年的过渡期,欧元正式流通,正式成为一种流通的货币,这是全球有史以来最大的一次货币替换,从此12个主权国家同时改用同一种货币,实行同样的货币政策,欧元成为仅次于美元的重要国际货币。

2002年1月6日,阿根廷宣布本国货币比索与美元的固定汇率大幅贬值。投资者对拉美市场失去信心,流入拉美的资金大幅减少,进入拉美的直接投资,从1990年的1050亿美元下降到2002年的560亿美元。阿根廷的经济危机在拉美国家引发了"多米诺骨牌效应"。阿根廷贫困人口的比例上升到44%,极度贫困人口比例上升到20%。与此同时,世界发达体经济和最不发达国家之间贫富悬殊的现象开始受到国际关注。2002年2月13日,世界贸易组织宣布,旨在帮助不发达国家融入世界经济的《最不发达国家发展规划》获得通过。

中国加入世贸组织后的第一年,与全球经济持续低迷的情景形成鲜明对照,中国经济以持续高速的发展成为全球经济发展的"绿岛",2002年全年GDP超过10万亿元,比2001年增长8%。人均GDP接近1000美元,进出口总额突破6000亿美元大关,利用外资超过500亿美元,超过美国成为当年外资投资第一大国。2002年11月4日,时任国务院总理朱镕基和东盟10国领导人在出席东盟与中国领导人会议后签署了《中国与东盟全面经济合作框架协议》,决定到2010年建成中国—东盟自由贸易区,中国市场进一步开放,进出口贸易大幅增长,中国实现贸易顺差303.5亿美元。

与此同时,2002年,恐怖活动对世界经济和地区经济造成严重影响,除此以外,全球股市因华尔街企业"造假"丑闻风波而遭受重创。与最高纪录相比,美欧股指2002年的跌幅都在30%以上,东京股市更高达78%,受到美欧金融市场的影响和金融危机的侵袭,巴西、阿根廷、墨西哥等拉美国家的股市也普遍暴跌,阿根廷金融危机席卷南美大陆,南美多个国家的金融体系近乎瘫痪,经济结构遭受重大破坏。原先是世界经济"金砖四国"之一的巴西,经济风雨飘摇,一落千丈,欧美市场消费继续下滑。

经历了从2000年开始的连续3年的衰退和低增长之后,世界经济形势从2003年下半年开始逐步显示出走出衰退的迹象,2003年上半年,美国经济复苏的迹象还不是十分明显,第一季度的增长率是1.4%,第二季度是3.1%,第三季度突然发力飙升,达到8.2%的高增长率。亚洲、非洲和拉美地区的经济也开始不同程度走出困境,其中亚太地区经济体的增长率达到5.7%左右,在亚洲经济的快速增长中,中国克服了由于"非典"等不利因素产生的影响,发挥了"推进器"的作用,按可比价格计算,经济比2002年增长9.1%,GDP总值突破11万亿人民币。这次复苏,欧盟的步伐比较慢,例如,德国已经连续3年陷入经济停滞,2003年头两个季度还出现了负增长,法国和意大利也出现了负增长的局面。

2004年,世界经济强劲均衡增长,无论是发达国家还是发展中国家,经济增长率都达到了多年来的最高水平,国际贸易与经济增长率呈现出同步增长态势,经济增长速度是近30年来最快的,增长达到了3.8%的水平。国际货币基金组织预测,2004年三大经济体增长率分别可达到4.3%、4.5%和2.0%,三大经济体的消费增长是构成经济增长的主要推动力。据世界银行估计,2004年,世界贸易量将增长10.2%，是2003年5.5%的几乎两倍，增速是2000年以来最快的。同时，2004年，世界商品贸易量增长的20%以上来自中国进口的贡献，而发展中国家作为整体在世界贸易中所占比重从2000年的19%上升至23%，成为推动世界贸易发展的主要力量。

与此同时，东亚地区经济作为一个整体仍然是全球经济增长率最高的地区，其中，中国、印度连续稳定的高增长令世界瞩目。2004年2月24—25日，博鳌亚洲论坛（BFA）年会在中国海南的博鳌举行，大会的主题为"亚洲寻求共赢：一个向世界开放的亚洲"。俄罗斯石油工业受国际油价高涨的刺激满负荷生产，有力地带动了整个经济的增长，石油收入的增加使得政府的财政收支和对外支付状况明显改善，俄罗斯经济增长率达到6.8%，经济连续6年实现增长。

2004年，服务业吸收跨国直接投资存量已经从1990年的不足50%上升到60%左右，而制造业所占比重已从42%降至34%。服务业"外包"已成为全球跨国直接投资的主要引擎，未来几年全球服务业"外包"市场将以30%～40%的速度增长，并将成为全球跨国直接投资的重要领域。

然而，强劲的增长背后已经显现出日后危机爆发的端倪，例如，美国出现了"双赤字"，政府财政赤字和贸易赤字共存，这种现象只是在20世纪80年代初期到90年代中期见到，是随后美元大幅贬值的主要起因；还有，主要发达国家的房产价格连续攀升，有泡沫化的迹象，全球商品价格尤其是原料价格上升速度进一步加快，其中国际大宗商品原油的价格不断攀升，2004年10—11月，原油价格一度冲破55美元/桶，比年初的32美元/桶上涨了70%左右，等等。

2005年，世界经济增长速度有所放慢，但仍保持了3.2%的强劲增长，2006年则继续发力，增长达到3.9%。其中发展中国家高增长对全球经济的发展起到了积极的推动作用，发展中经济体占全球经济总量的比例已经从1990年的13%上升到20%；在世界贸易中的份额也从18%上升到25%。在发展中经济体当中，中国是其中表现突出的国家，2005年达到10.2%，2006年增长10.5%，突破20万亿元；而亚洲第二大经济体印度的增长也非常强劲，2005超过了7.0%，2006年则达到8.2%～8.3%。东亚和太平洋地区2005年的GDP强劲增长7.8%。最不发达国家2006年平均增长率也达到了7%。但是，欧洲经济2006年依然波澜不惊，与2005年相比出现了增长的态势，2005年为1.2%（其中，欧元区为1.1%），2006年欧盟经济增长预期为2.7%。

2005—2006年，两大灾难问题不断困扰人类世界。其一是自然灾害的频繁发生向人类警示生态危机。2005年，南亚大地震，造成8万多人死亡；"卡特里娜"飓风横扫新奥尔良和美国南部，造成100多人死亡，直接和间接经济损失上千亿美元；2005年，发生了11起重大空难事故，造成的死亡人数几乎是2002—2004年3年的总和，2005年岁末，高致病性禽流感虐袭全球；2006年2月，菲律宾中东部莱特省的泥石流导致1800人遇难。欧洲出现千年不遇的暖冬，由于气温升高，流行性感冒甚至在欧洲最北端的斯堪的纳维亚肆虐。其二是国际恐怖主义成为国际安全重大隐患。2005年7月7日，英国首都伦敦遭受恐怖袭击，多处发生爆炸，造成50多人死亡，千余人受伤，是继"9·11"事件后恐怖组织对人类社会安全的又一次严重破坏，引发了全球金融市场大震荡和股市暴跌；10月29日，印度新德里发生连环爆炸，导致80多人死亡，近20人受伤。

2005—2006年，国际政治出现频率最高的关键词是朝核问题、伊朗核问题、中东冲突、伊拉克问题、美国中期选举、生态危机和中国崛起。2005年，达沃斯世界经济论坛年会的一个重要议题就是中国的经济发展及其对世界经济的影响。

朝鲜与伊朗核问题的解决依然举步维艰，美国加强了对伊朗施压的力度，甚至重新称呼德黑兰为"邪恶轴心"，与此同时，伊拉克战争继续成为美国政府一个沉重包袱，朝鲜则不断试射导弹和进行地下核爆。由于需要中国在朝核问题、反恐、人民币汇率及国际贸易等问题上进行合作，美国开始提出要中国成为"负责任的利益相关者"。在这种背景下，世界政治格局似乎出现新的调整，"中国崛起"成为令人瞩目的话题,特别是2006年中国推出一部题为《大国崛起》的电视政论片后,世界对关于中国崛起的话题开始变得敏感。2007年1月27日,瑞士达沃斯世界经济论坛第37届年会的主题——"变化中的力量格局"也体现出全球已经留意到这种改变可能产生的影响,2007年,中国经济增长率达到11.9%,外汇储备已连续两年位居世界第一。

但是,美国经济总量超过14万亿美元,没有任何国家能够取代美国作为全球经济增长引擎的地位。2007年,美国次贷危机蔓延,导致全世界经济放缓,联合国《2007年世界经济形势与展望》报告指出,"2007年世界经济将减速,世界总产出增长率预计将从2005年的4.0%和2006年的约3.8%,下降到2007年的3.2%"。但实际上,2007年全球增长为3.7%,只是略低于2006年。

2008年,美国经济开始进入经济周期的下行期,而金融危机的爆发加剧了经济衰退。2008年9月美国雷曼兄弟公司破产后,全球金融市场严重动荡、美国五大投资银行被政府收购,美国政府注资7000亿美元救市,全球市场信心遭到重创,许多欧美金融机构陷入困境,危机从局部向全球、从发达国家向新兴市场国家蔓延,不仅虚拟经济遭受了重创,实体经济也陷入困境,对全球经济产生重大影响。全球经济增长和贸易增长明显放缓,GDP增速远低于2008年年初的预期。

2008年,全球GDP增长率由2007年的3.7%下降到2.5%,其中发达国家GDP增长率下降一半,只有1.3%,而发展中经济体GDP增长率也大幅下降到6.3%。发达经济体私人消费增长率由2007年的1.6%下降到0.7%,而投资在2008年出现了负增长,FDI下降了21%;发展中国家的消费、投资也显著下降,从2007年的3.5%和3.8%下降到3.3%。主要经济体日本全年GDP增长率由2007年的2.4%下到-0.7%。2008年欧元区GDP增长率由2007年的2.7%下降到1.1%,失业率也由7.2%上升到8.3%,其中法国和意大利2008年GDP下降幅度最大。英国GDP增长率也下降到了1%,失业率则上升到6.5%。

2009年,在美国次贷危机的影响下,全球经济出现了第二次世界大战以来的首次负增长。国际货币基金组织(IMF)在2009年10月发布的《世界经济展望》中预测,2009年,全球实际GDP增长率为-1.1%,其中发达国家实际GDP增长率为-3.4%,而新兴和发展中经济体的经济增长速度也将由2008年的6.0%下降为2009年的1.7%。世界银行当时预测,2009年,全球经济增长率为-2.9%。

表7-1 2007—2010年世界主要经济体GDP增长情况(据张伯伟和张兵,2010)(单位:%)

年 份		2007	2008	2009	2010
发达经济体	美国	2.1	0.4	-2.7	1.5
	欧盟	3.1	1.0	-4.2	0.5
	日本	2.4	-0.7	-5.4	1.7
	总体	2.7	0.6	-3.4	1.3
新兴和发展中经济体	亚洲	10.6	7.6	6.2	7.3
	非洲	6.3	5.2	1.7	4.0
	中东欧	5.5	3.0	-5.0	1.8
	独联体	8.6	5.5	-6.7	2.1
	中东	6.2	5.4	2.0	4.2
	西半球	5.7	4.2	-2.5	2.9
	总体	8.3	6.0	1.7	5.1
世界	总体	5.2	3.0	-1.1	3.1

注:2009年数据为估计值,2010年数据为预测值。表内数据与正文数据可能会因统计口径不同而有不同。
资料来源:MF World Economic Outlook (October 2009), p.2, http://www.inf.org

据联合国贸易和发展会议（UNCTAD）发表的《2009年世界投资报告》估计，外国直接投资流入量将从2008年的大约1.7万亿美元跌至2009年的1.2万亿美元，中国等国开始推动扩大内需的结构性调整。

意大利媒体报道，意大利主要出口产业之一的黄金首饰制造业，在世界经济危机的影响下，举步维艰，呈现出困难局面，是世界大经济变局在珠宝业中的体现。同样，以出口贸易加工为主要依靠的番禺珠宝产业，在2009年出现大幅裁员，部分公司裁员幅度达到40%以上，出口增长下调，也是异曲同工的效应。显然，与我国服装鞋帽和电子信息产品等其他出口主导的产业一样，番禺珠宝产业已经深度融入全球生产体系，对外依存度过高，致使产业的发展明显受国际市场经济大环境约束。

2009年，国际贸易摩擦和冲突不断增加，贸易保护主义急剧升温，全球发起反倾销数量达437起，是2008年的2.1倍，成为历史上全球发起反倾销数量最多的一年（之前发起反倾销数量最多的2001年为366起），世界经济陷入严重衰退。其后，随着世界各国量化宽松政策的出台，这种趋势在2009年第三、第四季度有所减缓。2010年，次贷危机引发的国际金融危机和经济危机趋于稳定，但是欧盟国家爆发了新的主权债务危机，欧元区受葡萄牙、爱尔兰、意大利、希腊和西班牙的债务危机拖累，第二季度环比增长仅为1%，而新兴经济体已开始出现强劲增长，第二季度"金砖四国"之印度、巴西同比增长8.8%，俄罗斯增长5.2%，增速均创2008年以来同期新高。

2010年，全球经济走出衰退并进入缓慢且不稳定的复苏期，经济复苏在不同经济体中显示出相当大的差异性，发达国家通缩风险和主要新兴经济体通胀风险并存，发达国家复苏乏力，主要新兴经济体增长迅速，经济发展的"不确定性"成为市场上出现频率非常高的一个词语。其中，2010年，中国经济总量开始超过日本，世界承认中国已经上升为世界第二大经济体，"金砖五国"（加上南非）（BRICS）经济总量已经占世界经济总量的18.1%。世界银行、国际货币基金组织都提高了发展中国家的话语权和表决权比重，中国也已有代表担任了这两个组织的负责人。G20峰会与金砖四国峰会、东亚峰会等机制并存，已成为世界主要发达国家与主要发展中国家共商经济要务的新平台。

冷战时代结束后，随着苏联的解体，世界经济进入多极化时代，日本和欧盟的经济迅速发展，成为世界上最具有话语权的发达国家和地区。1997年以前，世界经济的增长主要表现在由东南亚、中国、拉美等发展中国家组成的新兴市场。20世纪90年代初期，东亚经济高速发展，被认为是21世纪新的发展中心，有学者甚至认为，21世纪是亚太的世纪。然而，1997年开始的东南亚金融危机波及俄罗斯，再蔓延至拉美以后，情况发生了逆转，经济重心又从世界经济体系的边缘国家，回到核心国家。1998年，美国国民生产总值为74335亿美元，约相当于第二位日本（51492亿美元）和第三位德国（23646亿美元）生产总值相加之和，美国成为世界独一无二的"霸主"。

进入21世纪，世界经济经历了较长的高增长、低通胀的繁荣发展时期，其中，2003—2007年5年，世界经济以4.56%的平均速度保持着高速增长，特别是新兴市场国家5年的平均经济增速达到了7.3%（IMF，2008）。2008年，随着美国金融危机的蔓延，这种增长趋势被打破，世界经济发展变得充满"不确定性"。21世纪的前10年，世界经济最独特的一道风景就是中国经济的高速发展。即使是2008年的金融危机，中国GDP的增速仍然达到了9.6%，总量超过了30万亿元。2010年，中国的GDP较2009年增长仍然达到了10.3%，接近40万亿元水平，经济总量超过日本，成为世界第二大经济体。

数据显示，深圳珠宝产业的增长与国内经济发展基本同步。在这10年里，具有内生型特征的深圳珠宝产业获得了极大的发展，珠宝产业的工业产值从2000年的200亿左右，到2010年的1000亿以上，10年增加了5倍，创造了产业界的奇迹。这一增长，甚至超过了2000—2010年中国GDP总量4.9倍的增长水平，远高于这10年中国人均收入3倍的增长率。

毫无疑问，2000—2009 年是中国经济发展的"黄金十年"，中国经济增长对世界的贡献不断加大，世界经济从美日欧多极发展逐步演变为美中两极推动。2005 年开始的"中国崛起"，开始成为中国和世界不得不面对的话题。当然，10 年来，中国的经济虽然快速发展了，但由于人口基数大和原先的经济基础较为薄弱，实际上，世界经济论坛发布的《全球竞争力报告 2008—2009》全球竞争力排名显示，在国际上 2008—2009 竞争力排名上，中国总体上只排在第 30 名。显然，虽然中国在国际政治、经济舞台上的作用不断加强，中国崛起也已成为世界共识，但实际上我们的经济实力与排名第一的美国相比，仍然存在较大的差距。

2000—2010 年，世界经济发展变幻莫测，与以外向型发展为特征的番禺珠宝产业的发展形成了良好的对应，一方面，番禺珠宝产业集聚总体上因为世界经济在进入 2000 年后经历了较长的高增长、低通胀的繁荣发展时期而获得了发展的空间，但与此同时，全球不断出现的经济危机和事件，对于以出口为依托的番禺珠宝产业又形成了很多的问题和压力，以致很多公司在 2008 年美国金融危机后出现了很大的困难。显然，番禺珠宝产业的发展无法置身于世界经济的跌宕起伏之外。

第 8 章　世界珠宝与珠宝世界

8.1　世界珠宝

8.1.1　世界珠宝产业发展概述

作为首饰装饰品或者财富的珠宝，早在人类文明起源的时候就已存在，其中简单加工的水晶、琥珀、绿松石、石榴石等宝石的历史超过 1 万年，中国玉的使用历史也超过了 8000 年；最早的黄金文化可能始于古代两河（幼发拉底河和底格里斯河）流域（现在的西亚地区），距今 7000～5000 年，该地的苏美尔人已经掌握铜和银的热工冶炼技术，在苏美尔时期（距今 4900～4500 年），两河流域的黄金工艺已经非常精湛完善，通过古埃及文明（约公元前 3000—前 1500 年），人们发现大量使用青金石、玉髓和碧玉、绿松石、孔雀石这类颜色艳丽的玉石；中国最早的金银器发现在商代甘肃玉门火烧沟墓葬，距今接近 4000 年。印度最早的钻石发现记录超过 4000 年，中国最早镶嵌钻石的一枚戒指发现在晋代（266—420 年），距今也有 1500 年以上。

但是，作为现代产业出现的黄金珠宝产业，最早的起源可能与欧洲的宫廷有关。欧洲在 13 世纪开始有了限制平民佩戴首饰的法律，首饰分为基督教首饰与世俗首饰，用不同的材质体现相应的地位等级。中国明代梁庄王（1411—1441）和王妃合葬墓出土了大量的珠宝首饰，出土的金、银、玉器和珠饰宝石有 4800 余件之多，其中首饰上群镶了红宝石、蓝宝石、金绿宝石、猫眼宝石，显示明朝中国也应该有珠宝首饰业的存在（中国的玉器业也许更早，但因为很少涉及黄金，暂且不论）。比利时的布鲁日是钻石抛光技术的诞生地，15 世纪，当地金匠路德维希·凡·伯克姆发明了钻石的抛光技术，布鲁日成为世界钻石业的中心，16 世纪开始，钻石业从布鲁日转移到安特卫普，17、18 世纪转移到荷兰的阿姆斯特丹。

一般认为，欧洲的皇宫珠宝，较早起源于法国，大约在黑暗的中世纪结束后的 200 年，已有专门的珠宝品牌存在，说明珠宝产业已渐成雏形。例如，号称最古老的珠宝家族——意大利"皇后的珠宝商"麦兰瑞家族（Mellerio dits Meller）从 1515 年就开始从事珠宝交易，1613 年创立品牌。另一个古老品牌——Garrard 珠宝，成立于 1735 年，其精湛手工艺可追溯到 1722 年，是当时英国王室最喜欢、最信任的珠宝商，也是至今一直还在营业的世界上最古的老珠宝公司之一。从维多利亚女王到玛丽王后再到当今在位的伊丽莎白二世女王，Garrad 曾连续为 6 位英国君主设计、镶嵌、改装、重新镶嵌从私人珠宝到王冠的重要宫廷珠宝。法国古老的珠宝品牌 Chaumet（卓美），创立于 1780 年；知名珠宝品牌——"皇帝的珠宝商，珠宝商的皇帝"的卡地亚珠宝（Cartier）则创始于 1847 年。美国国际知名珠宝品牌蒂芙尼（Tiffany & Co）珠宝于 1873 年成立。另外的几个国际知名的珠宝品牌大多也是在这个时期成立，例如来自意大利的国际知名品牌宝格丽（Sotirio Bvlgari）在 1881 年创立；来自老牌钻石王国荷兰的国际顶级珠宝品牌 Van Cleef & Arpels（梵克雅宝）在 1896 年创立。

第 8 章　世界珠宝与珠宝世界

笔者认为，第一次世界大战以前，是世界古典珠宝产业发展时期，产业主要受到欧洲皇室的影响，其时，珠宝行业属于手工行业，珠宝工匠和品牌因为皇室制作珠宝而成名，且不同的时期形成不同的珠宝风格，但可持续到今天的珠宝品牌寥寥无几。比利时的布鲁日，法国的巴黎，意大利的罗马、维琴察，荷兰的阿姆斯特丹，英国的伦敦等是当时的珠宝产业中心，主要使用的金属材料是黄金和银，宝石材料包括钻石、石榴石、橄榄石、海蓝宝石、水晶、绿松石、青金石、琥珀、珍珠、玛瑙，可称为皇室主导的珠宝产业时代（约1000—1900年）。

两次世界大战改变了世界，也改变了珠宝产业。因为战乱，欧洲大批商人和工匠开始迁移到美国发展。随着工业化时代的到来，生产力水平快速发展，造就了一批工业和商业新贵。此时的珠宝产业，技术已明显进步，珍珠养殖技术突破，开始出现人造及合成宝石的使用，珠宝首饰开始机械化的镶嵌加工，出现最早的倒模铸造技术。其时，珠宝产业主要由商业大亨控制，开始成为一种商品。这个时期主要的珠宝商（工匠）包括：法国的卡地亚、拉利克、肖玫、加尔亚、布什隆、福凯、桑多、范克里夫等，英国的弗希尔、利帕蒂、莫菲、加尔拉尔德等，美国的蒂芙尼、迪法尼、阿佩尔斯等，俄国的法贝热，西班牙的玛什拉等。

德国的依达-奥伯斯坦成为宝石加工中心。这个时期主要使用的金属材料是黄金、铂、银；社会上流行的宝石是钻石、祖母绿、红宝石、蓝宝石、青金石、珊瑚、各种玉石、象牙、玛瑙、贝壳、珐琅等。英国宝石学会（GAGTL，Gem-A）等很多国际珠宝组织创会，钻石企业 De Beers 是珠宝市场最重要的资源垄断型企业。这个时期可谓之珠宝商业化时代（约1900—1950年）。

"二战"以后到21世纪初，以美国为代表的西方发达国家生产力高速发展，社会生活水平及消费水平空前高涨，中产阶级成为社会主流，自由主义盛行，社会逐步进入后工业社会，明星主导的电影和时尚娱乐业成为一种主流的消费文化，珠宝产业进入工业化时代，美国取代欧洲成为世界市场的主导。

中国养殖珍珠产量达到千吨以上，市场上各种合成宝石均已出现，激光技术和失蜡技术等开始在珠宝业广泛使用，珠宝品牌和明星结缘，珠宝市场的潮流主要由娱乐明星引领。珠宝开始分化为投资性商品和时尚消费品。施华洛世奇等合成宝石品牌成为时尚珠宝的代表，主要使用的金属材料是各种K数的黄金、铂、钯金、银，各种颜色的金合金和不锈钢。钻石成为主导珠宝产业发展最重要的宝石，De Beers 公司创造的"钻石恒久远，一颗永流传"广告语成为世界钻石市场重要的营销力量。比利时安特卫普、美国纽约、以色列特拉维夫等地的钻石珠宝交易中心的产业组织是控制世界珠宝市场最重要的力量。非洲的彩色宝石大量被开采，哥伦比亚和巴西的彩色宝石成为彩色宝石市场重要的来源，东南亚特别是泰国成为有色宝石的集散地。社会上流行的宝石包括钻石、红宝石、蓝宝石、祖母绿、海蓝宝石、碧玺、水晶、珍珠、珊瑚、各种玉石、象牙、玛瑙、贝壳、珐琅等，还有合成的钻石、红宝石、蓝宝石、祖母绿、立方氧化锆、各种玻璃。这一时期可谓之明星和时尚主导的消费时代。

21世纪初，美国仍然是珠宝最大的消费市场，但新兴市场逐步成熟，De Beers 放弃垄断地位，成为最佳供应商。俄罗斯、澳大利亚、加拿大等国的钻石寡头成为世界钻石市场多元化的主导力量；印度孟买是世界最重要的钻石加工中心；中东的迪拜成为世界重要的珠宝交易中心；中国的深圳和番禺成为国际上有重要影响力的珠宝首饰制造集聚地，番禺的珠宝制造业通过香港贸易影响世界的珠宝市场；网络技术快速发展，钻石新的CVD合成技术开始了商业化的生产，一次成型的激光及3D技术在珠宝业广泛使用；中国发展成为世界上重要的黄金及钻石珠宝消费市场；"80后""90后"成为市场消费主力，各种珠宝首饰开始出现个性化发展的趋势，定制逐步成为市场的一种时尚。原有的实体店消费模式开始受到冲击，电商珠宝和线上珠宝消费被逐步接受。市场上各种天然和合成的宝石应有尽有，珠宝进入个性化消费时代，个体消费者主导的多元化珠宝消费时代到来。

2015 年，全球珠宝消费市场规模为 3426 亿美元，2016 年为 3136 亿美元。

据贝恩公司发布的《全球奢侈品市场监控报告》，2017 年，全球珠宝首饰业营业额为 2900 亿欧元，而品牌珠宝占其中的 13% 左右，约为 373 亿欧元。根据世界黄金协会的统计，2017 年全球对黄金配饰的需求增长了 4%。

目前，市场规模最大的美国人均珠宝消费额达 306.70 美元，日本珠宝首饰人均消费额为 180.20 美元，中国珠宝人均消费额大约为 54.11 美元。

意大利是世界传统的黄金珠宝首饰加工及出口大国，2017 年，该国统计局的数据显示，珠宝行业的产量同比增长 15.6%，销售额同比增长 8.9%。与此同时，2017 年意大利珠宝行业的出口同比增长 12%。意大利出口增幅国家排行榜中，增幅排名第 1 位的是法国，较 2016 年同比增长 33%，出口额约合 1.9 亿欧元（意大利著名珠宝品牌宝格丽的母公司 LVMH 集团是一家法国企业）。土耳其排在第 2 位，增长 29%。其后是美国，增长 19.5%。瑞士（增长 15.7%）和中国香港（增长 16.2%）分别排在第 4 和第 5 位。瑞士依然是意大利珠宝出口最大的海外市场，第二大出口国是阿联酋，但过去 4 年里，意大利出口阿联酋珠宝的价值总计下跌了 30%，2017 年的跌幅为 3.4%。

2018 年，De Beers 公布的全球钻石行业数据显示，2017 年全球钻石珠宝消费需求量达到 820 亿美元，较 2016 年的 798 亿美元增长超过 2%，再创新高。其中，美国市场增幅连续 4 年领跑全球。美国市场中，消费者信心加强以及宏观经济的增长推动了美国消费者对于钻石珠宝的需求，消费量同比增长 4%，高达 430 亿美元，占全球总需求量的一半以上。

中国消费者对钻石类和彩色宝石类珠宝饰品表现出日益高涨的需求。

全球钻石市场需求整体上呈现上升趋势，但其他地区如海湾地区、日本、印度主要钻石珠宝消费市场在 2017 年并未实现积极的增长，按美元计销售额出现小幅度下滑。这主要是受到了不同的宏观经济和监管因素的制约以及不利的汇率波动影响。例如，受疲软的宏观经济、石油价格以及持续的地区政治波动的影响，海湾地区 2017 年的销售额按美元计为 34.12 亿美元，同比下滑约 4%。受日元汇率疲软的影响，日本市场钻石珠宝的销售额为 53.32 亿美元，同比下滑大约 3%。受印度政府从 2016 年开始的货币和财政改革的影响，印度市场钻石珠宝的销售额为 27.89 亿美元，同比下滑约 2%。

其他地区 2017 年钻石珠宝销售额大约为 177.64 亿美元，呈积极增长态势，主要得益于美元汇率的疲软和欧元区的经济复苏。

8.1.2　国际珠宝产业组织及其影响

英国伯明翰地区，曾经供应过英国 40% 的珠宝，也是欧洲最大的珠宝贸易中心和世界上最大的珠宝销售街之一。比利时的安特卫普，是世界上最大的钻石交易中心之一，对世界钻石市场的兴衰有明显的影响，但是控制世界珠宝市场走向的，并不是这些世界重要的商业市场，而是这些商业市场背后各种社会商业及精英组成的各种产业组织、行业协会商会、研究鉴定机构。

8.1.2.1　英国宝石学会（The Gemological Association of Great Britain，原缩写 GAGTL，现为 Gem-A）

Gem-A 是世界最古老的国际宝石学会组织，至今有超过 110 年的历史。协会最早在 1908 年成立，前身是英国的黄金珠宝工匠组成的行业的团体。Gem-A 总部位于伦敦市中心靠近 Hatton Garden 处，组织机构包括教育办公室、宝石学辅导中心、会员办公室、宝石检测实验室和仪器公司。其中，宝石检测实验室成立于 1925 年，为商界和会员提供实验室服务，包括钻石分级报告、宝石鉴定、宝石产

第8章 世界珠宝与珠宝世界

地和热处理的辨别及珍珠的鉴定。

Gem-A 从 1913 年开始在全世界推广宝石学的专业课程，进行早期宝石学的专业教育，其后，在全球数十个国家开展宝石学专业资格 FGA 和钻石专业资格 DGA 课程的教育，在国际珠宝界享有盛誉，出版的宝石学期刊 The Journal of Gemmology 至今仍是宝石产业的重要刊物。

1989 年，英国在武汉中国地质大学设立了在中国的首个联合教学中心；1996 年，广州中山大学宝玉石研究鉴定（评估）中心成为英国宝石学会授权的联合教学中心（ATC）。

英国宝石学会活动简介见表 8-1。

表 8-1 英国宝石学会活动简介

时间	活动
1908 年	协会成立
1913 年 12 月	发布第一张宝石学文凭
1921 年	首次开设了宝石学函授课程，开了宝石学函授课程学习方式的先河
1925 年 1 月	在伦敦成立第一个宝石检测实验室
1931 年 1 月	宝石学协会正式成立
1947 年 1 月	出版第一期宝石学期刊 The Journal of Gemmology
1952 年 1 月	分支机构正式成立
1962 年 1 月	运行第一个钻石课程，两年后成为钻石文凭课程
1964 年 1 月	成立了宝石测试仪器的销售代理
1967 年 1 月	设计了协会徽章
1987 年 1 月	与武汉大学合作，在中国开设了第一批宝石学学位课程
1990 年	与英国宝石检测实验室合并，成立"英国宝石协会和宝石检测实验室"（GAGTL）
1991 年	该协会与珠宝史学家协会合作推出了一本新杂志 Gems & Jewellery
1992 年 10 月	为钻石文凭课程毕业生增加一种会员资格，类似于 FGA
1994 年 1 月	除了 CIBJO 和 GIA 钻石报告外，该实验室还推出了自己的评级报告——伦敦钻石报告
2008 年 1 月	协会名称从 GAGTL 变为 Gem-A
2015 年 1 月	与伯明翰城市大学（BCU）合作，Gem-A 于 2015 年开发并推出了首个宝石学学位课程

8.1.2.2　国际珠宝首饰联合会（Confédération Internationale de la Bijouterie, Joaillerie et Orfèvrerie, CIBJO）

CIBJO 是 1926 年成立的一个重要的国际珠宝产业组织，现总部设在瑞士，原名为 BIBOAH，其使命主要是为了促进欧洲珠宝业的发展。1961 年，重新组建改名为 CIBJO，其成员主要由来自全球 40 多个国家和地区的国家珠宝贸易组织组成，从矿山到市场垂直覆盖整个珠宝、宝石和贵金属行业，并在各个生产的每个组成部门横向覆盖制造和贸易中心。

首先，CIBJO 最重要的任务是保护消费者对行业的信心。CIBJO 通过明智的审议，按照其章程达成的决定，以及与成员国组织和业界进行积极沟通，追求实现这一目标。CIBJO 也是珠宝产业的知识中心，它鼓励协调发展，促进珠宝业在国际范围内的合作，并从全世界的角度考虑问题，为全球珠宝业的可持续发展进行各项标准的设计和规划，确保了消费者对整个珠宝业的信任，得到国际珠宝首饰行业的认同。1968 年，CIBJO 出版了它第一个关于宝石定名和宝石贸易的规则。

其次，CIBJO 的又一个重要使命是达成世界行业标准的统一，这也是保护消费者对珠宝产品本身信心的核心。为了推进珠宝行业普遍标准和术语一致的目标，CIBJO 开发了蓝皮书系统，该系统涉及钻石、彩色宝石、珍珠等有机材料、贵金属和宝石等级、方法和命名的确定以及标准的实验室规范。

最后，CIBJO 以记录世界范围内的与宝石有关的贸易活动为己任，这些贸易活动的记录一方面可以用来补充现有的国家关于公平贸易的法律，另一方面在缺乏有关法律的情况下可以作为通用的贸易准则。如果一个国家的法律或准则与另一个国家的法律或准则发生冲突，国际贸易组织可以根据 CIBJO 准则进行调解，以防止贸易壁垒的形成。

CIBJO 下设钻石、珍珠、宝石、实验室、制造、零售等分会。CIBJO 钻石专业委员会成立于 1971 年，并在 1974 年通过了 CIBJO 钻石分级规则。CIBJO 蓝皮书系列包括：鉴定钻石、彩色宝石、珍珠等有机材料、贵金属的分级、方法和命名标准。

1995 年，一家成立于 1985 年的由国务院国资委监管的中央企业——中国珠宝首饰进出口公司（简称"中国珠宝"）代表中国加入了 CIBJO，并成为该组织的执行委员。1997 年，番禺区珠宝厂商会与中国珠宝首饰进出口公司瑞士巴塞尔国际珠宝展一起以"中国珠宝"的名义参加了国际展览，开始向国际珠宝市场推出"番禺珠宝"品牌。

2006 年，CIBJO 成为国际钻石、宝石和珠宝行业唯一获得联合国经济及社会理事会（ECOSOC）承认的正式顾问的组织。根据《联合国宪章》第 71 条，CIBJO 代表国际宝石和珠宝行业，通过担任政府和联合国秘书处的技术专家、咨询指导和顾问，推动联合国的计划和目标。

2008 年，CIBJO 成立了珠宝基金会（WJCEF）。该基金会为非营利性质。2011 年，该组织又在安特卫普成立了联合国国际企业机遇培训中心（United Nations International Training Centre for Corporate Opportunities，ITCCO），该组织关注人权、劳工、环境问题、商业道德规范、企业社会责任、公司发展持续性等，每一个环节均与珠宝行业息息相关。

8.1.2.3 美国宝石学院（The Gemological Institute of America，GIA）

GIA 创立于 1931 年，创始人曾在英国宝石学会学习。校本部现位于美国的加利福尼亚州卡斯巴尔德，主要从事珠宝鉴定业务与教育研究，是世界上最具影响力的珠宝研究教育机构。学院主办的专业研究杂志 Gems & Gemmology 是国际著名学术评价机构 SCI 收录的专业期刊，其上发表的研究成果对珠宝专业及产业的发展具有重要的影响。

目前，GIA 在五大洲均设有教学机构，如英国伦敦，美国卡斯巴尔德与纽约，印度孟买与苏拉特，泰国曼谷，中国北京、香港和台北，阿联酋迪拜，博茨瓦纳卡博罗内等地都设有分校，在世界各地设有 20 余家办事机构，是国际上培养专业珠宝人才数量最多的专业组织。

1955 年，GIA 总裁李迪克（Richard Liddicoat）在总结前人经验的基础上，签发了第一份钻石分级证书，正式创立了现代 4C 分级体系。目前 GIA 除了对天然钻石进行分级以外，也对合成钻石进行分级。

GIA 通过举行国际宝石学的大会分享国际珠宝产业发展的资讯。2018 年，GIA 会议有 36 个国家 770 人参会。世界最大的几家珠宝公司，如 De Beers、Signet、Blue Nile、周大福、Christie's 等企业的 CEO 们一起与会议代表讨论了珠宝业将来的走向，同时讨论了 3 个问题：零售业走向，合成钻石、钻石行业的应对，行业走向预测。

8.1.2.4 德国宝石协会和宝石学研究基金会（DGEMG）

基金会成立于 1932 年，是宝石行业所有相关国际组织的成员，例如国际宝石学会议（IGC），国际彩色宝石协会（ICA），国际珠宝首饰联合会（CIBJO），宝石工业和实验室会议（GILC）以及欧洲宝石学教育联合会（FEEG）。

85年的历史中，德国宝石协会已从一个实验室发展成为享誉全球的知名机构。它现在拥有250多名专家。与美因茨大学、海德堡大学、汉堡大学、维尔茨堡大学、莱茵兰－普法尔茨应用科学大学以及全球众多宝石协会和研究所等众多机构合作。来自80多个不同国家的30000多名学生用德语或英语参加了DGEMG的培训和教育课程。

8.1.2.5　世界钻石交易所联合会（World Federation of Diamond Bourses，WFDB）

世界钻石交易所联合会成立于1947年，位于安特卫普，是一家将钻石交易所统一在一起的机构，它为交易所交易毛坯钻石和抛光钻石以及彩色宝石提供了一套交易规则。2004年，上海钻石交易所被其接纳为会员。

WFDB每两年召开一次会议，只有大会有权修改WFDB章程或内部规则、决定人员变动等。WFDB有执行委员会、司法委员会、促进委员会、贸易委员会、秘书长办公室、荣誉会员等部门。WFDB有5个主要的制造和贸易中心：安特卫普、拉马特甘、纽约、孟买和约翰内斯堡。

协会的主要成就及影响中国相关的活动、事件有：

1975年，在阿姆斯特丹举行的世界钻石大会上，WFDB和国际钻石制造商协会共同行动，对钻石分级标准进行监管，并任命了一个联合委员会来制定一套国际规则、工作方法和命名法。

1978年，该系统在拉马特甘世界钻石大会上公布，并被批准为国际数据公司钻石分级的国际规则。

2000年，在安特卫普举行的世界钻石大会上，WFDB和国际钻石厂商会再次一致行动，这次是为了保护钻石管道不受来自非洲冲突地区的石头的渗透。因此，理事会诞生了一个全行业机构，它与联合国、生产者、制造商和消费中心的政府以及非政府组织一起制定了金伯利进程证书制度。

2017年，2017WFDB执委会在澳门召开，明确了上海为世界第五大钻石中心。同年，联盟2017年亚太主席高峰会在澳门举行，对澳门的设施感到满意，认为澳门将来有条件成立钻石交易所，乐意助力澳门支持钻石行业发展。

2018年，WFDB第38届世界钻石大会在印度孟买举行，上海钻石交易所总裁林强成为新一任的联盟副主席；同时，大会修改了章程及内部规则，继安特卫普、特拉维夫、纽约、孟买和约翰内斯堡之后，新增上海和迪拜两个世界主要钻石加工和贸易中心，并在执委会中各拥有两个永久代表席位。

8.1.2.6　国际钻石厂商会（International Diamond Manufacturers Association，IDMA）

国际钻石厂商会于1947年在安特卫普成立，目前该协会包括16个分协会：美国、比利时（两个分会）、德国、南非、印度、荷兰、以色列、中国、斯里兰卡、俄罗斯和泰国等，是世界上最重要的钻石厂商联合组织，对于世界钻石产业的发展有明显的重要性。

在2014年召开的第36届世界钻石大会上，与同类型组织主要讨论了关注行业融资、透明度和规范化、合成钻石、实验室服务、行业通信等。

8.1.2.7　比利时安特卫普世界钻石中心（Antwerp World Diamond Center，AWDC）

安特卫普世界钻石中心是比利时钻石行业的官方代表和协调机构，以政府和社会资本合作模式（public－private partnership）运作。AWDC经由钻石管理办公室（Diamond Office）监管安特卫普钻石进出口，并通过开展市场推广、提供行业服务、举办会议和交易活动等多种方式，强化安特卫普作为全球领先钻石贸易中心的角色定位，以及强化大众对钻石的认识。

AWDC的前身是比利时钻石高层议会（荷兰文Hoge Raad voor Diamant，简称HRD，英文Diamond High Council）。1973 年 10 月，比利时政府和钻石行业代表共同发起成立 HRD，旨在保护并促进比利时钻石行业发展。2007 年，HRD 重组分成两个不同的机构，即 AWDC 和 HRD Antwerp。其中，AWDC 负责在国内与国际层面维护比利时钻石行业的利益，同时推广安特卫普作为世界钻石之都的角色地位；HRD Antwerp 作为 AWDC 旗下的独立分支，以商业模式运作，设有钻石实验室、贵重宝石实验室、研发、教育、毕业生俱乐部和仪器 6 个部门。

在钻石分级方面，HRD 有其独特的地方，尤其是在净度分级上，强调定量性。但是自从与国际钻石委员会共同起草了《国际钻石分级标准》之后，就采用了 IDC 标准。IDC 标准净度分级与国际上其他分级标准的方法基本一致，不强调对净度特征的定量测量，但 HRD 的宝石学院在钻石分级的教学上，仍保留了净度分级定量性的特有理论和方法。

8.1.2.8 瑞士巴塞尔大学宝石研究所（The Swiss Gemmological Institute，SSEF）

SSEF 于 1974 年成立，是瑞士宝石研究基金会的一部分，在科学基础上独立工作。其主要的职能是分析宝石并发布钻石、彩色宝石和珍珠的测试报告。

SSEF 是世界领先的宝石学专业实验室之一，尤其在高端彩色宝石、钻石和珍珠的研究方向上具有重要影响。1978 年被世界珠宝联合会（CIBJO）认可。同时，它也是国际彩色宝石协会（ICA）和实验室手册协调委员会（LMHC）的成员。

SSEF 还从事研究和教育，与世界各地的大学、宝石学实验室和研究机构进行广泛的合作（见表 8-2）。

表 8-2 瑞士巴塞尔大学宝石研究所活动简介

1974 年	研究所成立
1978 年	自 1978 年以来，SSEF 一直是 CIBJO Diamond Master Set Cl 的保管人。从此一直在制定钻石研究和认证标准
1990 年	对克什米尔蓝宝石的科学表征做出重大贡献
1994 年	发表关于识别 Douros 合成红宝石的文章
1998 年	描述并确定了红宝石加热过程中裂缝的重新愈合
1999 年	发表了一篇关于祖母绿中人造树脂鉴定的文章
2001 年	提出识别 HPHT 处理钻石的方法
2003 年	研发出一种蓝钻测试仪，有助于识别 IIb 型钻石
2004 年	首次将激光诱导击穿光谱（LIBS）方法用于检测蓝宝石 Be 处理
2009 年	首次研发出通过微型 X 射线扫描断层作为分离天然和养殖珍珠的方法的仪器
2013 年	成功从珍珠中提取 DNA，实现珍珠的 DNA 指纹识别
2014 年	推出了自动光谱钻石检测仪器 ASDI 仪器
2016 年	开发并安装了一种突破性的 GemTOF 仪器，通过激光烧蚀进行化学分析，从而提供有关各种宝石来源的更多信息，以及精确识别彩色宝石、钻石和珍珠中的一系列其他元素
2017 年	成为世界上第一个将珍珠的放射性碳年龄测定作为服务提供给客户的宝石实验室

8.1.2.9 国际宝石学院（International Gemological Institute，IGI）

国际宝石学院成立于1975年，总部位于世界重要钻石交易中心比利时安特卫普；在纽约、中国香港、孟买、曼谷、东京、迪拜、特拉维夫、多伦多、洛杉矶、加尔各答、新德里、德里久尔、斋浦尔、苏拉特、金奈、阿默达巴德和海得拉巴设有办事机构或实验室。2007年，IGI首席鉴定师被比利时王室任命为比利时外交部钻石顾问。

20世纪七八十年代，IGI宝石学校在全球最先开设钻石原石课程，至今有来自70多个不同国家的学员参加过在比利时安特卫普开设的钻石和有色宝石培训课程，IGI同时开设函授钻石课程。2000年以后，IGI创造了具有特色的"八心八箭"钻石证书。目前，IGI的钻石证书是全球范围内覆盖面最广的证书之一。

8.1.2.10 世界白银协会（Silver Institute）

世界白银协会创建于1971年，旨在宣传银工业、提高社会大众对银的用途和价值的了解，是一个非营利性的国际组织，其会员来自于银工业的各个领域，包括一流的银矿场、炼银厂、银块供应商、银制品制造商以及银投资品批发商。

协会的总部设在美国，共有25个成员，包括美国、墨西哥、土耳其、德国、加拿大、中国等。

白银协会鼓励银、银制品的开发和使用，帮助开发白银及其产品的市场，促进与目前和未来使用白银相关的研究和开发，收集和发布有关生产、销售、消费和使用银及银制品的统计数据和其他信息，传播知识和理解白银的使用，发展改善白银产业福利的方法。

与中国相关的活动、事件有：

中国有色金属工业协会（金银分会）和中国有色金属工业信息中心（北京安泰科）已经与世界白银协会建立良好的合作关系。

2003年10月21—22日，协会参与了中国珠宝玉石首饰行业发展国际论坛。

2005年，第5届中国国际白银年会在番禺首次举办。世界白银协会和中国珠宝玉石首饰行业协会、中国商业联合会、中国有色金属工业协会、中国五矿化工进出口商会与广州市人民政府联合主办该大会。

2011年1月4日，世界白银协会执行主席Michael P. DiRienzo拜访，双方就如何推动白银首饰在中国的消费交流了看法，并探讨了合作的可能。

2011年8月19日，协会协助在重庆举行第十届中国国际白银会议。

2012年9月5日，在厦门举行第十一届中国国际白银会议。

2013年6月17日，在昆明举行第十二届中国国际白银会议。

2014年6月19日，在天津举行第十三届中国国际白银会议。

2015年6月22日，在上海举办第十四届中国国际白银会议。

8.1.2.11 世界（国际）铂金协会（Platinum Guild International，PGI）

PGI于1975年成立，是由世界范围的铂金矿山企业和精炼企业出资、为促进首饰生产所需铂金原料的销售以及对铂金保值投资所需原料的推广而建立的一个非营利性机构。协会总部设在瑞士洛桑，在日本、东京、意大利、米兰、德国、法兰克福、美国加利福尼亚和纽约分别设有办事处。

世界铂金协会一直为各类首饰贸易提供信息、销售支持以及培训。世界性的推广活动由世界铂金协会纽约办事处管理。

与中国相关的活动、事件有：

1997年，协会在中国上海开设办事处，从此中国成为最大的市场，承购额占了饰品销售总量的50%。

2000年，中国成为全球铂金首饰消费的最大市场。

2012年2月8日，协会联袂国内知名珠宝品牌钻石小鸟，以价值千万的铂金"橄榄树"与顶级切工钻石"北极光"，揭开了双方2013年"铂钻"合作的序幕。钻石小鸟为铂金协会中国区唯一网络战略合作伙伴。

2015年，协会与周大福珠宝在深圳周大福集团大厦举办了"我爱我真，铂金女人"的活动，现场评选出"铂金艺术创作"及"铂金商业潜力"两项大奖。

2018年，协会与深圳市恒富盈家黄金有限公司共同主办的"2018中国铂金市场论坛"在深圳举办，并获得圆满成功。

2018年，协会总部迁至香港，显示了协会对亚洲铂金首饰市场的高度重视，以及与亚洲零售商及制造商继续紧密合作的发展方向。

2018年9月21日，协会携手老凤祥举办第十七届上海国际首饰文化节。

8.1.2.12　美国宝石贸易协会（American Gem Trade Association，AGTA）

美国宝石贸易协会成立于1981年，总部位于美国达拉斯，仅接受美国与加拿大会员。

该协会由美国与加拿大专业人士致力于促进天然宝石与养殖珍珠产业的长期稳定与诚信而发起的。目前在美国与加拿大有超过1200个会员。保护天然宝石、珍珠和养殖珍珠产业、相关产业，并最终使消费者免受与有色宝石相关的欺诈、滥用、误导和欺骗性广告的侵害是AGTA的职责，协会同时制定了《宝石信息手册》《宝石优化处理手册》《养殖珍珠手册》等。

1984年起，该协会举办的每年一次的"光谱奖"受到全世界业内人士瞩目。致力于推动天然彩色宝石、养殖珍珠首饰设计，是北美最重要的珠宝首饰设计比赛之一，也是目前国际上有重要影响力的珠宝首饰设计赛事之一。

8.1.2.13　国际彩色宝石协会（International Colored Gemstone Association，ICA）

国际彩色宝石协会成立于1984年，是一个非营利性组织，目前有两个办事处，一个位于美国纽约，另一个位于中国香港。当时，美国的一些宝石贸易商觉得有必要在世界范围内建立一个统一的组织来加强宝石贸易商、切割商和宝石矿业之间的联系，通过这个专业性的组织来规范整个宝石贸易行业的运作，提供给行业最全面、最准确的各种数据，并希望通过大家的努力来提升和促进宝石知识在世界范围内的普及和推广，让全世界的消费者对宝石有一个正确的认识和判断标准。ICA是世界上唯一一家立足于帮助全球彩色宝石工业发展的世界性组织，为整个彩色宝石行业服务，致力于提高全球消费者对彩色宝石的理解和欣赏水平，促进宝石业的发展，现今共有47个国家600多名会员。

主要部门有钻石委员会——负责最新的钻石手册，宝石委员会——负责最新的宝石定名和分类手册，珍珠委员会——负责最新的珍珠手册，教育委员会——负责会员的深造，协调委员会——负责有关贵金属的鉴定，实验室——负责钻石分级实验室或宝石鉴定实验室的合作。

2009年，ICA首次在番禺举办了其在中国的第13届会员大会，来自澳大利亚、比利时、巴西、加拿大、法国、德国、中国香港、印度、以色列、日本、肯尼亚、巴基斯坦、俄罗斯、新加坡、南非、韩国、斯里兰卡、瑞士、瑞典、中国台湾、泰国、阿联酋、英国、美国、越南等40个国家和地区共400多家外商参加了大会。年会的主题为"走近中国"，国际彩色宝石协会希望借助协会全球性的会员网络，把世界上最重要的宝石矿商、切割公司和分销商介绍到中国。期间，举行了28个主题演讲和两个大型的现场辩论，例如，"解读2009中国彩色宝石市场大型调查报告""如何发展中国市场""ICA的成员及其运作模式如何帮助中国厂商进行全球销售""中国珠宝玉石首饰行业的标准化建设"和"中国进出口管理政策"等。

2013年，ICA又在长沙举办了其在中国的第二次国际会员大会，由此可见ICA对中国市场的重视和中国彩色宝石发展的影响。

8.1.2.14 世界黄金协会（World Gold Council，WGC）

世界黄金协会于1987年成立，总部设在英国伦敦，在新加坡、中国香港、中国台北、曼谷、东京、米兰、巴黎、纽约、慕尼黑等地设有办事处，并在中国北京、上海及广州设有联络代办处，是由世界各地主要的黄金开采公司组成及资助，旨在刺激和提高消费者、投资者、业界和政府对黄金的需求和持有量，开展黄金首饰、黄金投资、工业用途、市场交流、市场咨询的一个非营利机构。

与中国相关的活动、事件有：

1997年在中国开始开展工作，2015年，中国黄金集团成为世界黄金协会的第一个中国会员，2018年成立中国委员会。

2000年，与中国国家发展研究中心合作进行相关的政策研究，建议开放中国的黄金市场。

2001年，中国黄金协会成立，废除中国的零售价格管制。

2006年，在中国推出黄金投资金条。

2010年，宣布与中国工商银行建立战略伙伴关系，进一步发展中国的黄金市场。2015年，宣布与上海黄金交易所建立合作关系，发展上海自由贸易区，2015年9月22日，中国黄金集团成为世界黄金协会首个中国会员。

2016年，与上海黄金交易所合作推出了上海黄金基准。

2018年9月24日，世界黄金协会在美国科罗拉多州科罗拉多斯普林斯举行年度会议，决定成立中国委员会。

2018年，山东黄金集团有限公司正式成为世界黄金协会会员。

8.1.2.15 世界钻石理事会（World Diamond Council，WDC）

WDC成立于2000年，总部位于以色列特拉维夫，旨在消除冲突钻石，促进行业协调，保护钻石全产业链的完整，维护钻石金伯利进程，提供教育与培训。

WDC的成员来自五大洲13个国家，目前有阿尔罗萨（ALROSA）、戴比尔斯（De Beers）、CIBJO、IDI、周大福（CTF）、上海钻石交易所等38个成员，它们代表着这个行业的主流厂商及企业。2000年，WDC开始制定保证体系（System of Warranty，SOW）消除冲突钻石，呼吁所有国家政府立即采取行动，停止与那些钻石来源可疑的国家进行钻石贸易。2003年，WDC代表世界钻石交易所联盟（WFDB）与国际钻石厂商会（IDMA）出版了实施金伯利进程的基本指南 *The Essential Guide to Implementing the Kimberley Process*，该指南介绍了整个钻石供应链企业分步骤的规范检查。2018年，WDC建立了新的保证体系（SOW），将保证体系的参与方扩展到金伯利进程所涉及的毛坯钻石进出口领域之外的成品钻石；协助金伯利进程，管理钻石业的资源，提供技术、资金和其他支持；在金伯利进程、金伯利进程各工作机构和其他相关论坛上代表钻石行业；作为多方沟通的核心，以确保企业遵守监管和自愿制度，防止冲突钻石贸易。

除此以外，像最古老的古柏林宝石学实验室（Gubelin Gem Laboratory，1854年）；国际宝石学会议组织（IGC，1952年），西班牙宝石研究所（IGE，1967年）；泰国亚洲珠宝学院（AIGS，1978年），钻石生产商协会（DPA，2015年）等国际性的行业组织有效地推动了产业长足发展。

8.2 珠宝世界：新千年开始世界珠宝产业发展格局

8.2.1 钻石毛坯市场从垄断向寡头垄断转变，国际钻石产业分化

2000 年，全球裸钻和钻饰的年销售额分别达到 200 亿美元和 850 亿美元。

戴比尔斯主席力奇·奥本海默（Nicky Oppenheimer）在其 2000 年度的工作报告中指出：2000 年当是戴比尔斯悠久历史上最不同寻常的一年，也是戴比尔斯历史上最重要的一年，钻石成为千禧年礼物的首选。得益于此，公司销售额达到了 56.7 亿美元，现金流量达到 22 亿美元，收益增长了 84%，股息增长了 31%。与此同时，戴比尔斯的库存下降了 9.24 亿美元。报告中提及 2000 年主要事件包括：宣布了戴比尔斯成为"最佳供应商"的措施，公布了"国际钻石商贸公司"的新标识以及公司永久性标识；公布了一直深受用户欢迎的国际钻石商贸公司最佳职业守则；集团重组为多个专业公司，以反映新的现实需要，加强以顾客为中心的理念，并为生产商提供增值服务；宣布与 LVMH（Moët Hennessy Louis Vuitton SA）集团成立新公司 De Beers LV，致力于把戴比尔斯名字发展成为世界顶尖的钻石饰品品牌。这些变革，引起了业界和世界新闻媒体的广泛关注，标志着戴比尔斯的巨大转变。

新千年开始，全球钻石产业出现革命性的变局，由于全球最大的几个矿业集团，如 BHP 和力拓矿业集团直接参与钻石产业竞争，加上俄罗斯阿尔罗萨（ALROSA）集团的竞争实力不断增强，以及澳大利亚钻石直接销售给印度进行加工形成新的流通渠道等因素的影响，原来具有绝对垄断地位的戴比尔斯公司的影响力下降，原来毛坯钻石垄断市场变成寡头垄断市场。

与此近于同时，美国一家非政府组织（NGO）"全球见证"报道了非洲塞拉利昂、安哥拉和刚果（金）通过在国际市场走私钻石来筹集战争经费的丑闻，"血钻"和"冲突钻石"的问题引起了公众的高度关注，对国际钻石市场产生了巨大的影响。

1998 年 6 月 24 日，联合国安理会通过第 1173 号和第 1176 号决议，禁止直接或间接从安哥拉进口没有经安哥拉联合政府颁发的原产地证书的任何钻石；2000 年 7 月 5 日，安理会又通过第 1306 号决议，禁止直接或间接从塞拉利昂进口没有经塞拉利昂政府通过原产地证书制度管制的粗金刚石。

2000 年 5 月，南非、纳米比亚等非洲国家在南非金伯利城召开了包括世界主要钻石生产国、加工国、贸易国的部长级会议，就制止冲突钻石的贸易、建立合法钻石原产地国际确认制度进行了磋商。2002 年，在南非金伯利举行的因特拉肯会议包括中国在内的 37 个"金伯利进程"（KP）成员国提交了名为《金伯利进程证书制度》（Kimberley Process Certification Scheme for Rough Diamonds）的文件，最终形成了维护国际和平和钻石合法贸易的"金伯利进程"证书制度（以下简称"金伯利进程"）。会议声明，各国承诺从 2003 年 1 月 1 日，根据证书制度有关文件制定的标准，在各自的法律和内部监管体系的基础上实施该制度，并决定由南非共和国担任首届（2003 年）金伯利进程主席。

经过 10 多年的发展，金伯利进程的规模逐渐增大，截至 2018 年 11 月，金伯利进程已经拥有 55 个成员国，代表着 82 个国家，其中，欧盟以区域经济一体化组织参加金伯利进程。金伯利进程证书制度不仅成功解决了塞拉利昂等国的冲突钻石问题，遏止了冲突钻石的流通，增加了贫困国家钻石的产值，也同时帮助稳定了脆弱的国家，帮助其在地区冲突后的发展建设中发挥了很大的作用。至今，金伯利进程证书制度已涵盖全球超过 99.8% 的钻石资源及其交易。

新千年后，加拿大钻石的开发为全球提供了新的钻石毛坯资源来源。1998 年以前，加拿大基本

还没有生产天然金刚石，目前已有10个省和3个地区发现了金刚石矿床，发现了540个金伯利岩体。2003年和2004年加拿大的金刚石产量已达1120万克拉和1214万克拉。2003年其金刚石产值为17.7亿加元，约占世界金刚石总产值的15%，成为世界第三大金刚石生产国（以价值计算），仅排在博茨瓦纳和俄罗斯之后。2009年金刚石产值约达22亿加元。至2017年，加拿大仍然是世界5个重要的钻石资源供应国之一（见图8-1）。

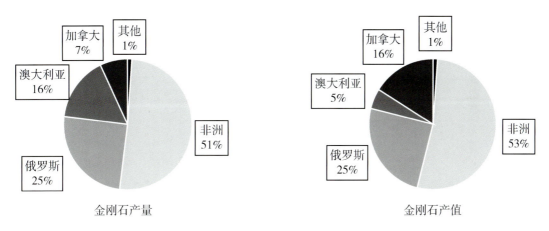

图8-1　2001—2008年全球钻石平均产量和产值（据Shigley et al.，2010）

2006年，津巴布韦东部的马朗（Marange）地区超大规模宝石级金刚石砂矿的发现引起了世界金刚石/钻石界的极大关注，曾有媒体和金刚石专家估计，到2015年津巴布韦的金刚石/钻石产量占世界产量的25%左右（实际没有达到，最高产量达到10%~15%）。

与此同时，俄罗斯在全球钻石供应中的地位不断加强，2006—2010年，俄罗斯天然毛坯金刚石（包括天然宝石级与工业级钻石）的总产量一直居于世界首位，总产值排列全球第二；2016年开始产量及产值均居世界第一的水平（见图8-2、图8-3）。而戴比尔斯公司控制的钻石供应量从最高时占全球70%以上下降为不足40%的水平，全球钻石市场进入寡头竞争时代。

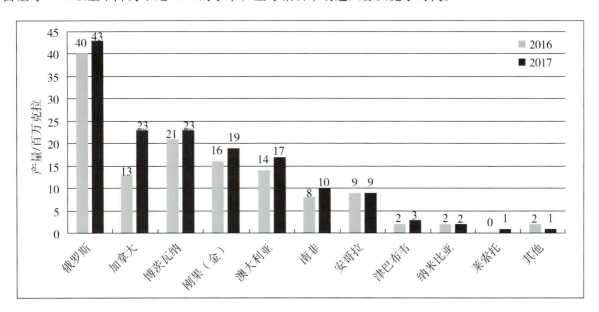

图8-2　2016—2017年全球钻石毛坯产量比较（据广州钻石交易中心，2017）

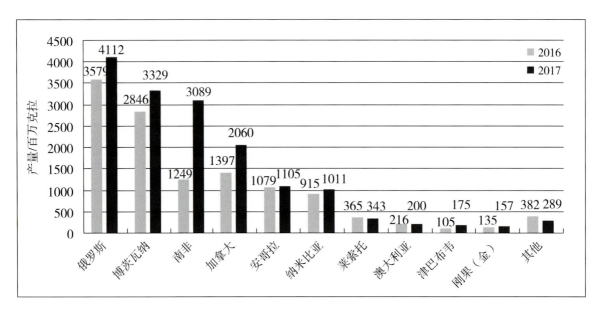

图 8-3 2016—2017 年全球钻石毛坯产值比较（据广州钻石交易中心，2017）

2013 年，全球的钻石消费同比增长了 3.4%，总成交额达到了 790 亿美元。其中，中国作为钻石消费的主要增长动力，比 2012 年的总成交量同比增加了 14%。到 2014 年，全球钻石消费同比增加了 3%，并创造了钻石消费额的纪录，达到了 810 亿美元。在此过程中，美国的钻石市场消费的年增长率达到了 7%，占据世界榜首，中国的钻石市场增长速度有所放缓，只有 6%。中东地区则因为油价的大幅下跌和政治不稳定导致钻石消费下滑。印度则由于国内的经济动荡与卢比大幅度贬值，比 2014 年同比下降了约 9%。2015 年，美国、中国和印度首饰用品成品钻石消费分别占全球消费的 45%、17% 和 7%，共计占近 70% 的市场份额，位列前三。

印度宝石及珠宝出口促进会（GJEPC）发布的数据显示，2016—2017 年，印度宝石和珠宝出口额 431.6 亿美元，同比增长 10%，占印度出口总额的比例为 15.72%。其中，切磨钻石出口额 227.8 亿美元，同比增长 10.24%。以色列钻石协会提供的数据显示，2017 年以色列的成品钻出口金额约为 45 亿美元，毛坯钻出口金额为 23 亿美元。

另外，合成钻石技术高速发展，特别是 CVD 合成技术的突破，开始对天然钻石市场形成冲击。

CVD 合成钻石的技术的突飞猛进始于 2003 年。2003 年，美国阿波罗公司合成出达到宝石级的单晶，并开始了商业化批量生产和流入市场。CVD 钻石合成速度和大小有了很大提高，净度和颜色获得改善，并且已经可以生产制造出与天然 Ⅱ 型钻石相媲美的宝石级 CVD 合成钻石。2005 年，在日本召开的钻石国际会议上，美国华盛顿卡耐基研究所地球物理实验室宣布已经能通过改善过后的 CVD 技术实现高速度（每小时 100 微米）生长出 5～10 克拉的单晶体。利用 CVD 技术，仅花了一周时间就生长出约 10 克拉的宝石级浅褐色、透明的钻石晶体。

2006 年 6 月，特拉维夫举办第 32 届世界钻石大会，美国宝石学院的主席拉尔夫·戴斯弟诺向大会的组织者世界钻石中心联盟（WFDB）和国际钻石厂商会（IDMA）表示，美国宝石学院实验室计划推出合成钻石分级报告。其后，世界钻石中心联盟决定顺应潮流，在完全保证天然钻石利益的框架下，考虑合成钻石分级问题。

国际珠宝联盟（CIBJO）鉴于在市场上发现大量宝石级 CVD 合成钻石的现象，为避免钻石市场受到冲击和出于保护消费者的权益的目的，要求制造 CVD 合成钻石的公司必须为合成钻石做出标记以区分合成钻石与天然钻石，说明合成钻石对天然钻石市场产生了明显的影响。

2012 年，欧洲和中国市场上更是出现了新型的几乎完美的宝石级 CVD 合成标准圆钻型钻石，净度甚至达到了 VS-VVS 级，抛光、对称性和切工也很完美。CVD 钻石合成技术对天然钻石市场的影响开始变得敏感。2013 年 5—6 月，中国最大的珠宝集聚地深圳市，中国国家珠宝玉石质量监督检验中心在多个地区商家批量送检的钻石产品中发现数量较多的 CVD 合成钻石，多个送检批次中共发现近 200 粒合成裸钻，这些合成钻石重量多集中在 0.30 克拉左右，净度多为"VS－SI"级，颜色多为"G－I"级，货品质量非常适合中国消费市场的需求。

2014 年以来，无色高压高温（HPHT）合成钻石技术也取得了快速进展，俄罗斯的 NDT（New Diamond Technology）公司、AOTC 公司都可以合成出量产的大颗粒的宝石级的无色—近无色钻石。

Antwerp World Diamond Centre（AWDC）和贝恩咨询（Bain & Company）编制的第七份全球钻石行业年度报告指出，2016 年全球珠宝类钻石的销售停滞不前，当前钻石行业面临着 3 个持续的挑战：对钻石的长期需求有所减缓、不断发展的合成钻石领域以及钻石切磨中游的财务可持续性。与此同时，2016 年 9 月，GIA 香港实验室对 JIA 彩色 CVD 5.19 克拉合成物进行了分级。

2017 年 5 月，世界著名的时尚首饰品牌施华洛世奇旗下合成钻石品牌 Diama 在北美地区正式开始销售合成钻石的首饰；2018 年 5 月 29 日，戴比尔斯集团宣布推出一家名为 Lightbox Jewelry 的新公司，将于该年 9 月份开始销售合成钻石首饰。

显然，世界钻石市场正在不断分化，从单一的天然钻石市场向天然和合成钻石共存的市场发展，未来，合成钻石很可能会作为时尚钻石饰物的主角快速提升其市场占有率。

8.2.2　国际黄金市场，迎来 10 年大牛市，2011 年 9 月，达到历史最高位，其后步入新的下降通道，中国成为世界最大的黄金产出国和消费国

2000 年，是世界黄金市场金价自 1980 年高位下落后达到最低价运行的一年。2001 年 5 月 28 日，中国上海黄金交易所进行黄金交易的试营业。这是中国黄金市场发展的历史性事件，也是世界黄金市场发展的历史性事件。

世界黄金市场金价的低迷与欧元的启用不无关系。1999 年 1 月 1 日，欧元正式启用，欧洲达成出售黄金储备的"华盛顿协议"，单个国家出售黄金储备的行为开始演变为有组织的集体行为，黄金储备已由非货币化初期的 3.8 万吨下降到 2001 年年底的 2.96 万吨。1992—2001 年平均每年减少 384 吨，而 1999—2001 年平均每年减少 490 吨，这充分说明"华盛顿协议"加剧了黄金储备出售行为，引发了当时黄金的低迷。

1999 年 5 月 7 日，世界黄金市场的金价低至 277 美元/盎司。据英国《经济学家》报道，西方世界很多央行减持黄金是当时黄金下跌的主要诱因。其中，英格兰银行当时准备将黄金储备从 715 吨减至 300 吨，减少幅度高达 60%，而瑞士银行也准备将其 2600 吨的储备减少一半，更有甚者，国际货币基金组织准备出售 300 吨黄金来应付日常资金安排，一时间，世界市场风声鹤唳。

不过，就像人们常说的，物极必反，否极泰来。

2002 年，经历了 1980—2002 年近 20 年的大熊市后，黄金价格开始绝地反击，自 2001 年起，黄金价格每年上涨，且越往后金价的增长速度越快。具体来说，金价从 2001 年低位的 250 美元/盎司左右开始上升，到 2011 年 9 月高达 1895 美元/盎司（LBMA 和 Kitco 的报价都是 1895 美元，最高达到 1921 美元）的最高位，10 年累计涨幅超过 650%（见图 8－4）。从 2002 年开始，2006 年黄金以每年 100 美元的增长速度递增，2007 年金价暴涨了近 400 美元。世界黄金市场最重要的仍然是黄金首饰产

业的黄金消费，首饰用金几乎占黄金消费的 66.6%～80% 的水平，显然，首饰用金的需求是影响世界黄金市场的重要力量。

图 8-4　2000—2017 年世界黄金价格走势（据金拓中文网，2017）

2009 年，中国黄金产量超过南非，成为世界第一大产金国；2017 年，中国黄金产量达到 426 吨，消费量为 1089 吨，中国已成为全球第一大黄金生产国、消费国、加工国。

2016 年 4 月 19 日，中国人民币黄金基准定价"上海金"定盘价正式推出，国际黄金市场上多了一个由人民币定价的交易品种，即 SHAU。"上海金"是反映中国黄金即时供需水平的、以人民币计价的黄金价格，结束了国际上没有人民币黄金定价的局面。在上海建立"上海金"国际品牌，对人民币国际化以及将上海打造成国际金融中心具有重要的意义。中国多年来保持了黄金生产第一和黄金消费第一大国的位置，中国黄金市场已逐步成为全球最大的市场，"上海金"的推出具有重要的意义，必将对世界黄金市场的发展产生重大影响。

8.2.3　国际彩色宝石产业稳健发展，新的产地不断开发

2000 年后，中国的彩色宝石市场启动，广东省有多家重要的珠宝公司开始进军彩色宝石市场。2001 年开始，由铜和锰两个元素致色的霓虹蓝色帕拉伊巴碧玺在尼日利亚和莫桑比克被发现，国际彩色宝石市场开启了由碧玺引领的一次热潮。其后，在阿富汗、巴基斯坦、纳米比亚和马达加斯加等不同地区，都发现了不含铜的类似帕拉伊巴蓝绿色的碧玺，使原先在巴西发现的霓虹蓝色帕拉伊巴碧玺在市场上成为一道艳丽的彩虹。其后，来自非洲坦桑尼亚的坦桑石、沙弗莱石榴石，马达加斯加的蓝宝石，埃塞俄比亚的欧泊不断在市场上被开发，特别是 2008 年前后这些宝石大量进入中国市场后，开始成为国际彩色宝石市场的热点。2004 年 11 月，国际彩色宝石协会（ICA）主席 Joseph Menzie 访问了中国，国际彩色宝石协会决定进军中国市场。2004 年，借助巴西彩色宝石矿产资源优势创立的 ENZO 彩色宝石品牌正式成立，进军中国市场，将碧玺、帕拉伊巴、摩根石等天然珍贵宝石引入中国市场，引领彩宝风尚。2007 年 5 月 9 日，番禺珠宝产业代表团参加在阿拉伯联合酋长国迪拜举办的第 12 届国际彩色宝石协会年会，提出的在番禺举办第十三届 ICA 年会的申请获得批准。2009 年，ICA 年会在中国首次成功举办。

2008 年，美国禁止缅甸宝玉石进口，迫使全球最大珠宝市场的美国商家寻求其他产地的替代品，给莫桑比克红宝石带来了历史机遇。2008 年 7 月，Gemfields 获得赞比亚世界上最大的祖母绿 Kagem 矿 75% 的股权。Gemfields 是全球最大的彩色宝石生产商，在伦敦证券交易所上市，旗下莫桑比克和

赞比亚的两座矿山绿宝石和红宝石产量约占全球总产量的 1/3，其中，Gemfields 出产的祖母绿占全球市场的约 20% 的份额，还拥有赞比亚 Kariba 紫水晶矿 50% 的股权，以及马达加斯加红宝石、祖母绿和蓝宝石的储量开采牌照，有 100 多年的历史。2009 年 7 月，Gemfields 开始为赞比亚的 Kagem 祖母绿制订了一个正式的拍卖计划。Gemfields 在开采 Kagem 祖母绿矿时开发了一套独家首创的祖母绿原石评级系统。其后，Gemfields 公司为 Kagem 矿的祖母绿与绿宝石原石举办了 15 次拍卖，总收入达 2.6 亿美元。

2009 年，全球最大有色宝石供应商 Gemfields 勘测出目前世界上最大的红宝石矿藏——蒙特普埃兹红宝石矿。蒙特普埃兹红宝石矿地占地 33600 公顷，已勘探出数个原生矿与次生矿，两个最重要的次生矿是 Ntorro 和 Mugloto。Gemfields 抓住美国禁止缅甸宝玉石进口的机会，大力开发莫桑比克红宝石。2011 年 6 月，Gemfields 与莫桑比克私人公司 Mwiriti 达成协议，取得了蒙特普埃兹矿区 75% 的所有权，并组成合资公司 Montepuez Ruby Mining Limitada（MRM）。2012 年 2 月，MRM 获得莫桑比克政府授权，可在矿区进行为期 25 年的开采与勘探。2016 年 6 月，Gemfields 在发布的半年报中预测，蒙特普埃兹矿可能储量达 4.32 亿克拉。

2012 年 6 月，Gemfields 公司切割与抛光总监 Gabriella Endlin（加布里埃拉·恩德琳）随国际彩色宝石协会（ICA）到中国的长沙进行了考察，意欲在长沙经济技术开发区落地发展宝石加工产业并签署投资意向协议。2013 年 5 月，国际彩色宝石协会（ICA）每两年举办一次的年会再次在中国长沙举行。2013 年，Gemfields 收购了曾是俄罗斯沙皇的御用珠宝商的 Fabergé（法贝热），Gemfields 不仅在有色宝石的上游产业占据霸主地位，终端市场开始发力，推出设计上也不乏匠心独运的传世之作。

2013 年开始，莫桑比克红宝石逐渐占领红宝石国际市场，特别是鸽血红红宝石在 2013—2014 年前后成为国际市场上重要的彩色宝石。2014 年，Mugloto 矿区挖出了一枚 40 克拉重的原生红宝石，这颗宝石被命名为"犀牛红宝"（Rhino Ruby），其后，又挖出两枚 20 克拉重的红宝石，被命名为"龙之眼"（Eyes of Dragon），Gemfields 在蒙特普埃兹累积花费总计接近 3400 万美元（含开采费、资本支出和运营费）。2014 年 6 月 12—17 日，Gemfields 在新加坡举行了莫桑比克红宝石和刚玉原石首次拍卖会，一共有 55 家公司参与此次竞拍。拍卖会提供了 203 万克拉的红宝石和刚玉，其中 182 万克拉成交（以拍品的重量计，成交率近 90%），拍卖总收入为 3350 万美元。拍卖会的拍品，平均价值为每克拉 18.43 美元。

2015 年，世界彩色宝石市场不同区域之间对于优质宝石标准理解的差异开始成为问题，例如，关于鸽血红红宝石（Pigeon's Blood），矢车菊蓝（Cornflower Blue）蓝宝石和帕帕拉恰（Padparadscha）粉橙色蓝宝石，帕拉伊巴（Paraiba）碧玺等彩色宝石的标准不同导致了不同的实验室证书存在明显的争议；2015 年 10 月，由哥伦比亚政府发起的首届"世界祖母绿专题研讨会"，使得祖母绿各产地国达成一致，祖母绿市场出现联动效应。2015 年 11 月，瑞士的两家全球著名的宝石实验室——古柏林（Gübelin GemLab）和瑞士宝石学院的 SSEF 协调了颜色术语"鸽血红"（Pigeon Blood Red）和"皇家蓝"（Royal Blue）的标准，使国际彩色宝石贸易颜色描述走向标准化，彩色宝石产业变得更加透明。2015 年，美国珠宝商协会（Jewelers of America）发布的成本报告称，彩色宝石销售占珠宝零售商销售的平均占比仅为 9%，但年增幅达 51%。国际彩色宝石市场的需求存在两极化的倾向。2016 年年初，在美国宝石贸易协会 AGTA 图森展上，GemWorld International 主席 Richard Drucker 在其宝石市场发展趋势的报告中指出，彩色宝石价位两极化的特征日益明显，零售市场上 500 美元以下的珠宝销售不错，7500 美元以上的则显得一片繁荣。价格区间在 1500～2000 美元的则显得疲乏，2000～6500 美元的中间价位的市场因为中产阶级的需求不畅而更为困难。2016 年 12 月 5 日，Gemfields 全球 CEO 接受《21 世纪经济报道》专访时表示："我一直想做的就是把彩色宝石的价值传达给大众，让这个行业变得更透明，现在 Gemfields 在制定一个新的针对宝石切割打磨的评定标准，来取代不够完善的旧标准"，"Gemfields 目前的重点有两块，一块是做矿产开采，一块是市场营销，而 Fabergé 就是我们实现后者的关键。这中间的确还有很多环节，但我们会和下游的产业链合作，一方面确保下游获得稳定充足的供应量，另一方面通过自己拥有的品牌确保消费者能得到好的产品。我们希望能够在整个产业链中起主导作用，通过抓住产业的两端，推动整个行业的透明化"。

与此同时，世界上领先的祖母绿切割和交易中心之一，印度著名的"宝石重镇"斋普尔，以切割、交易和创造各种各样的彩色宝石而闻名，是印度最大的宝石出口基地之一，也是全球最大的祖母绿和坦桑石加工基地，其彩色宝石年出口额达 30 亿美元以上。据印度《经济时报》报道，2017 年 4 月份，印度珠宝出口量上涨 15%。2017 年 5 月，Gemfields 公司总监加布里埃拉（Gabriella）到访中国国家珠宝玉石质量监督检验中心（NGTC），并捐赠一批祖母绿样品给 NGTC。Gemfields 公布了 2016—2017 财年第二季度宝石产量报告，赞比亚 Kagem 矿的祖母绿产量为 470 万克拉，相比 2016 年同期的 820 万克拉下降 43%。Kagem 矿区的低产量预计会影响 2017 财年的目标总产量，即下跌至 2000 万～2500 万克拉。第三季度宝石产量报告，赞比亚 Kagem 祖母绿矿区总产量约为 450 万克拉，平均品位为 193 克拉/吨，而 2016 年同期总产量达 710 万克拉，平均品位约 297 克拉/吨。公司总运营成本从 2016 年的 1120 万美元，下降至 960 万美元。2017 年 2 月，在赞比亚的 Lusaka 举办的高品质祖母绿原石拍卖共收入 2230 万美元，祖母绿的平均克拉单价约 63.61 美元。第三季度，莫桑比克 Montepuez 红宝石矿区产量亦同比下降，从 200 万克拉跌至 120 万克拉，但优质红宝石的产量上升 92%。该季度这一地区的矿区运营成本约 650 万美元，公司已将全年的目标产量从原先的 1000 万～1200 万克拉下调至 800 万～1000 万克拉。

2017 年 5 月 23 日，因为目前在赞比亚、莫桑比克、埃塞俄比亚等非洲国家所拥有的宝石矿区"有可能提供更高的回报率和更短的回报周期"，Gemfields 宣布放弃在哥伦比亚祖母绿矿及斯里兰卡蓝宝石矿的开采计划。其后，Gemfields 最大的投资者 Pallinghurst Resources 有限公司主动提请以 1.452 亿美元收购尚未拥有的 53% 股份。2017 年 6 月 14 日，中国上市公司复星国际旗下的复星黄金公司也宣布出更高的价格竞购 Gemfields，消息传出，Gemfields 股价应声大涨 12%～40%。Gemfields 与瑞士古柏林宝石实验室携手发布了一项名为"原产地证明"的突破性技术，可追溯宝石矿源，让消费者以及由 Gemfields 授权的拍卖伙伴能确信，宝石产自 Gemfields。显然，全球最重要的彩色宝石集团 Gemfields，已开始在标准制定、营销形象构建和终端市场发力，以全力推动国际彩色宝石市场的发展。2018 年 10 月 1 日，Gemfields 联手 Gutenberg Global 及 Adam & Eve DDB 发起全球"Every Piece Unique"活动推广，希望提升有色宝石行业对于宝石产地来源可靠性的认识；宣传和推广赞比亚祖母绿与莫桑比克的红宝石。

8.3　中国珠宝产业发展：30 年机遇

《中国珠宝年鉴》统计数据显示，从 1980—2001 年，珠宝生产企业从 95 家发展到 1000 多家，珠宝从业人员由 2 万人增加到 300 万人，销售额从 1.61 亿元人民币增加到 800 多亿元人民币。2000 年以后，中国的珠宝产业迅速爆发。中国珠宝玉石首饰行业协会数据显示，2015 年，中国的珠宝交易额达到 5000 亿元。

中国的珠宝产业发展历程大致可分为三个阶段：20 世纪 80 年代初到 90 年代中期的初步恢复期，

90年代中期到21世纪前10年的繁荣发展期，以及其后开始的产业转型升级发展平台期。

从行业数据统计可知，从2010—2016年，中国珠宝制造行业收入总体呈不断上涨态势，年均复合增长率高达20.60%。在2016年，我国珠宝制造行业销售收入已达4405.38亿元，业内多个珠宝品类消费总量居世界前列。

8.3.1 新千年中国珠宝产业的恢复及发展

我国珠宝产业的初步恢复期从党的十一届三中全会后开始。1979年，香港商人开始与广东省工艺进出口公司以补偿贸易和来料加工的方式合作开办成立广东钻石厂，成立初期约有60名工人。1981年，深圳成立首家"三来一补"（来料加工、来样加工、来件装配和补偿贸易）企业，其后，"三来一补"企业投资模式开始在珠三角地区扩张。1982年9月，中国人民银行下发关于在国内恢复销售黄金饰品的通知，推动了黄金内销企业的发展和国内黄金珠宝的消费。

1983年1月24日—2月10日，邓小平视察深圳、珠海、厦门3个经济特区。5月4日，中共中央批转沿海部分城市座谈会会议纪要，决定进一步开放14个沿海港口城市。6月22日、23日，邓小平在分别会见香港工商界访京团和香港知名人士时，谈到了中国对于香港回归发展的政策思考，提出"一个国家，两种制度"（即"一国两制"），具体来说，就是在中华人民共和国内，国家的主体实行社会主义制度，香港、台湾实行资本主义制度，极大鼓舞了港台商人回国回乡投资的热情。

20世纪80年代的中国，国有企业是珠宝企业的主体，主要加工黄金首饰、中低档宝石，而且生产设备陈旧，以简单的模仿为主，没有形成自己珠宝首饰的工艺设计特色。其时，改革开放比较早、敢喝"头啖汤"的广东人快速响应国家改革开放的号召。20世纪80年代中期，广东省广州市从化县政府高规格接待了来自欧洲、中国香港等地的外商考察团，以土地、税收等优惠政策吸引外资、推动钻石加工业的发展。1984年，汕头市进出口公司在潮阳与香港喜利公司合作，以由汕头方面提供厂房和人事管理、香港方面提供技术和设备并提供加工订单的方式开办汕头进出口公司钻石厂。番禺也是率先融入国际化产业转移过程中承接"三来一补"等加工业的地区之一，也成为突破旧的体制机制、勃发改革生机的地区之一。1986年前后，一些香港的珠宝加工商开始前往番禺寻求合作，以求借内地廉价的成本优势培养珠宝加工人才，有七八家企业开始承揽珠宝首饰"来料加工"业务，生产规模较小。

1986年12月5日，国务院作出《关于深化企业改革增强企业活力的若干规定》，全民所有制企业改革开始启动；在1988年3月25日至4月13日举行的第七届全国人民代表大会第一次会议上，宪法修正案"私营经济是公有制经济的有益补充"通过，载入国家宪法。1990年11月26日，经国务院授权、中国人民银行批准，上海证券交易所正式成立。这是改革开放以来大陆第一家证券交易所。12月19日，上海证券交易所正式开业，中国也掀起股份制改革的热潮。

1992年1月18日—2月21日，邓小平视察了武昌、深圳、珠海、上海等地并发表了南方谈话，提出了基本路线要管一百年，动摇不得，为改革撑腰；回答了中国经济改革到底是姓"社"还是姓"资"的问题，认为市场经济不是资本主义的专利。社会主义的本质是解放生产力，发展生产力，消灭剥削，消除两极分化，最终达到共同富裕。

1992年，民营企业迅速崛起，国外高端珠宝品牌和港资珠宝品牌开始进入我国内地珠宝市场，香港、台湾地区和欧美国家的珠宝商纷纷在我国内地投资建厂，番禺和深圳是其中最为集中的两个地区。番禺由于具有良好的水路条件，被更多的港澳台企业选择作为生产基地，在这个过程中，我国珠宝产业逐步吸收先进的管理经验和方法，开始转型并快速发展。

1992年，由中央机构编制委员会办公室批准成立了中国珠宝玉石首饰行业的行政管理机构——国土资源部珠宝玉石首饰管理中心和国家珠宝玉石质量监督检验中心（NGTC）；其时，恰逢我国国民经济也进入快速发展的阶段，居民人均 GDP 虽然只有 2334 元，但增长达到 22.07%；1993 年，人均 GDP 增长达 29.7%，国务院第 63 号函确立了黄金市场化发展方向。1993 年，De Beers 公司开始在我国市场系统进行钻石的市场营销，首选广东作为其中国发展第一站，在广州的花园酒店举行了"钻石潜力在我国"的宣传推广活动，并开始投入巨资在中国市场传播"钻石恒久远，一颗永流传"。1994 年，居民人均 GDP 上升到 4081 元，增长高达 34.8%。1994 年 11 月 11—14 日，党的十四届三中全会举行，全会通过了《中共中央关于建立社会主义市场经济体制若干问题的决定》。全会指出，要进一步转换国有企业经营机制，建立适应市场经济要求，产权清晰、权责明确、政企分开、管理科学的现代企业制度，我国要建立社会主义市场经济体制，要使市场在国家宏观调控下对资源配置起基础性作用。这一年，是我国经济改革关键的一年，我国从计划经济时代进入社会主义市场经济时代，民众对黄金钻石珠宝的渴望和需求爆发，我国的珠宝消费和产业均进入转型发展的繁荣期。

1996 年开始，国土资源部珠宝玉石首饰管理中心组织专家完成了中国珠宝玉石 3 个基础性的国家标准：《珠宝玉石名称》（GB/T 16552 - 1996）、《珠宝玉石鉴定》（GB/T 16553 - 1996）、《钻石分级》（GB/T16554 - 1996），国内的珠宝玉石市场获得规范发展的空间和条件，市场消费空间开始获得快速释放；1996 年，广州市番禺区珠宝厂商会在秋季广交会期间首次独立举办了一场主要以港资和部分外企参加的国际黄金珠宝首饰展，首次在我国境内展览了各种黄金、铂金制作的高档珠宝首饰，展览在广州花园酒店举行，与当时国内一些小型宝玉石展只有各种宝玉石饰件和简单款式的 K 金镶嵌宝石首饰的展览会完全不同，引起了轰动。1997 年，深圳黄金珠宝全行业的工业总产值达到 140 亿元，比 1996 年增长 70%，进入快速增长阶段。

2000 年，番禺珠宝首饰出口总值为 4.4975 亿美元，大约占全国珠宝出口创汇 23 亿美元的 19.5%，番禺成为我国重要的珠宝出口加工基地。2000 年中国珠宝产业状况见表 8 - 3。

表 8 - 3 2000 年中国珠宝产业状况

项目	数量
黄金、铂金饰品定点生产企业	500 家
钻石加工企业	70 家
珠宝玉石生产企业	4000 家
个体经营生产企业	2 万家
金银珠宝玉石从业人员	80 万人
个体经营企业从业人员	300 万人
黄金、铂金珠宝玉石零售业网点	2 万家
黄金饰品年销量	210 吨
铂金钻石年销售额	200 亿元人民币
红（蓝）宝石、翡翠、珍珠饰品年销售额	200 亿元人民币
1999 年中国海水珍珠产量	20 吨
1999 年中国淡水珍珠产量	1200 吨

（续上表）

项目	数量
1999年海水、淡水珍珠销售额	53亿美元
出口创汇	23亿美元
1999年中国珠宝首饰总销售额	806亿元人民币

资料来源：据王仲会《中国珠宝年鉴》（2000—2001）

2000年9月14—17日，国土资源部珠宝玉石首饰管理中心、深圳市经济发展局、深圳市贸易发展局、深圳市黄金珠宝首饰行业协会共同主办了中国首届国际黄金珠宝展——深圳国际珠宝展。展览会在深圳高新技术展览中心新建的D馆举行，面积8600平方米，参展企业268家，登记入场展位431个，参展商以深圳市企业为主，占55.22%，广东省广州、番禺等11个市区参展企业占15.67%，展位50个，占11.60%。另外，国内辽宁、北京、天津、内蒙古、上海、江苏、浙江、河南、广西、海南、新疆等17个省、市、自治区的参展企业40家，占14.93%；境外中国香港等中外合资参展企业22家，占8.21%；海内外16家媒体及质量检测机构占5.97%。40多家来自日本、以色列、印度、意大利等地的著名生产商参加了展览、交流活动。可以认为，这是国内当时首次举办的真正大型的国际性黄金珠宝产业交流活动。从此，中国的黄金珠宝产业——制造业和市场消费都步入快速发展的通道，时间基本上持续到2011年前后。

截至2016年，获批的中国珠宝玉石首饰特色产业基地包括：深圳罗湖、广州番禺、内蒙古赤峰、辽宁阜新、辽宁岫岩、浙江青田、浙江临安、福州晋安、山东昌乐、江苏东海、河南镇平、广东四会、广东平洲、云南瑞丽、云南腾冲、福建莆田、浙江诸暨、苏州相城、广西梧州、山东青岛城阳、广东花都、广东伦教、云南龙陵、湖北竹山、广东海丰、广西北海、辽宁抚顺。

据不完全统计，2017年上半年我国珠宝业14家零售类上市公司共营收517.12亿元人民币，同比增长23.77%，利润总和56.69亿元，同比增长5.15%。27家新三板上市公司2017年上半年利润总额3.4亿元，同比增长49.11%。

8.3.2 新千年后中国的钻石产业：钻石加工产业在2011年前后达到高峰，钻石消费市场扩大及交易量大幅上升

在新千年来临时，俄罗斯最大的钻石加工贸易公司Smolensk Kristall到香港进行了参观访问，主要是希望通过接触香港钻石界，调查研究中国钻石市场的前景及钻石业的加工制作情况。该公司建在俄罗斯Smolensk市，有员工4000人，年抛光钻石的总产值达到2亿美元。1999年，该公司通过Smolensk Diamonds Asia Ltd.在中国钻石市场的销售量增长了约10倍之多。

2000年10月，上海钻石交易所挂牌，中国钻石市场发展加速，进出口交易量和消费均同步增长，成为世界最有活力的钻石市场。虽然2008年下半年金融危机的爆发给全球钻石市场带来较大影响，给钻交所的钻石交易带来了一定的影响，但2008年钻交所的钻石交易总额仍达13.61亿美元，较2007年同比增长28%；2009年，交易所钻石交易总额为15.04亿美元，较2008年同比增长10.5%；2010年，交易所钻石交易总额首次突破20亿美元，达28.86亿美元，较2009年同比增长90.7%（见表8-4）。2011年，交易所钻石进出口、交易额达47.07亿美元，较2010年增长63%，增长超过了比利时安特卫普、以色列特拉维夫、印度孟买等世界上其他几个主要的钻石交易中心。

表 8-4 2002—2014 年上海钻石交易所钻石交易情况

年　份	交易金额（亿美元）
2002	1.57
2003	2.77
2004	3.68
2005	4.10
2006	6.10
2007	10.70
2008（金融危机）	13.61
2009	15.21
2010	28.86
2011	47.07
2012（截至 10 月 31 日）	30.80
2013	43.27（其中成品钻石一般贸易进口 17.05 亿美元）
2014	51.31（其中成品钻石一般贸易进口 23.36 亿美元）

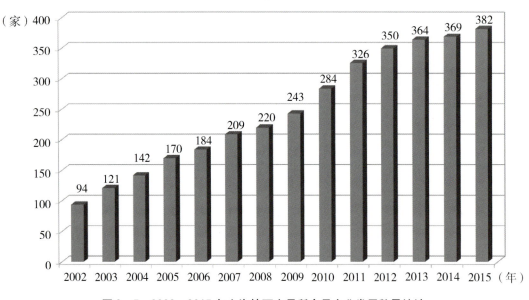

图 8-5 2002—2015 年上海钻石交易所会员企业发展数量统计

2003 年，我国的钻石加工企业已发展到 80 余家，年加工钻石量 240 万克拉，年产值 8 亿美元，占全球总量的 6%。从业人员达 2.5 万人，其中，广东约 12000 人，山东约 8000 人，上海约 1500 人，其他地区 2000～3000 人。我国已成为继印度之后的世界第二大钻石加工中心。据不完全统计，2003 年，我国加工贸易进口的毛坯钻石为 1140 万克拉，加工出口钻石为 330 万克拉，出口贸易额达 8.03 亿美元。2004 年 1—9 月，我国加工贸易项下的钻石毛坯进口为 1010 万克拉，出口额已达 7.88 亿美元；据国家质量监督检验检疫总局统计的钻石毛坯的进出口总量为 650 万克拉，总价值约 9 亿美元。

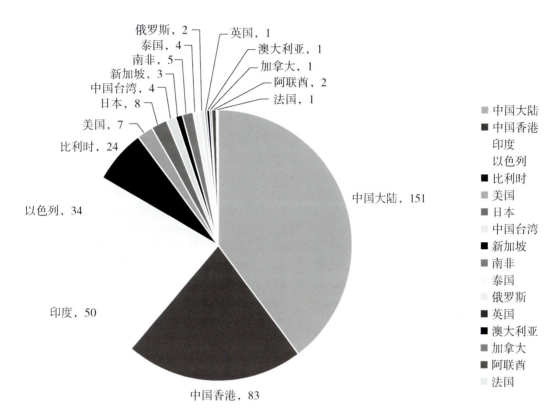

图 8-6　上海钻交所会员国别分布情况

发展到 2004 年，已分别增长为 740 多万克拉和 11 亿美元，同比增长分别达 12.5% 和 22.2%。

2011 年，中国（不含港澳台）加工钻石达到高峰，共计进出口毛坯钻石 728 万克拉，价值 20.2 亿美元，其中，以金额计，广东占全国的 68%，以重量计，广东占全国的 47%。

2013 年，中国国内钻石交易再度活跃。1—12 月，通过上海钻石交易所交易的钻石交易额达到 43.27 亿美元，其中成品钻石进口 17.05 亿美元，同比增长了 7.8%。统计数据显示，12 月份，上海钻石交易所钻石交易量 1023.05 万克拉，较 2012 年同比大幅增长 155.7%，交易额 4.01 亿美元，较 2012 年同比减少 16.1%，其中成品钻石进口 13.31 万克拉，同比增长 40%，金额 1.65 亿美元，同比增长 48%，显示出国内钻石的消费持续恢复。1—12 月，通过上海钻石交易所的钻石交易量则达到 8022.96 万克拉，较 2012 年同比增长 6.8%，钻石交易金额累计为 43.27 亿美元，较 2012 年同比增长 11.9%。尽管交易量、交易额双双未能突破前期高点，但国内钻石的消费在经历 2012 年的骤降后，市场的需求已逐渐进入复苏的通道。

值得关注的是，2013 年全年成品钻石的进口再度较 2012 年小幅增长。随着国内钻石消费市场逐步回暖以及深圳海关加大打击走私的力度等因素影响，2013 年 1—12 月，通过上海钻石交易所海关报关的一般贸易项下成品钻进口额为 17.05 亿美元，较 2012 年同期增长 7.8%，增长趋势自 7 月份开始逐步显现，实现恢复性增长。2014 年，上海钻石交易所钻石交易额达到 51.3 亿美元，同比增长 18.6%。其中，一般贸易进口 171.1 万克拉，同比增长 19.2%，进口金额 22.36 亿美元，同比增长 31.1%。成品钻平均单价为 1306.84 美元/克拉，同比增长 10.02%。

2015 年，中国的消费市场疲软，其后逐渐恢复，2016 年 1—12 月，上海钻石交易所钻石交易量

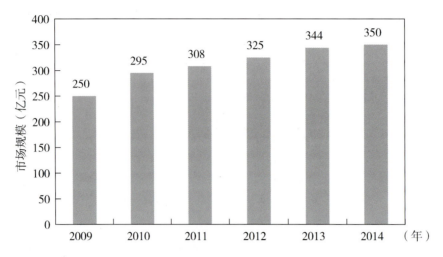

图 8-7 2009—2014 年中国钻石市场的交易规模

累计为 30922.44 万克拉，钻石交易金额累计为 44.5 亿美元，较 2015 年同期同比增长 7.5%。其中，一般贸易项下成品钻进口总量 183.32 万克拉，较 2015 年同期上升 26%，成品钻进口金额 20.37 亿美元，较 2015 年同期增长 16.5%，创下了交易所成品钻进口额历史次高（仅次于 2014 年 22.36 亿美元水平）。

2017 年，中国国内市场成品钻石镶嵌类饰品消费总额约 523.35 亿元，同比增长 59.3%。其中，2017 年全年，上海钻石交易所以重量计交易总量为 4.926 亿克拉，同比增长 59.3%；钻石交易总额累计为 338.467 亿元，同比增长 19.96%；一般贸易项下成品钻进口量为 243.42 万克拉，同比增长 32.8%；一般贸易项下成品钻进口总额为 159.29 亿元，同比增长 23.4%，创下历史新高。

8.3.3 新千年后快速发展的中国黄金行业

中国自 1982 年 9 月 1 日正式放开黄金饰品市场，1989 年黄金的消费达到 40.3 吨，而 1999 年发展为 200.5 吨，10 年增长了 5 倍；2000 年已达到 290 吨。2007 年开始，中国黄金产量居世界第一，2011 年全球矿产金产量仅有 2809.5 吨，中国全年黄金的产量为 369.57 吨，黄金需求量增加 20.43% 至 769.8 吨，黄金消费居世界第一。1999 年 11 月 25 日，中国放开白银市场。

从 2002 年 10 月上海黄金交易所开业以来，交易所黄金交易量按 40% 左右的速度连年快速增长，2008 年较 2007 年相比更是取得了交易量和交易金额翻番的成绩。至 2009 年年底，黄金累计成交总量为 14337 吨，总成交金额 23230 亿元（见表 8-5）。2009 年，国内个人黄金投资客户数量迅速增加，个人客户量超过 91 万户，个人交易量达 438.54 吨。2010 年 1—8 月，个人投资客户数量增加了 68.59 万户，个人客户数量已超过 160 万户，共成交 793.12 吨，同比增长 3 倍多，黄金消费及投资已成为中国居民一种重要的金融投资渠道。2011 年，上海黄金交易所各类黄金产品共成交 7438.463 吨，同比增长 23.03%；成交金额共计 24772.168 亿元，同比增长 53.45%。

表8-5 上海黄金交易所2005—2009年交易情况

年 份	成交量（吨）	成交金额（亿元）
2005	906.42	1069.96
2006	1249.60	1947.51
2007	1828.13	3162.90
2008	4463.77	8696.05
2009	4710.82	10288.76

2003年7月16日，上海黄金交易所与英国路透集团在上海黄金交易所内举行了信息合作签约仪式。这标志着上海黄金交易所迈出了市场信息国际化步伐。上海黄金交易所董事长沈祥荣、华东区总经理彭芷霞等出席了签字仪式。

2011年中国黄金产量在360吨左右，黄金需求量增加20.43%，达到769.8吨。其后，中国黄金成为世界最大的产出国和消费国，成为支撑世界黄金市场发展最重要的市场力量。

8.3.4 新千年后中国的彩色宝石产业

中国的彩色宝石市场在2000年后开始启动，虽然世界彩色宝石业界对中国彩色宝石市场的发展一直充满期待，但市场的发展并非一帆风顺。

2003年版《白皮书》数据显示，35.8%的消费者已购买了有色宝石首饰，居第三位；22.3%的消费者表示未来打算购买有色宝石，居第三位。

但2007年的调查数据显示，有色宝石首饰不仅跌出2003年材质排行榜的前三，市场占有率也从2003年的35.8%降至16.3%。在购买意愿中，只有14%的消费者计划购买有色宝石，10.9%的消费者表示最喜欢有色宝石。

2007年，中国黄金报社、广东省黄金协会与中山大学宝玉石研究鉴定（评估）中心在中山大学邀请了包括国内著名上市公司潮宏基以及深圳仙路珠宝、花都石头记、番禺钻汇集团等国内著名彩色宝石企业一起举办了"中国彩色宝石市场启动发展恳谈会"，探索中国彩色宝石市场发展存在的问题。

2008年后，中国市场对彩色宝石的需求急剧上升。中国黄金报社和北京黄金经济发展研究中心出版的《中国彩色宝石首饰消费白皮书》（2009年版）的数据显示，有65.5%的消费者表示愿意购买彩宝，但仅有57.4%的消费者拥有彩宝，显示中国彩色宝石市场具有极大的潜力。

2007—2009年，就在美国次贷危机席卷全球，全球最大的美国珠宝市场一片黯淡之际，中国国内彩色宝石销售一直保持着10%~20%以上的增长幅度，2009年，中国彩色宝石市场达到了33%的增长，其后不断发展，逐渐成为国际市场重要的推动力量。

2007年开始，中国国内翡翠市场开始发力飙升，翡翠年涨幅高达30%以上。2011年5月31日，旅游商品翡翠最发达的昆明市场，翡翠涨幅高达50%。2011年，国内的翡翠市场达到高峰，随后的2012年年底开始，国内翡翠交易陷入低迷，交易量大幅缩水，2013年后有过短暂的恢复，2015年后逐渐步入调整。

2008年6月，在香港佳士得高档珠宝春季拍卖会，卡地亚一条罕有的珍贵克什米尔蓝宝石镶钻石手链，以690万美元的高价成交，创下新的价格标杆。苏富比2008年年底举行的瑰丽珠宝拍卖会上，一条曾为罗克斯堡公爵夫人珍藏的红宝石镶钻项链和一对红宝石及钻石耳环套装，以576万美元成交，也刷新了红宝石首饰套装世界拍卖纪录。

2009年，ICA第十三届年会首次在中国的番禺举行，中国彩色宝石市场成为国际彩色宝石产业新的重要阵地。

2012年5月，来自德国著名彩色宝石小镇伊达尔·奥伯施泰因（Idar Oberstein）、有86年兴旺历史的家族式企业保罗·维尔德（Paul Wild）公司在北京成立子公司，直接参与中国彩色宝石市场开发。

2012年5月10日，中宝协彩宝分会成立大会在上海世博会展览馆7号会议室召开，中宝协会长徐德明、常务副会长兼秘书长孙凤民，北京菜市口百货股份有限公司总经理王春利，深圳市黄金珠宝首饰行业协会会长杨绍武，以及国内彩宝龙头企业代表劳伦斯、雅诺信、安得、仙路、怡安等共计50余家代表出席会议。会议由中宝协副秘书长杨似三主持。会议审议并通过了中宝协彩宝分会章程，并选举产生了中宝协彩宝分会第一届委员会委员和常委会委员。中宝协副会长杨绍武担任该分会的会长，中宝协副秘书长沙拿利担任该分会的秘书长。

2013年5月14日，国际彩色宝石协会（ICA）每两年举办一次的年会再次在中国长沙举办，来自全球30多个国家和地区的108家高端彩色宝石资源商、开采商、交易商、切割商及国际顶级宝石鉴定机构、教育培训机构和业界权威专家共约300名代表参加了大会。会上，当届的国际彩色宝石协会主席袁健荣说，本届长沙年会是ICA逾60年发展史上具有里程碑意义的创举，特设"宝石高峰论坛"，邀请国内外20余位行业领袖与专家就"如何发展中国彩宝市场""宝石产业发展与政策支持""彩宝培训教育与行业标准"等主题发表演讲，谱写了国际彩色宝石事业向以中国为核心的东方市场转移的瑰丽史诗。

2014年12月，德国彩色宝石协会理事、德国海恩收藏公司（HENN）总裁Axelhenn以及德国海恩收藏公司中国区域总经理施莹瓯到访国土资源部珠宝玉石首饰管理中心，与中心的领导及研究部科学家举行了会谈，德国彩色宝石协会代表Axel Henn提出："中国的高速发展对于整个国际市场具有机遇和挑战，德国彩色宝石协会将与NGTC开展全面合作。"

2013—2014年，中国彩色宝石的整体价格飙升，其中2014年甚至呈现出暴涨。据2013年发布的《中国彩色宝石收藏趋势报告》，中国国内彩色宝石产品的知晓率和购买率，在过去5年中增长了一倍以上。市场上受欢迎的彩宝类别包括红宝石、蓝宝石、坦桑石、托帕石、碧玺、葡萄石、海蓝宝石等，特别是由于莫桑比克的鸽血红红宝石供应增大，高端彩宝市场成为疲软市场环境下的一道风景。

2015年，数据显示，中国珠宝行业销售总额同比有所下降，特别是钻石市场疲软，但是《中国珠宝业市场发展趋势白皮书》显示2015年中国彩色宝石市场与2014年相比，琥珀增长19.25%，珊瑚增长25.6%，碧玺增长63.16%，蓝宝石增长29.4%，红宝石增长28.9%，祖母绿增长11.18%，说明在疲软的市场下，彩色宝石市场成为中国珠宝市场和世界珠宝市场的亮点。

2017年，国家珠宝玉石质量监督检验中心（NGTC）主导完成的《红宝石分级》《蓝宝石分级》在3月1日实施；初次发布的《祖母绿分级》《黄色钻石分级》国家标准在2018年5月1日正式实施，中国成为彩色宝石标准发布最多的国家。

2017年6月14日，中国复星国际旗下复星黄金公司宣布竞购俄罗斯百年珠宝品牌Fabergé的母公司、在伦敦上市的英国矿业公司Gemfields，发出了2.25亿英镑的高价收购要约，成为国际彩色宝石界的重大事件。

2018年9月，2018年深圳国际珠宝展在深圳会展中心召开，世界顶级珠宝商劳伦斯（LOREN-ZO）集团（美国纳斯达克上市公司）旗下品牌ENZO以全新的店铺形象亮相，同时宣布ENZO正式开放全国加盟业务，显示该彩色宝石品牌对中国彩色宝石市场的未来充满信心。

8.3.5 中国国内珠宝产业发展存在的问题及中国珠宝产业未来发展趋势研判

8.3.5.1 存在的问题

（1）珠宝原材料国外依存度太高，对中国珠宝产业的发展形成约束，明显的例子是翡翠原料对产业发展的制约。因此，获得珠宝原材料的定价权对中国珠宝产业发展至关重要，如何充分利用"一带一路"倡议带来的国际发展空间，对中国珠宝产业今后的发展意义重大。

（2）国内珠宝市场竞争模式单一，价格竞争仍然是主要的约束。技术及经营模式创新不足，设计人才缺乏和创新保护机制的滞后是造成产品同质化的主要原因，但网络技术的发展将会逐步改变珠宝产业发展竞争模式。

（3）发展面临"人才"瓶颈效应，人才成本制约珠宝行业的发展，而人才流失同样制约产业发展，也制约中国珠宝产业国际化的步伐。

（4）珠宝产业传统的发展理念和税收反馈模式对行业发展产生严重的约束。

8.3.5.2 中国珠宝产业未来发展趋势研判

（1）中国政府对珠宝产业的关注度会进一步加强，各种税收政策会进一步调整，以利于产业的阳光化快速均衡发展，粤港澳大湾区将会发展为重要的国际珠宝产业中心。

（2）中国的钻石市场可能会面临钻石合成技术突破带来的不确定性的挑战，而彩色宝石市场仍然会不断扩大，而玉器产业进入国际化发展的新轨道，中国国内的黄金珠宝市场仍然会持续增长。

（3）珠宝产业和金融业的合作会进一步加深，黄金珠宝企业的并购将会进一步加快，做大做强品牌成为中国珠宝业发展的主旋律，本土品牌国际化的步伐将明显加快。

（4）珠宝和文化及旅游产业的结合会在更加广泛深入的层次展开，文化创新将会成为今后珠宝产业发展的原动力、新动力，并显著增强珠宝产业的整体实力和国际竞争力。如何使冰冷的石头、坚硬的金属有文化、有故事、有灵性、有生命，是进一步做强做大珠宝企业、珠宝产业的关键所在。

（5）国内珠宝产业集聚的趋势会进一步加强，中国将会建设新的国家级的产业集聚基地和交易中心，其中，中部枢纽城市武汉及西南的成都、重庆可能会成为新一轮产业集聚发展最快的地区之一。

（6）珠宝企业规范化管理、合法化经营将会成为趋势。只有守法、依法纳税、依法经营、公平竞争，保证企业在业内外的良好形象，才能把企业做大做强，企业才能持续健康发展。

（7）重视人才培养和产业研发将会成为中国珠宝产业发展的趋势之一。人才是未来发展的希望，培养更多、更卓越、更有生产力的珠宝职业人才、玉雕工艺美术大师及技师将会是今后国内珠宝产业发展的基础所在。

（8）物联网、新材料、新工艺及柔性制造技术等技术创新会在珠宝产业发展中成为推动性的力量；中国成为世界最大的珠宝标准提出国，通过标准化，国内珠宝市场的发展进一步规范。

（9）以互联网为载体和表现方式的新零售模式会深度影响中国珠宝市场，中国将成为各种新的消费场景、销售渠道和交易结构的密集创新舞台。

8.4 珠宝世界新势力——深圳珠宝产业的崛起

8.4.1 深圳珠宝产业发展历程回顾及其总体规模

深圳珠宝首饰行业的诞生得益于其与毗邻香港的地理优势、特殊的特区政策以及廉价的劳动力。

20世纪80年代后期，香港的珠宝制造企业陆续将其工厂迁移至深圳、泰国以及东南亚，为深圳珠宝首饰企业早期的崛起带来了先进的技术、设备、管理经验；随后，随着国内黄金市场的开放，深圳珠宝企业家抓住了先发优势，在政府不断调整黄金珠宝首饰行业制度，深化改革，扩大开放的过程中，大胆改革，不断创新，使得深圳珠宝首饰行业有了前所未有的发展。

深圳是我国改革开放的前沿，也是我国珠宝产业的先行者。

20世纪80年代，我国珠宝首饰行业基本处于停滞状态。1981—1988年，是深圳珠宝首饰行业的起步阶段，企业规模小，数量少，产品以足金饰品为主，技术较落后，并以"三来一补"企业为主。

1984年12月，经轻工业部和中国人民银行总行批准，艺华公司成为深圳首家定点生产经营金饰品的国内内联企业，填补了深圳市黄金珠宝首饰制造的空白。1989—1990年，是深圳珠宝首饰行业发展的重要时期，珠宝行业的发展取得实质性进展，市政府把珠宝行业定为出口创汇支柱行业，深圳市在这个阶段成立了深圳市黄金珠宝首饰行业协会（Shenzhen Gold & Jewelry Association，SZGJA，中文简称"深圳珠宝行业协会"），深圳市黄金珠宝首饰行业发展开始领先全国发展。

因此，笔者认为，20世纪80—90年代末，是深圳珠宝首饰行业的萌芽时期，但珠宝首饰开始真正走入居民生活是在20世纪90年代末以后。

1991—1996年，深圳珠宝首饰行业进入迅速发展时期，拥有"金银经营许可证"的企业迅速增加，占据国内市场的主导地位；产品种类也逐渐丰富，出现K金饰品、铂金饰品、钻石镶嵌饰品与人造宝石等共同繁荣的局面；民营企业异军突起；1993年后，承接黄金市场化改革的政策，周生生、周大福等一批优秀的珠宝品牌逐渐在国内市场崭露头角，行业发展明显提速，从那时起至2008年，深圳珠宝产业引领着我国珠宝首饰行业高速发展。

2008年以后，许多珠宝企业面临转型升级，珠宝首饰行业进入整合发展阶段，深圳珠宝首饰行业逐渐走向成熟，成为深圳市有影响的特色产业。截至2016年，云南瑞丽、广东四会、苏州相城、辽宁阜新、广东番禺、辽宁岫岩、广东平洲、深圳罗湖、内蒙古赤峰等20个珠宝产业重点地区被授予"中国珠宝玉石首饰特色产业基地"称号，其中深圳珠宝产业的产销额占我国珠宝首饰产业产销总额约达70%以上。随着科技的进步，电子商务（鼠标+键盘）逐渐进入并取代了一部分传统的珠宝企业。

中国互联网络信息中心（CNNIC）公布的数据显示：截至2012年12月底，我国网络购物用户规模达到2.42亿，约有6.7%的网民购买过珠宝首饰，在网购商品类别中占到了第14位（宋霞等，2012）；2011年腾讯数千万美元入股珂兰钻石（孙维晨，2011）。根据相关数据显示，2012年B2B领域融资不足百家，而2015年仅仅前三季度获得融资的B2B企业就已经超过300家，它所承载的使命主要就是"去中间化"。据不完全统计，仅在中国最大的黄金珠宝产业基地深圳水贝，截至2016年就诞生了不止10家珠宝B2B运营平台。2014年以后一些PE或创投开始试水这个行业（张斐斐，2015；刘宗源，2015；郭士军、孙吉光，2017）。资本的介入标志着行业金融化，代表了一个行业走向成熟。深圳黄金珠宝行业的金融化经历了由小到大、由雏形逐渐成熟的过程（见图8-8），大致分为 3 个阶段（郭士军、孙吉光，2017）。第一个阶段（2005—2015 年），是黄金投资理财阶段，用户的资金存放在账户中，可以随时提取。这个阶段深圳涌现了一大批珠宝电子商务企业，以及黄金投资理财平台网站。第二个阶段（2015—2017 年），是互联网金融平台和整个黄金珠宝行业的互动期。网络上不同类型的资源整合型交易信息平台涌现，彻底打通了线上线下的通道。在这一时期，互联网金融市场进一步扩大并逐渐趋于规范化。第三个阶段（2018 年至今），将是互联网深入产业链体系中，颠覆和重塑产业链的流程。基于传统的黄金珠宝市场的发展，目前在此基础上已经逐渐形成多个分支，如 O2O（线上到线下）、B2B（企业到企业）、B2C（企业到个人）、F2C（工厂到消费者）、GAP（黄金积存）、P2P（个人到个人）、C2B（个人到企业）等多个领域，对整个产业链"蛋糕"的分割势必影响到产业链内原有的份额，尤其是终端零售的市场份额（田金刚，2015；赵巧敏，2016；郭士军、孙吉光，2017）。

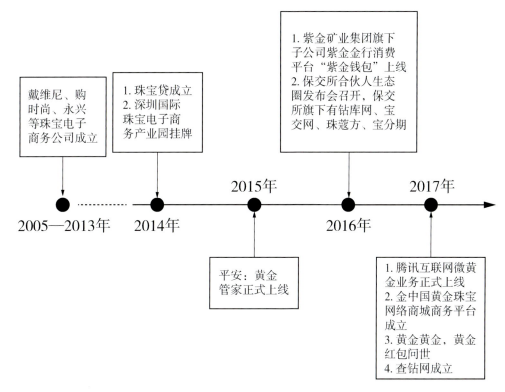

图 8-8 深圳珠宝首饰行业金融发展情况

资料来源：深圳珠宝网；马颖杰，2014；佚名，2015；郭士军，2017；马佳，2017；魏翔琪，2017

1990—2017 年，深圳珠宝首饰行业从业人员从几十人发展到 200 余万人，登记注册的珠宝首饰企业从 10 余家增至 5000 余家，总产值从几十亿增长至 2000 余亿元人民币（见图 8-9）。其中，民营企业占 90%，与此同时，共有超过 20 家外资珠宝企业进驻罗湖，深圳罗湖发展成为我国境内的珠宝首饰企业分布高度集中、产业配套设施完善的成熟的产业集群所在地。

8.4.2 深圳珠宝产业发展重要事件概述

1990 年，深圳黄金珠宝首饰行业协会成立，是深圳珠宝产业的形成、成熟的标志；1995—2003 年的珠宝首饰培训、检测机构的设立和完善是深圳珠宝产业集聚配套逐渐成熟的标志（见表 8-6）。

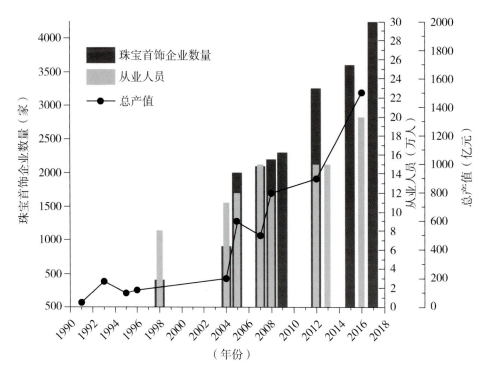

图 8-9 1990—2016 年深圳珠宝产业总体规模

资料来源：王根元，1998；胡菁，2004；赵照川，2006；姜华，2007；钱鑫，2009；蔡鸿全，2009；付海波，2010；吴培基，2010；孙燕，2010；陈秋菊，2010；郭晓飞，2013；杨绍武，2103；董学历，2016；陈颖，2016；刘虹辰，2016；刘龚等，2016；田金刚，2016；陈颖，2017；刘建华，2017

2000 年开始，深圳国际珠宝展发轫，标志着深圳珠宝首饰行业开始正式成为中国珠宝产业的发动机和引擎。

2002 年，盐田黄金珠宝大厦以及深圳华强北中港国际珠宝交易中心商贸中心成立；2003，深圳检验检疫局在沙头角口岸大楼设立了深圳首个"金伯利国际认证"手续审验机构，办理进出口毛坯钻石金伯利进程证书，显示深圳珠宝产业已经融入国际珠宝大家庭。

2004 年，深圳珠宝产业聚集基地正式挂牌成立，正式宣布深圳珠宝产业集聚已经成为政府认同的对地方经济有明显影响的产业集聚；在政府政策扶持下，珠宝企业逐渐向水贝转移集中；盐田沙头角保税区目前仅留有周大福、ENZO 等知名品牌珠宝企业，深圳珠宝产业逐步向多元化、多区域发展；周大福集团大厦启用。

2005—2007 年，深圳珠宝产业聚集基地升级为"广东省产业集群升级示范区"，在深圳举行首届中国产业发展论坛暨首届中国珠宝产业（深圳）高峰会，深圳和诸暨、昌乐、阜新等 10 余个产业基地获得"中国珠宝玉石首饰特色产业基地"称号。深圳黄金珠宝产业集聚基地被国土资源部、国家发展和改革委员会、科学技术部 3 个部门联合授予"中国珠宝玉石首饰特色产业基地"称号，正式标志着深圳市黄金珠宝产业集聚基地的建设迈入快车道，获得国家级产业基地的认同（杨绍武，2013）。

2006—2008 年，在国家标准规范下，深圳各大企业开始进行标准化建设，部分企业逐步建设了自己的标准化体系。2008—2013 年，经深圳市市场监督管理局标准化处备案，深圳市先后成立了 9 个标准联盟，如成立贵金属及珠宝玉石饰品企业标准联盟并发布实施 6 项联盟标准。

第8章 世界珠宝与珠宝世界

2008年，随着资本市场的介入，珠宝首饰产业开始转型。深圳市政府对聚集地内珠宝品牌、珠宝设计和研发加大了支持力度，深圳成为我国第一个被联合国教科文组织认定的"世界设计之都"。

2008—2012年间，深圳珠宝产业强调进行产学研建设，珠宝公司和珠宝院校之间的合作不断加强。

2012年以后，由于租金逐渐上涨、劳动力成本上升加剧，深圳珠宝产业面临转型升级的压力越来越大，罗湖珠宝基地获得商务部授予"国家外贸转型升级专业型示范基地"称号。

2012—2017年，深圳推出了"中国珠宝指数"（CJI），企业的销售模式也由原来传统的经营模式向线上转移，但线上交易不足10%，较其他国家有一定距离。

各种文件及数据显示，深圳市政府以及黄金珠宝首饰行业协会在深圳珠宝首饰行业发展的关键阶段发挥了重要的培育、监督和指导作用。

表8-6 1990—2017年，深圳珠宝产业的主要事件以及政策发布

时间	主要事件、政策、措施
1990年	成立深圳市黄金珠宝首饰行业协会（SZGJA）
1995年	深圳职业技术学院设立首饰设计与工艺专业
1998年	争取到黄金寄售业务，在深圳独家试点
2000年	首届深圳国际珠宝展
2001年	国家珠宝玉石质量监督检验中心深圳实验室成立
2002年9月	盐田沙头角深圳黄金珠宝大厦启用
2002年9月	深圳华强北中港国际珠宝交易中心开始营业
2002年	深圳市技师学院设立珠宝首饰系
2003年	深圳检验检疫局珠宝实验室获得CNAS、CMA的认可
2003年	深圳检验检疫局办理进出口毛坯钻石"金伯利进程证书"
2003年10月	深圳市人民政府办公厅下发了《关于支持发展产业集聚基地的若干意见》
2004年5月	水贝国际珠宝交易中心开业
2004年8月	深圳珠宝产业聚集基地挂牌成立
2004年	深圳文博会深圳珠宝集聚区首届展会
2005年12月	深圳珠宝产业聚集基地升级为"广东省产业集群升级示范区"
2005年	深圳首家珠宝电子商务公司戴维尼珠宝网成立
2006年11月	获"中国珠宝玉石首饰特色产业基地"称号
2006年	百泰首饰建立企业标准化体系，中国珠宝行业第一家"AAAA标准化良好行为企业"
2007年2月	在深圳举行首届中国产业发展论坛暨首届中国珠宝产业（深圳）高峰会
2007年	深圳市政府已经投入了2000万元，兴建了黄金珠宝产业研发设计中心
2007年	《深圳市珠宝行业技术标准体系》通过了专家评审会评审
2008年4月	"深圳珠宝"区域品牌于2008年4月完成了商标的全类注册，并制定了《深圳珠宝产业区域品牌2008—2012年发展总体规划》
2008年	深圳成为我国第一个被联合国教科文组织认定的"世界设计之都"
2008年	首届中国（深圳）珠宝首饰设计大赛
2008年12月	水贝珠宝—彩宝基地落成

（续上表）

时间	主要事件、政策、措施
2009年2月	发出了《关于下达深圳市黄金珠宝产业集聚基地公共服务平台项目2009年政府投资计划的通知》，先安排8000万元用于项目物业购置首期定金和项目前期费用
2009年5月	深圳金丽国际珠宝交易中心与深圳技师学院共建产学研基地
2009年	在深圳市市场监督管理局的大力支持下，深圳7家黄金珠宝加工龙头企业发起成立"贵金属及珠宝玉石饰品企业标准联盟"
2011年	中国珠宝业南方产学研基地——金丽珠宝交易中心二期落成
2012年3月	中国社会经济决策咨询中心黄金珠宝发展委员会正式于深圳成立
2012年	商务部授予罗湖珠宝基地为"国家外贸转型升级专业型示范基地"
2012年	国土资源部珠宝玉石首饰管理中心深圳珠宝研究所成立
2013年	国家质检总局授予罗湖珠宝基地为"全国知名品牌创建示范区"
2014年	罗湖区的黄金珠宝产业作为深圳的"时尚产业"获国家工信部批准成为"国家首批产业集群区域品牌建设试点示范项目"
2014年10月	"中国珠宝指数"（CJI）在深圳推出，是第一个提供关于中国宝石与珠宝行业的全面信息的国家级数据库
2014年10月	周大福集团大厦投入使用
2016年	2017中国珠宝门店管理与营销创新论坛暨"淘猪宝"O2O生态电商系统新闻发布会
2017年2月	TTF在法国巴黎举办"TTF中国生肖珠宝设计发布暨展览"暨罗湖珠宝产业推介活动
2017年	《深圳市罗湖区产业转型升级专项资金管理办法》出台

资料来源：王根元，1998；王斗天，2009；陈秋莉，2010；新三板《萃华招股说明书》，《华泰珠宝公开转让说明书》2016年9月，《汇源珠宝公开转让说明书》2016年3月，《女娲珠宝公开转让说明书》2015年5月，《泰泓珠宝公开转让说明书》2016年6月；A股《爱迪尔招股说明书》2014年，《周大生招股说明书》2017年

8.4.3 深圳珠宝产业集聚形成及其转型升级

8.4.3.1 深圳珠宝产业集聚

珠宝产业集聚是指在同一区域内，以珠宝首饰产业为核心，以行业协会、金融、物流、教育培训等为辅助支撑和配套，众多珠宝首饰设计及加工制造的企业区域性聚集。

黄金珠宝首饰是深圳优势传统产业、创意时尚文化的标志性代表产业之一，也是罗湖、盐田两个行政区的共同支柱产业之一，并在国内外形成了颇具影响力和凝聚力的产业集群，在国内处于龙头地位。深圳珠宝首饰行业集聚涉及的产业链长（见图8-10），包括原材料开采、加工、交易，产品制造和终端销售等多环节，各个环节的增值率呈哑铃形分布，上游原材料开采、加工、交易部分资源垄断性较高，利润高，主要为一些大企业，包括上市公司；中游产品制造业环节利润较低，主要是各类型的黄金珠宝加工企业群；下游终端销售环节主要是一些综合性的厂商企业，因有品牌增值、渠道收益，利润空间较大。深圳珠宝产业集聚主要的优势是具有将零售渠道和上下游资源整合的能力，这也成为深圳珠宝首饰产业主要的竞争力所在。

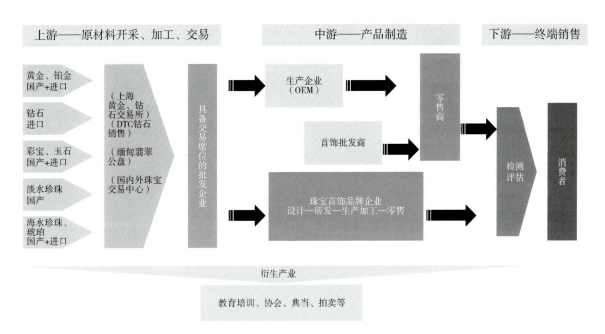

图8-10　深圳珠宝首饰集聚结构组成（据《周大生招股说明书》2017年修改）

深圳的珠宝产业发展与成长在很多方面反映了中国珠宝产业的发展历程，经历了从小作坊到专业运作，从贴牌加工到自创品牌，从集约化到集聚化发展的过程，最后在21世纪初成为全国最具代表性的珠宝首饰产业集群。2004年后，深圳珠宝产业聚集基地挂牌成立，"广东省产业集群升级示范区""中国珠宝玉石首饰特色产业基地"等荣誉标志着深圳珠宝首饰行业集群化走向成熟。

从产业布局来看，深圳的珠宝企业主要集中在罗湖区、盐田区、福田区，产业集聚主要分布在深圳罗湖水贝至田贝一带，核心区位于深圳市罗湖区水贝至万山工业区，尽管主要集中在罗湖区水贝一带，但是盐田区沙头角、福田区八卦岭等地也可以看作集聚的组成部分；另外，龙岗区李朗也在开发建设新的珠宝产业园。2008年后，深圳罗湖区集聚地内已集聚了1500多家黄金珠宝类生产经营单位，年批发产销额占国内市场份额50%以上。其生产加工形成了完整的产业链条，并呈现出集研发设计、生产制造、展示交易旅游文化于一体的趋势，成为国内珠宝商采购、加工、交易的首选之地。

2000年以后，深圳珠宝产业逐渐发展成为深圳市的六大传统支柱产业之一，产业集聚基地面积56.63万平方米（高婷，2013），水贝片区产业特色是贵金属饰品的加工批发，珠宝玉石批发零售，区内培育了翠绿、爱得康、安盛华等中国名牌和周大生、爱迪尔、吉盟、甘露、星光达等40多家国内知名品牌，吸引了萃华、金一、东方金钰、中国黄金等10多家上市珠宝企业入驻。

据《2016深圳珠宝产业发展现状分析报告》初步统计，截至2016年9月，以万山珠宝园、金丽国际珠宝交易中心等为主的大小珠宝交易批发市场约为22家，行业制造加工总值约1500亿元，批发、零售贸易额约340亿元，产业队伍超过20万人。深圳全年黄金、铂金实物提货量占上海黄金交易所实物销售量的70%；制造珠宝首饰成品钻的用量占上海钻石交易所成品钻石一般贸易进口量约90%；国内有色宝石镶嵌首饰、金镶玉首饰绝大部分是深圳制造；翡翠镶嵌、玉石镶嵌规模以上的制造企业几乎全部都在深圳；3D硬金制造加工、硬金镶嵌宝石首饰制造加工业几乎也以深圳为主。

同时，深圳还是中国珠宝首饰制造交易中心、物料采购中心以及信息交流中心。在检测、评估方面，国家、各省市及高等院校设立的珠宝质量检测分支机构及实验室已超过30家，从事珠宝检测的人员上百人，评估机构1家。《2015深圳珠宝行业白皮书》指出，深圳有30%的企业获得通过，可利用政府政策进行贷款。

深圳本土企业有两家已在深交所 A 股挂牌，分别是 2014 年的深圳市爱迪尔珠宝股份有限公司与 2017 年的周大生珠宝股份有限公司。截至 2016 年，周大生有 2300 多家品牌连锁店，是国内规模最大的珠宝连锁品牌之一，另据 2015 年水贝中国珠宝指数网统计，周大生在我国珠宝行业品牌占有率为 4.3%，排名第三。在单个产品品牌发展的同时，政府积极推动"深圳珠宝"区域品牌建设，已有 40 家龙头珠宝企业加入。

深圳市贸易工业局委托北京金必德经济管理研究院制订了珠宝产业区域品牌发展规划；罗湖区政府也委托了美国易道公司制订珠宝产业园概念规划，为深圳珠宝产业区域品牌建设提供了科学的发展思路和良好的发展环境。市、区两级政府共投入 1.48 亿元资金用于集聚地一期环境改造工程。

截至 2009 年，聚集地一期工程大部分已完工，市政环境得到了很大改善。根据美国易道公司对集聚地所作的"水贝项链"的概念规划，在集聚地核心区内将建立一个"水贝项链街区"。其中主要节点包括黄金步道、水晶广场、翡翠里、洪湖公园的婚庆阁、庆典坡等景观，大部分工程已完工并投入使用。

深圳已建成我国最完善的现代化珠宝首饰制造加工及消费零售产业集群。

8.4.3.2 深圳珠宝集聚衍生配套产业

深圳珠宝首饰行业的发展离不开辅助支撑与配套设施的服务。深圳市黄金珠宝首饰行业协会协助深圳市政府以及相关职能部门从 2000 年开始举办每年两次的深圳国际珠宝展，并且就当年的珠宝首饰行业情况面向全国进行公示发布。

会展是行业塑造品牌的重要环节，每年举办两次的深圳国际珠宝展览会是目前中国内地最大规模、最高档次、最多买家群体和最具影响力的国际珠宝专业展览会之一。深圳国际珠宝展已成为海内外珠宝界信息资讯交流、经贸合作的交易平台。

2016 年，深圳国际珠宝展览会展览面积 6 万平方米，参展商级展位约 3300 个。1100 家国内外参展商盛装参展，吸引全球超过 28 个国家与地区的逾 4 万名专业买家前来洽谈和交易。

截至 2016 年，深圳有 6 家珠宝培训机构与科研院所为行业发展提供技术及人才的服务。其中，深圳职业技术学院与深圳技师学院在 20 世纪 90 年代与 21 世纪初先后设立首饰设计与工艺专业，已培养了珠宝首饰设计、制作学生上千人；NGTC 国检培训中心与国土资源部珠宝玉石首饰管理中心深圳珠宝研究所于 2010 年后也落户深圳，目前有 30 多家培训机构企业产品提供出证检验服务。国土资源部珠宝玉石首饰管理中心深圳珠宝研究所在贵金属检测与仪器开发方面走在我国珠宝首饰行业前列，已有多项创新获得专利证书。

除此之外，深圳珠宝产业与中国地质大学（北京、武汉）、北京大学、同济大学、桂林理工大学、河北地质大学、成都理工大学等院校、科研机构以及培训机构有各种技术或者培训合作，在培养珠宝人才、提高产业竞争力方面为集聚竞争力的形成起到积极的推动作用。

2007 年的深圳珠宝首饰行业研究报告显示，在全市近 20 万的珠宝从业人员中，管理人员占 6%，技术设计人员占 2%，具有研究生及以上学历的占 0.21%，具有本科学历的占 2.99%，92% 的一线从业人员为初中、高中毕业的外来务工人员。高技能人才缺口在 40% 左右。人才短缺，特别是中高级管理人才、市场营销人才和熟练技术工人普遍短缺的问题具有普遍性，人才流动严重也一直是阻碍深圳珠宝行业进一步发展的重要因素。

2015 年，深圳珠宝行业白皮书中通过问卷调查获悉，目前深圳珠宝首饰企业中有 62% 的企业希望拥有创造型人才，23% 的企业需要技能型人才，15% 的企业需要管理型人才，需要具有职业技能鉴定资格设计师的企业占 47%，需要首饰营业员的占 19%，需要传统技术起版、执模、压光人才的占 10%。可以看出，传统铸造、执模、抛光技术的人才缺口正在被日益壮大的教育、培训体系缝合，但创新性人才的需求缺口仍然巨大。

2018年起，资本市场逐渐渗透深圳珠宝首饰行业，珠宝金融、珠宝拍卖与典当业在深圳珠宝产业中的地位不断提高。同时，深圳珠宝业也带动了贵重商品物流行业在深圳的发展和成熟。

8.4.3.3 深圳珠宝产业的转型升级

深圳珠宝产业的转型大致可以分为三次。

第一次转型，是20世纪90年代中期，通过引进香港和国外先进的珠宝产业的技术和设备，开始从传统的手工工艺品行业向现代珠宝制造业的转型（与番禺近于同步）。

第二次转型，是2000年以后，深圳珠宝企业以来料加工、贴牌生产和批发销售的加工制造业向品牌建设和控制终端销售市场，建立深圳区域品牌的转型。周大生、千禧之星等数十家深圳珠宝品牌企业通过创建自有品牌，全方位进入国内终端零售市场，建立现代珠宝营销网络及体系。

第三次转型，是从2008年开始，国际金融危机为深圳珠宝企业进入国际市场，参与国际竞争提供了机遇。同时，大量的珠宝企业也因为金融危机而面临自身资本结构问题的困扰，产业从传统的制造业向与金融业和文化创意产业有更密切联系的多元化现代产业转型，通过引进先进生产制造工艺和设备，推进产业制造智能化发展，在设计研发、生产制造和终端零售环节逐步运用3D贵金属打印、3D数据获取等新技术实现高端产销链条的数字化、网络化和智能化。借助"互联网"推动行业管理和营销模式升级，提升企业信息化管理水平，支持企业开展O2O销售模式，大力发展C2M（消费者直连制造商）经营模式，依据消费者需求进行定制化、个性化制造，创新生产消费模式。聚集区品牌建设向与房地产及旅游文化创意结合的立体化方向发展，进行技术改造，提升自动化和信息化水平。

30年间，深圳珠宝首饰行业奇迹般快速发展，但发展过程中积累的一些结构性矛盾日渐凸显，主要表现为：自2006年起，地价上升，企业的厂房租金不断上涨，企业已面临成本上升导致的瓶颈；产品同质化竞争进一步加剧，由于知识产权保护力度薄弱，企业自主开发新品面临同业的"盗版"困扰，致使产品利润大幅下降；创意与创新人才力量薄弱，新品设计与新技术研发滞后于市场的需求；金融服务、战略规划、品牌营销、文化推广等配套服务或关联产业和产业的融合仍然有待深入；缺乏国际级别的"龙头企业"，绝大多数企业基本不具备规模实力，并且企业间的横向联合意识淡薄，无法形成聚合效应；品牌影响力、产品竞争力仍然较低等。有观点认为，上述问题是由深圳黄金珠宝业单纯定位于生产制造中心造成的。因此，必须从加工中心向综合性产业中心转变，否则将愈加被动。2009年后，为了应对压力，深圳的珠宝首饰企业也逐渐向松岗、惠州以及广州花都等地扩展。金玉东方珠宝城2010年在惠州惠阳落户，外部区域性竞争压力已是深圳不得不面对的现实问题。

2008年以后，深圳市政府将珠宝首饰行业转型作为工作重心。2008年2月，深圳市"全市贸易工作会议"正式提出以"深圳珠宝"区域品牌为试点，开展区域品牌的研究、规划、培育和保护工作。3月，业内征集"深圳珠宝"区域品牌标志、标识，经"评审委员会"筛选，确定深圳珠宝产业区域品牌的系统。4月，成立"深圳市创建珠宝产业区域品牌课题小组"。7月，由深圳市贸易工业局、罗湖区政府、深圳市黄金珠宝首饰行业协会等单位共同发起组建"深圳市珠宝区域品牌促进委员会"。9月，深圳国际珠宝展暨深圳珠宝区域品牌启动仪式开幕，首批有36家成员企业入围，此后又有2家企业加入，至此，"深圳珠宝"区域品牌成员企业已达38家。

截至2015年，深圳有78%的珠宝企业申请了专利。2016年下半年以来，罗湖区政府及其经济促进部门紧锣密鼓制定了水贝—布心片区珠宝产业供给侧结构性改革策略方案。片区将打造成"创新·智造·品牌·文化"多元复合的国际珠宝时尚创意城区，推动产业由制造中心向"智造"中心转型升级，由量的增长向质的提升转变，由工业制造向消费品牌转变，由规模生产向高端定制转变，由国内龙头向国际知名转变，全面促进产业向智能化、规范化、品牌化、专业化和国际化方向发展，打造"一基地、四中心"，即总部集聚基地、设计研发中心、智能制造中心、品牌运营中心、展示交易中心。随着经济发展进入"新常态"，深圳珠宝产业也进入调整期，由高速发展转为中低速发展，面临着低端产能过剩、高端需求难以满足，创意设计不足，产品同质化严重、资金需求大、行业融资困难等突出问题，急需通过供给侧结构性改革助推产业转型发展。

从2004年8月至2017年，深圳市、罗湖区两级政府共投入资金约3亿元用于珠宝产业集聚基地环境改造。罗湖区政府出台产业转型升级专项资金扶持政策，每年投入4亿元扶持产业发展，其中专门为黄金珠宝产业出台了一个实施细则，围绕重点产业链，聚焦智能制造、设计创意和品牌建设3个行业重点发展方向，大幅提高相关条款扶持金额。

8.4.4 深圳珠宝产业的发展政策和未来展望

2017年，罗湖区珠宝产业供给侧结构性改革实施方案的发展策略是深入推进"三去一降一补"。

（1）"一去"是去产能。去同质化产品产能，鼓励企业按需生产，满足消费者个性化需求，减少同质化产品。去低端化市场主体，加大监管力度，清理不符合环保要求的生产加工厂及无牌无照的市场主体。

（2）"二去"是去库存，包括去产品库存和去物业库存。去产品库存是要推动企业加大品牌运营力度，大力发展消费品牌，严格把控产品质量，创新产品营销模式。去物业库存是扩大产业外延、促进跨界发展，完善配套产业，控制新增物业量。

（3）"三去"是去杠杆。规范行业融资方式，加强对行业金融机构的监管，规范联网金融发展，切实防范风险。拓宽行业融资渠道，鼓励企业规范化经营，加快上市进程，创新融资模式，吸引更多资本进入珠宝行业。

（4）"一降"是降成本。降低物业成本，合理规划片区产业功能分区和开发规模，提高资源利用率，集约化空间布局。降低运营成本，完善片区配套设施，加大公共服务平台建设力度，降低企业经营成本。

（5）"一补"是补短板。提升技术研发水平，推进制造智能化发展，进行产业"再制造化"。引进、培育高端珠宝人才，增强产业发展后劲。加强知识产权保护，构建多层次的知识产权保护体系。美化片区环境，完善交通规划，提升城区品质。

罗湖区珠宝产业供给侧结构性改革实施方案还提出，实施十大工程，促进珠宝行业增品种、提品质、创品牌，完善产业配套、优化营商环境、创新经营模式、提高产品品质，促进产业转型升级、高端发展。

十大工程包括：智能制造示范工程、精品制造工程、品牌化建设工程、设计师培育工程、"互联网＋"工程、知识产权保护和标准化建设工程、国际化发展工程、跨界融合工程、产业链完善工程、环境优化工程。

2017年，罗湖区珠宝产业供给侧结构性改革将着力推进12个重点项目：智能化示范中心项目、珠宝知识产权保护策略研究及宣传推广项目、举办中国（深圳）国际珠宝首饰设计大赛活动、举办"中国生肖珠宝设计展览暨中国深圳·罗湖珠宝产业成就图片展"活动、黄金专营机构项目、深圳珠宝博物馆项目、珠宝大道贝丽北路立面美化项目、珠宝大道贝丽北路街面环境提升项目、三大主题公园规划设计项目、水贝片区交通专项规划项目、布心片区交通综合改善详细规划项目、布心路下沉改善项目。

根据深圳市珠宝产业发展政策，可以预测：第一，随着深圳地价的不断上涨，深圳的一些中小低

第8章 世界珠宝与珠宝世界

端珠宝制造企业将进一步加快向内地转移。第二，深圳珠宝产业在聚集品牌建设、环境改善的同时，将建成以罗湖区首饰设计、科研教学、标准规范为核心，以龙岗、盐田、宝安为珠宝首饰制造中心的产业新布局。第三，推进珠宝首饰产品智能化与网络化，加强对外合作，使"中国制造"变为"中国创造"。

8.5 番禺珠宝产业集聚与深圳珠宝产业（罗湖珠宝集聚）比较

深圳和广州番禺是中国珠宝产业特别是制造业的两个发展极，两地珠宝产业的启动时间基本一致。其中，深圳罗湖区水贝的珠宝集聚可以作为番禺珠宝产业集聚最重要的参考系。

到 2017 年为止，从产业规模来看，深圳罗湖区珠宝产业的企业数规模及产业人数规模大约是番禺的一倍以上，产业交易规模也高近一倍，显示出深圳罗湖的珠宝产业集聚无论在发展速度还是在效益上都比番禺产业集聚更有活力。

常常有人说，番禺比深圳有先发优势，实际上也并非如此。

深圳产业的起步阶段为 1981 年，产品以足金饰品为主，也是以"三来一补"企业为主。1981 年 12 月，香港诚志高珠宝有限公司投资引进设备与深圳医疗综合厂合作建立了首家"三来一补"企业——东方首饰来料加工厂，投资总额为 380 万元人民币，生产加工足金饰品。1982 年，东方首饰厂生产、加工金饰品 15308 件，总产值 14.87 万元，当年实现利税 2.7 万元，出口创汇 35.46 万港元。

番禺最早相关记载是 20 世纪 80 年代中期，全番禺"作坊式"小规模珠宝加工厂不足 10 家，厂内员工不过数十人。真正的合资企业是香港"Florence Jewelers Ltd."（"富隆珠宝"公司）1985 年和中国工艺品进出口总公司广东控股公司［Guangdong (Holdings) Co. of China］合资建立的，很有可能，这家公司最早还不是在番禺，而是在广州。因此，在很多的文献记载或者回忆中，都写李建生的香港新生珠宝首饰公司是最早进入番禺从事来料加工的港资企业，时间是 1986 年。显然，深圳珠宝产业集聚的起步时间不但没比番禺晚，可能还更早，同时，两地起步的模式基本是一致的，都是从"来料加工"开始。当然，也有人回忆说 20 世纪 80 年代早期番禺可能也有一些个体的黄金首饰加工企业，但基本上找不到确切的文字记载。

诚然，谁早一点、晚一点并无特别重要的意义，只是依据记载，可以清晰地看到，与深圳相比，番禺的珠宝产业集聚并无先发优势。

1983 年 1 月，由中国人民银行深圳特区分行申报的第一家金店——深圳旅游服务公司金行正式开张营业。1984 年 12 月，深圳首家定点生产经营金饰品的国有内联企业——艺华公司成立，成为全国第一家在深圳的对国内生产、经营黄金饰品的定点企业。是年，深圳市东方首饰厂建成投产，全市的珠宝金行发展到约 10 家。发展到今天，深圳水贝成为中国内地市场最大的供应集聚，深圳加工生产的珠宝首饰占中国国内销售珠宝首饰的 70% 以上，应该说，深圳今天的发展模式与深圳最迟在 1984 年就开始建立了黄金定点企业直接面对国内消费市场的体系不无关系。

而番禺，随着香港的新生珠宝首饰公司和莱利珠宝集团来料加工业务成功的示范，以及其后番华合资企业创造的"一牌多车间"模式的成功，大量港资及澳门企业进入番禺，番禺珠宝 OEM 来料加工模式不断被强化，番禺成为香港品牌珠宝走向国际的产业基地，形成了珠宝出口贸易"前店后厂"

的模式，番禺生产制造的珠宝占香港出口国际市场品牌70%以上的份额，与此同时，番禺的珠宝出口量占据了中国珠宝出口最大的份额。

中国黄金协会秘书长吕文元2003年接受报刊采访时认为，深圳珠宝业的繁盛很大程度上得益于香港珠宝业的产业转移。在发展过程中，作为加工者的深圳珠宝业并未在生产积累的过程中创新出自己的特色，产品模仿、经营手法单一等问题明显。大部分深圳珠宝企业仍然停留在接单加工生产的OEM形式，使用自己的生产线，生产自己的产品，最后却贴上他人的品牌，企业最终赚取的只是中间生产过程的加工费，这种生产模式导致了看起来财大气粗的深圳珠宝企业效益低下。

显然，深圳珠宝和番禺珠宝的起点相同，甚至更早，早期发展的基本模式都是一样的，也有过OEM贴牌生产的过程。

但其后，深圳珠宝产业凭借国内珠宝市场迅速发展的机遇和巨大的发展空间，集聚稳步发展，规模及效益远远超过了广州番禺珠宝产业。

原因何在？除了发展机遇的差异，很多的原因值得进一步深入探讨。我们根据调研和思考总结出了下面几点认识。

8.5.1 产业集聚形成"基因"不同，形成不同的产业发展模式

原番禺贸促会会长、外经贸局副局长、经贸局局长黎志伟曾指出：

"空间上，番禺不是一个移民城市，来的只有香港人，但深圳不一样，是移民城市，聚集了国内大量的民营企业家、创业家，非常活跃，也注意对资本市场的利用，有资本运营的环境，例如深交所对于深圳的发展就起到了很大的作用。他们有效地利用了经营的手段，包括联保联贷、上市、企业之间的合作互动，形成一个群体，这些东西番禺是没有的，番禺偏向于个体发展。"

"首先，两个地方基因不同，导致了不同的呈现模式，当中国市场的发展为深圳这种产业基因提供了广阔空间的时候，深圳就迅速发展了起来；而同时，国际市场却在萎缩和调整。其次，从国际竞争的角度，番禺面临的是以印度为代表的国际珠宝业的竞争，不同供应链、价值链的竞争，印度的基因与我们也不一样，他们是家族传承，一家子全部为链条关系，内部信用非常牢靠，形成家族的全球化经营，有效地整合了全球的供应链，给番禺造成了很强的竞争压力。国际市场的压缩，原料供应端丢失话语权，进一步扩大了番禺与深圳的区别，即此消彼长。"

这段话的信息量颇大，可以做很多层面的解读，但是，我们至少可以认为，当时作为番禺贸促会会长的黎志伟很清晰地认识到，两地珠宝产业发展的基础、发展的"基因"存在很大的差异。其中，支撑两地产业发展企业家群体的差异应该说是影响发展差异重要的"基础"因素之一。

从理论上解释，其实就是两地人才结构具有很大的差异性。

深圳的企业家具有很强的植根性，是以广东最具商业头脑和智慧、具有很强进取心的潮汕民营企业家为主形成的商业群体，他们具有很强的"内生"凝聚力；而番禺早期起关键作用的，主要是香港产业转型进入内地市场的香港商人，其中部分人和内地或者番禺具有一定的乡缘关系，这个群体最大的优势是熟识国际市场规则和具有国际贸易的经验，但是，他们对国内市场的了解很有限。

与此同时，深圳作为中国最具活力的移民城市，后来的人才资源非常丰富而多元化。由于具有独特的特区人才政策，中国地质大学（北京、武汉）、桂林理工大学、河北地质大学、成都理工大学等院校的宝玉石与材料工艺学及设计专业的毕业生源源不断，浩浩荡荡进入深圳，为深圳珠宝产业的发展不断增补新鲜血液；而番禺原本作为广州地区的一个县，其后转变为市，再变为广州的区，在整个人才资源结构上，主要依靠的是由香港师傅在当地培养的地方人才以及部分北方南下的劳动力，虽然部分国内大学，例如中山大学、中国地质大学（北京、武汉）、桂林理工大学等院校也有部分学生到

番禺珠宝产业进行发展，但是数量上和深圳处在完全不同的量级上。相比之下，深圳在人才资源上的优势不言自明。

其后，黎志伟说的一番话可以作为这个认识的佐证："人才培养，确实是番禺的一个短板来的，好的人才都愿意去深圳了，我们番禺的环境整体还是不如深圳那么发达，深圳的机会多一些，这个行业相关的服务业不如深圳全面。"

可以认为，企业家群体差异及人才结构差异形成的产业基因不同，对两地产业的发展产生了重要的影响。

8.5.2 产业发展的政策环境不同，深圳具有强大的特区政策支持，番禺则一直在探索和寻找产业发展成长的政策空间

深圳水贝的珠宝产业集聚是在深圳经济特区的政策支持下发展起来的。深圳经济特区从一开始就在产业发展优惠、金融、税收和人才政策等方面有非常独特的优势。这种政策优势，从珠宝产业形成到产业发展升级，无不给予深圳珠宝产业极大的"资源"优势。

实际上，无论是番禺区政府还是广州市政府，在番禺珠宝产业集聚形成过程中都给予了珠宝产业很大的支持，例如，推动番禺珠宝产业快速发展"一个牌照，几十家挂靠车间"关键的生产模式要是没有当地政府敢为天下先的大力支持，几乎是不可能形成和成长的。还有，通过沙湾珠宝产业园实施海关一体化通关，为番禺珠宝业出口提供了极大的便利，也喝了"头啖汤"，等等，不一而足。

《大经贸》（2005年）的记者在番禺珠宝企业进行采访后曾记述："在采访过程中，我们感受最多的是番禺区政府对珠宝行业的高度重视和大力支持。政府各级公务人员对于珠宝行业发展的扶持不遗余力，对企业发展中所遇到的问题尽全力去帮助解决。多个受访企业表示，当初之所以选择来番禺，最主要的原因就是看重当地政府对珠宝行业的重视和对企业的优质服务。"

2011年5月25日，香港"亚洲时报在线"记者在采访其时在番禺投资钻石厂的比利时商人、米琦钻石厂老板米奇·温斯托克时问他为何愿意在番禺投资，他说："第一是劳动力成本，切割和抛光1克拉钻石的成本在中国只有17美元，在比利时是150美元；第二是当地政府的支持。"该文章指出，中国的优势随着国内对珠宝日益高涨的需求推动中国在全球小钻石市场上占据更大份额，广东的番禺正极力发挥中国"珠宝之都"的优势。可见，政府对产业的支持获得投资商的认同。

另外，与其他产业集聚不同，番禺区主要领导一直关心番禺珠宝产业的发展，经常亲自带队调研，甚至直接为番禺珠宝产业的发展站台。

例如，2007年6月，时任番禺区委书记、区人大常委会主任谭应华，番禺区政府副区长黎伟棠带领番禺珠宝产业企业家代表团一行赴比利时、英国、法国、荷兰考察，成功说服比利时钻石高层议会（HRD）和比利时钻石银行（ADB）启动与番禺合作。2007年，贸促会会长黎志伟参加在迪拜举办的2007年国际彩色宝石协会年会，亲自作了题为《中国珠宝新纪元，彩色宝石新时代——扶摇直上的中国番禺珠宝玉石首饰特色产业示范基地》的演讲，向来自世界各地的珠宝业人士介绍番禺珠宝业，并向ICA提出了下一届ICA年会到番禺举行的申请。

2008年5月，谭应华书记又亲自带领番禺珠宝产业代表团考察印度、迪拜等珠宝产业发展较为集中的国家和地区，进行交流学习。考察期间，外经贸局副局长黎志伟代表番禺区政府与迪拜多个商品交易中心管理局成功签署《关于推进中国番禺—阿联酋迪拜两地珠宝产业发展的合作备忘录》。

在番禺珠宝企业需要回航国内市场时，番禺外经贸局及时联合海关出台了《关于促进加工贸易内销便利化的通知》，进一步简化加工贸易内销审批手续，推广"先销后征、集中申报"的管理模

式，促进内销便利化，降低税费成本以给予大力支持。

但客观来说，番禺珠宝产业从政府层面获得的发展支持力度很难和深圳特区强大的特区政策支持相比。番禺区至今没有出台过真正针对珠宝产业本身发展的产业政策，包括资金扶持和人才扶持政策，而深圳、佛山都有专门针对珠宝产业发展的政策措施。就此而言，可以说明，番禺当地政府对于是否将珠宝产业作为优先发展产业的决心一直是犹豫不定的。

另外，两地珠宝产业获得政府对产业支持的差异，也可以从其投入时间、力度及其产业融合推动等略见一斑。

据深圳市黄金珠宝首饰行业协会统计，深圳珠宝企业在当地金融机构的各种融资已超过300亿元，番禺珠宝玉石首饰产业远没有达到这个规模，这显示深圳珠宝玉石首饰产业较番禺在与文化创意产业、旅游文化产业、金融产业等其他产业的融合方面有更高的融合度。

2004年8月至2017年，深圳珠宝产业从深圳市、罗湖区两级政府共获得约3亿元资金用于珠宝产业集聚基地环境改造。罗湖区政府更是出台产业转型升级专项资金扶持政策，每年投入4亿元扶持产业发展。

作为对比，番禺大罗塘珠宝厂商会会长李文俊在2016年接受记者采访时说道："近年来，在广州市、番禺区和沙头街等各级政府和行业主管部门的高度重视和关心支持下，大罗塘珠宝首饰集聚区已被纳入广州市十大特色产业平台和广州市新型城市化发展100个重点项目。今年，区政府拨出专项整治资金2000多万元，对大罗塘珠宝首饰集聚区进行环境综合整治。"

可见，两地政府在重视产业发展的时间早晚以及政策支持力度上，都不在一个量级上。

我们在采访推动番禺彩色宝石加工产业发展重要的见证人、大罗塘珠宝彩色宝石的领路人之一、金俊汇老板吴坚平时，他感慨道："水贝政府的扶持力度、政策等都是番禺不可能比的，肯定比这边要好，市场氛围，市场服务，政府对市场的扶持力度绝对比番禺大。"

事实上，两地政府对产业支持力度的差异和产业的结构本身有极大的关联，多年来，番禺珠宝产业"大进大出"，因此，在税收等方面很难体现对地方的贡献。

例如，2012年，沙湾镇党委委员、副镇长冯威明曾指出："沙湾虽然是全国珠宝行业最大的加工出口基地，但创造的社会效益不明显，内销市场始终制约着企业的生存空间。"

与此不同，经过多年的规范化发展，深圳已经形成大量著名品牌，深圳珠宝产业每年给深圳市贡献的税收可达十几亿元以上，成为地方重要的财税资源。

根据罗湖工业运行情况分析及盐田统计年鉴数据显示，罗湖、盐田2011—2015年珠宝玉石首饰产业产值分别为496亿元、645亿元、669亿元、948亿元、355亿元和442亿元、475亿元、584亿元、508亿元、409亿元。而据番禺国民经济和社会发展统计公报及海关信息显示，番禺2011—2015年珠宝首饰出口额为25.30亿美元、27.98亿美元、41.30亿美元、45.95亿美元、41.82亿美元，以当年平均汇率换算为163亿元、177亿元、256亿元、282亿元、261亿元。两地的发展规模明显有别。

由此，我们可以看见，深圳珠宝产业的发展已经形成了正向反馈机制，产业不断发展壮大，国家和地方财政的收益不断增强，反过来，地方政府对产业的政策支持也明确到位。

以深圳盐田区为例，2014年，盐田区规模以上黄金珠宝制造企业有27家，2015年增加到29家，2016年为40家。2015年，该区规模以上黄金珠宝制造企业产值408.80亿元，税收7.85亿元；2016年，预计的税收达8.23亿元，上升4.8%。

而番禺珠宝产业集聚，则一直很难平衡产业发展和地方政府税收及财政收益的关系，后者制约了地方政府推动珠宝产业发展的信心。

调研过程中,我们看到了番禺区政府正在制定的"广州市番禺区促进珠宝首饰产业转型升级发展管理办法"(讨论稿),这个正在讨论中的政策,涉及对"转型升级与效益提升",对珠宝首饰企业实现年度税收增加、上市,企业进入中国民营企业500强、中国服务业500强、中国制造业企业500强企业等的奖励,特别值得注意的还有关于创新和人才建设等,对"建立行业公共服务平台""确认为创业领军团队""获得区、市、省、国家级孵化器""获得专利授权""获得广州市著名商标""建设实体市场+网上交易平台""综合电子商务平台"取得一定实效的众多具体的奖励措施及规定。虽然目前这个办法仍然在酝酿之中,但这表明,番禺区政府对于推动番禺珠宝产业集聚的升级发展已有新的认识和举措。

8.5.3 产业的运作模式及面对的终端市场不同,成长迥异

2000年后,深圳主要依托的是高速发展的国内市场,逐步通过品牌化推动产业发展;而番禺一直未能离开OEM"来料加工"的发展道路,2004年后,产业尝试向ODM和OSM模式升级,但由于参与的是更加跌宕起伏的国际市场,相关的努力事倍功半。

产业发展的早期,番禺珠宝产业依托香港很多著名的珠宝品牌,如六福珠宝、谢瑞麟珠宝、环球国际珠宝、立艺珠宝、喜利(番禺)钻石,因此,产品的设计及品质管理具有国际水平,有强大的竞争力。但是,随着1997年亚洲金融风暴,2001年美国"9·11"事件导致全球市场信心动摇,2008年美国次贷危机引发国际市场风云变幻,以出口为导向的番禺珠宝产业在国际市场屡屡受创。在此过程中,在香港上市的番禺的三和珠宝(雅和)和亿钻珠宝被收购易主;2015年12月,番禺著名电商彩色宝石品牌"米莱珠宝"被刚泰控股收购。至今,番禺本地化的珠宝企业中仅有一家"卓尔珠宝"获得过国内驰名商标,在深圳新三板上市[在番禺设厂的谢瑞麟珠宝(国际)有限公司(TSL|谢瑞麟1987年在香港联合交易所有限公司上市)]。

显然,番禺珠宝产业集聚从OEM向ODM和OSM模式升级之路走得并不顺畅,区内没能产生可以引领产业发展的"领袖"型品牌。部分目前在全球有重要影响的品牌,例如2018年进入全球奢侈品品牌100强的"六福珠宝"因为属地已划分到南沙区,对番禺珠宝产业的牵引已明显不足。进入亚洲品牌500强的"卓尔珠宝"以及仍然在番禺区的谢瑞麟珠宝的品牌"溢出效应"仍然有限。

相反,由于深圳珠宝企业占领了20年扩张了几十甚至百倍以上的内地珠宝市场,在政府政策的支持和引导下,企业不断向品牌化方向发展壮大。以水贝产业集聚为例,该区贵金属饰品及珠宝玉石加工批发,就培育了翠绿、爱得康、安盛华等中国名牌和周大生、爱迪尔、吉盟、甘露、星光达等40多家国内知名品牌,获得品牌数占全国半壁江山(见表8-7),吸引了萃华、金一、东方金钰、中国黄金等10多家上市珠宝企业入驻。

表8-7 深圳珠宝类品牌获得荣誉个数及全国占比

荣誉	深圳珠宝类品牌荣誉个数	百分比(%)
中国驰名商标	21	占全国36
中国名牌	23	占全国44
广东省著名商标	21	占广东68
广东省名牌产品	16	占广东100

数据来源:《中国珠宝玉石首饰特色产业基地建设之路》,2012

深圳本地的珠宝企业中,周大生(深圳成长企业)和爱迪尔2家已在深圳主板成功上市。在上交所、深交所(包括A股、中小板、新三板)上市的44家珠宝类企业中,除了爱迪尔、周大生珠宝已在深交所A股上市外,深圳本土珠宝玉石首饰类企业("深圳珠宝"区域品牌)中还有金尔豪、爱度科技、隶源基、中金恒泰、长宁钻石等6家公司于2015年后在新三板挂牌。

可见,两个产业集聚发展的差异,受到企业"植根性"差异导致企业家的发展思路明显不同的影响,但从更宏观的层面来看,国际市场和中国市场近20年的发展存在极大的差异,两地发展路径迥异、市场机遇不同也是很重要的影响因素。

第 9 章 番禺珠宝故事——产业发展历程片段

9.1 番禺珠宝产业发展大事记

9.1.1 开辟珠宝产业加工分段工业化生产新时代，始创"一牌多车间"挂牌管理生产模式

20 世纪 80 年代中期开始，番禺珠宝产业将香港师傅手工制作珠宝的全过程分解为不同的工业化流程，通过学徒分段学习，快速成长，缩短了人才成熟的时间，弥补了技术工人不足的缺陷，加快了珠宝首饰工业化进程，使原先的手工业制作发展成为可以"流水线"作业的现代产业，开创了珠宝首饰生产管理的新时代。

1989 年，番禺始创"一牌多车间"挂牌管理生产模式，这种模式让番禺由只有 4 个经营资格的金银加工牌照公司引入 400 家珠宝加工企业，在国内开创了黄金珠宝来料加工的"加工车间"新模式。

发展到 20 世纪 80 年代末，番禺已有东宝、番华、莱利等多家大型加工出口型企业，初步具备了外向型产业集聚的发展雏形。

9.1.2 成立国内最早的县市级珠宝行业组织——广州市番禺区珠宝厂商会

1991 年 6 月 29 日，广州市番禺区珠宝厂商会（Guangzhou Panyu Jewelry Manufacturers Association）成立，这是国内县市级珠宝行业早期组织之一。初期只有四五家会员单位，香港莱利珠宝的老板徐发泉是首届厂商会会长。

首届番禺区珠宝厂商会副会长、其后连任番禺区珠宝厂商会八届会长（1991—2007 年）并成为永久名誉会长的李建生曾说："简单而言，我们厂商会的作用就是沟通、协调和开拓。"据其透露，番禺区珠宝厂商会的目标有三个：第一为沟通，即提升厂商和政府之间的桥梁关系，比如招商引资；第二是协调，即平衡稳定行业的发展，比如制定规则、规范行为；第三为开拓，即帮助会员发展业务，寻找市场和商机。他在番禺正式引进了外商投资机构，成立了番禺第一家外资珠宝首饰企业，为番禺珠宝经济的发展揭开了新的一页。

厂商会秉承"沟通、协调、开拓"的宗旨，在番禺区珠宝产业集聚发展过程中发挥了不可或缺的作用。至今已发展成为拥有 120 多家会员单位的行业组织，涵盖了珠宝制造、足金、K 金首饰、黄金镶嵌制造、珠宝钟表制造等领域。

据欧祖贤回忆，番禺区珠宝厂商会成立之初，外商的纷纷进驻为番禺珠宝业带来了设备、技术和人才，也带来了管理和安全的隐患。为此，厂商会及时为会员提供国家有关政策、法律、对外贸易、

加工生产等方面的指南，并以合同的方式要求外商在番禺设厂并严格遵守中国法令。同时，厂商会根据产业发展出现的问题，及时与政府有关部门沟通信息、反馈情况，为会员解决生产经营中遇到的困难；组织技术、生产和管理等方面的合作交流，提高番禺珠宝企业的生产力与竞争力；协调与加强珠宝首饰业界各方的联系，增进交流与合作，促进行业整体发展；组织、参与国内外大型珠宝展，为会员提供交流发展平台，增强企业业务扩展能力和产业竞争力。

作为中国珠宝业最早成立的行业协会之一，番禺区珠宝厂商会一直为政府充当招商引资顾问的角色，为番禺区的招商引资做了大量宣传工作。同时，作为行业协会，商会一直致力于调解会员企业间的纷争，维持行业秩序，加强会员与政府部门间的联系与沟通，以推动番禺珠宝业健康、有序、稳定发展。

2000年9月，番禺区珠宝厂商会代表在深圳签订了2001年深圳国际珠宝展览合作协议，正式成为深圳9月国际珠宝展览会的主办单位之一，其后，该展发展成为国内最重大的珠宝展览会之一。2007年8月10日，厂商会协助番禺区政府筹办"中国珠宝界（番禺）翡翠专业采购会"；11月30日，举办"世界珠宝，番禺制造"广州市番禺区珠宝厂商会17周年庆祝晚宴，正式举起"世界珠宝，番禺制造"大旗。2008年5月15日，新会址乔迁，随后成功举办"番禺国际彩色宝石'钻汇中心杯'设计大赛"。2009年1月，参加番禺区百亿经济项目庆典活动，举行数百亿电子商务平台的签约仪式。

2018年5月16日，番禺区珠宝厂商会第十二届理事会第十次会议召开，广州市誉宝首饰器材有限公司董事长吴威接替卸任的包文斌，出任第十三届会长，万利佳（广州）首饰有限公司控股公司董事兼业务总监黄伟棠任第十三届理事会监事长。

9.1.3 香港知名珠宝零售品牌加盟番禺珠宝产业

1994年，一家集设计、制造、营销、传播为一体的现代化珠宝公司香港卓尔珠宝有限公司第一个加入番禺珠宝生产基地，其后，该公司荣获"中国珠宝首饰驰名品牌"称号，5次入围"亚洲品牌500强"，排名从2012年的第487位上升至第389位。2017年1月13日，卓尔珠宝成功在新三板挂牌上市，成为广州首家中外合股的珠宝类股份制上市企业；1997年，番禺区把经营不善的莱利首饰公司进行了重组，成功引入六福、TSL｜谢瑞麟等香港知名的珠宝品牌公司，其后20年，六福和谢瑞麟珠宝品牌在国内市场获得极大的发展，与周大福珠宝一起成为2018年我国最具品牌价值的港资珠宝品牌。

9.1.4 广州番禺职业技术学院创建珠宝相关专业，建设番禺珠宝产业人才基地

广州市番禺区珠宝厂商会最早的珠宝首饰加工技术培训班在1997年6月2日成立，经营范围包括首饰制作工（镶嵌、执模、打模）培训等，但是，当时这个培训班是短期性质的技术培训。

2001年，广州番禺职业技术学院正式创建珠宝相关专业。2005年，在粤港澳珠宝行业人士的资助下，番禺职业技术学院创办了二级学院珠宝学院，组建了集教学、培训、生产、技术研发、职业技能鉴定和职业素质训导"六位一体"的珠宝首饰类专业校内生产性实训基地。2011年，该学院获批成立了广东省珠宝首饰工程技术研究中心、广东高校珠宝首饰工程技术开发中心，以及省教育厅首批认定的珠宝首饰类专业高技术技能型人才协同育人平台，成为番禺珠宝产业发展的人才培养基地。

9.1.5 番禺珠宝以"中国珠宝"之名参加瑞士巴塞尔国际钟表珠宝展，番禺珠宝产业正式参与国际会展业，2002年，番禺区珠宝厂商会组织广州（番禺）国际珠宝展

1997年的瑞士巴塞尔国际珠宝展，番禺珠宝与中国珠宝首饰进出口公司一起以"中国珠宝"的名义第一次参加了国际展览，开始向国际珠宝市场推出"番禺珠宝"品牌。2001年，番禺厂商会取得了意大利"维琴察"国际珠宝展中国馆的协办权，通过参加多个大型国际性珠宝展，向全世界推广中国珠宝首饰的工艺及文化。2002年4月4—11日，番禺区珠宝厂商会再与中国珠宝首饰进出口公司共同组织"中国馆"参加世界最大的珠宝钟表盛事——"巴塞尔国际钟表珠宝展"，备受国际买家关注。

2002年8月22—25日，经过一年多的策划和筹备，由中国珠宝首饰进出口公司、广州市人民政府作为主办方的第1届广州（番禺）国际珠宝展览会在番禺百越广场展览中心举行，该展览被称为番禺珠宝业的"成人礼"。该展览有400多个展位，来自美国、日本、韩国、法国、德国、意大利、新加坡、马来西亚、南非、以色列、中国共140多家企业参展。包括世界黄金协会、日本珠宝业协会、香港珠宝玉石厂商会等世界各地的40多个珠宝行业商会前来参观，展会确定的"第一届展会不求最大，但求最好最专业"的目标基本达到。据统计，入场专业买家2万人次，而入场人次更达5万人次。

展会期间，一条由厂商会搭建的珠宝街也正式营业，珠宝街内设品牌推广中心、高科技珠宝检测中心，它的定位是区内最专业的珠宝首饰零售批发中心。同时，在珠宝街旁边的商业大楼还设立了星级珠宝商专业商务中心。2003年起番禺区政府与珠宝厂商会共同策划和实施"番禺·中国珠宝谷"区域品牌战略。每年，番禺区珠宝厂商会与中国珠宝首饰进出口公司合作，以"中国珠宝"之名参加国际性珠宝展。其后，该展移师广州。

2004年6月16—19日，首届中国（广州）国际黄金珠宝玉石展览会在广州锦汉展览中心举办，番禺是主要的展览组团；2005年6月12—15日，第2届中国（广州）国际黄金珠宝玉石展览会在广州中国进出口商品交易会琶洲展馆举办；2006年6月16—19日，第3届中国（广州）国际黄金珠宝玉石展览会重回广州锦汉展览中心举办；其后，2007年6月15—18日，2008年6月13—16日，2009年5月9—12日，2010年6月17—20日，第4届至第7届中国（广州）国际黄金珠宝玉石展览会均在广州锦汉展览中心举办。

9.1.6 沙湾珠宝产业园正式奠基，番禺海关创建国内独特一体化进出口管理模式

2002年年初，番禺贸促会会长黎志伟等策划筹建番禺现代工业园区——沙湾珠宝产业园，10月1日，香港新信集团与广州市番禺外经集团联合开发的沙湾珠宝产业园正式奠基，番禺的珠宝首饰产业向规模化发展和规范化管理迈出重要的一步。2003年2月11日，沙湾珠宝产业园正式动工兴建，通过建设"一站式"的综合服务体系，加强珠宝行业加工贸易管理，引导产业规范化发展。

2006年，海关总署、广州市人民政府、广州市外经贸局、广州海关、番禺区政府、番禺区外经贸局、番禺海关等部门联合成立钻汇项目工作组，以特色产业珠宝首饰行业为依托、综合探究加工贸易创新管理模式，负责编写了《广州市番禺区珠宝行业调研报告》（政府版和海关版）。其后，该项目成为中国海关加工贸易管理的试点，也成为展示番禺珠宝首饰产业发展和管理的重要"窗口"。番

禺开始创建国内独特一体化海关进出口管理模式。广州沙湾珠宝产业园是番禺探索珠宝产业集聚式发展的新尝试。

沙湾珠宝产业园建立广州市番禺知识产权局"番禺区科技园区知识产权工作站"。2011年7月，沙湾镇获省科技厅正式批准成为广东省技术创新专业镇——珠宝首饰，是广东省专业镇建设工作开展近10年来首个被省科技厅认定的珠宝专业镇。

2013年，番禺珠宝首饰出口额为41.3亿美元。其中，沙湾珠宝产业园作为番禺珠宝首饰产业的重要基地，园区全年的出口额就达到31.2亿美元，占全区珠宝首饰出口的七成，显示出园区的设立对番禺珠宝产业的发展起到了非常重要的作用。

2015年，广州市工业和信息化委员会、广州市科技创新委员会、广州市环境保护局联合授予沙湾珠宝产业园"广州市清洁生产企业"称号。

9.1.7 广州钻汇珠宝采购中心，开拓番禺珠宝产业升级发展新探索

2004年8月4日，香港钻汇珠宝采购中心签约落户广州市番禺区，意味着全球最大的珠宝采购中心在番禺形成，为香港乃至国际珠宝行业提供了一个低成本采购环境，番禺启动了珠宝首饰产业转型升级发展的步伐。

2006年9月1日，位于番禺市桥百越广场的钻汇珠宝采购中心保税业务运营成功启动。

2007年8月11—12日，为引导翡翠产业的健康发展，更加丰富番禺珠宝产业内涵，番禺区政府联同中国珠宝玉石首饰行业协会和国土资源部珠宝玉石首饰管理中心，共同举办了"首届中国珠宝界翡翠专业采购会暨广州钻汇珠宝采购中心首批商家进驻庆典"系列活动，得到了业内人士及行业协会的热烈响应。国土资源部原部长、时任中国珠宝玉石首饰协会会长孙文盛，省国土资源厅巡视员胡红兵，广州市政协副主席平欣光，国土资源部珠宝玉石首饰管理中心副主任柯捷，区领导谭应华、陈德俊、黎伟棠、黄建强等出席了开幕式。2007年11月2日，借助中国北京国际珠宝展览会，广州市番禺区人民政府、中国珠宝玉石首饰行业协会、番禺区珠宝厂商会、钻汇珠宝采购中心等在北京国际展览中心联合举办了"对接珠宝产业升级，探索番禺精品珠宝回航之路"的研讨会，在美国次贷危机爆发之前，正式向外界发出番禺珠宝产业进行产业升级转型的信号，充分体现出番禺区政府和番禺珠宝产业对市场发展的前瞻性及战略眼光。

2010年11月，经过调整后的番禺钻汇广场正式开业，广场占地面积近4万平方米，是全国首家欧洲室内街景的集珠宝、婚庆、旅游为一体的大型购物中心，并借亚运契机，联合多家旅行社推出了全国首条珠宝产业游路线，即体验番禺主题乐园与主题商城的美妙之旅。

9.1.8 在京举办"钻光闪耀"中国大型珠宝业公益系列活动，展现番禺珠宝社会担当

2005年6月，番禺区人民政府与中国青少年发展基金会联合举办的"钻光闪耀"——中国大型珠宝业公益系列活动，组团式地对外宣传"番禺珠宝"的业界影响力和区域品牌的美誉度。

在北京钓鱼台国宾馆组织举办的"钻光闪耀，汇聚希望"——惊艳中国珠宝竞拍会，活动包括：①为"爱心希望杯"珠宝设计大赛颁奖：表彰参加本次设计大赛并获奖的单位和个人。②"钻光闪耀，汇聚希望"惊艳中国珠宝竞拍会。③邀请"千手观音"剧务组等演艺界人士表演节目。活动扩大了番禺珠宝产业在全国的影响，番禺珠宝产业不再是"墙内开花墙外香"，彰显了番禺珠宝产业的社会担当，其在国内的美誉度和影响力逐渐显现。

2006年2月27日,"闪耀·希望"大型珠宝公益活动"番禺珠宝慈善夜"珠宝爱心捐赠晚会在番禺宾馆隆重举行,整个晚会共接受捐赠近300万元。广州市番禺区人大常委会主任越良钊,番禺区副区长黎伟棠、万志成,番禺区对外贸易经济合作局副局长黎志伟、黄有才,番禺海关副关长李载福,番禺区出入境检验检疫局副局长缪志明,番禺区珠宝厂商会会长李建生等出席慈善晚会,体现了番禺珠宝产业积极响应党和政府"发展慈善事业"和"建立和谐社会,关注社会弱势群体"的号召,倡导珠宝业回馈社会公益事业。

9.1.9 珠宝产业第一份五年规划《广州市番禺区"十一五"珠宝产业发展规划(纲要)》发布,珠宝产业成为政府规划发展管理行业

2005年,番禺区珠宝产业第一份五年规划《广州市番禺区"十一五"珠宝产业发展规划(纲要)》出台。《规划》明确指出,要转变增长方式,以扩大国内销售为新发展方向,促进番禺当地珠宝经济由主要依靠出口外销拉动向国内外市场并重协调发展转变。

广州市外经贸局副局长高耀宗说:"十一五"规划中,珠宝业的发展目标是:"以外向型经济为主导,在更大范围、更宽领域上形成产业服务配套、投资贸易并举的新格局,推动珠宝产业集聚升级,力争把广州发展成为世界三大珠宝加工制造中心之一,全面提升广州珠宝产业的国际竞争力。"

9.1.10 番禺成为全国首批"中国珠宝玉石首饰特色产业基地",成功申报广东省科学技术厅"火炬计划"项目,被授予"广东省火炬计划珠宝特色产业基地"

2006年,番禺区领导赴京参加"中国珠宝玉石首饰特色产业市长论坛",区政府正式申请国土资源部珠宝玉石首饰管理中心和中国珠宝玉石首饰行业协会联合授牌的"中国珠宝玉石首饰特色产业基地",随后,番禺获批成为全国首批16家特色产业基地的示范基地之一。2006年,番禺《珠宝业》《珠宝生活》期刊及番禺区级珠宝专业网站建立,番禺珠宝行业动态和番禺珠宝产业集聚的综合影响力开始通过当地媒体正式推向国内市场。

2007年,番禺区成功申报广东省科学技术厅"火炬计划"项目,番禺被授予"广东省火炬计划珠宝特色产业基地"。这是当时广东省内珠宝业界唯一的火炬计划珠宝特色产业基地,同时承担建立番禺珠宝首饰鉴定评估实验室的省科技厅资助项目。通过该课题探研利用高新技术提升传统产业发展的思路与措施,为其后国家珠宝玉石质量监督检验中心番禺实验室落户打下基础。

两年拿下全国和广东省的两个"特色基地",这是番禺珠宝产业集聚的历史性突破,也是产业发展的大事件,充分显示了番禺珠宝产业集聚无论是在国内珠宝业界的重要性还是在广东省不同产业的显示度都获得了正式的承认。

2011年,番禺珠宝产业被广东省科学技术厅评为"广东省技术创新专业镇——珠宝首饰",2013年,番禺区被评为"第三批国家外贸转型升级专业型示范基地"。

9.1.11 成功申请和举办第5届中国国际白银年会和第13届国际彩色宝石协会年会,开拓与世界珠宝全球价值链高端的互动

2005年,中国珠宝玉石首饰行业协会、世界白银协会、中国商业联合会、中国有色金属工业协会、中国五矿化工进出口商会与广州市人民政府联合主办的第5届中国国际白银年会在番禺顺利召开。

国际彩色宝石协会成立于1984年，由来自46个国家超过560家致力于宣传和推广有关彩色宝石知识以及鉴赏的宝石交易商、切割商和采矿商组成。2007年，番禺区组织珠宝经贸交流团赴迪拜申办国际彩色宝石年会获得认同。2007年5月9日，当第12届国际彩色宝石协会年会在阿拉伯联合酋长国迪拜闭幕的时候，国际彩色宝石协会当值主席安卓考迪宣布，两年以后的下一届，即第13届国际彩色宝石协会年会在中国广州番禺举行。两年一届的彩宝年会首次选择中国，选择番禺，是对番禺珠宝产业发展成果的一种认定，说明番禺珠宝已确定其在国际彩色宝石产业界的地位。

经过两年的积极准备，2009年5月5—10日，由中国珠宝玉石首饰行业协会、国际彩色宝石协会、广州市番禺区人民政府联合举办的"第13届国际彩色宝石协会（番禺）年会"顺利召开，这是该国际性产业大会首次在中国举办，国内外800多家企业到会。年会参会人员层次之高、领域之广、交流议题之多之充分，均前所未有。

应邀出席ICA本届年会的嘉宾有国土资源部、中国珠宝玉石首饰行业协会、国家珠宝玉石质量监督检验中心、广东省省、市、区及有关部门的领导，来自澳大利亚、比利时、巴西、加拿大、法国、德国、中国香港、印度、以色列、日本、肯尼亚、巴基斯坦、俄罗斯、新加坡、南非、韩国、斯里兰卡、瑞士、瑞典、中国台湾、泰国、阿拉伯联合酋长国、英国、美国、越南等约40个国家和地区的外宾及内地珠宝商共约1000人。

会后，番禺组织成立了"ICA中国办事处"，两个活动虽然历时4年，但实际上可以理解为番禺一个大的产业事件，就是番禺珠宝产业已从最早的"来料加工"集聚发展成为中国珠宝加工产业的领头羊，获得全球珠宝价值链高端的认同。

2009年，广州市番禺珠宝产业发展中心与中国黄金报社、国际彩色宝石协会三方签署协议，共同组织编研并正式出版《中国彩宝首饰消费白皮书》（2009年版）。

2014年11月，由番禺区协办，在番禺长隆国际酒店举办了"金伯利进程2014年全体成员会议"。同年，番禺开始举办一年一度的"番禺珠宝文化节"。

9.1.12 番禺区成功筹建成立了国家珠宝玉石质量监督检验中心番禺实验室及番禺培训中心，与中山大学、比利时钻石银行等开展战略合作，提升产业质量保障及技术研发创新能力

2008年，番禺区成功筹建成立了国家珠宝玉石质量监督检验中心番禺实验室及番禺培训中心。该实验室成为NGTC与北京、上海、深圳并列的国检四大实验室之一。同年，番禺区科技局立项了"创意产业及创意经济研究"课题，中山大学地球科学系/宝玉石研究鉴定中心与番禺区联合开展《广州市番禺区创意产业与创意经济发展研究》课题的编研工作。其后，2008年6月，番禺区政府与中山大学、华南理工大学、华南农业大学、暨南大学等10所院校签订了共同促进产学研合作框架协议。其时，番禺区累计有200多家企业与国内高校、科研机构开展产学研项目合作。针对珠宝产业，番禺区人民政府牵头与中山大学科技处签署《关于加强珠宝产业发展产学研战略合作的框架协议》，广州市番禺珠宝产业发展中心与中山大学地球科学系/宝玉石研究鉴定中心签署《关于筹建广东省珠宝产业技术与产业研发平台的合作协议》，并负责合作项目的"落地"工作。番禺区委书记谭应华认为，搭建由高等院校、政府、企业共同组成的创新孵化器，将可为区域发展提供源源不断的生机和动力，也将推动未来几年番禺掀起创新高科技型大项目布局的高潮。在此基础上，广州市番禺珠宝产业中心与中山大学地球科学系、中国黄金报社联合成立了"中国（番禺）黄金及贵金属珠宝产业研究所"。2009年，番禺被共青团中央选为中山大学"青年就业创业见习基地"。

2008年，中国（番禺）黄金及贵金属珠宝产业研究所与上海黄金交易所和上海钻石交易所探研中国珠宝行业要素市场的跨区域管理和特色产业基地（集群）支撑体系的建设工作。2008年，番禺区与比利时钻石银行及中国银行广州番禺支行组织"缔结商谊，卓越创新"比利时—番禺珠宝银行业研讨会等工作。2009年，参与暨南大学 MPA 教育中心的《港资珠宝加工企业市场转型的金融支持研究》等课题的材料收集与编写工作。

9.1.13 番禺区成立珠宝首饰标准化联盟，开展标准化技术创新

2009年3月13日，由番禺区珠宝厂商会、沙湾珠宝产业园、六福珠宝、三和首饰、米琦钻石、利成珠宝、大新珠宝7家单位组成的番禺区珠宝首饰标准联盟在沙湾镇举行成立大会。会上，标准联盟通过了《番禺区珠宝首饰标准联盟章程》，并对《回收贵金属处理技术规范》和《珠宝加工行业废水排放标准》两个联盟标准草稿进行讨论。建立联盟标准，意在促进贵金属废料回收技术在产业中的推广应用，提高资源的利用率，减少环境污染，促进珠宝行业走清洁生产的可持续发展道路，有效提升整个行业的发展水平以及对区域经济的推动力，标志着番禺区珠宝首饰企业采用标准化手段积极应对金融海啸，在减少环境污染和促进产业结构优化升级等方面迈出了实质性的一步。

2009年，广州市番禺珠宝产业发展中心与国家珠宝玉石质量监督检验中心、国际彩色宝石协会、阿联酋（迪拜）国际钻石鉴定所合作签署《关于建立国际彩色宝石鉴定与评估标准的合作备忘录》，开展标准的编研工作；同年，向国家珠宝玉石首饰标准化技术委员会申请建立了宝石加工工艺分技术委员会。

2011年，联盟与广东省珠宝玉石标准化技术委员会合作，建议制定工业类地方标准7项。番禺成立沙湾珠宝产业园科学技术协会。

9.1.14 粤港两地珠宝产业签署《粤港珠宝内销联盟合作备忘录》，成立"粤港珠宝内销联盟"，番禺珠宝产业开拓升级转型合作新模式

2009年3月，在金融危机席卷全球市场的形势下，番禺在香港举办服务业发展推介会。番禺区政府联合国土资源部珠宝玉石首饰管理中心、香港贸发局、香港生产力促进局、广州市外经贸局等有关单位并设立合作项目，研究引导香港珠宝内销，深化粤港珠宝业一体化发展的机制与具体措施。

广州市番禺珠宝产业发展中心与香港生产力促进局、香港珠宝制造业厂商会、香港宝石厂商会、香港金银首饰工商总会等多个商会、番禺区珠宝厂商会一同签署《粤港珠宝内销联盟合作备忘录》，成立"粤港珠宝内销联盟"。

与此同时，组织珠宝产业发展中心与生产力（广州）咨询有限公司签署《珠宝产业转型升级合作备忘录》，通过借鉴中山小榄等珠三角城市的成功经验，探讨推动粤港两地珠宝产业升级转型的工业支援框架、思路及措施。

9.1.15 番禺区成立广州市番禺大罗塘珠宝首饰商会，番禺珠宝产业多元化发展

2015年6月19日，广州市番禺大罗塘珠宝首饰商会正式成立，商会由原材料生产制造、设计、培训、电商、销售中心、首饰持牌公司和产业园区等各领域业界代表参与组建，现已拥有初创会员450多名。商会将重点推动大罗塘珠宝业界"抱团"发展，带动整个产业链向原材料供应、电子商

务、文化旅游等上下游产业延伸，共筑大罗塘"珠宝梦"。

2017年，番禺成立大罗塘珠宝首饰商会企业联合党支部。

9.1.16 广东省珠宝玉石交易中心和广州钻石交易中心落户番禺区

2015年3月，番禺区在广州国际投资年会专题推介会上，重点推出了广东省珠宝玉石交易中心和广州钻石交易中心两个重点投资项目，正式向外界宣告，广东省珠宝玉石交易中心和广州钻石交易中心将落户番禺区。2015年9月30日，广州钻石交易中心工商注册落户番禺区。

2015年，广东省珠宝玉石交易中心落户番禺区。通过该平台，番禺将建成集原材料采购、珠宝加工、交易、设计、鉴定、信息交流、物流、展贸、金融结算、零售、文化旅游为一体的覆盖全产业链的产业集群，将番禺打造成国际宝玉石界的"安特卫普"，形成具有国际影响力的价格指数。据了解，两个项目各投资约5亿元，拟落户番禺沙湾珠宝产业园。其中，广东省珠宝玉石交易中心以彩色宝石、有机宝石、翡翠、和田玉等产品为主，提供包括现货交易、信息资讯、检测鉴定、报关服务、物流配送、融资保险、电子商务等服务。广州钻石交易中心则专注于钻石产品细分市场，探索"T+D"的交易模式，构建比肩上海钻石交易所的要素市场平台。

两个交易中心实行会员制和统一结算制度，通过"线上线下结合构建平台、前店后厂结合培育市场、金融产业结合服务实体"的模式，吸引国内外著名行业企业进驻，以珠宝玉石和钻石要素市场为中心，积极发展产业商务配套群，建成集原材料采购、珠宝加工、交易、设计、鉴定、信息交流、物流、展贸、金融结算、零售、文化旅游为一体的覆盖全产业链的产业集群。另外，交易中心还将联合银行、券商、担保、评估、评级、典当行、律师事务所、融资租赁公司等金融机构和中介机构，搭建产业链融资平台，设立定向产业投资基金，建立产业众筹和众投平台，探索资产证券化的交易模式，形成具有国际影响力的价格指数。

广东省珠宝玉石交易中心和广州钻石交易中心是广东省产权交易集团旗下一个重要的珠宝类要素交易平台，平台聚集了广州华林、佛山平洲、揭阳阳美和肇庆四会等产业聚集地资源，连接全球宝石原料市场，聚拢通关、检测、加工等专业服务，成为立足广州、服务粤港澳、辐射全国、面向世界的珠宝类全要素交易市场，有利于番禺区珠宝产业链的完善，推进珠宝产业的快速发展。

9.2 番禺政府的产业管理及政策推动

9.2.1 番禺政府对珠宝产业发展的推动

番禺的珠宝产业集聚大概历经三个主要的发展阶段：产业自然集聚阶段（1986—1999年）；产业集聚园区化规模扩张和产业集聚形成阶段（2000—2009年）；产业转型升级和创新发展阶段（2010—2017年）。

（1）因势利导，促成产业自然集聚发展。如前所述，番禺是一座拥有2000多年历史的文化古邑，是岭南文化的发源地，历史积淀了底气、文化给了了灵气，开放兼容的品质更赋予了番禺果敢、创新的发展精神。改革开放后的番禺，曾在众多领域一度成为经济社会发展的排头兵。

珠宝首饰产业是番禺的传统特色产业，与这座城市休戚与共发展已逾30年。

番禺的珠宝首饰加工业发轫于20世纪80年代中期，当时中国的珠宝首饰产业正处于恢复发展阶

第9章 番禺珠宝故事——产业发展历程片段

段，以发展外向型经济为主导的番禺珠宝产业依靠优越的地理位置和适宜的产业环境，以"来料加工"的形式率先与香港形成"前店后厂"的发展模式，奠定了番禺珠宝首饰加工制造业的基础。

番禺的珠宝首饰业是从纯贵金属首饰加工方面得到发展的，当时珠宝首饰企业以生产黄金首饰为主，随后产业逐步发展，20世纪80年代末90年代初，随着香港珠宝国际影响力的增强和港商入驻番禺的带动与示范作用，番禺吸引了来自比利时、以色列等为数不少的钻石珠宝商在番禺投资设厂或是设立挂靠车间，丰富了番禺珠宝首饰行业产品的种类。当时，时任番禺区珠宝厂商会会长李建生正式引进外商投资机构，于1986年成立了番禺第一家外资珠宝首饰企业，为番禺珠宝经济的发展揭开新的一页。发展至20世纪90年代末期，艺新、启艺、广东省工艺品进出口公司等大型珠宝公司都已在番禺落户。截至1998年，番禺的来料加工企业从最初的1家发展到70多家。1998年以后，随着人民银行政策的逐步放开，番禺的珠宝首饰厂又新增了约30个加工企业。2000年番禺撤市设区以来，获批的珠宝首饰企业共108个，成为我国珠宝首饰加工制造业产业集聚中心，显示出一定的竞争优势。

中国加入WTO和CEPA签署的发展契机，进一步促进了番禺珠宝产业的更快发展，番禺珠宝产业集聚效应逐渐释放。CEPA使番禺与香港的合作更加密切，促进了番禺珠宝加工产品获得稳定的市场发展空间和平台，穗港一体化的发展战略规划正进一步引导穗港两地的珠宝经济的繁荣和发展，番禺逐步从单一的"来料加工"升级为"广州番禺珠宝加工制造业基地"，成为名副其实的珠宝产业集聚区。

（2）建设工业园区，引导产业规模化、集聚化发展。如果说番禺珠宝首饰加工制造业早期是以一种近乎"原始自发"状态成长的话，那么在其发展中期，政府及其相关职能部门的重视和扶持则进一步助推了该行业的发展和壮大。发展至2000年前后，番禺已自然集聚形成市桥珠宝工业区、大罗塘工业区、小平工业区、榄核珠宝工业区、明珠工业园等数十个珠宝首饰加工制造集聚区。

为进一步整合资源，加强行业的规范和有序管理，扩大行业发展规模效应，在"村村设厂""区区有工业园"，努力夯实"世界工厂"地位大背景下，为加强行业的规范化管理，加速产业的规模化发展，切实发挥产业基地的集聚效应，富有创新意识的番禺区率先促进珠宝首饰产业实施园区化发展模式。此后，番禺的珠宝首饰产业逐渐走向规范化的工业发展道路。加强技术创新和制度创新，提高资源的利用效率，走新型的集约化发展道路成为番禺珠宝业发展的主要方向和实践模式。

2002年，番禺区提出设想并开始筹建现代型的珠宝产业工业园区——沙湾珠宝产业园。该产业园位于番禺区沙湾镇，占地面积225418平方米（约338亩），总建筑面积264942平方米。其中，厂房建筑面积201998平方米，宿舍建筑面积56506平方米，展览办公建筑面积6195平方米。该产业园获中国人民银行广州分行批准，成为番禺区企业发展境外黄金来料的加工区，在广州市、番禺区、沙湾镇三级政府的大力支持和高度重视下，不断迅猛发展。园区内已集聚珠宝生产加工企业67家，从业人员逾8000人，涵盖了钻石毛坯加工、首饰镶嵌、贵金属工艺品以及珠宝首饰生产设备制造等领域，产品出口欧美、中东、东南亚等地区。2015年，园区总产值14.64亿元，同比增长11.98%，珠宝行业出口总额30.34亿美元，纳税总额约2500万元。沙湾珠宝产业园成为番禺探索珠宝产业集聚的新尝试，国家、省、市、区等各级多位领导曾参观园区并指导工作。

（3）完善产业链条，促进行业公共交易平台建设。一直以来，番禺的珠宝产业都是以"来料加工"为主，国际市场的原材料和销售网络体系是番禺珠宝产业集聚生产的产品能够顺利流通的关键，甚至可以说是番禺珠宝产业集聚发展的核心力量。所以，完善的原材料供应、加工生产与销售环节的产业链条将构成番禺珠宝产业集聚完备的经济组织系统，这也是番禺珠宝产业集聚发展的决定性力量。

针对国内珠宝首饰行业的快速发展，番禺区政府下定决心推动产业链升级，扶持行业转型发展。

2004 年，番禺区引进港商筹备建立广州市钻汇珠宝采购中心。如果说之前番禺的珠宝首饰产业处于自然集聚、生产规模化的积累阶段的话，那么钻汇珠宝采购中心的建立则是要建立引导整个产业转型升级发展的行业平台，进一步增强番禺珠宝产业的集聚发展能力，增强番禺在全球一体化竞争环境中的国际及国内竞争力。

钻汇珠宝采购中心位于原百越广场，在广州地铁 3 号线的市桥站上盖成，面积达 1.8 万平方米，该中心通过整合资源，完善产业链条，切实发挥其集保税服务和自由销售为一体的综合服务功能，逐步形成一个集全世界珠宝原材料、成品采购、信息化商务、综合物流发展为一体的国际级珠宝专业物流及商贸平台，以此优化上游原材料供应和下游产品的物流、分销机制，最大限度地提升产业的增值能力。钻汇国际珠宝采购交易中心设有珠宝公共保税仓库，该中心利用其保税仓功能为行业提供货物保税服务、原料买卖配对服务，实现钻石及宝石仓内分拣，使珠宝首饰加工制造的整个生产链条均可在区内完成。

从 2009 年开始，中国银行广州番禺支行黄金延伸库已正式向番禺区及周边地区珠宝企业提供服务，企业可快捷地提取实物黄金，大大降低了珠宝企业的黄金运输成本，缩短了提金时间，有效控制了在途黄金的风险。同年 2 月，国际最大的珠宝专业银行比利时钻石银行与中国银行广州番禺支行正式达成合作协议，为珠宝行业"量身定做"全新的商业融资模式，提供贴身有效的金融服务，加速行业自主创新、科学转型，实现升级发展。

（4）强化配套，加强行业公共服务平台建设。经过积极培育，番禺建成了珠宝玉石产业集聚完整的公共服务体系，包括：国际四大贵金属物流公司形成的公共物流平台、国家级公共技术测试平台（国家珠宝玉石质量监督检验中心番禺实验室）、公共保税仓（全国唯一具备原材料分拣和交易功能的钻石保税仓）、公共电子商品平台、企业孵化器平台、公共人才培训平台（全国最大规模的珠宝学院）和众多专业服务中介机构及行业促进机构等，能够充分满足珠宝产业对各类功能型公共服务的需求，也是全国唯一的"一站式"公共服务珠宝产业基地平台。

多年来，番禺区政府为番禺珠宝产业的发展给予了大量的政策支持及扶持（见附录一）。

9.2.2 番禺贸促会及其广州市番禺贸促珠宝产业服务中心对番禺珠宝产业发展工作记录片段

中国国际贸易促进委员会广州市番禺区委员会（以下简称"番禺贸促会"），同时使用中国国际商会广州市番禺区商会（以下简称"番禺区国际商会"）名称，1989 年 4 月成立，是由番禺区经济贸易界有代表性的人士、企业和团体组成的国际性民间经贸组织。番禺贸促会实行委员制、番禺区国际商会实行会员制，是区内最大的半官方经济及对外贸易团体、综合性中介组织。其宗旨是根据我国法律、法规和政策，参照国际惯例，开展促进番禺与世界各国的贸易、投资和经济技术合作活动，增进番禺同世界各国、各地区人民和经济贸易界的相互了解与友谊。

广州市番禺贸促珠宝产业服务中心隶属番禺贸促会。该中心由成立于 2007 年 7 月 16 日的广州市番禺珠宝产业发展中心更名而来，是番禺区政府特设的珠宝产业的专业组织管理机构，以扶助番禺区政府规划协调管理珠宝产业的发展为宗旨，围绕打造"番禺珠宝"区域品牌，以推进该产业转型国内发展为主导方向，从整体上系统地推进珠宝产业的发展，从根本上提升该产业的综合发展能力和示范带动效应，真正提高该产业对地方经济的贡献能力，促进番禺经济社会的和谐新发展。

下面我们通过 2003—2016 年番禺贸促会及广州市番禺珠宝产业发展中心一些典型活动记录，来

第9章 番禺珠宝故事——产业发展历程片段

进一步记述回顾番禺珠宝产业集聚形成及发展过程的一些片段。

2003年：

4月，贸促会黎志伟副会长等策划筹建现代工业园区——沙湾珠宝产业园，通过建设"一站式"的综合服务体系，加强珠宝行业加工贸易管理，引导产业规范化发展。

2004年：

5月，黎志伟副会长等推动在番禺设立广州贸促珠宝检测服务中心，联合海关系统建设珠宝"一站式"服务体系，为番禺区珠宝企业进出口监管提供基础。

7月，黎志伟会长策划推动建设番禺珠宝行业公共服务平台——广州市钻汇珠宝采购中心，构建"番禺珠宝"产业集群的产业支撑体系，完善产业链条，引导和鼓励产业转型升级发展。

2005年：

6月，黎志伟会长带领广州市钻汇珠宝采购中心项目组赴印度参加印度国际珠宝首饰展览会。

9月，成功接待印度珠宝代表团一行12人进行为期一天的考察交流，向客商推荐了广州市钻汇珠宝采购中心、沙湾珠宝产业园、广州番禺职业技术学院珠宝学院等珠宝行业项目。

11月，组织番禺企业参加中国珠宝玉石首饰行业协会第4届理事大会，并推荐番禺企业成为副会长单位。

12月，具体承办由番禺区人民政府与中国青少年发展基金会联合举办的珠宝业大型系列社会公益活动，并于同月举办北京"闪耀·希望"新闻发布会，正式启动该系列活动。

2006年：

5月，黎志伟会长推动番禺珠宝产业在香港举办大型珠宝系列社会公益活动之"香港珠宝首饰名人慈善夜"。

7月，中心组织钻汇珠宝采购中心调研组赴意大利、比利时和印度海外珠宝交易中心和产业基地考察，了解国际产业成功的建设经验。

8月，牵头会同外经、税务、海关、检测及珠宝协会等部门成立工作组，引导和推动番禺珠宝业开拓国内市场，努力拓展番禺的内销业务。

9月，具体承办由中国珠宝玉石首饰行业协会、世界白银协会、中国商业联合会、中国有色金属工业协会、中国五矿化工进出口商会、广州市人民政府联合主办的第5届中国国际白银年会，确保年会取得圆满成功。

11月，黎志伟会长陪同区长参加中国珠宝玉石首饰特色产业市长论坛，并做主题演讲，推介"番禺珠宝"。同月，番禺区被国土资源部珠宝玉石首饰管理中心和中国珠宝玉石首饰行业协会联合授予"中国珠宝玉石首饰特色产业基地"。

12月，组织力量研编《广州市番禺区"十一五"珠宝产业发展规划（纲要）》。

2007年：

1月，组织材料成功申报了广东省科学技术厅"广东省火炬计划珠宝特色产业基地"，番禺区成为当时广东省内珠宝业界唯一的火炬计划珠宝特色产业基地，有效地引导了利用高新技术提升珠宝传统产业发展的力量，促进了番禺珠宝产业的转型升级。

3月，接待印度珠宝首饰出口促进会（GJEPC）组织政府商会10人考察代表团。

4月，组织番禺珠宝考察团考察欧洲珠宝市场。考察团一行14人考察了瑞士巴塞尔国际钟表珠宝展、意大利维琴察加工企业、比利时安特卫普钻石交易中心、捷克宝石协会以及艺术设计学院，并与意大利的API协会进行了深入交流。同月，策划举行了"番禺工业旅游"启动仪式，促使番禺珠宝产业与旅游产业相结合。经过努力推进，元艺珠宝、美乐多饮料、六福珠宝3家企业被广东省旅游局授予"番禺工业旅游试点单位"。在国内率先开拓珠宝工业旅游的尝试,让"世界珠宝,番禺制造"开始走向终端消费市场,扩大了番禺珠宝在国内消费市场的知名度。

5月,参加在迪拜举办的2007年国际彩色宝石协会年会,黎志伟会长作了题为《中国珠宝新纪元,彩色宝石新时代——扶摇直上的中国番禺珠宝玉石首饰特色产业示范基地》的演讲,向来自世界各地的珠宝业人士介绍番禺珠宝业,并向ICA提出下一届ICA年会到番禺举行的申请,得到了ICA与会人员的广泛关注和重视。

策划开展"2007番禺珠宝推广周"系列活动。包括在沙湾珠宝产业园举行"中国珠宝玉石首饰特色产业基地"和"广东省火炬计划珠宝特色产业基地(广州)"挂牌揭幕仪式;在钻汇珠宝采购中心举行"广州市钻汇珠宝国际交易中心"和"比利时驻华钻石专业协会"挂牌仪式;举行香港珠宝企业内销政策宣讲会;邀请中央电视台拍摄番禺作为中国珠宝玉石首饰特色产业基地示范发展区的综合宣传片。期间举办《广州市番禺区"十一五"珠宝产业发展规划(纲要)》论证会。

6月,黎志伟会长随同谭应华书记等一行赴比利时、英国、法国、荷兰考察,成功推动比利时钻石高层议会(HRD)和比利时钻石银行(ADB)开启与番禺的合作,并推动钻汇中心与比利时钻石高层议会签署《谅解备忘录》,启动二者之间的合作;以"番禺珠宝"名义参加第4届中国(广州)国际黄金珠宝玉石展览会,对外宣传"番禺珠宝"的区域品牌。

8月,为进一步推动番禺区珠宝业特色产业基地的建设,中心策划举行了中国番禺工艺美术大师精品汇展、中国珠宝界(番禺)翡翠专业采购会暨钻汇珠宝采购中心首批商家进驻仪式、国家珠宝玉石质量监督检验中心番禺工作站开业仪式、传承创意产业论坛、"番禺区'十一五'珠宝产业发展论证会"等宣传推广活动,促进番禺拓展珠宝内销市场的蓬勃发展。

9月,接待国际彩色宝石协会(ICA)会长Andrew Cody一行11人到访番禺考察珠宝业发展情况,ICA成员对番禺区具备的完善而先进的珠宝业发展环境、设施设备、配套服务及代表国际潮流时尚的彩宝设计、精湛的加工技术,都表示惊叹和赞赏,对番禺区酒店及大型会议和旅游接待、地理位置方面具备的优势也十分认同。编写了《关于组织召开2009年ICA年会的可行性分析报告和具体接待方案》。

10月,创新行业管理模式,贸促会牵头组织成立"广州市番禺珠宝产业发展中心"机构。

11月,接待比利时钻石银行(ADB)主席郭利斯一行4人到访番禺考察珠宝业和国内银行业发展情况,其间还组织了广州市金融办领导和区政府领导、国内主要银行代表、珠宝业代表参加"缔结商谊,卓越创新"比利时—番禺珠宝银行业研讨会。会上,ADB与国内银行热烈探讨了银行业在我国珠宝行业领域提供融资服务的发展前景,中比银行向着合作的方向发展。引入成熟而科学的金融机构管理模式,有效帮助本地区珠宝企业解决融资问题,从而协助商家尽快建立并完善内销品牌体系,是增强产业集群发展的科学策略,具有战略意义。

参加北京国际珠宝展览会,并在展览会期间召开"对接珠宝产业升级,探索番禺精品珠宝回航之路"研讨会,黎志伟在会上介绍了番禺珠宝产业的基本情况,向业内人士介绍番禺集创意设计、生产制造、交易物流、商贸旅游、时尚文化为一体的综合型珠宝产业经济总部的既定发展目标,进一步营造内销市场的发展环境,努力促使远航的珠宝"旗舰"实现"回航"。

12月，接待到访番禺的比利时钻石高层议会（HRD）成员；筹建"广州市番禺区政府珠宝网"网站建设工作；黎志伟会长主编出版《珠宝业》杂志，并逐渐形成"番禺看台""设计长廊""大家论坛""校企视窗""信息速递"等专题鲜明的杂志风格，为行业的交流拓宽途径和渠道，得到业界的一致好评。

2008年：

2月，组织全区12家代表企业联合成立"番禺珠宝内销联盟"，授予其"番禺珠宝产业区域品牌建设示范单位"称号。

4月，钻汇中心的"钻汇中心珠宝街"正式开业运营。

5月，会同广州市外经、税务、海关系统，举办"广州市拓展珠宝内销市场研讨会"；区政府打私办成立"打击珠宝产业盗窃行为工作领导组"，加强行业的监管和引导，为行业创造阳光发展平台；黎志伟会长随同区领导谭应华书记一行考察印度、阿联酋迪拜等珠宝产业发展国家和地区。考察期间，黎志伟会长与迪拜多种商品交易中心管理局成功签署《关于推进中国番禺—阿联酋迪拜两地珠宝产业发展的合作备忘录》。

6月，珠宝中心与国检中心（番禺）实验室签署《战略合作框架协议》，"国检珠宝玉石质量监督检验中心番禺实验室"正式运营；珠宝中心与中山大学地球科学系/宝玉石研究鉴定（评估）中心签署《关于筹建广东省珠宝产业技术与产业研发平台的合作协议》；与此同时，与中山大学科技处签署《关于加强珠宝产业发展产学研战略合作的框架协议》。

8月，配合ICA年会召开，设定2008年为番禺有色宝石专题推广年，8—11月组织彩色宝石设计大赛、彩宝专题采购会和彩宝发展高峰论坛；继续做好"番禺珠宝"的推广宣传工作，组建了"广州市番禺区政府珠宝网"。

9月，与珠宝厂商会组建"番禺馆"，支持本地企业参加香港、深圳、北京、上海珠宝展，并在香港珠宝展上做好ICA年会的推介活动。

10月，牵头组织材料申报区科技局2008年关于"创意产业及创意经济研究"课题，并成功立项，目前会同中山大学地球科学系/宝玉石研究鉴定（评估）中心开展课题编研工作；筹备2009年第13届国际彩色宝石协会年会，与国际彩色宝石协会签署《关于共同举办2009年第13届国际彩色宝石协会（番禺）年会合作协议》，并于同期召开新闻发布会，正式启动和筹备该项大型活动；接待澳门金饰职工会的到访，其与番禺珠宝企业进行交流和探讨合作计划。

11月，组织考察团到迪拜参展，参加迪拜珠宝高峰年会；且协助中国银行番禺支行赴比利时进行安特卫普钻石银行的合作事宜；珠宝中心与中国黄金报社合作，签署了《关于共推番禺珠宝发展国内市场的信息工作合作意向书》，并成立了"中国黄金报社番禺新闻中心"。

12月，广州市番禺珠宝产业发展中心、中国黄金报社与国际彩色宝石协会三方签署《中国彩色宝石首饰消费白皮书》（2009年版）合作协议。

2009年：

1月，与国家珠宝玉石质量监督检验中心、国际彩色宝石协会、阿联酋（迪拜）国际钻石鉴定所、广州市番禺珠宝产业发展中心一同签署《关于建立国际彩色宝石鉴定与评估标准合作备忘录》。

2月，珠宝中心牵头举办"番禺珠宝业新春座谈会"，主要讨论新一年番禺珠宝行业的发展方向以及如何扩大番禺内销联盟；配合区领导成功推动中国银行广州番禺支行与比利时钻石银行签署珠宝金融服务《合作谅解备忘录》。

3月，牵头和组织珠宝产业发展中心与香港生产力促进局、香港珠宝制造业厂商会、香港宝石厂商会、香港金银首饰工商总会、番禺区珠宝厂商会一同签署《粤港珠宝内销联盟合作备忘录》；与此同时，与生产力（广州）咨询有限公司签署《珠宝产业转型升级合作备忘录》。

4月，积极组织产业专业人才培训计划，与中山大学联合决定将番禺定为中山大学"共青团中央'青年就业创业见习基地'"，并举行了基地挂牌及签约仪式。

5月，由中国珠宝玉石首饰行业协会、国际彩色宝石协会、广州市番禺区人民政府联合举办的2009年第13届国际彩色宝石协会（番禺）年会隆重召开。具体承办了相关的组织、接待、会务、宣传等工作，确保了年会的圆满成功，极大地鼓舞了广大企业在复杂的国际金融环境下的积极拓展国内外业务的信心和发展动力；组织番禺企业以"番禺馆"的崭新形象参加第6届中国广州国际黄金珠宝玉石展览会，共有48个企业、137个展位参展，是在复杂的国际经济环境下非常成功的一次展览盛会。

6月，配合珠宝厂商会举办"海关最新政策宣讲会、香港珠宝行业出口信保推介会、一站式采购内外销黄金服务平台推介会"；与珠宝厂商会联合举办"知识产权及税收政策"宣讲会，加强企业对相关知识的了解。

7月，香港生产力促进局莅临番禺区参观番禺珠宝相关产业，推动番禺、香港两地珠宝行业的未来发展。

8月，接待泰国珠宝研究院考察团，考察团就联合国家珠宝玉石检测中心拟订相关彩色宝石标准的事宜，对番禺珠宝相关产业展开了考察访问。

9月，参加香港珠宝展，召开粤港内销联盟的第一次会议，讨论珠宝升级转型及内销落地服务点、粤港珠宝内销联盟秘书处挂牌仪式。同期举办"粤港珠宝内销联盟（香港）推介会"，推介会的目的是加速粤港两地珠宝业合作与转型内销的相关措施，引导和支持粤港两地广大珠宝企业积极开拓中国市场，共同促进中国珠宝业的美好发展；参加2009年深圳国际珠宝展览会、2009年香港国际珠宝展。

10月，收集出访以色列宣传有关"番禺珠宝"的材料，制作宣传番禺珠宝业现状及今后发展趋势等相关资料，加强外界进一步了解和向世界推广番禺珠宝有关情况；为了解和研究番禺珠宝业目前的发展状况和今后的发展方向，珠宝中心组织开展"2009年番禺珠宝产业问卷调查"工作，通过对50家番禺珠宝企业发展的基本情况、企业投融资体系基本情况、珠宝企业研发设计与宣传情况、金融危机的影响4个方面进行资料整理和数据分析调查研究。

11月，珠宝中心参加由深圳技师学院主办的"2009珠宝首饰电脑三维设计大赛"的评审工作，加强本中心与学院之间的交流和合作；参加花都华南理工大学汽车学院珠宝系的相关活动，参观该系设备配备情况，举行行业间交流，探讨了人才培养和输出有关问题；组织番禺珠宝企业参加北京珠宝展，共组织24个番禺珠宝企业参展，筹建了有54个参展位的番禺馆展厅，极大提升了番禺珠宝在中国珠宝行业的影响力，打造了番禺珠宝业的区域品牌，树立了良好的番禺珠宝形象。

12月，承办2009珠宝内销联盟（番禺）洽谈会。为了促进全国珠宝内销的发展，番禺共有29个珠宝企业参展，吸引全国200多位珠宝同行到番禺进行珠宝合作的洽谈活动，洽谈会达到预期效果。

2010年：

1月，完成番禺特色产业基地火炬计划的审批工作以及年度审查工作。制定彩宝专委会章程，并举办第 1 届专委会成立典礼暨珠宝业迎春联谊会，共邀国内外嘉宾和商家 250 多人，接收彩宝会员达 50 家。

2 月，组织区政府南美产业调研出访团。

3—4 月，筹备上海展行程，参观上海展。

5 月，做好参展前的各项准备工作，组织企业参加 6 月广州珠宝展、9 月香港珠宝展、11 月北京珠宝展等相关珠宝行业活动，推介"番禺彩宝"。

6 月，协助关于 2010 年上海展扩大"番禺馆"影响力的申请资助请示，参加澳门中国翠玉文化节。

8 月，组织会员商讨共建番禺彩宝基地；举办"梧州·中国礼品之都"彩色宝石交流会。

9 月，策划北京珠宝展参展团及参展团抽签相关事宜；协助第 2 届全国珠宝首饰制作技能竞赛番禺报名。

10 月，组织会员参加第 7 届梧州珠宝节；筹备区政府西欧产业调研出访团；组织参观上海世博会。

11 月，制定 2011 年《珠宝业》杂志的检阅方案及改进方案；组织会员考察广汽丰田项目；组织会员参加"中国内销经验分享会"；国际彩色宝石协会中国（番禺）联络处揭牌仪式；ICA 的新闻翻译，处理与 ICA 的日常咨询邮件及文件往来；协助筹建中国（番禺）黄金及贵金属珠宝产业研究所成立大会，中国（番禺）黄金及贵金属珠宝产业研究所成立，共邀请嘉宾 80 人；中国黄金报社番禺新闻中心进驻番禺珠宝中心；了解企业参展、考察的补贴流程，制作中小企业资金补贴流程图，为彩色宝石企业理清政府补贴的概念和要求。

12 月，参加珠宝厂商会的梧州考察团活动；协助组织召开彩宝专委会一周年总结会议；重新修改了彩宝专委会章程，制订彩宝专委会新闻发布工作计划书；举办番禺彩宝专委会成立一周年暨迎春晚宴并接收新旧会员共 57 家，共邀请嘉宾达 90 人，2011 年参会数比 2010 年增加 13%；筹备 2011 年的第 1 期《珠宝业》杂志的出版（2011 年彩宝会员名录），出版 2010 年《珠宝业》杂志第 13、14 期合刊，第 15 期彩宝特刊，以及第 16、17、18 期，合计 6 期。

同月，进行两次彩宝行业数据调查，通过问卷调查能了解彩宝行业的发展情况和存在的问题，并开始着手彩宝大厦的下一步工作。统计会员 2011 年的国内及国外参展、彩宝大厦意向、企业信息等调查问卷。重新启动番禺珠宝网的工作，并开始与爱喜软件共建网上珠宝商城（国内商城和海外商城两部分），希望能为番禺珠宝商和彩宝企业开拓更宽广的销售途径。

2011 年：

1 月，重新制定彩宝专委会章程，并举办第一届专委会成立典礼暨珠宝业迎春联谊会，共邀请国内外嘉宾和商家 250 多人，接收彩宝会员达 58 家，其中新会员 10 家；系统完成了对彩宝会员资料每年一次的更新、整理、归档。制作彩宝会员资料库。

2 月，制作 2011 年彩宝专委会会员新名录，并在国内各大展会上进行派发，宣传番禺彩宝，组织超过 40 名彩宝专委会的会员及业界人士参加"彩宝专委会 2011 年新春茶话会暨进出口经营权政策宣讲会"。协助印度跨国集团凯吉凯公司（KGK）在番禺寻找彩宝加工供应商，与彩宝会员成功开展商业配对。

应邀参加深圳珠宝展，通过拜访会员，并向参展企业派发《番禺彩宝专刊》、访问参展会员企业、了解珠宝业界目前所需，从中分析番禺、深圳两地彩宝产业的优势，并把考察文章发布至番禺贸促会官网。

3月，珠宝中心与经促局合作完成《番禺珠宝产业升级转型报告》，加大了对该传统产业的深化认识，助推本区企业转型升级可行性分析。协助番禺彩宝专委会与珠宝厂商会牵头起草《有色宝石加工工艺》行业标准。

4月，协助2011年ICA巴西年会宣传资料制作并宣传番禺彩宝的工作。

5月，完成番禺珠宝特色产业基地番禺区科技和信息化"'十二五'规划重大工程项目量化表"。接待英国珠宝首饰、礼品饰品商会联盟，开展番禺和英国两地珠宝产业交流活动。接待中国地质大学江城学院到访，同时开展两地珠宝学院（番禺理工）学术性交流，使今后番禺培养专业人才有一定合作方向、为企业发掘更多行业服务人才。与园艺珠宝签订《校企合作》计划。

6月，协助杭州电视台，组织本区企业积极参加本次采访和拍摄工作。为宣传番禺珠宝文化及本区知名企业，意在向杭州及周边市民生动形象展示番禺珠宝企业形象，宣传番禺珠宝及珠宝文化。

8月，落实开始筹建珠宝生活网（www.jewelrylife.org）合作事宜。进行珠宝生活网改版工作，编辑、设计、广告收入计划书，并开始进行文稿收集工作。

11月，协助区政府及厂商会成功举办"番禺珠宝文化节"。

2012年：

6月，完成珠宝生活网的域名（www.jewelrylife.org）申请工作和网站备案工作；珠宝生活网的设计和建设工作，并完成珠宝生活网的测试工作，珠宝生活网6月份正式上线。

全年，工作团队已经整理发布超过596篇珠宝行业相关文章，459篇高端生活类相关文章和1608篇具有原创性的珠宝学堂知识性文章，合计2600多篇。

开通珠宝生活网的新浪官方博客（http：//blog.sina.com.cn/jewelrylifepy），点击率约79万次；建设和打造全国资料最权威、最全面的网上彩色宝石百科全书（http：//www.jewelrylife.org/XueTang_.html），完成了超过200种彩色宝石和贵金属的资料整理和录入工作。

《珠宝·生活》重新定位，由原来提供行业资讯杂志转变为终端消费者杂志。一年出版3期，配备中英文版。杂志一共印刷4000册。除了日常派发外，可从以下几方面扩大杂志派发渠道。

（1）免费派送至沙湾珠宝园、钻汇广场、番禺区珠宝厂商会及其会员企业、番禺各珠宝商。

（2）联合番禺及广州旅游局，免费派送至其下属的旅游景点。

（3）向番禺、广州的大型宾馆、酒店及餐馆等地的阅读位置、贵宾房间及接待处摆放。

（4）邮寄致珠三角各企业单位。

（5）投放至港、澳及内地的大型珠宝展场。

制定彩宝专委会章程，并举办第一届专委会成立典礼暨珠宝业迎春联谊会，共邀请国内外嘉宾和商家250多人参会。彩宝专委会与珠宝厂商会合作，举办"梧州·中国礼品之都"彩色宝石交流会。以"番禺彩宝"方式组团参加广州珠宝展、香港珠宝展和北京珠宝展，致力于解决企业参展资金补贴相关问题。

2013年：

5月，参加2013年ICA年会（长沙），开展了番禺与世界彩宝业界的交流。

9月，参加9月香港珠宝展，与参展番禺企业开展交流活动。

10月，参加中国（昌乐）国际宝石博览会，考察当地蓝宝石市场。

全年，协助沙头街推进大罗塘珠宝首饰交易平台建设。协助珠宝首饰交易平台做好"七个项目"。协助筹办交易平台"珠宝办公室"工作。

2014年：

3月—6月，组织番禺彩宝会员参加3月、6月、9月香港珠宝展观展。接待安徽代表团，安排与番禺珠宝企业见面会；接待阿富汗矿主，商讨推进外商彩宝进入中国市场。接待斯里兰卡大使到访番禺，促成企业开拓业务，招商引资工作。

11月，协助筹办2014年国际金伯利进程大会（在番禺举办）。

全年，出版《珠宝·生活》两期，第5期杂志一共印刷6000册（完成），第6期印刷4000册（12月出版），7家珠宝企业签订协议在杂志投放广告；珠宝生活网站已经拥有超过150种天然宝石的子栏目，整理编译的珠宝类专业文章超过8000篇，整理珠宝类配图超过3000张；建立专业珠宝微信公共服务平台，共推送发布微信文章1400多篇，粉丝数5600左右。

2015年：

1月，组织企业参加沙湾珠宝产业园保税仓内举办的"印度·中国彩宝配对会"。

3月，组织珠宝企业代表参加由番禺区经促局举办的"自贸区建设对广州区域企业影响及跨境电子商务业务系列讲座暨番禺区电商十优颁奖"活动，帮助企业更好地了解自贸区建设及跨境电子商务，开拓国际市场。

组织番禺珠宝企业代表参加由番禺区政府举办的"广州南站商务区和中国国际酒类商品交易中心投资推介会"，推介番禺珠宝项目。

组织131名番禺珠宝行家及行业领导参加由贸促珠宝中心与区电商协会等共同举办的"互联网+番禺珠宝电子商务应用宣讲会"。

接待缅甸曼德勒省工商协会副主席吴昂山温金矿协会代表团，与他们进行珠宝工艺上的交流活动。组织番禺珠宝企业赴港参加由香港贸发局主办的香港国际钻石、宝石、珍珠展，即香港国际珠宝展，参加观展企业60多家，人数达110多人。

4月，接待湖南最大的华夏矿物宝石展览团，探讨如何开展矿物标本与彩色宝石合作。

组织超过55家番禺珠宝企业赴深圳参加第13届深圳国际黄金珠宝玉石展览会。

5月，接待国际彩色宝石协会与印度宝石商会到访贸促珠宝中心，双方就中国与印度彩宝业合作和两国开展原材料供需对接方面进行探讨。

组织13家番禺珠宝企业（共20个展位）、番禺大罗塘珠宝展团赴上海参加"2015上海国际珠宝首饰展览会"。

组织珠宝企业及媒体参加由贸促珠宝中心联合中国人民财产保险股份有限公司共同举办的"珠宝企业经营规范与风险管理宣讲会"。

6月，组织番禺珠宝企业赴港参加首届亚洲矿物展和香港珠宝首饰展，参加观展企业达30多家。

组织15家番禺珠宝企业参加金融交易会（18个展位），展会介绍番禺彩宝的发展及展示番禺珠宝企业毛料存储实力，展览会上，广东省珠宝玉石交易中心（番禺）和广州钻石交易中心首次对外宣传。

协助沙头街大罗塘珠宝商会成立筹建工作，安排国、省、市及区级21家专业媒体对大罗塘珠宝首饰集聚区进行走访及报道、接待嘉宾。

7月，承接广州珠宝展珠宝小姐网络搭建工作及承办珠宝小姐网上推广工作。在大罗塘珠宝首饰集聚区内为金俊汇国际珠宝交易中心举办行业推广会。

接待香港亚洲宝石学院（AGIL）和亚太珠宝鉴定师公会（APGS）考察团90人到访番禺，实地考察了番禺沙湾珠宝产业园和番禺大罗塘珠宝首饰交易平台。

8月，组织彩宝会员及会员外的其他番禺珠宝企业参加广州国际珠宝交易会，合计12家企业（34个展位）组团"番禺珠宝馆"参展。

9月，与广东省彩色宝石协会联手组织27家珠宝企业赴斯里兰卡科伦坡珠宝展考察。

10月，组织企业参加由番禺贸促珠宝中心和大罗塘珠宝商会联合开展的《珠宝玉石首饰相关国家标准及市场监督抽查质量问题》专题讲座暨"打造诚信企业联盟"宣讲活动，准备大罗塘集聚区举办的"诚信经营联盟"授牌仪式。

组织贸促珠宝中心、区珠宝厂商会和大罗塘珠宝商会三方赴杭州、诸暨考察珍珠市场，拜访当地知名珠宝企业，与浙江省珍珠行业协会签署了战略合作意向协议，探讨产业互补计划。

组织43家番禺珠宝企业代表到海丰可塘珠宝产业基地进行考察、拜访活动，就原材料贸易等问题加强两地的交流和沟通。

联合省、市、区举办"广东省急需紧缺人才番禺珠宝首饰产业专场洽谈会"，提供2000多个职位，入场人数达8000多。整合资源，为番禺引进珠宝人才、搭建校企合作平台，为人才提供咨询服务，探索人才公共服务新模式。

11月，组织省、市、区30家大众和专业媒体对番禺区内沙湾珠宝园、大罗塘珠宝首饰集聚区进行深入考察、采访、报道，为珠宝文化节进行前期宣传和推广番禺珠宝优势产业做好前期工作。

接待刚果（金）钻石、宝石和黄金、贵金属及矿产出口监管负责人Alexis Mikandji Penge等人组成的刚果（金）珠宝考察团考察番禺珠宝市场，随后确定在番禺设立"刚果钻石宝石黄金中国联络站"。组织本区21家本地珠宝企业以"番禺珠宝"展团的形式参加2015年中国海丰首届国际珠宝交易会。

12月，组织27家本地珠宝企业以"番禺珠宝"展团参加广州北京路粤海仰忠汇首饰品牌展，打造"番禺珠宝"区域品牌、推广番禺珠宝文化。

2016年：

1月，组团在粤海仰忠汇商业中心参加为期15天的"番禺珠宝馆"展示，通过这种形式，番禺参展商展示了自己的产品，建立了品牌形象；中小企业团结合作，有利于开拓内销市场，建立区域品牌。

3月，组织75家珠宝企业共96人参加香港国际钻石、宝石及珍珠展观展。

6月，组织珠宝企业25家共50人以及国内珠宝特色基地等前往香港国际珠宝展观展，考察珠宝产业发展。

5月，协办第一届广州番禺大罗塘珠宝旅游购物节，购物节期间，展会共接待观众15.02万人次，成交额约5135.1万元。此次展会充分展示了"世界珠宝，番禺制造"的行业形象，增进了番禺珠宝行业与香港及各省、市、地区间的交流合作，大大提升了番禺珠宝产业在本区的影响力。

在亚洲最大的矿物宝石展——湖南郴州第 4 届中国（湖南）国际矿物宝石博览会上，组织"番禺大罗塘珠宝展团"13 家企业前往参展，共 32 个摊位，以"广州珠宝馆"的整体形象全方位向业界展示番禺珠宝。

联合省、市、区产业部门举办第 2 届"广东省急需紧缺人才番禺珠宝首饰产业专场洽谈会"，整合资源，为番禺引进珠宝人才、搭建校企合作平台，为人才提供咨询服务，探索人才公共服务新模式。

组织本地珠宝企业参加"广东省珠宝玉石交易中心启动实物平台"启动工作，将本地珠宝企业的产品进行线上线下拍卖工作，多渠道分销产品。

4 月，接待过百名湖北五峰县干部培训班学员参观本区多个珠宝集聚地。

5 月，参加由广州市贸促会组织的"2016 年南美经贸周活动"。通过与珠宝企业一起开展"走进南美"活动与多个国家的企业进行经贸交流，同时向南美新兴国家推介番禺的知名企业和名牌产品，展示番禺良好的营商环境，推动番禺与南美新兴国家之间的经贸交流与合作，协助和鼓励番禺珠宝企业与南美市场建立互动，建立矿产资源的采购渠道。

筹建"金俊汇国际珠宝设计研创中心"，成立有 10 多名番禺专业珠宝设计师的团队，为番禺未来建立更大规模的设计、研创团队打下坚实基础。

6 月，主办"珠宝人员职能提升计划——宝玉石检验员（中级/四级）培训班"，20 天课程让更多在番禺珠宝产业工作的从业人员接受专业免费培训工作。

举办"番禺成长课堂系列主题免费专题培训课程"。第 1 期：跨境电商出口行业趋势和主要平台分析；第 2 期：中国制造品牌的电商全球化转型路径；第 3 期：带你畅游阿里巴巴国际站；第 4 期：亚马逊和 ebay 速卖通全平台解读活动。为番禺珠宝企业免费提供境外电商发展情况，同时也为境外珠宝电商在番禺开展业务和落地提供资讯。

8 月，筹备第三届广州番禺珠宝文化节。

11 月，贸促会服务站（珠宝）落户大罗塘珠宝小镇，服务站将依托大罗塘珠宝集聚区的产业优势，结合利用贸促会的国内外资源平台，将番禺珠宝产业区域品牌推向全国乃至全球，助力番禺经济发展与产业升级。同时，通过优选一批有品牌、有信誉的商家进行产品展示，为企业提供一站式的配套服务。

全年，管理"珠宝·生活"系列的网站、微博、微信和《珠宝·生活》专业杂志。其中"珠宝·生活"网站推出珠宝专业知识 7000 多篇，行业资讯 500 多篇，相关文章 1200 多篇。出版《珠宝·生活》专业杂志 2 期，派发各大银行、商协会、区审服务中心、部分珠宝企业等。同时通过腾讯、新浪及凤凰等有影响力的大众媒体持续有效地在业界宣传番禺珠宝，让海内外珠宝业界认识番禺珠宝业的发展现状和新亮点。

2017 年：

2 月，协助广州钻石交易中心举办 2017 年广州国际钻石彩宝（春季）看货会。首次邀请印度珠宝商到番禺参展，并组织印度考察团到大罗塘珠宝小镇参观工厂及与商家探讨合作。

3 月，拜访四会珠宝玉石首饰行业协会、华林玉器商会。考察主要针对如何加强番禺珠宝与两地翡翠交流与合作，引领指导行业发展路向，丰富番禺珠宝产品构成，让产业有持久的发展动力和活力，以提高番禺珠宝在业界的知名度和美誉度。

4 月，组织珠宝企业参加"当普洱遇上翡翠"行业考察活动。本次考察活动得到良好的效果，番禺珠宝中心与云南滇西应用技术大学珠宝学院达成合作协议，该学院在番禺成立学生就业基地。

为了打造番禺珠宝的工艺与发挥设计优势，邀请番禺最具影响力的珠宝人接受采访，并制作"传匠心，承品质，向番禺珠宝 30 年致敬"行业短片。

组织宝玉石中级检验员培训班 52 名学员参加深圳珠宝展市场考察实践活动。

5 月，继续协办第 2 届广州番禺大罗塘珠宝节。珠宝节期间，参展企业约 1500 家，展会共接待观众 2 万人次，成交额约 2000 万元。珠宝节充分展示了"世界珠宝，番禺创造"的番禺珠宝行业形象。

组织省、市、区 30 家大众和专业媒体对番禺区内沙湾珠宝园、大罗塘珠宝首饰集聚区进行深入考察、采访、报道。积极扩大番禺珠宝基地的影响力。

7 月，联同区环保局、广东宝交中心以及 30 多家珠宝加工制造企业前往江门参观励福（江门）环保科技股份有限公司，深入了解"再生金"服务产品，让更多的企业参与"绿色珠宝"的进程，让产业阳光化。

组织 60 名从事珠宝行业的技术人员参加 Matrix 珠宝设计软件（珠宝行业新变革）讲座及免费培训班。

组织 25 名中级宝玉石检验员培训班学员参加市场实践活动，先后考察了番禺大罗塘珠宝小镇及特色工厂企业，让每位学员都能理论联系实际亲身体验操作，更贴近市场需要，提高学员的素质。

8 月，珠宝中心组织过百名来自广州各地珠宝行业人士及珠宝爱好者参加 IGI 国际宝石学院开设的关于合成钻石的免费讲座，IGI 首次进番禺，标志着番禺珠宝的行业地位进一步获得国际产业组织的认同。

组织 26 名珠宝爱好者参加"新时代下珠宝买卖策略"专题讲座，为企业提供更多实践机会。

9 月，促成励福（江门）环保科技股份有限公司广州分公司落户番禺，珠宝中心助推该业务更深入企业，目的是让番禺珠宝产业更健康发展。

参加由广州市贸促会组织的"2017 海丝博览会，并协办海丝博览会主题论坛——非洲投资政策与机遇分论坛"。通过与珠宝企业一起开展"走进非洲"，与非洲投资专家进行交流，同时向非洲推介番禺的知名企业和名牌产品，展示番禺良好的营商环境，推动番禺与非洲之间的经贸交流与合作，协助和鼓励番禺珠宝企业及时更新非洲投资政策、抓住机遇。

11 月，参与举办第 4 届广州番禺珠宝文化节（2017）工作，收到了扩大番禺珠宝影响力的良好效果，提升了"世界珠宝，番禺创造"的品牌价值。

全年，珠宝中心协助区内企业举办相关的行业活动六场次，如：卓尔珠宝上市；金俊汇会员嘉年华活动（采购会）；协助广州市溢誉物业管理有限公司、广州金功夫珠宝有限公司、广州合一珠宝科技有限公司 3 家企业成功在广交所挂牌；中国珠宝创业家百人圆桌私董会（深圳与番禺的行业交流会）；番禺首家智能工厂苏坦莱智造中心落户番禺并与广宝中心签订《苏坦莱"一带一路"——蚁创计划》；"围炉共话，浅谈珠宝"、金年华高新企业孵化中心落户大罗塘珠宝小镇。

全年还与劳动就业培训中心联合主办第 5、第 6、第 7、第 8 共 4 期中级宝玉石检验员培训班及一期高级宝玉石检验员培训班，让珠宝从业人员接受专业免费培训，共培训学员 90 人次。

第9章 番禺珠宝故事——产业发展历程片段

评述：

两个机构，其实都是半官方性质的机构，日常的工作总是琐碎的。但是，从这些零星和片段的记述中，我们可以看到，番禺珠宝产业的发展过程实际上浓缩了一个时代的风貌。番禺珠宝产业集聚今天的成就，是改革开放焕发了全体人民的创造力，激发了全体人民的智慧和工作热情，是全体人民不懈奋斗的结果，也是番禺人敢为天下先，借助天时、地利、人和结下的硕果。

番禺贸促会及珠宝中心的工作，日常除了大量迎来送往、内联外交的接待互动，还有大量富有建设性的产业发展推广、培训动员、组织协调；在产业发展的每个阶段的转折点，我们都可以看到，他们与早期番禺区珠宝厂商会以及后来成立的大罗塘珠宝商会一起，密切联系广大的番禺珠宝企业，积极了解国际国内市场，与国内外不同产业部门合作，深入珠宝产业第一线，不断融合各方力量，审时度势，未雨绸缪，进行深入细致的联络、沟通、协调和推动。番禺珠宝产业的每一次进步和成长，实实在在是他们与广大的港澳台商及本地企业家在党和政府的正确领导下，20多年来不懈努力的结果。

第 10 章 世界珠宝，番禺制造

2000 年，番禺区珠宝业至少有 85 家金银首饰加工企业，从业人员超过 3.5 万人，产值超过 30 亿元人民币，年出口 4.5 亿美元，占全区出口值的 14%，占全国珠宝出口总值的 20% 左右，成为中国最大、资源最集中的珠宝产业集聚之一，在广东乃至全国都处于领先地位，达到全球先进水平。

"世界珠宝，番禺制造"逐步成为番禺珠宝产业区域品牌。2009 年在番禺举办第 13 届国际彩色宝石协会年会，标志着番禺珠宝获得国际珠宝产业界的认同，完成了从国内产业集聚向世界性产业基地的转变。

10.1 番禺钻石加工业产业爆发——钻石优质切割工艺"中国工"成型

10.1.1 钻石企业数量大增，与顺德、从化形成三足鼎立

1998 年，美籍印度商人 Vijay（卫杰）以 20 万美元注册成立了真东方钻石制品（番禺）有限公司。其后，这间钻石公司的规模曾增大到 1000 人，主要业务一是钻石毛坯和成品的加工，二是各种加工工具和机械销售。这家工厂虽然后来因为某些原因破产了，但这家工厂在番禺的建立，以及当时业务的迅速扩展，实际上反映了番禺珠宝产业集聚形成过程中很多重要的问题。

2001 年，中国台湾技术型商人苑执中在番禺开办索斯达钻石厂。

2002 年，印度商人独资在番禺大岗开办钻美事钻石厂。

2002 年，在广州经营恒辉钻石厂的黄成伟也布局番禺业务，先是在番禺设立 100 多人专做小石加工业务的分厂。

2003 年，Vijay 在广州又成立了广州大富路钻石珠宝有限公司，兼任董事长。据说 Vijay 年轻时曾在美国开过便利店，卖过报纸，还开过出租车，后来是受到他的老师，一个美籍犹太人的指点获得商业的成功。

Vijay 会说流利的普通话和广州话，他当时在广州推出"幸运八"钻石饰品概念，以最低 888 元的价格，面向中产及中下收入阶层，说要圆他们与富人一样的"钻石梦"。10 月 1 日，他推出了以分期付款为特征的"幸运八"信用消费，定价采用 1888 元、2888 元、3888 元直至 18888 元的方式，《中国日报》（英文版）等媒体对此进行了报道。很快，他在广州中国大酒店开设了第一家旗舰店，在深圳、珠海等城市相继投资开设了 10 多家连锁专卖店。Vijay 曾因为在中国投资获得比较大的成果，被亚洲博鳌论坛邀请作为演讲嘉宾。

据说最强盛时，真东方钻石制品（番禺）有限公司年销售额达到 1 亿美元。

他自己也认为，这简直就是一个奇迹，不仅自己赚到了钱，更让他开心的是，有 1000 多名员工

在这里就业，有了稳定的收入，也是对他最好的报答。然而，很可惜，2013年，这个美籍印度人创造的、发生在番禺珠宝产业集聚的钻石加工业的传奇，因为他和股东产生财务纠纷而破产了。

2003年，番禺出入境检验检疫局发出了全国第一张金伯利进程证书，番禺的钻石毛坯加工业进出口金伯利进程证书的份数就高达788份，位居广东省钻石产业集聚带中的首位。曾经，全国60%的金伯利进程证书都由番禺局发出。2003年，番禺钻石毛坯进出口总量为130万克拉，仅次于从化，占广东省的32%，价值达3亿多美元，占广东省的34%，产业规模占全国的10%左右。

2003年，荣钻钻石厂成立。

2004年，广州柏志钻石有限公司以2601万港元的注册资本正式成立，并于同年斥资在广州市番禺区汉基工业区购地38亩，用于兴建柏志钻石园区。经过一年的建设，园区于2005年年初落成，于1月1日正式投产。广州柏志钻石有限公司进驻园区，公司的经营与生产快速步入正轨。随着公司稳步发展，团队规模从初创的100人迅速扩张到1200人。2004年，番禺的毛坯钻石进出口加工总量发展到占全国18%，价值占全国24%，显示出高超的加工工艺水平，并保持着比较快的发展速度。

2005年1月，广州米琦钻石厂/有限公司（简称"米琦钻石"）在番禺成立，该公司承接周生生公司钻石订单，致力于生产完美的钻石，包括"完美车工"和"八心八箭"。公司拥有经验丰富的磨石工人，主要生产8分到5克拉的圆钻。

其时，米琦钻石在中国除了供应周生生的裸钻外，还给稳居国内市场前茅的港台珠宝品牌供货。米琦钻石的首席执行官（CEO）温米琦（Michel Weinstock），从事钻石贸易超过30年，在1999年就开始涉足中国钻石市场。

米琦钻石以严格的生产标准著称，每颗石头在生产的每个步骤都要经过仔细检查，采用由比利时进口的Sarin机器、HRD显微镜、激光锯石机等先进的生产设备进行生产，具有最高级别3×EX的钻石切工生产能力，钻石可获得世界数家知名钻石鉴定所（GIA、AGS、IGI、HRD、NGTC、IDL、CGL）定义的最高品质的切工级别。其中，以生产成品完美的"八心八箭"钻石为人所知，钻石加工厂在强盛时拥有350人的加工队伍，曾是2010年上海世博会比利时馆的6家参展公司之一。

米琦钻石的市场主要是欧洲、中东、美国、东南亚。在此基础上，公司进一步拓展了中国大陆的市场，提供切工完美的优质钻石给开拓国内市场的大型珠宝零售商。

米琦钻石除了给番禺钻石加工增添有生力量外，还为番禺与比利时国际钻石产业的互动提供了新的契机。温米琦作为比利时驻华钻石专业协会主席，在钻汇与DMCC（迪拜多种商品交易中心）签约以后，由于积极推动中比钻石行业的合作，沟通及协调迪拜DMCC与番禺钻汇中心的深层次合作，为番禺区钻石进出口物流管理提出了创新性的建议，因此于2008年获得了番禺区政府授予"中国番禺珠宝产业发展国际名誉顾问证书"。

2010年，温米琦参与及组建上海世博会比利时欧盟馆钻石展览廊，并担任总监。因温米琦在上海世博会中的杰出贡献，2011年1月，他被比利时王国的国王授予"爵士"称号。

可惜，2015年开始，由于涉及劳工纠纷案，米琦钻石的运营逐渐式微。

21世纪的前5年，番禺钻石加工产业迅速发展，成为与顺德、从化鼎立的3个钻石加工集聚中心，钻石加工量占了全国70%业务量的大约1/3。

10.1.2　钻汇加工及贸易资源平台引发区域产业竞争猜想

2004年8月4日，钻汇珠宝采购中心（百越广场）落户番禺，日本、伊朗、以色列等国的业界人士参加了"钻汇珠宝采购中心"签约仪式。

2005年2月5日，番禺亿钻珠宝的董事长陈元兴联合台、港、澳企业与内地合资成立了广州钻汇集团股份有限公司，并获得商务部的相关批文。"广州钻汇珠宝采购中心"是番禺区政府大力推动支持发展的项目（建成后面积达1.8万平方米，有望成为亚洲珠宝业极具影响力的交易平台），采购中心准备建立包括钻石毛坯在内的原材料交易市场，一个汇集全世界珠宝原材料产销、成品采购、信息化商务于一体的国际交易平台。其时，"钻汇"有关负责人表示，CEPA实施后，香港粗加工的钻石可直接在内地销售，这大大降低了行业经营成本及产品的内地零售价，为香港乃至外国珠宝行业带来极大商机；"9+2"泛珠三角经济区的形成又带来了广阔的市场空间。"钻汇"应运而生，希望对番禺现有珠宝产业进行整合，形成极具竞争力、面向全世界的珠宝物流基地，为外商提供"转场核销"的低成本采购环境，发展为珠宝批零一体化展销资源平台、行业标准的设计和发布中心，成为番禺珠宝产业的公共服务平台和国际珠宝企业落地番禺的服务中心。但是，由于钻石在中国受上海钻石交易中心的管控，番禺钻汇的这一举动遭到上海钻石交易联合管理办公室（简称"钻石办"）的强烈批评。

2005年8月5日，就在广州钻汇珠宝采购中心紧锣密鼓筹备开业的时候，印度发行量最大的全国性报纸《印度泰晤士报》（Times of India）以《钻石商人在中国碰壁》为题刊登报道，称"广州地区出现非法钻石交易中心"，并转述上海钻石办某负责人的表述："我们已经警告印度商人不要参与任何非法的或者没有注册的钻石交易中心。上海的钻石交易是中国钻石进出口的唯一渠道。"一时间，引发了国际珠宝产业及厂商对番禺珠宝新的产业发展平台合法性的关注和误解，导致该中心尚未开业就遭遇信任危机。

由于印度客商是中国钻石贸易最主要的供应商之一，该报道在业内引起巨大的震动，不少国际客商还因此取消了对广州钻汇珠宝采购中心原定的考察计划。

9月3日上午，广州市番禺区外经贸局副局长黎志伟对外发布声明，指出广州钻汇珠宝采购中心是获政府大力支持的合法项目，"非法"之说毫无根据。

事件发生后，广州钻汇珠宝采购中心马上向商务部、上海有关部门及《印度泰晤士报》进行了交涉，获得广州市有关部门的支持，并发表声明，指出，广州市钻汇珠宝采购博览有限公司是由国家商务部与工商总局批准的合法经营机构，根据商务部的批文，公司经营范围包括各类金银珠宝首饰的原辅料和成品的批发、零售和进出口（一般贸易项下的钻石交易除外），并可向其他商户出租部分店面。

中国的钻石交易中心设在上海，上海钻石交易联合管理办公室是国家唯一授权控制一般贸易项下钻石交易的管理机构，广州钻汇珠宝采购中心的交易涉及钻石贸易这个敏感的单元，触动了钻石产业区域市场竞争的神经。

黎志伟表示，政府官员对发表的任何对外言论都应该负责任，而不能误导客商，"钻石贸易应该以国家而不是地区的利益为重"。这一表态，实际上直接揭开了长三角和珠三角产业发展过程中存在的竞争，也说明此时番禺的钻石加工及贸易产业已发展到一个比较关键的时期。2006年9月1日，钻汇珠宝采购中心保税业务启动运营，但是业务模式已经改变，没有包含钻石毛坯原料一般贸易项下的交易业务。

10.1.3 钻石企业技术创新，钻石"中国工"成型

2006年，六福集团与香港永恒钻石公司也在番禺鱼窝头（现属南沙区）开办利福钻石厂。

这个时期是番禺钻石加工业蓬勃发展的重要时期，同期也先后出现了一些小型的钻石加工企业，此处不一一详述。

2007—2008年，达到生产顶峰，顶峰的时候，工厂达到2000多人规模，年加工量6万克拉/月，

订单主要来自以色列和比利时。2008年年初,柏志公司进行技术及设备升级,先后于年内购入一系列自动化加工设备,其中包括近150台自动精磨机、5台激光自动切割机、18台激光自动刨型机,用以替代传统的人手打磨、切割粗磨工艺。技术革新大幅度提升了生产效能,同时降低了货品的不良率及损耗率。

在此时期,以柏志和喜利两家企业为代表的番禺的钻石加工企业注重高新科技的应用,较早大规模开发和应用自动抛光机和高科技钻石分级设备,使得番禺钻石加工业在面对2010年之后出现的劳动力成本上升以及上下游成本压力之下依然保持了一定的国际竞争力。

2012年,番禺进口毛坯钻石395批,占全国22.1%,进口毛坯钻石金额3.16亿美元,占全国20.6%,进口毛坯钻石重量97万克拉,占全国12.8%。在出口毛坯钻石方面,番禺出口毛坯钻石119批,占全国13.3%,出口毛坯钻石金额0.26亿美元,占全国21.2%,出口毛坯钻石重量5.6万克拉,占全国7.2%。

其中,柏志钻石经过近两年的革新设备、技术升级累积,公司的自动化加工流程系统成型,并得以完善。通过领先的自动化加工,柏志钻石的经营不断稳健发展,带领番禺乃至广东省钻石加工行业不断发展。柏志在2005—2010年中多次被广州市政府、番禺区政府的相关部门及行业协会评为优秀企业。

2012年年中,柏志钻石引入瑞士专利技术并与印度公司达成合作,购入中国第一台水冷切割技术设备——纯水激光切割机。使用纯水激光切割机有效减低了高张力的钻坯,降低因切割时造成散花的几率,显著降低钻坯切割时造成的损耗。2014年,柏志在钻石加工设备的升级中,公司购入国内仅有三台中的一台、行内最先进的Galaxy毛坯分析仪,切割前对钻石进行质量透视,自动确定最佳的切割方向,能精准地依据毛坯内部杂物的位置和大小,设计出性价比最高的打磨方案。通过高精准度加工设备的投入,番禺钻石企业与从化、顺德钻石企业三足鼎立,引领国内钻石加工行业的发展,是世界优质钻石"中国工"重要的引领力量。

2014年11月11—14日,金伯利进程2014年全体会议在广州番禺召开,来自全球70多个国家的300多名政府官员、钻石行业代表以及民间社会团体代表在番禺长隆酒店出席了该次会议。全国人大常委会副委员长吉炳轩,国家质量监督检验检疫总局原局长支树平,时任广东省省长朱小丹、副省长招玉芳,时任广州市市长陈建华,以及广东省出入境检验检疫局原局长詹思明等领导出席了会议。会议开幕式上还安排了与会领导和代表共同见证广州钻石交易中心揭牌的重要时刻。

广东作为全国70%以上毛坯钻石进出口业务的重要载体,原国家质量监督检验检疫总局(检验检疫业务于2018年划入海关总署)在原广东检验检疫局创立专职处理毛坯钻石监管业务的金伯利进程办公室,由梁伟章任首任主任。在金伯利进程办公室支持原国家质量监督检验检疫总局的国内钻石监管与国际事务联系工作中,番禺发达的钻石产业起到了重要的产业资源聚集和国际交流联系支持作用。2014年12月12日,广州作为世界钻石产业的重要聚集地被写入联合国第69届大会第136号决议,番禺钻石产业在这一时刻走上国际舞台顶峰。

2015年,番禺柏志钻石企业进一步推进经营体制改善专案,在生产优化专案推行的同时,引入ISO管理系统及KPI绩效考核系统,柏志钻石实现从传统的钻石加工工厂向现代化优质创新企业的升级转型。

2016年,在番禺柏志公司管理层的积极支持下,该公司多年培育的一批具有"工匠精神"的技能大师组建了具有国内一流水准的钻石设计中心。同年,柏志钻石大力推进与广州钻石交易中心的深度合作,参加"广钻中心"创新探索国内外毛坯钻石供应链对接,并承接首批保税交易毛坯钻石转加工贸易业务。

10.2　享誉全球的番禺珠宝首饰制造

10.2.1　千禧之初，国内外珠宝制造企业云集

当初，大罗塘工业区的云光首饰厂和位于榄核镇良地埠工业区的恒艺珠宝厂只有几十个工人，全番禺的小加工厂不足10家，加工客户不足10家，一年的加工出口值不到1000万美元，获得的加工费仅20来万美元。到2000年后，当年作坊式的"云光"已是一个拥有近万平方米厂房，1000多名员工，年加工黄金6000多千克、铂金500多千克、白银1000多千克的世界一流珠宝制造企业；而"恒艺"也拥有自己的"五星级"工厂，被称为"K金王国的王子"，是全世界K金首饰加工量最大的工厂之一。

2000年，有黄金加工、批发许可以及来料加工许可的国家定点黄金饰品生产企业广州艺新金银饰品厂已迁到番禺。此时，番禺的黄金首饰加工已经不仅仅局限于以外销为主，部分公司已经开始进入国内市场，但是，国内业务仍然不是主流。

2000年，广州市番华金银珠宝有限公司出口创汇5209.2万港元（加工费），进口总值137702.5万港元，出口总值150894.5万港元，2001年1—6月创汇1978.7万港元（加工费），进口总值54211.8万港元，出口总值58019.9万港元。番华旗下挂靠的车间/分公司达100家以上，由于这些挂靠的车间/分公司的业务主要是在有金银出口牌照的番华进行，内部经营不需要与国内市场互动，因此，国内市场上很难详细了解这些公司的情况。实际上，这些公司不少是国际著名珠宝公司在内地的垂直生产厂。

例如，广州市启艺金银珠宝有限公司第八十六分公司的（香港）艺进珠宝有限公司就是美国Gabriel & Co.在中国的子公司，Gabriel & Co.在美国奢侈品品牌排名中曾排行第4位；广州市启艺金银珠宝有限公司第三分公司是印度Finestar Group在广东设立的子公司。Finestar团队于1995年注册，21世纪初已从只经营钻石的小型企业发展成为集生产裸钻与成品珠宝于一体的印度最大的钻石供应商和成品珠宝制造商之一，一度成为国际重要的钻石供应商和珠宝公司。

至2001年，番禺有5个经中国人民银行总行批准的经营牌照，每个持牌企业下挂靠数十个生产车间（生产链专业化分工网络上的加工厂，总数约300家），这些企业建有近3万平方米厂房，在市桥、榄核、大岗等镇街已分别形成了上百亩的珠宝首饰加工区。"番禺制造"这一具有中华民族特色的中国精工制造的珠宝品牌，频频亮相瑞士巴塞尔国际珠宝展、意大利维琴察国际珠宝展，受到国际珠宝界和各国客商的关注。由于制作精良、款式新颖，受到一致好评。中东某国王子特向番禺珠宝厂商订做了一件价值1600万美元的珠宝首饰，创中国单件首饰加工价值之最。

2002年，当时国内最大的珠宝加工厂之一、港资公司番禺元艺珠宝公司总经理王滔说，公司总部在美国，产品过去一直返销美国和欧洲市场，以大众化饰品为主打产品，例如银饰品以人造宝石为主，主要在沃尔玛这样的大型超市销售，几美元、几十美元一件，女士们像买衣服鞋帽一样购买珠宝饰品。

2002年，根据番禺对外经贸局的正式统计资料，番禺有珠宝首饰加工及配套企业230多家，从业人员超过4万人，其加工出口的珠宝首饰2001年达5亿美元，占了番禺出口总值的15.1%，列番禺出口商品产值的第3位。

2002年，广州市商品出口额1亿美元以上的13个大类商品中，珠宝（贵金属及其制品、仿首饰、硬币）位居第4位，出口额为95740万美元。其中，番禺珠宝的出口额为59849万美元，占总量

的 62.5%；出口额 5000 万美元以上的 14 个内资出口企业中，广州工艺品番禺进出口公司排名第 3 位；24 个外商投资企业中，有 5 家珠宝首饰生产企业榜上有名，其中番禺就有 2 家，分别排名第 2 位和第 21 位。

2002 年，番禺建成广东省首个珠宝专业市场——"番禺珠宝街"，珠宝街坐落在番禺区市桥光明北路北端，首期铺位 65 间，采用港式监控系统，24 小时保安巡逻。

2002 年 8 月，中国珠宝首饰进出口公司、广州市人民政府、番禺区珠宝厂商会共同举办了"广州番禺国际珠宝展"，吸引了海内外 500 多家珠宝厂商参展，充分显示了"世界珠宝，番禺制造"的优势，建立了珠宝制造"中国番禺"的品牌形象。2003 年起，番禺区政府和珠宝厂商会开始共同策划和实施"番禺·中国珠宝谷"区域品牌战略，每年，番禺区珠宝厂商会与中国珠宝首饰进出口公司合作，以"中国珠宝"之名参加国际性珠宝展。

2003 年，有资料认为，香港在全球加工贵金属首饰出口排名世界第 3 位，其中由番禺基地加工的款式新颖、技艺精湛的各种珠宝首饰占香港出口总量的 60% 以上，九龙、香港市场上 95% 以上著名品牌珠宝首饰都是委托番禺的企业加工。2004 年，番禺海关有关数据显示，番禺珠宝首饰年出口值从 8.97 亿美元增至 2010 年的 19.95 亿美元，年增长率达 14.3%。

从 2004 年开始，番禺区政府每年与广州市对外贸易经济合作局、中国黄金协会、博闻中国有限公司等合作举办中国（广州）国际黄金珠宝玉石展览会。

2006 年，番禺成为国内首批 16 个"中国珠宝玉石首饰特色产业基地"之一。直至金融危机爆发的 2008 年，全区珠宝产业出口值 14.1 亿美元。全区共有 400 多家珠宝首饰企业，占广州市珠宝首饰企业总数的 80% 以上。番禺珠宝的产品质量和款式设计实现与国际市场的零对接，拥有明显的产品优势，包括比利时驻华钻石委员会、HRD、美国 GIA、迪拜 DIL 等多个机构都是区珠宝首饰行业的国际战略合作伙伴。

海关数据显示，截至 2008 年 1 月，番禺区共有 7 家持牌企业，属下挂靠了 215 间加工企业，占珠宝加工企业总数的 82.7%，独立企业 45 家，占珠宝加工企业的 17.3%，列入海关 AA 类管理企业的有两家。

10.2.2　依靠先进管理理念和科技创新，产业规模快速扩大

2000 年前后，进入番禺的珠宝企业，有大量来自香港的主流珠宝厂商，这些厂商因为一直以国际市场为目标，因此，公司采用国际先进的管理体系，非常注重技术创新。从以下几个案例，可略见一斑。

以番禺规模最大的珠宝企业之一的亿钻珠宝有限公司为例（2016 年，在全国珠宝出口企业 100 排名第 51 位），该公司从 1996 年创业之初的不到 200 人发展到 2005 年近 2000 人的规模；工厂面积从 400 多平方米扩大到 10000 平方米；市场由单一的日本延伸到世界各地，并在 2003 年开始内销。加工量也从 1996 年每月 8000 件左右逐步扩大到每月 12 万件左右，规模快速扩张。

在探讨企业成功扩张的原因时，亿钻珠宝有限公司事务传讯经理陈锐强认为："印度有近百万珠宝从业者，在某些领域的加工价格非常低，所以我们同印度企业相比时，比的是手工、设计和服务。泰国有近百年的首饰加工传统，他们的手工的确和中国有得一拼，不过我们和他们比的是科技和理念。"

亿钻为什么能取得如此迅猛的发展？

其首要原因是注重管理规章制度的建设，建立包括企业资产管理、生产管理、信息管理等系列的管理制度和管理体系。1999 年，亿钻是香港第一个通过 ISO 9001 和 ISO 14001 国际认证的珠宝公司，

番禺珠宝产业发展 30 年

并且在业内率先在运营中采用了先进的 Oracle ERP 和 B2B 操作系统。

其次，注重人才培养及专业化建设。他们认为，设计是一个人最灵魂最艺术的体现，一个好的设计比一匹千里马还难寻，公司发展必须重视设计人才。公司客服中心的客服人员都具备专业的珠宝知识，并且按照不同的国际区域分组作业，以保证其专业化。

再次，亿钻不断进行发展模式的创新，拥有成熟的国际珠宝市场网络及经验。接受记者采访时，陈锐强说："这些年我们的商业模式在不断地变化，最早我们主要是做 OEM，赚取加工费。后来我们通过不断地加强研发逐步发展到 ODM（原设计生产）。近 5 年来我们重点发展的是 OBM（原品牌生产），今年以来我们将重点推行 OSM（原策略生产）。这就意味着我们能够提供包括设计、采购、市场研究、生产、运输、销售甚至品牌开发在内的'一站式服务'。"

最后，挂靠广州市番禺区番华金银珠宝工艺厂第二十六车间的番华立艺珠宝手艺有限公司曾获多个国际珠宝大奖，公司在 2003 年实施全球最先进的 SAP-ERP 企业资源管理系统，进行公司的运营管理；公司通过引进及采用蜡镶倒模圆钻石技术，并首创蜡镶倒模梯方钻石技术，引进及采用蜡镶无边镶嵌钻石技术，率先于珠宝首饰制造业上采用激光技术等，进行技术创新，极大提高了产品的生产效率和质量，多年来成为香港最重要的中高端珠宝的出口品牌之一。

另外，主要做时尚首饰的广州市番禺恒宝饰物有限公司是中国最大的冲压和宝石制造工厂之一，该公司专注于新的激光工艺在首饰行业的应用，是该产品类别中的全球专家，每年创造 120 万件时尚首饰产品。

10.2.3　海关一站式通关，铸就番禺产业园发展辉煌

一直以来，制约番禺珠宝行业发展的"瓶颈"之一就是原材料的采购。

番禺的珠宝加工厂商只能从香港购买或在国际市场购买经香港转运到番禺进行加工生产，给原材料的购买、运输等方面造成了一些不必要的环节，增加了成本，浪费了时间，也制约了番禺整个珠宝产业链的完善。

为此，2004 年，广州市和番禺区政府开始支持建立原材料采购中心——广州市钻汇珠宝采购博览有限公司（以下简称"钻汇"），希望以加工贸易项下的钻石交易为主体，汇集国内外、全球性珠宝原材料商及贸易商，发展为珠宝业联系国际市场的综合物流信息平台，能够有效降低企业的生产成本和独自采购的风险，推动珠宝行业向着更高层次发展。但是，这个项目由于在钻石原材料加工贸易项下经营执行过程中遇到障碍，最后并没有达到预期的效果。

然而，失之东隅，收之桑榆。虽然番禺在创建钻汇珠宝加工贸易平台遇阻，但 2003 年 2 月 11 日正式动工兴建的沙湾珠宝产业园，却因为得到番禺海关的大力支持，通过模式的创新，产生了重要的集聚效应。

该项目在 2002 年 10 月 1 日正式奠基，开始由香港新信集团与广州市番禺外经集团联合开发，位于番禺区福龙路南侧，项目占地约 28.66 万平方米，现已开发土地约 12.66 万平方米，共建成 25 栋厂房、6 栋宿舍、1 栋综合办公大楼，总建筑面积达 17 万平方米。

2003 年 6 月 29 日，商务部副部长安民代表中央政府与香港特别行政区财政司司长梁锦松共同签署了《内地与香港关于建立更紧密经贸关系的安排》；10 月 17 日，又与澳门特别行政区政府在澳门正式签署了《内地与澳门关于建立更紧密经贸关系的安排》及其 6 个附件文本（即 CEPA，Closer Economic Partnership Arrangement），内地与香港及澳门就货物贸易和服务贸易的自由化以及贸易投资便利化达成一致意见。受 CEPA、泛珠三角圈形成以及 WTO 等因素刺激，香港以及国际的珠宝配套服务产业也向番禺转移。从源头的原材料供应到物流、保险、金融等，陆续转移到番禺。

2005年后，番禺区内的珠宝加工企业散布在沙湾珠宝产业园、市桥珠宝工业区、大罗塘工业区、小平工业区、榄核珠宝工业区、明珠工业园等数十个工业区内。

在这个过程中，番禺海关锐意改革、敢于创新是番禺产业园成功的核心要素之一。其中，珠宝产业园成立以来，番禺海关主导的，逐步将车间式管理转变为相对独立的分支机构、建立持牌企业与加工企业"二级管理"关系的实践在番禺发挥了重要的作用。该模式由持牌企业与分支机构共同承担责任，如果加工企业出现违法违规行为，持牌企业对其下属的分支机构也承担不可推卸的共同连带责任。持牌企业"二级管理"机制的建立和完善最大限度地调动和发挥了持牌企业的协管意识，使各部门的管理形成合力。

其后，由于沙湾珠宝产业园区内建立了报关服务、检测服务、物流服务、仓储服务、电子商务交易信息、行业信息服务、展示交易服务七大公共服务平台，集中了海关、外经、质检、报关、保险、押运职能部门，为企业提供集审批、合同备案、核销、通关、查验以及押运等业务为一体的"一站式"服务，极大提高了园区内珠宝加工企业的通关交货便利，节约了物流成本，减少了风险。

番禺海关也积极为出口企业创造有利的条件。2013年4月，据《南方日报》报道，在番禺海关沙湾车场，一辆货柜车从进场开箱检验到离开，仅花了20分钟左右。沙湾车场监管科邓科长介绍说，"我们努力做到管得住和通得快"，"今年第一季度，番禺关区单票货物平均通关时间为0.27小时，比实行分类通关改革前缩短0.86小时，通关速度提高76.1%；关区97%以上货物享受'三个当天'快速通关，95%以上守法企业享受便捷通关待遇，通关效能进一步提高"。沙湾车场是广州关区（包括东莞、深圳等海关）最繁忙的货柜车检查场，这里平均每天报关单多达600多份，进入车场的货柜车300多辆，20多位海关关员一直不停地忙着。优质的服务和高效率自然有回报。2012年，番禺区企业进出口货值153.3亿美元，同比增长13.9%；2013年一季度，番禺区企业进出口货值66.3亿美元，同比增长4.7%，其中，作为番禺区的特色产业的珠宝钻石戒指加工进出口货值14.9亿美元，同比增长了1.1倍。

由于有海关的大力支持，沙湾园区吸引了包括中国香港、比利时、以色列、印度、意大利、美国、加拿大、德国、法国、韩国、日本等国家和地区的外商投资近70个珠宝生产加工企业集聚，园区企业注册商标近60个。

其中，亿钻珠宝有限公司、广州亿恒珠宝有限公司、乐意珠宝有限公司、广州市番华金银珠宝有限公司（香港银河珠宝首饰有限公司）等生产企业，从业人员逾8000人，业务涵盖钻石毛坯加工、首饰镶嵌、贵金属工艺品以及珠宝首饰生产设备制造等领域，产品出口欧美、中东、东南亚等地区。2015年，园区总产值14.64亿元，珠宝行业出口总额30.34亿美元，纳税总额约2500万元。

一直以来，番禺存在不少珠宝"地下工厂"。产业园区建立后，这些企业由地下转为地上合法经营，政府对其监管也更加到位。现在，从低档首饰到中低档首饰，再到中高档首饰，番禺工厂都在生产。在诸多珠宝加工企业中，有享誉世界、工厂人数达到2000人的"超级"大厂，也有仅有三四十个工人，没有牌照，只是挂靠在"持牌"企业下做车间，悄悄加工自己带来的海外订单的"迷你"小厂。

2004—2005年，短短一年，番禺的加工企业从110家猛增至近300家。2004年，番禺的珠宝工业总产值超过70亿元，出口额上升到8.9亿美元，同比增长已逾20%，位列全区产品出口的第三位，占整个广东省珠宝产业的40%，占我国的25%，成为番禺三大支柱产业之一，中国最大的珠宝出口基地。

其后，电影《富春山居图》中刘德华和林志玲的专属定制珠宝首饰，2015年度国际旅游小姐大赛广东赛区钻石后冠，周杰伦、林志玲等多位明星的专属定制珠宝首饰作品都是在番禺珠宝的公司设计或制造的，这显示出番禺珠宝在时尚产业界的影响力。

10.2.4 世界珠宝，番禺制造；珠宝天坛，惊艳世界

21世纪前8年，番禺珠宝已形成一个集原材料采购、珠宝加工、交易、设计、鉴定、信息交流、物流、展贸、金融结算、零售为一体的产业集群。番禺珠宝加工业无论在工艺技术、投资规模、生产设备、进出口数量等方面在国内都位居前列，涵盖了珠宝设备制造、钻石打磨、镶嵌首饰制造、银饰品制造、足金、K金首饰及贵重工艺品制造、珠宝钟表制造等领域。

由于番禺与国外的交流互动很密切，直接接收国外很多著名品牌的订单，因此，国外发明的很多新的镶嵌方法，番禺的珠宝工厂能很快进行学习和运用，例如，2005年，番禺很早就将最早起源于美国的显微镶嵌技术应用在珠宝首饰上，精工细作，做出非常精细的微镶豪华珠宝首饰；又如，2006年开始的梅花镶，小石头围着大石头，六围一、八围一等，番禺都做得非常到位。

2007年8月9日，中国工艺美术学会金属艺术委员会和番禺区政府、番禺区委宣传部、番禺区外经贸局、中国贸易促进会番禺支会、番禺珠宝产业发展中心及番禺云光首饰公司联合承办的"中国工艺美术大师精品汇展"在番禺云光首饰有限公司正式拉开帷幕。广州市副市长陈国，原广州市市长黎子流，广东省文化厅厅长曹淳亮，国土资源部珠宝玉石首饰管理中心副主任柯捷，以及番禺区主要领导谭应华等，与李博生、王树文等45位中国工艺美术大师一起，出席了当天的开幕仪式。

一座由云光珠宝投资、黄云光大师领衔制作的、作为番禺珠宝艺术成就重要标志的旷世奇宝"珠宝天坛祈年殿"问世。

珠宝天坛祈年殿由黄云光与王永庆策划、中国工艺美术大师王树文设计并监制、广州番禺云光首饰有限公司生产制造，以金银、宝石和玉石等为主要材料，以当初梁思成先生天坛祈年殿的图稿为蓝本，按实物1∶50的比例制造，整件1.38米高的天坛祈年殿作品采用白银、黄金、铂金为原材料制作，其中白银超过128千克，表面镀金，并在上面镶嵌了20万粒钻石、红宝石、蓝宝石等各种宝石以及青金石、绿松石等各种玉石，总重量超过2.5吨。

珠宝天坛祈年殿生产加工过程极为复杂，采用虚拟制造技术制造，采用中国传统金银细金工艺与现代首饰制作工艺相结合的技术，采用离散化制造生产模式制作完成。生产加工需经历设计、实样模型试制和生产加工三个阶段：①设计阶段：首先对原样进行数据采集、结构分析，然后用Jewel-CAD进行图样设计。②实样模型试制阶段：经过多次实木质、铜质、银质等不同材质实样模型试制，以进行结构演示、应力分析和外观效果评价。③生产加工阶段：经过实样模型试制，取得相关制作经验和数据后，才进入正式生产加工环节，在此阶段，先后有100多位工匠参与制作，从设计到最后完工，历经4年时间。

珠宝天坛祈年殿以动态展示的方式，充分展示了祈年殿的内外结构，作品不仅显示了中国传统的花丝金属细工工艺制作的宝座和屏风，还展示还原了真实的瓦、门、窗等部件，既体现了东方文化，又融合了现代文明，从视觉效果和艺术水准的角度来评价都堪称当今世界罕见的珍品。作品完成后，获"2007年中国工艺美术珍品"称号、2008年中国传统工艺美术精品大展金奖；2010年，作品被邀请到上海世博会等重要场所进行展出，成为番禺珠宝产业融合国内其他大师贡献的代表性黄金珠宝镶嵌艺术珍品之一。

2007年，番禺被评为"广东省火炬计划珠宝特色产业基地（广州）"（为当时广东省内珠宝业唯一获此称号的产业集群）。

2007年，番禺配合商务部和广东省政府关于扩大加工贸易内销促进转型升级的政策，商会举办了"珠宝推广周""番港珠宝企业内销政策宣讲会"和中国珠宝界首次翡翠专业采购会，统一推介番

禺的珠宝外销企业和产品。其中，"番港珠宝企业内销政策宣讲会"是推广周活动的重头戏。地税、国税、工商、外经、海关等监管部门就相关问题做出了详细解析，其中还着重讲解了加工贸易的珠宝生产企业申请内销的审批条件和手续以及相关监管流程和要求。此外，番禺区政府还邀请中国银行及钻汇珠宝采购中心分别就黄金及钻石等内销珠宝产品原材料采购问题及行业综合服务平台建设与政府监管的珠宝产业信息交易平台对接的细节做了深入的介绍。

2007年11月30日，番禺区珠宝厂商会举办"世界珠宝，番禺制造"成立17周年晚宴，会长李文俊郑重宣布番禺珠宝业在番禺区政府的大力支持下要发展内销，要打造自己的品牌，宣布番禺珠宝产业开始正式"回航"。番禺珠宝一直以番禺厂商组团统一身份分别参加深圳和北京的国际珠宝展，进一步强化"世界珠宝，番禺制造"的品牌形象。2008年6月13—16日，第5届中国（广州）国际黄金珠宝玉石展览会举行，番禺50多家珠宝公司租用了230多个展位参展，阵容强大。

在这个过程中，番禺海关积极对珠宝产业园实施集中式、专业化管理，通过"推动钻汇保税仓发展""推进持牌企业二级管理机制""提升检测中心工作效能""实现多渠道多方式押运""全面实行电子物流台账备案标准化"等措施，进一步拓展番禺地区珠宝行业的发展空间及产业园集聚效应的发挥。

与此同时，番禺海关驻珠宝产业园监管科通过积极支持中国宝玉石协会和国家珠宝检测中心在番禺开展相关业务，与权威检测部门进行强强联合，逐步建立起社会中介协助海关监管的管理机制，实现信息共享，进一步提升了检测中心的检测效能以及对产业发展的保驾护航作用，提高了企业的国内、国际竞争力。

番禺的珠宝首饰加工业以来料加工的形式为主，涵盖了珠宝首饰设备制造、钻石琢磨、铂金首饰、足金首饰、镶嵌首饰、银饰品制造、贵重工艺品制造和珠宝钟表制造等领域，面向国际市场，加工技艺精湛，款式新颖，是亚太地区最具规模、最集中的珠宝首饰加工基地，珠宝首饰加工量占香港出口总量的60%以上，被誉为"中国珠宝城"，已成为番禺经济中具有特色的支柱产业之一。

番禺珠宝行业生产方面具有两大优势：一是企业规模化与规模经济效应明显，企业规模大，集聚度高，大的厂商员工超千人，一般的中小型工厂也有数百人，规模化效应明显；二是精湛的生产工艺与高产品质量，主要集中在钻石毛坯加工和镶嵌首饰方面，镶嵌首饰工艺精湛，其工艺甚至超过了世界公认的珠宝业龙头——意大利维琴察，被誉为"中国的维琴察"。

在生产集聚的基础上，番禺的珠宝产业经过多年的发展，告别简单的来料加工模式，不断向产业上下游拓展，形成全产业链，众多世界顶级的珠宝生产商、专业的珠宝押运商、物流配送和保险商，乃至珠宝的研发设计、报刊媒体等服务机构纷纷落户番禺沙湾珠宝产业园。

2015年年底，番禺有近400家珠宝生产企业，其中有44家珠宝企业开展珠宝进出口业务，从业人员共约7万人，集聚了来自中国香港、比利时、以色列、印度、美国等30多个珠宝主要生产和消费的国家和地区的外商进驻投资设厂。据海关数据统计，2015年，番禺珠宝首饰出口额占全区出口总额的37.2%，位居全区第一，占广州市珠宝首饰出口总额的89%。

总体上看，番禺珠宝行业通过不同规模和产业链不同位置企业的集合，特别是产业园发展模式，在2008年以前已形成了规模化、集聚化发展的格局。

10.3 番禺彩色宝石切割加工产业

始于20世纪90年代的番禺彩色宝石加工产业，早期是零散的作坊加工，主要是为广东省进出口公司出口订单进行加工，加工的宝石主要是河北及东北出产的橄榄石，新疆和云南出产的海蓝宝石、水晶、石榴石等低端宝石；其后，其中一些作坊逐步发展成为小的宝石加工企业，加工的宝石包括各种中高档红宝石、蓝宝石、坦桑石等，数量最高的时候达到2000家以上。这些企业散布在番禺很多村镇的大街小巷，非常难以管理。

千禧年后，番禺彩宝加工行业发明的彩宝加工的"中国千禧工"（Concave Cutting），在彩宝加工产业界着实火了一把，这些花式切割的宝石多为托帕石、紫晶等透明度和块度较大的中低档宝石。国际上，真正的"千禧工"据说是罗吉奥·格拉卡1999年首创，这种特殊的花式切工，作为千禧年独特与挑战的象征，有1000个刻面，其中，亭部拥有624个刻面，台面有376个刻面，被称为"千禧切工"，采用千禧切工的宝石，工艺上耗时耗力，难度也很大，工作量约等于其他切工工作量的18倍。这种切工可以把宝石的光彩发挥到极致，使之像火焰一般闪闪动人。

中国千禧工是由番禺工匠经过改良创造的，切面数量稍少，其实是一种具有凹面的特殊切割，以加工价格合理，宝石火彩明快、绚丽多彩受到市场的欢迎。其后，广州市番禺区番禺大道北555号天安科技园创新大厦503的陈松军等人成功申请了椭圆形千禧工、圆形千禧工、长方小八角形弧形凹面千禧工、肥长方弧形凹面千禧工、肥正方弧形凹面千禧工等10多项系列的中国外观设计专利。

1998年创立的番禺升日宝石加工厂（Sunrising Gems & Jewellery Factory）为升日（香港）国际实业有限公司的子公司，是一家以生产和批发天然彩宝戒面、圆珠彩宝首饰为主的工贸型生产企业，该公司在市场上推出了大量中国千禧工加工的宝石。

这一时期番禺宝石加工的特点可以总结为：①从业人员规模庞大，大大小小企业多达千家以上；②加工宝石品类繁多，从翡翠（B+C货）、珍珠、贝壳、各种杂石，再到除红、蓝宝、金绿宝石等高档贵重宝石应有尽有；③加工的款式多样，从刻面到雕花各种各样适合镶嵌的琢型不胜枚举。宝石加工厂的人数少则十几人，多则百余人，大小工厂遍地开花。④订单量大，几十万，几百万订单常有，甚至有些订单为期长达两年。大的订单需要至少两年，且由80名工人每天进行加工。

这个时期代表性的宝石加工企业有千禧珠宝有限公司、开明珠宝、东宝宝来首饰厂、番禺星耀宝石厂、周记水晶宝石厂、湖棠珠宝有限公司、嘉力宝石厂、昌兴宝石（番禺）工艺厂等，加工规模较大的如1998年成立、位于广州市番禺区大石镇的宝星宝石加工厂，主要加工生产海蓝宝石、橄榄石、石榴石、紫晶、黄晶等；还有番禺区永顺宝石加工厂、广州市番禺区恒裕宝石加工厂、番禺奥克宝石加工、广州番禺宝石厂等。

经过这一时期的发展，番禺的宝石加工以其精湛的加工水平和稳定的交货期在世界彩色宝石加工的舞台上赢得了一席之地。

2007年9月，为了选择2009年国际彩色宝石协会（ICA）年会的举办地，ICA董事局高层10余人对番禺进行了实地考察。番禺珠宝业的发展规模、设施设备及彩宝设计、加工能力等无不让ICA成员惊叹。

在番禺加工的彩色宝石包括天然宝石（红宝石、蓝宝石、祖母绿、猫眼石等，这四种宝石与钻石并称为"世界五大珍稀宝石"），天然半宝石（紫水晶、黄水晶、托帕石、碧玺、海蓝宝石、石榴石、橄榄石、黑曜岩、摩根石、坦桑石、锆石、青金石、葡萄石、月光石、珊瑚、欧泊、斑彩石、磷灰石等），天然玉石（翡翠、软玉、岫玉等），天然有机宝石（珍珠、珊瑚、琥珀等），等等。

2008年2月20日，来自番禺及周边的54家宝石供应商进驻钻汇珠宝采购中心宝石街。这是广东第一家定位于中高档有色宝石原料及半成品的专业贸易平台。钻汇宝石街一旦实现良性运转，将会大大降低周边珠宝加工企业的原料采购成本，并吸引更多的国际珠宝商在番禺进行原料采购、当地委托加工成品。届时，番禺将有望成为全球最重要的中高档有色宝石集散中心。钻汇珠宝采购中心有关人士介绍，进驻钻汇宝石街的这54家宝石供应商基本上代表了中国在中高档宝石切割加工领域的最高水平，是世界有色宝石原料及半成品市场最主要的供应商。有报道认为，番禺已经成为全球珠宝产业链中最重要的中高档宝石切割生产中心之一。

理想是丰满的，但现实是骨感的。2008年，美国发生了波及全球的金融危机，2009年，全球珠宝市场受到明显影响；中国的彩宝市场从2014年下半年开始下滑，2015年下滑更为明显，番禺钻汇宝石街及产销平台并没有真正发挥出理想的效能。

东边日出西边雨，平台式销售受挫，但番禺彩色宝石的发展并未停止，反而通过新的销售模式在国内及国际市场形成新的格局。2012年，一个在番禺珠宝做镶嵌的年轻人刘文辉，通过多年作坊式的宝石加工，与一群有想法的年轻人创建了一个新的彩宝品牌——"米莱珠宝"，其后，米莱成为中国彩色宝石网上销售著名的公司。2014年开始，米莱珠宝连续多年获得天猫、淘宝、京东彩宝类目销售额双料第1名。2015年，米莱被上市公司刚泰控股收购，成为其旗下彩宝品牌。

2009年后，许多面向国内市场的彩色宝石加工企业在大罗塘工业区内重新集结，形成番禺珠宝产业集聚一个新的发展极。

番禺大罗塘工业区位于番禺区沙头街，集聚了近300家珠宝首饰生产加工企业，销售经营企业和商户更是多达2000家，从业人员超5万人。形成了集原料销售、生产工具制造销售、技术工人培训、设计研发、生产加工半成品和成品销售、电子商务、检验检测、会展服务等为一体的珠宝玉石首饰产业体系。工业区拥有广州市番禺莱利珠宝首饰厂、广州市元艺珠宝有限公司、雅和（广州）首饰有限公司等多家著名企业。大罗塘珠宝设计享誉国际，汇集有大批一流设计名师，屡获国际大奖。目前，在大罗塘工业区从业珠宝首饰设计师超1000人，具备"中级首饰设计师"资格的超六成，设计师团队多达100个以上。大罗塘出产的珠宝产品工艺精湛，特别是切割打磨镶嵌技术水平，全球首屈一指。

2013年，大罗塘工业区珠宝玉石首饰产业营业收入超30亿元。

2016年，接受《羊城晚报》记者采访时，广东省彩宝首饰商会原执行会长王海金认为，番禺彩宝产业以外加工为主，近几年面向国内市场发展得也很快，在彩宝方面逐步提升，特别是在设计、生产工艺方面，优势很强，依然保持举足轻重的位置。

10.4 番禺其他珠宝配套产业及科教产业发展

2000年1月31日，黄文熙为法定代表人的广州番禺科利尔珠宝化学有限公司成立，企业为外资有限公司，注册地在番禺区的化龙镇，登记则是在广州市工商行政管理局番禺分局，经营范围包括生产、加工各类人造珠宝首饰及产品的表面化学处理，销售本企业产品（黄金制品除外）等，这是番禺珠宝产业成立比较早的配套性的企业。

2002年，一家专注于提供3D技术应用培训和先进制造解决方案的公司——广州迪迈珠宝首饰有限公司注册成立，作为珠宝首饰3D打印技术的领航者，迪迈经历了从手工模型雕蜡技术到3D模型设计技术的时代转变。开办珠宝3D设计学院，实施"智造星"计划，设立教育培训基金，为珠宝首饰行业不断输送创新型人才；同时，致力于为行业提供国际最先进、最尖端的科技创新设备，推动珠宝首饰产业实现工业4.0，帮助珠宝首饰企业从手工向智能化转型。

2004年8月6日，主营机械工业，出售首饰器材、首饰设备、首饰工具等，最新产品包括铸造粉、合成无色钻石测试仪、3D喷蜡打印机、便携式拉曼激光分析仪、光线激光标签刻字机等的陈广记（番禺）有限公司在番禺区市桥街西环路1号成立，这家企业可以视为番禺珠宝产业集聚中提供配套性工具服务的代表性公司。大约同期注册的还有位于番禺区沙头小平工业区银平路124号的广州市番禺区祥记首饰五金配料设备行等。

2005年年底，番禺职业技术学院在学院和地方政府领导的支持和帮助，以及番禺珠宝企业家的积极参与下，在原珠宝首饰工艺及鉴定专业的基础上，成立了珠宝学院。珠宝学院相继聘请了黄云光、谢瑞麟、吴宏斌、李建生等粤港珠宝界著名企业家为学院名誉教授；同时，先后在番禺云光首饰有限公司、广州市亿钻珠宝有限公司、皇庭（广州）珠宝有限公司、广州致佳珠宝首饰有限公司、广州市钻汇珠宝采购博览有限公司等企业，建立了10余个校外实训基地，并充分利用这些校外实训基地为学生们开设现场观摩、实地操作、经验传授等课程。2007年，番禺职业技术学院更名为广州番禺职业技术学院。

其后，广州番禺职业技术学院珠宝专业稳步发展，依据《国家中长期教育改革与发展规划纲要（2010—2020年）》对职业教育所提出的目标任务，坚持"以服务为宗旨，以就业为导向"的办学方针，以提升行业科技水平、带动产业发展为己任，走校企合作、工学结合之路，构建与行业发展、企业人才需求相适应的专业人才培养方案，建立以提高学生专业技术技能和综合素质为根本、校企紧密结合、具有高职院校特色的专业人才培养模式，不断提升专业建设水平、人才培养质量、科研水平和社会服务能力，努力满足番禺珠宝产业及行业发展的需要，进一步扩大珠宝学院在业内和境内外的影响，使其成为番禺珠宝产业重要的专业人才培养基地。广州番禺职业技术学院珠宝学院3个专业获得荣誉情况见表10-1。

表10-1　广州番禺职业技术学院珠宝学院及三个专业所获荣誉一览

类别		所获荣誉	获得时间（年）	授予部门
专业	珠宝首饰技术与管理（原珠宝鉴定与工艺专业）	校级重点专业	2004	学校
		广州市高职示范专业	2006	广州市教育局
		广东省高职示范专业	2008	广东省教育厅
		国家示范性高职院校重点建设专业	2009	教育部
		广东高校"珠江学者"岗位计划设岗专业	2013	广东省教育厅
		广东省一流高职院校重点建设专业	2016	广东省教育厅
	宝玉石鉴定与加工（原珠宝鉴定与营销专业）	校级重点专业	2009	学校
		广东省高职示范性校内实训基地	2009	广东省教育厅
		广州市高职示范建设专业	2010	广州市教育局
		广东省第一批高职重点建设专业	2012	广东省教育厅
		广东省第一批高职重点专业	2017	广东省教育厅
	首饰设计与加工（原首饰设计专业）	校级重点专业	2012	学校
		广州市高职重点建设专业	2014	广州市教育局
		广东省高职二类品牌建设专业	2016	广东省教育厅
		广州市高职重点专业	2017	广州市教育局

(续上表)

类别	所获荣誉	获得时间（年）	授予部门
学院	全国职业教育先进单位	2014	教育部、国家发展与改革委员会等六部委
	广东省珠宝首饰工程技术研究中心	2016	广东省科技厅
	广东高校珠宝首饰工程技术研究中心	2015	广东省教育厅
	珠宝首饰类专业高技术技能型人才协同育人平台	2014	广东省教育厅
	广州市职业创新示范基地	2016	广州市总工会

广州番禺职业技术学院珠宝学院现设有3个专业，每年招收学生约300人。组建了一支由50人组成的"专兼结合"专业教学团队，其中，专任教师27人，含教授和教授级高工4人，2名专任教师分别于2009年和2014年获广东省教学名师奖，珠宝首饰技术与管理专业教学团队获评广东省高职"优秀教学团队"。专业带头人在国内高职院校同类专业中具有较大的影响力和知名度，尤其是在首饰材料和成型工艺研究领域，居国内领先水平。团队专任教师先后在 *Material Science and Engineering C*，*Rare Metals*，*Rare Metal Materials and Engineering*，*China Foundry* 等国际、国内学术期刊累计发表专业学术研究（含教学研究）论文累计发表科研、教研教改论文200余篇，其中核心期刊64篇（SCI收录7篇，EI收录10篇）；出版教材和著作26部；获得国家发明专利授权12项，实用新型专利授权31项。累计完成各级、各类科研与教学研究项目30余项。校企协同开发出的"无氰电铸千足金工艺"和"首饰高效低耗生产技术的研究"两项成果经广州市科技和信息化局鉴定，总体技术达到国内领先水平。专业教师为多家企业解决了60多项工艺技术难题，培训专业技术人员3000余人次。企业兼职教师23人，成员包括业界的知名企业家、中国工艺美术大师、企业高级技术人员和管理人员，3名企业兼职教师为行业内领军人才。

2005年8月，广东省劳动和社会保障厅批准设立的全日制高级技工学校——广州南华工贸高级技工学校，根据多次对珠宝行业的调研之后，也正式开设了珠宝专业；至今开设了珠宝工艺与鉴定（中、高技）、珠宝首饰鉴定与营销（中、高技）、珠宝首饰设计与制作（中、高技）、玉石雕刻与鉴赏（中技）4个专业、7个层次的珠宝专业课程。

广州南华工贸高级技工学校按照"五个相结合"的原则办学，即：①理论实践相结合，以技能为主，强化应用；②政、校、企、协相结合，实现产、学、研一体化；③长、短相结合，一专多能，一学多证；④内、外相结合，请进来，走出去；⑤招生培养与推荐就业相结合，进得来，出得去。

学校相继建立了珠宝鉴定实训中心、珠宝加工实训室、珠宝设计电绘实训中心、珠宝微镶实训室、珠宝营销实训中心、玉雕实训室等11个珠宝专业实训场所。教师编写和出版了《宝石学基础》《珠宝鉴赏》《贵金属首饰手工制作工》全国珠宝类中等职业教育教材。拥有国家职业技能鉴定所，建立了广东省南华珠宝职业培训学院，是国家高技能人才培训基地、广东省珠宝高技能人才公共实训基地。

2014年，广州南华工贸高级技工学校承办了广东省宝玉石检验员职业技能竞赛；2015年11月，成功承办中国贵金属首饰手工制作工技能大赛；2016年，承办了中国技能大赛44届世界技能大赛珠宝加工项目选拔赛，11月获批第44届世界技能大赛珠宝加工项目中国集训基地；2017年3月7日，举行世界技能大赛珠宝加工项目选拔赛。

2017年4月13—17日，第44届世界技能大赛全国选拔赛暨中国（深圳）国际技能邀请赛在深

番禺珠宝产业发展30年

圳举行。大赛设珠宝加工等5个比赛项目。18个省（市）及国家级协会代表队64名选手参加了全国选拔赛；中国、法国、意大利、韩国、新西兰、葡萄牙、俄罗斯7个国家15名选手参加了国际邀请赛。广州南华工贸高级技工学校选手吴娅在珠宝加工项目第二轮4进2的选拔赛中成功晋级，她继续参与第三轮全国选拔赛。

2006年6月，位于番禺区大龙街市新路新水坑开达工业园的广州玉邦自动化控制设备有限公司在番禺成立，目前该公司自主研发的玉石雕刻机已到第五代，以高精度闻名于整个玉雕行业，是全国专业研发、生产玉雕机的重要厂家。

同年，广州市番禺区石碁华钻钻石工具设备厂在广州市番禺区石碁镇沙涌岗瓦工业区成立，经营范围包括设备开发、工程设计、制造安装及制造维修各类型工具。专业生产制造磨钻系列工具设备，如打边机、磨钻机、磨钻盘、车石臂、锯钻以及各种配件、附件等。工厂秉承"质量第一、信誉第一"的企业宗旨，建立了严格的质量管理体系，公司拥有一批专业化机械设备及工具制造的技术人员。

2008年7月11日，位于广州市番禺区沙头街沙头村沙南路沙头工业区自编79号1号办公楼的广州市誉宝首饰器材有限公司在广州市番禺区工商行政管理局注册成立，主要经营五金产品批发、五金零售、货物进出口（专营专控商品除外）、技术进出口（依法须经批准的项目，经相关部门批准后方可开展经营活动）。经过多年的快速发展，公司的法定代表人吴威将深圳等地的企业集合形成誉宝集团，誉宝从"首饰器材专家"发展成为集珠宝首饰器材销售、珠宝制造技术开发、珠宝交易中心运营、珠宝设计与销售、珠宝文化与推广于一体的综合性高新集团。2017年誉宝集团成为国家高新企业和深圳市高新企业。2018年，吴威成为番禺区珠宝厂商会最新一届的会长。

中山大学地球科学与工程学院（原地质系，地球科学与地质工程学院）/宝玉石研究鉴定（评估）中心从2000年开始招收宝玉石方向的研究生，2005年，研究生魏巧坤毕业，到番禺珠宝产业工作，后来成为番禺贸促会珠宝产业发展中心的业务骨干和副主任，中山大学宝玉石研究鉴定（评估）中心直接参与了番禺区多项重要参与发展研究项目以及钻汇珠宝广场的发展战略研究。其后，2008年，广州市番禺区人民政府与中山大学科技处签署了《关于加强珠宝产业发展产学研战略合作的框架协议》，番禺区珠宝产业发展中心商讨和地科院合作建立中国（番禺）黄金及贵金属珠宝产业研究所；2009年4月，共青团中央将番禺沙湾珠宝产业园定为中山大学"青年就业创业见习基地"，举行基地挂牌及签约仪式，通过组织院校学生到沙湾珠宝产业园实习，帮助学生积累工作经验、提高就业创业能力。

2010年11月8日，中国（番禺）黄金及贵金属珠宝研究所和国际彩色宝石协会中国（番禺）联络处一起在番禺挂牌成立。2014年开始，地球科学与工程学院宝石学方向毕业的钟友萍、莫默和李志翔等多位硕士毕业生成为中山大学广州钻石交易中心和广东省珠宝玉石交易中心的骨干。

2010年，广州市大镭激光科技有限公司进入番禺，这是一家专业从事激光设备的集研发、生产、销售及服务为一体的高新技术企业。公司致力于为客户提供最优质的激光产品，完善的售后服务体系和激光应用技术的全套解决方案。涉及珠宝业的主要是各种电气设备修理；工业自动控制系统装置制造；金属切削机床制造；轴承制造；金属切割及焊接设备制造；电力电子元器件制造；激光打标机；激光切割机，激光点焊机；礼仪电子用品制造；珠宝首饰及有关物品制造等业务。这种类型公司的进入，显示了番禺珠宝产业和科技已开始密切关联。同年8月19日，生产、加工各类人造珠宝首饰及产品的表面化学处理，销售本企业产品（黄金制品除外）等的广州番禺科利尔珠宝化学有限公司第四分公司成立。这些都是产业辅助配套性企业。

2012年11月，亚洲博闻与广州番禺职业技术学院珠宝学院达成合作关系，亚洲博闻计划每年选派具丰富实践经验的专业人员和管理人员到珠宝学院授课,并邀请学院师生参观亚洲博闻旗下的珠宝首饰展览会,深化和提高师生对珠宝行业的认知,使珠宝学院培育的人才更加贴近和适应市场需求。同时亚洲博闻将推行专项成绩奖励计划,全额资助在国际和国家级的比赛获奖的学生参观由亚洲博闻主办、全球规模最大的9月香港珠宝首饰展览会。

同时,亚洲博闻在广州番禺职业技术学院珠宝学院设立奖学金和助学金,以表扬品学兼优的学生、支持家境贫困的学生顺利完成学业,其中,亚洲博闻奖学金为5万元人民币,亚洲博闻助学金为3万元人民币。

11月30日,亚洲博闻高级副总裁狄沃夫与珠宝学院院长王昶签署合作协议,广州市教育局、广州市对外贸易经济合作局、广州市番禺区对外贸易经济合作局等领导及广东省金银首饰商会、广东省金银珠宝首饰玉器业厂商会、广东省黄金协会、番禺区珠宝厂商会等嘉宾见证。在首届"亚洲博闻奖学金"暨校企合作协议签订仪式上,13位珠宝学院的优秀学生获亚洲博闻高级副总裁狄沃夫、广州市教育局巡视员王小强及广州市对外贸易经济合作局副巡视员李国荣颁发奖学金;另外13位学生则获"亚洲博闻助学金"。

狄沃夫表示,通过与广州番禺职业技术学院珠宝学院达成校企合作关系,他强调"亚洲博闻不仅致力发展多个国际性商贸展览,推动国际贸易,也积极回馈社会"。他期望通过合作,为学校拓宽学生实践和就业的渠道,为珠宝企业培育和输送具有专业素质和职业技能的国际化专业人才。

2013年,广州市金匠首饰器材有限公司等中小规模的配套性的工具类公司成立。2015年,小规模的镁泰首饰器材有限公司在番禺区沙头街银平路38号之五成立了,这显示出这种配套性的小型的服务企业在产业发展中仍然存在发展的空间。

至今,番禺区的珠宝产业已具有较为完备的公共服务体系,包括:国际三大贵金属物流公司形成的公共物流平台、国家级公共技术测试平台(国家珠宝玉石质量监督检验中心番禺实验室)、公共保税仓(全国唯一具备原材料分拣和交易,撮合功能的钻石保税仓)、公共电子商品平台、企业孵化器平台、公共人才培训平台(全国最大规模的珠宝学院)和众多专业服务中介机构与行业促进机构等,特别是广州钻石交易中心和广东省珠宝玉石交易中心落户番禺,能够充分满足要素交易市场对各类功能型公共服务的需求。

第11章　番禺珠宝产业发展期代表性人物简介

11.1　李文俊

李文俊，三和（广州）有限公司董事长，2007—2012年连任番禺区珠宝厂商会会长，广州市番禺区珠宝厂商会名誉会长、大罗塘珠宝首饰商会首任会长。他是一位引领番禺珠宝产业和企业跨越多次全球性危机，继往开来，致力于缔造"世界珠宝，番禺制造"品牌、谨慎务实、自强不息的引领者。

1985年，李文俊投身珠宝行业，最早从事珠宝的营销工作。三和珠宝集团成立不久，全球出现金融危机，华尔街股市大跌，香港股票市场连续4天停止交易，李文俊以非凡的勇气带领公司渡过难关。1997年，香港回归前夕，很多香港人纷纷向国外转移资产及移民，东南亚金融风暴打击全球市场，"腥风血雨"之际，李文俊以过人的智慧，引领三和珠宝集团营销欧美市场，北望神州，落子番禺。1998年3月，番禺三和（番禺）首饰有限公司成立，李文俊出任董事长。

番禺三和珠宝，工人人数最多的时候超过2000人，工厂区内设有多种大型娱乐设施，业务扩展到欧洲、美洲、亚洲、大洋洲和非洲，成为领先香港珠宝首饰业最重要的生产商之一，旗下"KTL Jewellery"在香港上市。

2001年，正当三和珠宝春风得意马蹄疾之时，美国发生"9·11"恐怖袭击事件，世界珠宝市场一度被危机气氛笼罩。随后，2003年中国"非典"爆发，引发了消费市场信心崩塌。2008年年底，美国金融危机导致全球市场海啸。面对步步惊心的市场灾难，李文俊沉着冷静，带领三和珠宝跨越困境，绝处逢生。

2007年，李文俊首任番禺区珠宝厂商会会长，出任厂商会领路人。他兢兢业业，怀着对番禺珠宝的满腔热情和坚定信念，带领厂商会全体同仁，以"世界珠宝，番禺制造"为目标，自强不息，积极拓展番禺珠宝产业发展平台、业务渠道，促进会员沟通交流，不断提升番禺珠宝企业的行业竞争力，为打造番禺珠宝区域品牌做出了重要贡献。

会长任期内，番禺珠宝产业曾遭遇2008年美国次贷危机引发的金融海啸。全球珠宝市场的严重萎缩对以外向型产业集聚为特征的番禺珠宝产业产生了非常强烈的冲击。珠宝企业利润变得非常微薄，番禺的生产企业规模不断缩减，企业大量裁员和倒闭。面对这一严峻的国际市场环境，李文俊带领番禺区珠宝厂商会团队与政府有关方面积极沟通配合，通过各种方式切实解决企业回航国内市场所面临的各种困难。配合政府产业管理部门，成立"粤港珠宝内销联盟"。正如采访时他所说："身处逆境，有人生怯后退，有人观望守候，但我们会一直执着前行。我们相信，有清晰的目标，有积极切实的行动，就一定能有所收获。"通过卓有成效的工作，李文俊彰显自强坚韧的个性，获得业内的广泛认同。

2009年3月12日，李文俊在参加番禺区政协十二届四次会议后，接受了记者专访，他表示"在国际金融危机的巨大冲击下，珠宝厂商会与企业荣辱与共，共克时艰。以前只顾自己的生意，现在要注意行业和自身问题。各会员企业积极想方设法寻找在艰难环境下如何突围，重点是积极拓展国内市场"。或许正是这样的一种担当，2009年6月24日，李文俊以三和（广州）首饰有限公司董事长兼行政总裁的身份连任番禺区珠宝厂商会会长，不负众望。

2013年，在番禺区政协十三届三次会议上，已经卸任珠宝厂商会会长的李文俊，仍然积极提出"关于利用产业集聚优势，创新番禺区珠宝业发展内销新思路建议"的提案，提出"建议增强珠宝产业园区集聚效应，完善园区建设，打造多功能综合性园区"，"希望区政府继续给予珠宝产业大力扶持，创造优质的营商环境，推进珠宝外贸转型升级"等富有建设性和前瞻性的思考。他指出，沙湾珠宝产业园虽然已经相对成熟，园内还有海关、经贸、银行、检测、押运、报关公司等机构和职能部门进驻提供服务，但目前园区的性质相对单一，仅有厂房生产加工以及周边一些配套业务，特别是产业园区在招商引资、促进产业结构调整、发展地区经济中应该有的辐射、示范、带动方面的作用还没有完全发挥。他还进一步建议，要增强珠宝产业园区的集聚效应，借鉴国内外经验，不断创新完善园区的建设，打造集展览、销售、生产等一体化多功能的综合性园区，并结合本地优势发展特色珠宝旅游线路。同时，他希望政府有关职能部门能够在政策、招商、发展规划等方面继续给予珠宝产业大力支持，创造优质的营商环境，推进珠宝外贸转型升级。这些富有见地的建设性意见，不但专业，而且可见其热心推动番禺珠宝产业集聚升级的承担。

2015年6月19日，广州市番禺大罗塘珠宝首饰商会成立，三和国际控股有限公司联席主席李文俊当选为首任会长。他在任职致辞中表示：将充分发挥商会的组织优势，集聚资金、汇聚人才、整合资源，组织会员单位适应经济新常态，积极开拓创新，在竞争中增强抗风险能力，在发展中增强市场应变能力，续写番禺珠宝产业、番禺大罗塘珠宝的辉煌。

11.2　陈元兴

陈元兴，番禺珠宝产业发展的主力队员之一，是一位在每个转折点都敢于站立潮头、引领产业和企业发展的企业家。说起番禺珠宝产业，不得不提沙湾珠宝产业园和钻汇珠宝广场。陈元兴，就是这两个标志性集聚平台的舵手。

陈元兴，1960年12月出生于印度尼西亚，祖籍广东梅县，香港特别行政区永久居民，原亿钻珠宝有限公司董事长、钻汇珠宝采购中心董事长。1968—1977年在中国求学，其中，1975—1977年于广西玉林铁路中学完成了高中学业。可以说，他是在中国内地度过了他的青葱岁月。

1980年，他开始在香港独资经营珠宝业务。1983年，他创立Johnny Jewelry Company。1992年，成立了香港亿钻珠宝有限公司，任公司董事长。他带领亿钻珠宝有限公司不断拓展海内外市场，并逐渐在中东、美国、欧洲、日本及远东地区的珠宝销售市场形成影响。

1997年，陈元兴开始在番禺珠宝设立加工厂，员工人数最多时超过千人。1999年，亿钻珠宝成为业内首家推行ISO 9001质量管理体系认证的公司，应用范围包括设计、制造、批发及零售。同年，亿钻公司开始在企业内运用企业资源规划系统（Enterprise Resource Planning System，ERP）进行管理。在番禺珠宝界，陈元兴是不断进行企业管理创新和改造的代表性企业家之一，他通过将亿钻珠宝由"珠宝代工生产商"（OEM）转变为"原创设计制造商"（ODM）及"原创品牌制造商"（OBM），以知识创造为核心的价值创造来带动地方珠宝产业的发展，并以此为基础实现推动珠宝产业品牌国际化的理想。2000年，陈元兴荣获香港青年工业家奖，亿钻珠宝公司也再度成为业内首家通过ISO

番禺珠宝产业发展30年

14001环境管理体系（EMS）认证的珠宝制造企业。

2004—2008年，陈元兴分别在番禺、广州、上海等地投资成立了广州市钻汇珠宝采购博览有限公司、广州沙湾珠宝产业园有限公司、广州亿恒珠宝有限公司以及上海城隍庙第一购物中心有限公司等多家珠宝企业，业务市场范围涵盖中国香港、美国、欧洲、中东、日本以及内地的珠宝钻饰市场。其中，在2004年，陈元兴利用番禺区作为中国珠宝业出口最大集聚的优势，与番禺区人民政府携手合作，成立了"钻汇珠宝采购中心"，全力打造可以为番禺珠宝业进行一站式服务的交易平台。2006年9月，钻汇开始试业。

陈元兴对珠宝首饰行业的投资有高瞻远瞩的视野和积极进取的精神，往往从产业发展的大局去思考企业的投资方向和进行企业管理模式的创新。2005年，他邀请香港生产力促进局（HKPC）与广州市亿钻珠宝有限公司合作推行"精益生产"和"平衡计分卡"两项生产优化活动，以提升公司生产管理水平及行业竞争力。同时，邀请香港生产力促进局担任钻汇珠宝采购中心的顾问团成员，为实现将番禺珠宝打造成为"中国珠宝谷"的目标提出可行性意见。除了在番禺当地投资珠宝公司/工厂，他还考虑到产业发展的不同需求，积极参与国内不同地方珠宝产业的投资建设，积极推动番禺珠宝科教产业的发展。

例如，2005年，针对当时番禺珠宝业技术人才短缺、农业人员转岗就业困难的情况，他积极协同番禺区珠宝厂商会成员在番禺职业技术学院内筹办番禺首家珠宝学院。2005年12月，番禺职业技术学院正式挂牌成立珠宝学院，他捐赠一批有实用性的珠宝专业器材，与珠宝学院进行院企合作，建立学生实训基地，积极推动番禺珠宝产业标准化的建设等。投资创办的钻汇珠宝广场和投资管理的沙湾珠宝产业园在珠宝业界享誉盛名，成为番禺珠宝集聚的标杆、番禺珠宝核心产业地标。

陈元兴在番禺投资的珠宝企业，业务范围覆盖了从产业链上游（加工、贸易、行业服务）到下游（零售）终端市场。特别是其投资经营管理的沙湾珠宝产业园是番禺珠宝重要的产业发展平台。该产业园是国内首个集珠宝海关商检服务平台、检测出证平台、物流配送平台、黄金进出口代理平台、电子商务平台和国际商贸平台等集聚化发展的独特的产业发展集聚园区。沙湾珠宝产业园的成功运作对于番禺珠宝制造连接国际市场，实现"世界珠宝，番禺创造"的目标发挥了承内启外的作用，为番禺发展成为中国珠宝玉石首饰行业协会"中国珠宝玉石首饰特色产业基地"（2006年全国首批）和广东省人民政府"广东省火炬计划珠宝特色产业基地（广州）"（2007年）做出了重要的贡献。2011年，沙湾珠宝产业园所在的沙湾镇获得"广东省技术创新专业镇——珠宝首饰"的荣誉称号，开始了珠宝小镇新的发展历程。

笔者认识并和陈元兴有较多的交往，大约已有15年时间。其时，他正经历为钻汇珠宝采购中心申请参与国内钻石贸易交易平台建设失意之痛。多年来，他为番禺珠宝产业发展铁肩担道义所呈现出的百折不挠的精神让人敬佩。他在珠宝产业的投资视野宏大，前瞻性强，对企业管理精益求精、追求卓越的品质也给笔者留下了深刻的印象。最为重要的是，他在内地投资，强调遵纪守法、合法经营的理念，投资的企业有良好的商业信誉。他旗下的企业，2009—2017年累计纳税额已超过8000万元，这在投资内地的港资珠宝企业中甚至是本土著名的珠宝企业中也算是突出的，对地方经济的发展可谓贡献良多。

陈元兴在发展番禺珠宝钻饰业务的同时，致力于促进香港与内地珠宝钻饰业与世界珠宝业的发展和交流，支持并积极参与了多个业界及政商组织。在所有推动番禺珠宝产业发展的重要事件中，几乎都可以见到陈元兴忙碌的身影和兢兢业业的身姿。为了番禺珠宝产业的发展，他经常不辞劳苦奔波在世界各地的珠宝重镇和国内的各种珠宝商业活动现场，为政府部门牵线搭桥，为番禺珠宝产业招商引客，为番禺特色珠宝产业的转型升级尽心尽力。20多年来，他积极参与推动引入香港汇丰银行、英

第 11 章 番禺珠宝产业发展期代表性人物简介

国莱斯保险集团、比利时驻华钻石专业协会、迪拜多种商品交易中心、比利时钻石高层议会、安特卫普钻石银行、香港生产力促进局、国家珠宝玉石质量监督检验中心等国际国内重要机构来广州番禺共谋珠宝产业发展大计。他是其中部分项目主要的推动者、参与人之一。

目前，世界各地的珠宝交易商、供应商、采购商、贸易商以及与珠宝产业相配套的服务机构，包括质检评估、金融服务、安全保险、综合物流等数百家企业和机构集聚番禺，和他杰出的服务能力与积极的贡献不无关系。他所投资的企业长期吸纳就业人员上千人，为当地劳动力就业做出了贡献。

陈元兴热心社会公益事业，积极回馈社会。例如，2008年，为汶川地震捐款20万元；2005年，与番禺区政府、中国青少年发展基金会共同筹办"钻光闪耀，汇聚希望"大型珠宝系列社会公益活动，响应国家"建立和谐社会，关注社会弱势群体"的号召，并率先以个人名义捐赠150万元。

陈元兴担任过广州市番禺区政协常委、中国珠宝玉石首饰行业协会副会长、广东省黄金协会常务副会长、番禺区工商联合会（总商会）副主席、香港贸发局珠宝业咨询委员会委员、香港金银首饰工商总会副会长等社会公职。作为政协委员，他积极为政府发展产业献计献策，提出包括"关于支持成人教育，解决特色产业人才短缺状况""关于解决电力工程指定经营问题""关于深化番港产业合作，成立'珠三角智慧分包服务中心'"等提案，以企业家的求真务实精神为产业发展贡献自己的智慧和力量。

20多年来，他努力不懈，务实奋斗的作风获得香港及广州、番禺社会各界的嘉许和认同，荣获香港青年工业家奖（2000年）、亚洲知识管理协会院士、广州市荣誉市民、番禺区杰出企业家等荣誉称号。

11.3　王　昶

王昶，一个勤勤恳恳，兢兢业业，乐于奉献，求真务实的教育者，番禺职业技术学院珠宝学院主要的创建人、院长，通过人才培养来推动番禺珠宝产业可持续发展的领路人。

王昶出生于1963年，江苏苏州人。从小生活在江南水乡，很早就对中国传统文化的"美学"情有独钟。1979年9月，王昶考入武汉地质学院［现中国地质大学（武汉）］学习地质力学专业，从此踏上不断探求学问的道路。

1983年7月，王昶大学毕业，被分配到长江大学（原江汉石油学院）地勘系任教，讲授普通地质学和矿物学课程。对于第一份工作，王昶格外认真努力，教师这样一个职业带来的不仅是不断求学提升自己的机会，更有解惑授业的幸福。

1987年4月，伴随着改革开放的春风，王昶回到母校中国地质大学（武汉）地球科学学院任教，任教期间在职攻读并获得了中国地质大学（武汉）研究生院地质学硕士学位。1993年10月，应工作之需前往天津商业大学任教，成为该校管理学院珠宝专业的教师，主要讲授"宝石学与宝石鉴定"和"珠宝首饰营销"等课程，并参与实验室建设等工作。2002年7月，应番禺职业技术学院之邀，南下广州任教于学院新设立的珠宝首饰专业，并积极投入专业的建设。在珠宝首饰业的沃土——番禺，王昶很快就意识到番禺珠宝首饰加工业的先进性，并深刻地认识到职业教育的发展离不开企业的支持和帮助，为此他积极走访番禺地区的多家首饰企业，希望能够与企业建立联系，走校企合作之路，促进专业建设的发展和教学水平的提高。

于是，从2003年开始，王昶便利用课余时间，骑着自行车对番禺地区大大小小的多家珠宝首饰企业进行走访，以便更好地了解企业的需求，制订更切合地方珠宝首饰产业发展的专业人才培养方案。但是，走访之路却是十分艰辛的。由于首饰加工技术具有明显的商业利益，为了保护各自的利益，对于外来访问了解技术的"外人"，大小厂家都选择"拒之门外"的做法，王昶吃了不少"闭门羹"。但世上无难事，只怕有心人，经历过多次的拒绝，他苦口婆心解释自己来访的目的，他的苦心，逐渐获得了不少企业董事长的理解和支持。其中，最有善意的是时任香港金银首饰工商总会会长、中国珠宝首饰玉石行业协会荣誉副会长、广州番禺云光首饰有限公司董事长黄云光。其后，由于王昶的不断努力，番禺职业技术学院珠宝专业与广州番禺云光首饰有限公司建立起深度融合的校企合作关系，黄云光利用其在业界的影响力，积极帮助联系和推荐相关企业，使得王昶后期的走访，逐渐走上"坦途"。这些走访为后期学校珠宝专业的建设和发展奠定了良好的基础。

作为学校珠宝专业的骨干教师，为了能够更好地切身体会和了解珠宝首饰加工企业的需求，弥补专业教学过程中教材的缺失，在黄云光的鼓励和支持下，王昶放下身段，利用课余时间进入云光公司学习和锻炼，了解首饰生产的每个工序和环节，仔细观察、勤做笔记、不耻下问，虚心向企业的工人师傅、基层管理人员学习和请教，通过半年多的时间，收集、整理了以首饰企业生产为主导的首饰制作工艺素材。后经公司董事长黄云光同意，经过进一步的文字润色及后期加工，由他担任主编、校企合作共同完成出版了国内第一部面向首饰企业的《首饰制作工艺学》教材，2005年由中国地质大学出版社出版发行，2015年再版，累计发行近2万册。学校开设的首饰制作工艺课程，于2007年被评为广东省和国家级精品课程，2013年成为国家精品资源共享课程。同时，他作为专业教师，也积极参与企业项目的研制与开发。其中，最值得纪念的是全程参与了2003年8月启动，由广州番禺云光首饰有限公司投资、研制，中国工艺美术大师设计、监制的大型国宝级珠宝工艺美术珍品"珠宝天坛祈年殿"，历时4年完工。2007年8月8日，北京奥运会倒计时1周年之际，在中央电视台体育频道以新闻的形式播出。同时，在2007年8月9日正式借助"番禺中国工艺美术大量精品汇展"的平台，首次向世人绽放华光，获得珠宝首饰业界、工艺美术业界的高度赞誉。作品完成之际，应黄云光的要求，王昶还起草了该作品专题片的解说词并参与了部分拍摄工作。2013年，经黄云光同意，由王昶、袁军平、黄云光共同完成了《大型珠宝工艺品制作工艺解析——珠宝祈年殿》一书，由化学工业出版社出版。

2005年，在番禺区政府、番禺珠宝港商和学校的大力支持下，王昶和同事一起在原珠宝专业的基础上，创建了番禺职业技术学院珠宝学院，这也是全国高职院校成立的首个珠宝学院。珠宝学院成立后，他带领全体教职员工根据珠宝首饰产业发展的要求，不断拓展专业，依据产业链的不同环节和需求，先后设立了面向产业链上游的首饰设计与加工专业，面向产业链中游的珠宝首饰技术与管理专业，以及面向产业链下游的宝玉石鉴定与营销专业。目前，在校学生近900人，学院成为国内规模较大的珠宝首饰类专业教育基地之一。

王昶在番禺职业技术学院15年的工作中，不断开拓，积极探索校企深度融合、协同培养珠宝首饰类技术技能型人才之路，寻求专业教育与企业需求的"双赢"，充分利用番禺地方珠宝首饰产业发达的地缘优势，邀请粤、港两地著名的珠宝首饰企业家出任珠宝专业建设指导委员会委员和珠宝学院理事会正、副理事长，建立了良好的校企合作机制。在专业创建初期，番禺的珠宝首饰企业予以了大力的支持和帮助，企业家慷慨解囊，捐赠了大量的机器设备，先后建成了先进的首饰CAD、首饰制作工艺等专业实训室，并在校外建成了多家与专业教学密切合作的校外实训基地，有效地实施了校企合作、工学结合的人才模式。珠宝首饰技术与管理专业先后被评为广州市高职高专示范专业、广东省高职高专示范专业和国家示范性高职院校计划重点建设专业，2013年成为广东省珠宝学者设岗专业。宝玉石鉴定与加工专业成为广东省重点专业，首饰设计与工艺专业成为广东省高职二类品牌建设专业。2014年，珠宝学院构建的"珠宝首饰类专业高技术技能型人才协同育人平台"被广东省教育厅

第 11 章　番禺珠宝产业发展期代表性人物简介

首批认定。2016 年，经广东省科技厅批准在珠宝学院设立了"广东珠宝首饰工程技术研究中心"。在珠宝学院全体教职员工的共同努力下，广州番禺职业技术学院珠宝学院被评为全国职业教育先进单位。

作为一名教师，王昶在不同场合多次强调他的人生理念："要做一名学生尊敬的老师，首先必须诚信，忠诚于所从事的职业和事业，爱岗敬业、求真务实、乐于奉献，身正才能为范，才能教书育人。同时要不断学习，提高个人素养和专业水平，才能为人师表，不断升华自己的师德和人格魅力。"在番禺这块改革开放的沃土上，通过 15 载的教学实践，他也先后被评为"南粤优秀教师"、广东省教育工委优秀党员。2009 年，荣获广东省第 4 届高等学校教学名师奖。

王昶认识到高职教育与传统的学科教育不同，认为高职的人才培养有其自身的特殊性和规律性，要求教师必须注重生产实践，参与工程实践项目，加强实践教学。只有这样，才能培养出勤于动脑，善于动手，手脑并用，双手多能的学生。教学应该按照企业的生产规范要求，使学生们在实践教学中就能获得参与实际工作的能力，增长才干，从而形成良好的职业素养和职业道德。

王昶在番禺职业技术学院的十几年探索，勤勤恳恳，兢兢业业，努力创新，为番禺珠宝产业输送了大批优秀的职业技术人才，为番禺乃至中国的珠宝教育事业做出了贡献。

11.4　包文斌

包文斌，番禺珠宝新生代的代表，是连任两届番禺珠宝商会会长、推动番禺珠宝可持续发展的新生代掌门人之一。

他是一个土生土长的香港人，17 岁那年机缘巧合进入了香港的一家首饰加工厂，跟随加工师傅学习珠宝首饰的制作，不曾想，一学便是 4 年。包文斌自己也坦言，4 年中曾多次想过放弃，在当时，香港的首饰加工业并不算太赚钱，想着自己年轻，如果出去和别人一起打工跑腿，每月也能有大约 3500 元港币的收入，而学习这门技术，每个月还拿不到 2000 元港币的工资。

回首往事，包文斌感谢自己当年的坚持，因为这份坚持，让他成为最早来番禺地区"开垦"珠宝首饰加工的"拓荒者"之一，如今成为番禺区珠宝厂商会的领航者。

1989 年 10 月，包文斌与一帮志同道合的年轻人一起，来到了当时番禺地区最大的一家首饰加工厂——东宝公司旗下的首饰加工厂。因此，包文斌与之后成立番禺区珠宝厂商会的李建生会长结下了情谊，并以学习者的身份在这位前辈身上获取了许多宝贵的经验。

而后，包文斌成立了属于自己的首饰加工公司——精诚首饰加工公司（精诚珠宝集团前身）。或许是冥冥中的注定，李建生也没想到在若干年后，包文斌这位后起之秀，能扛起厂商会会长的大任，成为他番禺珠宝事业的接班人。

2012 年 10 月 18 日晚，番禺海伦堡大酒楼热闹非凡，广州市番禺区珠宝厂商会第十一届一次会员代表大会暨理事会就职典礼在这里隆重举行。这一天，对于时任精诚珠宝集团董事长的包文斌而言，意义非凡。大会隆重宣布包文斌当选为新一届番禺区珠宝厂商会会长，新老接替之际，包文斌清楚自己的责任重大，对于未来番禺珠宝的发展蓝图，包文斌早已胸有成竹。

正如包文斌在就职典礼上的致辞："厂商会成立 21 年以来，一直秉承'沟通、协调、开拓'的宗旨，为会员企业排忧解难。我能当选会长一职，感到十分荣幸，但也深感压力巨大。当前，以出口为主的番禺珠宝业承受着次贷危机所引发的金融危机的影响，商会也面临着前所未有的挑战。如何在激烈的竞争中审时度势，抓住机遇带领番禺珠宝业渡过难关，是新一届珠宝商会的工作重点。"包文斌已经做好了准备，在"新常态"下，带领番禺区珠宝厂商会一起为番禺珠宝产业未来的发展打拼出力。

2013年11月15日，番禺区珠宝厂商会第十一届二次会员代表大会暨23周年会庆上，包文斌认为，番禺区珠宝厂商会从建会之初，联系业内人士实现行业自律，为政府充当招商引资的顾问角色；在行业发展的繁荣期，进一步推动了番禺"荟萃世界珠宝"规模化集聚效应的形成；时至今日，又为产业的转型升级、开拓新市场出谋献策。商会必须不断丰富服务内容，创新工作思路，成为广大企业的强大后盾，为行业的健康、稳步发展保驾护航。

2014年11月29日，由番禺区珠宝厂商会主办的2014年首届广州番禺珠宝文化节在中华美食城举行。包文斌在开幕式上致辞：番禺区委、区政府高度重视珠宝首饰产业的发展，商会将积极把握行业发展方向，以"世界珠宝，番禺制造"为总体发展目标，主动接轨国际市场，把番禺打造为拥有明显的产品优势和强大的生产能力，形成为国内中高档珠宝首饰产品生产销售的重要聚集地。厂商会大力将本次活动打造为广东最具影响力的专业珠宝交易会之一，并使之成为行业每年一次的盛大活动，将珠宝购物享受及乐趣带给广大消费者。

时至今日，番禺珠宝文化节已经连续举办了4届，影响力也逐年增大。2017年11月24日，最新一届的广州番禺珠宝文化节在番禺盛大举行。包文斌相信，番禺区珠宝厂商会团队为番禺珠宝产业的明天开拓进取的努力将会不断延续。

11.5　黎志伟

黎志伟，一个从中山大学毕业后、将半生精力贡献给番禺珠宝产业发展的番禺人，一个另类的殚精竭虑、与产业荣辱与共的管理者；一个风轻云淡、卸任后仍然继续引领番禺珠宝产业集聚升级发展的国企精英。

黎志伟1966年生于广东番禺。中山大学经济学专业本科毕业，澳大利亚梅铎大学工商管理专业、中共中央党校法学理论专业硕士研究生。2011年12月，经番禺区第十六届人大会议通过，任命其为番禺区对外贸易经济合作局局长。2016年3月起担任广东省珠宝玉石交易中心有限公司总经理。

黎志伟是番禺本地人，是中山大学岭南学院的毕业生，还受到国际工商管理学的研究生培训，从1988年大学毕业起就在家乡番禺工作，从番禺市外经委引进科科员做起，经历引进科副科长、业务科科长、对外贸易经济合作局副局长、经贸局局长，期间兼任过番禺区特色产业办公室主任、番禺区招商办副主任、贸促会番禺委员会主任及党委委员，第一届番禺区中小企业投融资促进会理事会会长，广东省演艺协会名誉会长，广东省商用动漫游戏机标准化技术委员会主任委员，在产业界的历练可谓丰富多彩，扎扎实实，一步一个脚印。2006年代表番禺珠宝产业出（兼）任了中国珠宝玉石首饰行业协会的副会长。

黎志伟为人低调，平时话不多，与珠宝产业界的人一起，总是把自己放在一个"同道"的位置上，而不是一个官员或者上级管理者的角色。他经常出现在各种产业发展会议、宝协工作会议上，与中国珠宝玉石首饰行业协会的领导、全国不同产业基地协会的会长、秘书长、专家一起研商产业发展的问题，与番禺珠宝产业的厂商、老板，甚至市场营销人员、工人打成一片，气氛融洽。实际上，他不仅产业经济知识扎实，获国家外国专家局培训中心出国培训备选人员英语水平考试高级证书，而且还长期担任中山大学管理学院MBA专业学位校外导师的番禺区外经贸局局长，是个地地道道的专业管理者和政府官员，这在其他的产业基地是不多见的。

第 11 章　番禺珠宝产业发展期代表性人物简介

类似的印象，第一次和黎志伟见面时就已隐约可辨。当时他的位置还有点特别，是番禺区外经贸局副局长兼贸促会番禺支会会长，主要分管番禺珠宝产业的工作。也许是对番禺有着浓厚的家乡情结，他对番禺珠宝产业发展的热心、对产业发展的理解与一般的官员不同，感觉他不仅仅是在做工作，更是在追寻一个梦想。

黎志伟对番禺珠宝产业发展的贡献，可以从近 30 年在外经贸局的工作，为番禺珠宝产业招商引资和产业发展组织管理上持续、大量和卓有成效的投入进行追溯。他的工作足迹遍及中国各大产业基地以及印度、阿拉伯联合酋长国、巴西、瑞士、意大利等多个国家。

1989 年，为了推动番禺珠宝产业的发展，黎志伟作为产业基层管理者，撰写各种申请文件和工作方案，筚路蓝缕，大胆创新，在番禺珠宝来料加工生产中首先推动创立了"一牌多车间"的创新发展模式，让番禺当时只有 4 个经营资格的金银加工牌照公司引入了 400 多家港澳资及外资珠宝加工企业，创造了番禺珠宝加工产业爆发性的突破和产业奇迹，奠定了番禺作为外向型珠宝加工产业基地的基础。

1997 年，通过把经营不善的莱利首饰公司收购作为外经贸局下属企业，黎志伟主持重组工作，引入六福、谢瑞麟等品牌公司，成功解决了番禺珠宝产业发展早期及发展过程中出现的问题，进一步强化了番禺珠宝加工产业在整个中国珠宝贸易出口基地的地位。

2002 年，他提出了建设沙湾珠宝产业园的构想，主持规划、建设，并为后续的运营提供了协调管理指导，为之后 10 年番禺珠宝加工产业从番禺制造向番禺创造提供了重要基础和条件；2004 年，他支持筹建了钻汇珠宝交易平台并具体推动完成了从外经贸部获得牌照的工作。

2007 年，黎志伟以番禺市贸促会会长的身份，参加在迪拜举办的 2007 年国际彩色宝石协会年会，作了题为《中国珠宝新纪元，彩色宝石新时代，扶摇直上的中国番禺珠宝玉石首饰特色产业示范基地》的演讲，向来自世界各地的珠宝业人士介绍推介番禺珠宝产业，并向 ICA 提出下一届 ICA 年会到番禺举行的申请。2008 年，在番禺珠宝产业中引入了国家珠宝玉石检测中心，推动了 NGTC 番禺实验室在沙湾珠宝产业园的筹建和落地，将番禺珠宝产业从单纯的加工业态向综合性的珠宝加工贸易、零售展示、培训研发、金融交互、要素交易、旅游文化乃至商业地产经济结合的方向发展。2009 年，通过多年的积极准备，番禺区政府作为组织单位，最终成功让国际彩色宝石协会的年会（第 13 届）首次落地中国，来自澳大利亚、比利时、巴西、加拿大、法国、德国、中国香港、印度、以色列、日本、肯尼亚、巴基斯坦、俄罗斯、新加坡、南非、韩国、斯里兰卡、瑞士、瑞典、中国台湾、泰国、阿联酋、英国、美国、越南等约 40 个国家和地区的外宾及内地珠宝商约 1000 人参加，他作为主要负责人和会议主持人之一，成功地在番禺举办了国际性的产业大会，让世界进一步了解了中国珠宝和番禺珠宝产业。

黎志伟对推动番禺珠宝产业发展，可谓呕心沥血，殚精竭虑，工作成绩有目共睹。他敢于仗义执言，敢于为番禺珠宝产业代言和发声。典型的例子如 2005 年，印度发行量最大的全国性报纸《印度泰晤士报》（Times of India）转引上海钻石办某负责人在接受《印度泰晤士报》采访中称"广州地区出现非法钻石交易中心"，造成国际及国内产业界对番禺珠宝产业产生误解，黎志伟挺身而出，维护了番禺企业的合法权益。

在番禺繁华的商业地带——百越广场建立"广州钻汇珠宝采购中心"是番禺区政府大力推动支持发展的项目（建成后面积达 1.8 万平方米，有望成为亚洲珠宝业极具影响力的交易平台）。但是，2005 年 8 月 5 日，就在广州钻汇珠宝采购中心紧锣密鼓筹备开业的时候，《印度泰晤士报》以《钻石商人在中国碰壁》为题刊登报道，转述上海钻石交易联合管理办公室（上海钻石办）某负责人的表示："我们已经警告印度商人不要参与任何非法的，或者没有注册的钻石交易中心。上海的钻石交易是中国钻石进出口的唯一渠道。"一时间，引发了国际珠宝产业及厂商对番禺珠宝新的产业发展平台合法性的关注和误解。面对这一危机，黎志伟与番禺政府相关部门领导、珠宝产业界领袖，积极与广州市上级主管部门、中国商务部进行沟通，同上海钻石交易联合管理办公室进行解释和交涉。9月3日，黎志伟以番禺区外经贸局副局长的身份对外发布声明，坦陈广州钻汇珠宝采购中心是获政府大力支持的合法项目，"非法"之说毫无根据。他直言指出，政府官员发表的任何对外言论都应该负责任，而不能误导客商，"钻石贸易应该以国家而不是地区的利益为重"。

由于钻石交易中心设在上海，是国家唯一授权控制一般贸易项下钻石交易管理机构，广州钻汇珠宝采购中心的交易有可能涉及钻石贸易这个敏感的单元，因此，触动了区域产业竞争的神经。黎志伟这种直接的表态，敢于直面长三角和珠三角产业发展过程中存在的竞争，在番禺珠宝产业发展面临危机之时，保护了番禺珠宝厂商谋求快速发展的积极性和合法诉求。

他为番禺珠宝产业的起步、快速发展、转型升级做出的贡献突出而有效，可以说，他是番禺珠宝产业起步、发展和集聚形成最重要的见证者之一，是执着的推动者、直接产业管理者和重要的领导者之一，番禺珠宝产业的发展寄托了他的人生追求。

2000年，黎志伟因为在外经贸系统和推动番禺珠宝产业发展过程中的杰出的工作和服务，获得番禺区"十大杰出青年"称号。

2013年，他领导番禺外商组团参加迪拜投资年会，重点推介了番禺珠宝产业并积极响应"一带一路"倡议，与非洲、中亚等矿产地区进行了宝玉石资源产业的对接工作；年底，他为番禺区申报中国外贸转型升级基地（珠宝）在商务部做了主题答辩，番禺区成功通过答辩审批，成为"中国外贸转型升级基地（珠宝）"。2013年5月，番禺获得国际彩色宝石协会颁发的《特殊贡献感谢状》，可谓实至名归。

2014年，他联合番禺区旅游局、番禺区珠宝产业发展中心成功统筹组织了60多家珠宝厂商举办了首届番禺珠宝文化节，为推动番禺珠宝多元化、品牌化、个性化的发展进行新的尝试；11月，协助广东省出入境检验检疫局钻石金伯利进程办公室在番禺长隆酒店成功举办了2014年全球钻石金伯利进程全体代表大会。

2015年，黎志伟离开了他热爱的番禺政府产业管理部门的工作岗位，在为广东省珠宝玉石交易中心和广州钻石交易中心落户番禺做好最后的协调服务的同时，自己马不停蹄，出任广东省珠宝玉石交易中心的总经理，从原来的管理者成为真正的珠宝产业从业者和交易平台的职业经理人。

虽然黎志伟的角色不同了，但作为广东省珠宝交易中心直接的操盘手和管理者、粤港澳大湾区珠宝产业联盟的秘书长，他在为番禺珠宝产业集聚的升级发展出力的同时，考虑更多的，已经是粤港澳大湾区乃至中国珠宝产业发展的明天。

第 12 章　番禺珠宝产业发展期代表性公司简介

12.1　广州利桦珠宝有限公司

广州利桦珠宝有限公司（以下简称"利桦珠宝"），2000 年 12 月 21 日成立，注册地址位于广东省广州市番禺钟村街市钟二村路段 47 号，法定代表人为江美玲，经营范围包括：珠宝首饰及有关物品制造；金属工艺品制造；珠宝首饰设计服务；黄金制品批发；白银制品批发；钻石饰品批发；宝石饰品批发；玉石饰品批发；水晶首饰批发；工艺品批发。利桦珠宝的首饰主要有 K 金系列、纯银系列、仿真合金系列、仿真铜系列和戒指等。

利桦珠宝坐落于番禺区钟村街，自建工业园区于 2005 年投入使用，是一家集品牌设计、制造及销售各类型珠宝首饰的企业，产品远销至欧美、东南亚等全球 40 多个国家和地区。工业园区第一阶段已规划使用约 25000 平方米，拥有四座自建楼宇，有职员约 2000 人、技术人员 300 人，拥有世界先进工艺生产线，为国外多个著名品牌设计、开发和加工产品。

利桦珠宝以专业的队伍、严谨的管理，在研发、生产、销售、质量保证体系等方面实施精益化管理，致力于将公司发展成国内外一流的珠宝首饰企业。企业于 2006 年通过 ISO 9001 质量管理体系认证、ISO 14001 环境管理体系认证、OHSAS 18001 职业健康安全管理体系认证，于 2009 年再获殊荣，成为中国珠宝钟表行业第四家通过 SA 8000 社会责任管理认证企业，企业着力推行绿色清洁生产项目、国际实验室认证，被评为 AAA 级质量信用企业。

利桦珠宝与多所大中专、职业技术学院合作，共育英才，在学校设立"利桦世纪奖学金"奖励学生，激励学生勤奋学习，努力进取。而企业的咨询科技也与时俱进，实行信息化管理，采用金蝶财务管理系统、金蝶物流管理系统、生产管理 ERP、同鑫人力资源管理系统、供应商联网协同系统、信息安全监控系统和 PDA 仓库管理系统。用现代珠宝行业中领先的高科技进行精细制造，从德国、意大利、美国等国引进了世界一流的首饰快速成型机、意大利铸造机、激光焊接机、美国光谱仪和原子分析仪等专业首饰设备，以强大的生产能力与品质相匹配，是注重人才投入、善用科技管理手段和先进设备的国际知名珠宝首饰企业之一。

利桦珠宝一直以其至臻至美的品质、时尚独特的设计、精湛的制造工艺以及完善的服务立足经典、创意不断，呈现出非凡的企业特质。企业将一如既往地奋进不息，为珠宝首饰制造行业的发展做出贡献，为成为世界一流珠宝首饰制造的产业丰碑而不断向前。

利桦珠宝独立设置的实验室成为通过 ISO /IEC 17025：2005 体系认可的国家认可委发证的金属检测机构，拥有一支专业、高效的检测队伍，全体检测人员均具有本科及以上学历，并持有国家专业资格证上岗。实验室依据国内、国外标准，按照"科学、准确、公正、准时"的方针，为公司提供技术支持和物料测试服务。可以进行独立的来料检验（IQC）：对镀前金属坯材、外购的石料、包材实行 AQL 抽检，检验项目包括尺寸、切工、条形码等，确保质量符合客户/公司要求。最终成品检验

(QA)：对公司所有成品出货前进行最终检验，检验项目包括外观、功能、颜色、尺寸等。实行全检或者 AQL 抽检，确保质量符合客户/公司要求。

2016 年，国内珠宝首饰出口 100 排名中利桦珠宝位居第 50 名，充分显示目前该公司是番禺珠宝产业的主力企业之一。

12.2　皇庭珠宝集团

香港皇庭珠宝集团（Waddy）始建于 1988 年，2000 年在番禺设立工厂，是一家全球优质珠宝品牌商和经销商，提供中高档镶嵌珠宝产品和专业服务的大型集团公司，并以特色的花式镶嵌工艺被行业熟知。公司在番禺拥有占地 24000 平方米的研发工厂，优秀技工 600 余人。业务范围有钻石、彩宝 18K 镶嵌、现货批发、下单、设计、高级定制。产品主要出口欧洲、美国、中东、中国香港以及东南亚等地区。集团运营模式主要分为批发业务、连锁加盟及展厅直接零售。公司产品以个性时尚的欧式风格为主，在此基础上探索和延伸，产品充满浓厚意大利情调。

皇庭珠宝在产品研发和设计上一直走在时尚前沿，并以无缝镶嵌、微缝镶嵌和多层次的工艺来锻造产品；拥有 60 多人的国际顶尖设计团队，能根据客户的个性化要求，为其打造个性定制产品，同时立足情感需求，将极具个性的欧陆情感融入产品的文化内涵之中，赋予品牌鲜明的个性特征，其设计的产品在历届香港珠宝业界举办的珠宝设计大赛中屡次获大奖，深受消费者青睐。

皇庭珠宝集团采取多元化的渠道建设和营销发展模式，拓展镶嵌类珠宝批发业务及出口业务，打造全球领先的镶嵌珠宝综合性采购平台。旗下子品牌豪庭珠宝（Paradiso Jewellery Galleria）是皇庭珠宝集团斥巨资倾力打造、以连锁加盟和零售的方式来主攻国内珠宝市场的中高端珠宝品牌。

在营销及客户服务上，皇庭珠宝集团始终以产品为出发点，坚持主题概念产品开发的方式，为客户提供多样化的服务，成功取得 ISO 9001 认证。作为一个一站式的全球珠宝供应商，皇庭珠宝始终为铸就成一个屹立百年、受人尊敬的企业在不断地努力，是广州番禺职业技术学院珠宝学院教学培训重要的支持机构之一。

豪庭珠宝是皇庭珠宝旗下原创珠宝品牌，中国珠宝玉石行业协会副会长单位，于 2008 年成立。品牌主攻国内高端珠宝市场，凭借独特、时尚的设计，精湛的镶嵌工艺，新颖的款式以及良好的行业口碑，同年在广州开设首间旗舰店。2010 年被评为广东省金银珠宝玉器业最佳品牌、中国珠宝首饰业驰名品牌。皇庭珠宝发展的动态、获奖情况见表 12-1。

表 12-1　皇庭珠宝发展的动态、获奖情况

时间	公司动态
1973—1988 年	黄国和先生开始进军首饰行业，建立自产自销的珠宝工厂，皇庭珠宝在香港九龙红磡鹤翔街成立
2000 年	香港皇庭珠宝公司在广州番禺设立生产厂房
2003 年	参股广东皇庭珠宝股份有限公司；获香港贸易发展局（TDC）第 5 届香港珠宝设计比赛优异奖
2004 年	获香港贸易发展局（TDC）第六届香港珠宝设计比赛优异奖
2005 年	获香港珠宝制造业厂商会（HKJMA）第 7 届最受买家欢迎首饰设计比赛亚军，吊坠组亚军，参与番禺职业技术学院珠宝学院的建设

(续上表)

时间	公司动态
2007 年	组建皇庭珠宝集团；公司作品获 HKJMA 第 9 届最受买家欢迎首饰设计比赛吊坠组亚军、套装组季军
2008 年	在中国内地进行豪庭珠宝（Paradiso Jewellery Galleria）品牌注册，同时在广州正佳广场开设旗舰店
2009 年	获香港贸易发展局（TDC）国际珠宝设计大赛最佳整体美感奖；番禺国际彩色宝石设计大赛炫彩大奖及创意奖；HKJMA 第 11 届最受买家欢迎首饰设计比赛吊坠及胸针组亚军、项链组季军
2010 年	获 HKJMA 最受买家欢迎首饰设计比赛项链组冠军、手镯及手链组亚军；豪庭被评为广东省金银珠宝玉器业最佳品牌
2011 年	获 HKJMA 最受买家欢迎首饰设计比赛吊坠组冠军；豪庭珠宝被评为中国珠宝首饰业驰名品牌
2012 年	获 HKJMA 最受买家欢迎首饰设计比赛手链手镯组亚军、颈链组亚军、套装组季军；位于深圳水贝宝琳国际珠宝交易中心的皇庭批发展厅等相继开业
2013 年	深圳市罗湖区翠竹路维平珠宝大厦中金珠宝城批发展厅开业

12.3　历俊（广州）珠宝有限公司

历俊（广州）珠宝有限公司（以下简称"历俊珠宝"）成立于 2001 年，位于广东省广州市番禺区大岗镇豪岗大道 28 号，属于全额港资大型首饰生产企业。

历俊珠宝成立以来发展迅速，业务不断壮大，公司主要经营 K 金、铂金、足金、镶嵌钻石、宝石业务，厂区 3 万平方米、员工曾达 3000 人，年生产数十万件各类钻石、宝石等金饰品，年出口值上亿元。公司董事长陆永棠是香港 2000 年度杰出青年企业家之一，曾任香港珠宝厂商会主席，2004 年 3 月获香港工业专业评审局荣誉院士称号。

全公司实行计算机联网现代化管理，具有计算机三维设计、全自动制版等现代珠宝首饰各类加工、镶嵌技术等先进工艺生产线。产品款式新颖、技术精湛，远销欧美、中东等国际市场。公司始终奉行"诚信求实、致力服务、唯求满意"的企业宗旨，全力跟踪客户需求，不断进行产品创新和服务改进。

总公司香港历俊珠宝有限公司于 1992 年创立，得内地改革开放风气之先，较早到内地投资设厂，于 1994 年创办了"昆明力信黄金珠宝饰品有限公司"，占地 4000 多平方米，员工近千人，擅长首饰镶嵌的专业服务。1998—2001 年，连续几年被云南省政府授予"外商投资先进企业""出口先进单位""先进企业"等称号。2001 年 11 月，总公司将昆明力信黄金珠宝饰品有限公司迁址到广州市番禺区大岗镇，建立历俊（广州）珠宝有限公司。项目从规划建设、企业用工等多项手续的办理到厂房奠基，短短一年时间正式投产，创造了大岗地区建设速度的奇迹。

历俊香港总公司业务跨越多个国家和中国粤港澳地区。公司具备国际贸易、产品开发、材料采购、生产加工、科学检测、售后服务的完整产业实体功能。2001 年，被香港贸易发展局授予"出口贸易优秀证书"；2004—2005 年分别被美国最大的零售商沃尔玛子公司 Sam's Club 授予"年度供应商"和"优秀供应商"称号。2012 获"粤港清洁生产伙伴标志企业"称号。2016 年获珠宝首饰出口企业 100 排名第 60 名。

12.4　广州柏志钻石有限公司

广州柏志钻石有限公司（以下简称"柏志钻石"）成立于2002年，坐落于广州市番禺区，是全国十大钻石加工企业。主要提供钻石价值设计、打磨、高端个性化定制等专业服务。公司年均钻石成品量达60万克拉，年平均进出口额达到4亿多美元，公司占地面积2.46万平方米。柏志钻石对番禺钻石产业发展有重大的贡献和影响。2017年，国际金伯利进程主席曾专门参观考察该企业。

2005年，国内进出口企业50强排名中柏志钻石位列第5名；2016年，国内珠宝首饰出口100排名中柏志钻石排名第48名，是番禺排名最前的加工企业，充分显示目前柏志钻石是番禺珠宝产业最重要的钻石加工企业之一。

柏志钻石一直紧跟科技创新潮流，有国内乃至世界上最先进的毛坯检测仪器，最稳定最准确的设计设备和自动化生产打磨设备，最权威的钻石等级测算设备。柏志钻石是国内早期使用先进的Galaxy全角度透视描花仪和纯水引导精准激光切割器设备的公司之一。柏志钻石创新使用自动精磨机，自动精磨机能对钻石的底部、面部进行角度准确、力度精准的自动打磨，能最大限度减少损耗率，提高钻石质量，缩短加工周期。

柏志钻石拥有安全系数极高的生产环境，生产区24小时安排人员巡逻，辅助红外线系统安全监督。在环境保护措施方面取得"广东省污染物排放许可证"，是低污染源排放企业。有经验超过20年的成熟管理团队，精准尖端的测量设备。有超过500名经验丰富的员工，在各个岗位为客户提供专业的服务。同时，该公司拥有完善的货品跟踪网络系统，为客户提供钻石价值跟踪表，确保客户能在第一时间了解货品价值。

表12-2　柏志钻石产品系列

主打系列	"心箭"系列、高端奢华的3EX精品圆钻
特色工艺产品	"八心八箭"、"十心十箭"、"梅花"、3EX，异型钻石：抱枕钻、梨形钻、公主钻、球体钻
国家认证专利产品	浪漫梦幻的"花瓣雨"、精致古典的"玲珑"、简约甜蜜的"一心一意"

柏志钻石获奖信息：
2012年度番禺区外贸进出口工作先进企业。
2013中华全国百家上规模珠宝民营企业十大钻石加工制造企业。
番禺区工商联2014年度理想信念教育实践活动优秀企业。
2014年度番禺区和谐劳动关系企业A级。
2015年度中国珠宝玉石首饰行业最具国际竞争力企业。

柏志钻石拥有专业的成品分选队伍，从颜色、净度、规格等方面进行成品分选服务。在出货前已准确提供钻石等级及价值，为客户缩短生产时间，降低营业成本，优化提升成品的成品率、价值、加工周期。钻石毛坯从价值设计到最后的成品验收，仅需45天，远远优于国内同行。

12.5　广州市启艺金银珠宝有限公司

广州市启艺金银珠宝有限公司（Guangzhou Qiyi Bullion and Jewellery Co.，Ltd.，以下简称"启艺珠宝"）成立于2003年7月18日，法定代表人为周启端，注册地址位于广州市番禺区沙湾镇福涌福龙公路沙湾珠宝产业园10号。

经营范围包括：珠宝首饰及有关物品制造；销售本公司生产的产品（该经营范围为外商投资企业经营项目，涉及许可经营的产品需取得许可证后方可经营）；生产、加工黄金制品、铂金制品、白银制品及其他首饰制品。

启艺珠宝是番禺持有合法从事金银生产、加工贸易牌照的公司之一。公司旗下挂靠了100家分公司（车间），主要分布在广州番禺的大罗塘、沙头街、沙湾、市桥等地，拥有一个自主品牌——莱美达。

2018年7月，据公司报关主管许健强介绍，启艺珠宝第二季度出口到阿联酋的黄金制品合计达1.2吨，价值近4500万美元，比2017年同期增长约8%。同时指出，"受国际经济形势影响，黄金珠宝在欧美市场仍不够景气。各珠宝厂商借助'一带一路'倡议的东风，结合沿线国家居民的需求特点，立足番禺珠宝加工行业近30年的发展优势和成熟的产业链，竞相挖掘自身产品质量、设计等优势，大力拓展中东市场"。

启艺珠宝一直是番禺珠宝制造重要的持牌企业之一。2005年，国内进出口50排名排第20位；2016年，国内珠宝首饰出口100排名排第5位，充分显示目前该公司仍然是番禺珠宝产业的主力进出口贸易企业，同时也显示了10年间进步之巨大。

12.6　六福珠宝集团

六福珠宝集团（以下简称"六福珠宝"）由一群资深的珠宝专才创办，始创股东有超过40年的珠宝业经验，该集团无论在采购、销售、行政、财务，还是市场推广等方面均群策群力，成绩斐然。六福珠宝在广州的工业园位于番禺区（2005年后改为南沙区）东涌镇太石工业区六合街。

1994年，六福珠宝开始进军中国内地市场，开设首间"六福珠宝"店。1997年5月于香港交易所上市，主要从事各类黄铂金首饰及珠宝首饰产品之采购、设计、批发、商标授权及零售业务。

2003年，六福珠宝在广州市番禺区兴建总面积逾35000平方米的"六福珠宝园"。园区内设有大型珠宝加工厂房，使产品能做到"一条龙生产"，为全球"六福珠宝"店铺提供优质产品，在确保货源稳定之余，亦可有效地提升品质。为提升成本效益及生产效率，集团于2011年进一步扩建第二期厂房，扩大面积超过10000平方米，并于2013年12月投产运作，使年产量倍增。

2004年，六福珠宝位于番禺区的珠宝加工厂正式投产。2006年，南沙区的珠宝加工厂行政大楼开始投入使用。

六福珠宝厂房拥有珠宝首饰制作的专业技术人员和高素质管理人员逾2800人，采用现代科学结合传统工艺技术的管理方法，使生产技术和产品工艺达到精湛的水平。珠宝首饰生产工艺的部门有：设计部、起版部、配石部、镶石部、打磨部、电金部、玉器部、鉴定部，整个首饰生产工序从款式设计至制成品均以此生产厂房提供一线式生产。2006年，加设钻石打磨厂，利用精密的仪器将石坯切割打磨成为闪烁耀目的钻石，作镶嵌首饰之用，整个一线式生产模式能确保产品质量达到集团严格的质量要求。2008年，六福珠宝成功通过ISO 9001质量管理体系认证。此外，珠宝加工厂房设立环境体系系统，以减少环境污染、持续改善环境及遵守相关法律及法规为己任，于2009年通过ISO 14001环境管理体系认证。厂房内设有珠宝鉴定部门，多名具备中国或国际认可之珠宝鉴定师，以其专业的鉴定技术，运用高科技之鉴定仪器进行分析及评级。

六福珠宝注重质量监控及鉴定，务求为顾客带来多一分信心保证，由采购至鉴定均一丝不苟。为此，早在1996年就成立全资附属公司——中华珠宝鉴定中心有限公司，提供钻石鉴定、评级、翡翠及有色宝石鉴定和珠宝质量评估等服务。该中心通过香港认可处考核，成功取得黄金检测火试法国际标准ISO 11426，可签发国际认可的黄金检测报告，成为香港唯一同时符合ISO/IEC 17025所定的三项测试认可要求（认可范围包括硬玉质翡翠测试、钻石测试及黄金含量检测）的珠宝鉴定中心。此外，该中心更是香港首个成功通过中国国家标准GB/T9288黄金检测方法认证之珠宝鉴定中心。

为提升生产线的生产力及素质，六福珠宝在培训方面不遗余力，对管理人员实施系统性的管理技术培训，让他们掌握现代化的管理技能，发挥更大的效能；对学徒实施德、智、体、生产操作技能等培训，让学徒在成长过程得到全面提升，从而打造出一支具备实力的优秀生产队伍。配套设备方面，各部门配备了先进精良的计算机化生产仪器，如计算机设计及3D打印机、激光焊接机、自动唧蜡机、回转焗炉、铂金及K金倒模机、激光刻字机、电镀系列设备等，在提高生产效率之余，也提升了生产技术，令产品手工更精细。

目前，六福珠宝在中国内地经营超过1490家分店。除一、二线城市外，集团亦积极将零售网络延伸至三、四线城市。此外，集团亦有策略地在重点地区开设旗舰店，以深化内地市场的渗透率。

六福珠宝主打产品包括：Love Forever | 爱恒久系列；Wedding | 婚嫁系列；Beloved | 囍爱系列；Dear Q 系列；Goldstyle 系列；Love is Beauty | 爱很美系列；Rilakkuma™ | 轻松小熊系列；Auspicious Pig | 金猪献瑞系列；Lucky Dog | 星旺传家系列；Gold Charisma | 金饰魅力系列；Hugging Family | 抱抱家庭系列。

获奖情况：2006年，获 *Retail Asia* 选为"亚太区最佳零售商500强"及"香港区十大最佳零售商"。2009年，位于广州市番禺区的珠宝加工厂获颁发ISO 14001：2004环境管理体系认证。2012年，于珠宝国际盛事"JNA大奖"中勇夺"年度零售商"殊荣。2013年，囊括JNA三大奖项赢得"年度品牌大奖"殊荣。2014年，在"2013年香港名牌选举"中荣获"香港名牌十年成就奖"。

六福珠宝在中国、新加坡、韩国、马来西亚、柬埔寨、美国、加拿大、澳大利亚拥有超过1500家"六福珠宝"店铺，全部位于人流畅旺的购物区及人口稠密的住宅区。集团将继续于国际市场物色新商机，积极拓展中国及海外市场，以配合本集团"六福珠宝，国际演绎"的企业发展愿景。

展望未来，六福珠宝将继续以优质产品为品牌巩固其珠宝业的领先地位，并进一步扩大销售网络，积极拓展海外及内地市场，为全球顾客提供优质的珠宝首饰。

12.7　广州市亿钻珠宝有限公司

广州市亿钻珠宝有限公司（以下简称"亿钻珠宝"）于2003年成立，地址位于广州市番禺区沙湾镇福龙路999号沙湾珠宝产业园，法定代表人为陈元兴，为港商独资企业。母公司为香港亿钻珠宝有限公司，创建于1983年，是一家集珠宝首饰设计、生产、出口、销售为一体的珠宝首饰企业，地址位于香港，1995年在番禺投资设厂，2003年成立广州市亿钻珠宝有限公司，旗下亿钻珠宝控股有限公司是业内领先的珠宝服务供货商之一，2007年4月在香港联合交易所主板上市。

亿钻珠宝厂房面积逾万平方米，致力于拓展多元化业务，从最初的来料加工模式，逐渐凭借多年在ODM（Original Design Manufacturing，原设计制造）及OBM（Original Brand Manufacturing，原品牌制造）模式，集市场及产品研发、销售及事务管理、信息技术支持及物流等经验的优势，进一步提升至OSM（Original Strategy Management，原策略管理）业务模式，为客户提供综合管理及供应链增值配套服务。亿钻珠宝是香港首家在珠宝产品设计、制造及销售通过ISO 9001质量管理体系认证和ISO 14001环境管理体系认证的珠宝钻饰企业。

亿钻珠宝在矢志追求卓越质量的同时更坚持履行社会责任，努力在商业经营与环境保护之间达到平衡。2005年1月，东南亚地区爆发大规模海啸，亿钻珠宝共捐资人民币77000多元；同年7月，广西梧州出现洪涝灾害，亿钻珠宝捐资1万元人民币，并组织公司员工捐款人民币14800多元。2005年，番禺区珠宝厂商会针对番禺珠宝技术人才短缺、农业人员转岗就业困难的问题，筹办番禺首家珠宝专业技术培训学院，并于12月17日在番禺职业技术学院正式挂牌成立珠宝学院，亿钻公司捐赠珠宝类实用性专业器材一批，总价值人民币3万多元。

作为现时出口至中东的最大珠宝供货商之一，亿钻珠宝在全球的客户中有极高的认同及信任度，业务更深入开展至欧洲、美国、日本、中国等多个国家和地区，为客户提供优质的服务。公司运用"合纵连横"的经营策略，纵向为重点客户提供更多度身定做的设计和产品研发支持以及综合管理和供应链服务；而横向拓展全球客户方面，除继续巩固中东、美国、欧洲、中国以及其他亚太区国家和地区的市场外，亦积极拓展东欧及俄罗斯、中南美及澳大利亚等具潜力的市场。

强大的产品研发能力与全方位的增值配套服务，是亿钻珠宝多年来引以为傲的优势之一。产品研发基地有强大产品研发团队，可应付全球客户对原创设计的不同需求。集团在业内率先在运营中采用先进的Oracle ERP和B2B操作系统，以优化商业管理流程，使全球客户均可全天候查阅相关销售记录，增强集团与客户之间的沟通，令商务往来更加高效快捷，同时也使市场的相关信息回馈和交流更加顺畅。

凭借丰富的国际珠宝业务经验及专业产品研发团队，亿钻珠宝至臻原创，崇尚精炼。亿钻珠宝矢志履行企业使命——成为国际领先地位之珠宝服务供货商，提供具创意、优质、高效之产品及服务。

2016年，国内珠宝首饰出口100排名中亿钻珠宝位居51名，显示该公司目前是番禺珠宝产业的主力加工贸易企业之一。

资讯来源：公司提供，调研及网络公开资讯。

12.8 雅和（广州）首饰有限公司

雅和（广州）首饰有限公司即三和珠宝，成立于2004年6月4日，为台港澳法人独资，董事长为李文俊，纪若鹏和纪若麟任董事，三和展贸有限公司百分百持股，现已改名为海福德集团控股有限公司。公司地址位于广州市番禺区沙头街银平路1号（综合楼），主要经营珠宝首饰及相关物品制造。

1990年6月，三和珠宝成立，主要从事珠宝交易；1998年5月，于广东省广州市番禺区购入地块；1998年11月，于番禺开展生产设施建造工程——银平综合楼；1999年11月，银平综合楼的建筑工程竣工并投入运作；2005年12月，三和珠宝取得英国DNV Certification Limited颁发的ISO 9001：2008证书；2006年7月，进军俄罗斯的优质珠宝市场；2008年1月，成立广州卡缔尔首饰有限公司，以开发内地的优质珠宝批发市场；2012年2月，"冰花钻"获得香港知识产权署专利注册处授予的设计专利；2013年1月，"冰花钻"获得中国国家知识产权局的设计专利；2017年11月，公司正式改名为海福德集团控股有限公司。

海福德集团控股有限公司是香港优质珠宝供应商翘楚之一，以出口业务为主。根据IPSOS报告，按出口额计算，2013年，公司在香港五大优质珠宝出口制造商中名列第2位。作为一家香港优质珠宝综合供应商及原设计制造商，主要从事优质珠宝设计与制造，产品主要出口俄罗斯、美洲和其他欧洲国家，并于近年进一步扩展至内地和中东市场。

创业之初，海福德集团控股有限公司主要在传统优质珠宝市场如美国及意大利建立前期客户网络，并自此与这些地区的客户维持稳定牢固的关系。与此同时，创办人纪若鹏和李文俊看到新兴市场的黄金机会，于2006年踏出策略性的一步，进军俄罗斯市场。

2015年2月26日，公司在香港联交所发布了上市详情，于3月11日在联交所公开售卖。时至今日，公司的地域覆盖面持续扩大，客户遍布世界各地，五大客户中有3个为俄罗斯客户，客户还包括加拿大、法国、荷兰、土耳其、阿拉伯联合酋长国、印度尼西亚、日本及非洲等。海福德集团控股有限公司相信，将服务范围扩大并升华，不单单是对珠宝产品制造商及供应商的承诺，还将有助于公司与客户建立长期、互信及互惠的关系。

海福德集团控股有限公司供应的K金优质珠宝产品包括：手镯、臂镯、胸针、耳环、吊坠、戒指、项链、袖扣及踝饰，普遍定位为面向优质珠宝市场的大众至中端分部。

公司先后申请了12项专利，其中的"冰花钻"设计，分别获香港知识产权署专利注册处及中国国家知识产权局授予设计专利。"冰花钻"为一项创新的镶石技术，钻石镶嵌于多层上。镶嵌技术所采用的圆形底座由两层向内倾斜的钻石层组成，镶嵌于外围的边钻之间的底座部分加以手工雕刻，以塑造光线反射，从而扩大光线反射面积，呈现出一个具更大台面尺寸的单一钻石外观。

海福德集团控股有限公司致力于提升业务模式，与消费者密切互动、交流珠宝设计想法以及为客户分析产品链的理念为公司最大的特色。这不仅限于促进产能、高品质工艺及设计的能力的提高，还同时涵盖视为与客户合力提高其终端消费者销售的服务。

公司不断激发新颖、时尚的珠宝设计理念及提供样品以吸引客户需求，时刻紧贴市场及设计趋势。在国际及本地大型展览和展会上展示样品，向潜在客户推介公司在设计和宝石镶嵌技巧方面的能力。亦会不时与主要客户会面，以推介新产品设计及交换设计意念。客户可根据现成设计，或按其提供的概念创作的原有设计订购珠宝。公司还会与主要客户分享对市场趋势的见解，并开展讨论及多个互动环节，以在产品系列主题及重点、产品设计，乃至产品定位和发布策略等方面提出建议。

此外，公司亦会回访若干主要客户的销售点，了解消费者对产品的反应，并就零售展示策略方面为客户提供意见。这是公司最大的特点，也是优势之一，力求与客户多方位合作，以促进珠宝产品对消费者的整体吸引力，从而推动更强劲的零售表现。

由于公司与客户保持着良好的合作关系，且耐心迎合客户的不同需求，提升服务质量，所以公司在全球与客户联系紧密且稳定，并具有能够吸引客户以及使客户满意的设计能力，加上经验丰富、稳定而专注的管理团队，逐渐建立起基础夯实、覆盖全球且受到客户喜爱的珠宝设计及服务公司。

在2011年的香港最受买家欢迎首饰设计比赛中，一共获得4个奖项，为自由创作组银奖、铜奖，吊坠及胸针组银奖、铜奖，奖项由香港珠宝制造业厂商会颁发；2012年，获得由香港珠宝制造业厂商会所颁发的香港最受买家欢迎首饰设计比赛戒指组铜奖。

2016年，国内珠宝首饰出口100排名中，公司排第35名，充分显示公司目前是番禺珠宝产业的主力加工贸易企业之一。

12.9 广州市精明珠宝首饰有限公司

广州市精明珠宝首饰有限公司（以下简称"精明珠宝"）成立于2004年4月16日，法定代表人是陈世祥，地址位于广州市番禺区梢头街福平路6街。精明珠宝是一家港澳台独资经营企业，在中国香港、美国均设有公司。

母公司精明珠宝（香港）有限公司是进出口商，主要市场包括北美、北欧、大洋洲、东南亚、东欧、非洲、韩国及其他亚洲国家。产品/服务范围：24K黄金首饰、钻石首饰、宝石首饰、珍珠首饰、半宝石首饰、银首饰、仿真/人造首饰。

公司很早就在番禺开设工厂，以"前店后厂"的模式、"世界珠宝，番禺制造"的理念进行经营。1999年兴建新厂房与员工宿舍，总建筑面积达8000平方米，拥有2000多平方米的厂房，人数曾达到400多人。2000年公司开拓黄金市场，新建6000平方米员工宿舍。精明珠宝不断发展新技术，自主进行制模、组装、抛光、包装等工艺创新，参照ISO 9000标准进行操作管理。

近年来，公司已开展珠宝首饰设计等服务外包业务，2015年服务外包合同额达到2800多万美元，2016年达到2900多万美元。2016年，在全国珠宝出口企业排名第95名。

精明珠宝由于是一家起步较早、成立较晚的新兴珠宝首饰有限公司，因此公司高层管理人员在中山大学接受了工商管理硕士（MBA）的培训。

2014年9月28日，公司对经营项目进行了进一步的更新，由原来的生产、加工金银首饰、金银制品、铂金首饰、铂金制品、首饰辅料、镶嵌天然钻石、宝石、晶石、珍珠、仿真首饰及人造石料，销售本企业产品，变更为如今的珠宝首饰及相关物品制造，销售本公司生产的产品。

12.10 广州市嘉衡珠宝有限公司

广州市嘉衡珠宝有限公司（以下简称"嘉衡珠宝"）是KGK集团下属的全资子公司。公司于2004年5月11日成立，由台港澳法人独资，香港嘉衡珠宝有限公司持股比例为百分之百，公司法定代表人是Sanjay Kothari，公司地址位于番禺区沙头街大罗塘工业区银建路尾129号。

嘉衡珠宝是集设计、生产、品牌运营管理于一体的专业珠宝品牌公司，主要产品有18K金和PT白金的钻石、宝石、晶石，产品销往欧洲、北美、俄罗斯和日本的中高端市场，产品的原创设计价值及国际化品质已得到国际同行的认可。

KGK集团成立于1905年，拥有100多年的历史，KGK以其雄厚的资金、完善的质量管理体系及百年的历史赢得了良好的声誉，现已成为一个世界性的钻石贸易集团。KGK集团拥有5000多名职工，在中国、印度、南非设有钻石加工厂；在斯里兰卡、泰国、印度设有宝石加工厂；在中国、印度设有珠宝首饰加工厂；在全球13个国家设有办事处。

嘉衡珠宝生产的Entice珠宝是KGK集团大家族中的一员，一直继承着大家族100多年的优秀传统。从品牌创立至今，Entice珠宝以设计别致、选材精良而取胜。品牌精神也一贯保持法兰西风格的色彩特征与优雅情调。Entice 珠宝在北京、上海、深圳、兰州、石家庄、太原、南京、常熟等地都有鉴赏店。

2016 年的国内珠宝首饰出口 100 排名中，嘉衡珠宝排名第 27 名，是番禺珠宝企业在该排行榜的第 5 名，显示目前该公司已是番禺珠宝产业的主力企业之一。

12.11　TSL｜谢瑞麟珠宝有限公司

004 年 9 月 9 日，TSL｜谢瑞麟（广州）珠宝有限公司（以下简称"谢瑞麟珠宝"）在广州市番禺区工商行政管理局登记成立，公司注册地位于广州市番禺区市桥街大北路康富花园 2 街 8 号，经营范围包括：珠宝首饰及有关物品制造、金属工艺品制造、花画工艺品制造、民间工艺品制造、光学仪器制造、钟表批发、眼镜批发、钟表维修服务、技术进出口、文具用品批发、钻石饰品批发、企业管理咨询服务、商品信息咨询服务、电子产品批发、工艺品批发、宝石饰品批发等。

20 世纪 60 年代，谢瑞麟于香港尖沙咀开设首间珠宝工厂，开展首饰加工。1971 年，TSL｜谢瑞麟成立。1980 年，谢瑞麟集团在香港尖沙咀海洋中心开设了香港首间零售店。20 世纪 80 年代初期，谢瑞麟集团成立了当时全东南亚最大的珠宝厂房，在红磡民裕街总部的生产线有超过 1000 名员工。1985 年，谢瑞麟集团在油麻地弥敦道于同一天开设了两间零售店。1987 年，集团在香港联合交易所有限公司上市，并成为当时最大的珠宝出口商。1988 年，谢瑞麟集团在香港及粤港交界的沙头角开设其在内地的首间珠宝零售店，成为进军中国内地市场的首家香港珠宝商。

20 世纪 90 年代，谢瑞麟集团积极开拓中国内地市场，在东北的哈尔滨中央大街开设零售店。至 20 世纪 90 年代末，集团的零售店已经遍布东南亚，挺进了中国台湾、新加坡、马来西亚，成为亚太区领先的珠宝集团。1997 年 11 月，谢瑞麟成为首位获美国宝石学院（GIA）邀请加入，获颁 League of Honor 尊崇荣誉的华人，证明其业绩获得国际认同和肯定。

2002 年，谢瑞麟集团分别在北京、吉隆坡及香港中环开设具有时代感的品牌旗舰店，成为集团的另一新里程碑。2004 年，集团在深圳开设了首家以现代爵士乐为主题的"谢瑞麟｜Saxx"品牌的新概念珠宝连锁店，同年，在番禺设立珠宝加工厂。2009 年，集团打造的钻石史努比"The Ever-Shining Star"荣获健力士世界纪录"最昂贵 Snoopy 收藏品"称号。

2011 年，TSL｜谢瑞麟宣布其旗舰产品 Estrella 与享誉全球的微雕大师 Willard Wigan 跨界合作，首度打造出全球罕见的"星之恋人"钻石微雕作品，获得了媒体与业界的高度评价。

TSL｜谢瑞麟主打系列产品有：Estrella；Saxx；Atelier；Moments of Love 新隽系列；The Signature Collection－水韵及星愿系列；The Signature Collection－12 玲珑系列。

2015 年，广州市番禺区珠宝厂商会聘请谢瑞麟作为顾问。2017 年 2 月 22 日，番禺区副区长谭斌到市桥街辖内重点企业——谢瑞麟珠宝有限公司开展调研活动，市桥街党工委书记叶硕榆及街经济科技办相关负责人随同前往调研。调研组一行来到谢瑞麟珠宝有限公司实地走访，了解企业发展情况和新一年的发展规划，重点听取企业运营中存在的困难。谭斌对该企业提出的问题一一做了回应，要求市桥街要以服务重点企业作为保增长、促发展的重要抓手，不断优化营商环境；要不断做好产业优化升级工作，致力打造"互联网＋"珠宝产业商圈，为谢瑞麟珠宝有限公司扩大生产和促进销售创造良好的条件。2017 年一季度，番禺区传统行业转型升级取得了显著的成效，在龙头企业谢瑞麟（广州）珠宝有限公司持续快速增长的带动下，番禺区特色产业之珠宝产业年一季度首次进入番禺区工业产业五大行业之列，实现产值 22.2 亿元，同比增长 41.8%，带动番禺区规模以上产值增长 1.6 个百分点。

目前，谢瑞麟集团分别在亚洲区多个大城市经营逾 200 多间分店及销售点，包括北京、上海、广州、香港、澳门及吉隆坡等地，悉心为顾客提供优质的产品与服务，迎合中国内地追求时尚的年轻消费者的需求，集团的出口业务在欧洲及美国均建立了多元化的客户网络。

12.12　陈广记（番禺）有限公司

陈广记（番禺）有限公司成立于 2004 年 8 月 6 日，注册地址位于广州市番禺区市桥街西环路 1 号，是一家私营股份有限公司，现在的负责人为陈光耀。

陈广记以创始人"陈广"而命名。陈广师从洋人老师学得黄金的分色技术，初时在香港发家，日本攻陷香港期间，店铺被迫关闭。陈广记有限公司主营机械工业，出售首饰器材、首饰设备、首饰工具等。最新产品包括铸造粉、合成无色钻石测试仪、3D 喷蜡打印机、便携式拉曼激光分析仪、光线激光标签刻字机等。该企业是较早进入番禺珠宝产业的辅助性企业，它的进入为很多珠宝加工企业解决了工具辅料供应的问题，对产业集聚的形成有一定的贡献。

陈广记有限公司目前在中国（含香港）、马来西亚、新加坡、菲律宾、泰国、越南等多处设有分公司。

公司发展的历史沿革如下：

抗日战争前，陈广师从洋人老师学得黄金分色技术，发家致富。

抗日战争时，日本攻陷香港，生意惨遭打击。

抗日战争结束后，重回旧店铺，生意东山再起。

1949 年，业务发展至出售珠宝首饰工具器材。

1952 年，陈广退休，大儿子陈潮德继承父业，远赴日本学习技术，并开拓中国内地市场。

1999 年，陈潮德退休，由第三代继承人接管，成立多间分公司，遍布中国（含香港）、马来西亚、新加坡、菲律宾、泰国及越南。

现在：生意传承至第四代，业务发展至首饰零售行业。开拓了菲律宾市场，并在菲律宾设有 3 间专门店及多个销售点，拓展澳洲品牌 Lowanna 珠宝首饰。

资讯来源：陈广记（番禺）有限公司——Chan Kwong Kee Group 官网。

12.13　广州亚琪珠宝有限公司

广州亚琪珠宝有限公司（以下简称"亚琪珠宝"）成立于 2005 年 6 月 24 日，公司法定代表人为杨文嘉，地址位于广州市番禺区石碁镇永善村永峰路 6 号第一至三层，为台港澳法人独资有限责任公司。总部位于香港新界葵涌葵丰街 1–15 号营业大厦，公司主营珠宝首饰及其相关物品的制造。

公司的宗旨是在稳定的前提下，以中国市场为腹地，放眼亚洲，乃至整个欧洲市场，跻身世界珠宝供应商行列。

亚琪珠宝由 Errepi Asia Limited 投资，主营业务为制造、加工世界一流的珠宝产品，为世界著名的珠宝商提供优质的宝石。公司现阶段的主要市场是欧洲一流的珠宝商，并计划扩大至全球。公司致力于将西方先进的管理观念融入实际生产之中，自 2004 年年底至今，总部派技术专家长期驻厂，对员工进行技术指导。

亚琪珠宝有先进的管理模式，让员工充分发挥创造性，学到先进的珠宝加工技术，让员工有机会成为珠宝加工界的精英，实现更好的福利待遇，在逐渐提高员工的技术及品质标准的同时不断完善企业管理理念，立志在众多的珠宝业之中独树一帜，创造出与众不同的风格与品牌。

2016 年，国内珠宝首饰出口 100 排名中，亚琪珠宝位居第 77 名，显示该公司目前是番禺珠宝产业的主流加工贸易企业之一。

12.14　广州利福钻石首饰有限公司

广州利福钻石首饰有限公司（以下简称"利福钻石"）于 2006 年 3 月 31 日注册成立，为台港澳法人独资有限责任公司，由六福钻石有限公司与香港永恒钻石合办，其中六福钻石有限公司持有 100% 股权。注册地址位于广州市南沙区东涌镇六合街 60 号。主要业务包括珠宝首饰及相关物品制造和商品批发贸易。

实际上，利福钻石为六福钻石有限公司的内地厂房，公司位于东涌镇六福珠宝园内，为来料加工企业，主要加工钻石，供应香港六福集团。

利福钻石现也有厂房位于番禺区东涌镇鱼窝头。产品在消费者当中享有较高的地位，公司与多家零售商和代理商建立了长期稳定的合作关系，主要经销的钻石成品品种齐全、价格合理。公司的实力雄厚，重信用，守合同，注重产品质量，以多品种经营特色和薄利多销的原则，赢得了广大客户的信任。

公司荣誉：

2012 年，获"壹 – 壹 – 壹计划"恒生珠三角环保大奖"绿色奖章公司"称号。

2013 年，获"粤港清洁生产伙伴标志企业"称号。

2013 年，获"广州市清洁生产优秀企业"称号。

2013 年，在"恒生泛珠三角环保大奖"中荣获"5 年 + 参与""绿色计划公司"及"绿色奖章公司"称号。

2014 年 2 月 14 日，通过"广州市清洁生产审核"，并获颁"广州市清洁生产优秀企业"荣誉称号。

2016 年，在珠宝首饰出口企业前 100 名排名中列第 76 名。

2016—2018 年，连续 3 年获得由香港工业总会与中国银行（香港）联合颁发的"中银香港企业环保领先大奖"之"环保杰出伙伴"，以及"5 年 + 环保先驱"奖章。

2017 年，获"广州市劳动关系和谐企业"称号；获"粤港清洁生产伙伴标志企业"称号。

12.15　广州方盈珠宝首饰有限公司

广州方盈珠宝首饰有限公司（以下简称"方盈珠宝"）于 2006 年 7 月 31 日注册成立，为外资合资企业，注册地址位于广州市番禺区沙湾镇福涌村福龙路 999 号 2 座办公楼；经营范围为珠宝首饰及有关物品制造、货物进出口（专营专控商品除外）、技术进出口、商品信息咨询服务（依法须经批准的项目，经相关部门批准后方可开展经营活动）。

2017年12月26日，番禺检验检疫局钻石与冲突资源监管科入驻沙湾珠宝园，翌日，便为园区企业签发首份优惠原产地证书，此份证书为中国—澳大利亚自贸区证书，企业凭证书可享受5%的海外关税减免。方盈珠宝成为在"家门口"拿到原产地证书的第一家企业，公司外贸主管表示："钻石科在沙湾珠宝园的设立，为园区企业带来了极大便利，大大缩短了来往签证的时间，节省了企业的业务成本和人工成本。"

方盈珠宝是番禺珠宝制造重要的持牌企业之一。在2016年的国内珠宝首饰出口排名中，方盈珠宝排名第4位，仅次于番禺的番华珠宝，充分显示目前该公司是番禺珠宝产业的主力进出口贸易企业之一。

下 编
番禺珠宝产业升级发展

第 13 章　番禺珠宝产业与世界的互动

13.1　番禺珠宝产业发展与世界经济及国际珠宝市场环境变化

番禺的珠宝集聚吸引了来自中国香港、比利时、以色列、印度、美国等 30 多个主要珠宝产业生产和消费地区及国家的外商进驻投资设厂，番禺成为国际珠宝产业的重要生产基地，是中国珠宝产业国际化发展程度最高的地区之一。

与此同时，番禺珠宝产业的发展也受到国际经济环境以及国际珠宝市场发展环境的影响，两者在节奏上明显同步。这种影响我们可以从几次世界经济发展的波动进行分析。

2004 年，世界经济强劲均衡增长，无论是发达国家还是发展中国家，经济增长率都达到了多年来的最高水平，国际贸易与经济增长率呈现出同步增长态势，经济增长速度是近 30 年来最快的，增长率达到了 3.8% 的水平。与之相呼应，在 2004—2005 年的短短一年间，番禺的珠宝首饰加工企业从 110 家猛增至 205 家，珠宝加工出口值从 2004 年的 8.9 亿美元增加到 10.6 亿美元，同比增长了 19.1%。21 世纪前 5 年，番禺珠宝产业快速发展，与世界经济明显同步。

2008 年 9 月，美国雷曼兄弟公司破产后，全球金融市场严重动荡，金融风暴席卷全球，全球 GDP 增长率由 2007 年的 3.7% 下降到 2.5%，其中发达国家 GDP 增长率下降一半，只有 1.3%；而发展中经济体 GDP 增长率也大幅下降到 6.3%。发达经济体私人消费增长率由 2007 年的 1.6% 下降到 0.7%，而投资在 2008 年出现了负增长，外商直接投资（FDI）下降了 21%。与此同步，番禺的外贸订单急速减少，番禺掀起了工厂倒闭浪潮。据大罗塘珠宝商会会长李文俊回忆，2008 年金融危机爆发后，番禺很多原本一个月能有二三十万美元收益的企业，变成每个月只有四五万美元，很多工厂不得不裁员，原本上千人的公司一下子"瘦身"了一半。而时任番禺区珠宝厂商会秘书长的刘强也表示，金融危机期间，番禺地区珠宝企业平均每个工厂裁员比例为 30%～40%，有的甚至高达 60%～70%，与 2007 年同期相比，2008 年平均每个企业的订单少了六七成。

据番禺出口至中东的香港最大珠宝商之一——亿钻珠宝发布的中期业绩报告显示，截至 2008 年 9 月底，公司净利润 2810 万港元，较 2007 年同期的 3160 万港元下滑 11%。

据海关统计数据显示，2009 年 1—11 月珠宝出口为 13.04 亿美元，占全区出口的 20.1%，同比仅增长了 2.65%，全年增长基本上是负数；珠宝进口 7.36 亿美元，占全区进口的 18.49%，同比下降 4.28%。显然，与 2000—2004 年番禺珠宝产业保持 22% 的平均增长率逐年递增的情况相比，以及 2004—2005 年增长 19.1% 的年增长率相比，2008 年世界金融危机中，番禺珠宝产业受美国次贷危机的影响，产业发展出现了滑坡。

显然，番禺珠宝产业的发展与世界经济发展高度相关。

13.2 番禺珠宝产业形成、发展及与国际珠宝产业权威机构的互动

国际珠宝展，是国际珠宝产业向世界展现产业发展水平和世界珠宝发展潮流、发展科技水平等的重要舞台。

国际权威的珠宝产业机构及鉴定研究机构，是世界珠宝产业上、中、下游重要的决策者和世界珠宝产业市场健康发展的推动者、维护者、管理者。

番禺珠宝产业与世界珠宝产业的互动可以从其参加和组织国际珠宝展以及与国际重要产业组织的联系互动中略见一斑。

早在1997年，番禺区珠宝厂商会就与中国珠宝首饰进出口公司一起以"中国珠宝"的名义参加瑞士巴塞尔国际珠宝展，这是中国珠宝产业第一次以"中国珠宝"的身份参加国际重大展览，开始了中国珠宝产业与世界珠宝市场的交流和互动，首次向全世界推出了"番禺珠宝"品牌。

2002年8月，番禺区珠宝厂商会在番禺百越广场展览中心正式组织第一届广州（番禺）国际珠宝展览会，该展览有来自美国、日本、韩国、法国、德国、意大利、新加坡、马来西亚、南非、以色列、中国香港、中国台湾等国家和地区的140多家企业参展，主办方是中国珠宝首饰进出口公司和广州市人民政府。这是继深圳国际珠宝展后中国自己主办的真正的国际性珠宝展，是中国珠宝与世界珠宝互动的重要接口。

2005年，番禺珠宝产业承办了第5届中国国际白银年会，开始了与国际贵金属组织的合作。

2006年，番禺考察团到访比利时，与安特卫普市市长交流两地钻石合作问题。同年，番禺珠宝行业组团考察印度珠宝业，番禺企业期待进一步开拓国际彩色宝石和钻石市场。2007年，"比利时驻华钻石专业协会"在番禺举行揭牌典礼。同年，比利时钻石银行董事局到访番禺进行考察。

2008年，番禺区与迪拜多种商品交易中心管理局签署《关于推进两地珠宝产业发展的合作备忘录》，双方达成合作协议，与迪拜多种商品交易中心（DMCC）、迪拜国际钻石实验室（DIL）等机构建立战略合作伙伴关系。

2009年5月，番禺承办了"第13届国际彩色宝石协会（番禺）年会"，开始与国际彩色宝石产业界的深度合作，澳大利亚、比利时、巴西、加拿大、法国、德国、中国香港、印度、以色列、日本、肯尼亚、巴基斯坦、俄罗斯、新加坡、南非、韩国、斯里兰卡、瑞士、瑞典、中国台湾、泰国、阿联酋、英国、美国、越南等约40个国家和地区的外宾参加大会；其后，番禺成立了ICA的工作站；同年，中国银行广州番禺支行与比利时钻石银行签署了《珠宝金融服务合作谅解备忘录》。

2010年，英国珠宝首饰商会联盟代表团到访番禺考察珠宝业。

2014年11月，番禺在番禺长隆国际酒店协办了"金伯利进程2014年全体成员会议"，全球70多个国家钻石业政府部门及重要钻石资源企业的代表300多人参加。

2012年2月25日下午，中国驻津巴布韦大使忻顺康一行到番禺区考察珠宝业情况并开展交流活动，广州市贸促会副会长李三建，番禺区经贸促进局局长黎志伟、区贸促会、区珠宝厂商会和相关企业负责人等一同参加了此次活动。在交流座谈会上，忻顺康向番禺珠宝产业企业家详细介绍了津巴布韦经济、矿产、旅游等情况，参观了珠宝产业园和部分钻石加工企业，听取了钻汇易B2B电子商务平台的运作展示，全面了解番禺钻石业情况。他表示，在两地产业联动下直接与津巴布韦建立钻石贸

易关系，是番禺钻石业的一个重要契机，实现零距离对接将促进钻石业突破性发展。

番禺口岸是我国毛坯钻石进出境签证量最大的口岸。2012年4月23日下午，金伯利进程国际证书制度主席米洛瓦诺维奇在国家质检总局通关司有关人员、广东检验检疫局、番禺检验检疫局相关负责人的陪同下，对番禺广州柏志钻石有限公司进行了考察。番禺检验检疫局局长钟海伟从企业注册、证书核查、进出口检验及服务企业等方面，向金伯利进程主席介绍了番禺检验检疫局金伯利进程证书制度的具体实施情况。柏志钻石的负责人向米洛瓦诺维奇一行介绍了企业基本情况，以及在检验检疫部门的协助和监督下，严格执行金伯利进程要求的具体情况。

米洛瓦诺维奇一行还参观了企业的钻石加工车间，对企业先进的技术设备和毛坯钻石加工能力十分欣赏，并高度赞赏了番禺检验检疫局在执行金伯利进程证书制度方面取得的成绩。

同年12月，比利时驻广州总领事馆总领事达乐文（Johan D'Halleweyn）和安特卫普世界钻石中心执行顾问德立斯·霍尔福特（Dries Holvoet）访问了番禺沙湾珠宝产业园，双方就钻石进出口关务及税收等问题展开了讨论。

安特卫普世界钻石中心（Antwerp World Diamond Center，AWDC）是世界钻石机构中最大、最权威的组织，是安特卫普钻石行业和政府之间官方的联系机构。德立斯·霍尔福特此行的主要目的在于通过了解番禺钻石珠宝业发展与沙湾珠宝产业园服务项目，寻求开拓与中国钻石市场更广泛的合作。

番禺沙湾珠宝产业园拥有一站式的保税仓储、金库保险设施，可为安特卫普企业进入中国提供稳健便捷的钻石保税储存、分拣及销售的平台，降低企业运营成本、风险与减少退料。针对中国市场进口安特卫普钻石的发展方向，其时钻汇中心李惠芳对钻汇保税仓及进出口关务等具体服务内容做了重点阐述，钻汇易的职员带领比利时来宾参观了产业园的保税仓与钻石分拣室，深入考察了解番禺沙湾珠宝产业园的珠宝产业环境建设情况。

2015年11月9日，刚果（金）钻石、宝石及黄金、贵金属及矿产出口监管负责人Alexis Mikandji Penge等人组成的刚果（金）珠宝考察团到大罗塘的金俊汇进行参观，广州钻石交易中心总经理梁伟章、广东省珠宝玉石交易中心负责人黎志伟等陪同考察，大罗塘珠宝厂商会常务副会长黄建民向来宾介绍了番禺珠宝行业概况以及金俊汇未来在番禺产业发展的影响，番禺的部分企业主与考察团进行了交流，会议中就金俊汇项目规模、运营理念及相关合作事宜进行了沟通，考察团负责人表示，有意向在金俊汇设立刚果钻石、宝石、黄金中国联络站。

13.3 番禺珠宝产业成为国际珠宝产业的重要组成部分

广州海关指出，目前广东逾九成的珠宝首饰均以加工贸易方式出口，香港本地品牌90%以上的珠宝产品均在广东番禺地区加工完成。

番禺是国际珠宝产业重要制造基地，中国香港、比利时、以色列、印度、美国等30多个主要珠宝产业生产和消费的地区和国家的外商均已在番禺投资设厂。

香港是全球六大贵金属珠宝首饰出口地之一。2006年，贵金属、珍珠及宝石首饰出口总值约37亿美元，升幅达13.7%。2011年，香港贵金属、珍珠及宝石首饰的出口总值已达466亿港元，比2010年上升35%，成为香港主要出口产品中表现最好的类别。2012年，香港贵金属、珍珠及宝石首饰的出口总值上升到530亿港元，比2011年上升14%。

2017年，在全球经济不景气的情况下，香港贵重珠宝的出口比上年增长3.6%。同时，珍珠、宝石及半宝石的原材料出口总值也增长了约14%。

香港贸易发展局及亚洲博闻等合作举办的香港国际钻石、宝石及珍珠展，香港国际珠宝展，"香港珠宝钟表展览会"（2009年后改名为香港珠宝首饰展览会），有30多年的历史，在全亚洲乃至国际市场都有重要影响力，规模多年位居世界第一、第二的水平；每年3月、6月、9月在香港举行的香港国际珠宝展，云集各类珠宝首饰、钻石、珍珠、宝石、珠宝钟表时计、有关机械工具、陈列物料、刊物及相关服务等世界性的各类厂商，已经成为国际珠宝产业顶级的珠宝展览，展览会上同时云集了世界主要产业组织及研究鉴定机构，如美国的GIA、英国的Gem-A、瑞士的SSEF等。其中，每年9月的香港国际珠宝展规模最大。

2013年3月举办的"第30届香港国际珠宝展"共吸引来自49个国家及地区的3341家参展商与来自138个国家及地区的共4.2万名买家，参展商及买家人数均刷新历届纪录。

2018年，亚洲博闻在香港举行的9月香港珠宝首饰展览会，分别在机场的亚洲国际展览馆（钻石、宝石及珍珠）和香港会议展览中心（珠宝首饰成品、包装工具及设备）举行，展览面积超过135000平方米，来自55个国家及地区的超过3600家参展商参与，并吸引超过55700名专业买家到场采购，是全球最大的珠宝展。

香港国际珠宝展已经成为国际珠宝产业与中国珠宝产业沟通交流产业信息和产品发展潮流，展现世界各国珠宝产业发展成就的重要舞台。

一直以来，番禺珠宝产业的港资公司都是香港国际珠宝展本地最重要的核心成员和最亮丽的团队。番禺的珠宝制造通过香港的珠宝品牌影响世界主要珠宝市场，成为中国推动国际珠宝产业发展的主要力量。

第 14 章 新常态下番禺珠宝产业集聚的升级发展

14.1 经济新常态与供给侧改革

"新常态"（The New Nominal）一词最早由美国太平洋基金管理公司总裁 M. 埃里安（Mohamed El-Erian）于 2008 年开始使用，用于预言 2008 年国际金融危机之后世界经济增长可能的长期态势。

美国财政部前部长萨默斯（Summers）曾在 2013 年年底世界银行和国际货币基金组织年会上谈过他对当今世界经济的看法：自 2008 年金融危机以来，全球经济特别是主要发达经济体进入了所谓的"长期停滞"时期。

习近平总书记在 2014 年 5 月考察河南时在我国第一次提及经济"新常态"，要求领导干部"从当前我国经济发展的阶段性特征出发，适应新常态，保持战略上的平常心态"。

全国政协委员、中国财政学会副会长、华夏新供给经济学研究院院长、财政部财政科学研究所原所长贾康，在对习近平总书记系列讲话和 2014 年中央经济工作会议精神进行梳理的基础上，解读"新常态"的内涵为 3 个关键词："中高速""结构优化""创新驱动"。"中高速"就是会以不同于两位数高速增长状态的新阶段来取代原来的旧阶段；"结构优化"更多体现在以低碳、绿色、循环经济为导向，更多考虑推进节能降耗，优化产业结构、企业组织结构、生产中的相关行业结构和技术经济结构。不同的结构优化因素组合在一起，使得经济增长质量得到提升；"创新驱动"是通过制度安排、运行机制的创新，打开管理创新和技术创新的空间，充分调动千千万万分散的社会成员、市场主体释放潜力和创造力的积极性，"实现国家治理体系和治理能力的现代化"。

2016 年，上海社会科学院世界经济研究所宏观分析组也对世界经济新常态进行了分析，认为"新常态"基本包括 6 个方面的核心内涵：新增长、新结构、新动力、新治理、新规则、新目标。它们相辅相成、互为促进，对实现世界经济包容性增长来说是缺一不可的有机整体。

具体而言，自 20 世纪 80 年代初期以来，中国把握改革开放、积极入世（加入 WTO）、融入全球化进程等一系列发展机遇，使得中国经济经历了近 40 年的快速增长。2008 年金融危机爆发，全球经济受挫，在世界各国关系日益紧密的全球化进程中，中国经济也无法幸免，GDP 增速开始震荡下滑，由 2007 年的 14.23% 降到 2008 年的 9.65%，2009 年为 9.4%，2010 年开始遇到进一步发展的阻力，2010 年第一季度略有回升，GDP 增速达到 12.1%，然而全年增速 10.64%，2011 年进一步跌落至 9.54%，2015—2017 年均未突破 7% 的关口。

显然，进入 2010 年后，中国的经济增长单纯依靠过去的"出口、投资和消费"三驾马车已很难实现。过去 40 年，由于我们过度强调发展的速度，而对于发展质量及经济结构协调问题的关注不够，经济在快速增长的同时也带来了产能过剩、地方债务压力加大、企业效益下降、生态安全破坏等严重问题。2008 年金融危机爆发后，2010 年成为一拐点，中国经济开始进入一个 GDP 个位数增长的时代，并且经济下行趋势可能很难一下子被扭转，这就是经济新常态。

如何面对这种新常态？新常态问题的出现和什么关系最为密切？党的十八大以后决策层开始密切留意这种变化并开始在国家发展的层面思考如何在经济新常态下推动国家经济健康可持续发展。

2015年10月8—10日，中央财办主任、国家发改委副主任刘鹤在广东考察时指出，要重视"供给侧"调整，加快淘汰"僵尸企业"，有效化解过剩产能，提升产业核心竞争力，不断提高全要素生产率。他指出，不仅要把增强企业活力放在突出位置，同时也要重视产权保护和知识产权保护，完善商业法制，而且更加重视发挥企业家的重要作用，要着力营造扶商、安商、惠商的良好市场环境。刘鹤的讲话预示着在产业层面淘汰"僵尸企业"、化解过剩产能、激发企业活力，将是"供给侧改革"的重点领域。"供给侧改革"，就是从供给、生产端入手，通过解放生产力，提升竞争力，促进经济发展。

具体而言，就是要求清理"僵尸企业"，淘汰落后产能，将发展方向锁定新兴领域、创新领域，创造新的经济增长点。

2015年，国家的政策重心进一步调整，11月10日，习近平总书记在中央财经领导小组会议上提出，要"在适度扩大总需求的同时，着力加强供给侧结构性改革"，正式确立了供给侧改革是当前经济新常态下全面深化改革与扩大双向开放工作的重点。中央专门部署主要抓好"去产能、去库存、去杠杆、降成本、补短板五大任务"，"着力提高供给体系质量与效率"，增强经济增长持续动力；正式提出了要将供给侧结构性改革作为推动中国经济高质量持续发展的抓手。11月11日，李克强在国务院常务会议上提出，培育形成新供给新动力，扩大内需。

2015年11月18日，国家主席习近平在APEC工商领导人峰会上提出，要解决世界经济深层次问题，单纯靠货币刺激政策是不够的，必须下决心在推进经济结构改革方面做更大的努力，使得供给体系更加适应需求结构的变化。在国际层面给出了中国将重点进行供给侧改革的明确信号。

当前，我国经济已由高速增长阶段转向高质量发展阶段，正处在转变发展方式、优化经济结构、转换增长动力的攻坚期，建设现代化经济体系是跨越关口的迫切要求和我国发展的战略目标。习近平总书记在党的十九大报告进一步指出，"建设现代化经济体系，必须把发展经济的着力点放在实体经济上，把提高供给体系质量作为主攻方向，显著增强我国经济质量优势"。供给侧改革的核心在于提高全要素生产率。与此同时，党的十九大报告明确提出了人民对美好生活的向往就是我们党的奋斗目标的说法。

14.2　供给侧改革和番禺珠宝产业升级

珠宝产业就是一种可以满足人民对美好生活需求的朝阳产业。

现阶段我国经济的主要矛盾在供给端，而供给端的主要矛盾又在于供给结构不合理，主要表现在低端、低附加值产品供给过剩、满足需求的产品又供给不足。需求端与供给端严重失衡，导致供需两端缺口越来越大。供给侧改革的核心在于提高全要素生产率（TTP）。2016年，中国社科院副院长、学部委员蔡昉在接受中国证券网的采访时指出，供给侧问题的根本，在于中国经济的比较优势在下降，全要素生产率在下降，竞争力不够，很多领域不能再按原来的价格提供足够数量的产品。

经济新常态是当前国内外经济大环境，"一带一路"是中国改革开放的升级版，供给侧改革是当前改革开放深入的重点领域。国家一系列的改革措施为潜在的经济增长率下降速度放缓或保持平稳提供了制度保障。如何才能把生产要素的供给潜力挖掘出来，把生产率提高也就是全要素生产率提高的潜力挖掘出来？

广东一直是国家改革开放的前沿阵地。在"一带一路"倡议下，广东省委、省政府出台了《珠三角国家自主创新示范区建设实施方案（2016—2020年）》，已逐步形成以深圳、广州为龙头，珠三角其他7个地市为支撑的"1+1+7"建设格局，形成以深圳、广州为核心，珠海、佛山、东莞等为骨干，布局合理、协调发展、特色鲜明的"1小时经济圈"。并将与珠宝产业密切相关的"时尚创意"作为战略性新兴产业，将"都市消费工业"作为新的支柱性产业，广东计划在2015—2017年，累计完成工业技术改造投资9000亿元以上，这对珠三角珠宝产业升级发展来说无疑是一大喜讯。

广州番禺区早在2008年就开始实行"腾笼换鸟"战略，其思路在于转变经济发展重总量、轻质量的模式，腾出空间去发展高产出、低消耗的资本密集型和技术密集型产业。"腾笼换鸟"，就是让小、弱、不具规模的产业搬出去，引进高科技、高效益、低消耗的产业或产业环节，实现产业结构、劳动力结构双升级。

"腾笼换鸟"这一改革思路的提出，从短期看，一部分中小珠宝企业可能受损甚至被迫停产迁出，部分业主利益受损，但从长远来看，提高准入门槛和建设良好的经济发展服务氛围，有利于吸引优质的珠宝企业进驻番禺，让番禺珠宝产业优化并进入良性循环发展模式。番禺区内的珠宝加工企业在"腾笼换鸟"政策实施后，主要集中在沙湾珠宝产业园、市桥珠宝工业区等数十个工业区内。以沙湾瑰宝小镇及大罗塘珠宝小镇为特色，依托广东省珠宝玉石交易中心（简称"广宝"）和广州钻石交易中心（简称"广钻"）两个中心，在这些珠宝产业园区内集中了海关、外经、质检、报关、保险、押运职能部门，为企业提供集审批、合同备案、核销、通关、查验以及押运等业务为一体的真正的"一站式"服务，良好的产业经营环境吸引了包括中国香港、比利时、以色列、印度、意大利、美国、加拿大、德国、法国、韩国、日本等国家和地区的商家，已投资设立多家珠宝首饰生产厂。

番禺珠宝产业借力供给侧改革进一步推进"腾笼换鸟"，去库存、去产能、去杠杆、去成本、补短板，打破当前的供需矛盾。通过推动产业链上下游环节的自主品牌建设，巩固设计、研发、销售环节的主导地位，实现全产业链转型升级，进一步挖掘生产要素供给的潜力，除了保持原来的国际珠宝出口贸易份额，占领"一带一路"沿线国家的珠宝市场份额外，还同时进一步挖掘国内市场，设计加工符合中国多民族、多元文化、多层次及审美需求的珠宝产品。借此，番禺珠宝产业在国内当前面临的人口红利消失、投资回报递减、杠杆率提高的客观情况下，提高所谓索罗余量，即依靠技术进步、制度创新对经济增长的贡献，实现全要素生产率的提高，优化结构，促进创新，进一步推动珠宝产业的经济发展方式从粗放发展到集约发展的转变，在国内外珠宝市场提供更多"番禺制造"或"番禺智造"的具有国际竞争力的珠宝产品，满足国内外多元化的珠宝需求，突破当前困境，在粤港澳大湾区建设中将番禺真正打造成世界一流珠宝加工基地。

14.3　新常态下番禺珠宝产业集聚升级发展的措施

2007年5月17日，番禺珠宝推广周在沙湾珠宝产业园举行了盛大的启动仪式。广东省科技厅吴仕明专员、高新处有关领导、中国珠宝玉石首饰行业协会副会长、秘书长孙凤民及番禺区政府领导和香港九大珠宝商会代表参加了"广东省火炬计划珠宝特色产业基地""中国珠宝玉石首饰特色产业基地""国家珠宝玉石质量监督检验中心番禺实验室筹建处"以及"番禺区珠宝产业发展中心"4块牌匾的揭幕仪式，会后，举行了"香港珠宝企业内销政策宣讲会"。正式宣告以外向型产业集聚为特色的番禺珠宝产业集聚开始向内外兼修的综合性的产业集聚发展。这一决定体现了番禺区政府和珠宝产业界与时俱进和未雨绸缪的战略思考，对于番禺珠宝产业的可持续发展意义重大，其后，因为遭遇到美国金融危机，番禺的外向型经济的弱点更加充分暴露，进一步推动了番禺珠宝产业升级回航步伐的加速。

2018年，媒体采访广州市番禺区珠宝厂商会第十三任会长、广州时尚周理事会主席团主席、广州市誉宝首饰器材有限公司董事长吴威，他认为，"目前，番禺珠宝总产值，据行业人士估算应该在660亿元左右，主要是出口外销，内销市场份额不大。番禺珠宝市场的瓶颈不是设计、不是加工、不是品牌，我理解应该是性价比，或者说是市场信息不对称"。"我们可以相信，在新一轮的内销需求大增长的驱动下，番禺珠宝一定会涌现一大批时尚的新锐珠宝品牌，甚至可以说，番禺珠宝产值可以增长到千亿以上，都是有可能的。""当然，这需要市场倒逼，需要番禺珠宝人顺应时代大潮，转变产业发展思维，整合全方位的行业资源，借力内外销市场新机遇才有可能。"

关于如何升级发展，吴威显然也有深入的思考，他指出，"番禺珠宝产业经过40年发展，积累了雄厚的加工实力。可以说，我们具有全球品牌的开发和加工能力，如何转化为内外销市场的竞争力和市场占有率，其实也是目前番禺珠宝企业面临的痛点"。"如何解决这个痛点，我总结了一下：首先是人才，更大的一个就是产业发展，还有品牌，最后一块就是联合。""在整个社会大转型时代背景下，符合市场需求的、具有性价比优势的番禺珠宝品牌，才是未来一个阶段行业的新锐力量。"

从某种意义上说，番禺区珠宝厂商会新会长的心声代表了整个番禺珠宝产业的愿望。番禺区珠宝厂商会作为珠宝产业发展的领头羊，站在产业发展改革的高地，其认识是深刻的。

综合近几年番禺珠宝产业发展的实践，可以认为，在经济新常态下番禺珠宝产业集聚升级发展的措施和行动至少在如下几个方面取得了成效：

（1）在区政府层面，区政府出台相关政策措施积极鼓励企业"回航"国内市场，包括制定产业发展规划；积极和香港珠宝工商界及北京中国珠宝玉石首饰行业协会进行合作和联动，签署发展协议；为企业参展提供补贴等。区政府主管部门在产业升级过程中主动承担起企业改革发展的掌舵人的角色，为企业参与国内外珠宝市场的发展保驾护航，提供便利，促进产业从较为单一的外向型集聚向综合型产业集聚过渡。

（2）镇和街道等政府部门积极响应区政府号召，通过建设"沙湾瑰宝小镇""大罗塘珠宝小镇"等发展项目，进行特色产业的规划，在土地使用和资金安排上给予便利，积极推动番禺珠宝产业进行产业链的延伸，推动珠宝产业与旅游文创产业的联合和联动，进一步扩大和丰富番禺珠宝产业集聚的内涵。

（3）"广宝"和"广钻"两中心提供全方位服务，为珠宝产业集聚升级搭建平台，推动全产业链升级。"广宝"和"广钻"落户番禺，通过与钻石及宝玉石产业链上下游各主体的合作，提供包括进出口通关、仓储物流、检测鉴定评估、信息咨询、文化推广、供应链金融等全方位的产业配套服务；强化产业链内企业的交流合作；与缅甸、印度、泰国、斯里兰卡、南非等"一带一路"沿线珠宝玉石资源地区建立密切业务往来；牵头联合粤港澳区域内30多家珠宝行业商协会，启动成立粤港澳大湾区珠宝产业联盟，同时，不断深化与新疆、云南、北京、内蒙古，以及广东深圳、四会、揭阳、平洲等重要珠宝产业地合作，形成良性区域联动，推动番禺珠宝产业集聚升级发展。

（4）创新驱动补短板，培育新的经济增长点。番禺珠宝历年来的优势是以"三来一补"外向型经济为主导，产业链上游的研发设计仍然薄弱。番禺珠宝工艺设计委员会等组织联合国内珠宝设计师群体，举办珠宝及时尚设计与工艺技术的交流活动，包括"2017粤沪港澳一带一路珠宝设计工艺交流展"，誉宝集团冠名的"2018中国（广东）新锐首饰设计师大赛"活动，等等，对推动番禺独立设计师的成长、培养和建立新锐首饰设计师新锐人才与市场直接对话和交流机制、推动番禺设计师参与国内珠宝产业竞争和合作均产生了积极的影响；对番禺珠宝产业吸引人才，推动工艺技术创新等也有重要的价值。

（5）民间团体发挥桥梁作用，多方斡旋应对新常态。多年来，番禺区珠宝厂商会和大罗塘珠宝首饰商会通过举办各种大型活动，进行策划宣传，积极与政府部门进行沟通，提出各种政策性建议，内引外联，协助企业熟识和适应国内外市场的发展。其中，2014年开始举办的"番禺珠宝文化节"的规模不断扩大，逐步吸引国内珠宝产业的关注和参与，上海、深圳等国内珠宝时尚、设计产业的精英团队也开始参与文化节"高峰论坛"活动。这些活动促进了集聚内企业的交流和合作，也为本地企业参与更高层次价值链提供了机会。

2018年，广州市番禺区珠宝厂商会向政府提出了番禺珠宝时尚产业发展的"三年行动计划"，建议"将番禺珠宝从'特色工厂品牌'的生产模式转型到'品牌工厂'再到'珠宝品牌'的发展模式，将'世界珠宝，番禺制造'转型升级为'世界珠宝，番禺智造'，树立番禺珠宝品牌化，将番禺珠宝打造成'国际珠宝首饰品牌首创地、原产地、发布地，国际珠宝时尚文化旅游圈体系'"。

据广州市番禺海关统计，2017年1—10月，番禺外贸进出口总值达人民币1038.6亿元，比2016年同期增长3.6%。番禺出口珠宝首饰207.7亿元，占同期番禺出口总值的33.2%。进口珠宝首饰193.2亿元，占同期番禺进口总值的46.8%。同时，以旅游购物商品方式出口98.7亿元，以市场采购方式出口38.3亿元。此外，以保税监管场所进出境货物方式进出口9477万元。

笔者认为，上述成绩体现了番禺珠宝产业最近几年苦练内功，通过进行供给侧改革，完善了产业链结构，产业平台升级发展的努力初见成效。

第 15 章 "一带一路"倡议与番禺珠宝产业未来发展思考

15.1 "一带一路"倡议

15.1.1 "一带一路"倡议的提出

2013 年 5 月，国务院总理李克强访问巴基斯坦和印度时分别提出打造中国—巴基斯坦经济走廊、孟中印缅经济走廊等倡议。2013 年 9 月 7 日，国家主席习近平在哈萨克斯坦访问时提出共建"丝绸之路经济带"；同年 10 月 3 日，在印度尼西亚提出共同打造"21 世纪海上丝绸之路"；同年 10 月，在新中国成立以来首次召开的中央周边外交工作座谈会上第一次将"一带"与"一路"融合，提出"要同有关国家共同努力，加快基础设施互联互通，建设好丝绸之路经济带、21 世纪海上丝绸之路"，正式向国际社会提出了关于"一带一路"发展的倡议。

"一带一路"分别指"丝绸之路经济带"和"21 世纪海上丝绸之路"，是中国为推动经济全球化深入发展而提出的国际区域经济合作新模式。

陆上，"丝绸之路经济带"有 3 个走向，从中国出发，一是经中亚、俄罗斯至欧洲、波罗的海；二是经中亚、西亚至波斯湾、地中海；三是经中南半岛至印度洋。

"21 世纪海上丝绸之路"的重点方向有两条，一是从中国沿海港口过南海，经马六甲海峡到印度洋，延伸至欧洲；二是从中国沿海港口过南海，向南太平洋延伸。

"一带一路"沿线国家至少涉及包括东南亚、中亚、中东欧等地区的 65 个国家（包括中国在内），是世界上跨度最长的经济大走廊，也是世界上最具发展潜力的经济合作带。"一带一路"发端于中国，贯通中亚、东南亚、南亚、西亚乃至欧洲部分区域，东牵亚太经济圈，西系欧洲经济圈，覆盖约 44 亿人口，经济总量约 21 万亿美元，人口和经济总量分别占全球的 63% 和 29%。

15.1.2 "一带一路"倡议提出的背景

"一带一路"倡议是在世界风云变幻、大国博弈矛盾尖锐、国际环境日益复杂的大背景下提出的战略思考和安排。

首先，是中国经济高速发展，特别是 2012 年中国超越日本成为世界第二大经济体后，引起了以美国为代表的传统西方发达国家对中国崛起的高度警觉。

从 1978—2017 年，中国的 GDP 从 1978 年的 2165 亿美元增长到 2017 年的 12.24 万亿美元，40 年间，中国年均 GDP 增幅达到 9.6%，是世界经济同期年平均增幅 2.78% 的 3 倍多。按照国际组织的数据，1980 年，中国在 148 个国家里面人均 GDP 排位在第 130 位；2017 年，中国在 232 个国家和地区中，GDP 排位上升到第 70 位，人均 GDP 达到了 9481 美元。

1979年，中国外贸进出口总额109亿美元，2017年，达到了4.1万亿美元，居世界货物贸易进出口的第1位。中国对外投资近几年累计已经达到了1.9万亿美元，上升到了世界第2位。

21世纪以来，中美之间的贸易关系和地位快速转换，美国进出口贸易的绝对数额虽然一直也在增长（见表15-1，2015年比世纪初增加了1.772万亿美元），但其在全球的比重呈下降趋势，美国出口总额在世界货物出口贸易总额中所占的份额由2000年的12.12%下降至2005年的8.58%，再进一步下降至2010年的8.35%，之后缓慢回升，至2015年的9.09%。

表15-1 美国货物贸易总额及其占全球比重（单位：万亿美元）

年份	贸易总额	占比	出口额	占比	进口额	占比
2000	2.041	15.57%	0.782	12.12%	1.259	18.92%
2005	2.634	12.38%	0.901	8.58%	1.733	16.08%
2010	3.247	10.57%	1.278	8.35%	1.969	12.77%
2015	3.813	11.50%	1.505	9.09%	2.308	13.90%

资料来源：据辜学武《G20：经济全球化的政治对冲机制及其前景》，《同济大学学报（社会科学版）》2017年第2期

与此形成鲜明对比的是，"金砖"国家的进出口贸易在全球化进程中迅速扩张。以中国为例，至2015年，中国进出口贸易总额比21世纪初增加了3.479万亿美元，是这一时期美国增加额的近两倍（见表15-2）。不到10年的时间，全球化进程使中国在货物贸易进出口总额和出口总额都超越了世界第一大经济强国美国。

表15-2 中国货物贸易总额及其占全球比重（单位：万亿美元）

年份	贸易总额	占比	出口额	占比	进口额	占比
2000	0.474	3.62%	0.249	3.86%	0.225	3.38%
2005	1.422	6.68%	0.762	7.26%	0.660	6.12%
2010	2.974	9.68%	1.578	10.31%	1.396	9.05%
2015	3.953	11.92%	2.273	13.73%	1.680	10.12%

资料来源：据辜学武《G20：经济全球化的政治对冲机制及其前景》，《同济大学学报（社会科学版）》2017年第2期

这一切是在20世纪90年代初"冷战"结束10年后经济全球化的进程中发生的，发达国家对外投资呈现出爆发式增长，推动世界成为一个愈来愈紧密的社会经济空间，世界成为一个"地球村"。然而，由于结构不同以及经济全球化机制的内在矛盾，即资本可以在全球范围内自由流动、寻找最低生产区位与劳动力难以自由流动之间的矛盾，会导致世界贫富差距急剧扩大；与此同时，包括中国在内的部分发展中国家在经济全球化过程中因为在全球化分工中具有特定的资源优势，也获得很大的发展空间。因此，经济全球化是一把"双刃剑"，既推动了世界经济增长，也带来了经济发展不平衡等国际性的问题。

2016年11月16日，奥巴马在告别欧洲的演讲中说，"当前全球化进程存在问题，引发不公正感。不少选民觉得被快速推进的全球化进程抛在身后，产生沮丧和愤怒"，"世界通向全球化的道路必须纠正……现实给人们的教训之一是，不同国家面临相同的挑战，那就是必须着手应对社会不平等"。同日，英国首相特雷莎·梅在伦敦金融城发表讲话时也表达了"政府必须关注人民对全球化给就业和社会带来影响的担忧"，"英国拥护自由贸易，但同时应当管理全球化力量，以便它为所有人服务"的观点。由于存在经济发展不平衡及美国等西方国家感到本国在全球化过程中存在收益不对等的现象，世界上开始出现比较强的反全球化思潮。

西方世界，特别是美国开始在政治、经济乃至军事上对中国等发展中国家进行限制，南海及周边环境不断恶化，如果不打破这种美国亚太再平衡战略的"围堵"，中国在安全和经济领域发挥作用的空间将被大大挤压，中国未来的发展势必受到严重的束缚。这是2013年"一带一路"倡议提出的国际地缘政治的背景和中国的发展战略思考。

其次，2012年后，中国本身的经济下行压力增大，增长速度趋缓，供给侧改革面对很多的问题。作为世界第二大经济体、第一大制造业国家、第一大商品贸易国家以及重要的资本输出国，中国面临的问题是如何通过"和平合作、开放包容、互学互鉴、互利共赢"，在符合当前世界发展机制和趋势的前提下更深地融入全球经济体系，并在引领世界经济发展中发挥更积极的作用，同时打开自己的发展空间，将强大的生产能力与世界新兴市场及不发达国家、地区对接，通过"走出去"实现共同发展。这是和"一带一路"倡议有关的另外一个涉及"构建人类命运共同体"及国内政治经济发展空间问题的背景。

联合国秘书长古特雷斯说，"'一带一路'倡议不仅涉及经济合作，也是通过经济合作改善世界经济发展模式，使全球化更加健康，进而推动国家治理和全球治理的路径"；英国剑桥大学政治与国际关系学院高级研究员马丁·雅克认为，"一带一路"倡议及其相关项目，是中国创建新型国际关系的有力例证，中国正以其独特方式，在多边领域推动着解决全球化及全球治理等问题的国际努力。上述国际人士的看法，体现出国际社会其实非常清晰并认同中国的思考。巴西中国问题研究所所长罗尼·林斯也认为，通过"一带一路"，各国能共享经济发展成果，"一带一路"倡议对广大发展中国家是难得的发展机遇，中国提出的倡议符合大多数国家的共同利益，体现了中国的国际担当。

显然，中国提出"一带一路"倡议，既有利于推进经济全球化，也使得"构建人类命运共同体"的理念可以进一步推进落实，同时，通过"一带一路"的合作，也可以让我们的视野更加开阔，为中国赢得更加广阔的发展空间，推动中国和"一带一路"沿线国家的经济发展。

2014年11月10日，国家主席习近平在亚太经合组织（APEC）工商领导人峰会上提出，在后金融危机时期，"我们要不断发掘经济增长新动力。生活从不眷顾因循守旧、满足现状者，而将更多机遇留给勇于和敢于、善于改革创新的人们。在新一轮全球增长面前，唯改革者进，唯创新者强，唯改革创新者胜。我们要拿出"敢为天下先"的勇气，锐意改革，激励创新，积极探索适合自身发展需要的新道路、新模式，不断寻求新增长点和驱动力"。这段话，从某种意义上深刻阐明了"一带一路"倡议的核心内容。

在经济全球化深入发展的大背景下，"一带一路"是中国的综合实力和地位发展到一定阶段的产物，是一项以"命运共同体"建设为最终目标的长期系统工程。"一带一路"倡议贯穿亚非欧，涉及不同国家、不同民族、不同宗教信仰和文化认同，"一带一路"沿线国家不仅充满多样性和异质性，对中国具有不同的认知，彼此之间存在冲突，有的甚至还身处大国博弈的核心地带，增加了务实合作的经济、政治和安全风险。

换句话说，要实现"一带一路"的伟大目标，风险不小，困难巨大。但是，大时代需要大格局，大格局需要大智慧，我国领导人敢于在复杂、冲突和充满不确定性的国际环境下提出"一带一路"倡议，表明了中国作为大国的担当和强烈的历史使命感。

15.2 "一带一路"框架下番禺珠宝产业未来发展

"一带一路"倡议的提出，建立了中国发展一个新的时代框架，是一种具有很深战略思考的选择，也是一种以攻为守的策略。自 2013 年秋天，国家主席习近平在哈萨克斯坦和印度尼西亚提出共建丝绸之路经济带和 21 世纪海上丝绸之路，即"一带一路"倡议，至 2017 年，全球 100 多个国家和国际组织积极支持和参与"一带一路"建设，联合国大会、联合国安理会等重要决议也纳入"一带一路"建设内容。中国与 40 多个国家和国际组织签署了合作协议，与 30 多个国家开展了机制化产能合作。

2014—2016 年，中国与"一带一路"沿线国家贸易总额超过 3 万亿美元，中国对"一带一路"沿线国家投资累计超过 500 亿美元，中国企业已经在 20 多个国家建设了 56 个经贸合作区，为有关国家创造近 11 亿美元税收和 18 万个就业岗位。亚洲基础设施投资银行已经为"一带一路"建设参与国的 9 个项目提供 17 亿美元贷款，"丝路基金"投资达 40 亿美元，中国与中东欧"16 + 1"金融控股公司正式成立。"一带一路"建设逐渐从理念转化为行动。

历史上位于海上丝绸之路起点，以外向型的来料加工制造为基础，具有强大的外向发展能力的番禺，珠宝产业如何借助"一带一路"倡议进行产业的升级发展，获得更大的生存发展空间，是一个值得思考的问题和必须抓住的机遇。

番禺的珠宝产业经过 30 多年的发展已经形成很强的产业集聚，但是，由于中国国内缺乏高品质的宝玉石资源，对上游资源的控制一直是番禺珠宝产业的薄弱环节。

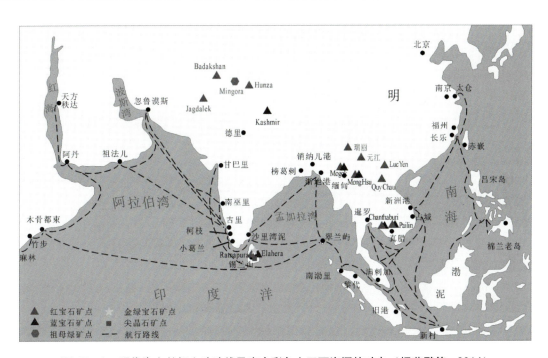

图 15-1　明代海上丝绸之路路线及富含彩色宝玉石资源的矿点（据莫默等，2014）

"一带一路"倡议开辟了中国与"一带一路"沿线国家新的合作共赢模式。这些国家大多有大量的宝玉石资源，是番禺珠宝产业上游的材料供应市场。例如，斯里兰卡的蓝宝石、缅甸的红宝石和翡翠、泰国的红蓝宝石、越南的红宝石和尖晶石、老挝的寿山石等。这些国家在过去本来就位于丝绸之路上，与中国有密切的贸易往来（见图 15-1），与中国有着悠久的交往历史。随着"一带一路"倡议的提出，中国政府加大了对东盟自由贸易区沿线国家的投资，帮助部分国家修建了高速公路和高速铁路，基础设施和投资环境随之进一步改善。其中，2015 年，中国企业与东盟的新签承包工程项目合同额比 2014 年增长 41.2%；2016 年 1—5 月，新签承包工程项目合同额达到 100 亿美元，同比增长 8.2%；双方合作实施了电力、桥梁、农业、制造业等领域的一大批项目。

根据有关资料显示，2010年，中国—东盟自由贸易区全面建成。2014年，中国与东盟双边贸易额超过4800亿美元，同比增长8.3%，比中国整体对外贸易增速高出4.9个百分点。2015年，中国和东盟双方贸易总额达到4721.6亿美元，比1991年的79.6亿美元增长近60倍，年均增长18.5%。双边贸易额占中国对外贸易额的比重由1991年的5.9%上升到2015年的11.9%。

2015年，中国—东盟自贸区升级谈判完成，自贸区建设在共商、共建、共享原则的指引下，中国与东盟各国的双边关系进一步改善。中国—东盟自贸区是优势互补型分工的区域经济一体化组织，是世界上人口最多的自贸区，各国经济发展水平落差巨大。中国—东盟自贸区内成员国包括中国和东盟10国，涵盖19亿人口和1400万平方公里的国土面积。2010年，中国—东盟自贸区全面建成后，形成了一个拥有19亿消费者、6万亿美元GDP总值、4.5万亿美元贸易总额的经济区。

在中国—东盟自由贸易区货物贸易领域，我国与自贸伙伴国的绝大部分产品，在符合原产地要求的前提下，将相互实行零关税或优惠关税政策。借助这种便利，通过"一带一路"倡议"走出去"政策的大力支持，番禺的珠宝企业将有机会从"一带一路"沿线自贸国找到价廉物美的宝玉石货源，弥补上游资源控制力的空缺。

近年来，寿山石（"老挝石"）大量进入中国市场，弥补了福建寿山石资源枯竭的不足，满足了我国宝玉石产业对寿山石材料的需求，也是一个成功的案例。

因此，可以通过抓住"一带一路"的重大战略机遇，"引进来"获得珠宝发展的上游资源，增强上游产业资源的集聚水平；"走出去"通过直接投资，进行产业的外向扩张。

15.3　世界的不确定性：风险与机会并存

不确定性是量子力学的一个重要概念，是指粒子的位置与动量不可同时被确定。不确定性原理是德国物理学家海森堡在1927年提出的，又称为测不准原理，基本的解释是，在量子力学的世界里，要测定一个量子的精确位置，需要用波长尽量短的波，但这种波会严重干扰测定的准确性，对它的速度测量也会越不精确；反过来，如果想要精确测量一个量子的速度，那就要用波长较长的波，但那样就不能精确测定它的位置。

国际社会政治经济领域所说的不确定性，与量子力学的测不准原理既有关也无关。有关，是指其内在的决定原理是一致的，就是不同事物或者因素之间可能存在一种对立的、矛盾的冲突状态。因此，从思维高度来说，当代已经进入后牛顿时代，世界发生的事情，不都总是有规律的，在存在某些普世价值和一般性的基础上，世界已经进入一种更加相互"纠缠"的状态，世界的规律性和观察者、利益关联者之间存在"纠缠"，就是说，世界也许真的不是那么"确定"和"客观"的，这就是为何世界经济发展存在很大的不平衡以及需要再平衡的内在约束所在。无关，实际上是指社会政治经济领域的不确定性和量子力学的测不准不同，很多时候这种不确定性可能只是暂时的，或者是在不同的时期不确定性的大小是不一样的。某些主要矛盾明确了，在某些方面的发展的预期可能基本上就会确立。不确定性会随所处经济领域的不同而存在很大的差异。

15.3.1　世界政治经济的不确定性加大可能导致大的风险

中美之间战略关系的改变，将从根本上改变世界原有的发展格局，外向型产业可能遇到重大挑战。

第15章 "一带一路"倡议与番禺珠宝产业未来发展思考

2017年12月，特朗普政府执政届满一周年之际发布了首份《美国国家安全战略报告》。这份报告以及美国国防部随后发表的《美国国防战略报告》体现出与以往美国国家安全战略截然不同的战略基调和战略取向，而其中一个最大的变化就是对中国和中美关系的定位和评价。美国在冷战结束之后，首次在其官方文件中明确将中国定义为美国的"战略竞争者"，而且这种战略竞争是多领域、全方位的。报告同时强调了特朗普上台前强调的"美国利益优先"发展原则。这份文件甚至将中美之间的矛盾和冲突上升到两种世界秩序之争、两种社会制度之争。

当然，这种战略变化实际上并不是从特朗普政府上台才开始的，21世纪初小布什在竞选的时候就已经把中国定义为"战略竞争者"，当时其政府内的一些代表新保守主义思潮的官员就有意要出台一个将中国视为主要战略对手的国家安全战略。但是，这一企图被纽约曼哈顿上空的一声巨响打破，"9·11"恐袭改变了美国的战略方向和战略重点，反恐战争成为美国全球战略的重中之重；奥巴马政府执政的后期，"中国威胁论"开始盛行，美国根据其"亚太再平衡"战略不断在南海进行各种军事活动。

中美国家关系的变化，从2015年开始在贸易领域有所体现。以中国和东盟贸易区为例，2014年后，中美南海冲突持续发酵，中国、东盟经济持续下行，国际不稳定因素增多，中国—东盟经贸关系就明显受到负面的影响。中国—东盟双边贸易额在2014年达到4804亿美元的历史峰值，2015年双边贸易额减少了82亿美元，2016年上半年，中国与东盟国家进出口贸易总额为1735.7亿美元，同比下降7.1%。

据报道，2015年，在广州等各大外贸城市调研时笔者发现，不少外贸出口企业反映，疲软外需叠加贸易壁垒让出口雪上加霜。2015年7月，我国进出口总值、出口、进口均为负增长，外贸数据以及企业现状均显示出外贸形势的严峻程度远超年初预期。商务部新闻发言人沈丹阳表示，"从上半年情况以及下半年的走势来看，我国外贸发展面临的国内外形势可以说比预计的更加严峻、更加复杂，并且还面临很多不确定性"。

2016年，世界政坛和经济"黑天鹅"群飞，世界经济和贸易增速双双低迷。据国际货币基金组织（IMF）统计，2016年世界经济增长3.1%，较2015年下降0.1个百分点，是全球经济自2010年开始复苏以来的最低增速。其中，发达经济体增长1.6%，较2015年下降0.5个百分点。其中发达国家的两大块，美国经济增长1.6%，较2015年低1个百分点，是2011年以来最低水平。欧元区增长1.7%，较2015年低0.3个百分点。海关统计，2016年前三季度，中国货物贸易进出口总值17.53万亿元人民币，比2015年同期（下同）下降1.9%。其中，出口10.06万亿元，下降1.6%；进口7.47万亿元，下降2.3%。

2018年6月15日，美国贸易代表办公室发表了《美国贸易代表办公室针对中国产品的不公平贸易实践征收关税》的声明，表示"依据301调查的全面调查结果，将对进口自中国的约500亿美元的商品加征25%的关税。第一轮涉及价值约340亿美元商品的加征关税将在7月6日实施，另外价值约160亿美元的商品则有待评估"。作为回应，中国商务部在16日凌晨发布公告，宣布"中方依据《中华人民共和国对外贸易法》等法律法规和国际法基本原则，决定对原产于美国的大豆等农产品、汽车、水产品等进口商品对等采取加征关税措施，税率为25%，涉及2017年中国自美国进口金额约340亿美元。上述措施将从2018年7月6日起生效"。中美正式爆发"贸易战"。贸易战的爆发对全球市场的影响深远，将直接对以外贸出口为主的企业的生存带来严重的威胁。

近年来，中国通过结构侧改革，一直在进行经济增长动力结构调整，国民经济逐渐由过度依赖投资、出口拉动，转向主要依靠消费、服务业和内需支撑，具体体现是中国经济的出口依存度从2016年的65.2%下降到2017年的33%，已低于42%的世界平均水平。但是，相关的效果并不会很快就能体现。

据《销售与管理》报道,2018年1—7月,国内的消费已经拉响警报。5月,国内社会消费品零售总额增速只有8.5%,不仅远远低于预期,而且创下自2003年5月以来的15年的最低,社会消费增速创下15年的新低,这意味着整个社会的消费能力正在严重萎缩。

据国内媒体报道,受中美贸易战复杂多变不确定性的影响,外贸形势扑朔迷离。近几年不断下降的外贸订单几乎趋于停顿。受此行情影响,以外贸为主的饰品加工企业7月开工率不足三成,70%的企业处于半停产状态,形势严峻。

15.3.2 国际政治经济发展不确定性下番禺珠宝产业仍然存在的发展机遇

1. 中美贸易关系恶化可能对中国经济发展的影响有限

中美贸易对抗是近年来国际政治经济发展过程中出现的最大的"不确定性"。有人认为,中美贸易战可能会重创中国的经济发展,会对外向型珠宝产业造成致命打击;但也有人认为,中国已建立起独特的对外依存度有限的经济结构,中美贸易对抗的破坏力有限,珠宝产业仍然存在发展的机遇。

1997年的东南亚金融危机,2008年的美国次贷危机,中国的经济发展均未受到明显冲击,显示中国一直在世界政治经济发展的不确定性中有很强的继续发展的确定性。

1997年年中,由于东南亚国家在推动经济发展过程中信贷过度扩张,索罗斯等国际金融炒家借机做空东南亚国家的货币,引发了东南亚金融风暴,最后演变为亚洲金融危机,亚洲国家的经济受到严重打击,但这场危机对中国的影响非常有限。

在这场危机爆发之时,番禺珠宝产业正处于快速成熟阶段,受到的影响显得非常有限,其中受到较大负面影响的仅仅是香港母公司在东南亚有投资以及产品主要销售韩国、日本市场的公司。同时,东南亚等地珠宝产业受挫间接为番禺珠宝产业的发展提供了新的契机。

2008年美国次贷危机虽然对中国经济造成了影响,2009年中国的GDP增长速度有所下降,但仍然达到了9.4%的增长水平,仅比2008年增速低0.3%。

1998年,中国经济的出口依存度为18%,2006年,升到了65.2%的峰值,2009年开始下降,跌至44.2%的水平,2017年已下降到33%,低于42%的世界平均水平,说明中国经济应对外部冲击的能力在不断增强。

2018年9月7—9日,中国人民银行前行长周小川在意大利风景如画的科莫(Como)湖畔第44届欧洲会议(The European House)上做主题演讲时指出,美国发动的对华贸易战对中国经济的影响不大,"微不足道",中国经济一直有很好的抵御外部冲击的能力。

显然,即使与美国的贸易关系遭到破坏,中国经济发展仍然有较大的回旋余地,随着中国"一带一路"倡议的实施以及中国和欧盟关系的进一步改善,番禺珠宝产业的升级发展仍然存在机遇。

2. 中国的经济发展已经到了人均国内生产总值(GDP)9000美元以上的水平,国内珠宝市场发展存在明显的结构差异,珠宝市场仍然具有很大的发展空间

中国国内东西部之间的经济发展不平衡使中国巨大的市场发展空间仍然可以进一步开发,为番禺高效能珠宝产业制造找到新的市场发展空间。

2010年,我国人均GDP超过4000美元,达到4382美元,真正进入了国际公认的"中等收入"发展阶段。2017年,人均GDP已达9000美元以上水平,珠宝消费进入高速发展的阶段。但是,实际上,由于不同区域的资源存在很强的差异,中国中西部地区的发展远远落后与中东部地区,因此,30年来,珠三角、长三角、京津冀形成了支撑中国经济沿"沿海一纵"纵向发展的格局,中国的珠宝

消费主要也沿东部沿海呈带状分布。

2013年9月下旬，国家发改委会同交通运输部召开了关于《依托长江建设中国经济新支撑带指导意见》研究起草工作动员会议，会上强调了长江经济带开发的战略定位和创新发展思路。

2014年，李克强总理在《政府工作报告》中正式提出了中国区域经济发展"由东向西、由沿海向内地，沿大江大河和陆路交通干线，推进梯度发展"，"要依托黄金水道，建设长江经济带"的新战略构想，长江经济带建设正式上升为国家战略。在此背景下，我们认为，中国珠宝产业沿三大产业集聚区三足鼎立带状发展的格局可能会被打破，转变为东西南北中五大珠宝产业集聚区多极协调发展，中西部地区的珠宝市场会进一步获得开发。中部湖北武汉和湖南长沙沿线可能会以珠宝产业人才教育和培训、宝石矿物标本市场为重点形成新的中部珠宝产业带，拓展和整合长三角洲产业力量，推动新型珠宝文化创意产业集聚的形成；而西部以云南昆明、广西南宁和四川成都、重庆几个省会及直辖中心城市为中心，凭借其优美的自然环境及休闲文化优势，利用与东盟自由贸易区之间具有的联系，形成以旅游珠宝消费为主，兼具宝石及玉石资源集聚的西部产业带。

2012年8月，湖北利时集团着力打造三峡国际珠宝博艺园项目，借助宜昌市五峰自治县民族工业园的政策优势，通过引进番禺珠宝产业，将三峡旅游、宜昌文化旅游产业、珠宝产业有机结合。在沿海珠宝产业处于调整期的背景下，2013年4月以来，已生产珠宝产品200多万件，产值2亿多元，实现销售收入4000万元，实现各类税收720万元，成为新长江经济带承接番禺珠宝产业转移成功发展的案例。

2013年，武汉市政府大力推动的"武汉·珠宝谷"（以下简称"宝谷"）计划实际上也是一种先行试验。武汉"宝谷"项目横跨了武汉东湖风景区、东湖高新区、洪山区，占地面积4平方千米（6000多亩），核心区面积1.8平方千米（约2700亩），规划完成后将形成"一核一街三区"的空间布局。项目将培育和发展从珠宝原石、加工、创意设计、科教、鉴定、交易、金融、保险到文化旅游的千亿高端价值产业链。

近年来，番禺卓尔珠宝通过对国内二、三线城市市场的深度开发，销售业绩保持了快速增长，公司从2012年"亚洲品牌500强"名列第487位上升到当下的370位，成为番禺珠宝产业可以参与国内新兴市场开发很有说服力的案例。

第 16 章　番禺珠宝产业升级发展产业平台及企业

16.1　广州市番禺贸促珠宝产业服务中心

2007 年，番禺区政府特设立了珠宝产业的专业组织管理机构——广州市番禺贸促珠宝产业服务中心（Guangzhou Panyu CCPIT Jewelry Service Center），专门为全力打造"番禺珠宝"区域品牌和发展番禺珠宝产业服务。

该中心以扶助番禺区政府规划、协调管理珠宝产业的发展为宗旨，围绕打造"番禺珠宝"区域品牌，以推进该产业转型国内发展为主导方向，从整体上系统地推进珠宝产业的发展，从根本上提升该产业的综合发展能力和示范带动效应，真正提高该产业对地方经济的贡献能力，促进番禺经济社会的和谐新发展。

为实现目标，中心将主要工作思路及工作方向集中在推进重点项目建设和发展、建设质检评估体系方面（如完善培训体系建设、举办珠宝系列展会、研发与标准化建设体系、行业资讯管理体系、加强特色产业示范基地建设）、彩色宝石领域重点开拓方面、品牌建设体系方面、珠宝文化体系建设方面、珠宝专业设计方面等。珠宝中心充分发挥政府服务职能而展开工作，在帮助番禺珠宝厂商拓展国际国内市场，促进珠宝行业间的沟通交流和技术进步方面成绩斐然。

16.2　广州市番禺区珠宝厂商会

广州市番禺区珠宝厂商会（Guangzhou Panyu Jewelry Manufacturers Association）正式成立于 1991 年，宗旨为"沟通、协调、开拓"，是中国最早成立的县级珠宝行业商会，当时会员单位仅四五家，至今已发展到 100 多家。商会会员涉及珠宝设备制造，足金、K 金、银、铜、铂首饰，钟表制造等领域。商会会长为法定代表人，会长、副会长、选任制秘书长每届任期两年，连任不得超过两届。

商会历届会长：任期为 1991—2007 年 6 月（第一届—第八届，其中第一届的前半段，会长为莱利珠宝的徐发泉先生），新生珠宝首饰公司董事长李建生；任期为 2007 年 7 月—2012 年 6 月（第九届—第十届），雅和（广州）首饰有限公司董事长李文俊；任期为 2012 年 7 月—2018 年 6 月（第十一届—第十二届），广州精诚首饰有限公司总经理包文斌；现任会长为广州誉宝首饰器材有限公司董事长吴威，任期为 2018 年 7 月至今（第十三届会长）。

商会的主要工作包括如下几个方面：

（1）在政府和有关部门领导下，正确及时地为珠宝厂商提供国家有关政策、法律、对外贸易、加工生产等方面的指南，及时向政府有关部门反馈情况、沟通信息，为会员解决生产经营中的困难。

（2）组织技术、生产和管理等方面的交流，提高中国珠宝首饰业的生产力与竞争力。

（3）协调与加强珠宝首饰业界各方的横向联系，增进交流与合作，促进行业整体发展。

（4）组织、参与国内外大型珠宝展，为会员提供展示产品的平台，拓宽企业业务渠道、提高竞争力。

商会成立近30年，为番禺珠宝产业集聚的形成及发展做了大量的内联外引，上下沟通，交流推广方面的工作。

例如，2000年9月，商会代表在深圳签订2001年深圳国际珠宝展览合作协议，正式成为深圳国际珠宝展览会的主办单位之一。同年，商会组织参加了2000年北京和上海的国际珠宝展览会。2001年，首次以"中国馆"的身份代表中国珠宝产业参加意大利维琴察国际珠宝展览会。2002年，接待日本最大的珠宝业协会代表的来访，举行多次研讨活动，交流经验，希望借此交流活动推广番禺珠宝产业，吸引国外商人投资建厂。第二次代表中国参加意大利维琴察国际金银制品、珠宝及钟表展览会。参加瑞士巴塞尔国际钟表珠宝展，与中国贸易促进委员会番禺支会联合承办第一届广州（番禺）国际珠宝展。2003年，承办广州国际珠宝展，李建生再次当选第六届会长。2004年，接待澳门消费者委员会、澳门金业同业会到访；2005年，主办"2005广州国际黄金珠宝首饰展览订货会"。2006年，承办"2006春季中国珠宝首饰展览会"。2007年，李文俊在第九届会长选举会议当选会长，举办了主题为"世界珠宝，番禺制造"的"番禺区珠宝厂商会17周年庆典"大型活动，包括北京中宝协领导在内的数百位嘉宾参加了活动。

2008年，新会址确定并搬迁，承办启动了"番禺国际彩色宝石'钻汇中心杯'设计大赛"，为国际彩色宝石协会（ICA）2009年在番禺召开做宣传准备；2009年，建立"番禺区珠宝首饰电子商务平台"，协办"第13届国际彩色宝石（ICA）年会"；举办了香港生产力促进局珠宝升级转型及内销落地服务点、粤港珠宝内销联盟秘书处挂牌仪式；举办了"粤港珠宝内销2009（番禺）洽谈会"；2010年，协办了"番禺区贵金属首饰手工制作技能竞赛"；2012年，第十一届会长选举会议，包文斌当选为会长；2013年，主办"2013彩色宝石配对会"；2014年，举办"珠宝原石原材料配对会"，整合珠宝、宝石及原材料的资源，打造高效产业链；主办2014年首届广州番禺珠宝文化节，展出面积约3000平方米，近100个展位，接待观众10万人次，成交额近600万元。

2015年，包文斌连任会长；商会主办、施华洛世奇协办"晶银溢彩，灵感超凡"首饰潮流感动向推介会；率团参加北京中国国际珠宝展，业界承认"世界珠宝，番禺制造"的说法；举办了4届广州番禺珠宝文化节，第2届会展面积26074平方米，展位约1400个，吸引13万人次，成交额约5846.79万元；与浙江珍珠行业协会、满洲里市珠宝玉石首饰行业协会签订合作协议；接待缅甸曼德勒金矿协会、香港珠宝玉石厂商会等海内外商业协会；开展宣传与推介，建设网站、会刊、公众号；举办第3届广州番禺珠宝文化节，共有约11.8万人次到场，营业总额达6280万元。

16.3 广州市番禺区大罗塘珠宝首饰商会

2013年10月，番禺区成立大罗塘珠宝首饰产业转型升级工作领导小组，统筹产业转型升级和销售交易平台建设相关工作，推进大罗塘珠宝首饰集聚区项目各项工作，并将项目纳入区重点项目库。在兼顾生产加工的同时，重点把销售环节拓展开来，打造完整的产业链。2014年，项目被列入广州市十大特色产业平台和广州市新型城市化发展100个重点项目之一。

番禺区委、区政府及沙头街高度重视大罗塘首饰集聚区发展，紧紧围绕"全球珠宝贸易的专业化集散地、国内首屈一指的珠宝加工基地、国内重要的珠宝创意设计引领者"的发展定位,将文化和创意注入珠宝产业,结合已有项目布局和不同片区的功能差异,将大罗塘打造成生产研发区、展览与文化交流区、珠宝创意办公区、珠宝商品交易区和生活配套区五区合一的专业化珠宝产业集聚区。

目前,在大罗塘地区集聚的珠宝首饰生产加工和销售经营企业、商户已超过2000家,从业人员5万多人,形成了集原料销售、生产工具制造销售、技术工人培训、设计研发、生产加工、半成品和成品销售、电子商务、检验检测、会展服务等为一体的完整产业链,成为番禺以出口为主、兼顾国内市场的重要的珠宝首饰生产加工基地。大罗塘汇聚了超过200种来自50多个不同国家和地区的宝石原材料及金银等贵金属原料,全面满足原材料采购商一站式采购需求。

大罗塘珠宝设计享誉国际,引领行业潮流,汇集了大批一流设计名师,目前,在大罗塘从业的珠宝首饰设计师超1000人,具备"中级首饰设计师"资格的超六成,设计师团队超100个,其中,位于大罗塘的"广东省中创珠宝设计创意中心"聚集了140多位番禺本土设计师。珠宝设计师屡获殊荣,曾荣获2014年中国黄金协会"中金杯"全国黄金首饰设计大赛一等奖、IJDEA2015卓越设计奖等国内外设计大奖。

大罗塘的珠宝设计创造融传统文化与现代时尚于一身,个性展示与市场需求于一体,独树一帜,曾为多位国内外影视明星设计专属定制珠宝首饰。其中,金一轩珠宝首饰有限公司设计制作了2015年度国际旅游小姐大赛广东赛区钻石后冠。

大罗塘珠宝首饰生产、加工工艺精湛,切割打磨镶嵌技术水平全球领先,各工序高度专业化分工,占据了珠宝加工领域的制高点,以"珠宝天坛祈年殿"为代表作的珠宝工艺精品享誉世界,该作品曾获"2007年度中国工艺美术珍品""2008年度中国传统工艺美术精品大展金奖"等殊荣。

大罗塘珠宝电商勇立潮头,突破传统营销方式,开拓电商渠道。目前,大罗塘珠宝电商已超200家,从业人员达2500多人,月销售额过百万的彩色宝石类电商超30家。其中,米莱珠宝在淘宝及天猫2014年全年的彩宝类销售总额达2000多万元,仅仅在"双十一"当天就以单日1231万的成交额位居该网彩宝类首位,且连续4年稳居榜首。近年,沙头街因势利导,全力支持天幢珠宝汇与信雅首饰有限公司共同建立的"大罗塘珠宝首饰电商创意园"项目,不遗余力地推动珠宝电商创意和品牌孵化的新业态发展。

"国家珠宝玉石质量监督检验中心广州实验室""中国商业联合会珠宝首饰质量监督检测中心""广东省珠宝玉石及贵金属检测中心"及"广东省金银珠宝检测中心"等多家检测中心已进驻大罗塘,提供各种珠宝首饰的检验、检测、鉴定、评估服务,开展检测技术方法研究及相关设备研制,提供钻石分级、彩宝、玉石、贵金属知识的业务培训及咨询服务。

在未来的发展中,沙头街将致力于把大罗塘珠宝首饰集聚区建设成为一个集生产加工、商贸交易、设计研发、文化传播、旅游观光、人才培养等多功能于一体的超大型珠宝首饰产业"航母",为创造番禺珠宝产业绚丽的明天集聚力量。

2015年6月19日,正式成立广州市番禺区大罗塘珠宝首饰商会(Guangzhou Panyu Daluotang Jewelry Association),首届会长为三和珠宝总裁李文俊,商会成员如下。

荣誉会长:黎志伟　李大万　黄达华　胡德强　施浩然　苏　滔　谢瑞麟
　　　　　岑元骥　陈元兴　包文斌　黄云光　吴宏斌　李建生　杨国强
会　　长:李文俊
常务副会长:吴坚平　黄建民
副 会 长:邓坤胜　白东辉　刘文辉　李桥锋　杨　坚　杨湛威　吴　威　周建强
　　　　　胡敏坚　洪汉峰　袁信添　黄国铭　黄钜明　温锦沛　强晓辉

理　　事：万汉龙　韦绍耀　方志勇　邓惠欢　叶　亮　叶炬殷　叶耀楠
　　　　　冯高升　冯锦华　朱训涛　刘锦霞　苏琼洋　李文豪　李汉安
　　　　　杨恩耀　吴　勇　吴海兰　陈世祥　陈亚毡　陈振宇　陈崇宝
　　　　　罗鸿波　冼　宁　姜直良　徐金西　高锐流　萧润泉　韩树桐
　　　　　谢何漫　赖亿林　蔡中华　廖永雄　潘广昌　顾　问　李　斌
　　　　　邱　侠　王晓军　何树智　夏绍贤　吴月容　陈志扬　罗志明
　　　　　黄家浩
秘 书 长：陈智驱
副秘书长：黄远欣

16.4　番禺珠宝工艺设计委员会

　　番禺珠宝深耕不辍30载，集聚了2000多家珠宝首饰生产加工和销售经营企业，聚合1000多名优秀珠宝设计工艺师，番禺珠宝设计工艺师的内涵与底蕴是支撑整个番禺珠宝产业的核心因素。目前世界知名品牌的珠宝大部分由番禺生产制造，番禺成为承接境外珠宝产业转移的第一站。番禺珠宝，凭着高超的设计、精湛的工艺、成熟的生产产业配套，已在世界珠宝市场形成良好的口碑。

　　设计与工艺是珠宝的灵魂，赋予了珠宝生命和内涵，是珠宝价值的重要体现，能展示番禺珠宝的独特风格与水平。

　　2017年，在各级政府的大力支持下，番禺成立了珠宝设计工艺委员会，提出了"将世界珠宝，回归中国"的新口号，从制造珠宝转型到创造珠宝，以实力打造属于自己本土原创的番禺珠宝。

　　番禺珠宝工艺设计委员会的宗旨是要将一批有才华的设计师团队团结起来，成立全世界珠宝工艺设计师之家，提供全世界珠宝设计工艺师交流学习的平台，交流、研创与开发更多极具个性、符合市场需求的原创珠宝产品，让他们的设计、工艺创新发展；使未来的珠宝能体现出原创与工匠精神，使中国珠宝达到国际先进的水平，在全国乃至全世界进行推广宣传。

　　番禺珠宝工艺设计委员会自成立以来，已联合外界举办了多次珠宝设计和工艺的交流活动，在2017年11月更是主办了"2017粤沪港澳'一带一路'珠宝设计工艺交流展"活动，一度引起各级政府、商界与媒体的广泛关注，成为番禺珠宝产业发展历史上的一个里程碑，为番禺珠宝的未来发展做出了尤为重要的贡献。

　　番禺珠宝工艺设计委员会也做出了重要的未来规划：

　　（1）将吸引与发掘更多杰出珠宝设计工艺师，为他们提供更多交流聚会的机会，形成坚持原创珠宝设计的良好氛围，推动番禺珠宝产业的发展。

　　（2）举办更多的活动，为珠宝设计工艺师提供更多展示实力的机会，提高他们的创作积极性，从而提升番禺珠宝的整体水平。

　　（3）进行更多跨界合作与交流，让番禺珠宝得到更好的推广，为珠宝产业创造更多的经济效益，增加番禺珠宝可持续发展的机会。

16.5 广州番禺职业技术学院珠宝学院

广州番禺职业技术学院创办于 1993 年。2005 年 12 月，珠宝学院（Jewelry Institute of Guangzhou Panyu Polytechnic）在珠宝专业基础上应运而生，珠宝学院院长为王昶教授。

专业设置：

共设有 3 个专业，在校生共 810 人（截至 2016 年数据）。3 个专业为：①珠宝首饰技术与管理（国家示范性高职院校重点建设专业、广东高校"珠江学者"岗位计划设岗专业、广东省一流高职院校高水平专业建设项目）；②宝玉石鉴定与加工（广东省第一批高职重点专业）；③首饰设计与工艺（广东省高职二类品牌建设专业）。

学院荣誉：

2014 年，珠宝学院被评为全国职业教育先进单位。2015 年，联合广州市番禺云光首饰有限公司、广东皇庭珠宝股份有限公司、广东省珠宝玉石及贵金属检测中心、广州流行美时尚商业股份有限公司、亚洲博闻（广州）有限公司构建珠宝首饰类专业高技术技能型人才协同育人平台；同年立项成为广州市高职院校珠宝首饰特色学院建设单位。2016 年，被广州市总工会立项成为广州市职工创新示范基地；同年，广东省珠宝首饰工程技术研究中心被认定为 2016 年度的广东省工程技术研究中心。

2011 年以来，专任教师先后在国际、国内学术期刊累计发表专业学术研究（含教学研究）论文 170 篇（其中，中文核心期刊 47 篇，SCI 收录 7 篇，EI 收录 10 篇）。在为企业解决问题的基础上，专业学生在中文核心期刊上发表科研论文 10 篇（其中 4 篇为第一作者），1 人参与获得了国家发明专利授权 1 项；获中国大学生服务外包创新创业大赛一等奖 1 项；获珠宝玉石鉴定技能竞赛国赛二等奖 2 项，获省赛一等奖 4 项、二等奖 1 项；获全国宝石琢磨百花工匠职业技能竞赛获学生组二等奖 2 项；获"挑战杯——彩虹人生"广东职业学校创新创效创业大赛二等奖 1 项。首饰设计与工艺专业学生获首饰设计大赛高等级奖项 35 项（见表 16-1）。

教师荣誉：

曾获得"广州市学术创新团队"荣誉。团队成员中多人被评为"广东省教学名师""广东省南粤优秀教师""广东省技术能手""广州市优秀教师"和"番禺区优秀教师"等。

聘请多名企业一线技术或管理人员担任兼职教师来校授课，博采企业优秀教学资源为我所用，确保了教学质量日益提高。

表 16-1 2011 年以来首饰设计与工艺专业学生比赛获奖情况一览表

序号	学生姓名	获奖时间	作品名称	所获奖项名称和等级
1	黄敏怡	2018	森旅	2017 广东省新锐首饰设计师大赛首饰类三等奖
2	刘梓垚	2017	Blooming	2017 新加坡珠宝设计奖季军
3	许琼心	2017	迥异	2017 上海新锐首饰设计大赛学生组三等奖
4	许倩璞 马丰芝	2016	黄金 4.0 时代下的首饰创新设计	第 10 届广东大中专学生科学术节之第 2 届"挑战杯——彩虹人生"广东职业学校创新创效创业大赛高职组创意设计类三等奖
5	梁瑞洛 曾敏婷	2016	3D 快速成型的个性化首饰定制	第 10 届广东大中专学生科学术节之第 2 届"挑战杯——彩虹人生"广东职业学校创新创效创业大赛高职组创意设计类三等奖

(续上表)

序号	学生姓名	获奖时间	作品名称	所获奖项名称和等级
6	谢燕珊	2016	逐鹿	2016 广东新锐首饰设计师大赛配饰类三等奖
7	许倩璞	2016	闯未来	2016 香港足金首饰设计大赛学生组大奖
8	马丰芝	2016	操控未来	2016 香港足金首饰设计大赛学生组大奖
9	梁逢花	2015	都市欲望	第 4 届中国国际（深圳）珠宝首饰设计大赛学生组二等奖
10	关凤信	2015	梦的心声	第 4 届中国国际（深圳）珠宝首饰设计大赛学生组三等奖
11	梁飞雄	2015	壁链舞	2015 上海新锐首饰设计大赛三等奖
12	蔡晓冬	2014	山水古韵	"中金杯"第 9 届中国黄金首饰设计大赛镶嵌系列一等奖
13	庄德霖	2014	执子之手与子偕老	"中金杯"第 9 届中国黄金首饰设计大赛婚庆节日系列三等奖
14	蔡晓冬	2014	道	2014 香港足金首饰设计大赛学生组大奖
15	郑美诗	2014	爱意浓	2014 香港足金首饰设计大赛学生组大奖
16	刘小媚	2014	圆之源	第 8 届广东大中专学生科技学术节之第 1 届"挑战杯——彩虹人生"广东职业学校创新创效创业大赛高职组创意设计类二等奖
17	李家晓	2014	仙山玉树	第 8 届广东大中专学生科技学术节之第 1 届"挑战杯——彩虹人生"广东职业学校创新创效创业大赛高职组创意设计类三等奖
18	肖和润	2014	生命的魔力	第 8 届广东大中专学生科技学术节之第 1 届"挑战杯——彩虹人生"广东职业学校创新创效创业大赛高职组创意设计类三等奖
19	潘泳伶	2013	Smile	2013 新加坡珠宝设计奖"喜悦黄金"A 组冠军
20	林云泰	2013	诺亚方舟	2013 新加坡珠宝设计奖"幸福黄金"C 组冠军
21	陈秀芬	2013	固若金汤	2013 新加坡珠宝设计奖"幸福黄金"C 组第二名
22	庄德霖	2013	博弈	第 3 届中国国际（深圳）珠宝首饰设计大赛学生组一等奖
23	钟 诚	2013	冲	第 3 届中国国际（深圳）珠宝首饰设计大赛学生组三等奖
24	陈焯彬 蔡晓冬	2013	福茵（荫）子孙	2013 年"广东黄金杯"珠宝首饰设计师职业技能竞赛师生组一等奖
25	邱莹莹 钟 诚	2013	荷	2013 年"广东黄金杯"珠宝首饰设计师职业技能竞赛师生组二等奖
26	林绮云 林晓妍	2013	孔雀叶子	2013 年"广东黄金杯"珠宝首饰设计师职业技能竞赛师生组三等奖
27	钟 诚	2013	瞬	2013 中国上海新锐首饰设计大赛三等奖
28	李伟明	2013	融·放	2013 中国（上海）钻石首饰设计创意大赛二等奖
29	黎俊杰	2013	蚕网	2013 中国（上海）钻石首饰设计创意大赛三等奖
30	黄婷婷	2013	璀璨人生	2013 中国（上海）钻石首饰设计创意大赛三等奖
31	刘树金	2012	东方之冠	2012 新加坡珠宝设计奖"节日晚宴男用珠宝"组第二名
32	刘树金	2012	藏在心里	2012 新加坡珠宝设计奖"情侣系列戒指"组第二名
33	邓东标	2012	追求	2012 新加坡珠宝设计奖"节日晚宴男用珠宝"组第三名
34	方诗琪	2012	忆	2012 香港足金首饰设计比赛学生组大奖
35	陈清松	2011	红绣球	2011 年度比利时 HRD 钻石首饰设计大赛二十九强

16.6 番禺沙湾珠宝产业园

番禺沙湾珠宝产业园（Panyu Shawan Jewelry Industrial Park）坐落于广州市番禺区"中国历史文化名镇"——沙湾镇，是在2002年投资开发的一个面向全球高值工业品原材料及半成品生产、物流、交易、仓储、结算的一站式综合服务示范性园区。园区总体规划1000亩，首期开发338亩，总建筑面积44万平方米，预计总投资达12亿元。目前已投入资金4亿元，已开发土地13万平方米，共建成25幢厂房、6幢宿舍、1幢综合办公大楼及1幢综合废水处理站，建筑面积达17万平方米；进驻园区的珠宝企业已突破60家，员工逾8000人。

沙湾珠宝产业园自开业以来，一直得到政府及相关职能部门的重视和大力支持，园区先后获得"广东省火炬计划珠宝特色产业基地""广州番禺中国珠宝玉石首饰特色产业基地""广州市循环经济示范工业园区"、中山大学"共青团中央'青年就业创业见习基地'"等荣誉称号，为"广东省珠宝产业专业镇"——沙湾镇的主要珠宝业生产基地；2009年11月，园区的珠宝商贸平台更被列入为番禺区"腾笼换鸟"项目之一。

目前，园区行业配套服务完善，海关、国检中心、银行、物流、报关、珠宝服务代理公司已在园区设点，为珠宝企业提供集审批、海关合同备案、核销、通关、查验、押运以至珠宝鉴定服务等业务于一体的"一站式"高效服务。园区设有物业管理公司并实行"一卡通"IC卡智能化管理，保安监控中心实行24小时实时监控，以确保驻园企业的财产安全及正常运作。生活区内设有超市、餐厅、文娱康乐室、工友和谐家园、运动场地等生活配套设施；园区的周边设有派出所、治安联防点、电子监控等公共配套设施。

为推动环保事业的发展，创建番禺绿色产业，沙湾珠宝产业园目前正着力推行国家标准的清洁生产活动，园区在环境保护综合治理方面取得了较显著的成效。2008年率先投入600多万元建设综合废水处理站，2010年再投资建设一套先进的生化处理系统，使园区的生产废水能得以有效治理并达标排放，从根本上解决了园区污水的治理问题。为使清洁生产审核能够有效实施，特委托了广州市环境保护科学研究院提供相关技术支持，并设立专职人员跟进和推动清洁生产活动工作的开展。自2009年5月起启动清洁生产审核工作至今，已通过审核准备、预审核、审核、方案产生和筛选、可行性分析、方案实施和持续清洁生产等阶段的工作，推动清洁生产工艺技术、减少资源消耗和废弃物的排放，能使企业达到"节能、降耗、减污、增效"的预期目的。

截至2011年7月，园区内已有4家企业自发建造循环系统，完成企业生产用水循环再用于厕所清洁等用水，年节约用水达28.8万吨，循环利用率达2.6%，不仅降低了企业运作成本，也节约了水资源，达到了资源循环再使用的目的。同时，企业也自觉执行清洁生产要求，包括8家企业自行建造了废气处理系统对企业生产的废气进行处理，减少自身对环境的污染。今后，园区将积极倡导企业按环保要求做好生产废气、噪音的处理措施，逐步争创成为市、省和国家的清洁生产示范园区。

随着番禺珠宝产业集聚发展以及珠宝产业升级转型的需要，沙湾珠宝产业园积极响应政府提出的加快番禺珠宝产业的资源整合及转型升级的政策，进一步提升番禺珠宝产业的市场竞争力，促进世界珠宝产业集聚番禺，在灵活利用番禺闻名于世的珠宝加工品牌资源优势的同时，结合"钻汇珠宝采购中心"一站式的采购平台，拟将园区未开发的用地（共9.8万平方米）建设成番禺珠宝产业总部和创意基地，以吸引国内外珠宝企业在产业园设立公司总部、设计研发中心、营销贸易中心等，将产业园打造成为有较大影响力的珠宝产业总部和创意基地,并逐步使之转型成为贵金属贸易中心、珠宝品牌设计研发中心、运营中心、高值奢侈品进口保税交易物流配送中心,向建立国际品牌运营总部的现代服务业集聚。

同时,将积极配合沙湾整体旅游发展定位规划,以沙湾珠宝首饰产业为背景,开拓集珠宝观光、旅游、购物、文化、交流于一体的工业旅游路线,通过旅游带动内销和工业的发展,增加地方的税收收益。

2015年,广州钻石交易中心及广东省珠宝玉石交易中心入驻沙湾珠宝产业园,为番禺珠宝产业升级提供了新的要素交易平台。

沙湾珠宝产业园以服务带动产业,以产业升级促进园区繁荣,将不断推动番禺珠宝产业的可持续发展,成为番禺区经济腾飞的重要力量。

16.7　广州市钻汇珠宝采购博览有限公司综合发展平台

广州市钻汇珠宝采购博览有限公司(Worldmart Jewelry & Gems Emporium Limited)(以下简称"钻汇中心")于2005年成立,地址位于广州市番禺区市桥街富华西路2号,是经国家商务部批准设立的、广州市政府部门重点扶持的汇集全世界珠宝原材料采购、成品交易、商务推广活动于一体的国际级珠宝商贸平台。在中国番禺为珠宝行业提供了一整套领先全面的服务设施,定位为面向全球市场的集高值工业原材料及半成品的保税、物流、研发、结算及珠宝零售为一体的服务平台。2016年,国内珠宝首饰出口前100排名中,钻汇中心位居前10,在番禺珠宝产业中排名第4,充分显示该公司目前仍然是番禺珠宝产业最重要的加工出口贸易企业之一。

钻汇中心以番禺珠宝产业集群为优势、以传播番禺珠宝文化为使命、以体验引导珠宝消费为理念,开发继长隆"AAAAA"景区之后番禺珠宝品牌创意产业旅游线,如每年两次的品牌开仓日,以名闻遐迩的"中国工,番禺造",得到了多方游客及本土消费者的青睐。

钻汇中心旗下钻汇珠宝广场成立于2005年,最初是以番禺珠宝产业为背景、番禺珠宝品牌创意产业游及婚庆喜事服务为主线,随着市场经济的发展、消费者需求的多样化,作为番禺区唯一地铁上盖商业物业,钻汇珠宝广场依托广州城市发展"南拓"的机遇,将致力于打造番禺新中央商务区的企业作为愿景,经过调整升级、品牌优化,基本形成精品珠宝、时尚女装、休闲餐饮为特色的主题商业广场,并通过逐步整合以女性消费为主的业态,以此带动场内珠宝区的销售,赢得了多方的赞誉。

钻汇珠宝广场占地面积36000平方米,建筑面积19000平方米,现有商家150家,业态主要有精品珠宝、时尚女装、休闲餐饮、婚纱摄影、母婴用品、个人护理等。其中,精品珠宝作为番禺珠宝转型升级的终端平台,以零售打通进入内销的渠道,为番禺珠宝企业创造产销对接服务平台,场内代表商户有诺蒂珠宝、欧特尔珠宝、晶辉之都、戴旺、臻宝钰、张大方珠宝等20多家本地优质品牌;围绕服务于中高消费客个群的经营理念,辅助珠宝销售的婚庆摄影配套业态,场内引进了现代经典摄影、雅达、红苹果、大嘴鸟、金夫人等高端婚纱摄影品牌,吸引了大量的优质消费群体;时尚女装则有68服饰、水云间、USH、依妙、卡佛连、G2000、欧尚尼等时尚品牌,进一步丰富场内品牌阵营,提升了消费者的消费层次;同时,钻汇珠宝广场还积极提升商场周边的休闲氛围,打造了具有番禺特色的休闲广场,成功吸引了星巴克咖啡、太平洋咖啡、崔逸斯咖啡、满记甜品、水沐莲清、KFC、必胜客、星奇异、绿叶居、萨菲、韩国炸鸡、1820德国酒吧等休闲餐饮进驻,也从侧面体现了钻汇珠宝广场强大的聚客能力。

近年来，钻汇珠宝广场不断调整品牌战略，在营造商业氛围的同时，亦重视客户消费体验，开展了各种品牌文化活动，以回馈客户。如2013—2015年，钻汇珠宝广场紧贴市场发展趋势，年均开展大大小小主题活动40场，全年活动围绕时兴节日、店庆及商场主题开展，如美食节、光棍节、动漫节等，为亲子、白领等特定人群活动举办婚纱、珠宝、教育、美食、动漫等相关主题活动，亮点频现，成功吸引周边各大社区及番禺市民参与，为钻汇珠宝广场带来了源源不断的客流及年轻活力。

随着企业发展的稳步前进，2015年2月，公司精心改造的新项目"喜悦天地"（原为"喜悦假日酒店"）试业，项目建筑面积18000平方米，定位为年轻、时尚、潮流，业态与钻汇互为补充。喜悦天地的启幕，犹如一颗闪耀的新星，与钻汇共同在市桥北商圈闪耀。商场开业至今，已有商家60余家，成功引进了阿迪达斯、新百伦、匡威、耐克、屈臣氏、小肥羊、毛家饭店、非烤勿扰、鼎盛蜀坊、赛百味、莱特妮丝、童幻世界等多个知名品牌，与钻汇珠宝广场共同推动市桥北商圈的发展。

2017年4月，钻汇婚庆服务中心、钻汇生活平台盛大开业，引领钻汇走向另一个领域。

未来，公司将继续以高瞻远瞩的战略眼光和雄厚的资金优势，以"真诚、进取、高效、规范"理念构建"以人为本、文化兼容"的企业文化，组建各地的商业运营团队，以"开拓进取，求真务实"的工作作风，打造现代化管理卓越企业，将钻汇打造成远近驰名的综合性商业品牌。

钻汇中心大事记：

2004年8月4日，钻汇珠宝采购中心（百越广场）落户番禺签字。

2005年2月5日，公司成立，台港澳与内地合资，珠宝交易中心开始筹建。

2006年9月1日，钻汇珠宝采购中心保税业务启动运营。

2007年8月10日，中国珠宝界（番禺）翡翠专业采购会举行（钻汇首批商家进驻）。

2008年2月20日，番禺钻汇珠宝广场宝石街开业。

2007—2009年，珠宝批零一体化展销平台运营。

2010年2月6日，广州首家国检驻点珠宝商场。

2010年2月10日，钻汇珠宝广场试业。

2010年11月6日，钻汇珠宝广场正式开业。

2009—2010年，打造欧洲珠宝小镇主题购物中心。

2010—2014年，由百货模式全面转入购物中心模式。

2015年至今，打造以精品珠宝、时尚女装、休闲餐厅等为特色的主题休闲商业广场。

2015年2月1日，喜悦天地开业，致力于与钻汇共同打造主题商圈，集团零售业务初具规模。

2017年4月28日，钻汇婚庆服务中心、钻汇生活平台盛大开业。

16.8 金俊汇国际珠宝交易中心

金俊汇国际珠宝交易中心（Jinjunhui Jewelry Exchange）位于广州市番禺区政府斥资30亿元重点打造的珠宝商圈核心地段，由香港诺俊集团重金打造，规模超10万平方米，为集原石采购，珠宝研创设计、定制，珠宝加工、生产、交易为一体的一站式国际珠宝采购、交易服务平台，由专业团队运营。

2015年，金俊汇国际珠宝交易中心隆重开业，迎接各大商家进驻。目前番禺大罗塘珠宝首饰商会、广东省珠宝玉石交易中心、广州钻石交易中心、番禺区珠宝厂商会、贸促会以及上百个品牌商家已进驻，进驻品牌涵盖了工厂自有品牌、原材料供应商、特色商家，珠宝品类齐全，应有尽有。金俊汇将联手番禺品牌商家打造番禺珠宝产业集聚一站式珠宝交易、全业态珠宝生态圈。金俊汇整合一线媒体与自有媒体资源，采用"互联网+珠宝"模式运营，组织跨国交流。开业以来，举办了多种不同类型的大型活动，是番禺珠宝产业集聚转型升级新生长极。

金俊汇国际珠宝推广中心是由金俊汇国际珠宝首饰展示交易中心投资发起、多家珠宝厂商参与的F2B专业珠宝推广交易平台，宗旨为：发挥番禺珠宝自身优势，带领更多珠宝企业走上发展之路，为渠道商和消费者提供更多的优秀珠宝产品。它致力于为番禺世界型优质珠宝工厂和国内优质渠道商解决互联互通问题，并通过工厂、设计师、专业管理团队、渠道商的紧密对接，开发更多适应市场需求、引领时尚潮流的原创珠宝产品，为品牌商、渠道商实现产品更新、产品快速供应和交易安全，使买卖双方形成紧密联盟的良性发展；解决各地珠宝品牌代理商到番禺珠宝产业区难找到合适的厂家及工艺师的主要问题，希望可以借此带动整个产业区积极寻求变革与创新的氛围，推动区域发展，实现番禺原创珠宝融入国内市场的目的。30年前，番禺珠宝走向世界；30年后，世界珠宝回归中国！

金俊汇聚集的部分品牌及商户如下：

1. 工厂自主品牌

金俊汇集合了一批全国各地实力雄厚的工厂品牌，他们集产研销为一体，拥有业内最先进及现代化的机器和设计团队，产品畅销国内外。例如卓尔珠宝、祺福珠宝、苏坦莱珠宝等。

（1）祺福珠宝。祺福（原祈福）珠宝的前身海发珍珠首饰有限公司（原名）1988年成立于中国著名的南珠故乡、中国珍珠第一村——湛江雷州流沙村。公司依托毗邻香港的转口贸易优势，率先走出国门，开始向中国香港贸易商及珍珠消费大国日本出口原珠。20世纪90年代初，公司运营中心和部分加工业务迁至广州市，成立广州海发珍珠有限公司。公司着力于先进加工工艺技术如抛光、优化等，珍珠加工技术达到国际先进水平，开始主要以成品珍珠首饰出口为主。20世纪90年代中后期，成为国内珍珠业出口经营规模最大的企业之一，先后开拓了日本、韩国、美国、澳大利亚、英国、法国等十几个发达国家和地区的市场，成为享誉国内外的珍珠专家。20世纪初，成为北海、海南等旅游市场珍珠首饰最大供应商之一。2004年，公司进一步加大珍珠系列产品的研发，重资开设K金镶嵌珍珠工厂，目前公司在产品质量和结构上获得领先优势，进一步强化了公司"精品珍珠专家"的核心竞争力。2005年，为加入中华吉祥文化和福文化的寓意，公司更名为祺福珍珠加工有限公司。祺者，吉祥也；福者，幸福、福气也，祺福珍珠为品牌注入了中华传统文化的丰厚内涵，自1988年创始至今，以专业精神与尖端品质成为行业之典范。

公司发展历史：

1988年，海发珍珠首饰有限公司成立于中国南珠之故乡——湛江。

1990年，海水珍珠销售市场拓展到中国香港、日本、欧美等珍珠消费大国和地区。

1995年，公司运营中心及工厂迁至广州，并成立广州海发珍珠有限公司。

1998年，成为国内珍珠业出口经营规模最大的企业之一。

2000年，成为北海、海南及东亚、欧美等地珍珠市场的最大供应商之一。

2004年，公司成立K金镶嵌珍珠首饰加工厂，开始自主设计、研发及生产珍珠首饰。

2005年，公司更名为祺福珍珠加工有限公司。

2006年，公司开始以电子商务渠道拓展全球市场。成立中文零售网，入驻国际B2B网站。

2008年，公司成立产品体验展厅，特邀国内明星代言公司产品。

2009年，公司加入大溪地珍珠商会及花都珍珠商会。

2010年，公司获得美国机构产品质量认证证书。

2011年，公司加大投入产品设计研发力度，效果显著。

2015年，荣获"广州市科技创新小巨人企业"证书。

2016年，荣获"高新技术企业"证书。

（2）苏坦莱珠宝。香港宝皇控股有限公司旗下的子公司Jewelry Renaissance Limited 在2016年成功把全球高端稀有变色宝石品牌Zultanite引进中国，成为该品牌在中国的总代理，在番禺金俊汇国际珠宝交易中心设立Zultanite体验店，经营世界上稀有又美丽的土耳其变色宝石——苏坦莱。

苏坦莱，由其英文名称Zultanite音译而来，其学术名称为"变色水铝石"。苏坦莱是一种非常稀有的天然变色宝石，目前全球范围内仅在土耳其的安纳托利亚山脉有所发现及开采。不仅稀有，苏坦莱的变色效应更是独一无二。苏坦莱的变色效应明显，变色范围广泛，同一块苏坦莱在不同的光源下可展现鲜黄、干邑粉、猕猴桃绿、深香槟金和灰绿等各种色调。苏坦莱丰富迷人的光感颜色，独特的变色效应以及闪耀的火彩是其他宝石望尘莫及的。

（3）钻新辉珠宝有限公司。位于广州市番禺区沙头街大罗村大庙坑进村路2号三楼，是2007年7月1日在香港和广州创立的专业K金、铂金、银等的珠宝首饰制造企业，承接来料加工，总投资100多万美元，楼层面积1000多平方米。员工大约100人，预计年产值为450万元左右，管理人员及工程技术人员中大专以上学历占20%以上，公司拥有一支高素质的管理和研究队伍，是一家集珠宝产品设计研发、生产于一体的珠宝企业，其生产的珠宝首饰遍布欧美、东南亚市场及香港几间品牌金店，为业内少数取得ISO 9001：2008质量管理体系认证的珠宝企业。

公司从成立至今，坚定不移地贯彻执行质量方针，依托优秀的技术力量和精良的装备，并遵循"用户资料保密，产品质量第一，服务质量第一，为顾客提供满意的产品和服务"的经营宗旨，主张务实精神，实事求是，以人为本，双赢发展，缔造内外和谐的工作环境。

对于未来的发展，公司确定了以市场开发引导产品开发，以产品开发保障市场开发的发展模式，使公司能在激烈的市场竞争中立于强手之林。

2. 原始供应商

众多原材料产地的供应商进驻金俊汇国际珠宝交易中心，有来自印度的红蓝宝石原产地供应商、裸钻供应商及玉石供应商等。如思恒珠宝、佛蜜卡、匠一珠宝等。

3. 特色品牌商家

金俊汇国际珠宝交易中心聚集了一批创意设计师、资深工艺师开设的个人珠宝品牌，以及贵金属、金表等特色的品牌商家，产品风格迥异、个性鲜明，如蒙地卡罗珠宝、Ttick·tock等。

4. 综合服务商家

金俊汇国际珠宝交易中心还聚集了珠宝行业上下游服务配套企业，如珠宝摄影、产品孵化、珠宝培训、品牌展览等相关创意机构，可以更好地服务于番禺珠宝产业的升级。如金一轩珠宝、钻塔珠宝、幂嗣姬（Miss G）等。

16.9　广州迪迈职业技能培训有限公司

2015年成立，总部位于番禺的广州迪迈职业技能培训有限公司（Guangzhou Dimai Vocational Skills Training CO.，Ltd.），是一家专注于提供珠宝3D技术应用培训和先进制造解决方案的公司。

创始人冼宁于20世纪90年代初进入珠宝生产行业，并在2002年创办冼宁珠宝首饰设计工作室。作为珠宝首饰3D打印技术的领航者，迪迈经历了手工模型雕蜡技术到3D模型设计技术的时代转变。

凭借丰富的技术经验，迪迈自主研发了 JewelCAD、Matrix、FreeForm、ZBrush 等国际先进的珠宝软件教程，引进国际顶尖 3D 快速成型设备、3D 立体扫描仪、FreeForm 电脑雕刻笔等高科技设备。为满足企业生产机械化转型对人才的需求，迪迈开设了珠宝 3D 设计技术培训机构，为企业源源不断地输送专业技术人才，加快了珠宝企业从手工到机械化的时代性转变。

15 年来，迪迈致力于为行业提供国际最先进、最尖端的科技创新设备，推动珠宝首饰产业实现工业 4.0，帮助珠宝首饰企业从手工向智能化转型。

迪迈本着共享发展理念，携手国际先进制造设备品牌意大利喜丝玛（SlSMA）公司，在广州开通全球首家珠宝 3D 打印共享中心，旨在让各界人士了解与体验珠宝 3D 打印技术在珠宝首饰行业中的应用。同时，在番禺开设共享资源平台，为珠宝首饰行业、珠宝设计和文化创意者提供全方位服务，为打通 3D 金属打印技术在珠宝首饰制造应用的"最后一公里"赋能。迪迈的发展历程见表 16-2。

表 16-2　广州迪迈的发展历程

时间	公司动态
20 世纪 90 年代初	创始人进入珠宝行业，从事高技术含量的珠宝模型制作工艺
2002 年	引进国外 3D 雕刻 CNC 设备和（JewelCAD）软件，应用于生产及培训
2006 年	研发出国内第一台专业珠宝 CNC 雕刻机——保利神雕，致力于珠宝 3D 设计教育培训与 3D CNC 设备生产线输出，为行业 3D 技术应用的发展奠定了基础
2008 年	引进国际主流珠宝 3D 设计软件 Matrix、FreeForm 应用在迪迈教学体系
2010 年	引进国际 3D 打印巨头 3D Sytems 公司的 3D 喷蜡成型设备，大力推动其在珠宝行业的应用，成为今天的主流生产设备
2014 年	引进 ZBrush 和 TS 软件，应用在迪迈教学体系
2016 年	引进全球最顶尖的意大利喜丝玛（SISMA）公司 3D 金属打印设备及智能智造的应用技术，开通珠宝 3D 设计免费远程教育平台，致力推动珠宝产业转型升级，为行业发展赋能
2017 年	3D 打印制造时代已经到来，根据用户的需求，迪迈引进了 DLP 技术鼻祖——德国 Envision TEC 公司的 3D 树脂快速成型设备
2018 年	注册成立迪迈智创科技有限公司 开通全球首家珠宝 3D 打印共享中心，开通首个珠宝 3D 金属打印应用实战课程，让用户更直观地体验 3D 金属打印智能智造的应用，加快企业转型升级的步伐，赢取全球市场

16.10　广州市卓尔珠宝股份有限公司

广州市卓尔珠宝股份有限公司［Jure Jewellery（Guangzhou）Co.，Ltd.］（以下简称"卓尔珠宝"）创立于 1994 年，注册地址位于广州市番禺区沙头街小平村福平路 23 号，法定代表人是张光贤。卓尔珠宝早年在广州番禺从事来料加工和出口贸易，是集设计、生产、销售、传播于一体的现代化珠宝企业，1996 年在香港注册"香港卓尔原创珠宝有限公司"。2000 年注册品牌并以"特许加盟"模式开拓国内市场，是番禺最早开展内销的珠宝企业之一，现有加盟店和经销网点 700 余家，主要目标市场在二、三线城市。

钻石镶嵌类产品是卓尔珠宝的战略产品，也是其优势产品；翡翠类产品是卓尔珠宝的溢价产品；碧玺、芙蓉石、葡萄石等彩色珠宝是其明星产品；黄金饰品是其走量产品；银饰则作为公司主推的时尚新品。

钻石系列主要产品：2000 年推出"闪钻"系列产品；2002 年推出"满天星"钻石系列；2008 年推广"八心八箭、十六心十六箭"国际品质钻石；2009 年注册"幸福指环"新款高端产品系列；2010 年为香港影视演员佘诗曼小姐量身定做"妙曼如诗"系列钻饰。

公司服务与管理：2000 年推出产品终身服务的经营模式（卓尔珠宝七保服务——"保换、保修、保养、保真、保质、保量、保值"）；2007 年公司总部乔迁新址，并推进管理体系变革，引入 ISO 9001：2000 质量管理体系；2010 年卓尔珠宝全新 VI 系统亮相，终端品牌形象全面升级。

公司获奖情况：

2005 年，卓尔珠宝加入中国珠宝玉石首饰行业协会并成为常务理事单位，荣获"中国珠宝首饰业驰名品牌"称号。2012 年，卓尔珠宝入选第 7 届"亚洲品牌 500 强"，名列第 487 位。2014 年，卓尔珠宝入选第 7 届"亚洲品牌 500 强"，名列第 393 位。2015 年，卓尔珠宝获得亚洲名优品牌奖、全国质量和服务诚信优秀企业、2015 年度中国珠宝玉石首饰行业优秀企业等荣誉称号。

代言人变化：

（1）2004 年，"美在花城"亚军蔡紫芬小姐担任品牌形象代言人。

（2）2008 年，香港影视演员、TVB"当家花旦"佘诗曼小姐成为香港卓尔珠宝最新品牌形象代言人。

（3）2012 年，"情歌天后"梁静茹小姐签约成为卓尔珠宝新品牌形象代言人。

公司加盟发展轨迹：

2000 年，特许经营模式开拓市场。

2003 年，公司设立品牌运营中心，卓尔全国加盟店总数超过 100 家。

2004 年，福建石狮旗舰店投入运营，以直营店提升加盟店连锁销售，实施全国发展战略。

2006 年，①提出"零风险加盟"新营销策略。②成为上海钻石交易所会员单位。③成为戴比尔斯 DTC 钻石推广中心"结婚钻饰"战略合作伙伴。④卓尔全国加盟店总数超过 300 家。

2009 年，成立南昌办事处。

2010 年，卓尔全国加盟店总数超过 420 家。

2011 年，位于"世界珠宝中心"广州番禺的卓尔珠宝全球总部大厦落成并投入使用。北京分公司、湖南办事处相继成立并投入运营。

2012 年，卓尔珠宝与德诚黄金达成黄金产品战略合作伙伴关系。

2016 年，卓尔珠宝拿到华特迪士尼产品授权。

2017 年，卓尔珠宝于 1 月 13 日在新三板挂牌上市，成为广州市首家中外合资的珠宝类股份制上市企业。

2018 年，卓尔全国加盟店总数超过 700 家。

卓尔珠宝是番禺珠宝产业最早成功开拓内销市场并成功上市的珠宝企业。

16.11　誉宝集团

"誉满全球，诚信为宝"是誉宝集团（Yubao Group）创始人吴资力一生上下而求索的经商之道，誉宝集团由此得名。1993年，吴资力在珠宝之乡海丰设立了第一家誉宝首饰设备行。自成立以来，誉宝人秉承"誉满全球，诚信为宝"的经营理念，以"诚心、尽心、齐心、创心、开心"的企业文化为客户提供系统而全面的珠宝首饰制造方案，赢得了众多客户的信任与厚爱。

誉宝人一直勇于创新，2000年引入ERP管理信息系统；2004年率先把CIS系统引入首饰器材行业；2011年打造"中国第一家首饰器材4S营销中心"；2014年引入ISO 9001：2008质量管理体系，为集团的流程化、标准化、规范化管理奠定了基础；2017年誉宝集团成为国家高新企业。

誉宝人专注于珠宝教育，更懂工艺技术，始终牢记"中国首饰工艺优化领航者"的企业愿景，举办了广东省新锐首饰设计师大赛，成为深圳市职业技术学院珠宝学院实践基地，设立了香港知专设计学院及香港专业教育学院珠宝学院奖学金，积极参与多家高等院校在珠宝首饰人工智能生产流程方面的研发工作，在技术研发、技术创新、技术引进、技术转化等方面拥有自己的影响力。

多年来，誉宝集团一直是中国珠宝玉石首饰行业协会、香港金银首饰工商总会、广东省金银首饰商会等众多行业组织的会员单位、理事单位、副会长单位，获得了"最具社会影响力企业""产品质量优秀企业""最佳中小企业"等众多殊荣。

誉宝人饮水思源，勇于承担社会责任，迅速参加云南抗震救灾，长期资助昆明失学儿童，是社会服务机构——香港宝马山狮子会会员单位、会长单位（2011—2012年）。

珠宝行业已经进入"高质量发展"的新阶段，多渠道经营，多元化发展已成为主流。经过誉宝人25年的深耕细作，集团已从"首饰器材专家"发展成为集珠宝首饰器材销售、珠宝制造技术开发、珠宝交易中心运营、珠宝设计与销售、珠宝文化推广于一体的综合性高新集团。联营机构包括誉宝集团（香港）有限公司、香港珠宝联盟集团有限公司、珠宝商联合投资集团有限公司、广东金俊汇珠宝文化有限公司、深圳市誉宝首饰器材有限公司、深圳市金誉宝科技有限公司、广州市誉宝首饰器材有限公司、东莞市誉宝首饰器材有限公司、广州皇誉族珠宝首饰有限公司、广州雅洛施珠宝设计有限公司、番禺金俊汇国际珠宝交易中心。

25岁风华正茂，誉宝人不忘初心，砥砺前行，继续走创新驱动、原创设计、文化引领的道路，不断加大对新工艺、新技术、新设备、新材料的研发力度，努力成为番禺重要的"珠宝首饰技术创新一站式服务平台"提供者。

16.12　米莱珠宝

米莱珠宝（MYRAY Jewelry）是从番禺走出来的著名网上彩色宝石品牌，隶属于广州市优娜珠宝首饰有限公司。米莱倡导"珍贵时刻，米莱见证"的品牌理念。

广州市优娜珠宝首饰有限公司成立于2010年11月12日，地址位于广州市番禺区沙头街银平路二巷32、34号西三楼301（也有一说是2012年，刘文辉在番禺大罗塘创立了米莱珠宝，米莱是大罗塘的"亲生儿子"）。

米莱珠宝专注彩宝加工生产及销售13年，资深宝石选购团队与互联网顶级操盘手共同携手开拓出线上线下同步发展的创新模式，业务发展迅速。

2015年，米莱凭借在彩宝行业的实力和影响力，获得刚泰集团千万级的增资，并入上市公司体系，深度融合。

2017年"双十一"，已是上市公司刚泰控股旗下彩宝品牌的米莱，在这场狂欢节中，再次荣登彩宝类目淘宝销售榜首，成为天猫、京东彩宝类目销售冠军，同时还取得了高搜索品牌榜第一、热销品牌榜第一的佳绩，受到行业及社会的关注，成为番禺珠宝产业新的著名彩宝品牌。

米莱珠宝发展历程：

2005 年，米莱从珠宝工作坊发展为自有工厂，以精湛的工艺和原创设计为特点，开展个性定制，备受各界名流推崇，成为声名斐然的国内外知名彩宝品牌。

2010 年，抓住电商发展契机，开始线上业务，在短短两年时间里，销售实力位列彩宝行业前端，成为彩宝行业标杆品牌。

2012 年，供应链逐渐完善，2012 年年底，与缅甸、斯里兰卡、巴西等全球七大直供矿区建立合作。

2014 年，米莱彩宝连续获得天猫、淘宝、京东彩宝类目销售额双料第 1 名。

2015 年，米莱以强势的增长趋势，完成千万美元融资，开始线上线下 O2O 的全面发展布局，品牌战略向更广阔的领域铺展。

2016 年，全国开启多家线下体验门店。

获奖经历：

2017 年，亚洲品牌 500 强企业，亚洲名优品牌奖，与多位超模合作，见证亚洲品牌小姐三甲诞生。

16.13　广州明将琅珠宝有限公司

广州明将琅珠宝有限公司（Prochain Sera Lang Jewelry Co., Ltd.）诞生于 20 世纪 90 年代，是一家以服务高端人群为定位、主打高端原创珠宝设计研发及生产的港资珠宝企业，不仅拥有自身的珠宝首饰生产加工工厂，还拥有一支庞大的原创珠宝设计师、工艺师团队。公司崇尚工匠精神，提倡结合高科技辅助手段、纯手工制作，打造收藏级、拍卖级、投资级的艺术珠宝。设计师具备丰富的国内外珠宝设计经验，作品在世界性的珠宝设计比赛中多次获大奖，为公司赢得荣誉。

广州明将琅珠宝有限公司洞察国内珠宝市场最新走势，积极开拓与国内外珠宝行业的深入交流，敢于做第一个吃螃蟹的人，尝试将珠宝与相关行业的跨界整合。通过由设计师开发原创珠宝产品，主营钻石、红宝石、蓝宝石、祖母绿等高端彩色宝石产品，致力于打造宝石级、可传承的原创珠宝首饰。

广州明将琅珠宝有限公司总经理及创意设计总监黄建民现任广州番禺珠宝工艺设计委员会主席、番禺大罗塘珠宝首饰商会常务副会长、番禺区珠宝厂商会副会长、第一届中国·顺德珠宝首饰创意设计大赛特邀评委，其作品以打动人心为主要设计理念，紧贴时尚潮流，坚持原创，坚持纯手工打造。

公司具有较强的竞争优势和影响力，信誉良好，以为客户提供物超所值的产品及殷勤挚诚的服务为目标。

16.14　广州钻石交易中心

广州钻石交易中心（Guangzhou Diamond Exchange）是依据国家"一带一路"倡议和广东省黄金及其他贵金属珠宝产业发展"十二五"规划，在广州拥有成熟的钻石产业集群，以及区内钻石行业对获得专业、便利的钻石交易服务迫切要求的大背景下，广东省政府积极推动设立的钻石产业服务平台。在 2014 年 11 月 11 日广州举行的金伯利进程全体大会上，来自全球 70 多个国家的钻石行业代表和政府官员的共同见证下，原国家质检总局、广东省政府和广州市政府领导共同为广州钻石交易中心筹建揭牌。2015 年 7 月正式获得广东省政府批准设立，同年 9 月 30 日工商注册成立。

广州钻石交易中心的建设按照政府主导、国有控股、民营参与、市场运作的原则组建，总体架构如下：

股东组成：广东省产权交易集团有限公司、广州产业投资基金管理有限公司、广东省黄金集团有限责任公司、广州市钻汇商贸集团有限公司、六福珠宝（广州）有限公司、周大福珠宝金行（深圳）有限公司、深圳市健兴利珠宝有限公司、广东省贵金属交易中心有限公司、广东铭伟投资有限公司、广州市卓尔珠宝股份有限公司。

注册资本：1 亿元。

注册地址：总部位于广州市番禺区沙湾珠宝产业园区内，同时在南沙自贸区设立运营平台专职开展国际交易业务。

交易产品：毛坯钻石、成品钻石和钻石首饰。

发展战略：瞄准一个主业——毛坯钻石交易专业平台；做强两个产品——毛坯钻石保税交易、毛坯钻石保税加工贸易转一般贸易进口；优化三项服务——进出口代理服务（含外汇结算）、供应链金融服务、行业增值服务；打造 4 个平台——国际钻石交易平台、国际钻石行业信息平台、国际钻石综合服务平台、国际钻石文化交流平台。

广州钻石交易中心以全国庞大的钻石消费市场和广东殷实的钻石产业为基础，以建设国际化钻石交易平台和现代化钻石产业综合服务枢纽为目标，借助国家和广东省、广州市各项政策创新，积极推进各项平台建设工作。

1. 会员制

会员区分为交易类会员和非交易类会员，交易类会员区分为综合类交易会员和自营类交易会员。其中，交易类会员必须是国际国内注册的从事钻石、宝石或珠宝相关领域经营的法人机构；非交易类会员必须是国际国内注册的从事钻石、宝石或珠宝相关领域活动或保险、物流、仓储、法律、文化等服务的法人机构、组织或其他营业机构。

2. 现货交易

广州钻石交易中心主要从事钻石现货交易业务，交易方式包括现货展示交易、电子协议交易以及电子单向竞价交易。

3. 统一交收

广州钻石交易中心从遵循现货交易习惯、降低交收成本、防范交收风险三个方面出发，实行统一交收制度。持有有效"注册仓单"及其相关交易合同的会员可申请货物交收。

4. 综合服务

广州钻石交易中心深度切合国内钻石行业发展需要，为钻石产业链上下游各主体提供包括进出口通关、仓储物流、检测鉴定评估、信息咨询、文化推广、供应链金融等全方位的产业配套服务。

截至 2018 年 8 月，广钻中心共计挂牌交易 43616 宗，挂牌金额折合人民币 15.05 亿元，成交金额折合人民币 7.98 亿元，其中进出口交易 5.75 亿元。共计发展会员企业 522 家，其中综合类交易会员 34 家，自营类交易会员 444 家，非交易类会员 44 家。

16.15　广东省珠宝玉石交易中心

广东省珠宝玉石交易中心（Guangdong Gems & Jade Exchange）（以下简称"广东宝交中心"）是经广东省人民政府批准设立的国有控股、业界共建的珠宝玉石综合交易平台。2016年2月22日，广东宝交中心注册成立，落户广州番禺，同年3月29日，在时任省长朱小丹的见证下，正式揭牌运营。按照规划，建设广东宝交中心是广东省申报设立国家级珠宝玉石要素交易市场的重要举措，对充分利用粤港澳珠宝产业基础、支持珠宝产业转型升级、提升国际竞争力具有重要意义。目前，广东宝交中心的建设已相继被列入省、市、区重点支持项目和产业发展规划。

广东宝交中心以国际贸易和国内新零售为主业，以创新性保税交易、B2B现货展示交易、高端会员服务为主要特色。主要交易品种为天然玉石、彩色宝石、有机宝石，交易采用会员制模式，会员体系覆盖珠宝产业链上下游。目前，已开发的交易与服务产品包括保税看、保税拍、易通关、寄售宝、宝钻会、珠宝文旅产品、共享创新服务平台、直播等20余个，形成了集珠宝销售、展示、竞价、押运、仓储、保险、代理通关、知识产权保护、培训、品牌推广等相关服务项目于一体的服务体系，有效支持了珠宝玉石加工、设计制造和进出口贸易等实体经济发展。

国际化平台和强大的资源集聚力是广东宝交中心的重要特征。广东宝交中心先后与斯里兰卡宝石及珠宝首饰协会、印度宝石及珠宝出口促进会、泰国珠宝首饰商协会、马来西亚金钻珠宝商公会联合总会、全球最大在线矿物数据库——Mindat、国际彩色宝石协会等国际重要珠宝玉石产业机构签署战略合作协议；与缅甸、印度、泰国、斯里兰卡、南非等"一带一路"沿线珠宝玉石资源地区建立密切业务往来。2017年，广东宝交中心牵头联合粤港澳区域内30多家珠宝行业商协会，启动成立粤港澳大湾区珠宝产业联盟，并被推举成为第一任秘书长单位。国内，广东宝交中心不断深化与新疆、云南、北京、内蒙古，以及广东深圳、四会、揭阳、平洲等重要珠宝产业地合作，形成良性区域联动。成立两年多，广东宝交中心共赢闭合的珠宝行业生态圈已日渐成型，平台影响力日渐显现。国际珠宝玉石产业亦对广东宝交中心的经营发展及升级建设表示了热切的期待，希望借此进一步拓宽原料进出口供应渠道、争取国家优惠政策，便利国际和国内贸易。

党的十九大报告指出，人民群众对美好生活的向往是我们的奋斗目标。珠宝玉石自古便是美的象征，珠宝玉石文化是人类历史文化宝库光芒四射的瑰宝。展望未来，广东宝交中心将根据党的十九大精神及"创新、协调、绿色、开放、共享"五大发展理念，以"宝玉石令生活更多彩"（Gems make life colorful）为使命，不忘初心，凝心聚力，砥砺前行，立足粤港澳大湾区，服务区域、辐射全国、面向世界，构建全省珠宝玉石要素交易市场的"网顶"，打造国际珠宝产业供应链综合服务枢纽。

广东宝交中心大事记：

2015年12月28日，获省政府授权省商务厅批准设立。

2016年2月22日，正式注册成立，落户番禺沙湾珠宝产业园。

2016年3月29日，在时任省长朱小丹的见证下正式揭牌运营。

2016年5月20日，联合淘宝网重磅打造"520购物节"珠宝玉石网上公开竞价交易活动，正式启动实物交易。

2016年6月23日，正式加盟《亚洲珠宝》（JNA）大奖合作伙伴行列，成为中国内地唯一一个珠宝玉石交易平台类JNA大奖荣誉合作伙伴。

2016年8月25日，完成全国首例翡翠首饰保税鉴定业务。

2016年8月26日，在番禺隆重举行了国内首场业务发布会，正式启动会员招募工作，成功吸纳首批10位会员。

2016年9月3日，第一次开展暂时进出境业务，标志着进出口功能的正式启动。

2016年9月5日，实现第一笔境外实体交易。

2016年11月21—25日，成功承办了2016年第三期工艺美术行业管理业务水平提升培训班，标志着培训业务的正式启动。

2016年12月2—5日，与广州钻石交易中心在番禺共同举办2016年广州珠宝钻石国际年会。

2017年2月20—22日，与广州钻石交易中心在番禺联合举办2017年广州国际钻石彩宝（春季）看货会。

2017年4月19—22日，在第15届深圳国际黄金珠宝玉石展览会上隆重发布首批13个交易与服务产品。

2017年5月5日，在中国珠宝玉石首饰行业协会的见证指导下，倡议成立的"粤港澳大湾区珠宝产业联盟"在广州番禺隆重启动。

2017年6月9日，完成全国首次翡翠毛料保税公盘网络竞价活动，并实现保税转一般贸易进口，对全国翡翠原材料阳光化进程具有里程碑意义。

2017年7月17日，首个电影IP珠宝衍生产品正式问世。

2017年7月27—29日，在印度国际珠宝展主办方印度宝石及珠宝出口促进会（GJEPC）的邀请下，与广州钻石交易中心首次共同发动组织全国的珠宝企业赴印度观展采购。

2017年8月3—4日，第6届东盟经济共同体（AEC）+8珠宝业会长级峰会在缅甸内比都举行，受邀作为中国广东地区代表出席会议。

2017年9月3日，成功举办"阅人生·鉴传奇"2017宝钻会秋季珠宝钻石鉴赏会，标志着面向高端消费群体的"宝钻会"正式起航。

2017年10月21—24日，作为代表中国内地珠宝产业上台发言的唯一机构，在第17届国际彩色宝石协会年会上发表演讲。

2017年11月24日，联合广州钻石交易中心成功举办"一带一路·携手共赢——时代·钻汇2017年广州珠宝钻石国际年会"。

2017年12月11日，获ISO 9001：2015质量管理体系认证。

2017年12月28日，顺利通过标准化良好行为企业评审，获评标准化良好行为企业。

2017年12月29日，"粤港澳大湾区珠宝产业联盟"正式成立，出任第一届秘书长单位。

2018年4月26日，在平洲成功举办首届翡翠交易大会。

2018年8月18日，广宝共享拍卖平台试运营第一拍正式开启，新零售体系进入新的阶段。

番禺珠宝产业集聚形成及升级理论研究

第 17 章　产业集聚/群及其理论研究

17.1　产业集聚/群的概念及其变化

产业集聚/群（Industrial Agglomeration / Cluster）是指在某个区域范围内，生产某种产品的若干个同类企业，为这些企业配套服务的上下游企业，以及相关的服务业高度集中在一起形成的产业系统。产业集群的概念最早是马歇尔（Marshall）在《经济学原理》一书中提出的，他认为大量企业集中在某一特定区域可以形成"产业区"，从而可以获取外部经济，促进该"产业区"的经济发展（Marshall，1890）。新经济地理学学者分析了产业的空间集聚与规模经济等因素之间的关系，提出经济活动的聚集与规模经济之间存在着紧密的联系，引起了学术界对产业集聚现象的高度重视。

产业集聚/群作为一种产业组织模式和获取竞争优势的手段，已经成为世界各国经济体特别是中小企业提升区域经济竞争力的重要产业组织形式，受到各领域广泛的关注。在全球经济一体化的竞争环境中成为企业、政府认识经济现象的新思维方式和促进经济、科技发展的政策工具。

与此相关的名词，还包括产业集聚（Industrial Agglomeration）、产业簇群（Industrial Cluster）、产业地理集中（Geographical Concentration）、产业综合体（Industry Complex）、产业链（Industrial Chain）以及工业园区（Industrial Park）、企业集聚、企业集群等一系列概念。

关于产业集聚和产业集群的理解，学术界有两种不同的观点。其一是认为产业集聚（Industry Agglomeration）和产业集群（Industry Cluster）含义基本相同，认为二者本质上没有区别，只是翻译和表述有差异，在实际的理论研究和实证分析中没必要刻意区分二者，产业集聚/群指在特定区域中，聚集一群具有竞争与合作、共性和互补且相互关联的企业或机构，这些企业和机构共享区域内的设施、市场、知识、信息等，实现规模效应、集聚效应、外部效应，从而提升竞争力。目前较多的学者认同这一理解。其二则认为产业集聚和产业集群是产业组织过程的两个阶段，二者既有区别又有联系。产业集聚（Agglomeration）是经济活动的集群（Cluster）过程，或者说是同一类型或不同类型的产业（或企业）以及其在价值链上相关的企业和支撑机构在一定地域范围内的集中、聚合，是区域经济高速发展的初级阶段，为产业集群发展提供基础；产业集群则指大量专业化的企业及相关支撑机构在一定地域范围内柔性集聚（Flexible Production Agglomeration）并结成密集的合作网络，根植于当地不断创新的社会产业文化环境中，是区域经济的高级阶段，是产业集聚的可能和理想的发展前景，并具备产业集聚所缺乏的或尚未形成的高层次特征。臧新（2011）认为产业集聚是指某一产业有关的企业和机构在地理上的集中，包括一批对竞争起重要作用、互相联系的产业和其他实体，具有"偶然性"和"积累性"。翁智刚（2015）认为产业集聚强调的是产业的集中与集聚的过程，是尚未形成正式群体的一种集群早期状态。或者说，产业集聚和产业集群具有不同的内涵及规定性。

产业集群更多是指在特定区域中，具有竞争与合作关系，且在地理上集中，有交互关联性的企业、专业化供应商、服务供应商、金融机构、相关产业的厂商及其他相关机构等组成的群体。不同产业集群的纵深程度和复杂性相异，代表着介于市场和等级制之间的一种新的空间经济组织形式。产业集群可以是一种过程，一种由产业集聚引起的产业链完善过程；也可以是指产业集聚进入了一种新的分工状态并带动了相关产业协同发展的产业的区域集中分布状态。因此，产业集聚强调同一产业内各企业区域分布状况的集中化；产业集群的重点则在于强调产业内的协同和不同产业之间的相互配合、分工协作，并且也具有区域分布状况方面的集中化，从而形成一种"生态良好"的产业区域分布状况或网络结构状况。

实际上，人们在研究或者应用时对集聚和集群并没有进行严格的区分。通常所说的"集聚"或"集群"都可对应的英文"Cluster"，一定程度上引起了概念的混乱。其实观点一中所引用的"产业集聚区"或者"产业集聚带""产业集聚地（谷）"都表明了产业集聚应该是一种产业发展的效应或者形式，而产业集群则侧重表达出产业的一种组织形式，是结构特征，应该是产业集聚效应的实现目标，即达到产业集群，真正形成"你中有我，我中有你"的相互依赖的网络组织形式。产业集群是根据"Cluster"翻译而来，即为"丛生、成群"之意；而"产业集聚"的概念则多表现为人们的互译的过程中形成并沿用下来的，并直译为"Agglomeration"，意为"结块、凝结"。

综上所述，从范围和层次角度来看，两者均包括微观和宏观经济下的传统产业实体（例如纺织、鞋业等）及高新技术条件下的实体（例如IT、汽车等）；从性质角度看，二者都是集约经济，都需要公共政策的干预；从生产布局上看，都表现出地缘特征，生产地理区域的趋同、生产专业化与集中化；从产业链的角度看，与区域内的相关产业或同类产业具有纵向与横向的紧密联系；从影响力的角度看，都通过规模经济和多样化经济来降低成本，提高经济效益，增强企业竞争力。

我们通过对国内最大型的学术期刊数据库中国期刊全文数据库（CNKI）进行"产业集聚""产业集群"查询收集，获得2001—2017年所有收录的数据发表文章数目的信息（见图17-1、图17-2），由图可见，"产业集群"的研究文章无论是主题词还是关键词搜索都是在2008年前后达到高潮，而"产业集聚"的研究文章则一直处于增长状态，大约在2015—2016年才达到高峰，显示我国学术界目前更多的是以"产业集聚"的理解和研究为主。

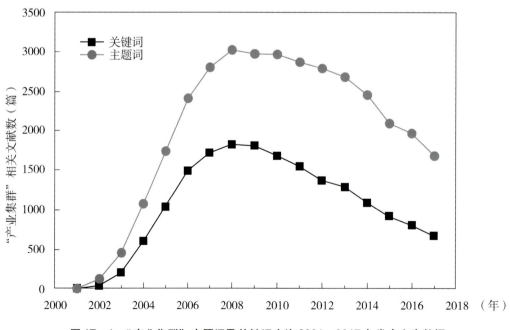

图17-1 "产业集群"主题词及关键词查询2001—2017年发表文章数据

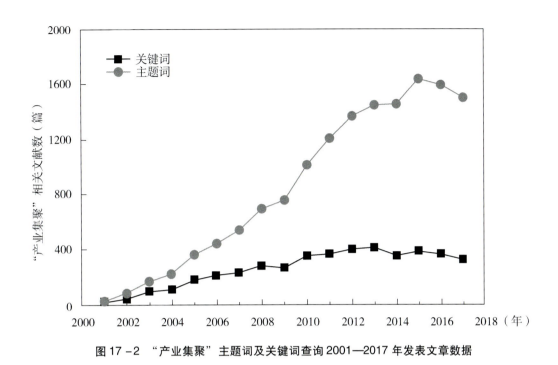

图 17-2 "产业集聚"主题词及关键词查询 2001—2017 年发表文章数据

迈克尔·波特（1990）通过对欧美、日本等地产业聚集现象的分析，从企业竞争优势的角度对这种现象进行了较为全面的理论分析，系统完善了产业集群竞争理论，认为产业集群以增加企业生产力、创新能力和刺激新企业成型3种形式影响竞争，并在《国家竞争优势》一书中提出了产业集聚（Industrial Clusters）的定义，指在某领域内互相关联、地域上相对集中形成的企业集合体，包括一批影响竞争格局、相互联系的产业实体及其上下游渠道和客户。其侧面扩展到辅助性（衍生）产业及相关技能与技术领域产业公司，还包括专业化培训、信息收集和提供支持的政府和其他机构。Hoover（1937）首次将集聚经济分解为内部规模经济、地方化经济和城市化经济，并认为外部经济和专业化是产业集聚的主要原因。国内外不同学者的进一步研究表明，区域产业集中度和区域经济增长水平之间存在明显的正向关系。

17.2 产业集聚/群的理论研究

不同的学者对于产业集聚及集群的理论进行过综述总结。

国际上，对产业聚集理论有贡献的学者包括亚当·斯密（1776）、大卫·李嘉图（1817）、阿尔弗雷德·马歇尔（1890）、屠能（1826）、阿尔弗雷德·韦伯（1909）、勒施（1940）、胡佛（1937）、佩鲁（1955）、道格林与弗莱克（1997）、奈特（1996）、迈克尔·波特（1990）、科斯（1937）、威廉姆森（1977）、杨小凯（1991）、马丁（1999）以及克鲁格曼（1991）等，他们分别从外部经济、产业区位、竞争与合作、技术创新与竞争优势、交易成本、规模经济和报酬递增等角度探讨了其形成原因与发展机理。

产业集聚（群）理论的研究经历了3次高潮，6个演变阶段。第一次高潮，是从20世纪30年代韦伯（1929）提出从工业区位角度对产业集聚进行深入研究，并首次提出"集聚经济"的概念开始；

第二次高潮在20世纪70年代末80年代初兴起,研究主要集中在"产业区"或新"产业空间";第三次研究高潮,始于20世纪90年代克鲁格曼等(1991,1995)代表的"新经济地理学"的兴起和波特(1990,1994)提出产业集聚区域竞争力的"钻石"模型,他们应用不完全竞争、规模报酬递增、路径依赖和累积因果关系等解释产业的空间集聚(肖建清,2009);6个阶段分别出现了多种不同的理论范式,包括马歇尔的产业集聚理论、韦伯的区位理论、增长极理论、新产业区理论、新经济地理学中的产业集聚理论、新竞争优势经济学中的产业集群理论和全球价值链分工理论。

(1)马歇尔的产业集聚理论。阿尔弗雷德·马歇尔(Alfred Marshall)是第一个比较系统地研究产业集聚的英国经济学家,马歇尔在1890年出版的《经济学原理》(Principle of Economics)中提出了两个重要概念:"内部规模经济"和"外部规模经济"。他把规模经济划分为两类,第一类是外部规模经济,是指在特定区域的由于某种产业的集聚发展所引起的该区域内生产企业的整体成本下降。马歇尔把专业化产业集聚的特定地区称为"产业区",企业集聚在"产业区"内,可以降低劳动力的搜寻成本和辅助生产成本,信息的溢出可以使集聚企业的生产效率高于单个的分散的企业,特别是通过人与人之间的关系可以促进知识在该地区的溢出从而产生效益。第二类是依赖从事工业的单个企业和资源、组织的合作以及管理来提高效率的,即内部规模经济。马歇尔发现外部规模经济与产业集群之间有着密切的联系,他认为产业集聚是外部规模经济导致的,产业集聚会为集聚地的工厂带来协同创新的环境、共享辅助性工业的基础设施建设和专业化的劳动力市场。其后,克鲁格曼(1991)和宾治(1998)等经济学家进一步补充丰富了这个理论,确认了产业集聚理论(集聚经济)的3个关键性因素:劳动市场共享、专业化附属行业的服务、技术外溢。马歇尔认为,产业空间集聚源于集聚所带来的外部经济。这种外部经济主要包括三个方面的内容:第一,集聚能够促进专业化投入和服务的发展;第二,集聚能够为具有专业化技能的工人提供集中的市场;第三,基于人力资本的积累和面对面交流所引发的知识外溢。

马歇尔的研究是开创性的,他提出了产业集聚的内涵和外延,并初步探讨了产业集聚形成的原因,但对于产业集聚的规模、度量和效应等问题尚未涉及。

(2)工业区位和比较优势理论。经济学家韦伯1909年出版的《工业区位论:区位的纯理论》创立了工业区位理论,提出集聚经济(Agglomeration Economics)概念。以经济活动的生产、流通与消费三大基本环节中的工业生产活动作为研究对象,试图通过探索工业区位原理来解释近代工业快速发展时代人口的地域间大规模移动以及城市的人口与产业集聚的原因。

最早的区位论学派是成本学派,认为集聚主要是工厂在追求成本的节省和利益的最大化而自发实现的,并用等差运费曲线作为工具来定量确定产业集聚的程度以及集聚地的最佳区位选择。韦伯工业区位论以完全竞争作为条件,并且只考虑运费、劳动费和集聚效益3个影响较大的区位因子的影响。该理论认为能否形成集聚的关键在于决定性等差运费曲线的确定,这是集聚理论的启蒙阶段。经典的区位理论认为外商通常会选择最低成本的生产区位进行生产。这种成本通常是指生产成本,包括劳动力成本和交通运输成本等,其中,劳动力工资是最重要的成本支出。早期理论由于忽视了许多重要的社会、经济、自然、国防、技术等因子对工业区位的影响,因此存在一定的局限。

其后,出现了在考虑成本和运费的同时,注意市场网络合理结构的宏观区位论,代表性的如市场学派的克里斯塔勒(Walter Christaller)的中心地理论和奥古斯特·勒施(August Losch)通过考察产品利润同产品销售范围关系的区位理论。克里斯塔勒的中心地理论为城市地理学和商业地理学奠定了理论基础,是区域经济学研究的理论基础之一。勒施否认了早期韦伯认为成本决定区位的观点,认为利润(尤其是纯利润)对工业区位起决定作用。

上述的几种理论实际都是传统的区位理论,他们将从事经济活动的主体看成掌握完全信息、以实现利润最大化或费用最小化为目标的"经济人"。

行为学派的学者认为,现实中的人不可能完全掌握信息,因此,决策者的行为是决定生产区位的主要决定因素。1976年,普雷德提出用行为矩阵来解释决策者和产业区位的关系模型,行为矩阵由信息水平轴和信息利用能力轴构成,强调了不完全信息和非最佳化行为对区位选择的作用。普雷德认为,经济活动区位是从事经济活动行为主体"人"决策的结果,是决策者在占有相关信息基础上,对信息的判断与加工后决定的。如何进行区位决策,区位决策的合理与否,均取决于在决策时信息的占有量以及决策者的信息利用能力。区位决策者的区位选择是不断学习及模仿的结果,区位选择会出现一个不断优化的过程。

（3）现代增长极理论。20世纪50年代,法国经济学家帕鲁（Francois Perroux）研究非均衡增长理论时提出增长极理论。增长极理论侧重于推动性产业—集聚—经济增长的研究,强调通过政府干预形成集聚,并通过乘数效应和极化效应,来促进地区经济发展,认为政府对推动性产业或者专业化企业投资建设,就可以产生围绕这些关键性产业或企业的集聚,最终带动整个区域的发展。

20世纪60年代,王缉慈将该理论引入区域经济研究领域,认为地方推动性产业的发展和增加会导致区域其他活动的产生,当政府将某种推动性产业植入地区后,将产生围绕推动性产业上下游产业的集聚,从而促进区域经济的发展。这种集聚的形成不是自发的,强调企业以及政府等外界力量的推动作用,如政府的扶持、科技园政策等对产业集聚形成的重要性。

竞争优势理论及钻石模型：波特从竞争优势出发分析集群式的产业集聚现象,在竞争优势理论的分析框架下,重构了有关产业集聚的新竞争经济理论。波特认为,企业竞争力取决于4个要素,即企业战略、要素条件、需求状况和相关产业,这4个要素构成了企业竞争力的菱形结构,也就是所谓的"钻石理论模型",决定了一个国家的竞争优势（见图17-3）。

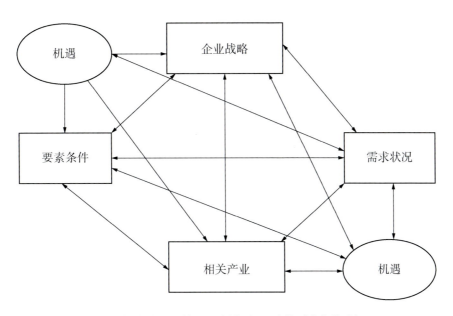

图17-3　完整的波特"钻石理论模型"（波特《竞争战略》,1997）

"钻石理论模型"总结了影响国家或地域产业竞争优势的因素。强调了产业集聚发展对于提高区域竞争力的关键作用。波特从竞争经济学的角度去研究产业集聚,他相信产业集聚更多地首先发端于一两家创新性的企业,这一两家企业刺激了许多其他同类企业的成长,他认为美国MCI和AOL（美国在线）、美国硅谷的信息产业、好莱坞的娱乐业、加州的葡萄酒酿造业等都依赖于集群获得竞争优势。波特认为产业集聚对企业竞争是高度重要的，这可以使企业更好地接近劳动者和公共物品以及相关机构的服务，同时有利于企业创新和产品出口。波特的钻石模型极具启发性，但也受到不少经济学学者的批评，认为其最大的缺陷在于过分强调国家"商业环境"对产业竞争力形成的作用，其未将产业内部因素作为主要的要素看待，而且将政府作为辅助因素也不合理。另外，还有学者认为，钻石理论模型也不太适用于特定区域产业综合竞争力状况的对比分析。

（4）新经济地理学产业集聚理论。克鲁格曼（1991）以规模报酬递增和不完全竞争的市场结构为假设前提，将空间因素重新纳入主流经济学的分析中，引发了经济地理和空间经济学的复兴，形成了新经济地理学产业集聚的解释框架。Krugman通过引入劳动力流动使市场规模内生化，对新贸易理论的本地市场效应进行扩展，初始不平衡导致地区生产结构和实际工资的差异，后者引起劳动力流动和市场规模的进一步变化，因此而产生循环累积的效应，最终导致制造部门集聚在一个地区的结果。这就是所谓的中心—外围模型，它已经成为新经济地理学的核心模型，也是诸多理论扩展的基础。

新经济地理学（NEG）将产业集聚现象解释为规模报酬递增作用的结果，认为生产集中在少数地区而不是分散在各地，是一种自然的趋势。新经济地理学理论在内部规模报酬递增假设的基础上，基于Dixit-Stiglitz垄断竞争模型框架，研究规模报酬、产品差异化和运输成本对产业区位的影响，强调了企业在利用规模报酬与节约运输成本之间的平衡，以及在此过程中的产业集聚趋势，认为产业集聚是由企业的规模报酬递增、运输成本和生产要素流动通过市场传导的相互作用的结果，现已成为产业集聚研究的主流理论之一。

多数新经济地理学模型都具有相似的假设条件和分析范式。首先是通常包括两个部门，分别是现代部门和传统部门，基本上都用制造部门和农业部门表示，但也可以用来分析现代服务部门。另外还假定这两个部门一个报酬递增，一个报酬不变；一个是不完全竞争，一个是完全竞争；一类产品运输有成本，一类无成本。这里，运输成本代表了与贸易相关的一切成本。

空间上通常也假定由两个地区构成，这些地区初始条件通常是一样的，即具有同样的消费者偏好、生产技术、资源禀赋等。新经济地理模型总是存在对称的均衡——每个地区具有相同的（流动）要素分布和生产活动，然而这个均衡可能是稳定的，也可能是不稳定的，均衡的结果也可能是所有报酬递增的生产活动集中在一个地区。

因此，从研究重点和主要结论来看，新经济地理学模型首先是分析讨论在什么条件下集聚作为一种均衡的结果出现；Puga（1999）分析了在什么条件下这种集聚分布的结果是稳定的；还有就是分析"预期"在均衡状态转变过程中的作用。多重对称均衡的存在使得预期可能会自我实现并导致均衡状态的转变，从而当冲击改变了对将来的预期时就可能导致产业分布在不同均衡状态之间变化。

Head与Mayer（2004）指出，新经济地理模型多数具有5个基本特征：①对内在于企业的规模报酬递增的假定，其产生的原因是每个工厂都有的固定成本与不可分的费用支出；②对不完全竞争市场的设定，在内部规模报酬递增的情况下，边际成本小于平均成本，完全竞争不可能存在；③贸易成本的存在，指更一般的空间转移成本，同时包括要素与产品的流动成本；④公司区位内生性，公司在各地区的进入与退出取决于其在各地区之间的赢利性差别；⑤需求区位内生性，各地区的市场规模内生，主要决定于企业的布局及由此带来的劳动力流动或关联企业流动，前者引起地区间消费需求的变动，后者引起地区间前后关联需求的变动。

因此，新经济地理学属于不完全竞争框架下的产业集聚理论，更加贴近产业发展的实际情况。

（5）技术创新和区域创新理论。熊彼特（Schumpeter）的创新理论是集聚经济发展动力的理论渊源，创新理论是一种用创新来说明资本主义基本特征及其产生和发展趋势的理论。

熊彼特在解释经济周期或经济波动时认为，除战争、革命、气候等外部因素外，创新的群集和增长的非周期因素是引发经济波动的主要原因。

创新理论以一般均衡为出发点，将经济体系内在因素的发展作为推动体系本身发展变化的动力，以"创新"概念为中心，把历史的、统计的与理论的分析紧密结合，从创新角度来说明产业集聚现象。他认为技术创新及其扩散是促使具有产业关联性的各部门的众多企业形成集群的重要原因，产业集聚有助于创新，创新也有助于产业集聚；创新并不是企业的孤立行为，它需要企业间的相互合作和竞争，需要企业集聚才得以实现。

该理论认为，首次创新会比随后类似的创新要艰难得多，一旦突破障碍，对后来者的启迪，包括观念、认识、信心及行为都有极大激励；与此同时，创新是一个学习过程，首次创新的失败教训和成功经验，都会给后来者提供少走弯路、实现创新成功并较快获得超过社会平均赢利能力的借鉴。

该理论以企业家精神为核心内容，把产业集聚解释为自我创新的内生性发展动力，认为技术创新和知识集聚是区域发展的关键。技术创新会带动一部分资金进入新领域，既可回避竞争，又可提高区域内资金的安全。在本地化环境中，多个企业之间互动的创新环境形成以创新精神为核心的企业家创新群，使创新成为区域内具有普遍意义的社会化效应。

英国学者库克（1992）首先提出了区域创新体系（Regional Innovation System）的概念，他认为区域创新具有相互作用及累积的特征，为了形成区域创新体系，需要社会文化以及空间接近或集中。瓦尔兹（1996）认为，创新型产业趋向于区域集中，区域经济增长和区位优势源于这些产业部门的地理集中及由此产生的持续的生产率提高。创新体系可以降低创新活动中的技术和市场的不确定性，克服单个企业从事复杂技术创新时的能力局限。

产业集聚价值链分析：

具有完整产业链的产业集群是指与"微笑曲线"产品价值链相吻合产业链的集聚，包括创意、情报、市场分析、融资、技术创新、设计、采购、制作、加工、组装、包装、库存、物流和快递、分销、结算支付、推销、品牌营销、形象策划、宣传等环节。

产业集群升级是产业集群作为一个复杂系统对外部冲击的适应性调节过程。因此，全球价值链理论成为解释和研究产业集聚升级重要的理论工具。

波特（1985）第一次提出了"价值链"（Value Chain）的概念，他认为公司的价值创造过程主要由基本活动（包括生产、运输、营销和售后服务等）和支持活动（包括原料供应、技术、人力资源和财务等）两部分完成，这些活动在公司价值创造过程中是相互联系的并构成一条行为链条，称为"价值链"。

波特从公司的角度来分析价值链对一个企业竞争力提升所具有的重要作用，为全球价值链的产生奠定了最初的理论基础。其后，寇伽特（1985）用价值增值链（Value added Chain）理论进行国家战略优势的分析，认为国际商业战略主要是由国家比较优势和企业竞争优势共同决定的，国家比较优势决定国家在资源配置上更具优势，而企业竞争优势决定企业在关键环节比对手更具优势。

寇伽特把波特的价值链理论从企业层面拓宽到了区域和国家层面，更能够反映价值链在全球范围内的垂直分离和重构，对全球价值链的形成起到了至关重要的作用。

其后，美国杜克大学以格里芬教授为代表的学者提出了全球商品链理论（Global Commodity Chain），并对全球商品链中不同价值增值部分之间的关系以及主导企业如何控制其他行为主体等做了一系列的研究。

他认为，技术和全球采购商极大地推动了全球商品体系的发展，并用二分法将全球商品链分为生产者驱动型和购买者驱动型，从而区分出价值链中的核心环节和主要治理者。2001年，格里芬及该领域的众多研究者们一致同意用"全球价值链"这一术语取代"全球商品链"，全球价值链理论至此正式形成。

显然，全球价值链理论是遵循"企业价值链—全球商品链—全球价值链—国家竞争力"的逻辑路径展开的。

全球价值链理论继承和完善了全球商品链关于空间片段化、驱动机制及治理模式等相关内容，内容更加细致和严密。

联合国工业发展组织（UNIDO）在《2002/2003年度产业发展报告》中对全球价值链的定义做出了明确的界定：全球价值链是指在全球范围内为实现商品或服务价值而连接生产、销售、回收处理等过程的全球性跨企业网络组织，涉及从原料采集和运输，半成品和成品生产及分销，直至最终消费和回收处理的整个过程，包括所有参与者和生产销售等活动的组织及其价值和利润分配。

全球价值链理论从全球视野（宏观）和地方产业集群（微观）两个角度把握地区产业之间的动态竞争关系，既能保证全球跨界的视角，又能把特定的地方制度环境等因素考虑进来，沿着全球价值链的价值增值路径提升地方产业集群的竞争能力已经成为许多国家和地区谋求产业集群升级及经济结构转型的共同选择。

Shaver（1997）和 Liao（2015）等学者进一步指出，产业集群是一把"双刃剑"，对企业发展的负面效应主要表现为集群的内部竞争、群体性的思维、对外部意见缺乏敏感性等方面，这些负面效应将会导致产业集群竞争优势的丧失，使区域经济面临衰败困境。

17.3　产业集聚模式/类型研究

产业集聚模式最简单可以分为自发型（市场主导）和政府扶持型两种。

产业集聚的空间集聚类型，不同学者划分依据和方法下有不同结果，美国学者马库森通过经济学的逻辑将产业集群最终分为马歇尔产业区、中心辐射产业区（又称"轮轴式产业区"）、卫星平台产业区（又称"卫星式产业区"）和政府支持产业区（又称"国家力量依赖型产业区"）4种类型，是最有影响且被认可的分类之一。

马歇尔产业区主要为基于本地文化的中小企业聚集在一起形成具有分工与合作关系的产业集群；轮轴式产业区顾名思义类似于车轮，具体表现为集群内部存在一个或多个核心企业，其他企业以其为中心；卫星式产业区内部存在多个规模较大和实力较强的企业，彼此之间分工与合作关系较少；国家力量依赖型产业区主要是依靠国家政策力量的支持而发展起来的产业集群。

国内学者王建刚和赵进（2001）把产业集聚划分为传统产业集聚和高科技产业集聚两类；厉无畏和王慧敏（2002）将其分为产业纵向关联而产生的产业簇群、产业横向关联形成的产业簇群和区位优势指向而形成的产业簇群3类；陈继海（2003）根据国家干预在产业集聚过程中作用的强弱程度不同以及市场机制与政府作用互动情况，将其划分为市场主导型产业集聚、政府扶持型的产业集聚和计划型的产业集聚3种。

刘世锦（2003）对广东、浙江两地的产业集聚进行实地调研分析后，针对广东省的产业集聚发展，总结为加工贸易带动型，内源型品牌企业带动型，特有的OEM、ODM、OBM产品带动型3种不同的类型。

根据产业集聚地（产业集群）的特征和其内部企业相互之间的关系，也有学者将产业集聚地（产业集群）的种类分为卫星式结构的共生模式和网状式企业集群模式。前者强调一个大规模的主导企业，与周围相对小的企业以及相关的支持性产业保持柔性竞合联系，逐渐建立其上下游的稳定分工关系和相互信赖合作关系，最终形成一种稳定的集聚状态。实际上是一种主导企业与分包商所组成的集群。而网状式企业集群模式则强调集群内部的个体，个体之间保持一种上、下游或水平分工的合作关系，彼此相互依赖，相互影响，内生出有效的产业运作环境，形成一个有机的经济系统。

根据产业集群形成机制，珠江三角洲产业集聚也可分为外资带动型集聚和内生发展型集聚。

周霖（2004）根据产业性质将产业集群分为生产型产业群和流转型产业群。生产型产业群是制造商集群，集聚取向选择在要素供给成本较低的区域，特别是在资金流动活跃和劳动力成本较低的乡镇，形成较多的制造产业群。流转型产业群是批发商集群，从事商品流转的批发集聚而成的批发市场集聚在一定的区域，集聚的导向是市场信息来源集中、产销需求集中度高、交易成本低。

杨文斌（2004）则根据中国产业集聚发生机制的不同，将产业集聚分为地方传统产业促成集聚、地方产业政策促成集聚、贸易诱发促成集聚和核心企业促成集聚4类。

胡建绩（2008）根据产业发展时间，集合各阶段性特征，把产业集聚分为传统产业集聚，传统工业区产业集聚，马歇尔工业区产业集聚，专业化、柔性生产的产业集聚和创新型产业集聚5种类型。马歇尔工业区产业集聚是以同一产业中大量小企业的地理集中为主要特征的集聚；而专业化、柔性生产的产业集聚，则是以中小型企业为主，它们根据国际市场的需求，灵活进行专业化的生产；创新型产业集聚主要以高科技、创新型企业集聚为特征，技术更新快，产业发展迅速，这种产业集聚的特点是规模不大、创新技术扩散快、人员流动性高、企业之间没有严格的竞争界限等。

17.4　我国产业集聚/群的部分研究成果

杨洸（1996）较早提出了关于产业集聚与创新的关系源于熊彼特的产业集聚能推动创新的理论的观点，认为产业集聚是创新集聚形成的内在依据。

仇保兴（1998）是国内较早研究产业集聚的学者之一。他对产业集聚的形成过程、制约因素及其创新因素和演化趋势进行了全面的分析，并于1999年出版了著作《小企业集群》。书中定义了小企业集群为"一群独立自主又相互关联的小企业依据专业化的分工和协作建立起来的组织"，并指出这些小企业都可以获得集群外企业所没有的竞争优势，并解释这些小企业如果能够通过和相关的组织建立的良好分工协作关系降低成本的话，它们就会尽可能地使生产环节外部化，而自己专注于最具竞争力的价值活动，以达到规模经济和专业化效益。

从区域经济角度看，产业集聚强调的另外一个重要的内容就是区域创新环境。在国外学者研究的基础上，王缉慈比较早地系统研究产业集聚和创新体系。她探讨了传统产业和高科技产业集聚，创新集群以及区域创新体系等内容，主要概括了产业集聚理论和新产业区理论。

钱颖一（1999）运用"栖息地"（Habitat）的概念来解释集群企业的竞争优势。他认为企业集群区是创业公司的"栖息地"，它至少包括7个方面的因素：①开放型的生产结构；②人才流动频繁，跳槽的情况常有发生；③法律环境较为宽松，使跳槽变得容易；④容许失败；⑤生活和工作观；⑥外国移民多；⑦美国的全国创业板股票交易系统（NASDAQ）市场。

石培哲（2000）对我国产业集聚的形成机理进行了研究，总结出了4个方面的原因：①资源禀赋；②人力资源；③交易成本降低；④创新网络经济的形成。车维汉（2000）强调了作为智力资源的大学、科研院所等对产业集聚的形成异乎寻常的重要作用；叶建亮和宁钟（2001）探讨了产业集聚与集聚区的知识溢出之间的关系，他认为知识溢出是导致产业集聚的重要原因，同时，也是进一步提高产业集聚效应的影响因素。吴永红和保健云等人（2001）侧重研究产业集聚对区域经济发展的重要影响。

魏守华（2002）在理论分析与实证研究的基础上总结认为产业集聚是新型的区域经济发展模式。盖文启（2002）较为系统地解释了区域创新网络，架构了区域创新网络的一般理论。

南开大学安虎森等人（2003、2004）系统总结了有关产业集聚的理论研究，并总结了产业集聚的成果。就竞争力研究而言，强调的是创新；就区域经济研究而言，则侧重于自立型发展。

东南大学周勤（2004）以江阴市纺织业为例，阐述了产业集聚形成的两个主要的原因，即强制性和诱制性产业集聚而形成主导产业，以主导产业为核心通过横向和综合协同发展形成具有竞争力的产业集群。臧良运（2004）主要从知识的溢出效应与产业集聚竞争力之间的关系分析了正面的集聚的知识溢出效应对于提升产业集聚竞争力的关键性作用。

孟庆民（2000）、中山大学政务学院杨建梅和冯广森（2002）以东莞台资企业IT产业集聚为例，剖析了台商的投资结构、产品结构、技术结构、出口结构的特点，并提出相应的解决措施。如由于台商主要是在大陆生产低价值的生产活动，并没有与本地充分结合，"外力"与"内力"的合力效应没有发挥出来，严重缺乏根植性，其实是一种"复制群居链"。为此，相关的工作应集中在大力增强产业集聚的培植性上，促进内外结合。只有通过促进"外商"和"土商"的耦合，形成协同发展，才有利于整个产业集聚地的整体发展。

陈建军（2000）、姚向军（2001）、魏守华（2002）等先后以浙江嵊州领带业产业集聚为例，指出这种块状经济模式在表现出巨大的经济活力的同时，又存在着部分过度竞争，甚至是恶性价格竞争的问题，造成区内资源的配置不合理等弊端，总结其市场竞争的具体特征以及原因，如产业集聚中小企业的融资特点，并从产业组织的角度提出相应的具体解决措施。

集群创新系统是产业集聚理论普遍关注的一个重要的研究论题，创新是产业集聚竞争力的一个重要来源，产业集聚有利于集聚地内部企业的创新能力的提高。

浙江大学管理学院魏江和申军（2002、2003）从浙江省传统产业集群的发展实际出发，并以温州柳市低压电器业集群（俗称"五公里经济"）为典型案例，定义了传统集群创新系统：在狭窄的地理区域内，以传统产业集群为基础并结合规制安排而组成的创新网络与机构通过正式和非正式的方式促进知识在集群内部创造、储存、转移和应用的各种活动和相互关系。通过对传统产业集群的创新系统结构和动态运行模式的探讨，为传统产业集群的发展战略和政策设计提供了参考，解析了传统产业集群创新的结构和运行模式。

骆文达和曾路（2003）以福建晋江鞋业为例分析了中小企业产业集聚的竞争优势：①成本优势；②创新优势；③区域品牌优势；④低风险优势。形成条件：①产业内资本的迅速集中、劳动力及产业技术的充分自由流动；②存在充分的市场需求；③价值链与技术传递链的整合；④产业集群区域当地的制度支持。并归纳出中小企业集聚发展是提升区域经济发展的重要战略。

华中科技大学刘丽明和何恒（2003）评述了武汉·中国光谷的光电子产业集聚的成因及进展，并建议从三个方面进一步增强产业集聚效益，促进区域经济发展：①发挥政府自上而下的推动和引导作用，加快产业集聚的建立；②在集聚地内建立相互依存的产业及知识服务体系；③建立促进产业集聚发展的区域创新文化，树立诚信观念。

国务院发展研究中心产业经济研究部刘世锦（2003）对广东珠三角和浙江模式的产业集聚进行了实际调研分析，在进一步完善产业集聚理论的基础上，以两地的典型实例分析了产业集聚的形成机制和优势，并进行了初步的分类，强调产业集聚对经济发展的影响和促进效应，尤其是对我国制造业竞争力提升的异常重要的作用。

周霖（2004）分析了浙江台州缝纫机产业集聚案例，回顾了产业集聚的理论观点，并指出政府的管理模式和区域内民众的创新路径是产业集聚进一步发展的主要动力。东南大学周勤（2004）以江苏江阴市纺织业产业集聚为实例，提出产业集聚导致区域主导产业的形成的两种方式：通过产业政策和制度的强制性方式、由市场利益驱动自然而形成的诱致性方式。认为企业可以秉承自然禀赋自然集聚，但是政府的行为也是促使其发展的不可或缺的因素。另外，该校的胡汉辉和姜琴（2004）以苏州 IT 业产业集聚为例解释外商直接投资（FDI）和政府互动对产业集聚发展的重要作用。企业行为通过市场机制作用影响政府行为，而政府行为通过行政机制影响企业行为，二者密切联合形成良性循环有利于产业集聚效应的显示度。

张妍云（2005）将单位土地面积的就业人数作为集聚的指标，利用最小二乘法对工业集聚和劳动生产率之间的关系进行了研究，得出二者之间存在正相关的结论。罗勇和曹丽莉（2005）对中国电子及通信设备制造业进行了研究，发现产业内地理集聚指数和工业总产值之间存在高度正相关性；黄永兴和刘莉利用 2004 年的全国各地区截面数据对生产性服务业与产业集聚之间的关系进行了研究，发现交通运输、仓储及邮电通信业、房地产业和批发零售贸易业这 4 个生产性服务业与产业集聚联系紧密，而金融业的地区产业集聚对金融业发展并没有明显的促进作用。

薄文广（2007）对全国各地区制造业各个行业的产业专业化程度与产业发展之间的关系进行了研究，发现对于全国制造业各行业而言，产业竞争程度较高地区的产业发展水平也较高。

东南大学经济管理学院院长徐康宁（2006）在《产业聚集形成的源泉》一书中，从自然禀赋、分工、外商直接投资、制度变迁、经济绩效等方面去探索产业集聚的形成。徐康宁借助经济学的方法，用经济学的原理去探索研究地理与经济增长的关系，地理与分工以及贸易的关系，地理与产业集聚的关系。他认为，对于产业聚集的形成，制度因素比自然禀赋更加重要，而且，非正式制度也是引致产业聚集的一个重要原因。他还认为聚集的优势能够产生相应效益，对经济绩效产生影响，提出应从产业、地区和国家三个不同层面，发挥产业聚集优势来进一步优化产业结构。

我国学者主要通过两条技术路径对产业集聚开展定量研究，其一是根据经济理论对产业集聚现象提出假说，选择代表工业集聚的指标和解释变量，应用计量经济学的方法对决定因素进行实证分析——计量实证法。其二则是采用统计指标，如基尼（Gini）系数、集中度、赫芬达尔指标、Hoover 系数，以及产业设定的集聚指数，如 Ellison 和 Glaeser 指数、Devereux 和 Simpson 指数测定产业集聚程度——数值测定法。

赵彦云等（2005）对我国 30 个 4 - SIC 制造业分别计算了 Devereux 和 Simpson 集聚指数、基尼系数、Ellison 和 Glaeser 指数、产业集中度（CI 指数），并研究了这几种集聚测度指标的相关性，发现几种产业集聚测度指标之间具有显著 Spearman 等级正相关关系，同时也测算了我国 30 个 2 - SIC 制造业 Devereux 和 Simpson 的集聚指数、基尼系数、Ellison 和 Glaeser 指数，从而全面揭示了我国制造业集聚现状。

唐晓华等（2017）基于区位基尼系数（G）和地理集中度（CRn）测算了我国制造业 21 个行业 1997—2013 年的集聚水平，结合全局莫兰指数（Moran's I）探究我国制造业的空间关联模式，指出：①我国大多数制造业行业的集聚呈现倒"U"形演变过程，即 1997—2008 年集聚水平上升，产业集聚拐点在 2003—2008 年出现，2009 年之后制造业集聚水平出现下降态势；②制造业地域分布不均，形成以山东、江苏、河南等地区的高值集聚块，以广东省为中心的集聚点，并以此为中心向周边省市递减；③制造业以分散—离散和集中—离散两种空间集聚类型为主，产业的空间集聚类型演化集聚与离散相交替，空间集聚类型趋向稳定。孙晓华等（2015）运用熵指标方法测算京津冀、长三角和西兰银三个典型经济区 2004—2011 年的产业集聚水平，发现不同地域呈现出差异化的产业集聚模式：

长三角为高度专业化，京津冀为高度多样化，西兰银则属于中度多样化和中度专业化，同时，探讨了不同区域经济条件下多样化和专业化对于产业集聚形成的影响及意义。

汪浩（2011）对林业产业集聚与经济增长的关系进行了研究，认为投资、消费与贸易是经济增长的影响因素，而林业产业集聚对消费的影响最小，对贸易的影响居中，而对投资的影响最大。徐晓丹和支大林（2011）利用吉林省 2003—2009 年数据对农副食品加工业集聚与经济增长的关系进行了实证分析，发现吉林省农副食品加工业产业集聚对经济增长有较强的促进作用。

姚寿福和张华利（2012）用 1999—2010 年数据对四川制造业集聚度与经济增长之间的关系进行了实证分析，发现仅有 3 个制造业子行业的产业集聚对经济增长有显著影响，其他行业都无显著影响。

王秀明和李非（2013）基于对广东省的实证研究，分析了产业集聚对区域经济增长的影响，结果表明，工业集聚和服务业集聚对经济增长都有显著积极影响，但影响程度存在区域差异，其中工业集聚对经济增长的影响系数区域特征并不明显，而服务业集聚对经济增长的影响系数区域特征较为显著，显示政府对服务业产业发展应该制定差异化发展战略。

孙慧和朱俏俏基于 2005—2014 年中国 31 个省、市、自治区的面板数据，以全要素生产率增长对经济发展效率予以度量，运用多种计量分析和检验方法，在通过两阶段 SYS-GMM 方法有效控制解释变量内生性问题的条件下，实证考察了资源型产业集聚对全要素生产率增长的非线性影响。结果表明，资源型产业集聚与全要素生产率增长呈显著的倒"U"形曲线关系，并表现出强稳定性，资源型产业最优集聚规模为 0.891，当资源型产业集聚度小于倒"U"形曲线的拐点 0.891 时，资源型产业集聚对全要素生产率增长具有显著的促进作用，一旦资源型产业集聚度超过这一拐点时，产业的过度集聚就会阻碍全要素生产率的增长。

中山大学政务管理学院丘海雄和崔强（2004）对广东西樵纺织产业集聚进行了深入的调查，描述和分析了为推动产业集群而建立的创新中心的起源、结构、功能和相关行动者的角色。研究发现，产业竞争刺激了技术创新的需求，创新中心有技术研发、信息推广、电子商务、培训交流和知识产权保护等部门。地方政府是技术创新最主要的行动者；企业是技术创新的需求者和被动的受益者；同业商会是技术创新辅助者；大学和科研机构、其他中介组织是外来的互利参与者。他们强调了地方政府在产业集聚中的重要作用。

刘军等（2010）对 1999—2007 我国省级面板数据探究发现，不仅高技术产业专业化集聚有利于区域创新，而且传统产业集聚对区域创新也有正向影响；段会娟（2011）基于 2000—2007 年我国省级制造业面板数据研究发现，专业化集聚对知识溢出和创新具有更为显著的作用；程中华（2014）基于中国内地 285 个城市的统计数据，实证检验了 MAR 外部性抑制城市绿色全要素生产率提升，Jacobs 外部性促进了城市绿色全要素生产率提升。

陶爱萍（2016）选取全国内地 20 个制造业相关数据，在研究知识溢出与产业集聚的交互作用中发现，多样化产业区域环境为技术创新奠定了良好的基础，从而有利于知识溢出。史伟和蔡慧芝基于 2005—2007 年中国工业企业数据库数据，实证检验了 MAR 溢出和 Jacobs 溢出对企业创新选择和创新强度的影响，结果发现：MAR 溢出的增加会提高企业创新的概率，但是对已创新企业的创新强度不会有显著的影响；Jacobs 溢出的增加会提高企业创新的概率，并增加已创新企业的创新强度；产业集聚的知识溢出对不同年龄段企业的创新活动的影响有明显差异，Jacobs 溢出对新生或初创期企业的创新促进作用更加明显，而随着企业年龄的增加，Jacobs 溢出的促进作用将逐渐减弱。而 MAR 溢出对企业创新强度的影响随着企业年龄的变化呈倒"U"形关系。

张晓月等（2018）研究了产业集聚对创新活力的影响，结果显示，产业集聚对专利密集型与非专利密集型产业创新活力的影响有显著差异，多样化集聚模式能够促进专利密集型产业创新活力，但对于非专利密集型产业而言，产业集聚并没有促进其产业创新活力提升。

国内全球价值链理论研究起始于经济地理学者对地方产业集群发展的讨论，他们在对地方产业集群内部建设和发展问题探讨的同时，开始运用全球化的视野看待跨地域产业之间的分工与合作问题，并从实证研究的角度对我国的珍珠、陶瓷、纺织、电子、制鞋、汽车等产业的发展进行了对比研究，代表学者有王缉慈、钱平凡、盖文启、张辉、朱华晟、曾刚、文嫄等。

另外，国内学者采用不同方法对不同产业集聚全球价值链的地位进行了测算，已经取得显著成果，主要有出口产品价格差异判断法、出口技术复杂度比较法（倪洪福，2017；刘琳、盛斌，2017）、GVC 地位指数测算法。但对于哪些因素会影响不同制造业在全球价值链地位的提升则存在不同的观点。杨高举和黄先海（2013）通过构建两国产品内分工模型分析认为，中国高技术产业提升的内部动力在于自主创新以及物质资本与人力资本的协同创新；胡昭玲和张玉（2015）考察制度质量对于制造业全球价值链地位的影响，发现制度质量对全球价值链地位的作用是非线性的，低层次制度质量的国家制度环境改善更有利于全球价值链地位的提升；马述忠等（2017）通过研究加工贸易企业融资约束对全球价值链地位提升的影响，发现加工贸易企业融资约束越小，越有利于自身全球价值链地位的提升。

罗胤晨和谷人旭（2014）利用 1980—2011 年中国工业经济统计年鉴的数据，对改革开放以来我国 19 个主要制造业的空间集聚格局及其演变趋势进行了较为系统的分析，得出以下 3 个方面的认识：①从空间上，改革开放以来，制造业出现了显著的向东部沿海地区集聚趋势，制造业的地理集聚存在空间上的差异。2004 年之后，制造业出现空间扩散转移的趋势。化学纤维制造业、通信设备—计算机及其他电子设备制造业为代表的资本和技术密集型产业集聚程度在东部沿海地区更显著。②在产业特性方面，不同类型产业的空间集聚趋势存在显著差异。依赖于特定自然资源投入的资源依赖型产业，空间集聚程度相对较低。而依赖大量中间投入品的资本和技术密集型产业，其空间集聚程度较高。劳动密集型产业由于以出口为主导，其出口发展战略促进了这些产业向接近国外市场的东部沿海地区集聚。③从时间来看，集聚程度在 2004 年达到最高点，之后，制造业呈现整体的空间扩散趋势，制造业集聚程度持续下降。他们提出，过度集聚、产业转移和区域政策是导致集聚度在 2004 年后持续下降的原因。

杨仁发和李娜娜（2018）对外商直接投资（FDI）约束对产业集聚作用于制造业全球价值链地位提升内在机理的影响进行了研究。他们采用 2016 年 12 月 OECD—WTO 公布的 TiVA 数据库 2000—2011 年 49 个经济体的面板数据，运用交互项回归模型进行了实证检验，将 FDI 约束纳入研究框架后通过单门限检验，产业集聚对制造业全球价值链地位的影响结果呈现"U"形关系。当 FDI 处于门限值以下，产业集聚抑制制造业全球价值链地位提升，而当 FDI 跨越门限值时，产业集聚显著促进制造业全球价值链地位提升。随着 FDI 引入水平的不断提高，产业集聚的规模效应与技术溢出效应将更加凸显，产业集聚将促进制造业全球价值链地位提升。同时，技术创新水平、制度环境、公共服务水平均促进制造业全球价值链地位提升。

因此，加强产业集聚程度，已经成为促进中国制造业全球价值链地位提升的重要途径，应该制定差异化产业政策、提高 FDI 外溢能力、推动创新驱动发展、培育宽松的制度环境与提高政府公共服务效率。

但是，产业集聚是否只对区域经济环境造成影响，目前仍然存在很多的争议。

根据产业集聚与环境污染关系的研究，冯薇（2006）认为产业活动的空间集聚，可以使得一些废旧资源能够很快在横向和纵向关联产业得到重新利用，从而固体废弃物的排放量会显著减少，这有利于循环经济发展模式的构建。陈柳钦（2007）认为集聚区内的企业可以独自开展技术创新活动，但是也可以与集聚区内的其他企业进行合作，进行技术的协同创新，在达到技术创新规模效应的同时，也能够提升环境污染治理的能力。

陈媛媛（2011）进一步指出，产业活动的地域集中会显著提高行业的尾端治理技术。但刘军和徐康宁（2008）的研究认为，产业活动的过度集中会带来两个方面的效应，一方面会促进经济增长，加快工业化建设，而另一方面则会导致区域间的不平衡产生，使得产业活动集中的地区环境污染更加严重。张健（2009）则对珠三角地区的产业集聚做了相关研究，指出珠三角的产业转移能够显著提升产业结构的合理化程度，但同时产业转移接收方的污染排放却有不同程度的增加。胥留德（2010）的研究也证实了这一观点。

汤清和李晓霞（2010）则从库兹涅茨环境曲线的理论出发，以三类工业污染数据为基础，论证了工业污染与经济增长之间的关系，结果表明外商直接投资加剧了广东省的环境污染。

李敦瑞（2012）认为，FDI是引致环境污染较为严重的产业发生国际性产业转移的主要原因；谭嘉殷和张耀辉（2015）利用广东省的面板数据，采用VEC模型，分析广东省产业集聚对环境污染的影响及其区域差异，发现短期内产业集聚发展对环境改善具有负的外部性效应，但在长期产业集聚与环境污染之间不具有必然的因果关系。

第 18 章　番禺珠宝产业集聚的形成及其发展

产业集聚理论对于提高产业或者区域的竞争力要比传统的产业政策有着更丰富的内涵。目前，国内对产业集聚理论实证研究不断增多，产业集聚的政策意义也在不断挖掘中，受到各个层面的关注和重视。

番禺的珠宝加工产业集聚涵盖种类齐全，开始是以外向型为特征，随着产业的升级发展，目前正向综合型产业集聚升级转型。本章以番禺的珠宝产业集聚为例，详细分析其形成与演化过程及其特征和层次结构，并以深圳成熟的珠宝产业集聚为参照系和类比对象，进行竞争优势形成原因、影响因素的分析，为番禺珠宝产业集聚升级提供理论参考。

18.1　番禺珠宝产业集聚形成

18.1.1　集聚发轫

20 世纪 80 年代，随着改革开放政策的确立和实施，原有黄金使用政策格局开始松动。1982 年开始开放市民旧金来料加工，我国的珠宝首饰行业步入了恢复发展期。番禺的珠宝首饰产业在这一经济改革的大背景下开始逐步发展起来。

1985 年，中国人民银行批准黄金首饰上市流通，开启了中国黄金珠宝首饰市场的新时代。次年，番禺第一家珠宝首饰加工厂、当时的国家定点生产企业番华首饰加工厂成立，属于中国人民银行直接审批监管企业。该首饰厂开始从事来料加工业务，并下设挂靠车间。由于刚刚起步，主要是以小加工作坊的手工作业为主，走出了番禺珠宝首饰产业发展的第一步。随着该首饰厂规模逐步壮大，发展到1987 年，番华首饰加工厂与后来建立的东宝首饰厂合并形成了番禺第一家真正的珠宝首饰加工企业，由此揭开了番禺珠宝首饰加工业的发展篇章。

番禺珠宝业长期从事对外加工贸易，与国外、港台市场，尤其是与香港的珠宝厂商形成了良好的业务往来，实际上早期大部分业务为来料加工业务。此时，正值香港本地各种生产要素成本快速增长，香港原有的制造业的优势减弱，香港的经济进一步多元化、国际化。改革开放为香港经济转型提供了空前机遇，香港经济实现了第二次急速转型——大部分劳动密集型的制造业大规模转移到土地和劳动力资源丰富、成本低廉的中国内地和亚洲其他地区，而香港专门发展以商贸为主的服务业。

1987 年以来，香港呈现出制造业加速外移的趋势。与此同步，大量香港珠宝厂商开始逐步在番禺设厂投资珠宝首饰加工产业。当时，番禺区珠宝厂商会会长李建生正式引进了外商投资机构，成立番禺第一家外资珠宝首饰企业，为番禺珠宝经济的发展揭开了新的一页。20 世纪 80 年代末期，番禺已有东宝、番华、莱利以及万山珠宝批发城等多处珠宝加工厂的群集，初步具备了外向型产业集聚的雏形。香港与番禺之间的这种"前店后厂"的发展模式，一方面提升了香港珠宝首饰产品的竞争能力（当时在内地的制造业的附加值已达到香港本地附加值的3倍），另一方面也对香港珠宝首饰业进一步投资番禺珠宝首饰产业以获得更大的发展产生了积极的示范推动作用，为番禺珠宝首饰产业的发展奠定了坚固的产业基础，成为番禺珠宝经济起飞的重要牵引力量。

番禺的珠宝首饰业是从纯贵金属珠宝首饰加工方面开始逐步发展的。当时珠宝首饰企业以生产黄金首饰为主。随后产业逐步发展，20世纪80年代末90年代初，随着香港珠宝国际影响力的增强和港商入驻番禺的带动与示范作用，番禺吸引了来自比利时、以色列等为数不少的钻石珠宝商在番禺投资设厂或是设立挂靠车间，丰富了番禺珠宝首饰行业产品的种类。同时，各种珠宝首饰设备供应商及服务商也开始出现。20世纪90年代中后期，番禺珠宝产业开始出现了原材料贸易、贵金属加工、钻石加工、珠宝加工设备提供、贵金属回收，甚至珠宝首饰包装等多种不同类型上下游企业的集中，在相对集中的区域范围内，加工生产珠宝的同类企业，为这些企业配套服务的上下游企业，以及相关的服务业开始高度集中在一起，形成了完整的价值链条产业系统，显示番禺珠宝加工产业集聚已经成型。

20世纪90年代末期，艺新、启艺、广东省工艺品进出口公司等大型珠宝公司都在番禺"落户"。直至1998年，番禺的来料加工企业从最初的1家发展到70多家。1998年以后，随着人民银行政策的逐步放开，番禺的珠宝首饰厂又新增加30个左右的加工企业。2000年番禺撤市设区以来，总共获批准的珠宝首饰企业共108个，成为我国珠宝首饰加工制造业产业集聚的重要中心之一（另外一个中心是深圳），显示出明显的集聚竞争优势。

如果说番禺珠宝首饰加工制造业早期是一种由香港的珠宝厂商顺应产业转移的趋势西迁而以近乎"原始自发"状态成长的集聚，那么在集聚成型发展中期，政府及其相关职能部门的重视和扶持则进一步助推了该行业的发展和壮大。

18.1.2　集聚发展成熟

经过十几年的探索与发展，21世纪开始，我国的珠宝业已经进入了一个产业政策、经营环境、人才培养、技术标准、配套服务相对完善的发展阶段。

2004年，内地与港澳关于建立更紧密经贸关系的安排（CEPA）文件的签署使港、澳、台金银珠宝首饰商可以自然人的身份到内地开设黄金珠宝首饰企业，同时享受特别的关税待遇。另外，国家黄金珠宝行业经营权也在逐步放宽，可以个人身份筹资建厂，成立个体私营企业，新近出台的外资法等政策极大地促进了番禺珠宝首饰加工制造业的蓬勃发展。

以2004—2005年为例，短短一年，番禺的珠宝首饰加工企业从110家猛增至205家。同时，政府高度重视，科学规划，密切关注行业发展动态，抓住人民银行放宽行业监管、CEPA实施、泛珠三角合作（"9+2"）与政府"南拓"等机遇，从不同角度促进番禺珠宝首饰业的持续发展；同时，政府以及相关职能部门竭力做好各项服务，努力促进珠宝产业园区规模化发展。2004年，番禺建立了现代型的珠宝产业工业园区——沙湾珠宝产业园。作为一个典型的珠宝工业园区，园内汇集了总量近80%以上的规模化番禺珠宝首饰加工企业，增强了企业集聚效应（见表18-1、表18-2）；同时，番禺政府相关机构及时关注产业发展动态，完善产业生产链条，为产业发展创造良好的交易环境。在番禺贸促会的大力推动下，"钻汇"原材料采购中心成立，通过工业园和交易中心等机构设立海关、质量检测中心、贸促会、外经贸局等政府及职能部门，简化了通关手续，方便了企业之间的交流与合作，在方便形成集聚知识和创新技术溢出效应的同时，也为政府进行产业的监管提供了便利的途径和保证。

表 18-1 番禺沙湾珠宝产业园统计企业数目（2004 年）

企业类型	持牌企业	属下车间	独立企业	合计
数目（个）	8	147	43	190

数据来源：番禺沙湾珠宝产业园海关办事处

表 18-2 番禺沙湾珠宝产业园报关企业下属车间情况（2004 年）

企业名称	番华	东宝	莱利	启艺	省工艺	高建	珠宝城	东方钻石珠宝
属下车间数目（个）	32	58	23	21	6	3	3	1

数据来源：番禺沙湾珠宝产业园海关办事处

2000—2008 年，番禺的珠宝首饰加工企业以外资和民营企业为主，为数众多的外资企业具有明显的国际化特点。注册企业包括中国香港、比利时、以色列、印度、意大利、美国、加拿大、德国、法国、韩国、日本等国家和地区的外商投资企业，它们都已在番禺投资设厂，相关企业广泛开展境外珠宝首饰来料加工业务，涵盖了珠宝首饰设备制造、钻石打磨、铂金、黄金、珠宝镶嵌首饰、K 金首饰、足金首饰、银首饰和贵金属工艺品制造及珠宝钟表制造等领域，产品种类档次齐全、技术全面，呈集聚式快速发展。同时，番禺珠宝首饰加工制造核心环节的发展带动和辐射了相关产业的共同发展，如上游的原料供应（包括珠宝首饰材料、加工器具等）、下游的销售服务等，连同相应的配套企业约有 250 家，从业人员 5 万人以上，形成了包括市桥珠宝工业区、大罗塘工业区、小平工业区、榄核珠宝工业区及大岗镇明珠工业园等多个工业区，产品主要经香港贸易港口出口至世界各地。其珠宝镶嵌量超过世界珠宝业龙头意大利，而且由于设计理念先进，加工工艺水平精湛、先进，产品屡获戴比尔斯国际钻饰设计比赛、中国珠宝首饰设计大赛等的奖项。番禺珠宝产业蓬勃发展，成为全国乃至世界名副其实的珠宝首饰加工制造业基地。

就当时的发展状况来看，番禺的珠宝产业集聚的产业结构集中在珠宝首饰的加工制造业和钻石毛坯加工业，这是番禺整个珠宝首饰产业最重要的两大部分，它们的发展规模直接反映出番禺整个珠宝产业集聚的发展趋势。例如番禺的毛坯钻石加工业极大地壮大了番禺珠宝产业集聚的规模和实际的竞争能力。

广东省钻石毛坯加工业主要集中在从化和番禺两地，番禺是其重要的组成部分之一。2003 年，番禺钻石毛坯进出口总量为 130 万克拉，仅次于从化，占广东省的 32%，价值达 3 亿多美元，占广东省的 34%（见图 18-1），产业规模占全国的 10% 左右。

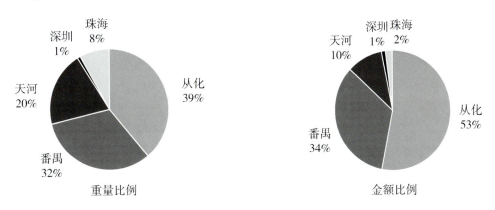

图 18-1 2003 年广东省各地毛坯钻石进出口重量及金额比例

2004 年，番禺的毛坯钻石进出口加工总量发展到占全国的 18%，价值占全国的 24%（见图 18-2），显示出了高超的加工工艺水平，并保持着比较快的发展速度，创出了"中国工"的名头。同时，通过番禺的钻石毛坯加工业进出口的业务量也可以看出番禺钻石业的规模。2003 年，番禺的钻石毛坯加工业进出口金伯利进程证书的份数就高达 788 份，位居广东省钻石产业集聚带中的首位（见图 18-3），产业逐步规模化和专业化。

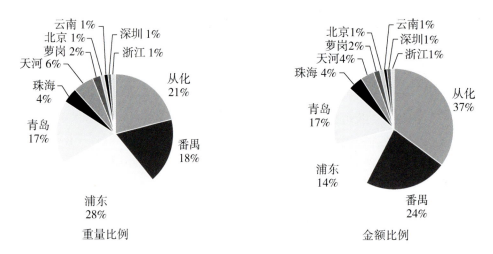

图 18-2　2004 年中国各口岸毛坯钻石进出口重量及金额比例

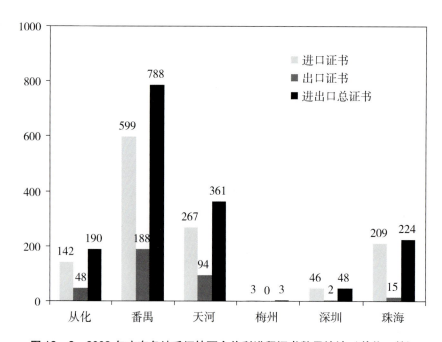

图 18-3　2003 年广东各地毛坯钻石金伯利进程证书数目统计（单位：份）

18.1.3　集聚升级发展

21 世纪开始，番禺已成为中国最重要的珠宝首饰加工出口集聚地之一。2002 年，广州市商品出口额 1 亿美元以上的 13 个大类商品中，珠宝（贵金属及其制品、仿首饰、硬币）位居第 4 位，出口额为95740万美元。其中，番禺珠宝出口额为59849万美元，占总量的62.5%；出口额5000万美元以上的14个内资出口企业中，广州工艺品番禺进出口公司排名第3位；24个外商投资企业中，有5家珠宝首饰生产企业榜上有名，其中番禺就有2家，分别排名第2位和第21位。2004年，番禺的珠宝工业总产值超过70亿元，出口额上升到8.9亿美元，同比增长已逾20%，位列全区产品出口的第3位，占整个广东省珠宝出口的40%左右，占我国珠宝首饰出口的25%，成为番禺三大支柱产业之一。

番禺海关有关数据显示，番禺珠宝首饰年出口值从2004年的8.97亿美元增至2010年的19.95亿美元，年增长率达14.3%。

从广州市的产品出口结构中可知，番禺的珠宝首饰产业已成为番禺乃至整个广州经济发展不可或缺的重要组成部分。同时，番禺更是香港珠宝厂商在内地的最主要的生产制造基地，加工量占香港珠宝出口量的60%~70%，而且95%以上的品牌珠宝首饰都是番禺的企业加工的。番禺珠宝首饰加工业已成为番禺发展最迅速、最成功、出口值最大的行业之一，已成为番禺经济的支柱力量和特色产业。

番禺成为东南亚乃至世界名副其实的珠宝首饰加工集聚基地，受到了各级政府和相关职能部门的大力扶持和广泛重视，逐步由侧重追求产量扩张的粗放型生产转变为以技术更新、提高经济效益为主的集约型生产，在全国乃至整个东南亚都享有良好的产业口碑，提升了番禺珠宝产业集聚的国际知名度和影响力。

番禺珠宝首饰加工业的集聚发展不但推动了广州珠宝业的发展，也推动了花都珠宝产业的形成，对提升广东乃至中国珠宝产业知名度和产业层次都有着重要的作用和意义，有效地促进了我国珠宝首饰产业的健康快速发展。

番禺珠宝首饰加工业自发展开始就直接面对国际市场。"前店后厂"的合作模式主要是以从事加工贸易，采取"三来一补"方式实现的，产业"两头在外"导致了产业发展对于国外市场的依存度很大。

这种模式，在中国内地经济高速发展、国内市场的重要性开始与国际市场并驾齐驱的阶段，逐渐受到严重的挑战，特别是2008年美国房地产"次贷"危机引发国际金融危机以后，番禺珠宝产业集聚的发展受到了严重的影响。

美国经济学家克鲁格曼在研究制造业工业区位集聚现象时曾指出，历史偶然因素对产业集聚的形成起着非常重要的作用。30年前，或许是偶然的因素，番禺出现了第一家黄金首饰加工企业。随后，在香港制造业大举转移内地和改革开放的宽松政策下孕育了更多珠宝加工企业的汇集，形成珠宝产业加工贸易"前店后厂"的模式，最后发展为规模化的珠宝产业集聚。

显然，番禺珠宝首饰加工业产业集聚的发展历程可概括为：番禺的珠宝首饰业发展前期自发成长，形成一些有一定影响力和知名度的外向型珠宝加工贸易企业，通过典型示范、带动与辐射作用，吸引更多小企业集聚成群。与此同时，政府及相关职能部门及时给予足够的重视和扶持，为产业提供了优越的发展环境，促进了产业集聚的更大发展，而形成了今天的有一定规模和影响力的珠宝首饰加工制造业产业集聚。这种集聚现象，由于主要是外部企业进入后引发、产品主要的目标市场是国际市场，我们称之为外向型产业集聚，可归入陈世锦（2003）对广东和浙江产业集聚研究后划分的加工贸易带动型集聚，或陈雪梅（2004）划分的外资带动型集聚之中。

然而，2008年开始，番禺珠宝产业集聚开始经历转型升级引发的各种"阵痛"。但是，经过各级政府及企业的共同努力，番禺珠宝产业集聚的升级发展仍然取得了重要的成果。2014年，大罗塘珠宝首饰集聚区发展项目被列入广州市十大特色产业平台和广州市新型城市化发展100个重点项目之一。2015年6月19日，由原材料销售、生产工具研发制造、成品设计、培训、检测、电商、销售中心、首饰生产加工企业和产业园区等各领域业界会员的450多名代表参与组建的广州市番禺大罗塘珠宝首饰商会在沙头街正式成立；经过30年的发展，番禺区沙头街银平路沿线面积约1.75平方千米的大罗塘珠宝首饰集聚区，集聚了珠宝首饰生产加工和销售企业已超过2000多家，从业人员5万多人，形成了完整的产业链，成为番禺珠宝产业集聚升级发展的第二个增长极。

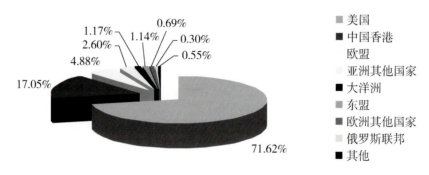

图18-4　2013年番禺珠宝企业出口结构（数据来源：番禺珠宝产业发展中心，2016）

2015年年底，番禺有近400家珠宝生产企业，其中有44家珠宝企业开展珠宝进出口业务，从业人员共约7万人，集聚了来自中国香港、比利时、以色列、印度、美国等30多个珠宝主要生产和消费地区和国家的外商进驻投资设厂。据海关数据统计，2015年，番禺珠宝首饰出口额占全区出口总额的37.2%，位居全市各区第一，占广州市珠宝首饰出口总额的89%。1986—2015年番禺区珠宝首饰行业发展变化见表18-3。

表18-3　番禺区珠宝首饰行业发展变化（综合）

年份	企业数（家）	员工数（万人）	出口额（亿美元）
1986	2	0.03	0.01
1998	70	2	3.6
2002	108	4	5.98
2006	300	7	11.55
2015	400	7	41.82

据国家统计数据显示，受国际经济环境影响，全国珠宝首饰类商品出口额在2015年下降至290.53亿美元、2016年为206.31亿美元，这两年里，番禺珠宝首饰产品出口额分别占全国的14.39%和19.90%，位居第一。

18.2　番禺珠宝产业集聚的类型及层次结构

18.2.1　番禺珠宝产业集聚特征

产业集聚指某一产业内大量的企业及其相关产业的企业在地理上的集中，在我国主要是指集中在一定区域内特定产业的众多具有分工合作关系的不同规模等级的企业和与其发展有关的各种机构、组织等行为主体通过纵横交错的网络关系紧密联系在一起的空间集聚体，代表着一种新的空间经济组织形式。其特征是大量专业化的产业或企业及相关支撑机构在一定地域范围内的柔性集聚（Flexible Production Agglomeration），结成密集的合作网络，植根于当地不断创新的社会文化环境。可进一步归纳如下：

（1）地域集聚性。大量的产业集聚单元既相互独立又通过各种经济关系彼此相互关联集中在一定的地理范围内。

（2）互惠共生性。不同企业的存在可以产生互利的关系。

（3）合作竞争性。企业集中除了互利还存在竞争关系，很多企业部分业务是重叠并有利益冲突存在的。

（4）专业性。区域内各企业在生产和经营活动上紧密相连，形成区域网络系统。

（5）资源共享性。

（6）可产生知识外溢效应，集聚的重要意义是集聚内不同企业之间可以相互学习，新技术及知识可以很快传播和被模仿。

（7）专业技术人才高度密集，企业集聚导致人才的集聚和流动，为知识外溢提供基础和前提。

（8）具备创新能力，人才集聚为技术创新提供了可能，同时也为新企业的诞生提供了机制。

番禺珠宝首饰及相关企业数量按产品种类、经营性质分类的情况，见表18-4、表18-5。

表18-4 番禺珠宝首饰及相关企业数量情况（按产品种类分类）

产品种类	代码	数目（家）
钻石	DI	25
珠宝首饰	JE	107
珍珠	PE	2
宝石	GE	31
人造宝石	MG	2
黄金	GO	10
铂金	PL	3
银	SI	6
原材料供应商	MS	6
半成品	SP	4
成品	PR	4
其他	OT	38
合计	—	238

表18-5 番禺珠宝首饰及相关企业数量情况（按经营性质分类）

经营性质	代码	数目（家）
供应商	SP	0
出口商	EX	2

(续上表)

经营性质	代码	数目（家）
入口商	IM	2
制造商	MF	122
设备供应商	ES	9
展览会	EB	2
宝石学院	GI	2
商业协会	BA	2
出版社	PL	0
批发商	Wl	4
零售商	RE	3
连锁店	BC	0
合 计	—	148

数据来源：广州钻汇珠宝采购中心提供源数据（2004年4月）

首先，番禺珠宝产业集聚中期是指在番禺区市桥珠宝工业区、大罗塘工业区、小平工业区、沙湾和榄核珠宝工业区及大岗镇明珠工业园等一个相对集中区域内分布了250多家企业珠宝企业，形成规模化珠宝企业的"集聚"现象。

其次，在集聚的250多家珠宝企业中，包含了珠宝业上、中、下游的企业。从调研数据反映出，数百家珠宝企业中，包括原材料贸易商、黄金首饰加工企业、首饰加工镶嵌企业、钻石加工企业以及大量的宝石加工企业、珠宝加工机械生产企业和包装企业等以及珠宝设计和文化推广企业，同时，还有珠宝大学、培训机构等，几乎涵盖珠宝首饰所有的产品类型，体现出相互之间的合作性与竞争性。

再次，番禺珠宝产业集聚已初步具备相对完整的价值链体系，主导产业及其相关企业具有明显的相关性。如根据产业现状统计的148家企业中，从上游的供应商（目前主要为设备器具供应）、中游的主要制造生产环节到下游的批发零售环节，无论在产权方面还是在产品的产业链方面均有关联，许多企业专门负责珠宝首饰的注模及加工制造，而另外的部分企业则负责设备的维护，还有部分企业则主要负责海外市场销售贸易，体现出各自的专业性和价值传递关系。

最后，辅助及支撑机构，如行业协会、职业技术学院（设有珠宝专业）、展览会等都已具备一定的数量和比例。这些数据显示番禺珠宝产业集聚已经具备产业集聚（1）至（4）的特征；而有关（5）至（8）等产业集聚的特征也是明显可见的，深圳和花都的珠宝企业中，有相当部分的企业及其技术专业人才和番禺珠宝产业有关，是从番禺珠宝企业中分离出去的或者是番禺珠宝企业原先的客户发展而成等，番禺珠宝产业汇集的珠宝制造高端专业人才是国内最为集中的，在珠宝设计制造方面番禺珠宝也有较强的创新能力——钻石加工的"中国工"和首饰设计的"中国款"的形成均与番禺珠宝产业有关。由此可见，番禺珠宝产业完全符合满足一般制造业产业集聚的规定性。

与一般的产业集聚比较，番禺珠宝产业集聚还具有如下几个方面的独特性：

（1）地域相对比较分散。一般来说，集群首先表现为在一个或多个企业形成专业化，在地域集聚和空间上接近的特性。但什么样的地域范围才是恰当的，目前尚未界定一个统一的定义。如在面积不过50平方千米的温州乐清柳市镇上集聚了1400余家工业企业的"五公里经济圈"；东莞的IT产业集聚更是高度密集；深圳珠宝首饰产业也是主要集中在水贝和沙头角工业区内。相对于这些产业集聚而言，番禺的珠宝产业集聚则相对分散，在全区 21 个城镇（街区）群中 300 多个企业分别集中在市桥、沙湾、大石、榄核、大岗等几个镇区，各地各显神通，呈现出一种星罗棋布的格局。

（2）产业具有典型的外向性。番禺珠宝产业集聚是承接国际珠宝产业转移的"产物"，早期主打产品为 OEM，也就是说基本都是为香港珠宝厂商做"来料加工""代工生产"或"贴牌生产"；后期部分工厂进化为 ODM 甚至 OBM，后者的含义是供应商还有自己的品牌，从生产、设计、品牌优势建立与购买者之间的联系，可以直接根据国际市场的需求进行委托设计生产，直接面对国际市场的订单或者以自有品牌出口。但无论是 OEM 还是 ODM，基本上均无法建立自己的品牌，主要是为国际著名品牌服务，生产和技术发展受到国际市场需求的约束，因此，其集聚需求具有明显的外向性，集聚区内以中国香港企业为主并呈现多国别化，并通过香港与世界各地建立起广泛的国际市场网络。

根据统计，2003 年，番禺珠宝产业产值为 70 亿元，其中出口额就达到 8 亿美元，出口占全部产值超过 80%；2017 年，番禺珠宝首饰产值大约 600 亿元，前 10 个月的出口为 207.7 亿元，进口珠宝首饰 193.2 亿元，进出口占全部珠宝首饰产值的 60% 以上。相比较而言，产业集聚也很明显的是深圳珠宝产业，2015 年，深圳金银珠宝类商品国内贸易总额为 1009.06 亿元，出口额为 27.12 亿美元，进出口额为 47.24 亿美元，进出口额在整个珠宝工业产值的比重低于 30%；而从中国著名品牌的统计可以知道，深圳已发展为中国著名珠宝品牌的中心。可见，与相对由内需拉动成型的深圳珠宝产业集聚而言，番禺的珠宝首饰产业的发展具有很明显的外向性，属于外向型产业集聚。

（3）产业集聚中位于价值链中低端的企业集中度较高。一直以来，番禺的珠宝首饰业以"来料加工"业务为主，所以主要的产业环节集中在加工与制造业方面，珠宝首饰、钻石加工和彩色宝石加工均如此，多数为作坊式小企业。2000 多家企业中，除了几个大的钻石加工企业和少数镶嵌加工企业和零售品牌外（低于 10%），真正可以参与价值链上游的企业数量较少，而且高度集中，工人熟练程度及专业化程度比较高。例如，21 世纪初期，根据经营性质统计，148 家番禺珠宝企业中，有 122 家属于制造业，也就是 80% 以上的企业都是从事珠宝首饰的加工制造，这些企业多数都分布于产业价值链的低端，而位于价值链高端的珠宝首饰设计则主要由在香港的公司总部完成，这种结构性的缺陷为后来产业升级转型带来了很大的困难。

番禺珠宝制造的产品在国际市场虽然有着比较广泛的影响力，但真正的品牌却属于香港的厂商。2010 年后，这种状况有所改善，但位于价值链高端的企业相对比例仍然较低。

（4）上游资源供给型企业缺位。一直以来，番禺主要首饰加工制造业的生产环节主要集中在来料加工上，其原料来源主要从国外进口，番禺本地缺乏黄金、铂金以及钻石等的原材料供应公司，产业环节不够健全。

以往的统计数据显示，番禺 250 多家较大型企业中虽然也有 25 家钻石加工企业和 31 家宝石加工厂商，但这些企业也是以"大进大出"来料加工为主，珠宝首饰制造企业的用料主要还是从国外或香港进口，本地从事原材料供应商仅有 6 家，明显与庞大的首饰制造加工企业不相配套，加大了产业集聚发展的隐性成本。

（5）技术人才缺乏植根性。根据对番禺珠宝首饰制造业的了解，负责工厂管理、关键流程控制和市场营销和产品设计部门的技术人才除少量是后来就地培养的以外，大量的技术人才主要来自香港和内地其他地方，人才缺乏植根性导致集聚缺乏稳定的创新能力。

与此同时，工厂负责生产的大量手工作业工人则来自番禺或内地广大的农村区域。他们与技术人才在福利和工资方面具有极其明显的差异。这在某种意义上是导致番禺珠宝产业后来出现严重的劳工矛盾的一种人才结构的隐患。

18.2.2 番禺珠宝产业集聚的类型及层次结构

产业集聚是各种产业在不断演化发展过程中形成的一种地缘现象，是各种生产要素在市场的基础性作用下自由流动，遵循一定的自然发展规律，选择合适的区位而集聚起来的。最简单可以将产业集聚模式分为自发型（市场主导）和政府扶持型两种。

根据经济合作与发展组织（OECD）对产业集聚层次的划分，可以认为国家层次的产业集聚的形成多数来源于政府意志下的制度安排，尤其体现在高新技术产业集聚的规划发展方面，如高科技园区、IT软件园、出口加工区等，体现了作为设计主体的政府发展目标与战略意图；而产业和企业层次的集聚则可看作市场运作自发生成的类型，多是依据地理位置、文化传统、产业基础和联系以及市场集中而建立。

从前面的分析可以知道，番禺珠宝首饰加工制造业产业集聚最初是由一些传统的中小型企业自发集聚在一起，通过相对比较成熟的外资企业的示范和带动作用吸引更多的外资与合资企业汇集而形成现在的产业规模。因此，应该属于产业和企业层次的集聚，属于自发生成的类型，是依据地理位置、文化传统、产业基础和联系，特别是香港珠宝产业转移而建立的外向型的产业集聚，属于加工贸易带动型（刘世锦，2003）或外资带动型集聚（陈雪梅，2004）。

18.3 番禺珠宝产业集聚 SWOT 分析

SWOT 分析即态势分析，最早是由哈佛商学院的 K.J. 安德鲁斯教授于 20 世纪 70 年代提出，对企业内、外部条件综合概括并分析其优势、劣势、机会与威胁的一种方法，这种方法将定性和定量、内外因素有效结合，是一种分析产业发展状况较好的分析工具或者模型。SWOT 的 4 个英文字母分别代表优势（Strength）、劣势（Weakness）、机会（Opportunity）、威胁（Threat）。

18.3.1 优势分析

（1）拥有区域地理经济资源优势。这里所指的区域地理经济资源优势，是一个广义概念，包括自然资源、资金资源、人力资源、地理资源、基础设施资源及其地理分布的优越性（地缘优势）等。丰富的区域地理经济资源优势是番禺珠宝产业建立竞争力的起点，而在形成的过程中，地缘优势、资金资源、人力资源以及自然资源的供给是其中较为重要的几个要素。

番禺作为广州市下辖区之一，地处中国华南经济最为发达的珠江三角洲的中心，是连接珠江三角洲东西两翼和港澳地区的交通枢纽，发达的海陆空综合交通体系使番禺四通八达，历来是外资的流入区；2016 年，中国中小城市综合实力百强区排名中番禺在全国排前 5，在广东排前 3。

番禺的珠宝首饰加工制造业起步于 1986 年。之后，香港珠宝加工业不断向番禺转移，依靠内地低廉的人工和费用（在 2006 年，黄金每克的加工费不过 1～2 元，只占黄金首饰整体售价的千分之几，而镶嵌珠宝则是按件计酬，一般是 30～50 元一件，只有高档珠宝的镶嵌费稍高）（李银等，2006），香港珠宝制造商在番禺设厂，最早的企业以广州东宝（番澳）首饰有限公司、番禺云光首饰有限公司、元艺珠宝有限公司等为代表，他们最初通过"三来一补"及"前店后厂"的模式进行 OEM 的生产，产品通过中国香港的总部公司向香港及美国、欧洲、日本等地销售，形成了早期番禺珠宝产业的外向型集聚。20 世纪 90 年代，伴随着逐渐开放的产业政策环境，受 CEPA、泛珠三角圈形成以及 WTO 等因素刺激，香港以及国际的珠宝配套服务产业也逐步向番禺转移；从源头的原材料供应到物流、保险、金融等陆续转移到番禺，在 1988—2008 年迎来了蓬勃发展阶段。番禺的金银珠宝加工的大部分产品经香港出口至欧美、中东、东南亚、日本等地。

据香港权威部门统计，一直以来，番禺的金银首饰加工量占香港珠宝首饰本地销售和转口贸易的一半以上，占全国首饰出口的 20% 左右，被誉为东方的"维琴察"。

（2）珠宝镶嵌加工、钻石加工技术具有领先优势。国际市场的高品质、多样性的需求多年来给番禺珠宝企业生存带来压力的同时也锻炼和培养造就了番禺珠宝加工队伍，在国际先进珠宝首饰加工技术的指引下，番禺珠宝几乎就是"中国珠宝优质工"的代名词。

1997 年开始，番禺区珠宝厂商会和中国工艺品进出口总公司、中国珠宝首饰进出口公司一起代表"中国珠宝"参加瑞士巴塞尔国际珠宝展及意大利维琴察国际珠宝展，让世人目睹了"中国珠宝"的工艺和技术水平。

通过对早期香港珠宝首饰加工技艺的学习及消化，当前番禺的珠宝首饰加工业已从传统的手工业转变为规模化的现代化工业，在工艺、设计、质量、管理等方面积累了丰富的经验。番禺的珠宝首饰镶嵌尤其是复杂的花式镶嵌工艺，在国际市场上处于领先水平。

（3）具有地方政府的政策推动优势。政府对产业竞争力的作用机理主要是通过制定合理的产业政策和改善产业发展环境使产业资源得到有效利用来形成竞争优势。从国家层面来说，一个宽松、开放、稳定的制度环境是产业能够持续健康发展的前提。地区经济的发展同样如此。

自 20 世纪 90 年代以来，番禺区政府就将番禺的金银珠宝首饰加工业作为一个特色行业，重点加强了以市桥镇、榄核镇为主体的金银珠宝首饰加工基地的建设。2004 年，国家对珠宝进出口管理及税收政策进行的重大调整，CEPA 的成功实施，"9+2"泛珠三角区域合作框架的建成等，都为番禺珠宝产业的良好运行奠定了坚实基础。2005 年以来，番禺区政府通过番禺贸促会成立了广州市番禺珠宝产业发展中心，全力打造"番禺制造"的产业名片，先后采取了一系列举措：积极组织国际性博览会、珠宝展览会、珠宝文化节等推广活动。2007 年，番禺区政府引入港资，制定了《广州市番禺区"十一五"珠宝产业发展规划》，在番禺繁华的商业地带——百越广场建立"钻汇珠宝采购中心"，为番禺珠宝企业贴上了"番禺制造"的标签。

2008 年金融危机后，番禺珠宝产业面临新的挑战，番禺区政府基于"外转内销"及产业转型升级的需要，出台了《关于优化产业结构加快经济发展的若干措施》《番禺区标准化战略实施方案》《番禺区优先发展的现代产业导向目录》《印发关于加快番禺区科技园区建设促进现代产业发展的若干扶持措施的通知》等政策。区政府还与中山大学、华南理工大学等以签署战略合作协议的方式引进人才，同时，积极组织区内主要珠宝企业成立"番禺珠宝内销联盟"，并与香港六大珠宝商协会签署了《粤港珠宝内销联盟协议》；粤港珠宝内销联盟与中国珠宝玉石首饰行业协会、国家珠宝玉石质量监督检验中心、广州市番禺珠宝产业发展中心、番禺区珠宝厂商会签署了《战略合作伙伴关系协议》；与香港生产力促进局签订了《番禺珠宝转型升级合作框架协议》；并在国内首创了海关业务入珠宝园区的监管模式和提供一站式报关出口服务。

沙湾珠宝产业园先后获评为全国首批"中国珠宝玉石首饰特色产业基地"、广东省唯一的"广东省火炬计划珠宝特色产业基地（广州）"和"广东省技术创新专业镇——珠宝首饰"，以及广东省首批"省级外贸转型升级专业型示范基地"（后升级为"国家级外贸转型升级专业型示范基地"）等。

2013 年年底，番禺珠宝产业获评为国家级外贸转型升级专业型示范基地。2015 年 4 月 30 日发布的粤商务管函〔2015〕192 号文件《广东省商务厅关于确认外贸转型升级示范基地工作站（第一批）的通知》，番禺区贸促会下属机构中国国际商会，广州市番禺贸促珠宝产业服务中心则成为"广东省广州市番禺区珠宝基地工作站"的承办单位。政府的支持,为番禺珠宝产业集聚升级发展提供了重要的基础(见图18-5)。

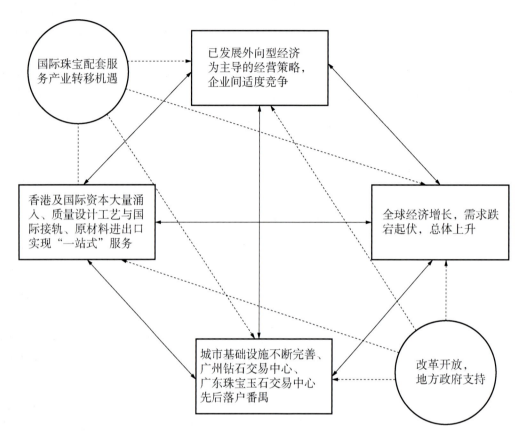

图18-5　番禺珠宝玉石首饰产业波特钻石模型

目前,在海关"先内销后征税"集中内销政策模式支持下,许多企业流动资金压力减小,应对市场速度加快,利用本身拥有的技术优势成功占领了部分国内市场。其中,"卓尔"公司成功在深圳的新三板上市,荣获"中国珠宝首饰驰名品牌"称号,在国内发展了600多家特许经销商,2017年,再度荣登亚洲品牌500强,并以品牌价值191.22亿元上升至第370名,发展成为"独角兽"企业,就是一个成功的案例。

上述三个优势,实际上也是番禺珠宝产业集聚形成的重要动力来源。

(4)产业聚集的优势。经过30余年的发展,番禺承接香港产业转移,从4家有来料加工权的企业代理进行80多家珠宝加工厂"三来一补"的来料加工模式开始,至今已集聚为2000多家集珠宝首饰设备制造、钻石打磨、铂金、黄金、珠宝镶嵌首饰、K金首饰、足金首饰、银首饰和贵金属工艺品制造及珠宝钟表制造等产品种类丰富、档次齐全、技术全面的综合性珠宝生产集群,为产业的进一步发展提供了有利的条件。

30年来,番禺珠宝产业逐渐由小工厂小作坊转变为规模几百人至上千人的大型加工企业,成为中国最重要的珠宝出口加工产业聚集地,形成沙湾、小平、钟村、大罗塘等各种工业园区。2011年,部分产业园内已构建起一套完善的配套服务体系,海关、珠宝检测中心、银行、物流、报关、保险、珠宝服务代理公司均在园区设点,为珠宝企业提供集审批、合同备案、核销、通关、查检、押运以至珠宝鉴定等内容为一体的"一站式"高效服务,产品经香港出口到美洲、欧洲、大洋洲、东南亚等世界各地。

目前，番禺区珠宝产业集聚了珠宝首饰及钻石加工企业400多家，各类宝石加工及辅助性企业1600多家，从业人员近10万人，产业涵盖珠宝设备制造、珠宝首饰镶嵌、珠宝设计、钻石采购打磨等诸多领域。除了以来料加工及出口为主外，开始形成自己区域的品牌，国外许多著名品牌的珠宝来源于番禺加工制造，"世界珠宝，番禺制造"声名鹊起。

番禺珠宝产业链集原材料进口、生产加工、珠宝教学培训、销售、出口于一体，区内的不同类型的企业和机构共享区域内的设施、市场、知识、信息等，形成集聚效应，并通过市场规模效应、外部经济效应、学习和创新效应、社会资本效应、区域品牌效应、资源整合效应等促进番禺乃至广州区域的经济增长。

18.3.2 劣势分析

（1）集聚企业的生产模式过于单一，缺乏弹性。长期以来，番禺的珠宝首饰加工制造业主要以来料加工为主，是一种原料与市场两头在外的"无根经济"。过去相当长的一段时间，番禺的珠宝加工制造业过多地依靠香港和国外的制造加工工艺，大多仍然停留在以"三来一补""大进大出"型的生产模式（沈越，2005）。这种"三来一补""大进大出"型的加工贸易模式，使得厂商之间因缺少共同利益关联而各自为政，缺少价值交叉和互补导致知识溢出机制较难以发挥作用。长期的进出口贸易虽然使得番禺珠宝的出口占国内珠宝行业出口相当高的份额，但同时弱化了番禺珠宝产业对国内市场需求的反应能力。2008年，世界金融危机导致国际珠宝市场的订单锐减，造成了绝大多数生意来自外单的番禺珠宝一度产能过剩，利润减少，不少出口企业面临倒闭困境就是这种结构性问题的体现。

2008年以来，虽然许多番禺企业开始探索出口转内销的途径，探索开拓内地市场，但长期以来经营模式相对单一的惯性导致其经营理念及营销模式的转变存在较大的困难，长期对国外市场的依赖也使得番禺珠宝企业在与内地同类型企业竞争时，产生了对经营环境水土不服的问题，缺乏资源、渠道等的竞争优势。

（2）高端人才匮乏，人才流失严重。番禺地区的珠宝产业的技术人才过去主要是依赖来自香港的技术师傅，通过技术片段化，在香港师傅的指导下培养了珠宝加工不同工序的技术人才。但是，30多年过去，这些过去的工匠型人才不断老化，第一代和部分第二代的师傅已逐渐退出产业第一线，加上深圳等国内珠宝产业快速发展崛起抽离了原已缺乏的技术人才，番禺珠宝产业的人才，特别是高端设计及管理人才严重缺乏，同时人才的植根性不足，成为严重的隐患。

目前，番禺可以直接增补高校珠宝人才供给的机构有广州番禺职业技术学院（原名番禺理工学院、番禺职业技术学院），2012年，该校经广东省教育厅批准成立了广东高校珠宝首饰工程技术开发中心，成为番禺珠宝重要的人才培养基地。在职业技术人才层面，2005年8月，创办的广州南华工贸高级技工学校可以培养数量较多的操作型人才；2015年2月，该校成立南华珠宝职业培训学院；2016年1月，获批广东省珠宝高技能人才公共实训基地，开始逐步为番禺珠宝产业提供新鲜血液。但是，即使如此，由于珠宝加工技术人才的成熟需要较长时间，学校毕业生无法马上弥补番禺珠宝产业人才特别是高端人才的需求缺口。

2015年，番禺区政府《关于加强番禺珠宝业人才培养与储备的提案》指出了番禺珠宝产业的人才现状：①珠宝业从业人员大多从学徒做起，学技术，攒经验，普遍文化水平不高；②管理型人才缺乏，很多珠宝企业管理人员都是从做技术做起，在工作中摸索积累管理经验，大多对管理及营销一窍不通，缺乏科学的管理方法；③设计人员思维受限，由于受来料加工的局限，生产企业无意开发设计，满足于现状；④工资待遇及政府对行业人才政策上没有竞争性，留不住人才；优秀的人才在累积到一定经验，学到技能后，都选择待遇较好的深圳等地，甚至到国外谋求更好的发展机遇，番禺却成了培养人才的学校，大量地向外地输送人才；⑤珠宝业从管理人员到技术人员，从珠宝设计师到市场营销人员各环节的人才当中，受过正规培训的人员仅占就业人员的极少数。珠宝业从业人员整体水平普遍不高。

卓尔珠宝是从番禺珠宝中脱颖而出的著名珠宝品牌，但从2017年卓尔珠宝的员工基本情况来看，其设计与研发人员比例虽然比普通的企业高，但从学历上看，该公司本科以上的高学历人才比例也只有2%，本科生占11%，其余均为专科及以下技术人员（见图18-6）。这是我们对番禺一家上市企业的分析，其他的番禺珠宝企业可能还远远达不到这样的分配比例。从长远来看，番禺珠宝企业在国家供给侧改革的背景下，要实现珠宝行业转型升级，人才，特别是高级人才仍然是其短板。

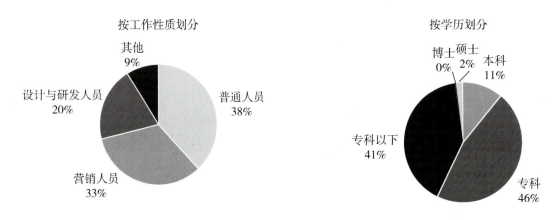

图18-6　番禺上市公司卓尔珠宝的人才组成

资料来源：《卓尔珠宝2017年年度报告》

（3）未形成完整的创新机制，内生发展动力不足。长期依赖国际市场，以OEM为主的番禺珠宝产业，缺乏内生创新机制及动力一直是其短板。长期以来，番禺的珠宝加工制造业几乎完全沿袭香港和国外的制造加工工艺，大多仍然停留在以"来料加工"为主的生产模式，区内珠宝业除了高校外，没有真正的公共研发机构，公共的产业发展和咨询平台成立仅仅两年，产品的研发和设计往往只是较大的厂商才能独立完成，中小企业较难享受产业集聚的利益。产业集聚区内珠宝企业的分工合作和知识学习并没有形成良好的互动关系，珠宝企业之间及企业与其他机构之间的联系以及互补性也没有获得自然发展的渠道。

通过与深圳珠宝产业的比较，可以看出两者在创新动能上存在明显的距离。

2010年，深圳有六成多珠宝企业在技术先进性与专利方面达到了国内先进水平，一成达到国际领先水平，三成企业拥有自己独自建立的研发机构，但与国际珠宝加工企业相比，番禺珠宝产业集聚的专利优势基本不存在。

从图18-7可以看出，2014—2018年深圳罗湖区的专利申请远远超越了番禺区，关键是，这种超越现在看来是多方面和全方位的。

首先，罗湖区专利申请的数量上远远超出番禺区；其次，在专利申请的水平上，罗湖区的发明专利的数量远远超过番禺区（数据库检索）；外观设计上，罗湖区占11%，番禺区仅占2%。实用新型罗湖区占了4%，而番禺区不足1%；再次，通过检索我们可以看出，番禺区不仅仅是在数量方面落后，在专利申请的内容上与深圳更是相去甚远，深圳近年来申请的专利很大一部分倾向于高科技领域,例如智能珠宝、珠宝智能化售卖等,而番禺的绝大多数企业的申请除了部分为加工技术专利外,多数还是在珠宝包装和展示等方面;此外,罗湖区许多知名品牌,例如萃华、行行行、百泰等都申请了专利保护,而番禺较为知名的企业却鲜有此举。

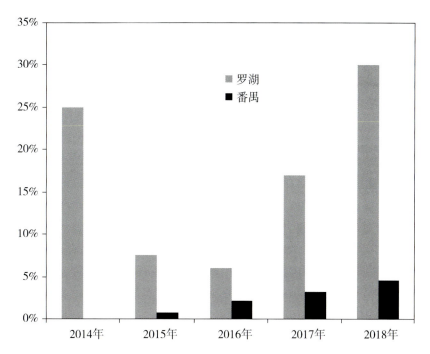

图18-7　2014—2018年番禺区与罗湖区专利申请占总体百分比情况
(在CNKI数据库中以"珠宝"为专利名称检索)

(4)品牌建设严重滞后。番禺珠宝企业发展了30余年,以贴牌生产(OEM)为主,目前仍鲜有本土成长的国际国内著名品牌,这是番禺珠宝产业最大的短板。

番禺珠宝产业集聚原来有比较著名的珠宝品牌,如"六福珠宝""谢瑞麟珠宝"等,但由于这些零售品牌的归属主要还是香港品牌,在番禺落地的主要是其生产企业/产业园,品牌的植根性及对当地产业的影响相对较弱。

至今,番禺珠宝产业集聚甚至无国内A股的上市企业,仅有一家企业——卓尔珠宝于2016年在新三板上市。2017年,广州合一珠宝科技有限公司、广州金功夫珠宝有限公司、广州市溢誉物业管理有限公司等在广州股权交易中心挂牌。过去,番禺区内几家香港珠宝企业虽然曾在香港上市,但在近几年均已被其他企业收购。番禺与同样作为"中国珠宝玉石首饰特色产业基地"的深圳相比,其品牌建设严重滞后。

另外,比较著名的彩宝品牌如电商类品牌"米莱珠宝",在2015年也被甘肃的上市公司刚泰控股收购。

前瞻产业研究院的《中国珠宝首饰行业消费需求与市场竞争投资预测分析报告》显示,目前,我国珠宝首饰行业已由制造阶段迈入洗牌阶段,资金实力薄弱、品牌形象模糊、产品缺乏特色的小企业将面临淘汰的危险。如果不尽快弥补这些短板,番禺珠宝产业集聚升级将会遇到非常大的困难。

18.3.3 机会分析

（1）供给侧改革和产业结构调整提供了发展的政策空间。2015年以来，我国经济进入了一个新阶段，主要经济指标之间的联动性出现背离，经济增长持续下行与CPI持续低位运行，居民收入增加而企业利润下降，形成一种新的经济发展的"新常态"。针对这种现象，习近平总书记2015年11月在主持召开中央财经领导小组第十一次会议时首次提出进行经济结构性改革的任务。经济结构改革的核心是供给侧结构改革，是从提高供给质量出发，用改革的办法推进结构调整，矫正要素配置扭曲，使要素实现最优配置，扩大有效供给，提高供给结构对需求变化的适应性和灵活性，提升经济增长的质量和数量。2018年3月5日，李克强总理在《政府工作报告》中将"发展壮大新动能"和"加快制造强国建设"列为供给侧改革任务的前两位，旨在加快制造业升级，培育经济新动能。

供给侧产业结构调整的政策给了番禺珠宝产业转型升级的空间及机遇，在追求质量而非速度的发展环境下，番禺珠宝产业可以在更为宽松的政策环境下顺利实现转型。在这种背景下，我们可以看到当地政府和番禺珠宝企业拓展大陆珠宝市场的决心和力度明显加大。

特别是广州钻石交易中心和广东省珠宝玉石交易中心落户番禺沙湾后，这两个中心通过外引内联，不断推动和加强番禺珠宝产业与内地市场的联系。广州钻石交易中心集结了一大批优质的毛坯及成品钻石和首饰供应商以及服务商，涵盖了钻石产业链的上下游企业，在2018年深圳国际黄金珠宝玉石展览会上以全新的平台形象介绍钻石交易的现状及未来。

同时，番禺珠宝厂商在番禺贸促会、番禺珠宝产业发展中心组织下，由番禺区珠宝厂商会、大罗塘珠宝首饰商会、金俊汇珠宝文化有限公司共同组团在2018年9月第16届深圳国际黄金珠宝玉石展览会组团亮相，围绕"原创创新""品牌厂家对接""平台合作""市场前沿款式"等主题专门向国内外厂商客户介绍广州番禺30多年的珠宝工艺传承、珠宝故事和产业的发展成果。

（2）市场消费新势力崛起及新渠道形成的机会。2015年，"90后"甚至"95后"开始逐渐成为珠宝首饰市场的消费新生力量，这些"生在互联网时代，长在移动互联网环境"的消费群，与过去"60后""70后"的消费习惯迥异，他们会被新鲜有趣的事物激发兴趣，但又很容易喜新厌旧。体现自我个性和独特的生活态度是这群人重要的标签，简单的物质供求往往很难满足他们的需求。他们热衷于网络语言，习惯于通过社交平台去"种草"（网络用语，指"宣传某种商品的优异品质以诱人购买"的行为）与"安利"（网络用语，意为强烈推荐），通过APP进行消费，同时身兼消费者和营销人是这群人普遍的特征。

在这种消费转换背景下，新营销势力利用APP作为工具，采取"社交+商务+利益共享"的共享模式，来实现线上线下共融互通的销售网络，开始不断在传统的商场销售渠道瓜分市场份额。

2017年，堪称新零售元年，从近几年阿里巴巴"双十一"珠宝销售数据可以看出，近年来网络销售呈飞涨趋势，已经彻底地改变了我们的购买方式。京东、阿里、腾讯等互联网巨头纷纷重金布局线上零售，抢滩未来零售市场。笔者认为，网络销售也开始成为珠宝市场不容忽视的重要新渠道。这样的市场格局，给了具有重要的珠宝加工技术能量，但受制于中国市场珠宝销售模式、很难依赖大量的线下消费渠道扩张的番禺珠宝产业一个重新发力的机会。

源自番禺珠宝产业，通过网上营销取得重大成果，成为彩宝行业的领导品牌的米莱珠宝，除了专注于高级私人定制业务外，正是通过赢得新生消费群，通过"拥有全球宝石直供体系""自有工厂10个工作日快速定制""网络售价低至专柜价2～3折"等竞争策略，以网络销售快速占领了中国彩色宝石市场，在坦桑石、碧玺、红宝石、蓝宝石、沙弗莱、祖母绿等彩色宝石领域拥有全球范围的竞争优势。

第 18 章　番禺珠宝产业集聚的形成及其发展

(3) 渠道下沉带来的行业新增长的可能。2007—2016 年，可以说是番禺珠宝企业从外向加工出口转向内销最重要的 10 年。随着我国经济 20 年的高速增长，城市化进程步伐加快，二、三线城市开始成为珠宝首饰重要的消费市场，珠宝市场消费渠道下沉成为新的趋势。经过多年的财富积累，目前二、三线城市已经孕育大量中高端的珠宝饰品消费者。二、三线城市中高端消费者的崛起，为番禺珠宝产业的转型提供了新的机遇。番禺的卓尔珠宝正是抓住了这个机遇，通过大力挖掘中国内地二、三线城市的市场潜力，2017 年其特许加盟店规模达到了 800 家，追上深圳一线的珠宝品牌企业的步伐，在"亚洲品牌 500 强排行榜"的位置从 2012 年的第 487 位提升到了第 370 位。

(4) 独立设计师与新技术力量逐步崛起。一直以来，缺乏内生创新机制及动力被认为是番禺珠宝产业集聚升级发展的短板。但近年来，番禺珠宝企业在转型进入内地市场后，越来越深刻地意识到原创设计的重要性，不少的珠宝企业也重新审视创新对于企业发展的重要价值；在此背景下，番禺一批大胆创新，将传统文化与国外先进设计理念相结合的设计师团体开始成长。2015 年，我国北京的国际珠宝展上开始有了番禺独立设计师的身影。2017 年，粤沪港澳"一带一路"珠宝工艺设计交流展上，40 位独立设计师、12 间珠宝设计工作室、20 多家珠宝企业齐聚番禺珠宝地标——"金俊汇"，首次公开展出 80 多件世界顶级珠宝作品，展现了番禺珠宝的新气象。

2017 年 4 月，3 家番禺珠宝企业组团在广州股权交易中心挂牌，加速了产业创新转型升级步伐。广州合一珠宝科技有限公司、广州金功夫珠宝有限公司、广州市溢誉物业管理有限公司作为番禺新一代珠宝企业，前者是珠宝智能科技与物联网应用解决方案的创意提供商，居中的是专注智能珠宝和高端珠宝的研发制造商，而广州市溢誉物业管理有限公司运营的金年华珠宝文化创意产业园，则是番禺大罗塘规模最大的珠宝企业聚集区，园区内共有 44 家优秀珠宝企业。金年华汲取了深圳水贝和国内外其他知名产业园区的先进运营经验，并充分发挥番禺本土珠宝产业优势，摆脱单纯的物业租赁模式，率先联合资深孵化器运营团队、资本创投机构、珠宝新技术团队等业内外资深人士，设立了创新孵化平台。目前金年华已成为集物业租赁、创业辅导、创业培训、投融资对接、技术开发和创业资源对接平台为一体的新型珠宝创业园区。

2018 年，全国首个 3D 打印中心——迪迈珠宝 3D 打印共享中心落户广州番禺区沙头街大罗塘。该中心由广州迪迈智创科技有限公司和意大利 SISMA 公司携手打造，集科普宣传、示范推广、加工研发、技术研发、设备销售、设备租赁、金属打印、教育培训等功能于一体，通过打造共享平台，为珠宝行业、珠宝设计和文化创意创业者提供创意服务。

18.3.4　威胁分析

(1) 人力成本大幅上升。番禺的珠宝企业属于劳动密集型，人工成本的上升给劳动密集型的珠宝代加工产业造成了很大的负担。

据了解，在 2008 年，番禺区技术工人的平均工资是 2000 元左右，但是到了 2016 年普遍为 4000～5000 元，上升了一倍多。图腾珠宝的钟智东接受媒体采访时说，"在珠宝的加工环节，人工成本占到了 70%"。显然，人力成本快速上升对珠宝业发展形成了重要的压力；然而，对于番禺珠宝企业而言，上升的不光是人工成本，地价、房租逐年攀升的压力也非常大，使得传统的制造行业面临极大的挑战。

(2) 国内竞争压力加大，产业升级面临种种困难。"番禺珠宝"可以比较容易成为产业全球价值链的一部分，但在国内珠宝产业整个价值链中的"价值"却很难得到充分显现，主要是由于品牌、技术和市场的附加价值获取存在困难。这种困难与番禺珠宝产业在创新、科技、品牌建设等方面远远落后于深圳罗湖区有很大关系，在后续的产业升级竞争中会面临很大的竞争压力。国内市场上位于价值链治理位置的"治理者"为了维护自身的利益可能会对位于价值链低端环节嵌入的集聚/厂商进行限制和阻碍，防止其进入价值链高端环节，从而使地方产业集群升级出现"锁定"现象。

2018年，深圳罗湖区近年来新打造的珠宝交易平台金展珠宝广场与京东签订战略协议，联合推出"金展京挑细选"集约平台。双方合作的未来，要高效整合珠宝供应链，为消费者提供更高品质的线上珠宝选购服务。据悉，京东将为金展珠宝广场平台的黄金珠宝提供线上回购业务，打造一个"购买—持有—回购—再购买"的交易闭环。该合作如果能达到设计的目标，京东庞大的消费数据通过"金展京挑细选"集约平台，将为珠宝设计师以及供应链厂商提供反向赋能，使其能够准确及时地洞察珠宝消费需求，设计生产出更符合当下消费者喜好的珠宝产品，改变过往单向的珠宝设计生产模式。与此同时，京东还将联手深圳罗湖区政府、珠宝协会共同搭建珠宝设计师交流平台，定期举办设计师大赛，培养储备珠宝设计师人才。由此可见，深圳正依托其科技背景与同行业竞争者拉开距离。显然，深圳珠宝产业集聚对国内市场开发具有先发优势，番禺珠宝产业集聚必须寻找互补机制进行合作，才能实现共赢。

另外，印度、泰国等周边国家珠宝产业的快速发展对番禺珠宝业的发展也可形成较大的威胁。印度作为世界宝石领域里的"霸主"，其钻石加工及彩宝加工产业都非常发达，一向以人工成本低、原料及加工生产线完善著称，珠宝产业是该国经济增长速度最快的行业，珠宝出口已位居印度商品出口第一。而作为世界珠宝重要加工改善产地的泰国，以精湛的珠宝工艺闻名于世，是世界有色宝石加工贸易中心之一，也是世界珠宝首饰的重要出口国。

上述国家和地区在遭受经济冲击后，都把珠宝作为振兴经济的重要产业之一，出台了相应的政策和措施加以大力扶持发展，这在某种程度上同样对番禺珠宝产业的升级形成明显的压力。

第 19 章 番禺珠宝产业集聚升级发展及存在问题分析

19.1 产业集聚的价值链嵌入及集聚升级理论

19.1.1 产业集聚的价值链嵌入

在经济全球化背景下，地方产业集聚嵌入全球价值链从某种意义上来说是一个必然的趋势，这与跨国公司所推动的海外直接投资（FDI）和全球分包网络是密切相关的。外商直接投资、全球分包网络和跨国公司技术的本土化是地方产业集聚嵌入全球价值链的主要原因（毛加强，2008）。

地方产业集聚的全球价值链嵌入是指地方产业集聚以某种方式融入产业的全球分工体系之中，成为产业全球价值链的一部分。在经济全球化的背景下，无论是内源性还是外源性的产业集聚都在主动或被动地嵌入全球价值链。嵌入全球价值链已经成为地方产业集聚发展的必然趋势（文嫮，2005），基本的理由包括：

（1）跨国公司海外直接投资影响。跨国公司为了构建自身在全球范围内的垂直生产网络并降低劳动力等资源成本，通过海外直接投资的形式在发展中国家设立生产加工企业，利用当地的劳动力、土地和政策资源与当地的中小企业形成业务关联，从而将整个产业集聚纳入自身的全球生产网络之中，实现集聚的全球价值链嵌入。这种产业集聚一般以外向型为主，并从一开始就嵌入全球价值链当中。

（2）全球分包网络的兴起及其影响。由于跨国公司缺乏对海外市场文化环境、消费习惯、法律制度等的深入了解，贸然进入会有很大的风险，而进行海外直接投资又需要较大的资金投入，于是他们以外包的形式将非核心业务转移到发展中国家，而地方产业集聚通过来料加工、贴牌生产等方式承接了海外的业务转移，成为产业全球价值链分工体系中的一部分。

（3）跨国公司技术的本土化及其影响。一些民营高新技术企业的创立者很多都是具有海归背景的高素质技术人才，他们通过将海外技术的本土化创立企业并引领产业形成集聚，但是当集聚中的企业在还未形成强有力的品牌之前，它们依然对海外的跨国公司和大型的渠道商有着很强的依赖性，在这种本土与海外的互动中，集聚自然嵌入全球价值链之中。

不同类型产业集聚嵌入全球价值链的方式各有不同，卡普林斯基（2000）提出，发展中国家产业集聚嵌入全球价值链有低端道路和高端道路两种方式。低端道路主要通过低技术、低成本和高资源环境代价的利用获取加智力上的竞争优势，而高端道路则是通过高技术、高资本、高附加值等方式获取价值链上的竞争优势。

马云俊（2010）则进一步将这个方案细分为低端嵌入、中端嵌入和高端嵌入三种方式。低端嵌入的产业集聚一般是通过来料加工、委托加工、一般贸易等方式嵌入全球价值链，规模实力较小、业务形式单一，集聚内部缺乏核心领导企业，价值获取能力较低。中端嵌入的产业集聚拥有一定的资本、人才和技术积累，能够承接较高技术水平和较高质量要求的产业转移，也已经具备创立自主品牌的条件和水平。高端嵌入的产业集聚专注于高端服务、概念设计、品牌运作、标准设立、专利等高附加值环节，主要存在于发达国家和一些新兴的工业化国家。产业集聚的全球价值链嵌入一般遵循从低端嵌入到中端嵌入，再到高端嵌入的路径，但也存在直接从低端嵌入跨越到高端嵌入的情况。

地方产业集聚嵌入全球价值链会带来什么影响，是否一定有利于产业集聚的升级发展？不同学者的研究结果有不同的认识。

格里芬（1999）在对东亚地区的服装产业进行研究后指出，发展中国家的产业集聚可以通过嵌入全球价值链而获得升级，东亚的服饰产业集聚正是在与全球价值链中其他行为主体之间的互动中获取知识、信息、技术和经验，促进了集聚从贴牌生产（OEM）到自有品牌生产（OBM）的转变。

但Schmitz（1999）、Bazan和Navas-Aleman（2001）等学者通过对巴西Sinos-Valley鞋业制造集聚进行研究后发现，价值链上的主导厂商会为了维护自身的利益而对位于价值链低端环节的生产制造厂商进行限制和阻碍，防止其进入价值链高端环节，从而使地方产业集聚出现"锁定"现象，对地方产业集聚的升级形成约束。

显然，全球价值链的嵌入一方面可以使地方产业集聚在与价值链中其他行为主体互动中获得管理、技术、生产等方面的理念和经验，克服集聚技术锁定（周毅、吴碧波，2008）和创新不足等问题。但另一方面，产业集聚在嵌入全球价值链的同时也将自身纳入了价值链治理者的治理系统之内，接受价值链"领导者"的治理，可能出现集聚对外关系的过度依赖、文化环境破坏、创新动力和创新能力丧失等后果，使集聚成为新时期的经济"殖民地"（盖文启、王缉慈，2000）。

19.1.2　价值链视角下的产业集聚升级

产业集聚升级是指产业集聚结构的改善及产业集聚素质和效率的提高（吴彦艳、丁志卿，2009），包括宏观和微观两个方面。

传统集聚升级机理的研究主要从集聚的生命周期（Tichy，1998）、集聚的风险规避（Guerrieri and Pietrobelli，2001）、集聚的竞争力（波特，1997）等几个角度来开展，但是这些理论往往只限于对集聚内部因素进行分析（陈冲、陈志侠，2009），而忽略了集聚与外部的联系与互动，无法有效地解决集聚在全球化背景下的升级问题。而全球价值链理论融合微观和宏观两个视角，以全球化的视野研究区域之间产业重塑的动态竞争过程，可以很好地将集聚内部发展与外部联系结合起来，为探求地方产业集聚升级问题提供了新的借鉴思路。

Dicken（2001）等认为只注重内部联系的集聚注定要走向衰败，因为只存在本地联系的产业集聚会趋于封闭和保守，只存在全球联系的产业集聚也会失去发展的基础和支撑，只有将集聚的本地联系和外部联系结合起来，提升集聚的内部创新能力和外部价值获取能力，才能够真正实现集聚的升级。

番禺珠宝产业集聚经过30年的发展，已从早期单纯的自发发展阶段，发展到在国家的宏观政策和当地政府的高度重视和大力扶持下的成熟发展阶段，产业已发展到了一定的规模，各种制约发展的一些深层次的、结构性的问题逐渐显现。特别是2008年国际金融危机以后，番禺珠宝产业集聚长期以来与香港珠宝产业形成的"前店后厂"的垂直分工体系和生产"大进大出"的外向型集聚模式已很难应对国内外日益激烈的产业竞争，番禺珠宝产业集聚的发展正面临国内及国际市场发展的双重挑战。

尤其是在目前中美贸易关系不断恶化的发展环境下，这种外向型的加工产业集聚的发展受到的约束更为明显。现有的政策、资金、技术、人才四大要素和国内市场发展配套的错位制约产业集聚进一步发展，集聚经济的效益难以充分发挥，产业集聚发展亟待升级。

无论是从宏观角度还是微观角度看，产业集聚的升级都是一个从价值链低端环节向高端环节跃进以及集聚自身竞争力不断提升的过程。Gereffi（1999）、Humphmy、Schmitz（2000）、Giuliani（2005）等学者则从企业和地区产业的角度分析了提升集聚竞争力或价值获取能力的途径和方法，认为集聚应当从全球化的视野关注自身学习能力和自主创新能力的提升，不断向资本和技术密集型的产业领域迈进。

概括而言，依据全球价值链理论，番禺珠宝产业集聚升级发展可以从以下两个方面进行思考：

（1）提升番禺珠宝产业集聚升级的内部拓展动力——创新能力。熊彼特的创新理论认为，创新是产业集聚经济发展的动力。创新能力也是评价产业竞争实力的核心要素，也是促进地方产业集聚升级的内部动力，它与集聚的发育程度密切相关。

集聚的发育程度是指集聚在其生命周期阶段内发展的完善程度，包括集聚结点的密集程度、集聚结点间联系的有效程度、集聚内部联系的稳定程度、集聚的组织结构特征、集聚发展动态性的强弱、集聚的本土嵌入程度以及集聚学习能力的强弱等（文嫮，2005）。通常，在地区生态环境和集聚承载能力允许的范围内，集聚的发育程度与以上因素呈正相关，集聚的发育程度越高，创新能力也就越强。

前面的分析已经明了，与内生产业集聚为机制形成的深圳珠宝产业集聚相比，早期通过外贸驱动模式形成的番禺珠宝产业集聚的内生拓展能力是较为薄弱的。

番禺珠宝产业集聚要进一步升级发展，必须抓住供给侧改革和产业结构调整提供的政策发展空间，以"一带一路"倡议为抓手，迅速把握市场消费群转换及市场新渠道形成及下沉的机会，借助技术创新及独立设计师力量崛起的机遇，进行结构的优化和调整，迅速弥补技术创新不足的短板。

（2）完善番禺珠宝产业集聚升级的外部机制——价值获取能力。文嫮、曾刚（2004）认为，地方产业集聚不仅需要提升自身的创新能力，而且还应该积极地嵌入全球价值链，主动创造、保持和捕捉价值。地方产业集聚在全球价值链中升级的实质就是其价值获取能力的不断提升。加强利用集聚与价值链中其他行为主体之间的联系与互动，改变产业集聚的组织结构、运作效率及嵌入价值链的位置与方式，是提升集聚价值获取能力的有效途径。

番禺珠宝产业的基础是从香港产业转移带来的加工技术优势，这种优势后来经过本地产业的消化和完善成为从中低端植入的珠宝加工出口生产集聚。从价值链治理的角度分析，很多时候属于被治理者，这种治理结构模式下，产业对价值的获取往往受到外部机制的强烈影响。

价值分布、价值等级和链条治理是分析集聚外部联系的基础。通过分析产业的价值分布规律，识别价值链中的"战略环节"，进而通过解构产业全球价值链，确定集聚在全球价值空间等级中的位置，并通过对产业价值链条的剖析，识别价值链中的治理者，掌握价值链治理规则，从而为提升集聚外部联系的有效性提供决策支撑。

格里芬在其全球商品链理论中提出了商品链的二元驱动模式，即生产者驱动（producer driven）和购买者驱动（buyer driven）（Gereffi and Korzeniewicz，1994）。

生产者驱动，是由生产者通过投资构建产业的垂直分工体系，投资者可以是拥有技术优势、谋求市场扩张的跨国公司，也可以是力图推动地方经济发展、建立自主工业体系的本国政府（张辉，2006），其特点是资本和技术密集。在生产者驱动的价值链中，生产者处于价值链高端地位，他们拥有雄厚的产业资本、强大的研发和生产能力，并以海外直接投资建立生产基地等形式构建全球化生产网络，以规模经济形成产业壁垒。生产者驱动的价值链一般集中在汽车、飞机、计算机、半导体电子等资本和技术密集型产业或一些新兴的现代制造业。在生产者驱动的价值链条中，产业价值一般是向技术研发、设计、高端加工制造等生产领域流动。

购买者驱动，是由具有强大的品牌和渠道优势的经济组织通过全球化采购和贴牌生产（OEM）等形式组织起来的全球化商品流通网络，其特点是知识和劳动力密集。在购买者驱动的价值链中，品牌商、代理商、零售商控制着产业链中的品牌运营、设计、渠道等价值链高端环节，他们拥有着雄厚的商业资本及强大的运营和资源整合能力，并通过全球分包网络将价值链低端环节外包给发展中国家的合约商，并以范围经济形成产业壁垒。购买者驱动的价值链一般出现在零售、贸易代理、品牌运营等服务流通领域，如家乐福、沃尔玛、耐克、戴尔等，产业价值也一般集中流向市场销售和品牌运营等终端环节。

二元驱动模式在理论上区分了生产者和购买者两种驱动模式的动力根源、核心能力、进入门槛等，但是对于像戴尔这种既依靠全球垂直生产网络保持其生产制造能力，又依靠其遍布全球的网络直销体系塑造其强大运营能力的复合型企业，传统的二元驱动论却无法解释，包括格里芬（Gereffi, 2001a; Gereffi, 2001b）本人都承认二元驱动论存在此类缺陷。

张辉（2006）改变了格里芬按照产业部门区分价值链驱动模式的做法，按照价值增值序列过程将全球价值链分为生产环节和流通环节，并提出了兼具生产者驱动和购买者驱动特征的"中间型模式"。

由此可见，不同价值链驱动模式的产业集聚有着不同的升级方向和选择。

19.2 价值链治理及番禺珠宝产业集聚升级发展路径探索

对于购买者驱动的价值链下的产业集聚，其战略环节一般位于流通领域，因此集聚的升级方向一般倾向于流通领域中的渠道控制、市场占领及品牌运营等环节，升级也一般遵循着"工艺流程升级—产品升级—功能升级—链的升级"的升级路径；对于生产者驱动价值链的产业集聚，其战略环节一般位于生产领域，集聚企业的研发能力、技术创新能力及生产运作能力对集聚来说显得更为重要，因此集聚的升级方向一般也会倾向于生产领域，并遵循着"功能升级—产品升级—工艺流程升级—链的升级"的路径；而对于中间模式下的产业集聚，生产领域和流通领域都有其战略环节存在，技术创新、渠道控制、品牌运营等对于集聚来说显得同等重要，但是具体选择生产领域作为其升级的方向还是选择流通领域或是两者兼顾，则要根据集聚的发育程度、嵌入全球价值链的方式、与其他行为主体之间的治理关系等实际情况做出实际的判断与选择。

番禺珠宝产业集聚，早期基本上是属于生产者驱动价值链产业集聚，价值链的价值创造主要是由来料加工的港资企业驱动的，主要面对的市场是国际珠宝市场；但是，2008年金融危机后，很多企业在政府的大力支持下，开始逐步转型，直接面对国际市场，近年来随着大罗塘珠宝城的崛起和在产业集聚中重要性的提升，购买者价值链驱动模式开始在番禺珠宝产业集聚升级发展中产生影响，部分企业已开始建立品牌直接面对消费者市场（从OEM到OBM转变），因此，可以认为，就目前的发展现状而言，番禺的珠宝产业集聚已进入过渡性产业集聚阶段，属于中间型模式驱动的产业集聚，生产领域和流通领域都有其战略环节存在，技术创新、渠道控制、品牌运营等对于集聚来说都有明显的重要性。

我们认为，由于番禺珠宝产业在生产领域具有的优势较为明显，其升级发展的方向可以以生产领域为参考，有选择地将流通领域部分重要领域作为发展的重点是比较明智和更为有效的方法。

19.2.1 价值链治理模式

价值链治理就是价值链中权利拥有者通过某些机制对价值链中其他行为主体价值的创造过程进行协调和组织的行为。

Humphrey 与 Schmitz 根据主导公司对价值链的控制情况,将全球价值链的治理模式分成网络型(Networks)、准层型(Quasi-hierarchy)、层级制(Hierarchy)、市场型(Market-type relationship)4 种类型(Humphrey and Schmitz,2001;Humphrey and Schmitz,2002),而 Gereffi、Humphrey 和 Sturgeon 以市场交易的复杂程度、识别交易的能力和供应能力为标准,进一步将全球价值链治理模式细分为市场型(market)、模块型(modular value chains)、关系型(relational value chains)、领导型(captive value chains)和层级制(hierarchy)(Gereffi 等,2003),其中,模块型、关系型和领导型同属于网络治理模式,市场型和层级制处于价值链治理能力的最低端和最高端。(见表19-1)

表 19-1 全球价值链治理模式特征

治理模式		表现特征	治理能力
市场型		自由竞争市场,价格是主要的市场调节工具,供应商具有较强供应能力,相互之间为平等的竞争关系,交易复杂程度低,治理关系微弱	低
网络	关系型	具有较强的社会同构性、空间临近性、家族性和种族性,交易复杂,供应商能力强,依靠声誉、信用和地理临近等规范双方的关系,产业内部存在一定的治理关系	↓
	模块型	产品结构模块化,交易复杂程度高,供应商拥有很强的资源整合能力和供货能力,可以为采购商提供定制产品或服务,存在一定的治理关系	
	领导型	众多中小厂商依附于几个大型厂商,供应商能力低,转换成本高,主导企业对供应商的控制程度高,供应商的活动环节主要集中在简单的加工、制造和运输物流等	
层级制		以企业制为典型,其运行的核心就是管理控制	高

但是,需要明晰的是,价值链的治理模式是一个动态变化的过程,随着集聚发育程度及嵌入全球价值链位置和形式的变化,价值链的治理模式也在不断发生转换,如处于发展初期的集聚由于实力较弱且缺乏领导型企业,集聚以关系型治理模式为主,但随着地方政府引入实力强大的外资企业,在地方逐渐形成以外资企业为中心、众多中小企业为支撑的组织关系,此时集聚的价值链治理模式则变为领导型。

价值链治理保证了价值链活动的有组织性,缺少"治理"的价值链只不过是一些市场活动的简单串联。通过对价值链上治理者的识别,可以有效地帮助地方产业集聚明确自身定位、了解竞争态势、突破价值链治理约束并实现产业升级。

全球价值链的治理者是指那些在价值链中具有资源配置、关系协调、标准制定、渠道控制等权利的行为主体,它们往往是价值链上占据核心环节的"领导者"。这些"领导者"为了防止发展中国家进入价值链高端环节,侵害其核心竞争能力,进而通过设定各类标准、限制技术输出、控制原材料供应和产品销售渠道等方式对被治理者进行限制和阻碍,形成价值链治理。这些"治理者"可以是链条外部的组织机构,也可以是链条内部的企业组织。链条的核心治理者基本都来自链条内部(张辉,2006)。

对于生产者驱动的价值链，战略环节一般位于生产制造领域，因此价值链的治理者大多是在生产制造领域具有优势的领导厂商或者集聚；同理，对于购买者驱动的价值链，其治理者往往是流通领域内的领导厂商，而对于中间模式的价值链，治理者则既可以是生产制造领域也可以是流通领域内的领袖企业或者厂商。

19.2.2 全球珠宝产业价值链分析

19.2.2.1 全球珠宝产业价值链的环节及其价值分布

珠宝产业从最初的原材料开采到最后的成品销售，构成一个完整的产业价值链条，如果将其解构，大体上可以分为原材料供应部分、加工生产制作部分和终端市场运营部分3个大的环节（见图19-1）。

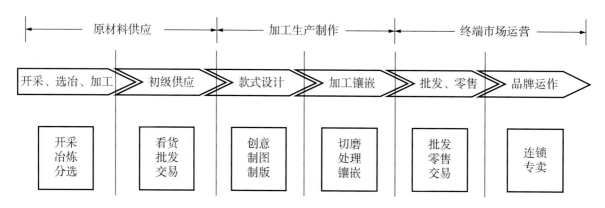

图 19-1　全球珠宝产业价值链解构

原材料供应领域：珠宝产品的原材料主要由贵金属、钻石、宝石（含玉石，下同）等多个不同的部分组成，钻石的原材料供应一般要经过勘探采矿、钻石毛坯分选与毛坯贸易3个环节；黄金从开采到供应也要经历勘探采矿、矿石冶炼与黄金金属交易等环节，其中钻石和黄金等贵金属均由国际性的交易中心完成；宝玉石的原材料供应则要相对简单一些。因此，原材料供应总体上来说包含原材料的开采、选冶加工和原材料的初级供应两个板块，其中开采、选冶、加工板块又可细分为开采、冶炼与分选，初级供应板块可细分为看货、批发与交易。

加工生产制作领域：珠宝原材料通过批发商或交易所进入市场，或进入珠宝加工厂进行首饰加工制作，珠宝原材料需要经历宝石的切割、宝石及珠宝款式设计和加工镶嵌等阶段才能最终成为珠宝消费产品。其中，款式设计包括创意的生成、设计方案的成图以及制版铸模等，加工镶嵌包括切磨、技术处理及镶嵌等工序。

终端市场运营领域：在市场运营阶段，珠宝产品变为珠宝商品，其包含的原始价值和附加价值得到了最终实现。市场运营包含珠宝首饰的批发、零售两种方式，无论是批发、零售还是现在的网络一体化交易，都会涉及品牌运作的问题，后者是指企业以连锁、专卖等方式进行品牌化运作，在珠宝产品价值中注入品牌的价值，是珠宝首饰价值实现的高级形式。

对于以上产业链模型来说，基本反映了珠宝产业整体的产业链价值构成，但如果将钻石、贵金属及宝石三者单独拿出来作产业链的分析，可能不同的材料并不一定严格遵循以上的路径，也并不一定完全包含以上所列的每一个环节，其经历的环节可能会有顺序的调整及环节的增加和减少。

例如，钻石产业链条包括开采、毛钻贸易、切割和抛光、裸钻批发、珠宝加工、零售等几个主要环节，而黄金首饰产业的链条就包括开采、冶炼、金属交易、珠宝加工和零售等环节，彼此存在一定的差异。

珠宝产业链上各环节蕴含着不同的价值增值量（笔者认为是价值及其增值导致了产业链条上的竞争，而不是价值量本身导致竞争），蕴含着较多价值增值量的环节便是产业链条中的"战略环节"，抓住了这些环节也就控制了整条珠宝产业链。总体来讲，珠宝产业的产业链上价值主要分布在原材料供应板块和市场运作板块，加工制造板块价值增值分布最少（见图19-2）。

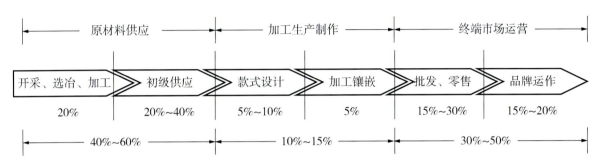

图19-2 珠宝产业链各环节价值分布

第一，原材料供应板块，其价值分布量可占产业链价值总量的40%~60%不等，在珠宝产业中占据控制地位。珠宝产业异于其他产业，由于宝玉石材料勘探发现存在很大的机会成本风险，其产品本身的材质属性和其包含的保值增值属性比产品的装饰和使用属性更为重要，因此珠宝原材料投资及其贸易的价值增量往往占据最终珠宝产品价值链增量较高的比重，宝石可达60%以上，钻石、黄金可达40%以上。

第二，加工生产制作板块，其价值分布量最少，可占产业链价值总量的10%~15%。由于目前世界主要的珠宝加工产业基地的业务模式以加工贸易为主，通过承接来料加工或委托加工业务赚取加工费，获取价值能力有限。但是对于部分企业如果能够在相关的设计和技术上实现突破并建立相关的标准（如钻石切割方法、黄金硬化及改色技术、新的首饰镶嵌技术等），就能够为企业带来更高的附加价值。

第三，终端市场运营板块，这是珠宝由产品转变为商品的阶段，也是其价值得以最终实现的过程，品牌赋予商品以更高的附加值，价值分布量可占产业链价值总量的30%~50%不等。

19.2.2.2 全球珠宝产业价值链的不同构成

全球珠宝产业价值链涉及对全球主要珠宝原材料出产地、原材料供应商、加工交易基地及产品消费市场等的分析，并以产业价值分布与流动的规律将各大板块中的组成要素串联起来，构成珠宝产业的全球价值链。

（1）全球主要珠宝原材料的出产地及供应商。钻石：目前全世界已发现的钻石资源（不包括新近发现的加拿大的钻石资源）共计约35亿克拉，其中已正式探明的为20亿克拉。这些钻石资源主要集中分布在南部非洲、俄罗斯西伯利亚、澳大利亚和加拿大等地，这几个地区已发现的钻石资源占全球钻石资源的90%以上。2017年，全球毛坯钻石产值达到158.7亿美元，其中，俄罗斯和博茨瓦纳钻石毛坯产值分别占全球第一和第二。

有关数据显示，南部非洲国家的钻石占全世界钻石总储量的大约56%，南非、博茨瓦纳、刚果（金）、津巴布韦、安哥拉、纳米比亚等都是重要的钻石出产国，其中博茨瓦纳是当今世界在钻石储量方面仅次于澳大利亚的国家，估计储量达3.5亿克拉，宝石级占50%，多年的年产值居世界首位。

纳米比亚钻石储量和产量并不多，但它却是世界上宝石级钻石占有比例最高的国家，高达93%以上，而且品质极佳。

俄罗斯的钻石资源主要集中在西伯利亚的雅库特地区。其钻石资源蕴藏量及年产量均位居世界前列，多年位居世界第一，所产钻石中宝石级比例可达21.2%，俄罗斯出产的钻石质量优、均匀性好，在市场上具有很强的竞争力。此外，俄罗斯还以良好的钻石加工技术被誉为"苏联工"，被视为世界上优质的钻石切工之一，2017年俄罗斯钻石毛坯产量和产值均位居全球第一。

加拿大是20世纪末发现的极具潜力的钻石矿区。目前已发现金伯利岩筒51个，大多都含有钻石，其中5个已证实具有开采价值，平均每立方米矿石含钻石0.8~3克拉，其中宝石级可达25%~40%，近年已成为国际钻石重要的产区之一，2017年加拿大钻石毛坯产量位居全球第二，产值位居全球第四。

澳大利亚是世界钻石资源最丰富的国家，其储量占全球的26%，同时澳大利亚也曾是世界上钻石出产量最多的国家之一，但其出产的钻石大多为小钻，品级较差，宝石级钻石的比例仅为5%左右。此外，澳大利亚还是世界上克拉单价价值最高的粉红色钻石的最重要来源。但是，近年来，澳大利亚钻石开采水平在全球已处于较低水平，2016年、2017年，全球主要钻石毛坯产出国的产量及产值排名澳大利亚位居第八。

中国的金刚石探明储量居世界第十位左右，年产量曾达20万克拉，钻石主要在辽宁瓦房店、山东蒙阴和湖南沅江流域，其中辽宁瓦房店钻石矿储量大、质量好，宝石级钻石最高可达50%，是中国也是亚洲最大的原生钻石矿山。但2002年，辽宁的50号脉停采，2016年后山东的原生矿业基本停采，近年来，中国的钻石产量近于零，几乎100%的钻石毛坯均从国外进口。

目前世界钻石资源主要掌握在戴比尔斯联合矿业公司（De Beers）、俄罗斯阿尔罗萨钻石公司（ALROSA）、必和必拓（BHP Billiton. Ltd.）、力拓集团（Rio Tinto Group）4家矿业公司手中，它们开采控制了全世界钻石资源的90%以上。其中，戴比尔斯曾是全球最大的钻石垄断组织，它通过与位于博茨瓦纳、南非、安哥拉等国家的世界上主要的钻石矿山签约或结成战略联盟购买钻石，并通过其下属位于伦敦的销售组织（DTC）进行钻石的销售。2000年后，戴比尔斯"主动"放弃"垄断"地位，定位为最佳供应商，同时，从未涉足钻石零售业的戴比尔斯宣布，与世界最大的奢侈品集团LVMH公司成立新公司De Beers LV直接参与钻石零售终端的博弈。目前，戴比尔斯控制着世界钻石产量大约40%的几个生产大国（或生产矿山）的钻石毛坯，其余的60%则由世界上各个钻石销售中心的钻石集团所控制。

2000年以前，戴比尔斯对世界钻石资源开采贸易有几乎绝对的话语权，是全球钻石行业的垄断者和主导者。但2000年后，俄罗斯、澳大利亚等国家的钻石公司纷纷独立销售钻石，De Beers控制的钻石份额逐渐下降，2017年，De Beers毛坯钻石销售额为53亿美元，约占世界钻石毛坯总销售价值的1/3，世界钻石资源开采贸易变为多寡头垄断市场。

黄金：2009年世界黄金产量为2350吨。2008年产量为2260吨，其中中国、澳大利亚、南非、美国、俄罗斯、秘鲁、印度尼西亚、加拿大8个国家的黄金产量占据了世界总产量的2/3以上。其中，中国在2007年超过南非成为世界第一产金大国，2014年中国黄金产量创新高，达到创纪录的465.7吨，至今连续11年保持全球第一产金大国的地位。

世界上主要的黄金公司包括巴利克、纽蒙特、安格鲁阿山帝等8家大型企业，其中加拿大巴利克公司是世界上最大的产金公司。这8家企业年黄金产量占全球总产量40%以上。2009—2017年世界主要产金公司的产金情况见表19-2。

表 19-2 2009—2017 年世界主要产金公司的产金情况（单位：吨）

公司	2009 年	2010 年	2011 年	2012 年	2013 年	2014 年	2015 年	2016 年	2017 年
巴利克黄金公司（Barrick Gold）	230.0	242.0	239.0	231.0	222.9	194.4	190.3	156.5	150.8
纽蒙特矿业公司（Newmont Mining）	163.0	168.0	161.0	155.0	157.5	150.7	156.6	138.8	149.4
安格鲁阿山帝黄金公司（Anglo Gold Ashanti）	143.0	140.0	135.0	123.0	127.7	138.0	122.8	103.1	106.6
加拿大黄金公司（Goldcorp）	75.0	78.0	78.0	75.0	82.9	89.3	107.8	81.4	72.9
金罗斯黄金公司（Kinross Gold）	70.0	73.0	81.0	81.0	77.7	82.0	82.2	79.0	75.7
纽克雷斯特矿业公司（Newcrest Mining）	51.0	55.0	79.0	71.0	73.5	72.4	77.4	64.1	67.5
金田公司（Gold Fields）	106.0	109.0	165.0	101.0	58.1	63.6	67.2	60.9	61.2
纳沃伊矿冶公司（Navoi Mining）	63.0	67.0	66.5	68.0	70.5	73.0	74.9	75.5	75.5
极地黄金公司（Polyus Gold）	38.0	40.0	43.0	49.0	51.3	52.7	54.8	55.9	61.2
西班伊金矿公司（Sibanye Gold）	0.0	0.0	0.0	0.0	44.5	49.5	47.8	47.0	43.6
中国黄金集团（China National Gold）	22.0	30.0	33.0	39.0	39.4	40.2	41.5	42.1	42.4
紫金矿业集团（Zijin Mining）	31.0	29.0	29.0	32.0	31.7	33.7	37.2	42.6	37.5
山东黄金公司（Shandong Gold）	18.0	19.0	22.0	26.0	26.8	26.9	27.3	30.0	35.9
中金黄金公司（Zhongjin Gold）	17.0	20.0	23.0	24.0	25.6	26.3	27.0	27.5	25.4

数据来源：GFMS，《中国黄金年鉴》《世界黄金年鉴》，Lawrieongold，Metals Focus，相关公司年度报告。中国在黄金资源开采的全球价值链中是具有重要性的国家。其中 Sibanye Gold 公司 2013 年从 Gold Fields 公司分离出来

宝石：全世界主要宝石产区包括亚洲南部和西南部、非洲东部和南部、美洲西部、澳大利亚和欧洲俄罗斯的乌拉尔等多个宝玉石相对集中的地区。

其中，美洲的哥伦比亚和巴西是世界最著名的祖母绿产地。巴西是当今世界上最重要的彩色宝石供应地，其托帕石、海蓝宝石和碧玺的产量分别占世界总产量的90%、70%和50%，并以"帝王托帕石"和"帕拉伊巴碧玺"驰名全球；亚洲的缅甸和非洲的莫桑比克是世界上优质"鸽血红"红宝石的主要产地；亚洲的斯里兰卡是宝石之国，以蓝宝石和猫眼石闻名全球。

澳大利亚是世界上最著名的欧泊产地，占世界总产量的90%以上，其蓝宝石产量也占世界总产量的70%，并以黑玉髓和"南洋珠"闻名于世。缅甸是世界上最重要的翡翠玉石的产地，产值占全

球的90%以上。

不同宝石的资源集中度见表19-3。

表19-3 部分种类以国家作为单位的珠宝玉石资源市场集中度

宝玉石种类	主要产出国（地）	CR4	CR8	市场结构类型（集中度）	数据可靠性
钻石	博茨瓦纳、俄罗斯、加拿大、南非、澳大利亚、刚果、津巴布韦等	68.2	97.3	II型（高）	确切
红宝石	缅甸、莫桑比克、马达加斯加、越南、坦桑尼亚、肯尼亚等	>60	>90	II型（高）	估算
蓝宝石	斯里兰卡、泰国、马达加斯加、澳大利亚、缅甸、美国、中国等	>70	>90	II型（高）	估算
祖母绿	哥伦比亚、巴西、津巴布韦、赞比亚、印度、坦桑尼亚、巴基斯坦、澳大利亚、中国等	>70	>90	II型（高）	估算
金绿宝石变石、猫眼石	俄罗斯、斯里兰卡、津巴布韦、巴西、斯里兰卡	>70	>90	II型（高）	保守估算
坦桑石	坦桑尼亚、肯尼亚	>95	100	I型（极高）	确切
翡翠	缅甸、危地马拉、俄罗斯、哈萨克斯坦	>90	>98	I型（极高）	确切
软玉	中国、俄罗斯、加拿大、韩国、澳大利亚等	>75	>90	I型（极高）	估算
欧泊	澳大利亚、墨西哥、埃塞俄比亚、巴西、捷克斯洛伐克	>70	>90	II型（高）	保守估算
琥珀	波兰、俄罗斯、乌克兰、多米尼加、缅甸、中国等	>70	>90	II型（高）	保守估算
红珊瑚	中国台湾、意大利、阿尔及利亚、突尼斯、西班牙、日本、马来西亚	>70	>90	II型（高）	估算
海水珍珠	澳大利亚、波利尼西亚、日本、墨西哥、波斯湾地区等	>70	>90	II型（高）	保守估算
淡水珍珠	中国、日本、缅甸等	>90	>99	I型（极高）	确切

注：CR4为4个主要产出国的全球占比估计，CR8为8个主要产出国的全球占比估计

资料来源：丘志力，2015

显然，我国在宝玉石的价值链的地位不高及重要性较为有限。

（2）全球主要珠宝加工及交易产业集聚。目前全世界主要的珠宝加工及交易产业集聚分布在比利时、中国、印度、阿拉伯联合酋长国、以色列、意大利及泰国等国家，全球的珠宝加工及贸易90%以上都是在这些地区完成的。

比利时安特卫普：世界第一大钻石毛坯交易切磨中心。安特卫普以精湛的钻石切割技术、完善的钻石行业服务和先进的技术标准闻名于世，今天的安特卫普是一个国际钻石贸易平台，而非加工中心。在钻石的加工上，安特卫普作为全球最大钻石加工中心的功能已经被基本剥离，大约90%的钻石生产包括对原石的切割和抛光已转移到印度，仅保留了部分高端大钻的切割业务，安特卫普的技术标准仍在全球钻石加工业中起着标杆作用。在钻石的交易上，安特卫普拥有4个世界上知名的钻石交易所，其中包括拥有5000名会员的世界上最大的毛坯钻石交易所。全球的钻石商把钻石拿到安特卫普交易，其后钻石又流向世界各地，全世界毛坯钻石每10颗中就有8颗曾在这里完成交易，而每两

颗切割钻石也有1颗会在这里找到买主。在行业的服务和技术标准设立上，比利时钻石高层议会（HRD）是比利时钻石行业的推动者，也是全世界最权威的钻石检验、研究和证书出具机构，是全球钻石加工、检测及设备研究技术方面的"领头羊"，其拥有的"安特卫普切工"认证和综合性的"HRD认证"是全世界最著名的切工标准和鉴定分级标准。

而从2002年起，由HRD主办的安特卫普钻石会议也已经成为每年度国际钻石业重要的高层会议之一。安特卫普由一个单纯的钻石加工基地发展成为当今世界上最著名的钻石交易及旅游集散地，成功地实现了从价值链低端向高端的转移，为世界各国珠宝加工产业基地的转型升级树立了一个很好的标杆和榜样。

以色列特拉维夫：全球最大的精细抛光钻石交易中心。以色列是世界上最大的钻石出口国和全球四大钻石切割与贸易中心之一，也是钻石从业人员多、钻石加工自动化水平最高的国家，是仅次于安特卫普的重要的首饰级钻石的加工中心。以色列在精加工钻石贸易方面处于龙头地位，在全世界销售的珠宝级钻石中，有一半以上都是在以色列加工出口的。特拉维夫是全球最大的精细抛光钻石交易中心，也是以色列钻石交易所和以色列钻石工业研发技术中心所在地。以色列的钻石加工与安特卫普不同的是其钻石加工都是基于自身技术优势在本国完成，占据了全球钻石加工利润的45%，但其境外钻石加工的数量要远超国内。2005年，以色列精加工钻石出口额达67.06亿美元，其中在以色列本土加工的钻石为28亿美元，其余的钻石是在以色列境外加工后由以色列进行再出口，包括印度和中国。

印度孟买和苏特拉：世界上最大的钻石加工基地和世界上最大的黄金首饰加工镶嵌基地之一。印度是世界上最大的钻石切割打磨中心，最高时有从业人员超过80万人，是占据全球近90%的中小颗粒的钻石加工市场，年出口额超过100亿美元。印度以加工小颗粒钻石（小于0.25克拉）为主，质量不高，高端钻石大多还需在安特卫普、纽约和特拉维夫加工。西部城市苏拉特堪称世界"钻石工厂"，珠宝从业人员超过70万人，另外有250万人从事跟珠宝业相关的工作。印度钻石加工不仅技术高超，而且劳动力成本非常低，与中国等国家相比，特别是在小钻的加工上，印度在技术和专业上有很大优势，而且在组织管理上也更加成熟。

此外，印度也是世界珠宝、黄金首饰、有色宝石生产加工中心。由于印度人对黄金的偏爱，2013年以前，印度还是世界上最大的黄金消费市场，其黄金需求占全球总需求量的20%以上，年消费黄金达600吨~800吨。此外，印度还是一个黄金珠宝出口大国，向美国、阿联酋和英国出口黄金珠宝价值高达38.6亿美元，仅此出口一项就占到印度出口总额的近15%。

意大利维琴察：维琴察号称金城，目前拥有1000多家金银饰品制造工厂，聚集了10000多名设计师、工艺师和工匠，还有大量相关行业的从业人员，手工制作是维琴察金饰业的一大特色。维琴察每年消耗意大利年进口黄金的40%，其中80%用于出口，数额超过10亿美元，有着"Gold City"（金城）的美称。维琴察以庞大的加工规模和精湛的工艺水平为依托，逐步形成了一个大型黄金珠宝首饰市场。从20世纪50年代开始，这里每年都举行黄金首饰展览会，定期展示当地及附近各地的新产品，近年来更发展成每年3次的国际展览会，维琴察的金银饰品珠宝展与美国拉斯维加斯和瑞士巴塞尔珠宝展并称为世界三大珠宝展，在世界上具有相当的影响力，每年一月的维琴察珠宝展都会对下一年度的珠宝设计与工艺有一个方向性的预测，成为全球珠宝潮流指向标。

泰国占他布里：世界著名的宝石处理加工基地。泰国是一个珠宝出口大国，在全球珠宝交易中，泰国占据了约2%的市场份额，有超过100万的珠宝首饰从业人员，2008年前10个月泰国的宝石珠宝出口总额达67亿美元，比2007年同期上升了58%。泰国珠宝产业主要包括宝石加工、钻石切割、贵重首饰以及仿真首饰4个部分，其中宝石加工最具特色，有"世界有色宝石处理加工贸易中心之一"

"世界珠宝首饰重要出口国之一"之称。由于泰国具有毗邻缅甸、斯里兰卡和柬埔寨等世界重要有色宝石产地的地理优势,全球有大量的红、蓝宝石在泰国设计加工并通过泰国销往全球各地,包括中国香港、澳大利亚、美国、瑞士和以色列等。此外,泰国还拥有在宝石切割方面的独特工艺和宝石热处理等方面的核心技术,其中,其宝石切割工艺和技术在世界上处于领先地位,有"曼谷切割"的美誉。此外,珠宝展会也是泰国珠宝业的一大亮点,每年两届的曼谷国际珠宝展也已发展成为世界五大专业珠宝展之一。

中国深圳、番禺和梧州:世界上重要的黄金珠宝及人造宝石加工生产基地。中国是世界上重要的黄金珠宝加工制造基地,其中以广东地区的深圳、广州和广西的梧州实力和影响力最大。深圳汇集了4000多家珠宝企业,拥有多个大型珠宝批发专业市场,从业人员达30万人以上,每年加工黄金500吨以上,有2000亿元人民币以上的产值,2016年的出口额29.42亿美元,深圳还是中国内地市场最大的珠宝加工及批发集散基地。

广州目前拥有各类珠宝企业3000多家,其中规模以上企业近500家,中小企业近2600家,2016年的出口额超过50亿美元,涵盖珠宝制造领域的各个环节,且加工工艺精湛,钻石切割创出了"中国工"的美誉,其中,番禺是广州最大的黄金珠宝加工集聚地,番禺的珠宝首饰出口就达到41.06亿美元。

广西的梧州是世界上最大的人工宝石加工基地和交易的集散市场,拥有各类企业500多家,从业人员12万多人,人工宝石年产量达60亿颗,约占全世界40%以上,占全国人工宝石产量的80%(合成金刚石除外)。

全球主要品牌运营商:目前世界上的主要珠宝品牌运营商包括卡地亚(Cartier)、蒂芙尼(Tiffany & Co.)、宝格丽(Bvlgari)、梵克雅宝(Van Cleef & Arpels)、海瑞温斯顿(Harry Winston)、蒂爵(Derier)、德米亚尼(Damiani)、宝诗龙(Boucheron)、御木本(Mikimoto)、施华洛世奇(Swarovski)等,中国则主要有周大福、六福、谢瑞麟、周生生等品牌,他们拥有强大的资金实力、渠道控制能力和市场运作能力,能够在全球范围内开展品牌运营,占据着价值链的高端地位(见表19-4)。

表19-4 2018全球百强奢侈品品牌排名(珠宝类)

全球排名	珠宝品牌排名	公司名称	销售额(亿美元)	国家
10	1	周大福	66.04	中国
13	2	老凤祥	47.68	中国
16	3	蒂芙尼	40.02	美国
23	4	施华洛世奇	28.76	奥地利
30	5	周生生集团	18.09	中国
35	6	六福集团	15.72	中国
43	7	PC Jeweller Ltd.	12.63	印度
50	8	东方金钰	9.92	中国
59	9	格拉夫	5.70	英国
71	10	浙江明牌珠宝	5.04	中国

据世界奢侈品协会(World Luxury Association,简称WLA)和著名审计与企业咨询公司德勤(Deloitte),2018

考虑到奢侈品排名1~9的其他奢侈品集团拥有的著名珠宝品牌,例如,排名第一的法国路威酩轩（LVMH Moet Hennessy-Louis Vuitton SA）旗下的宝格丽（Bvlgari），卓美（Chaumet）珠宝，第三的瑞士历峰集团（Compagnie Financiere Richemont SA）的全球著名珠宝品牌卡地亚（Cartier）以及钻石巨头 De Beers 均未在列，因此，笔者认为，虽然中国的周大福等多个品牌已跃居前 10，而实际上，国际珠宝品牌运营商的主要力量仍然在西方世界，但中国的珠宝品牌力量已经开始有一席之地，开始成为珠宝全球价值链上重要的主导力量之一。这从另外一个侧面说明，国内珠宝市场已经开始成为世界最重要的消费力量来源。

全球珠宝产业主要标准提供商所制定和提供的标准包括珠宝的鉴定、分级、评估、检测以及其他的有关质量和环保的标准。一直以来，包括美国宝石学院（The Gemological Institute of America，GIA）、国际宝石学院（International Gemological Institute，IGI）、比利时宝石协会实验室（Belgian Gem Society Laboratories，BGSL）、美国宝石协会（American Gem Society，AGS）、比利时钻石高层议会（Hoge Raad voor Diamant，HRD）、欧洲宝石实验室（European Gemological Laboratories，EGL）、英国宝石协会和宝石检测实验室（Gem-A）、国际标准化组织（International Organization for Standards，ISO）等在内的数十家机构控制了全球珠宝产业标准的制定及推广，产生了类似于原材料垄断的市场效应，从源头上实现了对整个珠宝产业的规范和治理，是位于价值链高端的治理者。

与品牌运营市场相似，近年来，以国家珠宝玉石质量监督检验中心（NGTC）和全国珠宝玉石标准化技术委员会（TG298），全国首饰标准化技术委员会（SAC/TC256）和中国珠宝玉石首饰行业协会团体标准化管理委员会为代表的中国标准化技术力量正在迅速崛起，自 1996 年制定了宝玉石名称、钻石分级及宝玉石鉴定三大基础标准以来，至今已制定《翡翠分级》（GB/T 23885-2009）、《红宝石分级》（GB/T 32863-2016）、《蓝宝石分级》（GB/T 32862-2016）等数十项国家标准，这些标准成为中国规范国内珠宝市场的重要保障，也为中国珠宝市场的规范可持续发展提供了指引，逐步参与全球珠宝价值链的治理。

19.2.2.3 珠宝产业全球价值链解构

从全球珠宝市场来看，世界钻石、黄金、宝石等原材料资源主要出产国俄罗斯、英国、加拿大、澳大利亚、南非等国，通过 De Beers、BHP Billiton、Rio Tinto Group、Alrosa 为代表的矿业巨头垄断了世界钻石、黄金宝玉石资源的 70%～90%。拥有全球最大消费市场、最重要交易市场、重要标准制定者以及品牌珠宝运营商的美国、法国、中国等国家，实现了对全球宝玉石资源、珠宝市场、行业标准制定权的垄断，产生了类似于供应垄断的效应，实现了价值的高端获取，位居珠宝全球价值链层级的第一层级，处于全球珠宝价值等级的最顶层，分别位于"U"形价值曲线的两端位置（见图 19-3）。

珠宝全球价值层级中，较低层级的为以交易和加工制造为主的交易与加工基地和缺乏重要性的珠宝零售市场，包括以中端与低端宝玉石加工制造为主的泰国、印度等，以及相对价值较低或者零散分布宝玉石资源的一些宝玉石资源国，如斯里兰卡、马达加斯加和缅甸等，由于其宝玉石产业在价值链中的价值增值远低于前面的资源垄断者或者标准、品牌运营者，他们处于珠宝全球价值层级的较低层级，位居"U"形价值曲线的底部位置。

位于价值链中部的则是以交易和高端珠宝设计加工制造为主的国家及产业基地，包括以高端珠宝制作和交易为主的安特卫普、特拉维夫、维琴察等。如果按照市场商品价值实现的递进逻辑进行解构，则可以图 19-4 表示其价值获得的先后关系。

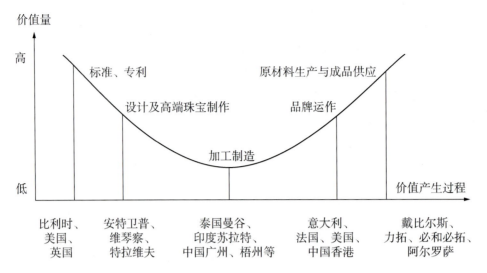

图19-3 全球珠宝产业"U"形价值曲线图

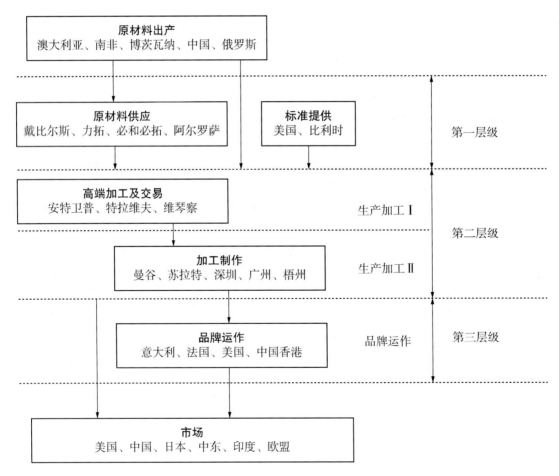

图19-4 珠宝产业的层级结构框架

19.2.2.4 全球珠宝价值链治理者识别

张辉在卡普林斯基和莫里斯研究的基础上提出以价值链中销售、增值、利润、购买份额、利润率、掌握价值链中核心技术或具备独特能力、拥有价值链中"市场标识"（品牌）7个指标来识别价值链中的治理者，但是由于有些指标并不适用于本集聚关于治理者识别的研究，故选取了核心技术或独特能力、品牌两个衡量标准，并在此基础上结合实际调研的情况，增加了议价能力、渠道控制两个衡量指标，通过这4个指标来对价值链中的治理者进行识别（见表19-5）。

表19-5 珠宝全球价值链的治理者识别

衡量指标	表现		治理者识别	典型治理者
	治理者	被治理者		
核心技术或独特能力	制定标准、资源掌控、技术研发	标准、资源受控者、技术依赖者	标准设置者、原材料供应商、贸易商、独特技术工艺开创及拥有者	GIA、NGTC、IGI、FGA、HRD、CGL、ISO、De Beers、DTC、BHP Billiton、Rio Tinto Group、Alrosa
品牌	高品牌运作能力、高品牌认知度、高品牌忠诚度	中小品牌和无品牌者	著名品牌运营商	卡地亚、蒂芙尼、梵克雅宝、宝格丽、周大福、谢瑞麟、周生生等
议价能力	主动影响价格、价格决定权	被动接受价格、基本无议价能力	标准设置者、原材料供应商、技术及工艺开创和拥有者、著名品牌商	上述两个部分的资源控制者
渠道控制	控制或影响进货、出口、交易等渠道	渠道依赖	原材料供应商、贸易商	Alrosa、De Beers、DTC及本地代理商等

根据以上分析可知，珠宝产业全球价值链几个主要区块（领域）的治理者如下：

一是原材料供应和贸易领域：这个领域的组织/机构控制着世界上绝大部分的珠宝原材料资源的开采和供应，有很大的价值控制权，如钻石领域的De Beers（DTC）、Alrosa、BHP Billiton、Rio Tinto Group等。它们是处于钻石价值链顶端的治理者。

二是标准制定及控制领域：所制定和提供的标准包括珠宝的鉴定、分级、评估、检测以及其他的有关质量和环保标准，目前包括美国宝石学院（The Gemological Institute of America，GIA）、中国NGTC（National Gemstone Testing Center）、美国宝石协会（American Gem Society，AGS）、瑞士古柏林宝石实验室（Gubelin Gem Laboratory）、国际宝石学院（International Gemological Institute，IGI）、瑞士宝石学院（SSEF）、比利时钻石高层议会（Hoge Raad voor Diamant，HRD）、英国宝石协会和宝石检测实验室（Gem-A）、国际标准化组织（International Organization for Standardization，ISO）等在内的少数几家机构控制了全球珠宝产业标准的制定及推广，产生了类似于原材料垄断的效应，从源头上实现了对整个产业的规范和治理，是位于价值链高端的治理者。此外，对于一些珠宝产业细分领域的相关标准同样会对行业产生重要影响，如意大利的威尼托、托斯加纳地区、伦巴第地区、彼埃蒙特地区等所生产的珠宝机械设备占据了世界珠宝高端机械设备市场80%以上的份额，它们所制定的珠宝界生产标准对整个珠宝设备制造行业都起着引领作用。

三是技术和工艺生产领域：这个领域的治理者主要是拥有珠宝材质处理、宝石切割加工、镶嵌技术专利的机构或品牌。例如，黄金硬化技术、玫瑰金防掉色及断裂技术、钻石丘比特切工、施华洛世奇水晶切工等，这些技术或工艺拥有者通过专利保护能够实现技术及工艺的早期垄断，实现对技术及工艺运用者的治理。

四是品牌运营领域：这一领域主要治理者是一些知名的品牌运营商，如世界著名的蒂芙尼、卡地亚、梵克雅宝、宝格丽以及在中国内地享有盛誉的周大福、六福、谢瑞麟、周生生等珠宝品牌，它们有着强大的资金实力、设计能力和渠道控制能力，以至于它们可以在全球范围内开展投资及分包业务。如蒂芙尼2007年在西安投资1500万美元建立钻石加工厂，卡地亚"豹系列"戒指则由位于深圳的宝嘉利珠宝公司负责加工，而周大福、六福、周生生等香港品牌也在内地设立钻石加工厂，加工业务的剥离使企业能够更专注于设计、品牌等高附加值环节，形成对加工企业价格和设计要求的话语权，从而形成治理关系。

五是终端渠道领域：在这一领域中处于品牌企业与加工企业之间的代理商或贸易商占据着主导地位。由于在发展中国家许多中小型的加工企业主要以来料加工的形式开展业务，但它们并没有能力到海外去寻找客户并承接业务订单，同时它们大多也不具备金银珠宝类产品进出口的资质，此时具有广泛市场和客户渠道的贸易商或代理商通过业务和进出口代理，在品牌企业与加工企业之间搭起了一座桥梁，由此导致的结果是那些加工企业受到了贸易商或代理商以及海外品牌企业的双重治理。

19.2.3　番禺珠宝产业的升级路径探索

19.2.3.1　番禺珠宝加工产业集聚的治理者识别

番禺珠宝加工产业集聚以下几个方面的特点决定了其在全球价值链中的位置及其升级的路径选择：

一是本土企业与本地外资企业之间存在很强的垂直联系，并与其形成垂直治理关系。

二是集聚主要以加工贸易为主要业务形式，与香港及海外市场联系紧密，并按照客户的设计、质量和价格要求进行生产。

三是本土中小加工企业基本无进出口资质，业务、原材料及成品几乎都由本地外资企业或贸易公司代理。

根据珠宝全球价值链治理者识别的多个因素进行衡量，可以认为番禺珠宝加工产业集聚的治理者主要有3类：一是本地的外资企业，二是香港及海外的拥有核心技术和设计能力的品牌商，三是位于本地及香港的珠宝贸易公司或代理公司。此外，质量、环保等标准也是番禺珠宝加工产业集聚可能处于被地方政府及质检部门进行治理地位的因素。

市场型类似于一般的完全竞争市场，各交易主体彼此处于完全公平竞争状态，彼此之间不存在任何的控制与被控制关系，价格和法律是市场调节的唯一工具，但这只是一种观念层面的类型，实际上并不存在。

层级制类型的治理模式，类似于企业内部的直接管理，彼此之间是一种控制与被控制的关系，但是在市场经济的环境下很少有哪个国家或企业是完全受控于他国的，因此从全球经济的视角来看层级制在现实中同样也是一种观念上的治理模式。市场型和层级制拥有最弱和最强的治理能力，分别位于治理能力的最低端和最高端。

关系型、模块型和领导型同属于网络治理模式，处于价值链治理能力的中间层次。其中，关系型治理模式广泛存在于世界各国基于地方文化发展起来的传统产业集聚，如意大利的鞋业集聚，我国嵊州的领带产业集聚、浙江义乌的小商品产业集聚等。这些产业集聚往往有着很强的地域文化和知识同构性，行为主体彼此之间水平联系广泛而垂直联系薄弱，基本不存在或存在少量的垂直分工，整个行业以人际关系和集聚文化实现自律，但这种状态一般只存在于集聚发展的初期，随着集聚的进一步发展，往往也就转变成为模块型和领导型了。模块型治理从形式上来讲更类似于国美和沃尔玛对供应商的控制模式，它们扮演着一个资源整合和服务平台提供者的角色，反映到地方产业集聚就类似于在企业与供应商和消费者之间搭建桥梁的贸易商或代理商们，模块型治理模式的治理能力要高于关系型。领导型治理模式广泛存在于直接业务分工的行为主体和产业集聚之间，类似于核心领导企业与配套服务企业的那种垂直的业务分工模式，或原材料供应集聚与成品制造集聚之间的联系模式，如丰田汽车的装配工厂与周边的零配件供应集聚的垂直业务联系。

对世界主要珠宝产业集聚进行分析对比可以发现，过去以钻石加工集聚和贸易为特征的安特卫普，已经从传统的加工产业集聚蜕变成为一个高端的综合性珠宝交易和服务平台，与全球其他地区的产业集聚之间是一种模块化的治理关系；特拉维夫不仅是一个高端的珠宝加工基地，而且还是一个综合性的技术服务平台，内部存在模块型和领导型两种治理模式；而曼谷凭借其在宝石首饰的设计与制作方面的优势，以领导型的模式与其供应商之间形成治理关系；番禺和印度的苏拉特以及梧州和深圳等地一起，以加工贸易的方式嵌入全球价值链，处于品牌商、渠道商和本地外资企业的治理之下，领导型与模块型的治理模式并存（见表19-6）。

表19-6 世界主要珠宝加工产业集聚的全球价值链嵌入及治理方式

类型	安特卫普	特拉维夫	曼谷	苏拉特	番禺、梧州、深圳
嵌入方式	高端	高端、中端	中端	低端	低端
治理地位	治理者	治理者	治理者	被治理者	被治理者
治理模式	模块型	模块型、领导型	领导型	领导型、模块型	领导型、模块型

番禺珠宝加工产业受到本地外资企业、香港及海外的拥有核心技术和设计能力的品牌商，以及位于本地及香港的珠宝贸易公司或代理公司的三重治理，内部领导型与模块型治理模式并存（见图19-5）。

首先，本土的中小企业与本地的外资企业和香港及海外的品牌商之间存在着领导型的治理关系。一方面，本土的一部分企业群体（不是全部）对本地的外资企业有着很强的依赖性，它们通过承接已设定好价格、款式及质量要求的业务来获取企业的生存和发展，与外资企业之间形成了垂直的领导型治理关系；另一方面，本土的中小企业（大部分）通过贸易商或代理商获取海外的业务订单，或直接获取香港客户的业务订单，按照客户设定好的价格、款式、质量及环保要求等进行生产，除具备较强设计能力和较好信誉的企业以外，大部分企业基本无自主变动权，海外品牌商以设计、价格、技术和环保标准等对本土的中小企业形成了垂直的治理。

其次，本土的中小企业与位于本地及香港的珠宝贸易公司或代理公司之间形成模块型的治理关系。这些贸易公司通过订单、原材料和成品进出口代理，以中间商的形式在企业与客户之间搭建了一座桥梁。贸易商或代理公司一方面会向企业收取一定的代理费，另一方面会通过私自提升海外客户订单的相关要求，自己从中牟利，因此从代理这种形式来说是一种模块化的方式，而从企业对代理商的依赖及代理商对加工企业的盘剥来说，是一种明显的治理关系，因此本土的中小企业与贸易商或代理公司之间是一种模块化的治理关系。

2009年，一家番禺普通的受访企业表示："我们没有进出口资质，也没有能力和精力自己去海外寻找客户，只有依靠这些贸易公司帮我们在海外拿取订单，我们一方面要忍受目前原材料涨价的压力，另一方面还要将本来就很少的利润交给贸易公司一部分作为代理费……他们有时会私自压低生的价格,如果我们接受了肯定就亏损,如果我们不接受,企业就没业务,我们实在是没有办法……"

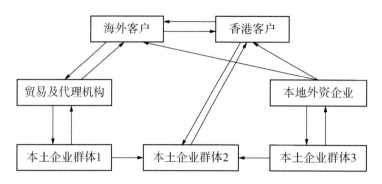

图 19-5　番禺珠宝加工产业集聚内部治理结构示意

这种状况,近年来已有所改善,部门品牌已摆脱外资企业的领导型治理关系。但是对于多数大罗塘的彩色宝石的企业而言,实际的情况基本上仍然近似,由于缺乏自有品牌,大多数企业要进入终端市场仍然需要依靠一些大的贸易品牌。对于一些规模更小的公司而言,由于网络销售渠道的突破,这种治理关系正在逐渐发生改变。

19.2.3.2　番禺珠宝加工产业集聚外部联系与价值获取

前面分析显示,一旦珠宝产业链嵌入全球珠宝价值链,产业将会获得全球价值链竞争机制的激励。

番禺珠宝产业集聚嵌入全球价值链对产业的积极推动作用如下:

其一,嵌入全球价值链引入了大量的外资企业,并带动了地区大量中小企业的发展,缓解了本地人口的就业压力。

其二,嵌入全球价值链使得企业在世界的舞台上和其他地区的产业集聚同台竞争并相互学习,促进了本地设计水平和加工技术的提高。

其三,嵌入全球价值链使得企业能够在第一时间获取海外市场的信息,提升了集聚的市场敏锐度和洞察力。

但与此同时,嵌入全球价值链也可能对珠宝加工产业集聚产生阻碍作用,如受到产业治理者的管理和约束。

其一,嵌入全球价值链使得集聚逐渐专注于加工制造环节,对外商产生高度依赖性,削弱了集聚的抗风险能力和创新能力。

其二,嵌入全球价值链使集聚处于被治理地位,被动接受价值链中"领导者"的治理,阻碍集聚向价值链高端攀升。

产业集聚的升级过程实际上就是突破原有治理者治理的过程。

集聚的外部联系就是集聚在嵌入全球价值链的同时与价值链中其他行为主体之间发生的各种联系。集聚外部联系的模式和能力的大小与集聚在全球价值链中的价值获取能力呈正相关关系,集聚的外部联系越有效、能力越大,集聚在全球价值链中的价值获取能力也就越强。

通过对全球珠宝产业层级结构模型分析可知,番禺珠宝产业处于价值获取量最低的"生产加工Ⅱ"层级,在这个层级广州珠宝加工产业接受来自于"生产加工Ⅰ"层级和第三层级的业务外包,为其提供加工服务,处于整个产业层级的低端位置。集聚以低端和中端并存的方式嵌入全球价值链,价值获取能力有限,价值等级层次低下。

通过解构珠宝产业全球价值链，对珠宝价值链动力机制和产业链各环节的价值分布规律进行分析，可以确认，番禺珠宝加工产业集聚在全球价值链中的空间价值等级低，而价值链中治理者的识别及治理模式的剖析显示，番禺珠宝加工产业外部联系模式有所偏颇，特别是与国内珠宝产业的外部联系能力较弱，因此，集聚在全球价值链中价值获取能力不够全面，有待提高。

19.2.3.3 番禺珠宝产业集聚升级方向和路径分析

不同价值链驱动模式的产业集聚有着不同的升级方向和路径。需要注意的是，这种升级的路径并不是绝对的，集聚也可能因为政府的干预、市场环境的突变或技术创新等不经过其中一个或某几个过程，实现跨越式的发展。

对于番禺珠宝产业集聚的升级方向和路径的确定，可以从集聚的全球空间价值等级、价值链驱动模式、价值链治理及集聚发育程度等方面展开分析。

（1）从全球空间价值等级的视角。番禺珠宝产业集聚是以加工贸易为主的形式从中低端嵌入全球价值链，集聚中70%～80%的企业还是中小型加工企业，价值获取能力不高，从全球价值链的空间价值等级模型来看，番禺珠宝加工产业集聚仍然处于全球价值链的中低端，要实现集聚的升级关键是要加强与全球价值链中其他高端行为主体之间的联系与互动。

其一，要加强向价值链高端环节行为主体进行学习，学习其产业政策、转型路径、产业服务等，更加深入国际珠宝价值链的高端，通过加入世界性的产业组织和协会，获得更多的发言权，为产业突破治理约束提供机会。

其二，要进一步加强与价值链高端环节行为主体之间的合作，加强彼此在招商引资、金融投资、技术研发等方面的融合。这是突破地区锁定效应、实现产业扩张、促进产业升级的重要方式。从2009年番禺珠宝和国际彩色宝石协会年会开始，番禺与国际主要产业界的合作互动不断加强，但是，与国际产业界的融合仍然远远不够，早前在番禺投资的两家著名的钻石加工企业均已结业，显示相关的合作模式仍然存在很大的问题；国际著名的产业基金也未与番禺的珠宝企业建立深入的投资合作机制。上述种种，均显示，番禺珠宝产业与国际珠宝产业的互动仍然处于较为初级的形态，没能产生应有的推动作用。

（2）从价值链驱动模式的视角。番禺珠宝加工产业集聚是一种处于生产者驱动和购买者驱动之间的中间类型，因此对于其战略环节既存在于生产领域也存在于流通领域。从图19-6珠宝产业价值链的中间驱动类型可以看到，在生产领域，技术研发、认证标准、设计能力等是产业的重要战略环节，而在流通领域，原材料供应、品牌运作、渠道控制等是产业的重要战略环节。

从番禺珠宝加工产业的实际情况来看，无论是生产领域的技术研发、设计能力、标准制定还是流通领域的原材料供应、品牌运作、渠道控制等环节的实力都仍然较为薄弱，番禺珠宝产业要想实现集聚的升级，必须向高附加值的环节攀升。番禺珠宝产业经过近30年的发展，在珠宝镶嵌和钻石宝石加工生产方面具备相当的优势，产业集聚要实现升级，一方面要利用自身已有的在生产加工方面优势向生产领域的设计、技术研发及标准设立等环节攀升，另一方面要积极面对目前的市场和竞争压力，抓住机会向渠道控制、原材料掌控、品牌运营等领域迈进。

因此，对于番禺珠宝产业集聚来说，在向生产领域高端环节攀升的同时积极向流通领域迈进是集聚升级的方向。为此，集聚要在生产能力、技术研发能力、设计能力、标准创建能力、品牌建设能力、市场开拓能力、资源掌控能力等方面进行重点突破。

实际上，番禺珠宝产业集聚升级需要走双向模式，而无法靠单一方向的升级实现。

从生产加工能力来看（生产驱动端），这是番禺集聚最具优势的一个部分，需要重点保持和进行技术提升。中国中西部地区的快速发展，导致珠三角技术工人出现大量缺口，劳动力成本快速上升，

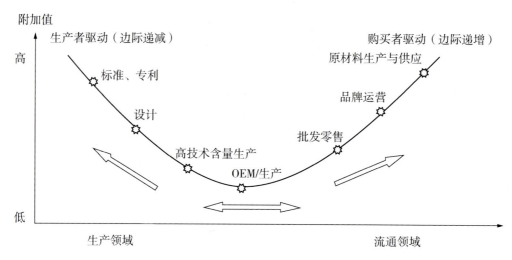

图 19-6　珠宝产业价值链的中间驱动类型

早年的技术人口红利已不复存在。2009 年，番禺缺工率排在前三位的行业依次是珠宝钟表、表面处理和服装制鞋，这 3 个行业的平均缺工率分别是 30%、25.3% 和 23%。显然，番禺珠宝产业人才流失已成为制约行业升级发展的要素。

Hanson（2004）等人发现，垂直生产网络对劳工成本变化非常敏感。说明劳动力成本是影响一个地区能否开展加工装配活动的最重要因素之一。因此，过去的加工集聚发展模式的提升必然要依赖新的全自动技术效率的提升，后者必然涉及技术创新能力的提高。

从资源掌控能力上看（购买者驱动端），包括金融资源和原材料掌控方面，番禺珠宝集聚的实力仍然有待加强。2015 年，广州钻石交易中心和广东省珠宝玉石交易中心入驻番禺珠宝产业，为番禺珠宝集聚强化和金融资本的合作，提升资源控制能力提供了重要的平台。目前两个中心已通过不同的途径加强与国际产业资源的沟通合作，2016 年开始，番禺区珠宝厂商会和两个中心通过番禺的珠宝文化节，举办国际产业高峰论坛，引入国外有实力的资源公司直接参与番禺珠宝产业的运营，在逐步提升对上游宝玉石材料资源的控制力。

综上可得，参考珠宝产业价值链的驱动模式，从多个渠道和方向积极向生产领域和流通领域的高端环节双向攀升是番禺珠宝加工产业集聚升级必由之路。

（3）从价值链治理的视角。番禺珠宝加工产业集聚受到本地外资企业、香港及海外拥有核心技术和设计能力品牌商，以及位于本地及香港的珠宝贸易公司或代理机构的三重治理，内部领导型和模块型治理模式并存。因此，番禺珠宝产业在价值链治理的环境下实现集聚的升级最关键的是要削弱或突破价值链中治理者对集聚发展的约束。

其一，要削弱或突破本地外资企业对本土企业的领导型治理，最主要的方式是大力培育本土龙头企业和创新型企业。

其二，要削弱或突破香港及海外客户的领导型治理，一是要加强企业的生产能力，减少对单一客户的依赖；二是要加强自有品牌的打造，并积极推行"走出去"战略，开拓国内和国外两个市场；三是要增强设计能力，提升合作过程中的话语权。

其三，要削弱或减少对位于本地或香港的贸易商或代理商的模块型治理，一是要加强自有品牌的打造和推行"走出去"战略；二是要整合资源建立集聚自有的贸易代理机构。

（4）从集聚发育程度的视角。集聚的发育程度与集聚的创新能力呈正相关，而集聚的创新能力又是集聚升级的内部动力。番禺珠宝产业集聚的发育程度较差,创新能力不足,升级动力弱小。因此,对于番禺珠宝产业来说,提高集聚的发育程度是集聚升级的内部方向。

其一,增强集聚的密集性,一是要建立珠宝专业基地,引导集聚发展,二是要合理规划布局,优化产业结构。

其二,增强集聚联系的有效性,一是要促进集聚内部交流,二是要加强集聚的对外合作与交流。

其三,增强集聚的结点联系的稳定性,一是要积极塑造集聚内部文化,二是要大力推进集聚制度建设。

其四,优化产业结构,一是要重点培育本土龙头企业,二是要积极引进国际珠宝品牌总部,三是要加强产业与高端服务业对接。

其五,提升集聚发展的动态性,重点扶持有发展潜力的本土中小企业。

其六,提升集聚的本土嵌入性,大力扶持本土中小企业群体。

其七,提升集聚的学习能力,一是要注重引进高素质人才,二是要积极推进产学研合作。

番禺珠宝产业集聚的升级路径选择如下(见表19-7):

表19-7 番禺珠宝产业集聚升级路径选择

升级方向	向珠宝价值链中位于生产领域的技术研发、设计、标准制定和位于流通领域的品牌运作、渠道控制、原材料供应等价值链高端环节攀升
升级路径	优化集聚企业的生产流程和生产效率,实现集聚产业的流程升级
	增加产品的种类和样式,提升产品的市场占有份额及品牌形象,实现集聚产业的产品升级
	通过提升集聚产业的标准创建能力、突破治理能力和资源掌控能力,实现功能升级
升级途径	对外:政府推介、推广区域品牌、收购海外矿权、推进"走出去"战略、建立自由贸易渠道、引进国际珠宝品牌总部、对接高端服务业、产学研合作
	对内:引进先进设备及先进技术、加强技术研发投入、增强设计能力、奖励和扶持重点企业、加强知识产权保护、创建加工制造标准、引进高素质人才、建立营销团队、培育与扶持本土龙头企业、打造自有品牌、促进内部交流和外部合作、塑造集聚文化、推进制度建设、引导产业集聚发展

集聚的全球价值链升级包括工艺流程升级、产品升级、功能升级和链的升级。番禺珠宝加工产业经过近30年的发展,已经通过"低端+中端"的形式嵌入了全球价值链,并实现了一定的过程升级,但目前整个集聚依然处于全球价值链的较低端价值层级。番禺的珠宝产业集聚要实现升级,一方面要加强集聚的外部联系,提升集聚的价值获取能力,另一方面要完善集聚的发育程度、增强集聚的创新能力,通过对集聚的全球价值链等级、产业价值链的驱动模式与治理模式以及集聚发育程度的分析,我们认为番禺珠宝产业集聚有三个不同的升级路径选择:

(1)通过对新技术、新设备、新流程的运用优化集聚企业的生产流程,提升企业的生产效率,实现集聚产业生产力的升级。

(2)通过增强集聚产业的外部学习能力,提升集聚企业的设计能力和技术研发能力,加强集聚企业的品牌塑造和市场开拓能力,增加产品的市场占有份额和打造品牌形象,实现集聚产业区域品牌竞争力的升级。

(3)通过建立新型产业服务平台,建设良性竞争生态环境,借助两个交易中心要素平台,提升集聚产业的标准创建能力及国际影响力、突破原有的治理和资源掌控能力,实现集聚价值层级提升。

19.3　番禺珠宝产业集聚升级发展的政策性建议

综合有关的理论分析以及最近几年番禺珠宝产业不断的升级努力及其成效，我们提出如下几个方面的升级发展建议：

（1）政府需要建立将珠宝产业发展成为支柱性产业的决心和可持续的发展机制，争取支持产业发展和融通国际的进出口渠道及征税优惠政策，突破产业升级发展的临界点，将番禺珠宝产业集聚从外向型集聚发展为具有内生生长动力的综合型集聚。

一直以来，番禺区政府对珠宝产业的定位和看法存在不确定性，不同的领导人的决心及支持带有强烈的"个人治理"色彩，政府层面没有真正确认番禺珠宝产业集聚未来发展的空间及其在番禺第三产业中的优势地位，因此，政府对珠宝产业的投入是非持续性的，这对于番禺珠宝产业的升级和可持续发展是极为不利的，可以认为，这是番禺珠宝产业要继续突破升级顶板最为核心的因素。

为何可以对番禺珠宝产业集聚加大投入，建立持久可持续的发展规划？关键的理由有三点：

①珠宝产业是集资本、技术和劳动力三要素于一身的现代朝阳产业，珠宝产业与文化创意产业及时尚产业具有密切的联系和交集是共识。

②番禺珠宝产业经过30年的发展，已经建立了"世界珠宝，番禺制造"的区域品牌，是国际上最重要的贵重珠宝产业基地之一，是中国当下最重要的珠宝出口制造基地之一，产业已形成集聚核心竞争力，与番禺其他产业比较具有一定的相对优势。

③《广州市城市总体规划（2017—2035年）》草案将广州定位为"广东省省会，国家重要中心城市、历史文化名城，国际综合交通枢纽、商贸中心、交往中心、科技产业创新中心，逐步建设成为中国特色社会主义引领型全球城市"。番禺位于广州南拓的重要区域，而原来属于番禺的南沙区已被确定为广州唯一的城市副中心，南沙区因为有六福等国际珠宝品牌（原来番禺区内品牌）的基础，目前已有将东涌珠宝小镇打造为时尚创意文化新高地的规划。作为环境友好型产业之一的珠宝产业是广州建立国际商贸中心的关键性产业之一，番禺具有比南沙珠宝产业更好的先发优势和更为强大的产业基础，可以和南沙一起发展成为粤港澳大湾区重要的时尚及文化产业中心，甚至国际珠宝产业中心。

（2）加大和金融产业的协作融合，建立产融发展基金，开展产业上中下游的并购合作，建立本地领袖企业品牌，打破国内市场治理者约束，建立国际国内产融结合的全域发展机制，从高端切入国际及国内珠宝产业价值链。

一直以来，番禺的珠宝产业集聚虽然也藏龙卧虎，有很多在国际上有影响力的香港珠宝品牌，但由于集聚长期依靠加工业务和对外贸易获取企业发展，除了个别品牌外，多数品牌缺乏植根性，主要沿用"前店后厂"的管理模式进行发展，当地没有能形成足够的具有示范效应和引领作用的领袖品牌。因此，近年来的发展缺乏推引力，集聚企业数量众多，业务全面，但往往是只见星星，不见月亮。

品牌建设获得企业资源整合、渠道铺设、市场运营等的能力低下一直是番禺珠宝产业集聚升级发展的软肋，造成这种状况除了植根性及意识以外，有一个非常内在的原因是番禺珠宝产业由于两头在外，与国内金融产业的结合和融合不够，导致扩张能力不足。

因此，加大与国际及国内金融行业及产业基金的合作，建立产业产融基金开展企业的并购重组，形成具有影响力的品牌，对产业升级具有重要的意义。

从产业以及企业的发展轨迹就可以清晰理解，实际上，全球最大的企业几乎都是通过兼并收购发展起来的，但没有资本市场的参与，大规模的并购很难完成。而企业在发展过程中通过寻找合适的并购对象，通过资源整合和资本运作，就可以推动产业优化资源发展，抓住新的增长点，获得最佳的发展空间。特别是当产业发展到较为成熟的阶段，并购几乎是升级的必由之路，区别只是是被人并购还是主动并购别人。

今后，随着"一带一路"倡议的落实，番禺珠宝产业可以通过"走出去"，进行海外矿权的并购，有效地实现向价值链顶端攀升，也可以一定程度地减轻国际原材料供应商对产业的控制力。因此，借助"一带一路"积极推进海外矿权收购，提升集聚的资源掌控能力，可以有效促进集聚升级。

（3）建立国际独立设计师发展平台，通过独立设计师设计创新盘活番禺珠宝产业原有集聚企业精湛的镶嵌加工技艺，打造"小型特色工作室品牌"，建设"品牌工厂"，进一步形成新型的"珠宝品牌"集聚。

从设计能力来看，番禺珠宝产业的设计技术一直与国际市场保持着高度的一致，是番禺珠宝产业集聚的一大优势所在，也是其国际化程度高和可以保持珠宝出口的优势所在。但早期这种能力主要与香港公司的直接输入有关，集聚本身自主的设计能力仍然相对较薄弱。近年已获得改善，但远远还没达到可以支撑产业升级的力度。

除了六福、谢瑞麟和卓尔珠宝等大的珠宝品牌和少数公司外，番禺珠宝产业集聚很多中小企业一直停留在工业化进程的劳动力密集和资本密集型阶段，无法上升到以技术密集为主导的创新发展阶段。原因之一就是多年来香港具有更为便利的国际合作环境，港资番禺珠宝公司的技术设计主要放在香港公司总部，以香港为中心运作，只有小部分公司将相关的设计核心迁移到了番禺。这种机制一方面体现了香港公司与内地合作者的机制问题，另一方面，则是内地在设计师人才培养上存在一定的缺陷。过去的这种运作机制一方面较难与国内市场进行接轨，而另一方面则是很难产生技术溢出效应，从而制约了集聚外部规模经济的形成。

独立设计师是近年来珠宝产业的亮点，显示国内的珠宝设计师群体已经觉醒和成熟。独立设计师对行业发展的影响力加大其实不仅仅是中国市场发生的事，这种趋势全世界均如此，只是因为西方设计师人才的培养一直是可持续的，设计师的作用一直较为重要，所以，其效应没有显得那么明显。

我国过去的企业，设计师只是其中的一分子，多数时候并没有特别高的影响力，企业主要还是资本说了算；但是随着网络技术的进步，很多的新生消费群追求个性，追求自由，很多的设计师不再依附在大公司或者大品牌之下，而是通过网络独立建立个人品牌、个人工作室，形成自己的风格，通过微商甚至直播来销售自己的产品和建立自己的艺术影响力。

这些独立设计师大多受过良好的教育，很多往往是在国外完成了设计师的学习后回国创业的，因此，每一位独立设计师都是一个新兴企业的发动机，都是一个广告公司，都是一个年轻消费群的"集粉器"；但是这个群体最大的缺陷是，创业早期往往缺乏镶嵌加工的资源，单靠个体的加工制作无疑是一种倒退，也无法形成真正的产能。与此同时，缺乏资本投入也是这个群体的软肋（个别已经很出名的设计师除外）。

番禺珠宝产业集聚拥有的，正好是独立设计师群体所缺乏的，两者的规模化互动将可以产生强大的"聚变"效能。

我们这个建议与番禺区珠宝厂商会2018年给政府提出的"广州市番禺区珠宝时尚产业发展三年行动计划"不谋而合。"三年行动计划"提出，番禺珠宝产业可以从打造"小型特色工作室品牌"到"品牌工厂"上升到"珠宝品牌"的发展，通过扩大宣传让跨界品牌与世界著名品牌集聚番禺下单、合作到合作供应商，将番禺打造为全球珠宝首饰供应链基地，吸引更多的国际珠宝品牌和国内品牌珠宝商直接到供应链基地。通过整合这个部分的资源，建立国际性的独立设计师发展平台和商业模式将是番禺产业集聚升级一个极有可为的突破点，因此，加大对自主设计类企业的奖励和扶持力度，出台知识产权保护条例，提升集聚企业，特别是独立设计师的设计能力是促进集聚升级的有效路径和重要选择。

（4）强化人才引进机制，积极鼓励高端管理、设计及创新人才落户番禺，是实现产业升级最基本的保障；推动产业技术研发创新，建立产业创新发展新机制，将"世界珠宝，番禺制造"升级发展为"世界珠宝，番禺创造"，将原有的珠宝加工集聚升级发展为珠宝时尚文化创意集聚，建立珠宝旅游工业新业态。

波特在《国家竞争优势》中认为，当经济进入知识经济和信息化时代，人才是解决发展瓶颈问题、提升国际竞争力优势的关键所在。

《2018中国城市人才竞争力指数报告》的研究显示，人力资源对资本竞争力、科技竞争力、结构竞争力、基础设施、区位环境竞争力、凝聚力、制度和文化竞争力、社会秩序、对外开放都有影响和作用。北京和上海一直是中国政治金融最具竞争力的中心，人才报告的研究显示，这与北京、上海在金融、科学技术创新人才已经形成了"集聚效应"，人才吸引政策导向高端人群有关。北京和上海在金融、科学研究、技术服务和地质勘查业人数指数分别位居前两位。研究认为，北京、上海的高技术产业的集聚效应，需要建立在创新人才聚集的基础上。广州也是南方重要的金融中心，但是与北京、上海及深圳相比，广州金融产业发展规模和力度都相对落后，这与研究发现广州与北京、上海、天津、重庆、杭州等城市相比，对金融行业人才的吸引力较弱不无联系。城市如此，产业更是如此，前瞻产业研究院《中国银行业市场前瞻与投资战略规划分析报告》显示，人才是第一资源，人才问题已成为传统银行业发展的"痛点"，仅2013—2015年，传统银行业流失的人才总计超过22万人。在如此大的人才缺口下，不少银行开始将人才招聘范围从国内拓展到国外，甚至由主要负责人带队，不惜花重金赴海外"挖才"。

我们进行的专利查新显示，番禺自有的各种发明专利相对较少，远远低于内生集聚为特征的深圳珠宝业（见本书中编），显示目前番禺产业集聚的技术研发能力还停留在一个较低的水平。从标准创建能力来看，2008年3月，番禺区成立珠宝首饰标准联盟和沙湾珠宝产业园科学技术协会，近年来，已完成了多项省级技术标准，证明番禺珠宝产业集聚在标准建立方面已开始奋起直追，具有很大的潜力。"中国工"是番禺珠宝产业对世界珠宝产业的贡献，通过设立钻石加工"中国工"的各种技术标准并将其在世界范围内进行推广，是提升集聚影响力和附加值的好办法。创建"中国工"有关的各项标准、加大品牌推广力度提升集聚的标准创建能力也可有效促进产业的集聚升级。为此，加强技术研发投入、加强先进设备的引进和先进技术的运用，建立相应的国际技术标准，扶持技术创新型企业发展，提升集聚企业的技术研发能力也是政府和行业进一步促进集聚有效升级的当务之急。

（5）借助渠道创新、网络乃至互联网技术，极大提升番禺珠宝产业集聚国内市场的开拓能力，建立与深圳产业的良性互动，形成新的分工与协作。一直以来，番禺珠宝产业对国内市场的开拓能力相对较低。这一方面与来料加工型企业长期的加工业务的形式处于外商客户的控制之下，使得企业逐渐剥离了市场营销功能，未能建立有效的渠道开拓以及市场运营能力有关；另一方面，由于主要以国际市场为目标，即使是其香港的母公司也长期远离国内市场，对国内消费文化及消费习惯的了解较为薄弱，造成了企业开拓国内市场存在一定的障碍。

为此，政府应该加强和推动不同区域间的合作、推动企业建立强大的针对国内市场的管理及营销人员团队、重点选取及扶持若干龙头企业进行培育，提升集聚内企业国内的市场的拓展能力是促进集聚升级的主要工作。

特别是当下网络渠道逐步成为新生代消费群的优先选择，而国内外在网络技术及互联网技术的开发上基本上处于同步发展的水平，番禺可以借助新渠道开发进行"弯道超车"，深入挖掘番禺文化创意产业和旅游创意产业的市场，形成新的国际和国内市场营销网络，与深圳产业集聚良性的互动和新的分工协作关系。

（6）构建和强化新型产业发展公共服务平台，充分发挥两个要素交易中心的效能，建立珠宝产业良性竞争生态，形成珠宝"广州价格"指数，提升产业的国际竞争力。

当产业集聚形成以后，产业的公共服务平台对于产业的进一步升级发展极为重要。

番禺虽然目前已有多家的产业服务公共平台，但如何借助公共服务平台来推动产业的升级发展的工作仍然处于探索阶段，比较多的工作仍然停留在对外联络沟通、对内和政府合作进行产业管理等内容上，但真正成为产业集聚发动机和产业人才充电器的功能仍然有待深入开发。

应加强产业发展公共服务平台，特别是充分发挥广州钻石交易中心与广东省珠宝玉石交易中心、广州市钻汇珠宝采购博览有限公司综合发展平台、金俊汇国际珠宝交易平台的竞合联动，强化其产业集聚器及发动机功能，进一步释放番禺珠宝产业集聚的效能。

附 录
Appendices

一、番禺珠宝产业发展部分政策文件

1. 关于加快工业企业发展的决定（番发〔1993〕38 号）

2. 中共番禺市委员会　番禺市人民政府关于加快个体和私营经济发展的若干规定（番发〔1994〕7 号）

3. 关于进一步加快个体和私营经济发展的若干规定（番发〔1997〕14 号）

4. 印发关于进一步促进经济发展的若干措施的通知（番府〔1998〕30 号）

5. 关于进一步加快个体和私营经济发展的补充规定（番发〔1998〕17 号）

6. 印发番禺市鼓励引进外资奖励暂行办法的通知（番府〔1998〕77 号）

7. 中共番禺市委、番禺市人民政府关于进一步促进外商投资的若干规定（番发〔1999〕4 号）

8. 印发《关于进一步促进外商投资的若干规定》的通知（番府〔2002〕70 号）

9. 关于加快工业集聚促进支柱产业发展的若干意见（番发〔2003〕10 号）

10. 关于成立番禺珠宝业发展领导小组的通知（番府办〔2007〕24 号）

11. 中共广州市番禺区委　广州市番禺区人民政府关于优化产业结构加快经济发展的若干措施（番发〔2007〕14 号）

12. 中共广州市番禺区委　广州市番禺区人民政府关于推进"腾笼换鸟"工作的意见（试行）（番发〔2008〕9 号）

13. 印发番禺区标准化战略实施方案（2009—2012 年）的通知（番府办〔2009〕80 号）

14. 印发广州市番禺区优先发展的现代产业导向目录的通知（番府〔2010〕130 号）

15. 广州市番禺区人民政府关于印发广州市番禺区优秀人才培养资助暂行办法的通知（番府〔2014〕57 号）

16. 广州市番禺区人民政府关于成立番禺区加快推动珠宝产业发展工作领导小组的通知（番府办〔2015〕30 号）

17. 广州市番禺区人民政府关于印发广州市番禺区工业转型升级攻坚战三年行动实施方案（2015—2017年）的通知（番府〔2015〕84号）

18. 广州市番禺区人民政府办公室关于成立番禺区珠宝产业发展领导小组的通知（番府办〔2018〕23号）

19. 区政府办第七检查组关于开展2014年第一季区政府重点工作和项目落实情况现场检查的通知）

20. 番禺区经济贸易促进局、沙头街道办事处关于大罗塘珠宝首饰交易平台产业发展规划编制和环境整饬提升有关工作的请示（番沙街〔2014〕1号）

21. 广州市番禺区人民政府办公室对沙头街道办事处区经贸促进局关于大罗塘珠宝首饰交易平台产业发展规划编制和环境整饬提升工作方案请示的批复（番府办函〔2014〕386号）

22. 沙头街道办事处关于申请大罗塘珠宝首饰集聚区公共服务配套项目立项的函（番沙街函〔2014〕32号）

23. 沙头街道办事处关于番禺区大罗塘珠宝产业平台区域路网设施升级改造的函（番沙街函〔2014〕40号）

24. 广州市发展改革委关于印发广州市2015年重点建设项目计划的通知（穗发改重点〔2015〕1号）

25. 广州市番禺区人民政府办公室对沙头街道办事处关于划拨大罗塘珠宝首饰集聚区电力线下地工程资金请示的批复（番府办函〔2015〕946号）

附 录

二、番禺珠宝产业调研代表性采访集录

编者语：本附录的采访是完全真实的采访记录，是现场记录或者通过录音整理而成。为了保留"原汁原味"，体现被采访者的观点及现实的想法，我们甚至在文法及地方方言表述上都做了保留，因此，这个部分的内容可能是更为鲜活和充满激情的，部分语言甚至可能有一定的瑕疵。作为现场的口语式表达，相信各位读者会体谅这种原生态下真实坦诚下显现的"粗糙"和"不完美"。下面按照采访顺序集录如下：

访谈1：番禺珠宝中心黄远欣经理

时间：2016年6月20日9：30—11：00
地点：番禺珠宝产业发展中心
受访人：黄远欣经理（番禺珠宝产业发展中心，番禺彩色宝石专委会）
采访人：于庆媛、李志翔、刘璐、黎国鹏
记录整理人：刘璐

（1）我们项目主要做番禺珠宝产业的规划，希望能够了解当地政府过去、现在以及未来发展的政策，番禺珠宝产业过去30年的一些故事，希望你们能提供一些龙头产业的名称和联系方式，最好还能提供一些过去珠宝展的照片。

黄：政府这边，我是2008年来到单位，所以2008年之前的事我也是靠看资料了解，但2008年后到现在，番禺参与过的项目，企业的事情还是蛮了解，所以详细的就2008年之后，资料方面只有2003年到现在的资料。2003年就是沙湾珠宝园成立的时间。到时我会将相关的资料给到你们。

今天帮你们安排了两个采访的人，一个是黄建民，以前在政府工作，现在自己出来做珠宝。下午我约了一个大罗塘珠宝首饰商会常务副会长，他以做加工企业为主，已经做了20多年，见证了番禺珠宝的发展，他也会比较详细，企业做美国单为主。

番禺主要做出口，60%~70%的产品会销往全世界，主要是美国、欧洲，还有南美、澳洲等，2015年我们的海关统计我们出口去美国大概是11.5%，对于美国市场来说我们番禺暂时是比较大的。

明天我可能会安排珠宝厂商会的会长包文斌先生，他在这一行也很有经历。星期二或星期三，我再安排李文俊。包文斌和李文俊其实都代表港资企业，20年前来到番禺，从一个人工资300块开始到现在，见证了番禺的成长，但他们以接外单为主，现在慢慢开始转型升级。

李文俊的公司已在香港上市。我23号去香港珠宝展，下周一回，再帮你们约见一些老行尊，比如市场、管理、工艺方面的老行尊，然后我们再约见番禺这边在全国做得比较好的珠宝电商公司的老总，和你们谈一下珠宝电商，你们看一下我安排的这些还有什么想法。过去就是约见老行尊，现在就是约见一些比较活跃的企业，未来就是看成长性比较大的企业，一些年轻的珠宝家。

我们番禺不像外面想的那么高大上，很多公司，例如米莱，创始人都是最开始在珠宝公司做学徒，加工做工人，后来得到一些锻炼，结合实际自己去开公司，然后就是现在得到了很好的发展。刚好我们电商适应这条路，它就马上快速成长。我听米莱说好像快要上市了。

（2）政府这边对他们上市有什么帮扶作用吗？

黄：基本上没有帮助。因为三和与亿钻是在香港上市，所以我们没有帮它们多少。因为毕竟是市场经济，所以对上市我们不会过分干扰。

（3）政府在番禺珠宝产业发展中起过哪些帮助？

黄：20世纪80年代初，一些港资企业来到番禺设厂，在香港接单，形成"前店后厂"的模式。刚开始听说工资是300块一个月。如果是新学徒，就没有工资，只是包吃包住，教你，你在这上班还要交学费，是这种模式，所以那班人现在在珠宝业界相对来说已经比较有成就了。因为香港拥有海外资源，英语上也有优势，所以番禺有60%~70%的海外市场。番禺那时占据80%~90%的香港市场，听说香港90%的珠宝商在番禺设厂。现在这个数据已经没落。因为第一，深圳发展了；第二，国内去香港购买的需求不大，番禺跟不上。番禺的工费比较贵，举个例子，深圳的工费只要10块，番禺就要15块，所以很多人做个简单的戒指都不愿在番禺下单。但番禺的工艺要好很多。据统计，出口全世界还是有50%~60%。但我感觉没有这么大，因为整个市场经济还是那么疲软。谢瑞麟和六福的经济总部还是在番禺。周大福和周生生在顺德伦教。香港比较大的品牌，金至尊那些，（加工）找深圳的一些公司，但是很多那种比较贵的，也是在番禺下单。大陆货就是在深圳下单。初期，番禺以沙湾珠宝园为主。

现今，番禺有两个产业集聚区，一个是沙湾珠宝园，以外资型企业为主，好像也有印度、比利时等很多国家的企业，现在集聚了100~200多个工厂。另一个是珠宝集聚区，大罗塘珠宝集聚区从2014年开始，以本地企业为主，大部分是小民营企业，从小加工厂开始，大部分都是这些形式为主。沙湾珠宝园是做工厂、出口、来料加工为主，但是大罗塘这边主要是小个体户，自己买一些原材料，或是在别的地方买一些材料回来，或是直接买半成品回来加工，然后进行买卖，规模没有沙湾那些大。但大罗塘这样的产业模式发展很快。

现在政府在全力打造大罗塘片区。因为沙湾过去10年已打造得相当成熟。沙湾珠宝园当时有好几个第一。如海关第一个进驻，全国首例海关部门进驻沙湾园区。第一个把国检NGTC引入园区为他们服务。第一个集聚了相当多的国际物流公司，专门运输珠宝等贵重财物的公司。两个业态完全不一样，但我觉得它们不是竞争关系，而是互补。沙湾珠宝园是一级市场，大罗塘是二级市场。

（4）大罗塘现在面向的主要是国内还是国外的采购商？

黄：国内外都有。但是沙湾珠宝园受海关监管，做来料加工，进1吨的黄金，加工完扣除损耗，出去到国外的话就要在一定范围内，出多少进多少受严格监控，不然就算走私。但现在国外市场不景气，国内市场也想开拓。就只能设两家公司，一条生产线专门做国内市场，一条做国外。但两家公司管理、财政、物料都要完全独立，不能串料，串料作走私论。但是企业不能既做出口又做内销两种完全不同的经营模式，所以他们很不适应。而且工人工资很高，普通的，连社保、公积金、交通、住宿补贴，一个生手有4000多块月收入，熟手的话，如果天天加班，一万块不成问题。

（5）现在这边工人是本地多还是外来多一些？

黄：大部分是外来比较多。首先是本地人不够吃苦耐劳，因为他们本身就可以收租，不用愁。

我们现在谈到工人，我也想谈几个问题，现在珠宝招工特别困难。一种是生产线工人招工困难。因为现在的年轻人都不愿做这些，每天手指都是黑的，现在年轻人有一个新观念，宁愿在办公室吹冷气，拿2000元的工资，虽然现在工厂也有冷气，环境也不错，但他们不愿意加班，工厂赶单的时候，10个小时，12个小时都会有，但肯定会给到工资报酬。我们之前听招聘企业说，应聘者第一句话会说，我只上5天班。但赶活的时候10天班，从早上上到晚上都有可能，他们年轻人就是不愿意干，的确很艰苦。产出很慢，一个生手到一个熟手，基本要3年，现在这个快节奏的时代，谁愿意等3年呢？就是维持3000～4000元的阶段，有悟性的话起码都要3年才掌握整个珠宝工艺流程。现在企业都不愿请生手，我宁愿贵一点，都要请熟手。它没有时间培养你，当它培养了你，你又会因更高工资跳槽。我们有一家公司，元艺公司就有这种感觉。它经常培养很多人，但培养出来后他们就跳到别的公司。所以我们说现在的年轻人不愿进这个行业，导致用工很紧缺。基本上本地人不愿做，而真正懂技术，技术比较好的，也比较难找，一般都是中等水平。但一般你真正能做到高端定制，高端不是我给你图片你帮我做，要会设计，会画图，各方面工艺如怎么拼石、怎么配石，一件货你给他，他都要会做，起码要10年以上他才可以胜任这个工作，这样的工人很难找，有的话，也被深圳等其他地方挖走了，所以番禺这边工人很紧缺。

其次就是管理方面，过去番禺以纯加工企业为主，但现在要做贸易、做推广等。我们以前就是埋头苦干干生产，和深圳完全不一样。深圳留得住人才，营销、贸易、管理，还有电商等技术性人才，我们这边留不住人。因为环境不好。大家现在都喜欢去珠江新城上班，都不愿来番禺。但在番禺的发展空间，对职场新人来说还是很大的。特别是现在电商方面，找一个懂写软文的都很难。很多人都是半桶水，不能在企业中独当一面，同时眼高手低，特别是有些大学生，总觉得自己很厉害，一到实践反而什么都不会，专业和学校完全脱节，希望以后学校能往专业实操方面加强对学生的锻炼，我觉得他们现在反而更喜欢大专的。

（6）番禺珠宝学院现在培养的人也不太对口吗？

黄：对口。不挑的话就业率都是100%。又回到刚才的话题，现在的年轻人宁愿在办公室拿低工资吹冷气也不愿意去工厂，但作为一个设计师，你不能总是吹冷气。因此，在用工方面，企业很困难。再说找文案。之前应聘者在8号公交车站下车再走到工厂里，他们说工厂太远，不想再来。而大公司又不想请新手。不管是技术、管理、设计，都不愿请新手，这方面出现断层。其实如果你愿意做的话，基本上都能找到工作，工资也不低，一开始就三四千块。希望你们也把你们的心思告诉我们，我们调整一下，吸引高端人才来番禺。

我们政府也做了许多努力。我们对珠宝检验员的培训是免费的。还有就是高端人才，不需要在这里买房，只要你达到标准，我们都可以引进来，拿到广州户口，现在广州买房都不可以落户了。我们政府投入还是很大的，但不知为什么，投入与产出效果不对称，不知道是不是宣传不够。

于：首先是交通问题。整个大罗塘的交通是个严重的问题。开车进去都困难，沙湾开车我都懒得去。我就住在番禺我都很少去沙湾，嫌远。交通是个严重问题。大罗塘不通地铁、长途公交车站，可能是地理位置的问题，做不起来。外面的人进不来，广州本地人来了还要转公交车。我在那做了差不多3年时间，只有那些退休的人，他们无聊，找位置聚会才来我店里，他们坐车不花钱，坐公交、地铁都无所谓。但那些年轻人，一听坐地铁再转公交，就不想来了，这也是我转到广州见客户的原因。

黄：现在大概60%的人吧，都不知道大罗塘。其实大罗塘有两个很有名的东西。一个是冻肉，你们吃的鸡腿、鸡翅，高端冻品，都是从大罗塘批发出去，以前冻肉市场很兴旺，基本全国的人都来批发。第二个就是珠宝加工。珠宝加工不是大规模的珠宝加工，是小规模为主的，都是小作坊。以前我 08、09 年刚入行时，我安排收会费，现在大罗塘有 11～12 个交易中心，但以前没有这个。以前我约他们只能在一个公交车站见面，他们再带我们去他们的出租屋。他们在出租屋里摆上机器，以前环境好的时候，摆上十几二十台机器，几十个工人就在里面磨石头。大罗塘主要是磨石头，在外面买原材料磨成戒面。不做圆珠，只做中高端的东西。圆珠就在海丰啊，可塘那边。以前你想找他都找不到，没有店面，就在出租屋里，偷偷接单，偷偷生产。现在一下建了那么多个交易中心，又出现一个弊端，僧多粥少。现在除了大罗塘珠宝城 A、B、C 满的外，其他都空了。

于：现在最新的国际的那个也不满了。

黄：现在也不满了。A、B 还行，其他基本不行。

于：二楼基本很少人上去。

黄：但现在基本环境也不行。我们珠宝业很奇怪。环境好，它是最后一个起来，先是吃住行，环境差，我就不买你珠宝了，这样一来整个环境也很恶劣。

我再说下番禺和深圳的区别。我们为什么做内销不成功？

第一，款式不同，番禺做夸张型的，国内以深圳为代表，是低调型的。

第二，深圳以黄金为主，我们做了一个市场调查，中国珠宝店里，黄金占 60%，钻石加翡翠 30%，彩宝原先是 5%，现在有 10%，很多人都不知道彩宝是什么，但番禺刚刚就是把这个比例全部反过来，第一就是彩宝，然后是钻石，之后是金银加工，就算有翡翠，也只是翡翠镶嵌。所以番禺怎么做内销呢，产品不一样，很难进入国内市场。2010 年那时环境不错，企业愿意投钱，投了几百万成立了一个内销联盟，后来以失败告终，就是因为水土不服。

第三，香港人的营商模式，与深圳以潮汕人为主的国内企业完全不同。香港企业该干吗就干吗，该立税就立税，但潮汕人做生意很懂"潜规则"，遇到什么困难就找哪些人解决，而我们这些外资企业就不愿意，他们觉得自己有交税，为什么不行。

第四，我们三心二意。因为外销好，有 30～40 个点的利润，内销只有 10 个点以下的利润。外销好，全部人去做外销，就不管内销了。前几年内销好，全部做内销，这几年外销不好，就不做外销。内销的经营规则又不懂。这几年外销环境好了又做外销。我觉得任何东西都需要经营和沉淀。

因为他们有先天的优势，做外销还有 30～40 个点，现在没有这么多了，以前单量大，都是几千件下单，现在没有那么大，只有几十、上百件。但内销怎么下单，这个款一件，那个款两件。我们番禺没有现货，就只有版。深圳是有现货的。中国很多都是自己出来搞，什么都不懂，就是有点人脉关系，拿点货再卖掉，你叫他看那个版，他不懂，你叫他下单，我们一个单一个月，他们等不了，我去深圳，今天拣货，明天就能卖。

然后，刚刚说到款式的问题，番禺就喜欢夸张的，群镶的，中国人喜欢大钻，一看碎钻就不喜欢，不在乎工艺。

第五，就是工艺的问题，有些人竟然和我说，他去华林国际某个档口只要几百块，你们居然要几千块。我说华林国际那么便宜，戒指那么薄，一压就会变形，番禺这边，戒指内部、底部加工精细，所以我们番禺金含量、银含量，如果 750，肯定会做 750 多；如果做英国单、法国单，欧洲这种高端的，可能会做 760，他一下单，几十件、几百件，总体成本一定会高，然后细节方面做得很好。就是你把戒指反过来，底部啊，凹进去的地方修得很好。中国其他地方，能看到的地方帮你修，不能看到的地方不会帮你修。国人不讲究工艺。毕竟他用功的成本与价钱成正比，这也是深圳和番禺很不一样的地方。

我们企业还是保留以前很老土的思想，我认为我就可以，我没竞争，你爱来这里加工就来，不来就不来。现在环境恶劣，可能会改变，但很长时间都是这种思想状态。现在环境不好的话，你想我怎么样就怎么样咯，尽量满足客人需要。

深圳还有和番禺不一样的地方就是，过去深圳很支持企业。企业参展，政府补一半。搞一个活动，用了100万，政府补100万。这种推动，好像我做了这事，我也可以赚到钱，我也可以宣传自己的企业，所以很愿意去做。

番禺以代工企业为主，不愿出名。因为品牌商叫你代工，品牌商肯定不想你出名。一直压制了我们很多企业创立自己的品牌，发展我们品牌的思路，推广自己的机会。

我们之前带企业去郴州参展，本来是6300块，企业只需2000块，5天还是6天，我们全部帮他们弄好灯和柜子一类，企业就是不太积极。因为现在展览会泛滥，不愿意尝试，太保守。加上现在微商对实体店的冲击很大。荔湾广场，一个铺头，一个月利润十几万。

以前做珠宝那么好做，是因为渠道不畅通，之前批发价5块，我不知道我只能去商场，那些东西50块，他卖给我30块，我就会觉得便宜。所以现在微信对他们冲击很大。二代的蜜蜡就几十几百块，我们的企业吊坠就两三千块，假证书太多，对整个市场的冲击还是蛮大的。很多人不了解。

很多楼貌不惊人，好像一个烂楼，连个门牌都没有，但里面就是六福的黄金加工中心。其实我们番禺很多好的东西，如钻石世家、金至尊，都在番禺。

于：这是番禺很严重的问题，招不来人才就在于这。

黄：但是弄得很奢华又树大招风。我还准备了番禺很多的未来规划，以后和你们分享。

访谈2：番禺大罗塘珠宝首饰商会常务副会长，番禺区珠宝厂商会副会长黄建民先生

时间：2016年6月20日上午11：20—12：50

地点：广州明将琅珠宝有限公司番禺店

受访人：黄建民先生（番禺大罗塘珠宝首饰商会常务副会长，番禺区珠宝厂商会副会长，番禺珠宝中心首席顾问）

采访人：于庆媛、李志翔、刘璐、黎国鹏

记录整理人：李志翔

（1）您之前在政府从事珠宝产业的管理，现在在企业做珠宝经营，经历过不同的角色或者说站在不同的角度，请谈一谈您对于政府在珠宝产业中应该扮演的角色或者职能的理解。

黄：政府的工作经历已是过去，现在我就是一名珠宝人，这个角色我不想混淆也不能混淆。那么现在站在企业的角度，我认为政府应当站在宏观的角度来对这个行业进行定位，进行资源整合，对大的架构进行把握，从政策、资金等方面对珠宝行业进行扶持，从大的环节给予企业支持，也就是政府搭台，企业唱戏，这就是政府的角色。

具体操作上，我认为还是靠市场经济，整个行业应当依靠市场来运转，政府不应参与过多。目前存在一些问题，比如某些细节、某些具体化的问题，政府要么管得太严，要么就不管，而不是依靠市场发挥配置作用。政府和企业应当摆正各自的角色，很多事情企业是办不了的，我认为整个行业定位不是某个企业能决定的，也不是行业协会能决定的，这个行业是否属于政府重点支持行业，是否属于政府支柱产业，这是从政府各方面政策可以看得到的。例如，政府对这个行业有什么扶持政策？相关部门对这个行业的支持程度？税收政策如何？资金支持如何？以及整个行业氛围的宣传与营造如何？周边整体环境及基础建设的配套程度如何？整个番禺珠宝行业（不是某家企业）在全国乃至全世界的宣传力度如何？等等，这些问题，是需要政府发挥作用的，而不是某个企业能够有能力去做的。

（2）据我们掌握的资料，番禺珠宝行业过去以外销为主，近年由于全球经济环境的疲软，外销受到影响，许多企业转为内销，但内销尝试并没有获得大方面上的成功，而同时外销又出不去，想请您谈谈对于这个问题的看法？

黄：我认为番禺珠宝这二三十年以外销为主，在全世界有它的份额，在全中国占得头筹，这本身是它的一个优势，这是对番禺珠宝行业在国际水准上的一个肯定，也是国家所鼓励的，有些人因为近期外销不好，而过于悲观，这没有必要。而政府应当继续鼓励，并且要继续保住或者加强这个优势。试想，如果连优势都没有了，其他还从何谈起？这是我对于外销的看法。

然后，在外销优势基础上，我们要加强内销，目前企业在这方面确实重视不够，也没有下大力度，我认为这有内因，也有外因。

内因方面，我们整个行业已经习惯外销模式，因为面对的市场是美国、欧洲等发达国家和地区，他们一般下的订单都较大，利润也不错，国外也注重原创，以前行业里做外销毛利可达40%。番禺主要做金、银以及镶嵌，设计较为国际化，从工艺、生产、接单等整个产业链都是建立在外销基础上的。

外因方面，熟悉国外采购、订购渠道，建设有海关、保税、物流链等完整功能，为做外销建立了良好的外部条件。

而至于内销为什么做不起来，我认为习惯外销的模式是一个原因。我们无论从设计、文化等方面都是走的外销路线，我们的镶嵌以夸张为主，钻石、彩色宝石等在十多二十年前开始在国内认知和接受度就一直很低，只能做外销；此外，我们许多的大型工厂都是做来料加工的，一旦做内销就会受到海关严格监管，多次查验是否把保税物资转为内销，造成工厂很多的麻烦，不利于内销模式的形成；再者，我们从各个方面都没有形成内销的运作模式，比如政策方面，外销工厂要做内销，设厂流程很麻烦，尤其是对于香港企业；另外，政府对番禺珠宝在国内的宣传力度、推广力度的支持并不够，没有形成氛围，不如深圳。

所以，番禺现在格局的形成既有内因也有外因。对于番禺发展，关键要找准自身的问题所在，要扬长避短。深圳从2000年左右开始，整个内销产业链已经很完整，国内大量的批发、买手集中在深圳，而番禺外销产业链也有30年历史。产业链的形成不是短期的结果，需要积累，需要时间，需要政府、企业、商会不断地沉淀。

而未来，番禺不能放弃外销，要加强优势，同时要打造内销，两翼齐飞，两个市场应当相辅相成，国内市场也慢慢与国际接轨，之前不被接受的钻石、彩宝等，国内也逐渐开始接受，所以未来外销的产品来做内销是相当有机会的。我们当前与深圳最大的差别在于，深圳的产品同质化非常严重，而番禺每个工厂都有自己的产品，这是番禺的优势。

（3）当前番禺代工占主流，那么如果番禺发展自己的自主品牌，做自己的东西，空间会不会更大？

黄：其实番禺的代工不是简单意义上的代工，很多企业是从设计到加工，自己开发产品的，只是有时为了避免引起国际大品牌的"不高兴"，就没有向外宣称产品是企业自己开发的。番禺很多工厂，从设计到加工，都有很强的开发能力、创新能力。

有别于全国的其他地方，我们有独特的优势。具体来说，深圳现在的模式是先做出大量的产品，然后全国各地的批发商来采购同一款产品。而番禺刚好相反，番禺为每个工厂单独接单，专门为下单品牌单独设计产品系列，不另外卖，只给对应的下单品牌，其他品牌下单，再另外做新的设计开发，避免了产品的同质化现象。此外，番禺还有很好的传统，一直在走国际化路线，注重知识产权保护，一旦给某品牌做完产品，所有产品均交付品牌，厂内不留一件，避免抄袭，并为品牌保密。我认为未来，国内应该也要走这条路线，走原创，走自己个性化的东西。目前，微商、阿里巴巴等产品同质化严重，没有自己的个性，纯粹卖批量产品，不太可能做大。原创、文化、内涵、风格才是突破的机会。

（4）能否请您介绍一下您企业的发展历程？

黄：我们公司成立已有几年，我是近两三年才加入的，我们公司之前也做外销，我们也经历过不同的阶段，刚开始有卖过银饰，兜兜转转，也做过零售，2015年年底，我们开始重新定位，主要想把握三个原则，第一要做差异化，即做的东西要与其他人区别开来，无论是做小众化的产品，还是大众的东西，无论市场大小，最终都要与其他企业有区分；第二要创新，要做原创珠宝，没有创新就没有生命力，我们做的基本是商店没有的珠宝；第三要整合资源，我们没有周大福、老凤祥等这样的大品牌有竞争力，如果还单打独斗，很难生存，小公司需要整合资源，形成团队。我们公司有自己的个性化定制团队，有设计团队（在全世界有许多获奖作品），有一批番禺最好的工艺师。珠宝很特别，需要在工艺上有突破，我们还在材料上寻求突破，比如珐琅、漆、钛金等材料的运用，形成亮点。此外，整合我们的彩宝资源。我们希望做出可以传承的珠宝，融入文化，而不是统货；并且原则上不用机器做，全手工、纯天然，我认为机器能做的东西，所有人都可以做，没有竞争力。总的来说，我们做的是一些市场上没有的东西，这与大公司的运营体系是有差别的，以上也是我们的定位。

未来，我希望像字画等艺术品一样，对应的个性化产品有对应的打造设计师，设计师的知名度与珠宝的价值挂钩，同时，还要加上文化，每一件珠宝产品都是有故事的，有内涵的，能表达某些东西、某些思想。没有文化的珠宝是走不远的。

现在公司正在筹建一个会所，150平方米，准备融入珠宝、艺术、文化，等等，做跨界的东西。日后珠宝卖的是文化、是故事。我想做的是资源整合，各有各的优势，最好的方式是合作互补，求同存异，而不是无谓的竞争。这需要企业与企业、学校、产业与政府等的结合，形成竞争力。政府推动形成氛围，反过来它也是受益者，但到企业具体操作，还是要符合市场经济，企业做好企业的角色。整个行业也要形成差异化，进行创新，沉下心做一些研发。

（5）您刚刚谈到的创新主要是产品方面，那对于其他方面如何看，比如销售渠道等？现在电商等新兴渠道日益发达，您怎么看这个现象？

黄：创新是全方位的，包括销售渠道。

对于电商这个问题，我认为商业商道有些东西是永恒的，做企业，你关键要知道哪些东西是核心。微商也好，电商也罢，只是一种模式，一种渠道的改变。对于珠宝，最核心的东西，第一是企业和产品定位，第二是文化，第三是设计和工艺，也就是产品为王；此外，要给客户最好的体验和售后服务，无论线下还是线上，顾客体验是关键。电商、微商只是销售模式，都重要，但对于企业，要寻找适合自己的模式，在自己能力范围内，把事情做到极致就足够了。当有能力做大的时候，需要多种模式结合，当前的销售不再是平面化的，而是立体的销售模式，线上线下多种渠道，但最终目的都是卖出产品，抓住顾客。所以，网上有网上的优缺点，可能传播速度更快，但现在也到了白热化的地步，竞争不易，我认为最重要的还是做出自己的风格，形成自己的特点。据我所知，当前有一些原来做得不错的网上企业已经开始走下坡路，因为他们后期被模仿导致分流严重，蛋糕就那么大，自然不易，而且网上相对缺乏体验，之前的快速发展可能掩盖了它存在的一些问题而已。

（6）请您谈谈对现在番禺珠宝行业现状的看法？

黄：我认为现在番禺站在十字路口，未来5年、10年有可能会大力发展，也有可能会慢慢没落。首先，现在全球整体经济环境不好，当前番禺许多珠宝企业，可能超过60%，都是不赚钱的，而番禺一直以工厂为主，人力成本比较高，现在形势不好的情况下，许多工厂大力减员，曾经许多工厂的工人都是过千的，现在很少了，大部分十几二十人，或者三四十人，200人的工厂都已经算不小了，企业都在节流；其次，国内方面，番禺在全国的知名度很低，个人认为国内对番禺珠宝的认识可能不超过10%，这对于番禺开拓国内市场是一个严重短板。并且，番禺珠宝没有形成规模化，在国内能达到开连锁店的可能就寥寥几家，与深圳的几十家是完全不能比的，而当前技术工人又大量流失，这种情况之下，如果番禺再没有大的发展，很可能会没落。

当然，如果从乐观的角度来看，我们也有优势。我们的设计开发，以及过去30年留下的与国际接轨的外销模式，让番禺珠宝根基还在，这是番禺目前在全国全世界还有优势的地方。如果番禺珠宝能够很好地利用这些优势，加上政府的支持推广，以及行业协会推动（如近年大罗塘商会等行业协会的成立），等等，将有利因素进行结合，形成差异化，加上我们本身独特的设计工艺，我认为是能够弥补知名度不足的短板的，番禺仍然有机会。另外，两个中心落户番禺，如果能真正运作起来，特别是将彩宝交易场地稳固在番禺，结合我们有利的因素，番禺是很有潜力的。再者，目前，番禺金融力量介入珠宝行业的程度还很低，这使得行业还未发挥资金优势，很多大的制作还没有出现；同时，番禺大多数企业基本没有向银行借款，都是靠自有基金、自有能力运作，比较稳定，并未出现深圳等地珠宝企业由于大量借贷，运作过程资金链断裂而纷纷倒闭的情况；而且，番禺大部分企业规模较小，比起大企业更容易"过冬"。所以番禺目前需要等待机会，并且如果能补上宣传推广的短板，建设好配套的环境，利用自身优势是有机会发展的。

（7）用工方面，您的企业在招工方面是否有遇到问题？

黄：招工方面，企业招有技术的人才很困难，但是许多人又找不到工作，这是个普遍现象。首先，这可能与政府、整个社会劳动保护过度有关；其次，可能与社会观念有关，不同于以前的失业，现在没有工作的年轻人，还完全可以有家里支撑，而年轻人也更愿意做轻松的工作，哪怕工资没有那么高，这就造成许多比较辛苦的一线技术岗位招工比以往困难。

对于这个问题，我们社会应当考虑着力培育新的工种；或者，当某一天，番禺不再适合这种工厂模式的时候，是否可以考虑产业的转移，把关键的设计、研发、创新、销售等核心环节留在番禺，加工部分可转移到成本低的地区或国家，寻求机会。市场发展还是需要符合市场规律，适合做什么就做什么，如果哪一天真的出现产业转移这种情况，如何疏导、如何承接，政府、行业都应当考虑这个问题。

访谈3：番禺区珠宝厂商会第9、第10届会长，三和珠宝总裁李文俊先生

时间：2016年6月22日上午10：30—12：00

地点：番禺区大罗塘三和珠宝公司办公室

受访人：李文俊（大罗塘珠宝首饰商会会长、广州市番禺区珠宝厂商会"永远荣誉会长"，曾任香港上市公司——三和国际控股有限公司联席主席兼运营总裁）

采访人：于庆媛、刘璐、黎国鹏

记录整理人：黎国鹏

（1）李总，您对整个番禺珠宝产业的影响力是比较大的，我们先从宏观的角度来谈谈，您认为目前中国珠宝在国际珠宝产业中是怎样一个地位？如何才能够进一步发展？

李：中国早在远古时代就开始佩戴"凤冠霞帔"等首饰，无论是对国内市场还是国际市场，中国的生产和设计都起到了很大的作用，国内的尤其是以番禺为切入点，大概30年前，香港的珠宝商逐渐进入番禺，带动了很多国际品牌的设计和手工艺。以往香港对世界各地的珠宝都起到了比较大的作用，但它是需要生产和人员支持的，进驻番禺这个地方以后，珠宝设计生产完后进入香港再进入国际成为不同国际品牌的这种做法已经有30年，其间，只做出口，大部分的珠宝商也会看到国内市场。10多年前，国内首饰就开始盛行，不只是买黄金这么简单，开始喜欢时尚的、慢慢接受带有国际设计的东西，10多年前开始慢慢接受外地款式，内销市场一步步打开。中国珠宝影响力的形成就是这样一种由生产设计逐步发展这样一种模式。

黎：如何增强中国珠宝对国际珠宝产业的影响力？

李：中国首饰（香港珠宝商）除了设计，很大一部分是手工，世界各地，为什么香港珠宝商选择在内地生产，因为这里的手工是被接受的。我们出口美国、俄罗斯等，世界各地都有，为什么他们会选择购买我们的珠宝？设计、手工在当地不是做不到，他们做的东西手工上是没有那么精细的，他们做的粗一些、偏向于机器能做的东西，而需要劳动密集手工来做的他们做不到，这样便逐渐依靠到中国来设计、生产，生产大部分需要手工，珠宝行业早期其实是劳动密集型行业，外地生产多是用机器（一个人看着10部机器）。在国内，一枚戒指要经过很多人才能制造出来，通过造模、镶嵌钻石、打磨等不同工序，需要不同的人去完成，这在外地是很难做到的，在一些人口较多、比较落后的国家比如印度尼西亚、印度等暂时还未能做到中国（香港）这些手工。当然，如果他们要学，以他们自身的条件，会浪费（需要）很多时间，倒不如向我们买。我们为什么会有优势呢？刚才我已经说了，

他们自己为什么不去做，除了机器不能替代人之外，还有税的问题，他们叫我们生产，我们邮寄给他们，去美国或俄罗斯，特别是俄罗斯，税特别高，他们向我们买，邮寄过去，打了税他们才卖出，为什么他们不自己生产呢，证明很多方面他们不是百分之百做不到而是需要花很多人力、物力才能生产出来，我们就相对比较容易，这种国际走势使得中国（香港）珠宝在国际珠宝产业有了一定地位。哪里都有税，我们买一些大品牌的食品回来在中国也要打税，虽然比较少，我们（珠宝）不是什么品牌，我们只是生产，他们跟我们买也要打税，这很大程度支持了我们这个行业的影响力。

黎：印度现在也以劳动密集型企业为主，他们的人工相对比我们的便宜。

李：一方面，那里还是以机器为主，不能说那里的人比较笨吧，那里相对我国发展还是要慢一些，主要发展首饰。另一方面，钻石切割方面，如石坯，用机器对钻石进行切割、打磨，他们的主力和优势在这方面，自己很少生产首饰，他们的内销注重黄金，黄金跟我们现在做的是两种不同的生产方式，做足金黄金是容易一些的，占用手工的比例没那么大，时款首饰占用的手工比例比较大，这些就重点反映了中国珠宝的国际地位。

（2）番禺珠宝产业对中国珠宝产业的主要贡献有哪些？

李：正如我刚说的，番禺珠宝接触国际层面的时间比较早，带动了一些时尚的款式和品牌的引入，有很多国际的品牌都是委托了番禺的加工商或是香港的进口商，接到单拿来番禺，它一定对设计等有要求，在番禺工厂生产，这种情况带动了番禺珠宝十多二十年的款式和手工发展，为什么国内珠宝商喜欢来番禺采购，就是看中了这个优势。

（3）与深圳相比，番禺珠宝的优势和劣势是什么？

李：深圳的珠宝以内销为主，番禺珠宝定位出口，"来料加工"是一个比较高档的行业，政府开始以"来料加工"补税措施吸引外地商人进入番禺设厂，近10年来，政府希望加大内销，这样政府才有一个投资珠宝产业的依据（即几年之后有税收收入），这些是政府想做的事。10多年前，深圳很大一部分是番禺珠宝产业的分支，番禺珠宝是支柱行业，但当时政府支持的力度不是那么明显，这里只是集聚了一群做珠宝工艺、首饰的人。10多年前也有人想做内销，但是扶持不明显，如在税收上、在海关、加工原材料内销要分开等，这使得生产成本增大，海关要求要有两条不同的生产线，内销要分设生产线就产生成本，导致内销部分分支到深圳，做出口的在番禺，因为有"来料加工"政策，做内销的慢慢就流向深圳，经过10多年，逐渐形成深圳做内销，番禺做出口、做生产这种定位情况。

（4）如果请您说3个对番禺珠宝产业影响最大的因素，您认为是哪3个？

李：好的影响是虽然珠宝行业是密集劳动，但没有像其他行业那样对环境产生污染，产值等每一项数字上面都会相对高一些，黄金、钻石都是一些价值高的东西，在厂房、人员方面是有要求的。如请个首饰设计的人员，便希望他能够穿得时尚一些、美一些，正如对首饰的要求一样，这是在请人方面慢慢形成的。这是好的影响，因为行业要求高，这个行业普遍工资、费用会相对高一些。在这带动下，就是消费，赚到钱他们就会积极去消费。也有不好的影响，相反，极端一点的，毕竟黄金等珠宝是价值高的东西，总会引来一些不好的现象，比如盗窃，这个问题10多年来都困扰着整个商会，很多会员都很烦恼。早期行业跟公安不是那么协调，他们定了个不成文的规定（现在已经取消），即丢了超过两万元的东西才能去报案，没得报案，就算你抓到了偷贼，公安也只是警告一下，不立案，十几年慢慢形成了一小部分人走这条路（偷东西不超过两万元）。近几年，商会大力跟政府沟通，从公安层面上升到政府（领导），政府也开始重视，取消了这条不成文的规定，有确凿证据证实偷东西的就能报案，公安就会调查，调查清楚就可以立案判刑，这方面（安全方面）逐渐走向一条较好的路线。十几年了，这是一个不好的影响，如果一开始就严格控制的话未必会扩大化，现在要修补难度大，这对整个行业造成了影响。正如刚才所说的，珠宝首饰行业从广阔的影响角度来看，面对国际市场、内需市场，人均收入有所增加，穿衣服都会戴点首饰，不论便宜与贵，我们厂有一些低端一点的产品18K金、22K金（金价低的时候低至百来块钱），高端的有几十万块钱一个戒指耳环甚至几百万的，这要视企业在行业里的定位，我们想做一些1000元左右的产品（市场会大一些），这逐渐形成了珠宝行业并不是奢侈品的文化，但也不是必需品，现在的人赚了钱会买点首饰装饰一下自己，其中部分手表、眼镜都是首饰演变出来的（如眼镜镶嵌两粒宝石装饰一下），这种行业形势使得番禺珠宝的生产扩大了，在大经济环境不景气的情况下，在国内市场，最近虽然高档珠宝的销量不算很好，但在平均较低端大众化的产品还是有销路的，慢慢形成了番禺珠宝的影响，这跟深圳是不一样的，因为番禺珠宝一开始受到政府在政策上的扶持，比如在行业推广上等，上两个月政府把大罗塘定名为珠宝小镇，为什么起这个名字呢，政府希望在这里形成珠宝一条街，由以前的生产、小作坊到现在的个性化定制，做一些小小的设计，然后做出来像耳环、戒指什么的，甚至开一些展厅，前铺后厂的做法，厂房搬远一点，这里（大罗塘厂房）作为展厅，使番禺珠宝逐步走出去。

黎：刚才你提到三个因素，第一个是劳工环境，第二个是安全因素，第三个听得不是很明确，是政府的支持吗？

李：应该可以这么说吧。第三个，首饰产业在番禺产生了很好的影响，由于政府近几年大力支持，希望现在有些集聚在沙头，有些集聚在沙湾，以生产和原材料为主的产业。这里（大罗塘）就集聚了一些产品和食品为主的企业，番禺地方其实不是很大，但这些产业全中国全世界都知道，这是很大的影响，靠企业单打独斗去宣传自己，这绝对是不可能的，政府近五六年，集中在这几个产业上，政府推动得比较好。

（5）目前影响番禺珠宝产业向前发展的主要因素是什么？

李：一是整个经济大环境的影响。二是消费模式的改变。现在的年轻人，今天iphone6，明天iphone7，他们的收入始终不是很高，都是要慢慢打拼出来的，他们需要的是在资讯上追求一些时尚，首饰对于他们来说像送女朋友、嫁娶或者有多余的钱会添置一些，但是消费模式在慢慢改变，个个都说先考虑衣食住行，住是最重要的，有多余的钱和欲望是会很有影响的。消费模式的改变对整个行业影响是很大的，要什么时候才能把整个行业调整对？因为珠宝这个大饼小了，以往比较大的公司，以前几千人，现在只有1000多人，为什么呢？一是刚才说的饼小了，二是成本不断上涨，我们20年前来设厂时员工月均工资最低300多元，现在跟广州的标准接近2000元，这只是政府讲的最低工资。在这个过程中，我相信没有人会按照最低工资发的，一定都会高于这个水平，根据现在的法律，还有社保、公积金等，以往只是社保，谁想买就买，不想买就不买，现在政府规定一定要购买，住房公积金四五年前都没有说一定要落实做的，但最近我想只要是交税的企业都会缴纳公积金。成本不断上涨，加上整个珠宝的饼小了，这对整个行业事实上影响是很大的，其中成本是一个很大的因素，当然，人均收入提高了，消费自然也会增加，那是不是对珠宝的购买欲望就增加了呢？我想这未必是成正比的，我认为这是一个好事，我相信每个行业都会有调整的时候，不可能环境好的时候一窝蜂，到一定程度不会一直往上的，相反有可能会收缩。很多国内的品牌，如我们认识的周大福、六福，他们发展到某一个位置是会收缩到一个合理的水平，他们不断扩展是不可能的，其实整个行业是会慢慢走回这个路线，每个公司都会有自己生存的方法，不行的就会被淘汰，相应的淘汰了剩下的珠宝市场（饼）还是像以前那样大没什么损失的，问题是跟不上时代的就会被淘汰，这是必然的。

黎：很难得、也很少企业能像三和这样一直保持业内领先水平。

李：我们都有一点点影响，因为我们走的是国际路线，其他国家影响都不大，主要影响是俄罗斯，俄罗斯受到国际特别是美国的制裁，油价也跌得很厉害，这些靠资源支撑的国家，油价跌是会有影响的，影响什么呢——进出口的数字，它的内需是不变的，这么多人需要吃饭，变成了他们不买国外进口的东西，用自己国内生产的东西，尤其是现在的汇率，以前的数现在是降低一半的，在很短时间内他们兑换美元的数跌了一半，他们是用美元跟我们结账的，因为钻石和黄金都是用美元来做结算单位的，他们不可能直接给卢布我们，所以要兑换美元，导致以前兑换的数现在要用一倍的价钱才能换足够的美元结账（卢布价格跌了一半），这对进出口造成了影响。近10年，俄罗斯崛起，成为金砖四国之一，现在四国已经没有了，巴西没了一半的纸水（货币贬值），俄罗斯跌得很厉害，进出口的数字一定萎缩，市场萎缩就唯有内需，自己的人在当地设厂，首饰就算做得没那么漂亮、精细，但至少有得戴，内需是没变的，但进出口的需求低了，除非是必需品，而且是他们自己做不到的，我相信这种产品是不多的，这对整个珠宝行业是影响很大的。

（6）据说番禺珠宝加工占香港80%～90%，现在这个数据已经没落，您认为造成这种局面的原因是什么？

李：这个分开来讲，并不是说外面的环境不好影响了市场，而是资讯、交通发达了之后，不是说每个厂商都会来番禺，可能会走远一点，成本上有影响，以前主要是船等进出方便，邻近港口，时至今日，不只是南沙的翻山船，有很多地方比如高铁能到的地方，他们都走远了的，因为成本上的控制，另外可能有些人希望在家乡发展，比如韶关人，希望在韶关设厂做番禺的东西，现在有高铁很方便。除了经济大环境的原因，资讯、交通影响了番禺珠宝加工（在香港）的地位，比如广西梧州，大家都知道，他们做一些半宝石、宝石，有很大的需求，也是有工艺的。再者，人工可能比这里便宜，成本比这里便宜，租厂房便宜，买地比这里便宜，成本上都会带动部分行业（不是珠宝行业），尤其是做制衣的，这和"有没想过去柬埔寨啊"的说法一样，不过他们容易搬，因为他们不需要很多技术性的东西，很多都是机器能做的，训练一班人看着机器就行。但我们的行业对手工要求更高，我训练一个人三五年，没理由去到另外一个地方重新找的，所以搬也只能是搬到国内更北一点的地方，这就会影响到这个比例数字，如果不是的话，全部都在番禺，香港少了，需求比例是没变的，事实上是低了，因为走散了，交通方便，资讯发达，以前要打电话，现在上网、E-mail全部能搞定，这些都是一个因素。

（7）您如何看待现今番禺珠宝面对的内销和外销环境？番禺工厂内销不顺利的原因是什么？

李：这是绝对的，专心做一件事情，成本上面分开了，其实都会影响，在成本上面，在专注上面，因为始终做内销不只是生产，生产可能都差不多，做国内要有一班跑国内的销售人士，当然，有生意不怕做，训练一班适合我们的销售都是一件不容易的事情，因为他们都要很了解行业，比如我请了一些毕业生回来做销售，就算合适，他们也要了解行业、了解生产，基本的东西都会需要有的，这部分是慢慢形成的，但是会慢一些，因为要专注。现在的经济大环境不好，很多企业都会安排多一些人员、多一些资源在内销这方面，但问题是现在的内地的一些做法出现了问题，大家都是中国人，面对中国人，或多或少都讲求信用，有时候我信你，放一批货到你这里，很多时候都会有影响，这是信贷问题，银行就要求有担保，但做生意很难说找人来做担保，我把货先给你，这慢慢形成了一种规定，客人3个月才结账，他卖了才结账也有，这有可能会不见了。在国外是不一样的，比较规范，几十年也好很多年也好，他们经银行经保险公司我再邮寄客人，账单是可以补回来的。另外，对方也要汇进银行，但他们的钱先给不到我们，我们邮寄的货到了才能拿到钱，这些银行信贷方面在国外其实很诚恳，已经形成了规矩。在国内始终，你我那么熟，喝多两杯，你相信我啦，这些信任慢慢地，如果货物价值低是OK的，价值高了甚至跟你要100万的货，100万还没事，如果是拿500万呢，他自己可能就周转不过来了，这些情况在国内很常见，尤其是在深圳，最近就发生了很多这样的事情，因为他们，可以这么说，滥做，为了扩大销售额，每个人都先给货，总之有个商铺就把货给他，问题是他们能不能销售出去呢？假设卖出去了，那些钱是不是拿来给你结账呢？会不会因为楼市好就把钱拿

附　录

去多买几层楼，或者股票跌了结不了账，深圳很多这种情况，最近这两年出现了骨牌效应，所以你看到很多公司出现问题。如果专注在一个行业上的话，事情未必会这么严重，有肯定是会有的，不可能说做生意百分之百的赚到钱收到钱，但是因为在专注上分心了，有些房地产和股票将行业的钱转移走了，这些都会有影响。番禺趁着这个势头（深圳调整得不是很好，出现很多问题的情况下）做内销，政府层面上的推动，不是说希望政府来购买，而是做宣传，宣传我们的珠宝，靠企业去宣传，我相信宣传费用是最贵的，这个就要靠政府把整个行业推动上去，使得一直去深圳买珠宝的商人都会来番禺看看，虽然他们知道番禺，但以前每次来到番禺买东西做生意，每次敲门他们都说不做内销的，为什么不做呢？就像我们企业，到我们厂门口按门铃问做不做内销，我们说不做，为什么我们不做呢？其实我们是有做的，客人突然这样来到厂里谈生意，我们还没有这样一个团队去接待陌生客人，但是深圳很多的，陌生客人第一次去买东西是拿钱去的，下一次就赊账，再下一次就赊更久的账，这些例子都有很多，所以前10年、前8年我们都没做这一块，最近四五年我们把资源集中起来，开始想打开门口。在大罗塘搞那么多展厅，其实就是想打开门口，我们是有产品的，你们过来吧。最大的问题就是刚才所说的政府应大力宣传番禺珠宝——沙湾、大罗塘的珠宝，其实不是没人知道，而是怎样才能引导他们过来。这方面政府是应该做点工作的。

（8）作为港资企业，当年在番禺设厂，政府是否有给予一些政策上的支持？

李：是没有什么支持的，基本上地方政策对所有行业都一样，开始是没有对珠宝行业进行特别扶持的，最近几年开始有一些。为什么选择来番禺呢？各个（前辈）行家带动的，你来番禺，我也跟着来，慢慢就集聚在这里。做我们这一行的很多都不是番禺人，很多都是潮州人、汕尾人，早期的时候都来这里，但现在他们做大了，又想回潮州、汕尾，所以正如刚才说的整个比例（番禺占据的份额）在减少，开始的时候一窝蜂在这里集聚，有了一定成绩就走了。当年来番禺，市政府是没有特别政策扶持的，只是海关相对成熟一点，海关成熟对进出口是易于处理的，黄金怎样出怎样进，他们有一些经验，番禺30年前就开始进进出出，近十多年海关已经形成了规矩，按照程序走就行了。

（9）您对珠宝电商有何看法？

李：珠宝电子销售很早已经有了，最早用电视销售，到后来的网络销售，很早就有，很成熟的。近几年好像微信、阿里巴巴等公司的出现，带动了很多网络销售平台，这些电商慢慢分支出来，有很多行家跟天猫、淘宝合作，有的负责收钱邮寄货，有的负责把货物摆上去，这些平台多了使得电商发展很快，因为自己做网络销售，平台其实（需要的）资源是很大的，他们靠这些公司建立了平台，把货物摆到平台上面，这些平台是很广的，比如美国的亚马逊（很大的销售平台），QEC（以前在电视上卖东西的，国内也有，199，299，邮寄给你），这样慢慢转变，使得靠这些网络平台崛起之后，对整个产业是提升了的，这是趋势来的，也正在完善中。当然这个趋势都会有一个实体店，这跟网上买条裤子，尺寸不合适，邮寄回去换，首饰始终都是贵重的东西，几千块钱跟几十块钱的区别，3000元也未必影响到他们，但再贵一些，有个实体店就安心点，看看款式等。总体而言，网络的销售是趋势，成本上，门店的销售客源带动网络的销售，这是正常的，他们会选择一下（商品）来推动网络销售。电商在今天是个趋势。我自己也经常会上网看看这些东西，例如买瓶红酒。这已经去到这个发展层面，有些年轻人做首饰生意，就往这个趋势走。电商现在的竞争也非常大，大家都做电商，但始终是会不断调整，达到一定规模就会调整，哪些可以，哪些不可以，会不断调整，有些新的出现，有些旧的慢慢消失了。发展得太多，就需要不断调整。实体店租金贵，或者不做，做就需要做得好，需要好的装修，一旦要做，需要很多成本的投入，例如有喝咖啡、喝茶的地方，可能只是卖了1000元，但优越的体验还是很重要的。在广州，店铺租金就非常贵，成本就非常高。因此电商肯定是一个趋势，但需要调整。

番禺珠宝产业发展 30 年

（10）面对现在整体行业形势，您认为企业、行业协会、政府，各自应该发挥哪些方面的作用，才能对整个番禺珠宝产业发展好？

李：做生意每个人都有不同的处事方式或者手法，例如做便宜的、做贵的，销售方式、款式各有不同。但如果说要把一个行业推上去，行业协会是非常重要的，因为行业协会是出面承担一个行业，有几个协会都无所谓，有一部分会员一起交流，希望有代表出面去跟政府沟通，通过与政府沟通，政府会重视，甚至了解到整个行业的需要，这个是政府与行业之间的事，其实协会是一个桥梁。但是需要是什么，希望政府做什么可以帮到我们，是要沟通的。当然，有所求就有所回应，这其中，协会是一种方式。

黎：政府在发挥作用方面您有什么建议？

李：政府呢，对我们来说建议比较少，大家按照各自方式做。但他们有要求，不过没有经常说，例如什么时候可以回报政府，需要交税。这些以往他们会说，但现在提的越来越少，说太多了，多少会对企业造成困难。当然，政府的想法是没错的，资源大家都有义务付出，因为企业有义务把路修好，将电线杆铺到地下，这些都需要钱，政府和大家都希望把环境建设好，当有人过来后，不会有环境问题，周围漂亮些，街道漂亮些，才能称为"珠宝小镇"。如果周围都是电线杆，车四处占道，地面有个大洞（很多货柜车）都没人管理，这样怎么能叫"珠宝小镇"呢？作为工厂都没有人愿意来。建设好了对双方都有利。政府希望企业这样做，跟企业谈过后，要求他们把环境搞漂亮，我们怎么做生意我们想办法。不能帮我们做生意，但在硬件（资源）上面可以帮到我们，在宣传上有方法，可以有帮助，你可以介绍整条（购物）街，不需要帮我们宣传生意，你宣传这条街，可以让我们负责走出去，举办展览会，带更多的客户过来，这是对我们双方都有利的。在香港有个展览会，6月份，占据很多人聚集的地方，现在那边多开了一个展览会，9月份的展览会也会在那里举办，当然，不同的展览商，我都会引进，我下午就会在商会介绍，9月份，如果有机会可以出去参展，参展可以带动到很多，公司会带动很多客人，做不做到生意他们自己谈，谈到我的厂在大罗塘、我的设计中心在大罗塘，客人就会有印象，其实这些都是协会希望（身为会长）做的工作，带他们出去认识又带点东西回来，参展是需要钱的，希望政府也有支持，参展可以资助一部分，至少是路费、住酒店都有一点赞助。我下午3点就是去商会介绍，希望能实现带出去、走进来这样一个做法。

（11）您的企业是否愿意培养生手？您对用工紧张这个问题如何看待？

李：现在这个行业对培训新人越来越少，为什么？10多年前，我们专注于学校，去珠宝学院、设计学院找人，也有去到远一点的，湖北武汉地质大学请一些学生，也有远一些的梧州技术学校，技术学校给那些读不了书的在那里学点东西，跟个师傅给些工具在那里设个班，半年时间学完了，因为学技术很快的，其他一些需求就由学校老师来教，完了我们请他们来实习，适合我们的就留下，不适合的就另找工作，10多年前，我们就开始这么做了，不断地培训人员，早期我们厂房最高峰有2500人，都在这两栋厂房里，慢慢地成本越来越高，如住房公积金等要缴纳，近年来经济不稳定，逐渐淘汰一些人，有些人未必适合我们这一行，他们坐在这里是阻碍了他们自己的发展，他们去到电子行业或者制衣行业更好。直至五六年前，应该说是08年金融海啸的时候，生意开始滑落，培训方面因为是需要成本的，有生意的时候多点成本不要紧，但生意滑落的时候就希望成本降低，因为减少了对培训的投入，如何请人呢？因为有些熟手是会离职的，需要人手的话那就不会去学校了可能会在人才市场上去招工了，招熟手，我们都希望是有经验的，就没有大型的培训，只有一些个别性的做法，行业也在收缩，刺激了大型的培训（的减少），这些很多都交给学校，以前这些工作我们是可以做的，现在成本上增加了。

（12）据您所知，对番禺珠宝产业发展影响最大的企业有哪些？个人或企业家有哪些？

李：以往的亿钻公司，相信你们都听过，百越广场的老板，沙湾仔的老板，以前的亿钻，现在也在这边，然后搬去沙湾，是番禺第一家上市公司，继续搞沙湾珠宝产业园及百越广场。以前沙湾珠宝产业园是没有那么兴旺的，后来我做了区珠宝厂商会会长之后，想办法靠商会的影响力，在香港拉动点企业过来设厂，当时政府、发展商一起合作，办沙湾珠宝产业园。后来陈先生（陈元兴）就把整个产业园买了下来做珠宝，这样珠宝产业的沟通会容易些，还有让行家愿意设厂，他购买后就开始做这个动作。如今你见到沙湾珠宝行业很兴旺，密密麻麻，亿钻的影响力都很大，政协常委推动行业也是很大力的。有几家以前番禺、南沙没有分开的时候，如六福，在鱼窝头那边，当时那里还是番禺的，现在划分为南沙就另说，他们这些品牌的生产都以这里为主，税收也在这里。另外，谢瑞麟也在这里，就在我们对面。厂不能用谢瑞麟的名字，来到这里注册多一个公司，工厂在此，这些比较有影响的品牌，政府也很看重它的税收，虽然说是生产在此，但是还有部分内销的税收，这是影响的地方，零售、批发，亿钻（陈先生）的珠宝产业是以中东为主的，都是龙头企业，不是直接去到产业。主要就是这几家，另外还有些中间的企业，从事珠宝在这个行业从最初的 8 万人、10 万人，到现在最少的 5 万人，为什么会下滑呢？是刚才说的经济的影响。

（13）关于培养人才，您觉得政府在培养技术工人方面能做点什么？

李：其实政府有做事情，如成立珠宝学院，番禺理工（技术学院）。政府有推动，但推动之后怎样衔接要靠企业，靠协会，这方面没有做好。很多训练出来，一部分人去到企业，感觉自己不适合这个行业，又转去其他行业，这对企业是有影响的，请他们回来，做了几个月就走了，企业是投入了很多资源在他们身上的。企业会把他们当作珠宝人开始培训，这与人才市场上请来的人干几天就走的情况有所区别，珠宝学院培养的学生可能一毕业就不做这行，他们只是有学位、有读书的经验，政府也投入了很多培训资源在这方面，无奈没达到效果，可能是对接方面的问题。

于：可能是招生的问题，应该从初中开始招会好一点，高中毕业的人的目标并不是来做技术工人的，我自己是地质大学珠宝学院毕业的，我们班当时大学毕业的时候没几个同学做珠宝的，31 个人到现在做珠宝的只有五六个，学位的教育胜过专业的教育，上大学的目的可能是学位证。

李：可能是我们的行业比较窄一点，没分行业的，不像财务，路宽一点，我们的行业事实上是窄的，他们的选择未必在这个行业，他们可以尝试，如果觉得不适合就跳出去。

于：政府在培训人的时候不应该以高中为起点，应该以兴趣，不应该设门槛，如平洲有玉雕学校，不可能说高中毕业、初中毕业考进来才要你，尤其是技术工人跟学历是没关系的，他干这个活可以不懂数学，可以不懂物理，只要懂干这件事就行。

李：我觉得学校也好，培训中心也好，或多或少他们的利益目的（收钱重要）大于其他。

于：社会上的培训机构就是为了赚钱，他们培养出来的人是进不了企业，干不了活的。

李：能去反映，但政府是不会去看这么小的问题的，他们直接委托教育局，资源是有限的，怎么用就由职能部门去处理，我们协会也没有很多致力于这方面的。

于：行业正处于转型阶段，人才应该很紧缺吧？

李：缺的，缺的不是生产人员，缺的是销售人员、设计人员，销售人员不是以前的那种拿着产品问买不买啊，现在要谈的，是要了解自己生产的产品，要了解产品是不是适合客户的需求，我相信这些是行业缺的，学校也好，培训中心也好，没办法学到的，所以这方面比较难请到人。刚才说的设计，这里是很多设计师的，小作坊设计师，设计有很多风格，设计是否适合市场，这个其实是有难度的，设计好不是每个人都能买的，一样很漂亮的东西，只能拿来欣赏的话，卖一件是没用的，最重要的是产量，有产量的产品往往都是很简单的东西，简单的东西怎样去设计呢？一件白衬衣每个人都能穿，如何设计？要特别一点，白衬衣要设计特别最有难度。

番禺珠宝产业发展30年

访谈4：第11、12任番禺区珠宝厂商会会长包文斌

时间：2016年6月22日
地点：番禺区沙湾珠宝产业园C5精诚集团
受访人：包文斌（广州市番禺区珠宝厂商会会长，精诚集团总经理）
采访人：黎国鹏、刘璐、于庆媛
记录整理人：于庆媛

（1）您认为目前中国珠宝在国际珠宝产业中的地位如何？如何才能进一步发展？

包：整个中国珠宝在国际上当属番禺珠宝为主。深圳主要内销。新兴市场如汕头，主要做低端市场，一部分也出口，但出口也是这几年才开始的。番禺和一些国际大牌合作。面对全球市场，番禺珠宝就是这个位置。

黎：依据中国珠宝在国际珠宝产业影响力，我们下一步如何发展？

包：说实话，因为现在的情况是成本高了，例如，经营成本、人工成本、社保、公积金等，我们做工厂的控制不了。控制不了成本，我们就很难做。我想以前五六千人的工厂现在可能就只有1000人。好像我们原先2000人的只剩下二三百人。已经失去了优势。

（2）番禺珠宝产业对中国珠宝产业的主要贡献有哪些？

譬如整个沙头街从1986年开始，从这里什么都没有的时候开始，当时整个番禺只有易发和珠宝。珠宝行业对番禺的影响反而不会在税收上体现出来。我们在整个番禺的消费，如住屋、酒店，整个行业对社会带动很大，反而不是税收。

因为当时金银是管制的，不能做内销。从香港过来开始就是来料加工。所以不可能体现在税收体系上。如果没有珠宝，在20世纪80年代，番禺不可能变化这么大。从税收评价珠宝行业贡献，这是这么多年对珠宝行业不公平的方面。当时是来料加工引资回来。不能够20～30年后一直都没有税收，这是不行的。珠宝怎么带动整个番禺，出口额有多大，在广东省出口创汇额占多少，不能单一提税收，按税收评价行业不公平。

（3）现在深圳发展这么好，与深圳比番禺珠宝的优势和劣势在哪里？

包：一直以来番禺珠宝的设计和工艺一直走在前列。国内工费低得太厉害，珠宝首饰始终是一分钱一分货。这么多年来的经验，什么货应该怎么做，我们有一套标准。面对全球整个市场，很多行家没有把设计搬回国内。好像我们公司一部分设计在法国，一部分设计在香港，这几十年来，从头到尾都没有将设计放在国内。

黎：番禺的优势？

包：国内始终都是价钱第一，要便宜。大家做事手法不一样。做出口的看好一件货，签好合约，定金到就可以开始做了。这么多年做生意都是这样。我们商会主力都是香港人，不太习惯这边的生意手法。关税上面的问题，让他们一部分货不报税进来，他们不会干，他们也不敢。深圳那边怎么做不知道。

新闻经常报道深圳海关抓到多少多少。他们在香港买好货怎么带回来，我们不管，交易在香港，你会见到3、6、9、11月展会一开的时候深圳湾、罗湖就会一路有人带货。这种手法我们不敢做。我们也不可能这样做，这一直以来困扰着我们，如果加上税收，成本就很重。就比如我们开价三四十块工费的，深圳二三十就可以。你已经比别人贵了，还要开张票加上税，就完全没有竞争力了。形势上始终都和做出口不同。我们是看货签合同付定金。有些是铺货代卖，卖完结算，我听都没听过。我们

不是做服装，我们是做金银首饰，有的心地不好的人会将货拆了换成钱，周转几个月。我真是没听过。有的行家做美国可能会这样。所以我不做美国，我只做欧洲，实实在在的你下多少单就是多少。本身利润不多，很坦白地说现在情况很恶劣。各种费用很多，社保、住房公积金、工会费等加起来一大堆。你请人回来，新人要2500～3000元，还有社保公积金，加起来就四五千了，还要包吃饭、包住。这是新人或学徒。如果熟手至少七八千，已经是很平常的了。七八千兑换成港币都一万了。以往番禺确实有优势，优势就是以前我的厂2000人的时候，一个人省一点，2000人可以省很多。现在已经压缩至一两百、两三百人，不会体现到你节省那部分。所以我见到的不是优势，而是劣势。

黎：是不是因为汇率高造成的？

包：这个要两面看，这么多年来，汇率高高低低影响不是很大。厂房和地已经租了下来。这不是重要问题。主要问题是成本和用工问题。现在没人愿意入行。我的厂房都是装修得像写字楼一样。工作环境不差。做珠宝不是做苦力，是干干净净、整整齐齐的，空气都会回收，水也会回收，对环保也是一件好事。反而现在的年轻人不愿意做。我们走访过很多地方，去到省内很偏远的地方，甚至去到长沙，去技校招人，都招不到人。这是一个技术工人断层问题。现在的环境不好，单不够，请人对大家来说是一个亏本的事情。有时候够单了，又请不到人。请一个人回来不是马上就能工作，要教3～6个月时间，所以形成了一个断层。这是一个很大的问题。简单来说，有单和没单都是问题。

（4）人才培养方面，您有没有招新人培训？

包：有，但是越来越少。一个是找不到，一个是用工少了。培养一个人成本很高。6个月学完可能就走了，留不住。因为现在的劳动法偏重于保护劳动者。他说走就走，你都无可奈何。真金白银培养出来的，他说要走，你又能怎么办呢？所以很多老板都怕了，宁愿贵点招熟手。这就形成了恶性循环，很恶性的循环。你看每年番禺理工学院毕业生能从事珠宝行业的有几个，很少。我们去招聘，他们不想打工，反而问有没有管理做。

（5）如果请您说三个对番珠宝产业影响最大的因素，您认为是哪三个？

包：用工成本高，用工以外的成本也高，其次我想，对每一个行业影响很大的因素都离不开社保和公积金。这是一个工人他感觉不到的成本，我（工人）拿了5000就是5000，背后还有1500～2000元吃饭、社保、公积金等。但是这些费用没有发给他，他感觉不到，他觉得自己只拿了5000，但企业在他身上花了7000的成本。大家认识上有差距。

黎：除了用工成本高，还有其他影响吗？

包：我们做了这么多年出口，都没有对政府提过要求。开展览会都没有赞助。昨天广州有人来做调研，说买机器都可以申请，我们也没有。我们闭门做自己的生意。做厂最大的问题，一个是成本，一个是用人。现在根本没有人可用，也没有肯入行的。因为本身其他地方都把重点放在珠宝发展上。本身珠宝有优势的地方，好多都想有工厂搬厂过去。茂名、海南岛、青岛、重庆都好多政策扶持工厂过去。你要想到很多人都是从那边出来打工的，现在本地发展都回去了，导致工人流失。本身其他地方的发展都是从番禺挖人过去的。番禺就像一个大仓库（人才库），大家都来这里取货（挖人）。在这里七八千，荔湾给一万二，就过去了。因为大家面对的客户群体不同。零售客户选一个翡翠，给四五百起个版是小事。做批发不同，做件货工费才四五十。但是他们做一件货千来块都可以收到。所以他们就有资格、有资本请人。所以有技术的人都被请走了。广州是个例子，去深圳、上海、北京都会有。有零售的要修理，寄回来很麻烦，宁愿开个档口在那里。所以这也是一个人才流失的大问题。

人，做厂莫过于人。首先是成本，其次就是单。单的问题就是出口很差。问题是美国从2008年到现在都是低潮。欧洲这么大的难民潮，怎么向好呢？俄罗斯又打仗卢布贬值，以前买一双鞋的钱，现在只能买一只，哪有钱买货？所以整个环境导致了单少的问题，部分企业慢慢转内销，内销这部分发展就很慢。

（6）您认为做内销过程中，政府、行业协会应当充当什么角色或者发挥怎样的职能？

包：行业协会应走出去，如到长沙、山东、福建等地宣传番禺。大家都知道深圳是做珠宝的，但没人知道番禺也做珠宝。如果不走出去，就不能客户拉进来。唯一的办法就是走出去宣传。展览会太过泛滥，已经没有用。稍微好点的北京展览会，我去年看过12月展会，很差，人都很少。如今我们真的要跑出去，至少让人知道你有这样的东西，人家哪天来看展，你也知道他是客人，不会出现路过你都不知道，以为是街客的情况。跑出去是对番禺珠宝行业的宣传。这部分不应该就我们行业协会做。我们行业协会做事的步履太小，不够。最理想的是政府可以在某部分上支持的力度大点，一个是金钱上的，一个是派人员和我们一起宣传。其他政府来番禺做拜访，其实都不是单单商家过来的，人家都会有政府人员参与陪同。但我们这么多年来都是商会自己出去跑。有时候人家来拜访想找个官方人员来咨询投资环境，政府都未必会有人出来接待。这是个问题。所以要宣传番禺搞珠宝。很多地方都不知道番禺。去到云南，人家说都是去荔湾找。人家不是想找那些低端货，而是知道有番禺做珠宝，但不知道番禺具体做什么，哪里找。很多人不知道这里有人在做珠宝。这是事实。当然，宣传费用是不小的，是个很惊人的数字。

（7）据说番禺之前占据香港市场的80%～90%，听说香港90%的珠宝商在番禺设厂。现在这个数据已经没落。您认为造成这种局面的原因是什么？

包：我想没有那么高。香港当时分两三块。一块去深圳，比较少，不知道为什么。一块去了顺德，大约三十几家厂。到现在还有三四十家在顺德。部分厂从番禺又搬到花都。花都现在就没有了，只剩下台湾人的石头记。我们番禺占60%差不多。最主要是整个单少了，比例不变，不是我们抢不到。形势不乐观，大约占到60%，现在也差不多还是这个比例。

（8）您怎么看番禺现在面对外销又搞内销的形势？番禺做内销不是很顺，走得比深圳慢，您觉得是什么原因？

包：之前我说了，在番禺做出口首饰加工七成人员是香港人，香港人过来大约10年，还有更长时间的。我们做出口，以前利润还是高点的。内销利润真的很低，所以内销就处于想做与不想做之间，因为它始终习惯不了内地企业内销的一些手法，怎么都行，他们不是很接受的。本身大家不在同一条起跑线。你这样不交，那样不交，我们都要交，所以加在一起成本就高了，我卖一块五，他卖一块。你都不帮我买了。深圳主力主要做内销，政府收到了税收，返还回来的就很大。做展览、做宣传，很惊人，北京展、上海展，深圳企业不管到不到，广告都到。真是大会场一定是深圳的广告，根本见不到番禺的广告。所以大钱应该政府出。

黎：大钱应该政府出？

包：内销有些人真是未必想做，转做内销，真是要拼一下。现在环境不同，不是我想做就有机会。有机会，还得看是什么机会，可能是亏本的机会。以我自己为例，我做内销，分了几个阶段，我20年前在上海做，做31间铺的时候，磕磕碰碰损失了2000万。我后期来番禺发展的时候，就在钻汇做间小铺，三四年也亏了400万。这经验不是我一个人的。这经验很多人都试过。都尝过还不害怕？过去大家赚钱的时候，无所谓，就当花掉了。现在已经处于这样的困局，我还拿钱出来，疯了吗？肯定是能收起来就收了。这是很坦白的。我可能将欧洲那批货或者那套东西照搬出来，重新出一套版，没有一千几百件是搞不定的。那你的投资随便一两百万就不见了。起版、做货、压货，再找人推销，各种费用要好多钱。在现在这样不景气的时候，又不是说你愿意跑就会有生意的。好多机会是没有单。那你怎么办呢？你都想想不如打场球，输了就一千几百。我再开辟一条线出来是不是死得更快？这个是我们担心的。

（9）您对现在珠宝电商的看法如何？电商对珠宝产业影响比较大？

包：你为什么会认为电商对珠宝影响比较大呢？你觉得你会在电商买珠宝吗？

黎：我个人就没有在网上买过。

包：我不觉得有影响。坦白说有段时间电商确实影响了零售，但是我今年反而见到电商又回头做实体，尤其是珠宝没有一个标准化。比如说这件货的石头和那件货的石头是不同品质的，标准不同所以电商无法做，除非是很低端的货。500元以下的货做电商可能行。要真真正正在网上大展拳脚，我看不是很容易的，最主要是摆三四款货上去，每个款2000件存货，但2000件货不是件件标准的，拿不了一个标准，这种销售模式是不是就很困难呢？所以必须在实体店里面让顾客看得清清楚楚，这货是这样的。珠宝不同于iPhone，iPhone每件都一样，所以iPhone可以网购，手表也可以网购，但是珠宝就是不行，不能标准化，每一件都不同。

黎：但是他们在实体店的经营就开始走下坡路。

包：我和他们都聊过，我问过他们网上的销售怎么样，都说不行。

于：好多企业上京东做电商，最后赚钱的只是京东。

包：京东、唯品会，你普普通通的企业找他们，他们不理你。他们本身有段时间供货商太多，太杂，因此会不断地将供货商淘汰出来，你自己说你有什么实力，有什么牌子，他们都未必相信，都不会见你。京东、唯品会，我都代表商会和他们聊过，我就留下名片，签了份资料放下就完事了。这些不是我们能出面做到的。如果真要做，政府机构出面还可以。我们敲门都找不到的。

黎：他们可能不太重视珠宝这块，都是卖家电、衣服的。

包：这可能是因为一直以来税收上体现不出番禺珠宝的优势。如果真能转型做内销，税收自然就出来了。

（10）我们想出书，精诚的历史比较久，我们想收集一下这方面的资料，不知道是否方便提供，公司资料都可以，比较有代表的。我们想出一本关于番禺珠宝30年的书，但是2003年以前的资料比较少。

包：不是不可以，但是我们精诚公司都没有做过公司历史资料整理。我是第一批过来的。大概是1989年10月份，当时在现在的新大新那里做，同东宝房地产合作，三资企业加工。精诚的前身就是这样。

黎：有点可惜，这么多年历史和文化都没有记录。

包：如果你问30年的事，商会可能会帮到你，比如提供图片、资料。

于：商会会刊从哪一年开始？

包：20几本，每年1本，什么时候开始我不记得了，要去商会问阿美。

（11）您觉得番禺影响力比较大的企业或者个人有哪些？

包：六福（那里现在已经属于南沙），真正体现在税收，一年差不多一个亿的税收。但是现在不属于番禺。谢瑞麟也在番禺。内销企业有税务的显示。

于：听说政府不重视珠宝产业是因为税收。番禺政府错过了留住做内销企业的机会。政府现在还能采取点什么措施留住企业？

包：说实话，我们反而见到很多省份有想法，其他地方反而是想引资过去。他们确实有优势在那里。比如广西，他们在越南找工人过来，700元1个月，我见这么多地方开出来的工资中这个是最吸引人的。但是不是只有珠宝过去。富士康，十几万人的公司，比如你想去越南当地开厂，还得担心当地的政治环境。但是你现在是在广西哦，所以人家真有优势。主要有几个原因：珠宝行业一直不会想政府怎么能帮到我们。生意毕竟是生意，你能接到单就做，接不到就没有。帮到厂的唯一就是单。

番禺珠宝产业发展30年

《劳动法》是全国的法律，社保、公积金这些固定没得变了。工资上去了，没得变了，所以是个绝境。所以真是能做的，就是要转型做内销。我见到每年的问卷，100多个会员就是100多间厂，只有30%有兴趣做内销。欧洲、美国的生意今年差到这样，可能会多些企业想做内销。但并不是全部都有兴趣做内销。而在这个过程里面的费用，他们的想法，真是能走得出来做内销的公司不多。我真是觉得在番禺这个地方依然自顾自地做生产已经不现实了。

于：就是说在番禺只做生产已经不现实了。

（12）番禺首饰加工在过去30年国际地位的变化？

包：在我看来，番禺珠宝加工业国际地位并没有什么变化。不是我们的单被深圳、顺德抢了，而是全球需求量少了。相对来讲，不关企业本身的事。不是因为我们的工艺设计差了，导致单少了，而是现在需求量少了，导致货少了。比例没有什么变化。

（13）现在阻碍番禺珠宝向前发展的主要问题是什么？

包：工资啊、成本啊，做厂都是这个问题。你问100个老板，100个老板都是这么回答。

（14）能否跟我们分享一下，您在番禺珠宝行业这么多年来一些印象深刻的影响番禺珠宝行业发展的相关事件？番禺珠宝的核心优势是什么？以及您从业这么多年，个人对珠宝行业的一些看法、感悟？

包：我1989年至今都在番禺，一直没离开过，看着番禺发展，生意归生意，有起有落，这是每个行业都会发生的事。没有觉得有特别大的事。

（15）中国珠宝在国际珠宝产业中的地位怎样？

包：我认为中国珠宝没有达到影响国际珠宝业的地步，为什么呢？因为你看现在设计，你请一个设计师2~3万元1个月，放在那。放10个设计师在那闲着，真没见到有这样的企业。我们现在不敢去深圳，你今天去深圳摆个款式，可能过两天满街都是同款。有的甚至是比较夸张的拿来比赛的，真的不是做生意的。很少公司会养着设计师。香港学校来参观，设计很难教，只能教工艺。设计师每个人都是靠自己看书，到处学习观察来的。

（16）您1989年来番禺，经历了番禺的变化时间节点。原来的东宝房地产公司是合作的三资企业，为什么改制分开了？

包：当初东宝公司合作的三资企业，番禺房地产、澳门何厚铧，合资成立了东宝公司。六福、云光、精诚、合诚、荣昌，六福现在搬去鱼窝头，云光还在番禺大罗，合诚已经不在番禺，可能搬去佛山。为什么东宝会没有了呢？当时只有两家比较大，一家东宝，一家莱利，莱利当时不算大，在大罗塘口，只有它一间。厂比较大，没有拿牌来挂靠。所以当时莱利就自己一间公司。后来莱利自己不做，牌给人挂靠。精诚第一间公司就是"莱利精诚"挂靠莱利3~6年，后来用回方盈珠宝公司的牌照。方盈本身就是东宝的前身。现在方盈的人就是东宝做珠宝的那些人。

番禺有牌的公司有东宝公司、番华、莱利。莲花山珠宝城是九几年开始的，现在可能还有车石，有也就是一两间。现在主要集中在沙湾和大罗塘。几间大厂都划到南沙了。历俊（广州）珠宝有限公司、东方等大厂都被划分到南沙了。

于：这些企业在南沙，集中吗？

包：比较分散，没有集中。

于：我们要了解以前这些公司，资料在哪里？

包：商会。找会长李建生。做了八届会长。1989年回来，我最初是跟着李生打工。

于：精诚在金俊汇有展厅，是要做内销开辟内地市场吗？

包：有啊，在金俊汇门口。

于：番禺到处去宣传，目标或者定位如何？是一般消费者还是零售商？

包：每个人想法不同，没人去定位。零售，番禺不是个合适的零售点，没有客；批发，对外宣传不到位；旅游，也看不到旅游资源。

于：各家企业定位不同？产品定位不明确，批发商来进不到货，零售也不行。

包：我的店定位做批发，原材料批发，做珍珠批发，我知道自己做什么，但是没有客人。

于：定位不明确，宣传少的原因是什么？

包：政府宣传还可以，每年一次珠宝节还可以，但没有什么其他宣传了。

于：产品定位不明确，批发价格拼不过深圳，款式可以见到的也不多。大部分都出口了。出口的款式这里也看不见。

包：这个就是他们想不想拿出来（的问题）。不是说没有款式，大家做了这么多年厂，仓库得有多少货呢？没有几千款货是不可能的。但是那些款式不可能直接拿来做内销，不合适。也没有人愿意做一批货出来专门做内销批发。这个费用很高的，金、钻石、银材料，材料费用都很高。你看这条街都没有客，谁敢做。做批发，其实本身我不愿意出来。在厂里做批发就可以了。但是他们希望我去摆，我就去摆了，我摆在那里都是展示。摆在那里的意义不大，为什么呢？大家看法不一样。我那里定位是批发，做珍珠。但是真的没有客源。我有我自己的想法。大罗塘是不是一个合适地点做专业市场呢？交通啊、环境啊，这个对大家都是很大的疑问。现在不是买菜，是买珠宝，本身环境，你都要想清楚。那个位置有点客进来一件就卖，已经定位零售，但那个位置又不适合做零售。环境等都不适合做零售。如果定位专业市场就是做批发。但是专业市场是否真的需要同工厂挨得这么近？我到这里，不如去厂里了。这都是个很大的问题。所以定位方向不对，发不发展得了都是问题。我上厂已经是批发，厂只不过是给客户感受产品。但是如果用一间铺面来给客户体验，那样做批发，去荔湾会不会好点呢？只不过荔湾的东西工艺上差点，所以就产生了这个问题。你就算工艺很好，去到荔湾都会做不下去的。因为那里就是卖10块、8块工费的东西的，你说30块，他们都接受不了。大罗塘始终是厂区。现在冻肉都走得七七八八的了。我当时在大罗塘，嫌太多货柜车，手工都出不来，所以很多厂都搬走了。交通是一个很大问题，环境是一个很大的问题。深圳一发展销售市场就撤走所有厂，第一步撤去海丰（梅陇），第二步撤去汕头。这是成熟的，厂就是厂，市场就是市场，厂和市场摆在一起，到底做那样呢？本身定位不明的市场，怎么会有人来？我们对外宣传，出去卖广告，近点的我都不去的。近点的他直接来厂好了。一般去到远一点的地方，此如山东、北京啊。最好是工厂和市场分开。你看深圳发展成熟，已定位做市场，就立即搬厂走。这是一个很现实的问题。

于：目前番禺珠宝行业哪些企业和个人影响力比较大？

包：没有哪个人影响力比较大，个个都是关门做自己的生意。八九成都是做外销，不需要出来做什么的。但是我们都有不同于内地的想法。我们商会本身都是香港那边的制度，举手表决。每一件事都是举手表决。我们本身也是香港珠宝厂商会会员。我们回香港政府申请资助反而容易。今年真是各个关门做自己的生意。因为环境不同了，以往厂带客来大家可能还出去吃饭，谈生意。这行业不是买楼租楼。今年生意不好，大家见面机会更少了。

于：现在番禺比较大的厂有哪些？

包：元艺首饰厂，可能有上千人，最多时五六千。现在1000人就是很大的厂了，环境不同了。精诚现在有300人，最多时有2000人。按比例减少，五六千减少到1000，2000减少到五六百。

于：单少了，所以人就少了。

包：当然了。

于：现在养300人和过去养2000人成本差不多吗？

包：那倒不至于那么夸张。不过确实人工高了很多。

于：您觉得大罗塘目前的形势，还没有引来客流的情况下，无端端地价就升上去了，变成商铺的租金比厂房贵多了。这对这些内销的企业是好还是坏呢？

包：其实这是一个循环。未必到你说的那种情况。事实上有十几个商场开出来。我想开这么多商场做什么？租客都没有，没有租客，租金自然上不去。没有人买东西，租金自然会下调。市场自然会调节。今年，说实话，论配套，论支持力度，论各样东西，如果真正要做内销，十个中有八个大概会去深圳，我都会去深圳。因为这边靠引客，那边都是客人，那些人已经在深圳。我去那边可能随机撞到的都是客，这边还要说，你等等啊，我去叫人来。打开门做生意，每天都要成本的。能坚持多久呢？真是有钱不当门生意做，那也不会成功。所以要加大广告推广力度。其实已经过了最佳时机了。现在大罗塘稍微好点的就是金俊汇。你去深圳水贝一看就不同的。停车也是问题。现在开饭店都要解决停车问题。交通、环境都不行，怎么做批发呢？以往我们集聚到这里做厂，但也不排除能做内销和批发。一直以来都有人做内销，也有人做批发，但是人家一直在厂里做。现在要增加成本走出来在铺头做。因为在厂里做也可以。100块一平方租地下。租不租呢？不租就没有客人。

于：租了也没有客人的，租金不低的。

包：发展商也有发展商的成本。做厂，做铺都要考虑成本，大家立场不同。一个专业市场要成熟，五六年都不行。如果环境继续这样下去，一年半载都不敢坚持下去的。

于：我之前在大罗塘租铺从70元/平方米到60元/平方米，现在60也做不下去了。

包：早两三年，本身大罗塘开始定位半彩宝，但你到深圳看彩宝石已经过去了。美国人用的紫晶蓝晶、黄晶还可以。彩宝潮流已经过了，钻石已经没人愿意做，钻石价格太透明，上网查就知道价，开间铺赚2～3个点怎么做啊？还要开间铺来做，算了，怎么做啊？做不到嘛。赚2～3个点不是生意啊，不如存银行好过了。

于：但是很多做钻石的就这么几个点。

包：价钱都是令行业死的原因。大家知道，那些低到十几二十的就不讲了，大有人在，就是以前厂不做的，带回档口自己做。当然了，不用成本，不用什么其他费用，不用交社保，不用交税，不用交这样那样，当然没有问题了。大家都有工资嘛。对我们影响有多大呢？这是很大的，我们正常做一件货30～40元工费，但我们厂房装修、机器设备，没有1000万开不了厂，三四十块还要配件，还要给工人。那你做珠宝做什么呢？这是事实，导致这个行业发展不好。投资做内销，真是好的要三四十元价钱。你投资一条生产线下来，养一班人，不管怎么样都要上千万的。以前流水单，一个款随便就100件，五六十件。但现在一件批不批先，一件是零售，我都不卖的。价钱导致市场发展不起来。

于：香港那边也有珠宝教育，同我们这边有什么不同？

包：坦白说，我真是不知道他们的教学是怎么教的，评论不了。但是我知道他们读书出来也不会做技术人员。做珠宝不是做苦力，不知道为什么新的一代不愿意做，不知道他们是怎么想的。我刚刚从日本回来。第一次有日本厂愿意给人看。为什么在日本会有年轻人愿意做工人，他们工资很高，合计人民币7万～8万，很可观。一个厂有70人，很多人哦。不如我去那边开间厂好了。原来他们是全科，每个工人可以画图、起版、镶嵌、打磨，都是一个人做的，很特别。香港都不是这样。日本对质量要求很高，严谨性很高。这一趟很有感触。我想香港都是读设计部分的多。因为不知道这边的教学理念，所以我不好评价。

于：我们通常的教育理念是读好书拿个证。

包：可能是有这个问题。很多孩子上学就是免得被父母骂，就出来读个书。这个不是某个人的错，番禺理工是这个行业后花园，但是这么多年都没什么人入这行。所以很少和理工有什么交集。实际作用不大。现在心态不同，2000块钱坐办公室都可以，不一定要入厂，但是厂的待遇是不错的，双休，社保公积金都有，过万工资都有的。但是还是没有人愿意做。没有人，成本高，没有单，怎么做厂？有的厂很多年前已经搬走了，去到湖北。我去看过，但就一间。海南岛也在不断向我们招手，问我们要什么条件。当时为什么选番禺，还是因为交通，始终近香港，因为运输、成本、保险啊这些都是很大的问题。

于：番禺大概有多少从业人员？

包：最多时可能有十几二十万吧，现在可能有十来万吧，三四万是应该有的，四五百人的厂就是大厂了。

于：珠宝行业不好对市场影响很大，行业没那么好，市桥都比以前衰落了。

包：当然了，一个行业对地方经济的影响不仅仅体现在税收，对消费、住房、餐饮、就业等的影响也是很大的。但是政府不把它列入衡量指标，单单用税收衡量，是很不公平的。地球是圆的，不用见客，当然就不用出来消费，不用吃饭，不用住酒店。如果衡量一个行业不从对当地娱乐、房地产、饮食、消费带动角度考虑的话，就看不到就业解决了好多问题。整个出口额等，没有人去考虑这些贡献。所以我觉得仅以税收衡量行业企业贡献是很不公道的。

包：我17岁入行，在香港学4年，加2~3年，做了一年就不想做，做跑腿都3200~3600元，做这行才1000多，做着做着就不想做，坚持了差不多4年。不过那时候说不如来内地。那时候很开心，很自由。一做就做了30年。当时来东宝望出去都是农田，住在康乐园，米都要从香港带过来。那个年代是这样。那时候什么都要去香港买，现在内地的米都80~90元一包，香港也就五六十块。所以又回去香港买。现在不是珠宝行业差，任何行业都差。珠宝业最不好的就是，好最后好，差最先差。珠宝是一个不好的行业。

于：现在还是做内销的时机。

包：珠宝几百块都有，但还是那句话，一分钱一分货。珠宝节那几天我在店里考察，客人进来第一件事就说，哇好贵啊，连货都没看，真的是没看就说。我不知道这是一种谈生意的手法呢还是说我的店贵，还是说我的凳子贵。真的是这样。有空到我的店里看看，有些货挺便宜的，打完折几百块或者两三百块。

于：以前几十都不会买，买得多了，现在几百买的时候就很轻松。

包：专业市场自己慢慢形成很难，本身深圳有个专业市场，账面数字每年就有四五千亿的成交。这还是账面看到的。真的要五六年时间。现在香港没有人去买足金。我看内地消费80%都是足金消费。足金利润很低，低过银行利率，所以足金不好搞。但是内地主力都是足金，接下来是翡翠、钻石，彩宝不行。还有镶嵌，真正做一件货，成本20~30元。有的客人说我找人带你去荔湾。义乌来下单，义乌本身都是很便宜的，你还来这里下单？

访谈5：番禺区经贸局原局长，贸促会会长黎志伟先生

时间：2016年7月2日
地点：广州海珠区滨江东路81号16楼
受访人：黎志伟（广东省珠宝玉石交易中心总经理）
采访人：丘志力、于庆媛、李志翔、黎国鹏
记录整理人：李志翔

丘：要写出一本具有阅读价值、史料价值的书不容易，现在我们找资料，发现许多资料都是传说

性的、口传文学式的，要能够与大的时代背景及番禺区的发展相匹配，写出番禺珠宝在整个改革开放宏大背景下的发展历史，是不容易的。找到的资料大部分是只言片语，所以现在要做的工作，除了收集资料，还要研究如何构建体系。

黎总在番禺珠宝产业里从业20多年（1988年毕业开始），原来在贸促会，然后又在经贸局，对整个番禺珠宝的发展、线路非常熟悉，之后这本书完成过程中有许多信息还要与黎总沟通。这本书的完成，压力还是蛮大的。

黎：在交易所申报的铺垫过程中，是很需要这本书的。

丘：书肯定能写出，但要写出一本可读性强、有价值的书不易，要让读者从中得到珠宝产业的一些有用信息，对产业发展有正面的导向是我们的目的，而不仅仅是记录。

黎：我个人的看法有几个维度，第一是产业的发展；第二是模式的形成和转变；第三是个人层面变化的穿插，例如老行尊以及新的业态里面的一些新人，如卓尔、米莱等新发展起来的企业的领军人物。人物这块建议可以采访王昶院长，他们一直都有关注，包括工艺这方面。另外，工艺也可结合黄云光等人。再一个，钻石这块，可以找王成伟、姚文雄，他们是标志性的人物，还有梁伟章。

丘：但梁先生对番禺珠宝介入不深？主要是后期？

黎：梁这块主要涉及金伯利进程。这里面有一段历史，全国第一张金伯利进程证书是番禺出入境检验检疫局发出的，曾经全国60%的金伯利进程证书都由番禺局发出，这是大事记。

黎：商业模式转变这块，是有记载的，这些资料在局里面的档案馆；来料加工的材料可以查原来外经贸局的加工科和业务科，包括审批合同、批准公司设立分厂等资料。番禺的珠宝产业最开始是移植型产业，而由单纯的加工厂家到开始接国外订单出口，这是一种模式转变。那么与此相结合的就是我们管理模式的灵活处理，例如实行牌照挂靠，这个牌照可以查阅相关资料，人民银行对黄金管理分了几个阶段：首先是允许个人购金；然后是限制牌照，包括对黄金经营企业、来料加工等的限制；还有就是允许来料加工之余，对内销的限制。番禺珠宝结合此过程，逐渐放松政策，逐步发展起来。

丘：具体的问题不需要问黎总，需要的是思路性的东西。管理模式很重要，番禺的管理是广州人敢喝头啖汤的模式，但某种程度上，番禺的教训也在于此，番禺对于内销的理解过于局限，结果被深圳接棒，抢先发展。番禺大部分是港资企业，对于政策的把握比较敏感，比较守规矩，这是一方面。另一方面，番禺的珠宝企业以香港为基础，香港对外的联络很强。当时国际环境很好，但可能没有预测到国内会有这么大的发展，也意味着中国市场的爆发超过了大部分香港商人的预料，但深圳的一批商人抓住了这个机会，深圳政府在这方面也敢作敢为。所以从某种程度上说，中国的珠宝产业可以分为三段论：第一段是以番禺为代表的发展期，包括番禺的突破，番禺商业模式的崛起；第二段是深圳接棒的发展期；第三段才是全国展开来的发展时期，形成各大珠宝集聚地。

黎：我再谈谈分别在哪儿。我觉得与深圳差别还是比较大，管理模式上，我们首先开展了一公司多车间的模式，衍生出上百家车间的规模，这段时间也把人才培养起来了，与国际对接的工艺水平、设计水平也在这一阶段形成。在此基础上，产生出沙湾珠宝产业园的模式，从粗放的发展到集中管理、集约化管理的方向转变，政府管理的行政行为有效地与市场规律相结合，亦即提供集约化的服务，包括海关查验、适当让行业作为第三方参与监管（即实验室、检测中心）。

丘：这个模式需要在书中突出，它在全国是先进的，哪怕到现在都是先进的。

黎：现在仍然强调第三方，从第三方的角度介入，非常容易形成公平的机制。

丘：这部分具体的资料，可再找陈元兴。

黎：其实最早还不是陈元兴，他是后来接盘的，最早的资料应该在外经贸局。全部的材料都是我一手搞起来的。

丘：问题是现在查阅、复原会不会很困难？

黎：困难，我会想办法尽力。我也有意收集过一批材料，我再找找。这是一个重大的改变，在通关模式上我们参考了一些外国的东西，但我们更有效率。集中一个专业平台，引进国际化的服务，专业的押运公司、检测、第三方集中为一站式，扩大了发展空间。以前发的文件不多，稍微难查一点，可以查外经贸2003年、2004年的一些文件，就可以看到。

丘：当时这个事情很不容易，包括涉外的一些东西，如何处理，如何解决，很困难。

黎：接下来的一个重大事件是国检实验室进驻园区，国检这部分可以采访杨坚；海关可以采访原来的李关，现在退休了，他是主要的推手之一，担了很多风险，书中应当体现。然后，还有一个重要的事件，ICA年会，2009年第一次在中国、在番禺召开，这部分的材料魏巧坤那里比较齐全。番禺至此已从白色向彩色珠宝逐步发展起来，那时候深圳水贝还没有发展起来。

丘：这个过程，中大也有参与。2007年，中大举办了全国彩色宝石发展大会。那时候大家对于彩宝在中国的发展还比较迟疑。

黎：对，那之后，就组建了番禺彩宝专委会，对于这部分可以拜访一下吴坚平，他比较清楚。之后关于商业模式转变这一块，许多企业筹备上市，慢慢向资本市场走，代表企业和人物有三和（香港上市）李文俊、亿钻陈元兴，他们已经有这个思路，利用资本市场把生意做大。再后来，就到了金伯利大会，钻石中心挂牌。

丘：书最后的节点就是两个中心落户番禺。

黎：对。这是一个句号。整个的线条主要就是这些大事件串联起来，穿插一些工艺等方面的东西。

丘：但国外的东西呢？包括与HRD等国际行业的合作。

黎：这个部分小魏全程参与了，可以找她要资料。说回工艺，从一般手工镶、蜡镶的发展，设计从人工设计到电脑设计、3D等的发展，机械化的发展，比如包文斌的公司，这些工艺演变的过程、模式、事件、产品可以穿插其中。

至于番禺和深圳的区别，一个是时间机遇，一个是空间，也就是时空环境不同。空间上，深圳是特区；时间上，番禺先掌握了香港资本，承接了香港的产业转移，深圳是掌握了民营企业的快速发展，有很强的动能适应国内市场，当然国内市场对于产品的要求也没有那么高，所以总体来说，品质是番禺好，但从国内市场来看，性价比是深圳好。面对的时间点是不一样的，番禺面对的许多发达国家的时间点已经先于国内，他们讲求工艺、款式，需要对身份的表示或者用于收藏，甚至作为一种刚性必需品；而深圳不一样。

丘：番禺的珠宝偏向于传统珠宝，而深圳是迎合了后来中国经济爆发以后，大量消费群需要的产品。从这个角度说，中国珠宝业改变了世界珠宝业。世界珠宝业开始应该是番禺这个模式，这个模式再进一步是投资型珠宝，2008年后大量出现，番禺也有这个部分的东西。

黎：空间上，番禺不是一个移民城市，来的只有香港人，但深圳不一样，是移民城市，聚集了国内大量的民营企业家、创业家，非常活跃，也注意对资本市场的利用，有资本运营的环境，例如深交所对于深圳的发展就起到了很大的作用。他们有效地利用了经营的手段，包括联保联贷、上市、企业之间的合作互动，形成一个群体，这些东西番禺是没有的，番禺偏向于个体发展。两个地方基因不同，导致了不同的呈现模式。当中国市场的发展为深圳这种基因提供了广大空间的时候，深圳就迅速发展起来；而同时，国际市场却在萎缩和调整。此外，从国际竞争的角度，番禺面临的是以印度为代表的国际珠宝的竞争，不同供应链、价值链的竞争，印度的基因与我们也不一样，他们是家族传承，一家子全部为链条关系，内部信用非常牢靠，形成家族式全球化经营，有效地整合了全球的供应链，给我们造成了很强的竞争压力。那么,国际市场的压缩,同时在原料供应端,我们不断丢失话语权,进一步扩大了番禺与深圳的区别,即此消彼长。

丘:对,某种意义上,番禺还要面对很强的国际竞争,而深圳这个时候面对的是国内全开放、快速发展的市场,没有太大竞争对手。还有一点,深圳珠宝业,潮汕人占了很大一部分,而潮汕人内聚力很强。

黎:确实看基因的,很重要。国内几个商业群体:潮汕人、香港人、江浙一带的温州人、福建莆田人,国际上是犹太人、印度人等,做生意就是人,人不一样,呈现出的特点也不一样。那未来番禺怎么做怎么发展,我觉得还是要国内国际都要注重,即走一体化,深圳也要走一体化,两个地区可以区域融合,灵活处理;再一个,要有效利用金融手段,这是一个媒介,股权持有的方式,或者说集团化,市场在不断变化,要着眼全球市场进行布局,如果只看一个市场,那么竞争力、抗风险能力、生存能力就会削弱;然后是微笑曲线,第一要做品牌,第二要做原材料,也就是结合"一带一路",必须尽快让中国企业家走出去,有效整合资源,这也是两个中心需要发挥的作用,也是落实国家供给侧结构改革的国际战略。

丘:国际话语权和定价权的掌握非常重要,也值得研究。两个中心除了要走市场化,也必须与政府接口,有些东西是必须争取的,需要政府的支持。

黎:整体框架上,我觉得大概就是这些。

李:之前讲的这么多大事件与国家、省、市、区等政策对应关系如何?比如沙湾珠宝产业园2009年以后被划到"腾笼换鸟"项目里面去了,有什么推动吗?

黎:所谓"腾笼换鸟",是一个番禺地方层面的东西,也就是解决一些厂房的问题,不值得花时间去做宣传。从国土管理来讲,打了擦边球,就是政府用地转为商业用地,但转了用途没有转性质。当然,这也是好事情,没有这个政策,可能10年也转不了,但不值得在番禺珠宝里去提,只是一个偶然事件而已。

于:但是大罗塘这边的发展,会不会也和这个政策有关?因为大罗塘先前很多是厂房。

黎:可以这么讲,但罗湖也一样啊,本来都是厂房,你可以这么写,但不需要深化,只是转型就可以了,由单纯的加工业向工贸结合的转变。

李:刚刚的思路里,您没有介绍大罗塘这部分的东西,是不是应该补充进去?

黎:是,大罗塘也是一个大事件,广州把它列为十大改造项目,具体需要再查一下,需要补充进去。

于:那您觉得如果要给番禺珠宝适当地划分几个阶段的话,怎么划分比较好?

黎:对,我觉得第一阶段以原生态为主,就是富隆首饰厂的时代,那时候陈国在当厂长,形成了一定的基础,这阶段从1985年左右开始吧;第二阶段是1989年以后,采用一牌多照的形式,以番华、东宝这两个为主的品牌作为持牌公司,也就是人民银行授予可以做黄金珠宝加工贸易资格的厂,然后香港企业串联式发展,许多港资来番禺办厂;第三阶段就是2002年、2003年以后,沙湾珠宝园的模式,当政府、海关、银行的管理、服务等模式跟不上行业的发展速度时,就诞生了组团式、集约型发展,从那个时候开始,番禺的国际国内合作也逐渐发展起来,国内的话主要是组织了几次大的活动,一个是2007年在钻汇开展的翡翠珠宝节,以黄云光为首举办了大师展;还有国际合作上,与亚洲博闻合作,以广州展览会为基础,在广州锦汉做了国际珠宝展,这也是一个大事件。这个时段,是通过香港的国际化,直接面对国外的国际化,开展国际合作;沙湾珠宝产业园也有许多外资企业直接进驻,例如加拿大、法国、德国。如东方珠宝原来就是法国的,哈曼珠宝是德国的,其他公司具体的名称我不太记得了,具体资料上,许多公司挂靠莱利首饰,可往这个方向查一查。莱利的话,我们局

1997年收购了它的牌照，莱利原来是港资企业，但牌照是国内牌照。莱利这个公司培养了很多人，在书里一定要提。

于：他们明天做28周年的活动。

李：那从这个划分来看，最大的发展是出现在21世纪以后，那么政府在番禺珠宝发展中发挥最大作用的时候，也是21世纪以后吗？

黎：其实不止，从我们开放、批准一牌多照的时候，政府已经开始推动珠宝行业发展了，这种模式是政府和企业共创的，当时许多的文件都是我写的，包括企业申报、申请设立分公司等的模板都是我设计出来的，从东宝的新生首饰厂，在东宝做第一个挂靠的时候，也就是李建生那时候，政府就起作用了。

于：东宝是什么企业？

黎：中外合作企业，中方是番禺区集体经济，外资是何厚铧挂名。

于：那时候何厚铧在番禺还是很有影响力的？

黎：那时候是何贤有影响力，也就是何厚铧的父亲，当时他是大丰银行的主席。

于：那番华呢？

黎：番华是番禺人民银行投资，属于集体经济，不含外资。

于：那沙湾珠宝产业园之后是否还有第四阶段，转型？

黎：集约化阶段，刚好这个阶段人民银行也放松，全面放开。

于：但人民银行全面放开，似乎还是一牌多照的模式，没有改变？

黎：对，这已成为一种习惯，对于企业而言，它更注重生意，这些持牌公司相当于服务公司，为企业提供国内服务。虽然专营资格没有了，但是还可以提供进出口代理、经营单位服务，持牌公司作为总公司，其他挂靠公司作为子公司的形式存在，这是历史的产物，我前年想把这个产物扭转过来，让这些子公司单独领法人执照，免得风险太大，子公司出问题，总公司需要负责，很可能造成骨牌效应。我不知道这种模式能留存多久，但目前还能坚持下来。

于：感觉近几年自己注册的公司也多起来了？

黎：对，国内想创业的老板多起来了，而很多香港老板的第二代不愿意做了，对格局还是有一定影响的。但这种情况下，如果有第二代继续做，事实上，成功的机会会更大。

那么，第四阶段，就是两个中心成立开始，全产业链发展，国际化，国内国外市场一体化，区域融合一体化。或者说，番禺逐渐走向枢纽化。

于：那第四阶段从什么时候开始划比较好？

黎：今年（2016年）是一个标志性的年份，广钻是2015年9月份注册，广宝石今年2月份注册，但都是今年形成团队，进驻沙湾珠宝产业园，从业务上来说是个元年。

李：还有就是，刚刚整个脉络里面我们没有提到行业协会，其实协会的贡献也是不可忽略的吧？

黎：对的，刚才没有提到，但这是一个非常重要的元素，这方面的信息，可以和会长们谈，比如李建生，还有大罗塘这边，也非常活跃。

李：好的，那人才培养方面，我们也想了解一下大致的情况，近几年，番禺珠宝的人才主要是当地职业技术院校培养呢？还是外部进入比较多？

黎：人才培养，确实是番禺的一个短板来的，优秀的人才都愿意去深圳了，我们番禺的环境整体还是不如深圳那么发达，深圳的机会多一些，本身番禺的人才就是番禺理工，培养一些基础性的人才，但复合型人才不多。这个行业相关的服务业不如深圳全面。

于：所以感觉番禺整体还是工厂的氛围浓一些，但大的一些工厂又把销售中心都放到深圳去了。

·287·

而且，比如大罗塘，面向工厂会多一些。

黎：这也是它的特点，一手单一手货，那如果在此基础上，有一个好的平台直接对接销售市场，特别是现在整个市场已经开始转变，变得个性化、去中心化，这种情况下，番禺是有机会做出特色的，但问题是平台的指引、设计师的培养等方面需要加强。与深圳相比，新的渠道的形成，番禺可能更有实力，在电商、信誉、工艺、款式等方面有优势，两个中心也有机会在这方面提供平台。

李：但目前，番禺在国内市场的知名度还是有所欠缺的，如何突破？

黎：对，这个政府就可以发挥作用了。至于如何突破，这个看政府。

于：请黎总推荐一下代表性的企业，值得写的。

黎：亿钻、环球、志佳，等等；番禺设计类企业在吉利有一家，还有设计师平台等，番禺现在本土走出来的品牌主要是卓尔、米莱两家比较有代表性。近几年的企业，细节了解得少一点。

李：那番禺珠宝最早的一家外资企业是哪一家？您有印象吗？

黎：应该是东宝吧，它是中澳合资。

于：那最早1985年，番禺珠宝开始起来，与当时番禺经贸委发的允许出口公文有关系吗？

黎：这个没有关系。

于：那富隆首饰厂那时候也是做外销？

黎：2003年以前，番禺一直没有内销权。所以番禺与深圳时间空间条件不一样。

李：最后一个问题，黎总从事了这么多年的珠宝行业，想听听您个人的感悟。

黎：我认为爱美是人的天性，对美的追求是永恒不变的主题。珠宝产业的发展，确实为我们追求美提供了一个很好的选择、载体。它不只是一个工业产品，还是文化产品，在这个过程中，有与大自然亿万年的营造、与历史人文因素的注入，是天工与人工的融合，有很多哲理在里面，所以如果这个产业能良性发展，也就是我们社会美好和谐的一个体现。既然是一个工艺产品、文化产品，从工艺角度来讲，我们需要支持它的发展，要使她各个链条优化，从各方面使其成本降下来，使其更具竞争力，更普及，这是做产业需要推动的事情；而从文化的角度，需要鼓励大众更加合理地消费，鼓励参与创造，通过创造寄托美好的追求。我认为，每一个接触这个产业，想要把这个产业做出事业的人，都要有这种使命感！

访谈6：湖棠珠宝有限公司吴坚平经理

时间：2016年7月4日
地点：金俊汇
受访人：吴坚平（湖棠珠宝有限公司经理）
采访人：于庆媛、刘璐
记录整理人：吴子源

刘：您是什么时候过来番禺的？

吴：我是1997年或1998年过来番禺的，从天河搬过来。

刘：当时番禺这边外贸已经做得很厉害了吗？

吴：大罗塘这边已经有一定规模了，但是我不是直接来大罗塘的，我当时并不是奔着大罗塘的工厂和公司来做的，现在也很少跟这里和香港那里的公司做生意，因为我们直接跟美国和欧洲那边做，本土的公司我们都很少做。

于：您做出口是做宝石还是首饰呢？

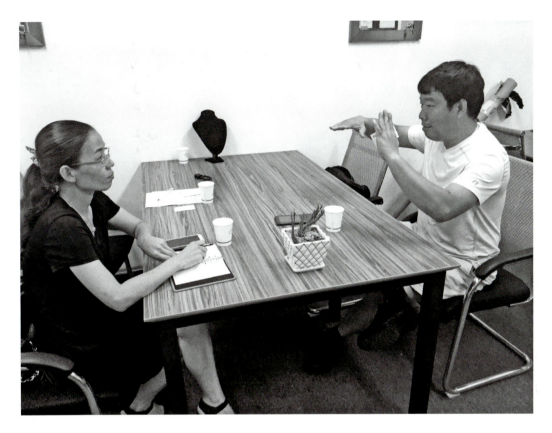

吴：开始的时候是宝石，没有做首饰，也不在大罗塘，而是在大石、河村那边。到了2006年、2007年才搬到了大罗塘，那时候主要是有家首饰厂与我们有一些债务问题，因此接手了首饰厂，才开始做首饰成品，之前一直是做裸石。我们一直都做天然的，不做人造的石头。

刘：您认为有哪些重要的企业家和企业对番禺的珠宝产业有重要的影响？从1997年或更早之前到现在。

吴：我个人理解，最早时应该是莱利，因为他们是第一批开拓者，其他的企业是在看到他们做出成绩后才陆陆续续地跟着过来。而企业家的话，我想到一个人，原番禺工艺进出口公司的张红，他现在不做这一行了，他应该最清楚番禺珠宝外贸的发展史，番禺工艺进出口公司取消以后，他就在莱利当办公室主任，所以他对这个行业怎么在番禺发展起来无论从政策上还是其他方面应该都是比较了解的。

刘：您认为对番禺珠宝产业影响最大的几个因素有哪些？番禺珠宝产业现在面临的主要问题是什么？

吴：我个人理解，首先第一个应该给当时的番禺政府记一功。我记得很清楚，在我刚到番禺的时候，我们直接找到了河村的村委，当时那里有一块地，说老实话那时候才刚刚起步，很多政策都没那么明确，但是政府也想要招商引资，然而手续不齐不能直接买地和租地，那该怎么办呢？于是采用了折中办法，我来出钱盖厂房宿舍等，这钱也作为租金来抵扣。你们也可以问一下当时开始搞沙湾珠宝产业园的大石镇镇长梁贵铭（音），只要对于行业有帮助，他们都十分支持，只要不违法，就先做起来。那时候番禺安检要来查工厂都是先来我们这里，因为我们这里作为宝石厂来说是最完善的，宿舍区、厂区、消防通道等都是按照要求来的，只是土地不是很规范所以才不能购买而已。我们在这里做了有10年吧，相当于这10年里我们都不用交租金了，只要到期了厂房就直接归他们村了。就是说当时番禺区政府敢于去尝试，这一点我觉得很重要，像现在来说每样东西都要按政策，不能跨界，等等，只会什么都做不成，这样的话可能就真的没有番禺的这个珠宝业了。我现在都很怀念当时的那一

番禺珠宝产业发展 30 年

批官员，出去吃饭他们都不用我们企业买单，当然当时大石也很有钱，有很多的房地产，整个洛溪都归他们管，很有钱。他们也做到了对这个行业的支持，他们做官的其实也是要冒很大风险的，但是他们都敢于去试，所以很多其他地区珠宝产业的人自然就被凝聚到一起了，消息一传开，大家都过来了。我估计现在很多官员未必敢冒这个风险了，这个我们就不再讨论了。

说一说隐忧，现在隐忧最大的是，当《劳动法》实施以后，对我们做实体工厂的来说，能亲身感受到原来的那种钻研技术、钻研工艺的工匠精神变得荡然无存，现在整个行业里面技术真的好的都是在当年《劳动法》没实施之前已经学出来了的。第一，现在很多年轻人不愿意到第一线去，不愿意到生产第一线去工作，哪怕报酬再高也不感兴趣，宁愿只拿两三百块钱，坐在办公室吹空调舒舒服服的，也不愿意拿三四千穿着工衣到生产第一线去。第二，很多人有赚快钱的心态，可是自己的技术远远没有到位，就开始跳槽，跟老板讨价还价，等等。这样的后果就是我们作为老板谁都不愿意再做这个工业培训，因为培训时总不能一直拿铜和铁让他们去做，总要拿真金白银的宝石来做才能学到东西，但是一时半会肯定做不出来，要师傅来教导，需要耗时间耗物料。等学会以后可能就马上跳槽到别的工厂去，这对于别的工厂来说不需要有前期的成本投入，哪怕工资给高一点也无所谓，一下就能获得熟练的工人。这就造成目前最大的隐患，这隐患并不是设计方面，而是在于工匠。以前我们刚来的时候有大把几百人上千人的工厂，现在番禺超过 300 人的工厂估计不超过 20 家，这些人指的是实实在在地在生产一线上干活的工人，很多大公司已经转型了，非生产人员甚至比生产人员要多。这确实是最大的隐患，因为珠宝毕竟是一种手工艺品，是自动化不能代替的。

刘：那么供需是平衡的吗？

吴：只能说现在这个行业的核心竞争力是越来越弱了，同质化太多了，别人随便就能取代。我刚做的时候，我的价格是比泰国、印度等要贵的。首先是我的服务好，我的供货、交货等比他们准时；其次是我们磨出来的作品确实比别人的好，现在不同，现在的作品和别人相比也好不到哪里去，中国现在的工资都比泰国的要贵，那凭什么跟别人竞争呢？国际市场是一个自由的市场，别人也不会听你讲大道理，只会以实惠为主。这一点是我们最大的隐忧。当时番禺在全中国加工是最集中，规模最大的，现在都不敢说这句话了，因为莆田、海丰那边起来得比我们要快，当然他们的产品还不能跟番禺比，然而我们不能总是抱着这样的观点，不然再这样下去我们的优势就没有了。（于：对的，因为当那批师傅老了以后年轻的都跟不上，优势就没有了。）我在这个行业已经做了 26 年了，1990 年开始做这个行业，在天河做了快 7 年才搬到番禺来。

于：关于番禺彩宝行业发展的历史？有什么关键事件？

吴：我搬来的时候番禺没有多少家宝石厂，首饰厂多，宝石厂少。重大事件就是当时我们在河村租的那块地建起了厂房，我把几个要好的朋友拉过来一起做，现在这几个朋友都已经是行业的佼佼者了。如李海波的天翼（音），他现在的身价比我高得多，动不动就是几个亿，他是新疆人，主要做海蓝宝石。当年河村的宝石大院，说起来的话那些行内做石头的人都明白，因为这个可以说是当年番禺比较规范的一个代表。当年宝石厂很多都是不需要牌照的，租个出租屋就在那里磨了。河村宝石大院可以说代表了当年番禺宝石的制高点，因为他们做的是天然宝石，规模也比较大，后来就各奔东西了。大概在 2000 年到 2008 年都在那里做，后来才各自散开，我就搬到了大坪这边来，有的在南村、联邦等。当时番禺的订单不仅给自己，很多还发到外面给一些夫妻厂等小厂去加工，所以当时这个大院辐射了很多其他加工厂。

第二个影响比较大的是 2009 年在番禺举行的彩宝年会，那个年会当时引起了政府对宝石的注意，当时黎志伟黎局，今天是产业中心的主任，他还想我们跑到这里来干吗，他不知道在海外番禺的宝石加工是很有实力的，这帮人直接在泰国、香港参展，别人一看名片就知道是番禺的。因此引起了政府

附 录

的重视，成立了彩宝专委会，当时是黎局亲自担任专委会主任。当时最高峰时整个番禺地区不管有没有牌照，宝石厂起码超过1000多家，大坪、大石那边一进村就能听到机器磨宝石的"滋滋滋"的声音。

于：您觉得番禺珠宝的关键人物有谁？

吴：很难说有谁是关键人物，当时这一帮人确实带领着这一个行业发展。如果说对于彩宝这个行业的贡献，吴德铭算是一个代表人物，丘老师跟他也很熟悉，他是我哥。当时中国的整个宝石出口与现在随便就能出去不一样，以前要专门对口才行。当时宝石的对口出口是广东省工艺进出口公司负责。当时他发动了许多国内想入这一行的人，鼓励他们去开厂，所以现在他在行内的地位无人能撼动，因为当时开厂的很多老板都得到过他的大力扶持，这个是相当重要的。当时他的订单、资金都帮了他们很大的忙，你想想有人按时给单你做是多么的重要。所以我觉得关键人物他算是一个。

刘：您说的河村宝石大院有相关的资料或老图片吗？

吴：可能真的有点难找，我要回去看看。我1998年已经搬过去了，我们当老板的也不会想着要拍个照。

刘：有番禺当年出口的数据吗？

吴：没有数据，当时宝石出关也不具备报关的条件，原料买进来也没办法报关。既然没有正规的报关进来，也不可能有正规的报关出去。

于：省工艺进出口公司应该有一个出口的数据吧？

吴：那就要问一问他们了，他们会比较熟一点。当时处于创业阶段，是比较晦涩的第一代，不可能有这么规范的程序，但是你可以看到现在这些做宝石的都开起了豪车，肯定当年都赚到钱了。以前大家都是穷孩子出来，很苦很惨，几块钱买个包两个人分着吃，但是现在很多人都住别墅开宝马了。

于：能不能讲一讲今后番禺珠宝产业发展的思路？

吴：番禺在短期内要做好的是自己的特色，比如番禺的设计、工艺、生产、原材料，利用这方面的优势来做好供应商的角色，不要动不动就和别人水贝去拼，我可以说番禺相当一段时间都不可能做到像水贝这么大的市场规模，因为那边有他们的特色。但是他们没有番禺这样的优势，前段产业链都在番禺，在国内甚至在全世界，我去过欧洲、印度、泰国、美国等这些地方看了那么多的珠宝基地，可以这么说，还真没有几个能有番禺这么完整、这么优秀的基地，这个也是我在这里一直坚持的一个原因。如果番禺连这个产业都待不下去确实很可惜，在中国肯定是无人可比的。虽然大家都知道外面很多地方都在搞珠宝产业园，但是可以说番禺的历史沉淀、工艺沉淀、原材料的积累，在国内绝对没有哪一个地方能和番禺相比的，包括水贝。但是番禺输给水贝是在于市场，番禺一直以来不做市场，像你刚才问我拿数据，我没有，因为我们不做市场，当时他们给钱我们就给货了，偷偷地自己赚着钱就偷着乐，赔了钱就偷偷哭，所以番禺一直以来没有做市场和营销，番禺薄弱的是做营销的人才是缺的，做市场推广的人才也是缺的。我搞了金俊汇以后，我的朋友过来帮忙，真正的这些人全都在深圳，所谓的推手等，凡是搞市场那一块的人都是在深圳，而不是在番禺。既然番禺已经形成了这样的现实了，就不要跟别人去拼别人的长处，用自己的长处去做好自己的事，有本事把自己做好，那边的人才自然会往番禺靠拢。别人水贝政府的扶持力度、政策等都是番禺不可能比的，肯定比这边要好，市场氛围、市场服务、政府对市场的扶持力度绝对比番禺大。所以说我们做好自己就行了，因为现在的人都很精，谁都想买第一手的东西，不想买过了二手的东西，那我们做好这个角色，自然那边的人才、资金等都会往这边靠拢，不用我们主动去打造什么的。但是现在要想办法让市场去认识到番禺是一个这么好的产业基地，推广和宣传这一部分是离不开政府的行为的，我们作为企业没有办法去吹，政府作为第三者立场来说效果会更好。

刘：番禺彩宝产业发展的主要特征除了政府扶持还有其他因素吗？

吴：原材料。宝石这一块肯定要看原材料，因为现在中国的发展，行业的规模，以前我们没办法跟印度人对比，现在不一样了，我们中国的对外采购能力也很强，这个番禺行业发展真的很重要一点是能不能拿到有竞争力的原材料，我认为这是最关键的。

刘：现在和当时的情况有什么不一样？

现在很多时候我们只能买二手的，比如说真正产区的那些，别人已经拿到香港和泰国，我们只能从中间代理商手上去拿，这样拿有一个最大的问题，不是在于价钱，而是真正好的材料你拿不到，因为宝石好的东西永远是缺的，供不应求永远是不那么好的，所以拿到好的原材料是很关键的。

于：我们番禺彩宝与其他彩色宝石中心和产区有什么联系？

吴：现在都很分散，每个厂家自己去联系一些很零散的原材料供应商，还没有像印度一样，当然那边有30多万从业人员，市场容量很大，我们现在还没有达到这个规模。你一定要有这样的消化量，材料供应商才会关注到你。另一个就是政策的扶持，这就没必要说了，番禺区政府也没办法去改变，但起码有一点是他们能帮我们去宣传推广，让外面的人知道番禺有这么大的一帮人需要好的原材料，就像现在很多好的石头我们还要通过印度人的手去买，那没法和别人去竞争。

我们中国的彩宝资源是很贫乏的，没有几个石头，当年中国最出名的一个是橄榄石一个是海蓝宝石，但是这两个矿都已经被废掉了，都被炸掉了。在吉林那边，张家口早就没有了。我去过朝鲜的矿山，番禺做半宝石的这帮人去过朝鲜的可能就只有我，但是他们矿的品位与中国相比差得远。颜色没有白石山的好，白石山的没有张家口的好，我最开始做的就是张家口的，我也去过张家口，矿不行了以后就发现吉林的矿，张家口的矿真的是最好的，可以跟现在缅甸的橄榄石来对比，翠绿翠绿的，到了吉林这个就有点发黄了，到了朝鲜就更差，里面有很多黑色的包裹体。其实现在量最大的还是吉林白石山的料，本身海蓝宝就不用说了，阿勒泰已经划入国家保护区内，不管有矿没矿都不准开采了，原来阿勒泰的海蓝宝石相当漂亮，卖得比巴西贵，同样颜色和同样规格，巴西料会有点发灰，但是阿勒泰的料很晶莹剔透。海蓝宝石卖得最高的就是在新疆，以前我是买新疆的料来加工，现在新疆反过来买我的海蓝宝石回去。（于：当时新疆好像是他们克拉玛依政府出钱到处去宣传。）市场的培育也不是政府能左右的，政府只能做一个推广，受不受欢迎，打不打得响还是要看企业，还是要看行业给不给力，我希望番禺的出路是政府吹号，企业来唱戏，要给力互相配合，不能够政府吹牛皮吹出去了企业一个个缩着脑袋，做不起来也不行，但是企业憋足劲去做而政府无动于衷的话也很难做得起来，所以双方配合很重要。

访谈7：迪迈公司总经理冼宁

时间：2016年7月11日
地点：广州迪迈职业技术培训有限公司
受访人：冼宁
采访人：于庆媛、刘璐、吴子源
记录整理人：周瑶

于：能分享一下您早期进入番禺珠宝行业的经历吗？

冼：你昨天给我的几个问题，关于对番禺珠宝行业工艺有哪些创新。我1995年进入这个行业，属于比较早的。番禺做珠宝、学习珠宝的行业的收入薪酬是比较高的，当时在番禺发展，做珠宝的高收入人群带动了周边消费行业（房地产、餐饮、零售业）的发展。当时珠宝行业1000～2000元一个月的工资是比较高的，有技术的收入可以达到 2000～3000 元。珠宝从业人员的高收入，也为后来番禺商业发展打下了基石。番禺工艺早期是纯手工制作，很多部分都没有现代的机器。设计一个首饰的款式需要起头版，20 世纪 90 年代都是手工雕刻一个模型，1995 年之后开始有 3D 相关的设备，比方 CNC 或者 3D 快速成型设备进入珠宝行业。

于：这种设备进入中国大概是哪一年？

冼：那时候大约是在 1997 年，我们迪迈有幸接触到这个技术。当时国外把这个产品成型之后寄过来，让我们进行修复，但是机器还是在国外，也就是那时候已经有这个技术应用到珠宝行业。但因为技术不是很成熟，而且设备的价格也十分昂贵，因此国内工厂还是没有应用到位。国内当时这个技术还很少有。而且当时人工的价格仍然比较便宜，招一些学徒也才两三百块钱一个月，一边学习，一边工作。(20 世纪) 90 年代的工厂可以将人工成本维持在一个比较低廉的位置。

到 2000 年之后，工人薪酬开始越来越高。一些师傅的工资可以从五六千到 1 万以上，工厂由于自身的扩张，需要高薪去大量抢培训人员。技术人员的薪酬也涨得非常高。企业为了解决这些问题，开始引入雕刻机及成型机等设备。当时愿意学电脑技术的工人仍然不多，积极性不高，毕竟受电脑成型的限制，相对也会慢一些，雕刻出来的产品形态不够优美，因此发展相对慢一些。

3D 技术更多应用在起版，模型这方面我更加了解，因为我现在仍在从事这方面的工作。

于：其实珠宝行业现今主要革命性的变化也是在 3D 技术起版上？

冼：对，主要还是在这一方面有大的转变。当时我属于个体户，当我自己接订单帮别人做模型的时候就发现，培养一个人才太累了。凡是要做对称的地方，要做到对称是十分考验人的。还有如果要在首饰上制作出精细的花，如果不培养个一两年也做不出来。我当时就想我可以引入这个技术（设备），这个技术具有十分好的优势。我用电脑建模制作，是可以做到百分百对称的。我就将它的优势应用或者说是半应用到起模中，采用电脑制作大部分形态，再用手工去梳理一些细节以做到完美。刚开始完全用电脑完成一个起模是不可能的，教的老师不懂珠宝，学的人企业也不会派五六千一个月工资的起版师傅去学，只能招一些大学毕业生或者学美术的人去学。这些人和起版的工人之间缺乏良好的沟通，也存在对手艺的存私。因此当时应用都不是很完美，只会做一些模样非常规整的东西。当时的老师不懂珠宝，只会教你软件如何使用。所以后期应用还需要学生自己去摸索。当时我是做技术出身，对如何应用更容易把握。但对于不熟悉这类技术的人来说，应用这个技术仍需较长时间去探索。这个是在 2002 年之后，工厂开始陆续引入这个技术。

2002 年是 3D 快速成型技术应用到（番禺）珠宝行业的一个起点，到现在已经十几年了。这么多年来喷蜡机、树脂机应用到这个行业，这些设备都属于 3D 成型。到今年 2016 年，我们选择再上一个层面——选择直接打印贵金属。很多人说这个设备很贵，这个原料的粉末也比普通贵金属要贵，怎么办？像这个技术我们也不能很强硬地推行，我们只能像过去一样，将它最优部分应用到生产过程中。现在我将 3D 成型这部分跟你们说一下。

这就是最早期的设备，像这个就是 CNC 雕蜡的，原理都是用 3D 软件设计好原型，输入到这个 CNC 设备里面雕刻。这个是树脂，这是 CNC，这个是快速成型（？），这个原料是蜡。这些是早期应用得比较广的，这个是丝蜡。这些前期的设备都需要 3D 设计，输入到成型设备，再进行铸造才能制作出首版，之后还需要压胶泥，才能制作出成品，需要通过大量的工序。而今天我直接用 3D 金属打印，就可以直接得到成品，所有的连接位都已经扣好，不用后续处理。因此，3D 金属打印，现在珠宝越来越难做，所有的成本都在上涨，在薪酬和其他行业差不多的前提下，我进入这个行业还要学很久，工人的流失率太高，很多工厂就不愿意培养新人。现在我们迪迈应用这个 3D 金属打印技术，是希望可以去做一些个性定制，现在中国再去做量产已经没有人口红利。我把头版设计好之后快速打印

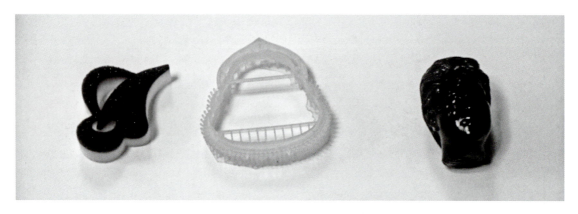

图1 传统3D雕蜡，右到左，逐渐更新

出来，取得订单后拿去东南亚、越南等其他地方低成本生成，这才是3D金属打印技术的优势。当然，3D金属打印完全替代传统生产是不可行的，如果完全使用3D金属打印制造，每一件产品都是头版的成本，十分高昂。除非将来设备的成本彻底降下来。现在只有两个方向，一个是做别人无法复制的产品，我比你人工还便宜。对于普通的产品，只适合用于制作头版，取得订单后把版压好胶模发去量产，没必要再在中国进行量产。这样做，首先环境问题解决了，其次人口红利的问题解决了。这个设备是没有任何污染的，这个设备在需要打印的时候将金粉倒进去，而传统工艺中石膏粉这些都是酸性的，在蜡铸造过程中会导致空气污染。所以说3D金属打印技术是一个颠覆性的方式，正好应用在现在这个时间段。

现在工厂所有的成本非常高，管理成本非常高，部门间交收就是成本。如果我们做小批量定制的话，就比如我们做这件货，我们就出款，但是我出这个设计款一出就是10版，我下次做另一款，我就做小批量生产也可以用这个设备。我做自由品牌，我可以砍掉中间的一切，需要考虑的就是设计师的费用和两个执模。我所有的东西都可以个人炒更。我今天看到一篇文章，说未来的企业不存在雇佣关系。雇佣关系是十分麻烦的，所有的人都要共享经济。未来所有人都是个体经济，企业只需要购买这样的设备，由专业团队去接订单就可以了。所有的生产，我做3D设计的我并不需要在你企业工作，只需要和你签订协议，你把图案发给我，我按照你的要求去设计三维数据，把数据发回给你，专门有人根据这个数据去操作机器就可以了。这样全国各地的3D打印设备操作人员都可以为你所用。而且我也不用困在你这个企业，我可以为许多个企业工作。这样我拥有了技术我的薪酬一定比在你一个企业薪酬高。如果我在一个企业我的月薪是1万，不管企业有没有订单都一定要出这个钱。假如企业只接到5个订单，企业宁愿一件货给你1000块钱设计费，企业有事做，企业没事做也不用给你薪酬。所以个人薪酬实际不会降低，而且这样可以释放高技术的劳动力，又可以解决员工住房生活、子女就学等问题，只要有网络的地方就可以工作。所以是我们做这一块的一个可能的发展方向，即通过互联网进入这个供应市场。这个技术不需要考虑返工和存在太多出问题的可能性（比方说我喷出的是好好的，你倒出来怎么坏掉了，又要重来）。如果我们设计好的图纸，除非机器有问题，一般打印出来都是没有问题的。这样公司的管理都会发生大的变化。我们拥有这个技术，还是按照以前传统的思路是走不出来的。这个就是3D打印的一个发展。

刘：这两件也是打印出来的？

冼：是的，这两件是钛（图2右）。我一台设备可以打印金、银、铜、钛、不锈钢等很多金属，宝石是后续进行镶嵌。后续的工作还是和以前一样的。

于：所以主要还是在金版的这一块？

图 2　3D 打印首饰

洗：是的。为什么到今天才流入中国？因为现在中国到今天才开始需要这个技术。几年前人工啊，人力成本都可以接受。为什么现在需要这些？因为没有过多的人进入这个行业了，人口红利消失了。我们要让老工匠留在产业，去升级自己，这个才是产业需要解决的。培训新的人员，不如创造更好的收入让技术工人留在这个行业，总比人才流失、频繁地培训新人好。通过个体经济可以让大家的收入都增高，企业实际上也是在减负的。我一个人服务许多个厂，和一个人服务一个厂，企业有成本，自己的薪酬也不高。应提高对技术工人的吸引力，也提高新人进入这个行业的吸引力。

于：可能感觉不到以前那种高大上了。

洗：是的，我今天看一个人也是这样说的。这个是陈春花发的：雇佣关系消失，个人价值崛起。就是说现在都是大家共享经济的时代，接下来所有模式都在改变，企业不做出改变也是不行的。企业经营，每个月的成本都在上涨，就像社保成本也在上涨。即使企业没有订单，仍要负担很大开支。因此今天再不思考一个新的合作方式，那企业就很被动了。我觉得这个讲得挺好。像这个手链，我们按照传统工序起码需要 15 天到一个月，如果用 3D 金属打印技术，从设计到金属打印，我们一个星期内就可以解决了，金属打印只需要 10 个小时，而且做出来的质量是比传统要好的。这个就是 3D 金属打印技术的优势。而且我们可以制作空心的产品，可以降低产品的重量。像这个手链很轻，内部是空心的，这么大的一条铜质的链子，才 10 克重。用金子来做可能会有 20 克。如果用金子做实心的会非常重，运用传统工艺做出来可能会有 40~50 克。同样的大小，3D 金属打印做的饰品可以比传统工艺的轻很多，这样戴起来也不会成为负担。

于：它这个除了时间上，成本上从头到尾需要？

洗：看你做什么产品，如果你做这种简单的产品成本肯定要比你传统工艺做出来的要高，但是时间上会快很多。也就是说你现在可以用钱买时间。一个客户拿价值 100 万的裸石来定制，那你定制至少要 3 天。假设设计的时间都是一样的，同样的图我明天可以将成品给你，你的时间成本（像住宿等费用）就可以大幅度降低，也降低了客户的风险成本。我现在有这样的优势。为什么会有飞机有火车有高铁有班车，那要看你坐飞机的价值是什么。

洗：像这些技术用人工就是做不到的。像这种产品我就有绝对的竞争优势，如果你没有这样的设备你想复制也没办法复制。如果使用这样的技术，你要考虑如果你有像飞机一样的速度，那就不会觉得产品的生产成本贵。本身你的产品只适合班车的速度，你就不需要买飞机票了。要看用在什么地方，才能体现它的贵与不贵。

于：打印一个这样的东西需要多长时间？

冼：这样的东西用 3D 金属打印需要半个小时，而你用人工做一年都做不出来。这样的东西就是独有的东西。

刘：但是这套生产模式在欧洲已经使用好几年了对吧？

冼：对。欧洲的工资高，国外的公司在产品未下订单前是不会把版泄露出去的。因为很小的工作室就可以完成复制，国外的公司更注重头版的开发，做一些独特性的东西，像一些大品牌就是用这个方法开发首版。外国公司开发出来的，比方说我现在已经在开发明年（2017 年）春季的款式，设计出来的时候设计师就将模型打印出来，直接做成成品之后，再招全球的代理商分销商开订货会。如果我没有这个技术，在订货会你是不是要一个工厂，如果我有这个技术，我只需要设计师、机器和一个镶石的工匠就可以制作成品。订货会之后，确认好订单、交货期，我在这段时间将首版胶模发过去代工厂。如果你提前将首版交给代工厂，可能你这边还没开始销售，别人已经帮你卖完了。这就是现在欧洲的一个生产模式。

于：这样的东西用胶模生产不了吧？

冼：这个只能用 3D 金属打印设备制作。这个是打印出来为抛光的半成品。这样的东西就有竞争力。现在市场缺的是什么？缺的就是不一样的东西。别人没办法抄的东西，只能找你下订单。如果大家都能做的东西，你一块钱，我两块钱，这样你就没有订单做了。这个是企业升级转型过程中，你需要找到什么东西去转型。

吴：这是刚打印出来是这样的，再人工去打磨？

冼：对

吴：那在国内 3D 打印技术是否已经普及了？

冼：国内的情况，其实 3D 设计都是一样的。只是用在不同的设备上。3D 设计在国内已经十分普及，而这个设备应用到珠宝行业上，我们迪迈是第一个引进设备的，属于开拓者。我相信这个技术会走向成熟的。因为它做出来的产品证明是可行的。这个设备就如我之前讲的是飞机，而不是班车。最后还是要看适不适合企业生产的产品，是否有搭飞机的价值。企业的产品是做铜货、银货，那只能用这个技术起头版，去快速地做出款式，招订单。确认订单之后，才把首版发出去工厂。在没有量的时候没人愿意帮你做电铸工艺，要看你的企业用它做什么。像第一个买这个设备的"旭平"首饰，不是做贵金属的，而是做铜产品的，最便宜的饰品。它敢买这个产品是因为它没有工厂，不需要有工厂，所有的工厂都是它的代工厂。它只需要把头版开发好外包出去做就行。不用养一个那么大的工厂，所以用这个技术要看你自己定位在哪个方向。

我们也想招募一批这样的人，去做一件产品，这样的人才会懂得如何善用设备，才能做一些不一样的东西。能掌握很多技术要点，这是很重要的。如果你没有掌握技术要点，哪怕你很会设计，你也用不上这样的技术要点。所以这是万里长征的第一步。

于：所以还是要继续培养人才。

冼：我们接下来的想法是，打算在发布会上启动，每销售一台机器会拨一部分经费支持迪迈 3D 设计学院。因为我们迪迈学院是没有国家的支持的。14 年的教学，在外面做 3D 设计的基本上都是我的学生在教学生。很多人说没钱赚怎么维持，很难生存下来。我们能生存下来的原因是我们生产的设备一直在贴补这个学校。没有人才，行业是无法发展的。所以我们让年轻人在网上进行学习，如果年轻人很想进入这个行业，那在经过一个基本的学习之后，可以选择来迪迈进行一对一的学习。这样学成之后你就是精英了。学成之后，你就有价值，你完全可以和企业对接工作了，因为我想教的是这样的人。所以我们接下来会启动这个项目。

于：网上平台就可以直接培训了是吧？

冼：可以在网上进行学习，我们有网上教学的课程。因为你过来学习成本又高，什么都高。当你有个基础的话你来这里只需要进行一个月的学习，所有的费用成本也降低。我们的老师也可以针对你的每一个问题进行一对一的指导，吸收起来也快。因为一个月时间，你从零开始到精通是不可能的，因此接下来在培训这块也会进行一个大的改变。现在行业不需要太多的人，需要真正的精英。你先到网上去筛选，确认自己是否真正想进入这个行业，如果你想进入这个行业，你的未来是非常光明的。也就是说，以前的供求关系产生了变化。这就是我们未来规划要做的事情。

刘：那为什么不考虑与院校合作呢？

冼：其实呢，与院校合作，学生学习的费用太低了，无法做到，连师资都养不活。我们的老师都是行业技术沉淀已经10多年，而且我们的教学内容，都是时刻随着技术发展不断更新的，所以我不断出教程。我当年去香港学3天9000块钱的学费，老师只把工具教给你，如何应用还是要靠个人摸索。我们安排一个月几十块钱一个课时，是非常低的。加上推动网上教学，只有这样子才能吸引更多人来学，不断地进行技术更新。

于：我感觉这样能吸引更多的人来学习，因为如果要3个月一直在这边进行学习还是比较困难的。

冼：我们接下来更想去珠宝院校推广，吸引人到网上进行学习。我们有一个设想，我们的网上学习是免费的公开的。我们是结合实战来进行教学，所有标准都是适合后续生产的。我们所有的老师都是有着七八年工作经验的人。否则你设计再漂亮你没生产也是不行的，所以我们之后希望可以与学校在这方面进行合作，进行共享。

我们网上的平台是这样的，一个是学习的平台，一个是就业的平台。学习之后，把风格研究透了，把每一样东西做精。我把自己的作品放在网上，企业可以在平台上注册，挑选这个风格的设计者进行对接。做这个工作是免费的，我们也在看有没有相关法律使签约可以约束到双方。这些人员，企业不需要专门聘请也可以通过这个方式对接人才，大学生也可以有这个行业就业的机会。

刘：像现在很多院校还在学习最传统的雕蜡的工序。

冼：我认为学校应该把一些东西精简，如设计、3D打印、镶石、抛光。学生学习了基本的流程之后，可以对自己有个定位，是做3D，做设计，还是做镶石，选择一个方向进行专精。

刘：翡翠的机雕和人工雕还是有区别的？

冼：翡翠不一样，翡翠涉及"巧色"，珠宝用的是蜡，不存在这个问题。现在我们软件也是在电脑雕刻。

刘：您对3D打印及传统手工制作与高级定制的关系是怎么看的？

冼：高级定制更适合使用这个3D金属打印技术，3D金属打印技术可以为客户进行专门设计，可以提供完全无法复制的设计。传统工艺的产品，一个款式是铸造的，第二天到处都是同款的设计，差别可能只是主石的档次。比方说他的是玉髓你的是翡翠。3D金属打印能提供一些更具独创性的产品，除非有相同的技术都不能生产的产品。我甚至在某个配件用这个技术来做，产品都无法被复制。因此3D金属打印更适合用在高端定制上。我们又回到原点，因此我们不能硬用3D金属打印技术，而是将3D金属打印技术运用到设计中。如果大家都能很容易地复制，就不能称为高级定制了。

刘：除了3D打印之外，番禺还有没有其他的技术革命或工业创新？

冼：目前还没有其他的革命性的创新，只有像如何镶得更快、镶嵌得更好看的一些新技术，缺少颠覆性的革命。除了电铸、硬金之外，仍然缺少新的技术革新。比如电铸，现在有足金的电铸和铜的电铸，但是仍需要大批量的订单，才有工厂愿意生产。

吴：因此可以说3D打印是珠宝产业最尖端的技术了？

冼：目前来说是最尖端的技术。

刘：那您当初是为什么想将3D打印技术引入中国的？

冼：我一直是在做这个3D打印技术，而我在6年前已经注意到了这个3D金属打印技术了。但是6年前还没有3D可以直接打印贵金属，当时3D打印金属会产生一些后续的加工工序，比如说会出现一些支撑物，需要后续处理等。而且6年前3D金属打印技术仍应用在航天领域，利用钛金属够轻够硬的特性制作引擎。当我两年前在展会看到这个仪器的时候就开始考虑这个技术了。购置这样的一台打印机60多万，而在每年消耗耗材光蜡20多万，我要铸造成石膏模型，而且我们还需要购置两台机器，一台好的注蜡机也要几十万，两台机器加起来就100多万，两个部门人工成本是多少？两个部门废品率是多少？这些都是成本。今天这个设备是200万（税），我直接放金属粉末原料进去，出来的就是金属，不存在其他的损耗，还有这些纳米材料。这些损耗是长期的。

于：机器的原料是专供的还是？

冼：因为我们的机器是开放的，只要金属粉末参数足够满足标准就可放进去微调，可以选择更有优势的厂家。目前全球生产金粉末的厂家不多，但是金粉末的价格并不贵，转换成粉末也只贵3%。相对来说是可以接受的。今天中国的环境污染，有人员成本，传统工艺的工作环境也不好。因此我眼中这个技术有它的优势在。而如今中国珠宝首饰这个行业已经陷入卖无可卖、缺少卖点的地步了。如果希望在全球突出你的优势，现在这个工艺在欧洲也并非所有的普通工厂都在用，只有大的品牌在用。既然中国现在希望打造世界品牌，连这些先进的"核武器"都没有，何谈打造世界品牌呢？凭什么去和欧洲、印度竞争？中国的珠宝品牌可以拿出3D金属打印这些先进技术生产的产品去参展的时候，才能在全球品牌中建立绝对的优势。毕竟我们以前很多都是在为一些大品牌代工。如果我们希望打造世界品牌，唯一的出路是取得技术上的突破，寻求另一条不同的道路。当这个技术已经普及了，你再来使用这个技术，就完全没有意义了。据我了解，现在欧洲一些国家在应用这个技术，但范围不广。如果中国不抓住机遇转型，以后的发展道路会越来越难走。是否能真正实现转型，还要看是否能踏出转型的步伐。

转型并不是说马上抛弃旧有的技术，而是分出一部分资金去研究新技术。如果需要继续发展珠宝，迟早都是要转型的，不如比别人更早转型。

吴：那番禺政府是否有相关的扶持政策？

冼：番禺对这方面还是没有相关的政策，曾经有人建议我们搬去深圳。

刘：这个行业转型的呼声已经有好几年了，我们收集文献资料的时候，2008年、2009年就在呼吁转型，但问题还是集中在用工难、成本上涨上。

冼：我们利用3D金属打印技术进行转型，当我招募熟手，他们原来的薪水是在1万块钱以上的，但他们愿意2000块钱去和你做这个事业。也就是说在你转型的同时，也会有一些有远见、上进的精英愿意放低身份和你去学习，那自然公司就有和你一起奋斗的人。引进新技术，再筛选出人才培养。一批人再去培养下一批人。所以我认为一个好的技术也是一个发展方向。我觉得投入与回报不会是100%，但迟早都会有收益的。

刘：那您对深圳有没有什么计划？

冼：现在很多企业都说，我们去做一个打印中心，你做一项投资回报。我说我不会做这个，因为我不擅长做这个。要做这个方向，你要耐得住前期发展寂寞，不能想着能回报多少钱。你的产品有价值你就可以去做，如果你认为市场上有人愿意"搭飞机"的，你可以去做这个打印中心。你认为没人愿意做，你就不需要考虑这个方面。至于是不是有人愿意做，你也要把打印中心开出来才能知道。

吴：开得好，还要看谁来开？

冼：对，为什么飞机和火车、高铁能够共存，就是因为始终有群体愿意坐飞机、愿意坐头等舱，做珠宝也是一样的。我不是做终端的，不清楚有没有人愿意"坐飞机"。我不可能问，你有没有客户想"坐飞机"，别人是不会把这些基本的商业秘密告诉你的。

吴：这样的设备可能在设计师的手里是个宝贝，但是一般的设计师又用不起。

冼：不对，设计师他不需要去购买设备。其实设计师需要懂的不是说手绘的要多么漂亮，设计师真正要懂的是三维。不学三维你画得再天花乱坠都没有用。因为是否能够实现创意，与三维有着直接关系。如果我懂三维结构，我只需要画几笔，就可以在电脑建模然后制作出来。但是中国多数的设计师都不懂3D。懂3D你才能真正地展现自己的创意。如果不懂你最终的制作还是要假手于人，别人未必知道你真正想要的东西。所以学校也应该注重设计师的美术基础和三维设计的培训。

吴：所以可以说3D是设计师的一个绘画工具？

冼：对，即使是建筑师也需要懂得CAD制作三维的数据图。建筑工程师才能盖出楼房来。

于：是不是学建筑的在这一方面会好一点？

冼：更好，他们的空间思维更快。上海有一个极致盛放的公司已经跨界到珠宝行业来了。如果珠宝行业再不注重这方面人才的培养，可能饭碗被人抢走了都不知道怎么回事。因为做建筑设计三维空间思维是很强的，但是现在他们还没做到这种实用性、镶石的这些东西，更多还是概念性的，所以我们业内更应该思考未来怎么走，传统方式是很难继续生存的。

吴：番禺一直以有很优秀的技术背景著称，但现在很多人才已经流失了。

冼：很多工艺只有一些老工匠才能做，现在你叫人手工做已经是不可能的了，老工匠已经退休了。

冼：像这一条项链，现在叫人去扣……你要做活动扣，我打印出来就是活动的，肯定比叫人一个一个去焊要好。这些就是手工焊的。

刘：感觉需要工艺很好的老师傅才能做。

冼：这条就是类似的，需要一个个焊，非常辛苦，还要做到在各个方向上要直，这需要大量的技术。但我现在就可以用这个技术做，效率高太多。

刘：这个要学历吗？

冼：对学历没有要求，有一定的美术功底就可以了。主要是美术水准高的话，你做出来的东西会好很多。

刘：现在番禺的发展遇到了困局，包括在整合、宣传等方面，深圳进展也挺快的，您对番禺珠宝今后的发展有什么看法？

冼：我还是那句话，如果今天仍然拿不出新颖的产品去展示，你在展会上接纳订单会变得越发艰难。

刘：但我们在采访其他行家的时候，他们说番禺的工艺还是有优势的。

冼：番禺的工艺确实有优势，但是所有的人都会对比，我买你一件产品，再发到其他地方去复制，我的成本就下降了，消费者也不会看你的成本有多少，他们只会看产品的款式。只有中间商会用放大镜去搜你的货。工艺方面比别人好一点这个优势太小，如果我们专注于创新，这就是没法被复制的。现代人连衣服都不愿意撞衫，何况是珠宝，这就是商品卖点。番禺的工艺是你给什么价格，就提供什么层次的工艺，其他地方也是一样的。不是说番禺的工艺就一定贵，也不是说什么地方的工艺就一定更好，而是说你选择什么样的价格，别人愿意为你提供什么样的工艺。这是没有局限性的。顾客都不会用放大镜盯着工艺看，技术的创新才是最重要的。

冼：这是番禺未来发展的必需。国内的单没有国外的大。国内主要销售的还是黄金首饰，这些比较贵的产品还是比较少。更多是一克拉主钻的这类产品。像这些和一颗大钻石相同价格的产品，国内客户还是喜欢去买镶嵌大钻石的产品，这是消费观念不一样。国外是这个东西要漂亮，要特别，而国内的观念是这个东西要保值，所以有些人放弃了国内市场。销售应当引导顾客我们的款式很漂亮，我们的制作技术很独特，而不是引导顾客看瑕疵。

吴：番禺珠宝这边的工厂自2000年来一直在增加对吗？不是具体的数字，是您在番禺产业这么多年的感觉。是在越做越多？从什么时候开始走下坡路？

冼：不是工厂越来越多，而是小作坊越来越多。很多作坊不愿意养固定的人，都是有订单之后召集一个队伍，来赶这个订单的生产。像我是一个工作室，我们成立一个组织，专门做镶嵌。比方说我们成立了一个镶嵌队，我们将镶嵌的样板做好去工厂发名片，将每种档次的工艺分别定价。等工厂接订单，联系镶嵌队到工厂上班做这批订单，完成这个订单，镶嵌队再接下一个订单，最近这几年形成了这样的方式，催生了很多专做某个工序的作坊，大厂是否有增加我就不清楚。这也是行业的一个变化。

吴：每个人都是自己的老板。

冼：对，个体价值嘛，个人也有更多的自由，激发更大的能动性。让一个人不受限于一个企业，企业也可以减轻负担，但是这是基于一个人的道德准线的，你做这个产品不能和任何人说，这个是考验一个人道德准线的。

访谈8：采访广州番禺职业技术学院珠宝学院王昶院长、袁军平教授

时间：2016年7月15日
地点：广州番禺职业技术学院珠宝学院会议室
受访人：王昶（珠宝学院院长）、袁军平（珠宝学院教授）
采访人：丘志力、黄远欣、刘璐、张钰岩、吴子源
记录整理人：吴子源

丘：广州番禺职业技术学院珠宝教育是否得到政府的大力支持？

王："十三五"这段时间广东省在建设一流高职院校，我们学校领导都信心满满，希望能够在前五名里面。本来我们的设计是挺好的，我们有3个专业，首饰设计、珠宝鉴定与工艺、珠宝鉴定与营销。今年5月份，教育部出台了高职高专目录，那就变成了两个专业，规范名称一个是首饰设计与加工，这个工艺和我们生产中的工艺是两码事，设计搞的工艺是花丝、点翠，等等，另一个是宝玉石鉴定与加工。可是，从企业用人的角度来说，营销在店铺用的人是最多的，企业需求旺盛，能培养好这

样的人为企业所用。只学营销的人不一定懂得这个行业，从这个行业学出来的人到企业培训几天就能够上岗了。现在我们最有优势的专业就没有了，后来我们向上级教育行政主管部门申请，获批了"珠宝首饰技术与管理"专业，归属轻纺工业大类。在这方面我们学校是最有优势的，学校就在产业的集聚地，充分利用地缘优势，与其他学校的同类专业错位发展，在国内珠宝首饰技术这一块的教育我们做得比较早。"十三五"期间学校进入了省一流高职院校建设行列，"珠宝首饰技术与管理"专业被列入重点建设专业，广州市政府有两个亿的预算，给我们专业投入有1200万吧，感觉已经挺好的。现在我们主要做3D打印、粉末烧结这一块。像迪迈3D，他们是代理商，培训很多画图的人，而我们看看能不能在粉末这一块搞一些研究，我们的同学也愿意做这一块，这一块属于技术创新，国家也会比较支持。（黄：今年大罗塘基建投入差不多2000万了，今年的大罗塘新牌坊一定要在11月底的珠宝文化节之前落成，每年5月和11月都固定搞一次珠宝文化节，现在的何区长要搞大罗塘珠宝小镇，跟经贸局的旅游这一块紧密结合，感觉这两三年政府对珠宝业还是挺支持的。）

丘：感觉过去番禺珠宝业发展最好的高潮期已经过了，不知道王院长同不同意这一观点？

王：主要依赖于那一批香港商人，别的我们接触不多，跟黄先生接触得比较多，前期他是番禺区珠宝厂商会的主要负责人之一，现在是香港金银首饰工商总会的荣誉会长，苏涛是会长，会长可以做十几年。黄先生当时有一些想法，但是有些商人没有形成共识，可能跟我们的税收有很大关系，深圳为什么能做起来，与深圳特区的税收政策有关系，而广州的税收政策不一样，所以当时外单比较好，大家专注于生产，觉得也不错，2008年开始持续不景气，国际市场一直在动荡，外单就少了，国内企业的日子不好过。

丘：深圳也分了不少的单，过去番禺为什么厉害，因为当时深圳没起来，看外贸数据2010年以前以番禺为主，2008年以后番禺的进出口数据连深圳都不如，当然深圳的数据也有水分，存在"黄金搬砖头"的问题，利用黄金的税差来牟利。但除了这一部分以外，深圳原来做国内单的公司也开始接外单，也许工艺方面番禺还有优势，但是深圳毕竟这么多年国内生产经验也上来了，他们的设计、款式等方面也能满足国外的一些低端需求，因此从番禺手上接了1/3到一半以上的单，所以看外贸数据真正对外出口变成一半对一半，这些年对番禺的影响还是很大的。其实这个危机在很多年前就出现了，当时我和陈元兴接触得比较多，他那个厂现在也不大，香港的公司也是这样。所以有很多因素对番禺是不利的，包括番禺的领导层换来换去，大家都知道这个行业有优势，但是真正去投入，真正把它当作可持续发展的行业来对待，我个人认为番禺区政府还没有下定这个决心。就像原先的动漫和冷冻行业，大家都认为有优势，但是还是没有搞起来。我个人认为番禺的饮食行业在全国是很有特色的，但是没有形成一个规模化，我们问北方人都不太知道番禺，但是南方人说吃东西肯定说去番禺。饮食行业的优势是很大的，民以食为天，但是光靠饮食要做起来是不容易的，需要有其他行业的配套，其实珠宝是很好的配套，再加上南方其他的文化经典，如宝墨园等，特别是长隆，长隆在中国已经起来了，但要怎么让长隆把其他行业整合到一块呢？目前我们的整合是不够的，要费很大的工夫。要是省里能注意到这个东西就好办了，那现在省不动，市能不能动呢？两年前我开的一次会，我就跟广东省的一个副秘书长说，你们现在才想起来发展珠宝产业是不是晚了一点？他就说不晚，我们好的东西很多。广东省历来都是这样，包括广州市，觉得我们好的东西很多，所以就不会费很多的精力去整合东西，实际上这就很耽误事，这一点，上海和广州就是两个不一样的概念。上海做事情一直很有眼光，而且考虑得非常长远，它是持续性投入的，所以现在上海市的各种珠宝设计都比广州要好。

王：我举个例子吧，上海办了一个首饰设计比赛，我们的同学得奖了，组委会邀请参加颁奖典礼，会提供往返机票和住宿几天的费用，广东就很难做得到，这个比赛是"创意上海"的一个组成部分，展览颁奖的地点都很高大上，在十六铺码头的一个古色古香的地方。上海和广州的力度差别不是一般的大，对职业教育的重视上海也是做得更好。

丘：与深圳相比，深圳是改革开放的前沿地区，政策好，全国各种资源都会在深圳汇聚，不会在广州汇聚，很多政策到了广州只是"路过"一下。

王：从北上广深到北上深广，最主要的问题是税收的问题，要是广州番禺的税收能搞到和深圳一样的税收，那就能搞得起来了，特区有特区的政策。

黄：早年罗湖区是这样操作的，只要企业拿罗湖这个区域品牌去参展去搞活动，用5000万就补给2500万，只要去用去申请就会有这笔经费，而广州和番禺就没有这样的方案。长期以来番禺都是传统加工型的思想，没有往金融经济市场化这方面去发展，还是停留在最低端的接单加工。因为早年接一个外单都有很高的利润，那为什么要去做内销呢，外单的量大，内销的量太小，番禺就像是墙头草一样，不能够坚持，看外单好做就做外单，看内单好做又去做内单，反反复复，企业家的思想还停留在过去的阶段。

吴：请教一下袁老师，现在番禺珠宝的工艺优势在哪里？工艺创新这部分有什么样的特点？

袁：番禺的珠宝产业有一定的特点，是从香港这一块移植过来的，香港是一个窗口，跟国际珠宝加工制作基地联系非常紧密，所以在加工制作工业这一块番禺很有优势，国外出现一些新技术、新动向，番禺会比较早地引进。这是番禺前期的一些优势，特别是镶嵌这一块的工艺，原来一直比较好的是意大利维琴察，番禺在2005年就已经突破了这个技术，当时带来了很大的优势，是东方的"维琴察"。一直到现在为止，这都是番禺比较突出的优势。后来在原有的基础上番禺也做出了一些突破，有好多公司都有了自己的专利，像是"六围一""八围一""九围一""十二围一"等。国外刚出现的无边镶，番禺也很快利用起来了。

丘：我想请教一下袁老师，现在的微镶技术是用胶"粘"还是用密钉镶技术？

袁：胶水粘接和金属嵌牢是两个层面的东西，其实对珠宝镶嵌的基本定义应该是利用金属的抓握力来紧固宝石，稍微上档次的珠宝，除了珍珠等少数特殊宝石借助胶水紧固外，基本都不会用胶水粘起来的。微镶技术最早起源于美国，国内所有的镶嵌技术基本都是从国外引进来的，微镶跟常规的镶嵌技术基本原理是一样的，只不过比较细小和精密，需要在显微镜下操作。至于密钉镶，钉子非常小，本身石头也非常小。刚开始微镶的工费大概是5块钱一粒，给到工人就几毛钱，后来竞争比较厉害，大家都比较熟练了，工费也慢慢下降，但总体来说也不会很低。后来为了增加竞争力，有的企业也把微镶技术应用到了比较大的石头上去，肉眼能够做到的也应用到了微镶技术，像三和公司原先就这么处理。这项技术需要大量的时间和劳动力，做出来产品的档次确实是不一样的，在显微镜下操作，规整程度和对称性都是特别好的，比裸眼要好很多。

丘：这很难说是工艺上的技术进步，应该说是一种劳动力和时间的大量投入换来的进步，不是工艺方法创新上的一种进步。就像如果立方氧化锆用胶水粘在银上，有一种新型的胶水使产品变得更加紧致，这才算是一种创新。

袁：合金饰品、铜饰等常采用胶水粘接，低档银饰有时也用胶水，这都属于饰品的范畴，不能归入珠宝的范畴。无论用什么样的胶水，难免影响宝石的外观效果，使用一段时间后常出现掉石问题。珠宝镶嵌时有时借助胶水来定位，等金属镶紧后还是要将胶水去除的。要说提升镶嵌效率，现在大量使用蜡镶工艺。说起番禺其实最突出的就是它的镶工。

丘：除了发表的一些文章，其他工厂有没有申请的一些专利，在这个行业已经在应用的？

袁：工厂在开发创新这块总体来说还比较弱，申请的专利大都属于外观专利，很多企业对工艺这方面也不是很了解。2006年的时候开始出现梅花镶，小石头围着大石头，六围一、八围一，等等，但基本上都是从国外引进的，没有首先从番禺发起的。由企业原创的发明专利比较少。

丘：彩宝的加工有没有突破呢？

王：主要是小作坊来做，很难像深圳的劳伦斯（音）那么大的规模，番禺具体有哪些出名的作坊确实也不太清楚。

丘：彩宝可以突破的地方像是不同的切面有不同的性质，闪烁度和亮度都有变化，可以做出来国外没有发现的东西，可以申请专利，可以说出去的。

王：番禺很多作坊的老板都只关心能不能增加产量，降低成本，提高效率，很少会考虑创新这方面。

丘：这是中国人的短视，我有一个朋友，以前我也叫他想一想怎样把工艺发展起来，后来他跑去卖水晶了，错过了很多机会，国内很多人都是这样，其实只要能把一两件事做好，根本就不用去卖东西，自然就能够做起来了。

王：现在有这种工匠精神的人很少了。

丘：所以我希望王院长能引进一些这样的人进来，这样才能突围，为学校带来品牌效应，当然这也需要学校的支持，这样的人又能带出来徒弟。这样的人需要有巧手作基础，我们大多数的老师是做不来这样的事的。上海未来可能有这样的人出现，机会很好，就等别人来挖掘。

王：10年前我们就提过这样的事情，但是学校都要求当老师的需要高学历毕业，可是真正有手艺的人并没有高的学历，来到这里学校给不了高的报酬。北京的"燕京八绝"，有些老板亲自出钱买别墅，让这些手艺人留在那里干活，包括做花丝、玉雕、漆器、戏服，等等。我们一直在提这个事情，像从云南、贵州引进一些民间手艺人，参与到专业教学中来，有课的时候教学生，没课的时候就干自己的活。但是每当考虑那些人有什么学历等问题时，只能作罢。读完研究生出来还能当工匠？肯定不可能。当时我们也请了一个师傅，他学历也不高，智力水平也不高，平常没有事的时候看我们在用电脑，也想要配一个电脑，但是他用电脑在那里看电影玩游戏。他是看着我们在那里用电脑写东西，他觉得应该大家都是老师，觉得我们都应该是一样的，都想要拿一台电脑来用，但是实际上是不同的。传统的教学怎么能出工匠呢？我们该怎么培养出工匠呢？这是很大的问题。总不能二十五六岁毕业了才来学手工，这是不行的。对于设计师这个头衔，到了一定程度才能称为设计师，我们很多老师同学都说自己是设计师，但出去的话其实根本就找不到工作，设计的东西能够满足评委的要求，但能不能在企业工作还是要打个问号的。为什么番禺就很难找到这样的人呢？这需要政府的大力支持，像上海、深圳的投入就能够吸引这样的人才来。

黄：政府会想你这个创意协会什么的到底能给我们创造出多少的税收，如果贡献不大的话政府也很难考虑到你。番禺的加工厂3~5年消失了百分之七八十，我觉得这是很可惜的，番禺的优势在慢慢地消失。以前是买毛料来加工的。为什么会这样呢？一些企业工人已经到了5000块钱的工资，老板承受不住，不想再投入更多的钱，他们只看到眼前的利益，想着什么时候能收回投出去的钱。

丘：所以说政府的持续性投入很重要，如果政府不断地转移重心的话，就很难形成一个有文化有底蕴的东西。如果每一届政府上台都想做一个新的东西，那肯定就会有问题了。上海的底蕴就特别好，它是一直坚持投入，它知道珠宝行业对于上海几十年的底蕴和文化有很大的帮助。对于番禺来说，能够形成有文化底蕴的珠宝业十分重要，我们之后也要跟何区长谈，我们想要和其他地方去比的话，珠宝业确实是能拿出来的东西。这几年来我是觉得番禺政府的投入力度一直都不是很高，但我为什么还是想要尝试做这个东西呢？因为最近的两个中心都在番禺了，一个是广东省宝石交易中心，另一个是广州钻石交易中心，现在中心主任一个是梁伟章，一个是黎志伟。梁伟章一直在跑之前的金伯利进程，黎志伟一直在搞番禺的珠宝产业，也具有国际的视野。两个中心能落到番禺我们也出了很大的力，当时很多个区都在争，能落到番禺也是很不容易的。当时南沙区也有人来找我，我就想能不能南沙和番禺的力量结合在一起，能做成这个事其实是借了广东省和广州市的力量的。

王：本来上海市在这个圈子里的影响力是非常小的，但是通过上海的首饰设计师协会这样弄一弄影响力就上去了，反过来我们番禺什么都没有，都在讲着出口量以前的老数据，这个数据也在逐年下降。我们在大罗塘看到的工人越来越少，他们都跑到深圳去了，我们的毕业生很多也到深圳去了，不愿留在番禺。番禺的工资低，深圳的工资高，番禺刚出来的话平均工资也就 3000 左右。大家都觉得深圳这个地方有奔头，有前景。

吴：珠宝学院的主要办学理念是什么？有什么特点？是不是有和珠宝企业的一些合作？

王：我们办学理念说得很好，叫"工学结合，协同育人"，是指工作过程和学习过程的结合，校企协同育人。

丘：现在总共培养出多少学生？

王：从 2001 年开始算，2001 年 41 个学生，2002 年 40 个学生，到现在每年基本招 300 个学生。我们这个行业不能招太多学生，在学校里算是最少人的一个学院，其他管理会计什么的，学校一年招 4000 人，在校学生近 12000 人。领导开会说"十三五"期间要多招一些人，市政府给我们的拨款多了。

丘：毕业后能留在番禺的有多少人？

王：有一半左右在广州番禺，很多在质检站做辅助检测，在番禺的很多在工厂里面，早一些毕业的同学很多自己出来做了，做 CAD 快速成型这一块。我们在计算机辅助设计方面是开先河的，当时我们跟着香港的一个老师学习这个计算机技术，番职院是首先做这个的。很多以前毕业的同学自己做了来雇用我们现在的学生。有一些流出去了，做工人的基本没有，基本都是做生产管理、收发、数据统计，没有做手工的，因为工艺水平也达不到。要做工序上的一种活的话企业也只会是单项培训一个人一段时间就可以了，学校出来的都是全流程培训，没必要去做工序上的事。

袁：以前企业有很多工人，有底气去接单，现在是有单都不敢接，做不完就很麻烦了，找外发的话质量又很难监控。

黄：现在新手工资要 3000 来块钱，做了两三年的熟手都要 5000，做得好一点的七八千都没有问题，更高级的要 10000～15000。

王：工费没有什么变化，薪酬却增长得很快。

丘：这个问题可能会一直持续，因为现在网络和新技术的发展很快，市场处于一个不稳定的阶段，变化得太快，彼此之间的力量平衡很容易被打破，没有办法像以前那样安排生产，商业模式已经和以前不一样了。

袁：现在业内都对这个行业很悲观，很多人都在耗着，看接下来怎么办。

黄：大家都在吃老本，很难有发展。

丘：王院长怎么看"十三五"之后番禺未来的发展，政府要给予怎样的支持？

当时我在武汉开一个全国学术大会，我就说钻石业的发展已经进入了"冰河时期"，最主要的问题是天然钻石和合成钻石的问题，到了以后要是两种钻石的美学程度已经看不出区别了，普通人都能够戴上"钻石"，那么对于钻石的价值观会不会就改变了？天然宝石当然不会消失，但是它的规模以及价值与现在是否还是一样呢？价值观的改变对于整个珠宝行业的影响是巨大的。既然如此，"十三五"之后珠宝行业的规划应该怎么做？在全球定位又是怎么样？一直以来我们都没有核心的技术，政府需要花的功夫会很多。王院长你们怎么看？

王：我们也没考虑过这些事，因为我们在学校里，对行业的整体发展也没有很了解，太宏观的问题也没有怎么想过。这几年番禺珠宝的很多活动都变少了，当然有各种因素的影响，从领导的角度来想，就是这个产业到底能给这个地方带来什么样的名声，在世界上又有什么样的影响。其实现在番禺在国外的知名度还是很高的，很多老外一听番禺这个地方，也是知道的。之后还是要想办法吸引更多的人进入番禺，这样才能把经济拉动起来。

丘：有一两样东西我觉得是必须在规划上出现的。第一个是技术创新，因为要真正在国际上有分量，没有技术这一块支撑是不可能的，无论市场是好是坏。如果做得好还能吸引国外的很多人才。第二个是政府对这个行业可持续性地投入起来，不能只是把这个问题提出来，必须做起来，把这个当作地方名片、文化符号来对待。政府应考虑的是怎么进一步把珠宝业和长隆、饮食等方面整合起来。

王：我们一直都在倡导这个事情，当时我们发展的时候都说是侧重于生产制造这个领域，教育厅批给了我们广州高校珠宝首饰工程技术开发中心，这在全国都是没有的，我们想把它做成技术创新的中心。至于另一方面就是要大家都知道番禺的珠宝，能够在番禺待得住。

丘：最后一个问题，番禺30年来关键的人物有哪些？

王：黄云光、李建生、陈元兴、黎志伟、陈国、黄国和、吴宏斌、李文俊、区祖贤、郑诗就、黄成伟、姚文雄、梁伟苏（前番禺市委书记）、徐发泉等。

三、番禺部分珠宝设计师简介

以下介绍12位（按姓氏笔画排序）主要在番禺工作的珠宝设计师的个人情况、作品风格和获奖等信息。我们期望通过呈现他们的珠宝设计经历来展示当下广州市番禺区独立珠宝设计师的部分风貌以及在全国珠宝产业中的地位和影响力。设计师介绍次序按照姓氏笔画排序，感谢广州番禺珠宝工艺设计委员会提供部分资料。

1. 王志荣

个人情况：英文名 Alex Wong，1998年工艺美术专业毕业，从事珠宝设计行业至今20年，曾在多家香港知名珠宝品牌担任设计总监；2006年成立珠宝设计研创中心，专注于珠宝设计与研发。

2016年，第8届澳洲国际华语电影节特制首饰设计师；2017年，受聘于番禺职业技术学院，任兼职副教授；2017年，受邀为番禺区大罗塘珠宝小镇设计牌坊；2017年，第9届澳洲国际华语电影节特制奖杯设计师；2017年，受聘于广东省翡翠产业协会（设计工艺委员会）任"创意顾问"；2017年，受邀设计制作《唐人街探案Ⅱ》电影道具专属饰品；2018年，设计定制影视演员颖儿、付辛博"守护的翅膀"专属婚戒；设计定制"千万专家宝"教堂系列婚庆豪华钻石套装专属。

获奖情况：

2016年，获"OPC国际工艺美术大师"称号。

2017年，获粤沪港澳"一带一路"珠宝工艺设计交流展"荣誉卓越设计师"称号。

2. 乐珍

个人情况：1985年出生于江西抚州，毕业于景德镇陶瓷工艺美院。2004年年初开始至今近15年时间一直从事珠宝设计，现担任香港大宝珠宝有限公司首席设计师。曾去过瑞士、意大利、中东、法国、印度尼西亚等多个国家和地区学习交流及参加珠宝展会。

作品风格：在创作每一件作品时，都坚持赋予作品一个故事，让作品成为故事的载体去述说珠宝的内涵，去传达魅力与高贵。设计作品线条优美大方，常以大自然的一花一木作为主题去创作作品，使作品除了拥有珠宝的奢华，更拥有自然独特的气息。

获奖情况：

2017年度，作品"醉花香"获香港JMA国际珠宝设计大赛公开2组的冠军及"我最喜爱珠宝"设计大奖两项大奖，并被香港大溪地黑珍珠协会邀请到法国大溪地实地考察学习，同时被香港以色列钻石协会邀请去以色列实地考察学习。

2015年度，作品"心花怒放"获香港JMA国际珠宝设计大赛公开组最具市场价值奖。

2015年度，作品"归巢"获香港JMA国际珠宝设计大赛公开1组优异奖。

2012年度，作品"阳光海滩"获香港最受买家欢迎首饰设计大赛套装组入围奖。

2011年度，作品"黑与白"获香港最受买家欢迎首饰设计大赛手镯组亚军。

2010年度，作品"梦舞"获香港最受买家欢迎首饰设计大赛手镯组冠军。

2008年度，作品"跃动生命"获香港最受买家欢迎首饰设计大赛项链组亚军。

2007年度，作品"火凤凰"获香港最受买家欢迎首饰设计大赛耳环组入围奖。

3. 冯肇远

个人情况：1999年开始从事首饰雕蜡工艺。多年来不断追求技术的进步与突破、匠心传承，功底扎实,敢于开拓创新。2015年开始探索金属雕刻,与电子烟文化相结合,运用铜、银等贵金属材料,在雕刻刀下已创作出无数烟管作品。

作品风格:熟悉各种风格的珠宝首饰的设计要求与做法。擅长雕刻各种花草、动物,作品生动传神,富有生命力。

代表作品如"古韵丝间",冯肇远将金丝玉用金属镶嵌设计成一款"古韵丝间"男士古玩吊坠。设计元素结合仿古纹样以及金丝玉的"金丝"。将仿古纹样依附玉石表面,跟随玉石线条流动,让仿古纹与玉石浑然一体。作品通过添加几颗绿松石和南红作为装饰,更增其文玩趣味。

4. 成乐伽

个人情况:英文名Luca,资深珠宝设计研创导师。艺术系专业本科毕业,曾在新加坡美雅珠宝Belle Jewellery private limited有限公司深造。中国珠宝行业商业珠宝原创手绘设计师创始人之一,拥有20多年的珠宝首饰专业知识,懂得把中、西时尚文化创新融合,熟识高端私人产品定制设计研创、品牌战略规划、市场趋势销售一体化,是复合型人才。在珠宝设计研创文化领域中有一定的影响力。致力于为东方女性提供蕴含文化品位的珠宝,以追求个性化的风格来赋予当代都市无限的可能。

作品风格关键词:具有想象力、创新、颠覆传统;创造、引领核心、突破、满足个性。

获奖情况:

获"OPC国际工艺美术大师"职业荣誉称号。

获"CETTIC企业管理指导师"培训师称号。

5. 刘燕明

个人情况:来自炜兴珠宝公司(Sky Jewelry)。

作品风格:多以植物为创作灵感,作品大气恢宏,在细节上追求精益求精。如玫瑰系列,作为Sky Jewelry的首系列作品,从一开始便给人焕然一新的感觉。从2008年至今,这玫瑰系列仍然凭着独特的设计而受到大众的青睐。特别是出席宴会时,能给人一种豪华大方的感觉,总会成为众人的焦点。

6. 罗志明

个人情况:中国香港户籍;1976年,做首饰学徒;1981年,任开文珠宝厂大工(师傅);1985年任荣峰珠宝厂副厂长;1988年,在荣峰珠宝厂开始授徒;1990年,任香港莱利珠宝公司版部经理;1991年,任番禺莱利珠宝厂副厂长兼版部师傅;1994年,任照明珠宝厂厂长兼版部师傅;2003年,任三和珠宝产品开发研究部总经理;2016年,担任广东省翡翠产业协会设计工艺委员会会长,任期5年。

罗志明早在1991年就随港企莱利珠宝在广州番禺开设工厂而来到内地,他几乎见证了港资珠宝代工企业在番禺的辉煌历程。他也成为珠宝设计制造的全能高手,不仅掌握所有镶嵌等工艺,还懂设计、打版,更曾任香港上市公司三和珠宝的产品开发研究部总经理。

自2014年从香港上市公司出来后,罗志明将事业定位调整为培训为主,2016年应广东省翡翠产业协会会长提升翡翠国际化和时尚化的请求,成立了该协会的设计工艺委员会,囊括100多位珠宝行业设计及工艺方面资深人士,除了对接商业活动,还对会员进行培训,帮助他们创业。"以前很多人学一门手艺为糊口,现在更多的是因为兴趣,并且志在不做低端下游的工作,他们学设计、工艺、销售和产品拍摄等,是为了创业。"另外,罗志明还为学校和公司做培训及教练,比如做世界技能大赛珠宝加工国家集训队教练,帮助番禺学校的学生获得了国际比赛第二名的好成绩等。

番禺珠宝产业发展30年

作品风格：作为在珠宝产业内部历练几十年的行业先锋，对于珠宝作品始终抱着宁缺毋滥的态度。无论当今的工艺水平多么发达，无论机器制作多么方便，在珠宝创作上，他始终坚持用最原始最细致的手工制作方法，坚持用手工去处理好珠宝作品的每一个小细节。因此其珠宝作品总是华丽但不失质朴，精致到位。

获奖情况：

2011年，获国家授予贵金属首饰手工制作一级高技师职业资格证书。

2013年，获广东省人力资源和社会保障厅授予广东省岗位技术能手标兵荣誉称号。

2015年，获广州市番禺区人力资源和社会保障局授予2015—2016年度禺山金工（优秀高技能人才）荣誉称号。

7. 罗金娇

个人情况：1983年出生于肇庆广宁，毕业于中山大学。2005年至今一直从事珠宝设计研究，服务过多家知名品牌珠宝公司，主要负责新产品的研发，产品出口至美国、欧洲、东南亚等国家和地区，作品曾多次参加国外的大型珠宝展。

作品风格：常以绽放为主题，以线条来发散视觉效果。创作的作品大气、璀璨夺目，同时在颜色搭配上敢于大胆尝试，在色彩上吸引眼球，增添了珠宝绚丽的美感。

获奖情况：

2017年，作品"离·合"获香港JMA国际珠宝设计大赛的"冠军"和"手绘优异奖"，并被香港大溪地黑珍珠协会邀请到法国大溪地进行实地考察。

2016年，作品"璀璨光芒"获香港JMA国际珠宝设计大赛的"冠军"和"手绘优异奖"，并被香港大溪地黑珍珠协会邀请到法国大溪地进行实地考察。

2013年，作品"欢聚2013"获香港JMA国际珠宝设计大赛的"优异奖"。

以上3件作品均成功登上香港著名珠宝杂志的封面。

2009年，作品"春节"获钻汇珠宝设计大赛入围奖。

2015年，获北京"中国珠宝玉石首饰行业协会"颁发的"珠宝首饰设计师"证书。

2017年，在法国大溪地考察期间获得法国政府部门颁发的"珍珠考察证书"。

8. 黄永增

个人情况：广州美唯兰亭设计师品牌创始人，广东省中创珠宝创意设计中心委员、理事，番禺大罗塘珠宝商会工艺设计委员会委员，三悟记原创珠宝设计师，美唯兰亭珠宝学院设计导师。对珠宝市场的前景有独到的认知，认为未来的珠宝是有灵魂、有生命的，关乎人的品位、个性、魅力、身份、信仰。

开珠宝业手绘设计网络培训先河，提高珠宝人碎片时间的合理利用，为自己增值，提升行业竞争力，让自己更有范、有趣、有料。

9. 黄建民

个人情况：广州番禺人，1988年毕业于华南理工大学生物化工专业，并获工学学士学位，1993年获工程师资格。对珠宝的执着探索从不止步，将广州明将琅珠宝有限公司定义为做最难、最有趣的珠宝研发设计企业，企业要做有文化、有艺术气息的珠宝。黄建民时任广州明将琅珠宝有限公司创意设计总监、广州番禺珠宝工艺设计委员会主席、亚太区创作师协会创意会长、广州番禺职业技术学院首饰设计与工艺专业建设指导委员会主任委员、番禺大罗塘珠宝首饰商会常务副会长、番禺区珠宝厂商会副会长、2017粤沪港澳"一带一路"珠宝设计工艺交流展策展人。

其主要作品有"恩缘""蜕变成蝶""庄周梦蝶""珠宝狗"等。

作品风格：更注重艺术表现，着力于做最难、最有趣的珠宝研发设计，做有文化、有艺术气息的珠宝。

获奖情况：明将琅珠宝公司的作品多次在世界性的设计比赛夺冠，其中，"逐浪者"项链在2017年9月14日获第5届中国（深圳）国际珠宝首饰设计大赛"专业组"的最佳工艺奖，并在2017年与艺术家江衡合作研发了"繁花似锦"珠宝狗，轰动了艺术界和珠宝界，目前在申请吉尼斯世界纪录，尝试把珠宝做成艺术品。

10. 梁大钊

个人情况：国家一级高级技师、贵金属首饰与宝玉石检测员、福建省雕刻艺术家协会理事；中华全国工商业联合会轻奢品牌专业委员会翡翠玉器分会理事；广东省翡翠产业协会（设计工艺委员会）钛金顾问；广州市番禺珠宝工艺委员会会员、广东省职业技能竞赛贵金属首饰手工制作工竞赛命题专家、广州番禺职业技术学院兼职副教授。

作品风格：拥有20年的珠宝行业从业经验，对于大自然变幻莫测的色彩有着莫名的喜爱。因此，经常把对大自然的感情与色彩运用在首饰工艺上，许多作品都得到过众多媒体报道。制作每件作品都参与指导以及工作，特别是在钛首饰制造中多项关键核心技术方面，除了突破钛金属铸造、焊接、镶嵌、电解色技术外，还掌握钛金电解渐变色，钛金属两面异色的加工关键技术。设计创作的"生命的幻彩"作品灵感就来源于大自然中最常见的蜻蜓，栩栩如生幻彩的钛金蜻蜓，通过迷人幻彩丰富的颜色，表达了生命的多姿多彩和丰富的内涵，表达了对生命的热爱。

"生命的幻彩"这一作品突破了传统工艺的金、银、铜等常规材料，运用太空科技的钛金作为原材料，采用紫锂辉石、红宝石、钻石、黄钻等不同的宝石打造而成，突出了轻巧、硬度高、强抗腐蚀性和具有强烈金属光泽视觉效果，特别是其迷人的幻彩效应产生了独一无二的视觉效应。

其主要作品还有"丰年""余香""守护""君子""碟恋"等。

获奖情况：

2017年，获全球原创设计时尚大奖。

获全球原创新锐品牌大奖。

获广东省玉雕作品"玉魂奖"工艺奖。

11. 梁宽

个人情况：国家一级高级技师、围炉共话创始人、匠星艺术创始人、当代泥塑珠宝艺术家、朗狮珠宝有限公司创始人、广州番禺珠宝设计工艺委员会委员、福建省雕刻艺术文化协会常务理事、广州番禺职业技术学院珠宝学院副教授。

作品风格：致力于泥塑艺术珠宝的研创开发，从事珠宝行业二十载，从喜欢、热爱到研创每件珠宝作品，彰显了匠心精神。他对泥塑珠宝的见解来源于生活的积累和感悟，从而凸显珠宝作品与人之间的价值体现。将传统的泥塑雕刻技艺传承和发扬光大，应用到珠宝设计创作上，为行业发展锦上添花，创作出一件又一件有生命的珠宝。

12. 曾文庆

个人情况：英文名Simon Zeng，是独立珠宝设计师，出生于粤北有凤城之誉的清远，1999年毕业于肇庆学院美术专业，2000年开始从事珠宝设计行业，热爱艺术、音乐、运动。现任广州金笔珠宝设计公司设计总监。对中国传统文化与世界时尚艺术具有敏锐独到的领悟，善于把握生活上的细节，从生活与时代的轨迹中提炼艺术创作元素。创意表现风格细腻、别致、富于生命灵动性，对视觉和结构有深刻的体会和研究，具有深刻的情感文化内涵，设计作品备受国内外时尚精英，明星达人的青睐。

作品风格：善于不断跨界、积极与不同领域的艺术家和思想家们交流。保持专注，也保持开放，坚持不断突破自己。

获奖情况：

2017年，获广州番禺大罗塘珠宝首饰商会颁发"匠心大使"称号。

2016年，成为上海迪士尼珠宝产品研发授权珠宝设计师。

2016年，受邀维达纸业集团最新广告（3D立体美）。

2014年，入选"中国力量，百名原创设计师"实录。

2013年，中国文化协会颁发"中国十大杰出人物"证书。

2011年，获南洋珠首饰设计大赛项链组优异奖。

2010年，成为上海世博珠宝纪念徽章授权产品设计师。

2006年，获首届国际珠宝首饰创意设计大赛专业组亚军。

2004年，获国际大溪地珍珠设计大赛戒指组工艺大奖。

2003年，获"EFD"都市魔方钻石设计大赛铜奖。

参考文献

[1] Allan S C. From Integrated Enterprises to Regional Clusters: The Changing Basis of Competition [J]. Computers in Industry. 2000, 42: 289-298.

[2] Arndt S, and Kierzkowski H., (eds). Fragmentation: New Production Patterns in the World Economy [M]. Oxford and New York: Oxford University Press, 2001.

[3] Bazan L and Navas-Aleman L. The Underground Revolution in the Sinos Valley—Acomparison of Global and National Value Chains [D]. Paper Presented at Workshop on Local Upgrading in Global Chains, Brighton, Institute of Development Studies, February. (www.ids.ac.uk/ids/global/vw.html), 2001.

[4] Bititci U S and Carrie A S. Strategic Management of the Manufacturing Value Chain [M]. IFIP, Netherlands: Kluwer Academic Publishing, 1998.

[5] Cantwell J and Janne O. Technological Globalisation and Innovative Centers: The Role of Corporate Technological Leadership and Locational Hierarchy [J]. Research Policy, 1999, 28: 119-144.

[6] Ciarli, T and Giuliani, E. Patterns of Industrialization In Developing Countries: The Role of Local Networks and Global Buyers [C]. 6th Annual EUNIPConference, Abo/Turku, Finland, (www.eunip.com), 2002.

[7] Cooke P. Knowledge Economies: Clusters, Learning and Co-Operative Advantage [M]. London: Routledge, 2002.

[8] Dicken P, Kelly P F, Olds K, and Yeung H W-C. Chains and Networks, Territories and Scales: Towards A Relational Framework for Analyzing the Global Economy [J]. Global Networks, 2001, 01.

[9] Edward M B and Edward J F. Industrial and Regional Clusters: Concepts and Comparative Applications [R]. West Virginia University, Http: //www.rri.edu/Web book/Bergman-feser.

[10] Galbo. The World Economy, Market Imperative and Alternative [J]. Monthly Review, 1996, 12: 16-17.

[11] Gereffi G and Kaplinsky R. The Value of Value Chains [J]. IDS Bulletin, 2001, 32, 03: 1-8.

[12] Gereffi G, Humphrey J and Sturgeon T. The Governance of Global Value Chains [J]. Review of International Political Economy, 2005, 12, 01: 78-104.

[13] Gereffi G. Shifting Governance Structures in Global Commodity Chains, with Special Reference to the Internet [J]. American Behavior Scientist, 2001, 44, 10: 1616-1637.

[14] Gilsing V A. Towards Second-Generation Cluster Policy: The Case of Netherlands [C]. OECD, 2001.

[15] Giuliani E, Pietrobeni C and Rabellotti R. Upgrading in Global Value Chains: Lessons from Latin American Clusters [J]. World Development, 2005, 33, 04: 549-573.

[16] Granovetter M E. Economic Action and Socialia Structure: The Problem of Embeddedness [J]. American Journal of Sociology, 1985, 91: 481-510.

[17] Guerrieri P and Pietrobelli C. Models of Industrial Districts' Evolution and Changes in Technological

Regimes [D]. Paper Prepared for the DRUID Summer Conference, 2001.

[18] Humphrey J and Schmitz H. How Does Insertion in Global Value Chains Affect Upgrading in Industrial Clusters [J]. Regional Studies, 2002.

[19] Kaplinsky R. Spreading the Gains from Globalization: What Can be Learned from Value Chain Analysis [D]. IDS Working Paper No. 110, Brighton: Institute of Development Studies, 2000.

[20] Kogut B. Designing Global Strategies. Comparative and Competitive Value-Added Chains. [J]. Sloan Management Review, 1985, 26, 04: 15-28.

[21] Linda F Y. and Tuan C. Location Decisions of Manufacturing FDI in China: Implications of China's WTO Accession [J]. Journal of Asian Economics, 2003, 14: 51-72.

[22] Porter M E. Competitive Advantage of Nations [J]. Haward Business Review, 1991, 68 (2): 82.

[23] Porter M E. Clusters and the New Economics of Competition [J]. Haward Business Review, 1998, 76, 06: 77.

[24] Rosenfeld S. Business Cluster Works: Prospects for Regional Development [J]. Regional Technology Strategies Inc, 1996. Chapel Hill, NC.

[25] Schmitz H. Global Competition and Local Co-Operation: Success and Failure in the Sinos Valley, Brazil, World Development, 1999 Singaore, The Rise of the Creative Cluster [J]. Economic Committee, Chapter One, 2002.

[26] Tichy G. Clusters: Less Dispensable and More Risky than Ever, Clusters and Regional Specialisation [M]. Published by Pion Limited, 207 Brondesbury Park, London NW25JM, 1998.

[27] United Nations Industrial Development Organization. Competing through Innovation and Learning—the focus of UNIDO's Industrial Development 2002 / 2003 [R]. Vienna, 2002: 107-116.

[28] 韦伯·A. 工业区位论 [M]. 李刚剑, 译. 北京: 商务印书馆, 1997.

[29] 安虎森, 朱妍. 产业集群理论及其进展 [J]. 南开经济研究, 2003, 03: 31～36.

[30] 巴曙松. CEPA 推动香港经济转型 [J]. 沪港经济, 2003, 04: 17～18.

[31] 蔡铂, 聂鸣. 社会网络对产业集群技术创新的影响 [J]. 科学学与科学技术管理, 2003, 07: 57～60.

[32] 蔡鸿全. 深圳珠宝业调整策略转战国内 [N]. 中国经济时报, 2009-7-16.

[33] 蔡宁. 企业集群的竞争优势——资源的结构性整合 [J]. 中国工业经济, 2002, 07: 45～50.

[34] 曾昭璇. 古代的广州城 [J]. 广州研究, 1983, 02: 47～51.

[35] 陈德照. 2004 年世界经济形势回顾及展望 [J]. 国际技术经济研究, 2005, 01: 1～6.

[36] 陈冬. 轻舟出海, 破浪前进——记番禺市二轻企业集团公司 [J]. 珠江经济, 1996, 03: 20.

[37] 陈广汉. 香港经济复苏为何姗姗来迟 [J]. 当代港澳, 2000, 02: 4～7+11.

[38] 陈继海. 世界各国产业集聚模式比较研究 [J]. 经济纵横, 2003, 06: 33～35.

[39] 陈丽娟. 政府与产业集聚关系的理论研究 [J]. 西安财经学院学报, 2004, 03: 42～45.

[40] 陈庆. 我国沿海加工贸易集群的转型升级研究 [D]. 浙江师范大学, 2013.

[41] 陈笑薇. 粤港澳区域经济发展现状、趋势及协调发展对策研究 [D]. 暨南大学, 2004.

[42] 陈颖. 深圳依然领跑全国珠宝业 [N]. 深圳特区报, 2017-1-12.

[43] 程极明. 21 世纪头 10 年世界经济的重大变化 [J]. 南京师大学报 (社会科学版), 2011, 03: 81～84.

[44] 池仁勇，邵小芬，吴宝．全球价值链治理、驱动力和创新理论探析［J］．外国经济与管理，2006，03：24～30．

[45] 仇保兴．发展小企业集群要避免的陷阱——过度竞争所致的"柠檬市场"［J］．北京大学学报（哲学社会科学版），1999，01：25～29．

[46] 储殷，高远．中国"一带一路"战略定位的三个问题［J］．国际经济评论，2015，02：90～99．

[47] 崔笛，张福良，景辰．对国内外祖母绿开发利用现状及市场发展的几点思考［J］．中国矿业，2018，27，03：165～168．

[48] 崔莉萍．基于"一路一带"推动中华文明在欧亚大陆的再传播［J］．新闻大学，2014，05：96～101．

[49] 单武斌．"一带一路"战略下的国际区域经济合作及其效应分析［D］．浙江大学，2016．

[50] 邓树雄．从20世纪60年代的"放任主义"到70年代的"积极不干预主义"：历史回顾与分析［J］．当代港澳研究，2009，01：28～40．

[51] 丁力，杨茹．经济增长加速度与地区竞争力［J］．广东社会科学，2003，03：13～21．

[52] 丁晓燕．香港经济转型及前景［J］．世界经济，1997，06：16～20．

[53] 董学力．钻石珠宝行业创新商业模式前景研究——以深圳为例［J］．中国管理信息化，2016，19：153～155．

[54] 董永虹，单佳平．区域经济与我国产业竞争力的发展［J］．生产力研究，2004，06：128～138．

[55] 杜炜．中国珠宝产业集群形成影响因素及演化机理研究［D］．中国地质大学，2016．

[56] 杜祖基．从经济全球化和亚洲金融危机看香港的经济转型［J］．科学学研究，2002，06：616～619．

[57] 番禺党史网．改革开放三十年大事记［EB/OL］．http：//pyds. panyu. gov. cn/cd_ history. aspx？c=64．1978－2008．

[58] 番禺文史资料（第21期）［EB/OL］．http：//zx. panyu. gd. cn/wszl/201106/4554. html．

[59] 樊圣君，张旭亮，张振宇．论区域集群的独特社会资本优势及对区域和国家持续竞争优势的意义［J］．经济评论，2001，04：64～67．

[60] 冯邦彦．香港国际竞争力的提升与粤港经济合作的升级［J］．国际经贸探索，2000，03：72～76．

[61] 付海波．"深圳珠宝"区域品牌建设与管理研究［D］．中国地质大学（北京），2010．

[62] 傅铭深．区域品牌战略与广东加工业集群升级［J］．商业时代，2008，27：118～120．

[63] 高成华．香港经济制度变迁对经济发展影响研究［D］．武汉大学，2010．

[64] 高巍．香港制造业的转型与升级［J］．国际商务（对外经济贸易大学学报），1995，04：35～37．

[65] 高耀宗．广州珠宝产业定位与升级思考［J］．中国外资，2006，11：44～46．

[66] 顾涧清．广州民营经济年鉴［M］．广州：广州出版社，2013．

[67] 关红玲．香港产业结构的再思考［J］．当代港澳，2001，02：16～20．

[68] 广东省地方史志编纂委员会．广东省志［M］．广州：广东人民出版社，2004．

[69] 广东省情数据库［EB/OL］．http：//www. gd－info. gov. cn/shtml/guangdong/sqsjk/．

[70] 广州市对外贸易经济合作局，广州国际经济贸易学会［A］．广州对外经济贸易2003年年报，2003．

[71] 郭炳南，黄太洋．比较优势演化、全球价值链分工与中国产业升级［J］．技术经济与管理研究，2010，S2：130～133.

[72] 郭莉莉．新的历史背景下丝路战略支点建设的金融思考［J］．金融发展评论，2016，11：131～135.

[73] 郭一凡．中国房地产业与国民经济相关性分析——产业关联与贡献角度［D］．清华大学，2009.

[74] 郭郁彬．广东加工贸易转型升级实践的新探索与思考［J］．经济师，2012，01：20～22.

[75] 国际金融论坛（IFF）课题组．国际金融论坛（IFF）2011全球年会综述——世界经济复苏与中国企业的发展［J］．金融博览，2012，05：28～29.

[76] 韩建军．产业集群的经济学分析及政府的作用［J］．华东经济管理，2003，04：35～37.

[77] 郝雅萍．谈我国珠宝业发展的几个问题［J］．中国宝石，1999，01：118～119.

[78] 何海宏．杨达超．番禺年鉴［M］．北京：方志出版社，2010.

[79] ［德］赫尔穆特·施密特．全球化：政治、经济与文化的挑战［M］．斯图加特：德国出版社，1998.

[80] 胡俊文．点－片－面产业集聚：中国制造向世界制造中心跨越的战略选择［J］．亚太经济，2004，04：43～46.

[81] 胡昭玲，张玉．制度质量改进能否提升价值链分工地位？［J］．世界经济研究，2015，08：19～26

[82] 换道超车，助推珠宝产业升级——番禺新一代珠宝商组团挂牌［J］．中国宝玉石，2017，03：167.

[83] 黄鸿光．番禺考［J］．广州研究，1982，03：55～58.

[84] 黄花叶，聂鸣，孙理军．OECD国家集群政策及其对我国区域经济发展的启示［J］．研究与发展管理，2003，15，02：11～15.

[85] 黄曼慧．产业集聚研究综述［J］．生产力研究，2002，06：286～287.

[86] 黄启臣．明清珠江三角洲商业与商人资本的发展［J］．中国社会经济史研究，1984，03：37～50.

[87] 黄卫平，丁凯．2010年世界经济形势回顾与展望［J］．当代世界，2011，01：8～12.

[88] 集群化发展的番禺珠宝首饰产业［J］．大经贸，2009，06：38～39.

[89] 季丹．关于营造中国产业集群的一些思考［J］．产业经济研究，2003，04：38～44.

[90] ［日］加藤义喜．世界经济：2003年的回顾与2004年的展望［J］．汪慕恒，摘译．经济资料译丛，2004，02：1～8.

[91] 江帆．口岸连五洲，古埠换新颜——快速发展中的番禺外经贸［J］．珠江经济，1996，03：21.

[92] 姜华．番禺，铺就色彩之路［N］．中国黄金珠宝，2008，02：40～41.

[93] 姜琴，胡汉辉．外商直接投资与政府互动对地区集聚发展作用的探讨——以苏州IT产业集聚为例［J］．现代城市研究，2004，02：51～54.

[94] 姜作培．中国市场经济改革七大走势［J］．经济纵横，1994，12：36～40.

[95] 蒋定国．沪上崛起钻石产业［J］．沪港经济，2000，06：53～54.

[96] 蒋国洲，陈立泰，李优树．比较优势与产业国际竞争力［J］．社会科学家，2003，01：90～92.

[97] 蒋亮智，喻学惠．我国珠宝行业发展现状与展望［J］．资源与产业，2013，15，04：87～91.

[98] 金碚．论经济全球化3.0时代——兼论"一带一路"的互通观念［J］．中国工业经济，2016，

01：5～20．

[99] 金玲．"一带一路"：中国的马歇尔计划？［J］．国际问题研究，2015，01：88～99．

[100] 金妍．迎接中国黄金市场开放的新世纪［J］．中国黄金经济，2000，06：15～17．

[101] ［意］卡洛·奇波拉．欧洲经济史［M］．吴良健，等，译．北京：商务印书馆，1989．

[102] 阚雅玲．番禺易发商场兴衰引发的思考［J］．番禺职业技术学院学报，2006，01：22～24+64．

[103] 蓝庆新，王述英．产业集群的内在竞争力效应分析［J］．山西财经大学学报，2004，26，02：80～84．

[104] 粮艳玲．打造番禺成为广州新RBD的构想与对策［J］．特区经济，2007，08：37～38．

[105] 雷强．香港回归初期工业走向的几个问题［J］．当代港澳，1996，02：15～18+2．

[106] 李婧．世界经济与中国：在不确定中把握趋势——2007年"世界经济形势论坛"综述［J］．国际经济评论，2008，01：5～8．

[107] 李凯，曾凡棠．番禺近30年土地利用变化及驱动因素分析研究［J］．中国人口·资源与环境，2014，24，S1：127～130．

[108] 李少樱．番禺珠宝转型样本扫描［N］．中国黄金报，2009-1-3．

[109] 李文军．经济新常态下加快产业转型升级的路径［J］．经济纵横，2015，08：73～77．

[110] 李向阳．2004—2005年世界经济形势回顾与展望［J］．世界经济，2005，03：3～6．

[111] 李敦瑞．污染产业转移视角下FDI环境外部性的跨界效应［J］．经济与管理，2012，04：5～9．

[112] 李敦瑞．"一带一路"背景下的产业转移与中国全球价值链地位提升［J］．西安财经学院学报，2018，05：78～84

[113] 厉以宁．十五大后国企改革需要统一八个认识问题［J］．理论与当代，1998，02：8～11．

[114] 联合国报告：2008年世界经济增速将再降，尤其美国经济不容乐观但中印经济将继续增长［J］．世界贸易组织动态与研究，2008，02：43～44．

[115] 梁东黎．宏观经济学［M］．南京：南京大学出版社，1998．

[116] 梁桂全，庄容开．广东经济可持续发展研究［M］．广州：广东人民出版社，1998．

[117] 林健，李焕荣．企业集群形成机制研究［J］．商业研究，2004，15：25～28．

[118] 林江，刘冰．亚洲金融危机对香港经济的影响［J］．当代港澳，1998，01：19～24．

[119] 刘国斌．"一带一路"基点之东北亚桥头堡群构建的战略研究［J］．东北亚论坛，2015，24，02：93～102+128．

[120] 刘辉，周慧文．我国块状经济及其可持续发展研究［J］．经济问题探索，2004，05：4～7．

[121] 刘力，林志玲．粤港区域产业转移及产业升级路径——CEPA协议效应与泛珠区域合作影响分析［J］．国际贸易问题，2008，07：113～118．

[122] 刘琦岩．中国如何发展有竞争力的产业簇群［J］．中国科技产业，2001，03：32～35．

[123] 刘瑞梅，李蔓，曾赛赛，等．色彩中国［J］．中国黄金珠宝，2009，03：39～45．

[124] 刘伟业．香港经济转型回顾与前瞻［J］．当代港澳，1994，01：21～23+2+20．

[125] 刘卫东．"一带一路"战略的科学内涵与科学问题［J］．地理科学进展，2015，34，05：538～544．

[126] 刘妍，朱祖平．产业集聚过程成本动因的博弈分析［J］．科学学与科学技术管理．2004，06：118～122．

[127] 刘英基，杜传忠，刘忠京．走向新常态的新兴经济体产业转型升级路径分析［J］．经济体制改革，2015，01：117～121．

[128] 刘知纲．珠三角地区首饰产业的现状调查与发展探讨［D］．中国地质大学（北京）．2006．

[129] 刘自强．网络经济与新世纪中国珠宝首饰业的发展［J］．宝石与宝石学杂志，2001，01：44～47．

[130] 刘琳，盛斌．全球价值链和出口的国内技术复杂度——基于中国制造业行业数据的实证检验［J］，国际贸易问题，2017，03：3～13

[131] 卢丹，黄忠胜．产业集群的学习行为及其效应研究——以"中国名品衬衫之乡"与"中国衬衫之乡"为例［J］．科技进步与对策，2004，09：150～151．

[132] 卢小平，吕萍．广州钻汇珠宝采购中心保税业务营运正式启动［J］．大经贸，2006，10：96．

[133] 鲁开垠．产业集群核心能力的理论解释［J］．岭南学刊，2004，01：27～31．

[134] 罗一星．清代前期岭南二元中心市场说［J］．广东社会科学，1987，04：82～92．

[135] 罗泽中．实施创新组合，增强核心竞争力［J］．中国经贸导刊，2003．14：53～54．

[136] 罗胤晨，谷人旭．1980—2011年中国制造业空间集聚格局及其演变趋势［J］．经济地理，2014，07：82～89

[137] 吕名中．两汉六朝岭南海外交通的发展及其影响［J］．中南民族学院学报（哲学社会科学版），1991，06：68～71+77．

[138] 吕萍．定格番禺——关注珠宝产业集聚［J］．大经贸，2005，07：6．

[139] 吕世荣．马克思经济全球化思想的哲学阐释逻辑［J］．中国社会科学，2015，04：4～23+204．

[140] 马春宇，王昶，袁军平，等．多层次项目教学法培养珠宝行业高技能人才核心专业技能的探索与实践［J］．职教论坛，2014，06：79～83．

[141] 马婷婷，周祖翼．全球钻石加工贸易中心的发展及其对中国钻石产业的启示［J］．上海地质，2000，03：49～53．

[142] ［美］马歇尔．经济学原理［M］．中译本．北京：商务印书馆，1965．

[143] 马云俊．产业转移、全球价值链与产业升级研究［J］．技术经济与管理研究，2010，04：139～143．

[144] 毛加强．产业集群嵌入全球价值链方式与升级路径［J］．现代经济探讨，2008，10：17-20．

[145] 毛艳华．论CEPA框架下粤港产业合作的新思路［J］．当代港澳，2006，Z1：10～19．

[146] 孟立君．中国的经济增长和周期性变化——从GDP增长率切入分析经济现状和前景［J］．现代商业，2015，49：93～94．

[147] 孟庆顺．过渡期香港经济的成就与问题［J］．当代港澳，1997，02：14～17．

[148] 莫默，丘志力，张跃峰，等．中国彩色宝玉石使用的三次高潮及其与古代丝绸之路关系探索［J］．中山大学学报（自然科学版），2014，06：118～126

[149] 潘海华．云南麻栗坡祖母绿宝石矿物学及产地特征研究［D］．中国地质大学（北京），2016．

[150] 潘莉．中国加入WTO与广东的产业调整［J］．南方经济，1997，07：17～18．

[151] 潘婉雯，吴文盛．入世对我国珠宝首饰业的影响及对策分析［J］．地质技术经济管理．2001，23，06：54～74．

[152] 裴长洪．后危机时代经济全球化趋势及其新特点、新态势［J］．国际经济评论，2010，04：

27~45+3.

[153] 钱鑫. 建设有深圳特色的黄金珠宝产业集聚基地［N］. 中国黄金报，2009-7-21.

[154] 郄素琴，李蔓，马佳，等. 攻城略地 群雄割据——我国黄金珠宝市场三十年历程之（1992—2001）［J］. 中国黄金珠宝，2012，03：28~29.

[155] 丘志力，李立平，陈炳辉，等. 珠宝首饰系统评估导论［M］. 武汉：中国地质大学出版社，2003.

[156] 邱成利. 制度创新与产业集聚的关系研究［J］. 中国软科学，2000，09：100~103.

[157] 阙志兴，叶彤，孙英翘，等. 广东珠宝玉石产业升级的问题与建议［J］. 广东经济，2013，11：69~73.

[158] 邵知春. "一路一带"的战略开创对我国经济的发展分析［J］. 经贸实践，2017，06：130.

[159] 申柯娅，王昶. 浅析加入WTO后我国珠宝首饰业的发展［J］. 经济问题探索，2001，06：73~74.

[160] 盛斌. 中国经济改革的政治经济学分析［J］. 开放时代，2001：98~106.

[161] 盛军锋，叶向阳. 广东产业集群竞争力：机制与对策［J］. 商讯商业经济文荟，2004，01：56~59.

[162] 石培哲. 产业集聚形成原因探析［J］. 经济师，2000，03：18~19.

[163] 释经组. 经济复苏艰难曲折，外部环境复杂严峻——2010年世界经济形势及2011年展望［J］. 中国统计，2011，02：21~23.

[164] 司徒尚纪. 广东地名的历史地理研究［J］. 中国历史地理论丛，1992，01：21~55.

[165] 宋恩荣. 内地对外经济战略蜕变：香港面对的挑战与机遇［J］. 当代港澳研究，2014，01：65~82.

[166] 宋辅良，卓尚进，范智，等. "腾笼换鸟"：广东样本演绎新故事［N］. 金融时报，2008-9-19.

[167] 孙光辉，刘长风. 广东经济与"泛珠三角"区域竞争力分析［J］. 国际经贸探索，2004，05：8~10.

[168] 孙剑，孙文建，龚自立. 产业集群成长的三维结构分析［J］. 商业研究，2010，05：44~48.

[169] 孙军岭. 提升核心竞争力 精心打造现代物流［J］. 改革与理论，2003，08：63~64.

[170] 覃鹏芳. 深度调查：番禺珠宝首饰业发展的困惑与出路探讨，http://blog.sina.com.cn/s/blog_4bda9dbb0100z320.html.

[171] 谭刚. 香港经济转型对广东的影响与对策建议［J］. 特区经济，1996，02：28~28.

[172] 谭锦沛. 番禺年鉴［M］. 北京：方志出版社，2015.

[173] 谭思洛. 香港经济结构问题及发展路向［J］. 当代港澳，1998，02：7~10.

[174] 谭文柱. 全球价值链理论研究述评［J］. 商业研究，2009，10：56~59.

[175] 谭小兵，魏巧坤. 集聚让广东珠宝更璀璨［J］. 大经贸，2005，07：12.

[176] 谭嘉殷，张耀辉. 产业集聚红利还是"污染避难所"再现？——基于广东省的证据［J］. 经济与管理研究，2015，06：82~89.

[177] ［美］特维尔·格林伍德. 世界黄金协会：全球黄金业信赖的组织［J］. 中国黄金珠宝，2000，05：51~52.

[178] 田金刚. 打造国际化珠宝产业新基地［N］. 中国黄金报，2016-5-13.

[179] 田井才. 珠江三角洲经济发展模式及提升竞争力对策研究［D］. 吉林大学，2004.

[180] 苕子. 县委书记的120分钟[J]. 南风窗,1988,12:40~41.
[181] 唐晓华,陈阳,张欣钰. 中国制造业集聚程度演变趋势及时空特征研究[J]. 经济问题探索,2017,05:172~181.
[182] 童威. 关于建立与开放我国黄金市场的思考[J]. 当代财经,2000,09:40~42.
[183] 万哨凯,夏斌. 珠三角经济区的形成因素及一体化发展方向研究[J]. 改革与战略,2007,12:109~110+118.
[184] 王秀明,李非. 产业集聚对区域经济增长的影响:基于广东省的实证研究[J]. 武汉大学学报(社会科学版),2013,06:122~127.
[185] 王本祥. 粤海外贸,千年辉煌[J]. 岭南文史,2014,02:3.
[186] 王步芳. 世界各大主流经济学派产业集群理论综述[J]. 外国经济与管理,2004,01:12~16.
[187] 王昶,袁军平,申柯娅. 校企合作工学结合人才培养模式的探索与实践——以广州番禺职院珠宝首饰工艺及鉴定专业为例[J]. 番禺职业技术学院学报,2008,7,04:35~38.
[188] 王传英. 对产业集聚发生、运行机制的探讨[J]. 经济纵横,2004,04:39~42.
[189] 王东. 危机四伏的世界经济,百年一遇的金融危机——2008年世界经济和国际金融形势回顾与前景展望[J]. 现代经济探讨,2009,01:14~19.
[190] 王怀民. 产业转移、产业升级与内地贸易中心的建立[J]. 郑州航空工业管理学院学报,2006,03:45~49.
[191] 王缉慈. 创新的空间——企业集聚与区域发展[M]. 北京:北京大学出版社,2001
[192] 王莉. 广东省加工贸易的发展状况与对策[J]. 经济师,2005,07:253~254.
[193] 王铁骊,邹树梁. 我国制造型小企业产业集群发展模式探讨[J]. 南华大学学报(社会科学版),2003,02:45~48.
[194] 王旺兴,李艳. 产业集群内的知识流动与创新机制[J]. 科技与管理,2003,03:42~44.
[195] 王先庆. 跨世纪整合:粤港产业升级与产业转移[J]. 广东商学院学报,1997,02:31~36.
[196] 谭惠全,甘咏贤. 广州年鉴[M]. 广州:广州年鉴社,2009.
[197] 王晓敏,王雪莲,查吉德,等. 企业技能型人才需求分析及思考——基于广州番禺的实证调查[J]. 中国职业技术教育,2007,21:14~16.
[198] 王宣喻. 我国珠宝首饰业的竞争态势研究[J]. 上海经济研究,2003,07:37~45.
[199] 王云峰. 2001年我国珠宝首饰业发展态势[J]. 中国黄金珠宝,2001,06:19~20.
[200] 王争妍. 外商直接投资与中国产业竞争力[J]. 广东商学院学报,2001,05:37~40.
[201] 王志平. 我们该如何看待中国GDP超德国[C]//上海市社会科学界联合会. 中国经济60年 道路、模式与发展:上海市社会科学界第七届学术年会文集(2009年度)·经济、管理学科卷. 上海市社会科学界联合会,2009:8.
[202] 魏后凯. 我国产业集聚的特点、存在的问题及对策[J]. 区域经济研究,2004,09:58~61.
[203] 魏清泉. 观察篇 撤市(县)设区与城市增长——以广东番禺为例[M]//戴逢. 中国城市发展报告. 北京:中国城市出版社,2006,220~229.
[204] 魏守华. 集群竞争力的动力机制以及实证分析[J]. 中国工业经济,2002,10:27~34.
[205] 温喜祥. 番禺年鉴[M]. 广州:广东人民出版社,2002.
[206] 文娉. 嵌入全球价值链的中国地方产业网络升级机制的理论与实践研究[D]. 华东师范大

学,2005

[207] 闻吾. 天时 地利 人和 [J]. 大经贸,2005,07:7.

[208] 吴佳炎. 番禺外贸实业化的历程及发展对策 [J]. 国际经贸探索,1994,04:81~84+95.

[209] 吴珺. 80年代以来香港、新加坡城市经济结构的变革 [J]. 江苏经济探讨,1998,09:47~48+42.

[210] 吴婷,尹作为. 四个产地海蓝宝石的宝石学特征对比 [J]. 宝石和宝石学杂志,2017,19,03:35~44.

[211] 吴学花,杨蕙馨. 中国制造业产业集聚的实证研究 [J]. 中国工业经济,2004,10:36~43.

[212] 吴壮达. "番禺"释名问题 [J]. 岭南文史,1984,01:45~54.

[213] 奚国泉. 论企业的品牌竞争力与创新体系 [J]. 南京经济学院学报,2000,01:66~70.

[214] 肖广岭,刘学亮. 传统产业集群与技术创新 [J]. 清华大学学报(哲学社会科学版). 2003,06:80~84.

[215] 肖启云. 中国珠宝首饰产业现状分析 [J]. 资源·产业,2002,05:48~49.

[216] 谢国梁. 香港与内地经贸、金融关系的回顾与展望 [J]. 当代港澳,1994,02:4~8+2.

[217] 谢晓飞. 王树文:打开珠宝天坛祈年殿 [J]. 中华手工,2010,08:14~15.

[218] 邢孝兵,徐洁香. 推进集群发展,提升我国产业国际竞争力 [J]. 经济研究参考,2004,40:27~30.

[219] 熊水龙. 不容侵犯的权益——广东外来工管理及权益保护问题调查综述 [J]. 同舟共进,1994,10:4~6.

[220] 熊晓云,张金隆. 珠江三角洲产业集群的科技效应分析 [J]. 科技管理研究,2003,05:129~132.

[221] 徐畅,丘志力,梁伟章,等. 市场的因果:对奥本海默家族退出戴比尔斯钻石公司及相关市场效应的分析 [J]. 宝石和宝石学杂志,2018,03:46~55

[222] 徐康宁. 外商直接投资在产业集群形成中的作用 [J]. 现代经济探讨,2003,12:3~7.

[223] 徐培华,吴辉,于保平. 二十一世纪世界经济的新格局及其发展趋势 [J]. 世界经济文汇,2000,01:7~12.

[224] 徐奇渊. 世界经济与中国:变化中的世界和机遇——2008年"世界经济形势论坛"综述 [J]. 国际经济评论,2009,01:11~14.

[225] 许思豪. 税制改革:我国珠宝首饰业健康发展的关键 [J]. 中国黄金珠宝,2001,01:29~31.

[226] 许焱,安德鲁·卢卡斯. 深圳:中国宝石和珠宝行业的前沿. GIA实地报告. 2016,https://www.gia.edu/CN/gia-news-research/shenzhen-china-gem-jewelry-industry.

[227] 严红梅. 关于珠三角区域竞争力的思考 [J]. 特区经济,2003.11:35~38.

[228] 杨德明. 2000年国际经济环境分析(下) [J]. 管理世界,1994,02:102~111.

[229] 杨炯,丘志力,彭淑贞,等. 新长江经济带的建立及其对中国珠宝产业发展格局的影响分析 [J]. 中山大学学报(自然科学版),2014,06:127~134.

[230] 杨力,谭小兵. 宝地番禺:让珠宝代言 [J]. 大经贸,2005,07:8~11.

[231] 杨瑞龙,毛振华,朱科敏,等. 中国宏观经济分析与预测2011—2012 [J]. 改革,2011,11:19~47.

[232] 杨绍武. 深圳珠宝"中国制造"走向"中国创造" [J]. 标准生活, 2013, 06: 24～27.

[233] 杨小凯. 经济学原理 [M]. 北京: 中国社会科学出版社, 1998.

[234] 杨艳芳. 出口信用保险为番禺珠宝企业出口保驾护航 [N]. 中国黄金报, 2009-1-1.

[235] 杨仁发, 李娜娜. 产业集聚、FDI 与制造业全球价值链地位 [J]. 国际贸易问题, 2018, 06: 68～81.

[236] 姚寿福, 张华. 产业集聚与经济增长关系的实证研究——以四川省为例 [J], 生产力研究, 2012, 07: 108～110.

[237] 陶爱萍, 李青钊. 产业集聚与知识溢出的交互作用: 基于联立方程的实证检验 [J], 华东经济管理, 2016, 03: 77～82.

[238] 叶建亮. 知识溢出与企业集群 [J]. 经济科学, 2001, 03: 23～30.

[239] 叶显恩, 周兆晴. 海上丝路与古代广州的繁荣 [J]. 珠江经济, 2008, 04: 90～96.

[240] [德] 于尔根·弗里德里希斯. 全球化——概念与基本设想 [M]. 北京: 中央编译出版社, 1998.

[241] 于庆媛, 等. 巴西祖母绿产业概述 [J]. 岩石矿物学杂志, 2014, 33, S1: 131～135.

[242] 余明辉, 季乐逸. 大型珠宝产品的虚拟制造研究 [J]. 昆明理工大学学报 (自然科学版), 2011, 36, 02: 20～25.

[243] 余万里, 左祖晶. 2006 年世界经济与政治形势综述 [J]. 民主, 2007, 01: 4～7.

[244] 余永定. 2000—2001 年世界经济形势回顾与展望 [J]. 国际经济评论, 2001, Z1: 5～10.

[245] 俞健业, 丘志力, 黎志伟, 等. 中国三大珠宝产业集群 (区) 的竞争力分析 [J]. 宝石和宝石学杂志, 2011, 02: 48～55.

[246] 喻铁阶, 王京生. 马达加斯加国宝石资源及其开发前景考察 [J]. 矿产与地质, 1993, 05: 361～365.

[247] 袁恩桢. WTO 展示了中国经济发展的新时代 [J]. 上海交通大学学报 (社会科学版), 2000, 03: 3～11.

[248] 袁孟, 邓宏兵, 吴婷婷. 中国珠宝产业发展态势研究 [J]. 宝石和宝石学杂志, 2015, 06: 55～60.

[249] 袁新涛. "一带一路"建设的国家战略分析 [J]. 理论月刊, 2014, 11: 5～9.

[250] 臧新. 产业集群产生原因的理论困惑和探索 [J]. 生产力研究, 2003, 01: 187～189.

[251] 翟崑, 周强. "一带一路"建设的战略思考 [J]. 中国社会科学院国际研究学部集刊, 2017, 10: 86～111.

[252] 张伯伟, 张兵. 2009 年世界经济回顾与 2010 年展望 [J]. 经济学动态, 2010, 02: 15～21.

[253] 张弛, 张曙光. 2014 年中国第四季度宏观经济分析 [J]. 河北经贸大学学报, 2015, 36, 03: 32～40.

[254] 张光南, 陈新娟. 香港产业转移、就业结构与社会稳定 [J]. 当代港澳研究, 2010, 01: 89～101+202～203.

[255] 张行. 一流珠宝产业园, 为世界镶嵌明珠——广州番禺区沙湾珠宝专业镇走访纪实 [J]. 广东科技, 2013, 22, 05: 44～47.

[256] 张宏燕, 毛艳华. CEPA 对内地与香港经济效应的实证研究 [J]. 当代港澳研究, 2009, 01: 41～54.

[257] 张辉. 全球价值链下地方产业集群转型和升级［M］. 北京：经济科学出版社，2006.

[258] 张开城. 21世纪海上丝绸之路建设的广东响应［J］. 南方论刊，2014，07：9~13.

[259] 张璞，郝戍. 创新——产业竞争的新焦点［J］. 北方经济，2003，06：31~33.

[260] 张绍炎，程天惠. 2001年世界经济的六大特点［J］. 计划与市场，2002，01：20~21.

[261] 张维然，刘天罡. 珠三角经济发展的SWOT分析［J］. 技术经济与管理研究，2003，06：60~61.

[262] 张秀环. 加工贸易对广东省经济增长贡献的实证研究［J］. 国际贸易问题，2006，07：84~88.

[263] 张瑄. 中国珠宝，从现实走进"梦幻"［J］. 新经济，2014，16：39~41.

[264] 张宇燕. 2011大趋势：世界经济充满挑战和不确定性［J］. 理论参考，2011，02：9~11.

[265] 张晓月，陈鹏龙，赵顺龙. 产业集聚对创新活力的影响：专利密集型与非专利密集型产业比较［J］，科技进步与对策，2018，10：66~71.

[266] 章云泉，魏清泉. 番禺市区位优势及其利用［J］. 经济地理，1999，04：123~128.

[267] 赵大跃. 将"本土优势"转为"竞争力优势"［J］. 当代经济，2003，12：48.

[268] 赵登峰. 深圳国际竞争力形成的原因及未来政策取向［J］. 特区理论与实践，2003，10：43~45.

[269] 赵虹. 香港与内地的经济联系研究［D］. 中央财经大学，2007.

[270] 赵祥宇，林向军. 产业集聚区域人力资本积累［J］. 技术经济，2003，06：16~17.

[271] 赵鹰. 产业集聚：全球FDI空间分布最新趋势［J］. 上海企业，2002，06：55~57.

[272] 赵照川. 深圳珠宝产业基地发展的瓶颈［N］. 中国矿业报，2006-3-4.

[273] 赵征. 广州沙湾珠宝产业园钻汇珠宝采购中心将成为番禺珠宝产业发展的助推器［J］. 中国宝石，2006，04：221.

[274] 赵志君. 世界金融危机与中国宏观经济走势［J］. 经济学动态，2008，12：56~60.

[275] 珍妮. 国际货币基金组织展望2008年世界经济［J］. WTO经济导刊，2007，12：76~77.

[276] 郑巩固. 完善产业链，促进产业集聚的对策探讨［J］. 厦门科技，2003，06：49~53.

[277] 郑国中. 长江经济带与"一路一带"叠加效应下旅游经济转型升级路径［J］. 社会科学家，2015，06：96~100.

[278] 郑良芳. 世界经济发展：2000年喜中有"险"［J］. 改革与开放，2001，04：20~21.

[289] 郑佩玉. 香港制造业的地位及走势分析［J］. 当代港澳，1994，01：24~27+2.

[280] 郑婉卿，余文娟. 香港产业多元化发展与政府的作用［J］. 当代港澳研究，2012，02：7~16+145.

[281] 中国珠宝产业的发展格局. 中华人民共和国年鉴（总第23期）［M］. 北京：中华人民共和国年鉴社，2003.

[282] 钟雁明. 广东省加工贸易遭遇成长的烦恼［J］. 中国海关，2004，07：33~36.

[283] 周兵，蒲勇键. 产业集群的增长经济学解释［J］. 中国软科学，2003，05：119~121.

[284] 周明伟. 我国产业集群发展中存在的制约因素及对策研究［J］. 江苏商论，2003，10：86~87.

[285] 周勤. 纵向关系、产业集聚和区域经济性主导产业的形成［J］. 东南大学学报（哲学社会科学版），2004，01：21~25.

· 321 ·

[286] 周树德. 加快珠江三角洲外向型经济的发展 [J]. 国际贸易, 1993, 05: 51~52.

[287] 周毅, 吴碧波. 全球价值链与我国地方产业集群嵌入模式及治理研究 [J]. 湖北社会科学, 2008, 08: 72~75.

[288] 朱俏俏, 孙慧. 资源型产业与制造业集聚特征与影响因素异同分析 [J]. 新疆大学学报（自然科学版）, 2016, 02: 147~152.

[289] 朱春奎. 国外竞争力理论研究综述 [J]. 生产力研究, 2004, 01: 187~188.

[290] 朱方伟, 高畅, 王国红. 产业集群的核心要素演进分析 [J]. 科学学与科学技术管理, 2004, 02: 66~69.

[291] 朱华晟. 浙江产业集群发展机理研究 [D]. 北京大学, 2002.

[292] 朱欢. 高等职业教育课程教学改革目标及模式探索——以首饰设计课程为例 [J]. 中国地质教育, 2009, 18, 01: 118~120.

[293] 朱象贤. 香港经济转型过程的启示 [J]. 上海综合经济, 1997, 12: 40~41.

[294] 朱晓峰, 程思闽, 许发见. 隐性知识竞争战略 [J]. 情报杂志, 2000, 19, 05: 11~12.

[295] 朱英明. 论产业集群的创新优势 [J]. 中国软科学, 2003, 07: 107~112.

[296] 祝宝良, 牛犁, 闫敏. 2017年上半年中国宏观经济形势分析与全年形势预测 [J]. 发展研究, 2017, 08: 30~34.

[297] 庄宗明, 孙平. 世界经济2000年回顾与2001年展望 [J]. 世界经济研究, 2001, 01: 23~27.

[298] "世界经济与中国" 研究组. 聚焦与评述: 2005年世界经济大事回眸 [J]. 经济研究参考, 2006, 41: 2~41.

[299] 2016年广州市番禺区国民经济和社会发展统计公报. 曾小原. 番禺年鉴 [M]. 北京: 方志出版社, 2017.

注: 本书参考文献有近600条, 但考虑到全书的篇幅问题, 对参考文献进行了删减, 其中部分出版较早的文献未列入; 网络文献除了个别外基本没有列入; 文献第一作者有多篇参考文献的只标注了其中较为重要的。特此, 对本书可能参考过的部分材料或者观点, 但未最后列入文献的部分作者表示歉意和感谢。

后　　记

本书在近 30 年追踪、实地调研的基础上，收集了各种专业杂志、媒体和网络公开的番禺珠宝产业的文献资料，查阅了不同年份的中国珠宝年鉴、番禺年鉴及专业文献发表的经济、产业发展数据以及对番禺珠宝产业发展主要见证人士的部分访谈（见附录），对相关资料进行了系统的梳理、分析和研判，以尽可能确切翔实的资料记录了番禺珠宝产业集聚 30 年发展的历程、事件、代表性人物和企业。

特别是，我们将番禺珠宝产业集聚的发生、发展放在全球和中国经济和珠宝产业发展的大框架下进行考察，通过与国内外，尤其是与深圳珠宝产业的比较，对番禺珠宝产业集聚的成因、发展动力、存在问题、产业升级路径等进行了较为深入的分析，在此基础上，提出了番禺珠宝产业集聚进一步发展的政策性建议。

本书的编写分工如下：上编（番禺珠宝产业发轫）主要由丘志力执笔完成，李志翔参加了第三章的编写工作，梁伟章、于庆瑗主要参加了第四章的编写工作，梁伟章进行了后期的审读修改。中编（世界珠宝，番禺制造）由丘志力、黎志伟、梁伟章等共同完成，其中，第一章完成人丘志力，第二章完成人丘志力、马瑛；第三章完成人魏巧坤、黄远欣；第四、第五、第六章完成人丘志力、黎志伟、梁伟章、李志翔、李榴芬、张钰岩；梁伟章、黎志伟进行了后期的审读修改。下编（番禺珠宝产业升级发展）第一章主要执笔人丘志力；第二、第三章由杨炯、丘志力共同完成。研究编（番禺珠宝产业集聚形成及升级理论研究）主要由丘志力、魏巧坤、刘坤、黎国鹏、张福敏等共同完成。书中图表主要由张跃峰用电脑软件清绘，全书由丘志力统稿，番禺贸促会吴少珊主任对文稿进行了审读。

番禺珠宝产业发展过程的照片主要由黎志伟、梁伟章、魏巧坤、番禺区珠宝厂商会、钻汇集团、亿钻珠宝、柏志钻石、六福珠宝、番禺贸促珠宝产业服务中心、番禺职业技术学院珠宝学院、亚洲博闻等提供。

本书是研究团队 2015 年以来完成《广州市番禺区十三五珠宝产业发展规划研制项目》工作的集体成果。项目的设立，首先要感谢原番禺区经贸局（现归入广州市番禺区科技工业商务和信息化局）的立项，感谢番禺区政府批准了项目的立项。同时，感谢广州市番禺区科技工业商务和信息化局局长李勇、原番禺区外经外贸局科长侯德明、原人民银行番禺支行金银管理科科长杨坚（现 NGTC 广州实验室副主任）、原番禺海关副关长李载福，感谢钻汇集团总裁陈元兴、沙湾珠宝产业园梁帆总经理、原钻汇集团总经理杨羽飞、柏志钻石 Kellie Wong（黄颖涛）总经理对项目工作的大力支持。

由于本书稿完成的时间跨度比较长，参阅的文献资料较多，书中不同部分内容可能存在数据不完全统一的问题。另外，部分国内及国际发表的经济数据，由于来自不同研究机构和学者的文献，原出处所采用的数据来源/计算依据不同，也会存在不完全统一的问题。

对于番禺珠宝产业代表性人物和公司的选择，我们主要根据多年的调研，参考公开发表文献呈现的企业家或者人物对番禺产业发展的贡献，同时考虑了类型代表性来进行确定。我们的选择不可避免受到相关资料是否齐全或者是否可以获得等因素的影响，有疏漏及不完善之处，敬请原谅。

实际上，还有很多对番禺珠宝产业有重要贡献的企业/人物值得记录和应该记录，例如，原番禺市委书记梁伟苏，喜利钻石的姚文雄，柏志钻石的黄成伟，星光珠宝的吴宏斌，广东省工艺的吴德明，皇庭珠宝的黄国和，卓尔珠宝的张光贤，番华金银珠宝工艺厂首任总经理区祖贤，广州市艺新金银珠宝首饰公司的郑诗就，誉宝集团的吴威，金俊汇的吴坚平，番禺珠宝设计工艺委员会会长黄建民，迪迈3D的冼宁，等等，由于时间和资料有限，我们没能更完整地进行记述，在此深表遗憾和歉意。

在此，感谢中山大学地球科学与工程学院丘志力教授研究团队毕业/在校的研究生莫默、刘璐、薄昊楠、杨瀚、陈铭家、白洞洲、庄郁晴、郑昕雨、叶旭，感谢部分中山大学本科学生参加资料的收集整理工作以及六福珠宝首席宝石鉴定师陈培嘉提供了部分六福珠宝的材料。

特别感谢中国珠宝玉石首饰行业协会副会长、秘书长，国土资源部珠宝玉石首饰行业管理中心副主任孙凤民拨冗为本书作序。

特别感谢番禺贸促会、番禺区珠宝厂商会、大罗塘珠宝首饰商会、番禺珠宝设计工艺委员会、广州钻石交易中心、广东省珠宝玉石交易中心、亚洲博闻展览公司、深圳珠宝玉石首饰行业协会、广东省黄金协会、广东省珠宝玉石首饰行业协会、广东省玉器商会、中国珠宝玉石首饰行业协会和中山大学地球科学与工程学院对本书出版工作的大力支持。

中山大学出版社诸位编辑严谨认真的编审为本书增色不少，特此致谢。

希望本书能成为番禺珠宝产业集聚30年发展及其与世界珠宝互动过程的历史见证。

由于时间及水平所限，书中疏漏之处在所难免，敬请读者及同行批评指正。

编　者
2018 年 12 月